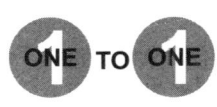

ONE TO ONE

Bilingual Dictionary

English-Bengali
Bengali-English
Dictionary

Compiled by
Amit Majumdar

STAR Foreign Language BOOKS

© Publishers
ISBN : 978 1 908357 53 3

All rights reserved with the Publishers. No part of this publication may be reproduced or transmitted in any form or by any means, electronic, mechanical, photocopying, recording or otherwise, without the prior written permission of the Publishers.

This Edition : 2024

Published by
STAR Foreign Language BOOKS
a unit of
Star Books
56, Langland Crescent
Stanmore HA7 1NG, U.K.
info@starbooksuk.com
www.bilingualbooks.co.uk

Printed in India at
Star Print-O-Bind, New Delhi-110 020

About this Dictionary

Developments in science and technology today have narrowed down distances between countries, and have made the world a small place. A person living thousands of miles away can learn and understand the culture and lifestyle of another country with ease and without travelling to that country. Languages play an important role as facilitators of communication in this respect.

To promote such an understanding, STAR Foreign Language BOOKS has planned to bring out a series of bilingual dictionaries in which important English words have been translated into other languages, with Roman transliteration in case of languages that have different scripts. This is a humble attempt to bring people of the word closer through the medium of language, thus making communication easy and convenient.

Under this series of *one-to-one dictionaries*, we have published almost 59 languages, the list of which has been given in the opening pages. These have all been compiled and edited by teachers and scholars of the relative languages.

Publishers

Bilingual Dictionaries in this Series

English-Afrikaans / Afrikaans-English	Abraham Venter
English-Albanian / Albanian-English	Theodhora Blushi
English-Amharic / Amharic-English	Girun Asanke
English-Arabic / Arabic-English	Rania-al-Qass
English-Bengali / Bengali-English	Amit Majumdar
English-Bosnian / Bosnian-English	Boris Kazanegra
English-Bulgarian / Bulgarian-English	Vladka Kocheshkova
English-Burmese (Myanmar) / Burmese (Myanmar)-English	Kyaw Swar Aung
English-Cambodian / Cambodian-English	Engly Sok
English-Cantonese / Cantonese-English	Nisa Yang
English-Chinese (Mandarin) / Chinese (Mandarin)-Eng	Y. Shang & R. Yao
English-Croatian / Croatain-English	Vesna Kazanegra
English-Czech / Czech-English	Jindriska Poulova
English-Danish / Danish-English	Rikke Wend Hartung
English-Dari / Dari-English	Amir Khan
English-Dutch / Dutch-English	Lisanne Vogel
English-Estonian / Estonian-English	Lana Haleta
English-Farsi / Farsi-English	Maryam Zaman Khani
English-French / French-English	Aurélie Colin
English-Georgian / Georgina-English	Eka Goderdzishvili
English-Gujarati / Gujarati-English	Sujata Basaria
English-German / German-English	Bicskei Hedwig
English-Greek / Greek-English	Lina Stergiou
English-Hindi / Hindi-English	Sudhakar Chaturvedi
English-Hungarian / Hungarian-English	Lucy Mallows
English-Italian / Italian-English	Eni Lamllari
English-Japanese / Japanese-English	Miruka Arai & Hiroko Nishimura
English-Korean / Korean-English	Mihee Song
English-Latvian / Latvian-English	Julija Baranovska
English-Levantine Arabic / Levantine Arabic-English	Ayman Khalaf
English-Lithuanian / Lithuanian-English	Regina Kazakeviciute
English-Malay / Malay-English	Azimah Husna
English-Malayalam - Malayalam-English	Anjumol Babu
English-Nepali / Nepali-English	Anil Mandal
English-Norwegian / Norwegian-English	Samuele Narcisi
English-Pashto / Pashto-English	Amir Khan
English-Polish / Polish-English	Magdalena Herok
English-Portuguese / Portuguese-English	Dina Teresa
English-Punjabi / Punjabi-English	Teja Singh Chatwal
English-Romanian / Romanian-English	Georgeta Laura Dutulescu
English-Russian / Russian-English	Katerina Volobuyeva
English-Serbian / Serbian-English	Vesna Kazanegra
English-Sinhalese / Sinhalese-English	Naseer Salahudeen
English-Slovak / Slovak-English	Zuzana Horvathova
English-Slovenian / Slovenian-English	Tanja Turk
English-Somali / Somali-English	Ali Mohamud Omer
English-Spanish / Spanish-English	Cristina Rodriguez
English-Swahili / Swahili-English	Abdul Rauf Hassan Kinga
English-Swedish / Swedish-English	Madelene Axelsson
English-Tagalog / Tagalog-English	Jefferson Bantayan
English-Tamil / Tamil-English	Sandhya Mahadevan
English-Thai / Thai-English	Suwan Kaewkongpan
English-Tigrigna / Tigrigna-English	Tsegazeab Hailegebriel
English-Turkish / Turkish-English	Nagme Yazgin
English-Twi / Twi-English	Nathaniel Alonsi Apadu
English-Ukrainian / Ukrainian-English	Katerina Volobuyeva
English-Urdu / Urdu-English	S. A. Rahman
English-Vietnamese / Vietnamese-English	Hoa Hoang
English-Yoruba / Yoruba-English	O. A. Temitope

English - Bengali

A

a ইংরেজী বর্ণমালার প্রথম অক্ষর enrajee bornomalar prothom akhor
a-1 *adj.* সর্বোত কৃষ্ট sorboth kristo
aback *adv.* পশ্চাতদিক poschadik
abandon *v.* ত্যাগ করা tyag kora
abandonment *n.* বর্জন borjon
abase *v.t.* অপমান করা apman kra
abash *v.* অপ্রভিত করা aprobhit kra
abashed *adj.* বিহবল করা bihbol kora
abate *v.t.* কম হওয়া kom howa
abattoir *n.* কশাইখানা kasai khana
abbreviate সংক্ষিপ্ত করা sonkhipto kora
abbreviation *n.* সংক্ষেপ sonkhep
abdomen *n.* উদর udor
abduct *v.t.* বলপূর্বক কোন ব্যক্তিকে অপহরন করা bolpurbok kon bayekti ke aporohon kora
abduction *n.* অপহরন apohron
aberrance *n.* বিপথ গমন bipoth gami
aberrant *n.* বিপথ গামী bipoth gami
abeyance *n.* মুলতুবি multubi
abhor *v.t.* অত্যন্ত ঘৃণা করা otyanto ghrina kra
abide *v.* প্রতীক্ষা করা prothikha kora
abiding *prep.* স্থায়ী shthayi
ability *n.* সামর্থ্য samortho
abject *adj.* নীচ nich
abjectness *n.* নিতান্ত হীন nitohin hin
abjuration *n.* শপথ spoth
abjure *v.* শপথপূর্বক পরিত্যাগ sopothpurbok prithyag
ablaze *adv.* জ্বলন্ত jwolonto
able *adj.* সমর্থ smortho
abloom *adv.* প্রস্‌ফুটিত prosfutito
ablush *adv.* সলজ্জিতভাবে slojijitobhabe
ablution *n.* পূণ্যস্নান punnosnnan
abnormal *adj.* অস্বাভাবিক aswabhabik
abode *n.* বাসস্থান basthan
abolish *v.t.* রদ করা radkora
abolition *n.* লোপ করা lop kora
abominable *adj.* ঘৃণায় পরিনতকরা ghrinai prinot kora
abominate *v.t.* অত্যন্ত ঘৃণা করা atyanto ghrina kora
abort *v.* গর্ভপাত হওয়া gorbhopat kora
abortion *n.* গর্ভপাত gorbhopat
abortive *adj.* গর্ভপাতিত gobhopatit
abound *v.* সমৃদ্ধ হওয়া somridho kora
about *adv.* ইতস্ততঃ itostoto
above *adv.* উপরে opore
abreast *adv.* কাঁধে কাঁধে kandhe kandhe
abridge *v.t.* সংক্ষেপ করা sonkhep kora
abroad *adv.* ব্যাপকভাবে byapokvhabe
abrogate *v.t.* বাতিল করা batil kora
abrupt *adj.* আকস্মিক akosmik
abruptness *n.* ছিন্ন করা chinno kora
abscond *v.* আত্মগোপন করা aatmogopon kora
absence *n.* অনুপস্থিতি anuposthit
absent *adj.* অনুপস্থিত anuposthit
absolute *n.* অসীম aseem
absolve *v.t.* অব্যাহতি দেওয়া obahit deowa
absorb শুষিয়া নেওয়া sushiye neowa
absorbed নিবিষ্ট ninisht
absorption *n.* সমাহিত ভাব smahit vhab
abstain *v.* বিরত থাকা birot thaa
abstemious *adj* সংযমী sonjomi
abstemiousness *n.* মিতাচারী mitacari
abstinency *n.* পরিহার prihar
abstract *adj.* অবাস্তব obastob
abstruse *adj.* দুর্বোধ্য durbodh
absurd *adj.* অযৌক্তিক ajoukthi
absurdity *n.* হাস্যকর hasoykor
abundance *n.* প্রাচুর্য prachurjo
abundant *adj.* প্রচুর prochur
abuse *v.* গালি দেওয়া gali deowa
abusive *adj.* গালিগালাজ পূর্ণ gligalaj purno
abyss *n.* অতল গহ্বর atol gohbor
acacia *n.* বাবলা গাছ babla gach
academic *adj.* বিদ্যালয় সম্বন্ধীয় bidyaloy sombondhiyo
academy *n.* শিক্ষায়তন shikhyaton

accede *v.* দলে যোগ দেওয়া dole dole jog dewa
accelerate *v.* অধিকতর দ্রুত চলা odhiktoro druto chola
acceleration *n.* ত্বরণ tworon
accent *n.* স্বরভঙ্গি sworbhongi
accentuate *v.* স্বরসংঘাত সহ উচ্চারন sowrsonghat sho uccharon
accept *v.* গ্রহণ করা grohon kora
acceptable *adj.* গ্রহণ যোগ্য grohon jogyo
acceptance *n.* সমর্থন smorthon
access *n.* প্রবেশপথ probeshpoth
accessary *n.* সহায়ক shayok
accessible *adj.* প্রবেশপথ probeshpoth
accession *n.* যোগ jog
accessory *adj.* আনুষাঙ্গিক anusangik
accident *n.* দুর্ঘটনা durghothna
accidental *adj.* দুর্ঘটনামূলক durghotnamulok
acclaim *v.* উচ্চকন্ঠে প্রশংসা ucchkontho proshonsha
acclimatize *v.* খাপ খাওয়ানো khap khawano
accommodate *v.t.* আবাসিত করা abasito kora
accommodation *n.* স্থান shthan
accompany *v.t.* সঙ্গে থাকা songe thaka
accomplice *n.* দুষ্কর্মে সহযোগী duskormo shjogi
accomplish *v.* সম্পন্ন করা sommponn kora
accomplishment *n.* সম্পাদন করা sompadon kora
accord *v.t.* মতৈক্য হওয়া motoiko howa
accordance *n.* সাদৃশ্য sadrisho
according *adv.* অনুযায়ী anujayi
accost *v.* সম্ভাষন করা sombhason kora
account *v.t.* হিসাব করা hisab kora
accountable *adj.* দায়ী dayi
accountancy *n.* হিসাব রাখার বিদ্যা hisab rakhar bidhya
accountant *n.* হিসাব রক্ষক hisab rokokhok
accrue *v.t.* জমা হওয়া joma dewa
accumulate *v.* জড়ো হওয়া joro howa
accuracy *n.* ভ্রম শূণ্যতা vrhom shunnota
accurate *adj.* সঠিক sthik
accursed *adj.* অভিশপ্ত abhishapto
accusation *n.* অভিযোগ abhijog
accuse *v.* অভিযুক্ত করা abhijukto kra
accustom *v.t.* অভ্যস্ত করা abhyasto kra
accustomed *adj.* অভ্যস্ত abhyasto
ace *n.* তাসের টেক্কা tacer tekka
acerbate *v.* তিক্ত করা tikto kra
acerbity *n.* তিক্ততা tikto
acetylene *n.* বর্ণহীন গ্যাস bornohin gyas
ache *v.t.* বিরামহীন বেদনা biramhin bedno
achieve *v.t.* কার্য সম্পাদন karjo sompadon
achievment *n.* সম্পাদিত কার্য sompadit karjo
acid *adj.* অম্ল omlo
acidity *n.* অম্বলের রোগ omboler rog
acknowledge *v.* প্রাপ্তি স্বীকার prapti swikar
acknowledgement *n.* স্বীকারোক্তি swikarokti
acme *n.* চরমসীমা coromsima
acne *n.* ব্রন brono
aconite *n.* বিষাক্ত গাছ bisakto gas
acorn *n.* ওক বৃক্ষের ফল oak brikher fl
acoustic *adj.* শ্রুই বিদ্যা shrui bidya
acquaint *v.t.* পরিচয় করানো prichoy krano
acquaintance *n.* পরিচয় prichoy
acquiesce *v.i.* নীরবে মেনে নেওয়া nirobe mene newa
acquiescence মৌন সম্মতি mouno sommoti
acquire *v.t.* অর্জন করা aorjon kora
acquirement *n.* অর্জিত দ্রব্য arjit drobo
acquisition *n.* অর্জন orjon
acquit *v.t.* নির্দোষ ঘোষণা nirdosh ghosona
acquittal *n.* বেকসুর খালাস bekosur khalas
acre *n.* জমির পরিমাপ jomir primap

acrimony *n.* ভাষার রুক্ষতা bhasar rukhota
acrobat *n.* দড়া বাজিকর dora bajikar
across *adv.* ওপারে যাওয়া opare jaowa
act *n.* আচরন করা achoron kora
acting *adj.* অভিনয় obhinoy
action *n.* কাজ করা kaj kora
active *adj.* সক্রিয় skriyo
actively *adv.* কর্ম ততপর করা kormo totpor kora
activity *n.* কর্ম ততপরতা kormo totporota
actor *n.* অভিনেতা obhineta
actual *adj.* প্রকৃত কার্যত prokrit karjoto
actually *adj.* কার্যতঃ karjoto
actuate *n.* কর্মে প্রবৃত্ত করা korme probrito kora
acuity *n.* সূক্ষতা sukhota
acumen *n.* প্রখর বুদ্ধি prokhor buddhi
acute *dj.* চতুর chotur
acuteness *n.* চতুরতা chorurota
adage *n.* প্রবাদ probad
adam *n.* প্রথম মানুষ prothom manus
adapt *v.t.* খাপ খাওয়ানো khap khawano
adaptation *n.* অভিযোজন obhijojon
add *v.t.* যুক্তকরা jukthokora
adder *n.* বিষধর সাপ bisodhor sab
addicted আসক্ত হওয়া asakot howa
additional *adj.* অতিরিক্ত atirikto
address *v.t.* ঠিকানা লেখা thikana lekha
addressee পত্রাদির প্রাপক ptradir prapok
adept *n.* সুদক্ষ ব্যক্তি sudokho byekti
adequate *adj.* পর্যাপ্ত porjapto
adhere *v.t.* লেগে থাকা lege thaka
adhere *v.t.* আঁটিয়া লেগে থাকা aantiya lege thaka
adherent *n.* লিপ্ত lipot
adhesion *n.* আনুগত্য anugotho
adieu *n.* তোমাকে ভগবানের হাতে সমর্পন করিলাম tomake vhogoban hate somporpon krilam
adjacent *adj.* পার্শ্ববর্তী parshoborti
adjective *n.* বিশেষন bisheshon
adjectival *adj.* বিশেষনিক biseshanik
adjoin *v.t.* সংযুক্ত করা sonjukto kora
adjourn *v.t.* মুলতুবি রাখা multubi rakha
adjudge *v.t.* রায় দেওয়া ray dewa
adjudicate *v.t.* বিচার পূর্বক স্থির করা bicar purbok sthir kora
adjudication *n.* দেউলিয়া বলিয়া ঘোষণা করা deujuliway bliye ghosona kra
adjunct *n.* সংযুক্ত পদার্থ sonjukto pdartho
adjure *v.t.* প্রতিগ্যাবদ্ধ করে নেওয়া protighaboddho kre newa
adjust *v.t.* ঠিকভাবে চালু করা thikbhabe chalu kora
adjustment *v.t.* যন্ত্রপাতির নিয়ন্ত্রক অংশ jontropati niyontrok aansho
adjutant *n.* সেনাপতির সহকারী বিশেষ senaptir shokari bishes
administer *v.t.* শাসন করা shashon kora
administration *n.* পরিচালনা prichalona
administrator পরিচালক prichalok
admirable *adj.* প্রশংসনীয় proshon sniyo
admiral *n.* প্রধান নৌ সেনাপতি prodhan nou senapoti
admiration *n.* মুগ্ধভাবে প্রশংসা করা mukdho vhabe proshansha kora
admire *v.t.* শ্রদ্ধা করা shodha kora
admirer *n.* গুণমুগ্ধ ব্যক্তি gunmugdho byekti
admissible *adj.* গ্রহণ যোগ্য grohon jogyo
admission *n.* ভর্তি vhorti
admit *v.* ভর্তি করা vhorti kora
admittance *n.* প্রবেশাধিকার probesadhikar
admix *v.t.* অন্যকিছুর সহিত মিশ্রিত করা anokichur shit mishrit kora
admixiture *v.t.* মিশ্রন mishoron
admonish *v.t.* সতর্ক করা storko kora
admonition *n.* মৃদু ভর্তসনা পূর্ণ mridu vhortsna purno
ado *n.* কর্মব্যস্ততা kormobyastota
adolescence *n.* বয়ঃসন্ধি boysondhi
adolescent *adj.* কৈশোর প্রাপ্ত koishor prapto

adopt *v.t.* গ্রহণ করা grohon kora
adoration *n.* ভক্ত bhokto
adore *v.t.* তীব্রভাবে ভালবাসা tibrovhabe valobasha
adorer *n.* পুজারী pujari
adorn *v.t.* সুশোভিত করা sushobhit kora
adrift *adv.* ভাসমান অবস্থায় vhasman abostha
adroit *adj.* দক্ষ dkho
adulate *v.t.* তোষামোদ করা toshamod kora
adult *n.* প্রাপ্তবয়স্ক prapto byesko
adulterate *v.t.* ভেজাল মেশান bhejal meshano
adulterer *n.* ব্যভিচারী byabhichari
adultery *n.* ব্যভিচার byabhichari
adumbrate *v.t.* অস্পষ্ট আভাষ দেওয়া asposto abhas dewa
advance অগ্রসর করানো agrosor krano
advancement *n.* অতিরিক্ত মাত্রায় অগ্রসর atirikto matrai agrosor
advantage *n.* সুবিধা subidha
advantageous *adj.* লাভজনক labhjonok
advent *n.* আবির্ভাব abirbhab
adventious *adj.* অস্বাভাবিক aswabhik
adventure *v.* অভিযান obhijan
adverb *n.* ক্রিয়া বিশেষণ kriya besheson
adversary *n.* বিপক্ষ bipokho
adverse *adj.* প্রতিকূল protikul
advert *v.* মনোযোগ দেওয়া monojog dewa
advertise *v.* বিগ্যাপিত করা bigyapito kora
advertisement *n.* বিগ্যপ্তি bigyopti
advice *n.* পরামর্শ pramorsho
advisable *adj.* গ্রহনযোগ্য grohonjogyo
advise *v.* পরামর্শ দেওয়া pramorsho dewa
advisory *adj.* উপদেশক updeshok
advocacy *n.* ওকালতি করা okaloti kora
advocate *v.* কারো পক্ষে বলা karor pokhe bla
adytum *n.* পবিত্রতম অংশ pobitrotom ansho
adze *n.* বাটালি batali
aegis *n.* অভেদ্য ঢাল avhedo dhal
aerate *v.* গ্যাস ভরা gyas bhora
aerated *adj.* বায়ুপূর্ণ করা bayu purno kora
aerial *adj.* বায়ুময় bayuman
aerodrome *n.* বিমানশালা bimanshala
aerogram *n.* বেতারবার্তা betarbarta
aeronaut *n.* বিমানচালক bimanchalok
aeroplane *n.* বিমানপোত biman
aesthetic *adj.* চারুকলা charukola
aesthetics *n.* সৌন্দর্যশাস্ত্র sondorjoshastro
afar *adj.* দূরবর্তী স্থান durborti sthan
affable *adj.* অমায়িক amayik
affair *n.* বিষয় bishoi
affect প্রভাবিত করা probhabit kora
affectation *n.* ভান vhan
affected *adj.* প্রভাবিত করা provhabit kora
affection *n.* স্নেহ sneh
affectionate *adj.* স্নেহশীল snehshil
affiance *n.* প্রতিশ্রুতি protishuruti
affidavit *n.* শপথপত্র shopoth potro
affilliate *v.* সভ্যরূপে অন্তর্ভুক্ত করা sbhorupe antorbhukto kora
affilliation *n.* সম্বন্ধ করা sombondho kora
affinity *n.* বৈবাহিক সম্বন্ধ boibhahik sombondho
affirm *v.* দৃঢ়তারসঙ্গে বলা dritarsonge bola
affirmation *n.* হ্যাঁ-সূচক বাক্য han suchok bako
affirmative হ্যাঁ-সূচক han suchok bako
affix *v.* আঁটিয়া দেওয়া aantiye dewa
afflatus *n.* প্রেরণা prerona
afflict *v.* উতপীড়ন utpiron
affliction *n.* উতপীড়িত utpirito
afflictive *adj.* দুর্দশাগ্রস্ত durdoshagrosto
affluence *n.* সমৃদ্ধি smridho
affluent *adj.* সমৃদ্ধ smridho
afflux *n.* স্রোত short
afford *v.* সমর্থ হওয়া smortho howa
afforest *v.* বনায়িত করা banayito kora
affray *n.* দাঙ্গা danga

affright *v.* আতংকিত করানো atonkito krano
affront *n.* মুখোমুখি হওয়া mukhomukhi howa
afield *adv.* শস্যক্ষেত্রে soshokhetre
afire *adv.* জ্বলন্তবস্থায় jwalonto obostha
aflame *adv.* বনহিমান অবস্থায় bonhiman abostha
afloat *adv.* ভাসন্ত অবস্থায় vhasonto obostha
afoot *adv.* পদব্রজে গমনশীল podbroje gmonshil
afore *prep.* সন্‌মুখে sonmukhe
afraid *adj.* ভীত vhit
afresh *adv.* নূতনভাবে notunvhabe
after *adv.* পশ্চাতে poshcate
after all *adv.* মোটের উপর motor upor
afternoon *n.* অপরানহ aprahon
afterward *adv.* ভবিষ্যতে vhishote
again *adv.* পুনরায় punray
against *prep.* বিপক্ষে bipokhe
agate *n.* মুল্যবান মনিরাশি muloban monirashi
age *n.* আয়ু aayu
aged *adj.* বৃদ্ধ bridhi
agency *n.* প্রতিনিধিত্ব protinidhitwo
agenda *n.* আলোচ্য বিষয়সূচী alocho bishoysuchi
agent *n.* অনুমোদিত প্রতিনিধি anumodit protinidhi
agglutinate *v.* জোড়া দেওয়া jora dewa
aggrandize *v.* ধনপদ বৃদ্ধি করা dhonpod bridhi kora
aggravate *v.* উত্যক্ত করা utokto kora
aggravation *n.* প্রকোপ বৃদ্ধি prokop bridhi
aggregate *v.* মোট পরিমান mot priman
aggressive *adj.* কলহপরায়ণ kolohporayon
aggression *n.* আক্রমন akranto
aggrieve *v.* অত্যাচার করা atyachar kora
aghast *adj.* আতঙ্কে হতবুদ্ধি atonke hotbudhi
agile *adj.* চটপটে chotpte
agitate *v.* উত্তেজিত হওয়া utejit howa
agitation *n.* বিক্ষোভ bikhobh
agnostic *n.* আগ্যাবাদী aagyobadi
ago *adj.* অতীতে atite
agog *adj.* গমনোদ্যত gomonodyit
agonize *v.* মানসিক যন্ত্রণা mansik jontrona vhog
agrarian *adj.* ভূমি সম্বন্ধীয় bhumi sombondhiya
agree *v.* একমত হওয়া ekmoth howa
agreeable *adj.* সম্মত হওয়া somot howa
agreement *n.* সমঝোতায় আসা somjhotai asa
agrestic *adj.* গেঁয়ো geyon
agricultural কৃষি সংক্রান্ত কার্য krishok sonkranto karjo
agriculture *n.* কৃষি krishi
ague *n.* কম্পজ্বর kompojwar
ahead *adv.* অগ্রসর সাহায্য করা agroson sahajo kora
aid *v.* সাহায্য করা sahajo kra
ail *v.* যন্ত্রণা দেওয়া jontrona dewa
ailment *n.* অসুস্থ হওয়া asustho howa
aim *n.* লক্ষ্য lokhya
air *n.* বাতাস batas
aircraft *n.* বিমান biman
ai¤gun *n.* বায়ূচালিত বন্দুক বিশেষ bayuchalit bondhuk bishes
airline *n.* বিমান চলাচলের পথ biman clacler poth
ai¤liner *n.* যাত্রীবাহী বিমান jatribahi biman
airmail *n.* বিমানবাহিত ডাক bimanbahit dak
airplane *n.* বিমান biman
air-pump *n.* হাওয়া পাম্প hawa pamp
airship *n.* বৃহত বিমানপোত brihito bimanpot
ai¤tight *adj.* বায়ূ প্রবেশের পথরুদ্ধ bayu probesh poth rudho
airy *adj.* বায়ূপূর্ন bayupurno
aisle *n.* গির্জার স্তম্ভ পরিবেষ্টিত ঘোরান স্থান বা গলি girjar sthombho pribesti ghorano sthan ba gli

akin *adj.* সগোত্র sgotro
alabaster *n.* স্ফটিক বিশেষ sphotik bishes
alacrity *n.* ততপরতা totprat
alamode *adv.* রীতি অনুযায়ী riti anujayi
alarm *n.* বিপদ সংকেত bipod sonket
alarming *adj.* ভীতিকর bhitikor
alarm বিপদ সংকেত bipd sonket
alas হায় hay
albatross *n.* সামুদ্রিক পক্ষী samudrik pokhi
albeit *conj.* তথাপি thapi
albino ধবল্ রোগ গ্রস্ত dhobol rog grosto
album *n.* ফটো রাখবার খাতা photo rakhbar khata
albumen *n.* ডিম্বের শ্বেতাংশ dimber swetanshon
alchemist *n.* অপরসায়ন বিদ aprsayon bid
alchemy *n.* অপরসায়ন aopor sayon
alcohol *n.* মদ্য modoyo
alcoholic *n.* মদ্যপ modyapo
alcove *n.* চোর কুঠুরি chor kuthuri
alderman *n.* সম্মানিত সদস্য sommnanit sdoswa
ale *n.* মদ্যবিশেষ modyobisheh
alert *adj.* সতর্ক storko kora
alertness *n.* সতর্ক অবস্থায় storko obostha
algebra *n.* বীজ গণিত bijgonit
algebrical *adj.* বীজগাণিতিক bijgonitik
alias *adv.* ছদ্মনাম chodmonam
alien *adj.* বিদেশী bideshi
alienable *adj.* বিদেশী্রূপে অবস্থান bedeshirube obosthan
alienate *v.* আলাদা করা alada kora
alienation *n.* হস্তান্তর করা hstanhtor kora
alight *v.t.* অবতরন করা abotron kora
alight *adj.* আনন্দে উদ্ভাসিত anonde udhbhasit
align *v.t.* সারি করে সাজানো sari kore sajano
alike *adj.* সদৃশ sdrisho

aliment *n.* খাদ্য দ্রব্য khadwo drobo
alimentary *adj.* খাদ্যসরবরাহকার khadwasorbahkor
alimony *n.* পরিতক্ত্য স্ত্রীর ভাতা pritakto strir vhata
alive *adj.* জীবন্ত jibonto
all *adj.* সমস্ত smosto
allah *n.* আল্লাহ aallaha
allay *v.* উপশম করা upshom kora
allegation দোষারোপ dosharop
allege *v.* অভিযোগ করা avhijog kora
allegiance *n.* আনুগত্য anugoto
allegorical *adj.* রূপকের সাহায্যে বর্ণিত rupkar sahajo bornit
allegory *n.* রূপক rupok
allergy *n.* খাদ্যাদি জনিত প্রতিক্রিয়া kadhyadi jnit protikriya
alleviate *v.* লাঘব করা laghob kora
alleviation *n.* লাঘব laghob
alleviative *adj.* উপশমকর upshom kora
alley *n.* গলি gali
alliance *n.* মিত্রতা mitrota
allied *adj.* সন্নিবদ্ধ smbondhiyo
alligate *v.* বিমিশ্র প্রক্রিয়া bimisho prokriya
alligator *n.* বৃহত কুম্ভীর বিশেষ brihito kumbhir bishesh
alliteration অনুপ্রাসযুক্ত anuprasjukto
allocate *v.* স্থান নির্দেশ করা sthan nirdesh kora
allocation *n.* বন্টন bonton
allopathy *n.* নিরাময় পদ্ধতি niramoy podhoti
allot *v.* অংশরূপে বন্টন aonshorupe bonton
allotment *n.* আবন্টন anonton
allottee *n.* বিভাজিত অংশের প্রাপক bibhajit aonsho prapok
allow *v.* অনুমতি দেওয়া anumoti dewa
allowable *adj.* প্রদত্ত বস্তু prodto bostu
allowance *n.* ভাতা vhata
alloy *n.* নিকৃষ্ট বস্তুর মিশ্রণ nikisto bostur mishorn
all right *adv.* ঠিক থাকা thik thaka

allure *v.* প্রলুব্ধ করা prolubdho kora
allurement *n.* প্রলোভন prolobhon
alluring *n.* প্রলোভনদায়ক prolobhondayok
allusion *n.* পরোক্ষভাবে উল্লেখ্য prokhobhabe ullekho
allusive *adj.* পরোক্ষভাবে উল্লেখ্যিত prokhobhabe ullekhito
alluvial *adj.* পলিজ polij
alluvium *adj.* পলি polij
ally *v.* মৈত্রী বন্ধনে আবদ্ধ হওয়া moitri bondhone abodho howa
almanac *n.* পঞ্জিকা ponjika
almighty *adj.* সর্বশক্তিমান sorboshoktiman
almond *n.* বাদাম badam
almonry *n.* ভিক্ষাশালা bhikashala
almost *adj.* প্রায় pray
alms *n.* ভিক্ষা bhikha
aloe *n.* ঘৃতকুমারী উদ্ভিত ghritokumari udhbhit
aloes *n.* ঘৃতকুমারী উদ্ভিত ghritokumari udhbhit
aloft *adv.* উপরে upore
alone *adj.* এককভাবে ekokbhabe
along *adv.* সহিত shit
alongside *adv.* নিকটবর্তী nikotborti
aloof *adv.* পৃথকভাবে prithokbhabe
aloud *adv.* উচ্চঃস্বরে ucchoswar
alp *n.* উচ্চপর্বত ucchoporbot
alpha *n.* গ্রীক বর্ণমালার আদ্যাক্ষর grek bonrnomalay aadyakhor
alphabet *n.* বর্ণমালা bornomala
alphabetical *adj.* বর্ণমালা সংক্রান্ত bornomala sonkranto
already *adv.* এর আগেই er agei
also *adv.* আরও aro
altar *n.* বেদি bedi
alter *v.* পরিবর্তিত করা priborti kora
alterable *adj.* পরিবর্তন সাধক priborton sadhok
alteration পরিবর্তন সাধক priborton sadhok
altercate *v.t.* তর্কাতর্কি করা torkatorki kora
alternate *adj.* পালা অনুযায়ী pala anujayi
alternative *n.* পরিবর্তন priborton
although *conj.* যদিও jodiyo
altitude *n.* উচ্চতা ucchota
altogether *adj.* সর্বোতভাবে sorbotvhabe
altruism *n.* পরার্থবাদ prarthobad
alum *n.* ফটকিরি fotkiri
aluminium *n.* রূপালি ধাতু বিশেষ rupali dhatu bisheh
alumnus *n.* প্রাক্তন ছাত্র prakton chator
alveolary *n.* ক্ষুদ্র ক্ষুদ্র ছিদ্র khudor dhudro chidro
always *adv.* সর্বদা sborda
am *v.t.* হই hoi
amain *adv.* যথাশক্তি jthashokti
amalgam *n.* পারদমিশ্র pardmishro
amalgamate *v.t.* একত্র করা ekotro kora
amalgamation *n.* একত্রী করণ ektri kron
amass *v.t.* রাশিকৃত rashikrito
amateur *n.* অ-পেশাদার a-peshadar
amative *adj.* প্রেম পরায়ন prem pranon
amatory *adj.* প্রণয় ঘটিত pron ghotito
amaze *v.t.* বিস্ময়াভিভূত করা bismoyvhivhut kora
amazement *n.* বিষ্ময় বিহবলভাবে bismoy bihbolvhabe
amazing *adj.* বিষ্ময় করে এমন bismoy kore emon
amazon *n.* নদীর নাম nodir nam
ambassador *n.* রাস্ট্রদূত rastrodut
amber *n.* পীতাভ তৈলস্ফটিক pitaboh toilsphotik
ambiguity *n.* অনিশ্চিত anischit
ambiguous *adj.* সন্দেহজনক sondehjonok
ambit *n.* চতুঃসীমা choushima
ambitions *n.* উচ্চাকাংখী ucchakankhi
ambitious *adj.* উচ্চাকাংখা ucchakankha
amble *v.* স্বচ্ছন্দগতিতে চলা swachandgotite chola
ambler *n.* অশ্ব aswa
ambrosia *n.* অমৃত aomrit

ambulance *n.* ভ্রাম্যমান হাসপাতাল bharommoman haspatal
ambush *n.* অতর্কিত আক্রমণ otorkito akromon
ameliorate *v.t.* উন্নতি লাভ করা unnoti labh kora
amelioration *n.* উন্নতি সাধক unnti sadhok
amen *n.* তথাস্তু tothasotto
amenable *adj.* বাধ্য badhyo
amend *v.* সংশোধন করা sonshodhon kora
amendment *n.* সংশোধন sonshodon
amenity *n.* মনোরমতা monermto
amethyst *n.* পান্নাজাতীয় মণিবিশেষ pannjatiyou monibishesh
amethystic *adj.* নীলকান্তমণি nilkantomoni
amiable *adj.* সৌজন্যপূর্ণ soujonyoupurno
amiability *n.* মনোরম monorom
amiably *adv.* মধুরভাবে modhurbhabe
amicable *adj.* বন্ধুত্বপূর্ণ bondhutopurno
amicably *adv.* আপসে সম্পাদিত aapse sompadit
amid *prep.* মধ্যে modhey
amiss *adj.* পথভ্রষ্ট pothbhrost
amity *n.* বন্ধুত্ব bondhutopurno
ammonia *n.* গ্যাসীয় যৌগিক gasiyou jougik
ammunition *n.* যুদ্ধোপকরন judkhopkron
amnesty *n.* রাজক্ষমা rajkhoma
among *prep.* অনেকের মধ্যে aneker modhey
amorous *adj.* প্রণয় সম্পর্কীয় pronoy somporkiyo
amorphous *adj.* নির্দিষ্ট আকার শূন্য nirdisto akar sunno
amount *v.* সমষ্টি smosti
amour *n.* উভচর প্রাণী uvhchor prani
amphibian *n.* ডিম্বাকার অট্টালিকা বিশেষ dimbakor attalika bishes
amphi theatre *n.* প্রচুর prochur
ample *adj.* সম্প্রসারন করা somprosarn kora
amplify *v.* সম্প্রসারন মূলক somprasaron mulok
amplification *n.* ধ্বনি সম্পসারক dwani sompsarok
amplifier *n.* বিমূর্তভাবে bimurtibhabe
amplitude *n.* ব্যবচ্ছেদ করা byabched kora
amputate *n.v.* অংগ কর্তন করা aongo korton kora
amputation *n.* উন্মত্তের মত unmokter mt
amuck *adv.* মন্ত্রপুত কবচ montroput koboch
amulet *n.* মনোরঞ্জন করা monoronjon kora
amuse *v.* মজাদার mojadar
amusing *adj.* সময়ের অসংগতি smoyer asongiti
anachronism *n.* রক্তাল্পতা roktalpota
anaemia *n.* বাক্যাংশ গঠন bakyansho gothon
anagram *n.* অনুরূপতা anurpta
analogy *n.* সদৃশ sdrisho
analogous *adj.* বিশ্লেষন করা bisleshon kora
analyse *v.t.* বিশ্লেষন bisleshon
analysis *v.t.* বিশ্লেষক bisleshok
analyst *n.* বৈশ্লেষিক boislesik
analystical *adj.* নৈরাজ্য noirajoyo
anarchy *n.* অংগ ব্যবচ্ছেদ বিদ্যা aongo byabchet bidya
anatomy *n.* অঙ্গের ব্যবচ্ছেদ aonger byabched
anatomical *adj.* অংগ ব্যবচ্ছেদে দক্ষ ango byabchede lokho
ancestor *n.* পূর্বপুরুষ purbopurush
ancestra *adj.* বংশানুক্রমিক bonshanukromik
anchor *n.* নোঙ্গর nongor
anchovy *n.* ক্ষুদ্র মতস বিশেষ khudro mtos bishes
ancient *adj.* অতিপ্রাচীন atiprachin
ancilliary *adj.* সহায়ক shayok
anecdote *n.* ক্ষুদ্রসত্যকাহিনী khudrotokahini
anew *adv.* পুনরায় punoray

angel *n.* দেবদূত debdut
anger *n.* রাগ rag
angle *n.* কোণ kon
angler *n.* ছিপ দিয়ে মাছ ধরে chip diye mach dhora
anglicize *v.* ইংরাজীরূপ দেওয়া inraji rup dewa
anglo *n.* ইংরেজ inrej
anguish *n.* নিদারুন মানসিক যন্ত্রণা nidarun mansik jontorna
angular *adj.* কোনযুক্ত konjukto
animal *n.* প্রানী prani
animate *v.* প্রাণ সঞ্চার করা pran sonchar kora
animated *adj.* প্রানবন্ত pranbonto
animation *n.* জীবনদায়ক jibondayok
animism *n.* চৈতন্যবাদ choitnobad
animosity *n.* শত্রুতাচরণ sshrutacron
ankle *n.* গোঁড়ালির গাঁট goralir ganth
annalist *n.* ঘটনার বিবরনী লেখক ghotonar biborni lekhok
annals *n.* বর্ণনাক্রমিক বিবরনী bornakromik bibroni
annex *v.* যুক্ত করা jukto kora
annexe *n.* সংযোজিত বিষয় sonjojit bishoi
annihilate *v.t.* সম্পুর্ণ ধ্বংস করা sompurno dwansho kora
anniversary *n.* বার্ষিক উতসবের দিন barshik uthsber din
annotate *v.t.* টীকা লেখা tika lekha
annotation *n.* ব্যাখ্যাকরণ byakhakoron
announce *v.t.* ঘোষনা করা ghosna kora
announcement *n.* ঘোষনা ghosona
announcer *n.* ঘোষক ghosok
annoy *v.t.* বিরক্ত করা birkto kora
annoyance *n.* বিরক্তি birokto
annual *adj.* বাতসরিক batsorik
annually *adv.* বার্ষিক barshik
annuity *n.* বার্ষিক বৃত্তি ভাতা barshik briti vhata
annuitant *n.* বার্ষিক বৃত্তির প্রাপক barshik briti prapok
annul *v.t.* অকার্যকর করা akarjkor kora
annulment *n.* রদ করা rod kora
anodyne *n.* বেদনা নাশক bedna nashok
anoint *v.t.* তেল মাখান tel makhanoa
anomalous *adj.* নিয়ম বহির্ভূত niyom bohirbhuto
anomaly *n.* অনিয়ম aniyom
anonymity *n.* ছদ্মনাম যুক্ত chodmonam jukto
anonymous *adj.* অপ্রকাশিত নামা aprokashito nam
anonymously *adj.* বেনামা benama
another *adj.* অন্য aonno
answer *n.* উত্তর uttor
answerable *adj.* সমাধান সাধ্য smadhan sadhoyo
ant *n.* পিপড়া pipra
antagonism *n.* বিরোধিতা birodhita
antagonist *n.* প্রতিদ্বন্দী protidwandhi
antagonistic *adj.* বিরোধী birodhita
antagonise *v.t.* বিরোধিতা করা birodhita kora
antarctic *adj.* দক্ষিণমেরু dokhinmeru
antecedent *adj.* পূর্ববর্তী ঘটনা purbborti ghotona
antechamber *n.* পার্শ্বকক্ষ parshokokho
antedate *v.t.* প্রকৃত তারিখের পুর্বের তারিখ prokrit tarikhe purber tarikh
antelope *n.* কৃষন সার মৃগ krishon sar mrigo
antenatal *adj.* জন্মের পুর্বকালীন jonmer puborokalin
antennae আকাশ তার সম্বন্ধীয় akash tar sombondhiyo
anterior *adj.* পুর্বকালীন purbokalin
anteroom *n.* পার্শ্বকক্ষ parshokokho
anthem *n.* ধর্মসঙ্গীত dhormosongeet
anthology *n.* কবিতা সংগ্রহ kbita songroha
antic *n.* উদ্ভট udhbhot
antimony *n.* এক প্রকার ধাতু ek prokar dhatu
antipathy *n.* বিদ্বেষ bidwes

antiquarian *adj.* প্রাচীন নির্দেশাদি সম্বন্ধে শিক্ষার্থী prachin nirdeshadi sombondhe shiksharrthi
antiquated *adj.* অপ্রচলিত oprocholito
antique *adj.* অতিপুরাতন otipuraton
antiquities *n.* প্রাচীন যুগের তথ্যাদি prachin juger tothyadi
antiseptic *adj.* পচন নিবারক pochon nibarok
anti-social *adj.* সমাজ বিরোধী somaj birodhi
antithesis *n.* বিরোধ অলংকার birodhe olongkar
antlers *n.pl.* হরিণের শাখা যুক্ত শিং horiner sakha jukto sing
antonym *n.* বিপরীতার্থক শব্দ biporitarthok sobdo
anxiety *n.* দুশ্চিন্তা duhschinta
anxious *adj.* উদ্বিগ্ন udbignwo
any *adj.* যে-কোন je kono
anybody *pron.* যে কেহ je keho
anyhow *adv.* যে কোন উপায়ে je kono upaye
anyone *pron.* যে কোন একজন je kono ekjon
anything *pron.* যাহা কিছু jaha kichu
anyway *adv.* যে কোন পথে je kono pothe
anywhere *adv.* যে কোন স্থানে je kono sthane
apace *adv.* ক্ষিপ্র গতিতে kshiprovabe
apart *adv.* পৃথকভাবে prrithokvabe
apartment *n.* ছোটকক্ষ choto kokshyo
apartments *pl.* ছোটকক্ষের সমষ্টি choto koksher somosti
apathetic *adj.* উদাসীন udasin
apathy *n.* অনীহা oniha
ape *n.* লেজবিহীন বানর lejobihin banor
aperture *n.* ফাটল fantol
apex *n.* শৃংগ srringo
aphorism *n.* সংক্ষিপ্ত স্মরনীয় উক্তি songkshipto smoroniyo ukti
aphoristic *adj.* প্রবচনাত্মক orobochonatmok
aplary *n.* মৌমাছির আবাস moumachir abas
apiece *adv.* জনপ্রতি jonoproti
aplomb *n.* আত্মবিশ্বাস atmobiswas
apocryphal *adj.* সন্দেহজনক sondeho jonok
apogee *n.* পৃথিবী হইতে দূরতম prithibi hoite durotom
apologize অপরাধ স্বীকার করা oporadh swikar kora
apologetic *adj.* কৈফিয়ত মূলক koifiyot mulok
apology *n.* অপরাধ স্বীকার করা oporadh swikar kora
apoplexy *n.* সন্ন্যাস রোগ sonnyas rog
apoplectic *adj.* স্বদল ত্যাগ swodol tyag
apostasy *n.* যে ব্যক্তি স্বদল ত্যাগ করিয়াছে je byakti
apostle *n.* ভগবত বাক্য প্রচারের জন্য প্রেরিত ব্যক্তি vhogbot bakoyo procharer jonno prerit byakti
apostrophe *n.* উলটো কথা ulto kotha
apothecary *n.* ঔষধাদি প্রস্তুত কারক oushodhadi prostut karok
apotheosis *n.* মহিমান্বিত করা mohimanwito kora
appal *v.t.* অত্যন্তভীত করা otyntovito kora
apparatus *n.* যন্ত্রপাতি jontro pati
apparel *n.* পোশাক posak
apparent *adj.* আপাত দৃশ্যমান apato drisyoman
apparently *adv.* স্পস্টভাবে প্রতীয়মান spostovabe protiyoman
apparition *n.* অপচ্ছায়া opochaya
appeal *v.* সনির্বন্ধ swonirbondho
appear *v.* আবির্ভূত হওয়া abivuto howa
appearance *n.* আবির্ভাব abirvab
appellant *n.* আপীলকারী apilkari
appellation *n.* খেতাব khetab
append *v.* সংলগ্ন করা songlogno kora
appendage *n.* উপাঙ্গ upango
appendicitis *n.* আন্ত্রিক রোগ বিশেষ antrik rog bises
appendix *n.* পরিশিষ্ট porishisto

appertain *v.* অন্তর্ভুক্ত থাকা ontorvukto thaka
appetite *n.* ক্ষুধা khudha
applaud *v.* সশব্দে প্রশংসা করা swosobde prosongsa kora
applause *n.* সরব প্রশংসা sorob prosongsa
apple *n.* আপেল apel
applicable *adj.* প্রযোজ্য projojyo
applicability *n.* প্রয়োগসাধ্য pryogsadhyo
applicant *n.* আবেদনকারী abedonkari
application *n.* আবেদনপত্র abedon potro
apply *v.i.* প্রয়োগ করা proyog kora
appliance *n.* যন্ত্র jontro
appoint *v.t.* কাজে নিযুক্ত করা kaje nijukto kora
appointment *n.* নিয়োগ niyog
apportion *v.t.* ভাগ করে নেওয়া vag kore newa
apposite *adj.* উপযুক্ত upojukto
appraisal *n.* মূল্য নির্ধারন mulyo nirdharon
appraiser *n.* যে মুল্য নির্ধারন করে je mulyo nirdharon kore
appraise *v.i.* মূল্য নির্ধারন করা mulyo nirdharon kora
appreciate *v.t.* সঠিকভাবে নির্ধারন করা sothikvabe nirdharon kora
appreciation *n.* গুণের যথোচিত বিচার guner jothichito bichar
appreciative *adj.* উপলব্ধিমূলক upolobdhimulok
apprehend *v.t.* গ্রেফতার করা greftar kora
apprehension *n.* প্রতীক্ষা/আশংকা protikshya
apprehensive *adj.* শঙ্কিত sonkito
apprentice *n.* শিক্ষানবিশ sikhanobish
apprenticeship *n.* স
apprise *v.t.* জানানো janano
v.i. নিকটে যাওয়া nikote jauwa
approachable *adj.* মনোযোগ আকর্ষনের চেষ্টা monojog akorshoner chesta
approbation *n.* অনুমোদন onumodon
appropriate *adj.* যথোচিত jothochito
appropriateness *n.* অধিকারী odhikari
appropriation *n.* আত্মসাতকারন atmosat karon
approve *v.t.* অনুমোদন করা onumodon kora
approval *n.* অনুমোদন onumodon
approvingly *adv.* অনুমোদিত onumodito
approver *n.* রাজসাক্ষী rajsakhyi
approximate *adj.* প্রায় ঠিক pray thik
approximately *adv.* প্রায় তদ্রূপ pray todrup
approximation *n.* আসন্নমান asonnman
appurtenance *n.* আনুষাঙ্গিক বস্তু anishangik bostu
apricot *n.* কুলজাতীয় ফল kuljatiyo fol
apron *n.* বৃত্তিনির্দেশক শোষক brittinirdesok sosok
apt *adj.* উপযুক্ত upojukto
aptly *adv.* স্বাভাবিক প্রবনতা swavabik probonota
aptness ততপরতা totporota
aptitude *n.* ঝোঁক jhonk
aquarium *n.* জলজপ্রানী রাখিবার জলপাত্র jooloj prani rakhibar patro
aquatic *adj.* জলচর jolochor
aqueduct *n.* পাকা জলনিকাশী ব্যবস্থা pakajolonikashi bybosta
aquiline *adj.* ঈগলের ঠোঁটের মত বাঁকা egoler thoter moto banka
arable *adj.* কৃষি কার্যের যোগ্য krishi kormer jogyo
aramaic *n.* আরাম ও সিরিয়ার ভাষা aram o siriyar vasa
arbiter *n.* মধ্যস্থ modhyostho.
arbitrary *n.* বিধিবহির্ভূত bidhi bohirvuto
arbitrate *v.t.* সালিসি হওয়া sakisi houwa
arbitration *n.* সালিসি sakisi
arbitrator *n.* মধ্যস্থতাকারী modhyosthota kari
arboreal *adj.* বৃক্ষসংক্রান্ত brikhyo songkranto
arboriculture *n.* বৃক্ষসম্বন্ধে গবেষণা brikhyo somporke gobeshona
arbour *n.* কুঞ্জবন kunjoboon
arc *n.* বৃত্তচাপ brittochap

arcade *n.* খিলান শ্রেণী khilan sreni
archaeology *n.* প্রত্নতত্ত্ব protnwototwo.
archaeologist *n.* প্রত্নতত্ত্ববিদ protnwototwobid
archaeological *adj.* প্রত্নতত্ত্ববিষয়ক prtnototwobishoyok
archaic *adj.* প্রাচীন prachin
archaism *n.* সেকেলেভাব sekelvab
archer *n.* তীরন্দাজ tirondaj
archery *n.* ধনুর্বিদ্যা dhonurbidya
architect *n.* স্থপতি sthopoti
architecture *n.* স্থাপত্যবিদ্যা sthapotyo bidya
archives *n.* ঐতিহাসিক দলিল oitihasik dolil
arctic *adj.* সুমেরু sumeru
ardent *adj.* অতি আগ্রহহীন oti agroho
ardour *n.* আগ্রহ agroho
arduous *adj.* শ্রমসাধ্য srmosadhyo
area *n.* অঞ্চল onchol
arena *n.* রংগভূমি rongovumi
argosy *n.* বৃহতবাণিজ্যপোত brihot banijyo pot
argue *v.i.* তর্ক করা tokro kora
argument *n.* তর্ক torko
argumentive *adj.* বিতর্কমূলক bitorko mulok
arid *adj.* শুষ্ক susko
aright *adv.* ঠিকভাবে thik vabe
arise *v.i.* জাগ্রত হওয়া jagroto houwa
aristocracy *n.* অভিজাত তন্ত্র ovijato tontro
aristocrat *n.* অভিজাত্যপূর্ণব্যক্তি avijatyo purno byakti
aristocratic *adj.* অভিজাত ovijato
arithmetic *n.* অঙ্কশাস্ত্র onkosastro
arithmetical পাটীগাণিতিক patiganitik
arithmetician *n.* পাটীগাণিতিগ patiganitogyo
ark *n.* সিন্দুক sinduk
arm *n.* বাহু bahu.
arm-chair *n.* আরামকেদারা aramkedara
armiet *n.* বাহুর আভরণ বিশেষ bahur avoron bises
armament *n.* যুদ্ধোপকরন juddhopokoron
armistice *n.* যুদ্ধবিরতি juddho biroti
armour *n.* বর্ম bormo
armourer *n.* অস্ত্রনির্মাতা ostro nirmata
armoury *n.* অস্ত্রাদির কারখানা ostradir karkhana
army *n.* সৈন্যবাহিনী soinyobahini
aroma *n.* সৌরভ sourav.
aromatic *adj.* সৌরভযুক্ত souravjukto
arouse *v.t.* জাগান jagano
arraign *v.t.* কৈফিয়তদাবী করা koifiyotdabi kora
arrangement *n.* বিন্যাস binyas
arrange *v.t.* ব্যবস্থা করা bybostha kora
arrant *adj.* সম্পুর্ণ sompurrno
array *v.t.*. শৃঙ্খলার সহিত সাজানো srinkholar sohit sajano
arrears *n.pl.* বকেয়া bokeya
arrest *v.t.* গ্রেফতার হওয়া greftar houwa
arrival *n.* আগমন agomon
arrive *v.i.* উপস্থিত হওয়া uposthit howa
arrogance *n.* উদ্ধত্য uddhotyo
arrogant *adj.* উদ্ধত uddhoto
arrow *n.* তীর tir
arrow-head *n.* তীরের মুখ tirer mukh
arsenal *n.* অস্ত্রাগার ostragar
art *n.* চারুকলা charu kola
artery *n.* ধমনী dhomni
artless *adj.* অপটু opotu
article *n.* দ্রব্য drobyo
articulate *v.t.* স্পষ্টরুপে উচ্চারন করা spostorupe uccaron kora
artificial *adj.* কৃত্রিম kritrim
aritillery *n.* কামান kaman
artisan *n.* কারিগর karigor
artist *n.* চারুশিল্পী charusilpi
artistic *adj.* শিল্পীসুলভ silpisulov
artistry *n.* শিল্পদক্ষতা silpodokhyota
as *adv.* যতদুর jotodur
ascend *v.t.* আরোহন করা arohon kora
ascent *n.* আরোহন arohon
ascendancy *n.* প্রভুত্ব provuttyo

ascendant *adj.* উদীয়মান udiyoman
ascertain *v.t.* নিশ্চয় করা nischoy kora
ascetic *n.* কঠোর সংযমী kothor songjomi
ascribe *v.t.* আরোপ করা arop kora
ascription *n.* আরোপ arop
ash *n.* ছাই chhai
ashamed *adj.* লজ্জিত lojjito
ashore *adv.* উপকুলে upokule
aside *adv.* একপাশে ekpase
ask *v.t.* খোঁজ করা khoj kora
askance *adv.* বক্রভাবে bokrovabe
askew *adv.* তির্যকভাবে tirjokvabe
asleep *adj.* নিদ্রিতাবস্থায় nidritabosthay
asp *n.* তত্সদৃশ totsodriso
asparagus *n.* ভক্ষ্য সবজি বিশেষ vokshyo soboji bisesh
aspect *n.* চেহারা chehara
aspen *n.* কম্পনশীল পপলার বৃক্ষ komponsil poplar brikhyo
asperity *n.* বন্ধুরতা bondhurota
asperse *v.t.* কুতসা করা kutsa kora
asphyxlate *v.t.* শ্বাস রোধ করা swasrodh kora
aspirant *n.* আকুলভাবে কামনা কারী akulvabe kamonakari
aspiration *n.* ব্যাকুল বাসনা byakul basona
aspire *v.i.* আকুলভাবে কামনা করা akulvabe kamona kora
ass *n.* গর্দভ gordov
assail *v.t.* আক্রমন করা akromon kora
assailant *n.* আক্রমন কারী akromon kari
assassin *n.* গুপ্তঘাতক gupto ghatok
assassinate *v.t.* বিশ্বাসঘাতকতা পূর্বক গোপনে হত্যা biswasghatokota purbok gopone hotya
assassination *n.* গুপ্ত হত্যা gupto hotya
assault *v.t.* প্রচন্ড আক্রমন করা prochondo akromon kora
assay *v.t.* ধাতু পরীক্ষা করা dharu poriksha kora
assemble *v.t.* একত্র করা ekotro kora
assembly *n.* সভা sova
assent *v.i.* রাজি হওয়া raji houwa
assert *v.t.* নিশ্চয় করে বলা nischoy kore bola
assertion *n.* নিশ্চয়াত্মক nischoyatmkok
assertive *adj.* নিশ্চয়কর nischoy kor
assertiveness *n.* মূল্যনির্ধারন করা mulyo nirdharon
assess *v.t.* কর নির্ধারন kor nirdharon
assessment *n.* কর নির্ধারক kornirdharok
assessor *n.* সম্পত্তি sompotti
asset *n.* পরিশ্রমী porisromi
assiduous *adj.* অধ্যবসায়ী adhyabsayi
assign *v.t.* নির্দিষ্ট করে দেওয়া nirdisto kore dewa
assignment *n.* ধার্যকরণ dharjokoron
assist *v.t.* সাহায্য sahajo
assistance *n.* সহায়তা sahyota
assistant *n.* সহকারী shokari
assize *n.* জুরির সমবয়ে অনুষ্ঠিত বিচার jurir somboye anusthito bichar
associate *n.* কাজ kaj
association *n.* সংযোগ sonjog
assuage *v.t.* প্রশামিত করা proshamit kora
assume *v.t.* ধরে নেওয়া dhore newa
assumption *n.* অনুমান anuman
assure *v.t.* নিশ্চয়তা দেওয়া nischoita dewa
assured *adj.* নিশ্চিত nischit
assuredly *adj.* নিশ্চিতভাবে nischitvhabe
assurance *n.* আত্মপ্রত্যয় atmoprotey
asteroid *n.* গ্রহাণু grohanu
asthma *n.* হাঁপানী রোগ hapani rog
astir *adv.* উত্তেজিত অবস্থায় uttejito obosthay
astonish *v.t.* বিস্মিত করা bishmito kora
astound *v.t.* বিস্ময়ে অভিভূত করা bishmoye ovivuto kora
astral *adj.* নক্ষত্রময় nokhtromoy
astray *adv.* বিপথে bipopthe
astride *adv.* দুই পা দুই পাশে dui pa dui pase
astringent *adj.* সঙ্কোচক sonkochok
astrologer *n.* জ্যোতিষী jyotishi
astrology *n.* ব্যবহারিক জ্যোতিষ শাস্ত্র byaboharik jyotiish sastro

astronomer *n.* গ্রহ বিগ্যানী groho bigyani
astronomy *n.* গ্রহ বিগ্যান groho bigyan
astute *adj.* বিচক্ষন bichokhon
asylum *n.* আশ্রম asrom
at *prep.* তে te
atache *n.* রাষ্ট্রদূতের সহকারী rashtroduter sohokari
atheism *n.* নাস্তিকতা nastikota
atheist *n.* নাস্তিক nastik
athlete *n.* মল্ল mollo.
athletic *adj.* মল্লক্রীড়া সংক্রান্ত mollokrita songkranto
athwart *prep.* আড়াআড়িভাবে araarivabe
atlas *n.* মানচিত্রাবলী manchitraboli
atmosphere *n.* বায়ূমন্ডল bayumondol
atmospheric *adj.* বায়ূমন্ডল সংক্রান্ত bayumonol songkranto
atom *n.* পরমাণূ poromanu
atomic *adj.* পারমাণবিক paromanobik
atone *v.t.* প্রতিকার করা protikar kora
atonement *n.* প্রায়শ্চিত্ত prayoschitto
atop *adv.* উপরে opore
atrocious *adj.* নৃশংস nrrisongso.
atrocity *n.* নৃশংসতা nrrisongsota
atrophy *n.* ক্ষয়িষনুতা kshoyoshnuta
attach *v.t.* একত্রে বাঁধা ekotre badha
attachment *n.* আসক্তি asokti
attack *n.* আক্রমন akromon
attain *v.t.* সফলকায় হওয়া sofolokay houwa
attainable *adj.* লক্ষ্যে পৌঁছোনো lokheye pouchono
attainment *n.* সাফল্য safolyo
attempt *n.* চেষ্টা chesta
attend *v.t.* মনোযোগ দেওয়া monojog dewa
attendance *n.* উপস্থিতি uposthiti
attendant *n.* ভৃত্য vrityo
attentive *adj.* মনোযোগী monojoogi
attest *v.t.* প্রত্যায়ন করা protyon kora
attic *n.* চিলেকোঠা chilekotha
attire *n.* পোশাক posak
attitude *n.* মনোভাব monovab
attorney *n.* ব্যবহারজীবি byaboharjibi
attract *v.t.* আকর্ষন করা akorshon kora
attraction আকর্ষন akorshon
attractive *adj.* মনোহর monohor
attribute *n.* আরোহন arohon
auburn *adj.* তামাটে tamate
auction *n.* নিলাম nilam.
auctioneer *n.* নিলামদার nilamdar
audacious *adj.* দুঃসাহসী duh sahosi
audacity *n.* দুঃসাহস duh sahos
audible *adj.* শ্রবণসাধ্য srobonsadhyo
audience *n.* শ্রোতৃবর্গ srotri borgo
aud'it *n.* নিরীক্ষা nirikhya
auditor *n.* নিরীক্ষক nirikhok
audition *n.* শ্রবন srobon
auditorium *n.* রঙ্গালয় rongaloy
auger *n.* ভবিষ্য বক্তা vobishyo bokta
aught *n.* সামান্য কিছু samanyo kichu
augment *v.t.* বাড়ানো barano
augmentation *n.* বুদ্ধি buddhi
augur *n.* ভবিষ্য বক্তা vobishyo bokta
august *adj.* মহান mohan
aunt *n.* পিসী/মাসী pisi/masi
aunty *n.* জ্যেঠী/কাকি jethi/kaki
aural *adj.* কর্ণবিষয়ক kwrno bishoyok
auspice *n.* শুভাশুভ লক্ষণ suvasuvo lokshon
austere *adj.* কঠোর kothor
austerity *adj.* কঠোরতা kothorota
austerely *adv.* কঠোর আত্ম সংযমী kothor atmo songjomi
authentic *adj.* প্রকৃত prokrito
authenticate *v.t.* সভ্যতা প্রমান করা sovyota proman kora
author *n.* গ্রন্থকার gronthokar
authority *n.* বিধিসঙ্গত ক্ষমতা bidhisommoto kshomota
authoritative *n.* প্রভূত্ব ব্যঞ্জক provutwo byanjok
atuhorize *v.t.* অধিকার দেওয়া odhikar dewa
auto স্বরংচালিত গাড়ী swoyog chalito gari
autobiography *n.* আত্মজীবনী atmo jiboni

autocrat *n.* স্বৈরাচারী শাসক swoirachari sasok
autocratic *adj.* স্বেচ্ছাচারী swechhachari
autograph *n.* স্ব-স্বাক্ষর swo swakhor
automatic *adj.* স্বয়ংক্রিয় swongkriyo
automatically *adv.* স্বয়ংক্রিয় ভাবে swongkriyo bhabe
automation *n.* স্বয়ংক্রিয় যন্ত্র swongkriyo jontro
automobile *n.* মোটর গাড়ী motor gari
autonomy *n.* স্ব-শাসন swo sason
autonomous *adj.* স্ব-শাসিত swo sasito
autopsy *n.* ময়নাতদন্ত moyna todonto
autumn *n.* শরতকাল sorot kal
autumnal *adj.* শরতকালীন sorotkalin
auxiliary *adj.* সহায়ক sohayok
avail *v.i.* কাজে লাগানো kaje lagano
availability *n.* প্রাপ্যতা prapyota
available *adj.* লভ্য lovyo
avalanche *n.* হিমবাহ himobaho
avarice *n.* অতিলোভ otilov
avaricious *adj.* অর্থলিপ্সু ortholipsu
avenge *v.t.* প্রতিশোধ নেওয়া protisodh
avenue *n.* প্রশস্ত পথ prostho poth
aver *v.t.* সত্য বলিয়া ঘোষণা করা sotyo bole ghosona kora
average *n.* গড় gor
averse *adj.* বিরুদ্ধভাবাপন্ন biruddhovabaponno
aversion *n.* বিরূপভাব birupvab
avert *v.t.* নির্ধারন করা nirdharon kora
aviary *n.* পক্ষীশালা pokshi shala
aviation *n.* বিমানচালনা বিদ্যা biman chalona bidya
aviator *n.* বিমানচালক bimanchalok
avid *adj.* অতিশয় লোভী otiosy lovi
avidity *n.* অতি লোভ oti lov
avocation *n.* পেশা pesa
avoid *v.t.* এড়িয়ে চলা eriye chola
avoidance *n.* পরিত্যাগ porityag
avouch *v.t.* শপথ পূর্বক বলা sopoth purbok bola
avow *v.t.* প্রকাশ্যে ঘোষনা করা prokashye ghosona kora
avowal *n.* স্পষ্ট ঘোষনা sposto ghosona
await *v.t.* অপেক্ষা করা opekhaya kora
awake *v.t.* জাগরিত করা jagorito kora
award *n.* বিচারপুর্বক রায় দেওয়া bicharpurbok ray dewa
aware *adj.* সতর্ক sotorko
away *adv.* দূরে dure
awe *n.* ভক্তি vokti
awesome *adj.* ভয়ানক voyanok
awestruck *adj.* সন্ত্রস্ত sontrosto
awful *adj.* বীভতস bivotso
awhile *adv.* কিছুকালের জন্য kichukaler jonyo
awkward *adj.* বিশ্রী bisri
awkwardly *n.* জটিল সামঞ্জস্যপূর্ণ hotobuddhi howa
awkwardness *n.* হতবুদ্ধি হওয়া hotobuddhi
awl *n.* জুতোসেলাই এর সুঁচ jutoselai er sunch
awning *n.* চাঁদোয়া chadoya
awry *adj.* কুটিলভাবে kutilvabe
axe *n.* কুড়াল kural
axis *n.* অক্ষরেখা okshyorekha
axle *n.* চক্রনেমী chokronemi
ay *adv.* হ্যাঁ hya
aye চিরকাল chirokal
azure *adj.* আকাশ রঙ্গা akash ranga

B

babble *v.t.* শিশুর ন্যায় কথা বলা sishur nay kotha bola
Babe *n.* শিশু sishu
baboon *n.* বানর বিশেষ banor bishes
baby *n.* খুব ছোট শিশু khub choto sishu
babyhood *n.* শৈশব soisob
bachelor *n.* অবিবাহিত পুরুষ obibahito purush
bacillus *n.* জীবাণু jibanu
back *n.* পিঠ pith

backbite *v.t.* কাহারও অসাক্ষাতে নিন্দা kaharo osakhyate ninda
backbiter *n.* অসাক্ষাতে নিন্দা osakhate ninda
backbone *n.* শিড়দাঁড়া sinr danra
background *n.* পশ্চাদভুমি poschadvumi
backing *n.* সমর্থকবৃন্দ somorthokbrindo
backslide *v.i.* ধর্মপালনে পশ্চাদপর হওয়া dhormopalone poschadpor howa
backward *adj.* অনগ্রসর onogrosor
bacon *n.* লবণে জারিত শূকরের মাংশ lobone jarito sukorer mangso
bacterium *n.* রোগজীবাণূ rogjibanu
bacterial *adj.* রোগজীবাণূখচিত rogjibanukhochito
bacteriology *n.* রোগজীবাণূ rog jibanu
bad *adj.* শব্দ sobdo
badge *n.* পরিচয়গ্যাপক চিনহ poroichoygapok chinho
badger *n.* ভোদর জাতীয় নিশাচর প্রাণী vodor jatiyonishachor prani
badminton *n.* ব্যাডমিন্টন খেলা byadminton khela
baffle *v.t.* হতবুদ্ধি করা hoto buddhhi kora
bag *n.* থলে thole
baggy *adj.* থলির ন্যায় ঢলঢলে tholir nyay dholdhole
baggage *n.* মালপত্র malpotro
bagpipe *n.* বাঁশিবিশেষ banshi bises
bah *interj.* ঋণসূচক অব্যয় ribsuchok oboy
bail *n.* জামিন jamin
bailiff *n.* গোমস্তা gomosta
bait *n.* টোপ top
baize *n.* মোটা পশমই কাপড় বিশেষ mota posom kapor bises
bake *v.t.* সেঁকা senka
baker *n.* যে ব্যক্তি রুটি সেঁকে je byakti ruti senke
bakery *n.* রুটির কারখানা rutir karkhana
balance *n.* দাঁড়িপাল্লা danri palla
balcony *n.* ঝুলবারান্দা jhulbaranda
bald *adj.* টাক পড়া tak pora
baldly *adv.* খোলাখুলিভাবে kholakhulivabe
baldness *n.* বড় রসকস নেই এমন bor roskos nei emon
bale গাঁইট gait
baleful *adj.* অমঙ্গলপূর্ণ omongolpurno
balk *v.t.* উপেক্ষাকারী upekha kari
ball *n.* খেলিবার বল khelibar bol
ballroom *n.* নাচঘর nachombor
ballad *n.* পল্লীগীতি polligiti
ballet *n.* সঙ্গীত সহ নৃত্য বিশেষ songit soho nrityo bises
balloon *n.* বেলুন belun
balloonist *n.* বেলুনে চড়িয়া শুন্যে ভ্রমনকারী belune coriya sunye vromonkari
ballot *n.* ভোটপত্র votpotro
ballo¶box *n.* ভোটপেটি votpeti
balm *n.* সুগন্ধ পদার্থ sugondho podartho
balmy *adj.* সুগন্ধ sugondho
balustrade *n.* সুক্ষ্ণপত্র ক্ষুদ্র স্তম্ভ শ্রেণী sukhwoporto khudro stomvo bises
bamboo *n.* বাঁশ bansh
bamboozle *v.t.* প্রতারণা করা protarona kora
ban *v.t.* নিন্দনীয় বলে ঘোষনা nindniy bole ghosona
banal *adj.* গতানুগতিক gotanugotik
banana *n.* কলা kola
band *n.* দল dol
bandage *n.* ক্ষতস্থানাদি বন্ধনের পট্টি khotosthanadi bondhoner potti
bandit *n.* দস্যু dosyu
bandolier *n.* গুলি রাখার খোঁপ guli rakhar khop
bandy *v.t.* পরস্পর লোফালুফি করা porspor lofalufi kora
bane *n.* বিষ bis
baneful *adj.* ক্ষতিকারক kshotokarok
bang *v.t.* গুরুতর আঘাত করা gurutoro aghat kora
bangle *n.* বালা bala
banish *v.t.* নির্বাসন দেওয়া nirnason deowa

banishment *n.* নির্বাসন nirbason
banister *n.* সিঁড়ির হাতলওয়ালা স্তম্ভশ্রেণী sinrir hatolwala stomvo sreni
banjo *n.* তারের বাদ্যযন্ত্র বিশেষ tarer badyo jontro bises
bank *n.* ব্যাঙ্ক bank
banker *n.* মহাজন mohajon
banking *n.* ব্যাঙ্কের কাজ কারবার banker kaj karbar
bankrupt *n.* দেউলিয়া ব্যক্তি deuliya byakti
bankruptcy *n.* দেউলিয়া অবস্থা deuliya obosta
banner *n.* নিশান nisan
banns *n.* বিবাহ প্রচারিত বিগপ্তি bibah procarit bigyopti
banquet ভোজ় voj
banter *n.* তীব্র হাসিঠাট্টা tibro hasithatta
banyan *n.* বটগাছ botgach
baptism *n.* খৃষ্টধর্মে দীক্ষা khriishtodhorme dikkha
bar খিল khil
barb *n.* দ্রুতগামী অশ্ববিশেষ drutogami oswo bises
barbarian *n.* অসভ্য osobvyo
barbaric *adj.* বি্দেশী bidesi
barbarism *n.* বর্বরতা borborota
barbarity *n.* নৃশংসতা nrisongsota
barbarous *adj.* নিষ্ঠুর nishthur
barber *n.* নাপিত napit
bard *n.* চারণ কবি charon kobi
bare *adj.* উলংগ ulongo
barefaced *n.* নির্লজ্জ nirlojjyo
barely *adv.* সামান্য samanyo
bareness *n.* বড়জোর borojor
barge *n.* প্রমোদ তরী promod tori
barium *n.* মৌলিক উপাদান বিশেষ moulik upadan bises
bark *n.* পানসি pansi
barely *n.* যব job
barm *n.* মদের ফেনা moder fena
barn *n.* গোলাবাড়ী golabari
barnaclen.ہار রাজহংসবিশেষ rajohongso bises
barometer *n.* আবহমান যন্ত্র abohoman jontro
baron *n.* খেতাব ধারী ব্যক্তি khetab dhari bykti
baronet *n.* নিম্নশ্রেনীর ব্যারল nimno srenir byarol
barony *n.* ব্যায়নের জমিদারী byayoner jomidari
barque *n.* চটকদার নির্মান পদ্ধতি chotokdar nirman poddhoti
barrage *n.* বাঁধ bandh
barrel *n.* পিপা pipa
barren *adj.* অনুর্বর onurbor
barricade *n.* প্রতিরোধ ব্যবস্থা protirodh byobostha
barrier *n.* বাধা badha
barrister *n.* ব্যবহারজীবি বিশেষ byaboharjibi bises
barrow *n.* মালবাহী ঠেলা গাড়ি malobahi thela gari
barter *v.t.* দ্রব্য বিনিময় করা drobyo binimoy kora
basal *adj.* মূলগত mulogoto
base *adj.* ভিত্তি vitti
basement *n.* বাড়ির ভূ-গর্ভস্থ অংশ barir vu-gorvostho ongso
baseness *n.* ভিত্তিহীন vitt hin
bashful *adj.* লাজুক lajuk
bashfulness *n.* কিংকর্তব্যবিমুঢ় kingkortyobyobumurh
basic *adj.* মৌলিক moulik
basil *n.* তুলসীজাতীয় গাছ tulosijatiyo gachh
basin *n.* গোলাকার উন্মুক্ত জলপাত্র golakar unmukto jolopatro
basis *n.* স্তম্ভাদির গোড়া stomvadir gora
bask *v.t.* আগুন বা রোদ পোহান agun ba rod pohan
basket *n.* ঝুড়ি jhuri
bass *n.* খাদের সুর (সঙ্গীত) khader sur (songit)
bastard *n.* জারজ সন্তান jaroj sontan
baste *v.* লম্বা ফোঁড়ে সেলাই করা lomba fonre selai kora

bastille *n.* দূর্গ রক্ষার্থে কেল্লা durgo roksharthe kella
bastion দূর্গ প্রাচীরের বহিরাংশ durgo prachirer bohirangso
bat *n.* বাদুড় badur
batch *n.* দল dol
bate *v.t.* কমানো komano
bath *n.* স্নান snan
bathe *v.t.* স্নান করানো snan korano
bathos *n.* ভাবাবেগ vababeg
baton *n.* ছোট মোটা লাঠি choto mota lathi
battalion *n.* সেনাবাহিনীর অংশ বিশেষ sena bahinir ongso bises
batten *n.* পেরেক দিয়ে গাঁথা perek diye gantha
batter *n.* ময়দা, ডিম, দুধমিশ্রিত মন্ড moyda, dim dudhmisrito mondo
battery *n.* বিদ্যুত উতপাদক যন্ত্র bidyut utpadok jontro
battle *n.* যুদ্ধ juddho
battle-axe যুদ্ধ কুঠার juddho kuthar
battledore *n.* টেবিল টেনিস খেলার ব্যাট tabil tenis khelar byat
bauble *n.* শিশুদের খেলনা বিশেষ sisuder khelna bises
bawd *n.* অসত স্ত্রীলোক osot strilok
bawl *v.t.* চীতকার করে বলা chitkar kore bola
bay *adj.* তামাটে tamate
bayonet *n.* বন্দুকের সঙ্গীন bonduker songin
bazaar *n.* মেলা mela
be *v.i.* হওয়া houwa
beach *n.* সমুদ্রতীর somudrotir
beacon *n.* আলোক সংকেত alok sonket
bead *n.* প্রার্থনা prarthona
beadle *n.* গির্জা পদস্থ কর্মচারী girja podostho kormochari
beak *n.* পাখীর ঠোঁট pakhir thot
beaker *n.* বৃহত পান পাত্র বিশেষ brihot pan patro bises
beam *n.* কড়িকাঠ korikath
bean *n.* মটরশুটি motorsuti
bear *v.i.* বহনকরিয়া bohon koriya
bearable *adj.* সহনীয় sohoniyo
beard *n.* দাড়ি danri
bearer *n.* বাহক bahok
bearing *n.* আচরন achoron
beast *n.* পশু posu
beastly *adj.* পাশবিক pasobik
beastliness *n.* পশুপ্রকৃতি ব্যক্তি posuprokritir byakti
beat *v.t.* প্রহার করা prohar kora
beaten *p.p.* প্রহৃত prohrito
beatific *adj.* স্বর্গসুখ দায়ক sworgo sukh dayok
beatify *v.t.* স্বর্গসুখ সুখী করা sworgo sukhi kora
beatitude *n.* স্বর্গসুখ দায়ক sworgosukh dayok
beau *n.* বসনভূষণ বিলাসী ব্যক্তি bosonbhoson bilasi baykti
beauteous *adj.* রূপবান rupoban
beautiful *adj.* সুন্দর sundor
beautify *v.t.* সৌন্দর্য সাধন করা soundorjo sadhon kora
beauty *n.* সৌন্দর্য soundorjo
becall *v.t.* মনে করা mone kora
becalm *v.t.* শান্তকরা santo kora
because *conj.* কারন karon
bechance *v.t.* হঠাত ঘটা hothat ghota
beck *n.* ইশারা isara
becket *n.* ইশারা করে ডাকা isara kore daka
beckon *v.t.* ইশারা করা isara kora
become *v.i.* ঘটা ghota
becoming *adj.* হওয়া houwa
bed *n.* বিছানা bichana
bedaub *v.t.* মাখানো makhano
bedding *n.* বিছানাপত্র bichanapotro
bedeck *n.* সজ্জিত করা sojjito kora
bedew *v.* শিশির সিক্ত করা sisir sikto kora
bedim *v.* অন্ধকার করা ondholar kora
bedlam *n.* পাগলা গারদ oagola garod
bedlamite *n.* উনমাদ গ্রস্ত unmad grosto

bed-pan *n.* রোগীর শয্যায় ব্যবহৃত পাত্র rogir sojjay byabhrito patro
bed-rid শয্যাশায়ী sojyasayi
bedouin *n.* আরবের মরুবাসী যাযাবর arober morubasi jajabor
bed-quilt *n.* বিছানার চাদর bichanar chador
bed-spread *n.* বিছানা ঢাকার চাদর bichana dhakar chador
bedstead *n.* খাট khat
bee *n.* মৌমাছি moumachi
beech *n.* বনবৃক্ষ বিশেষ bonobrikhyo bises
beef *n.* গো-মাংস go-mangso
bee-hive *n.* মৌচাক mouchak
bees-wax *n.* মোম mom
beer *n.* অনুশ্র মদ onusro mod
beestings *n.* নবদুগ্ধ nobodugdho
beet *n.* বীট beet
beetle *n.* গুবরে পোকা gubore poka
befall *v.t.* ঘটা ghota
befit *v.t.* মানানসই manansoi
befool *v.t.* বোকাবানানো bokabanano
before *adj.* পূর্বে purbe
beforehand *adv.* উচিত সময়ের পূর্বে uchit somoyer purbe
befoul *v.t.* কলুষিত করা kolushito kora
befriend *v.t.* বন্ধুত্বপূর্ণ আচরন করা bondhuttopurno achoron kora
beg *v.t.* ভিক্ষা করা vikshya kora
beget *v.t.* জন্মদান করা jonmodan kora
beggar *n.* ভিক্ষুক vikshuk
beggarly *adj.* দরিদ্র doridro
beggary *n.* নিঃশর্ত nihsorto
begging *n.* মিনতি করা minoti kora
begin *v.t.* আরম্ভ করা aromvo kora
beginning *n.* সূত্রপাত sutropat
begone *int.* দূর হও dur hou
beguile *v.t.* প্রতারিত করা protarito
begun *p.p.* আরম্ভ করা aromvo kora
behalf *n.* তরফ torof
behave *v.i.* আচরন করা achoron kora
behaviour *n.* আচরন achoron
behead *v.t.* শিরচ্ছেদ করা sirochhed kora
behest *n.* আদেশ adesh
behind *prep.* পিছনের দিকে pichoner dike
behold *v.t.* দেখিতে পাওয়া dekhite pauwa
beholden *adj.* বাধিত badhito
behoof *n.* উপকার upokari
behove *v.t.* শোভন হওয়া sovon
being *n.* অস্তিত্ব ostitto
belabour *v.t.* খুব প্রহার করা khub prohar kora
belated *adj.* অতিশয় বিলম্বে আগত otisoy bilombe agoto
belaud *v.t.* উচ্চ প্রশংসা করা। uccho prosongsa kora
belay *v.t.* ছেয়ে ফেলা cheye fela
belch *v.t.* ঢেকুর তোলা dhekur tola
beldam *n.* বৃদ্ধা মহিলা briddha mohila
beleaguer *v.t.* অবরোধ করা oborodh kora
belfry *n.* গির্জার ঘন্টাঘর girjar ghontaghor
belial *n.* শয়তান soytan
belie *v.t.* মিথ্যাধার না জন্মান mithyadhar na jonmano
belief *n.* বিশ্বাস biswas
believe *v.t.* বিশ্বাস করা biswas kora
believer *n.* বিশ্বাস যোগ্য biswas jogyo
belittle *v.t.* খর্ব করা khorbo kora
bell *n.* ঘন্টা ghonta
belle *n.* সুন্দরীতরুনী sundori toruni
bellicose *adj.* যুদ্ধ প্রিয় juddho priyo
belligerent *adj.* যুদ্ধরত juddhoroto
bellow *v.t.* গর্জন করে বলা gorjon kore bola
bellowings *n.* ষাঁড়ের ডাক shnrer dak
belly *n.* পেট pet
belong *v.t.* অধিকারভুক্ত হওয়া odhikarvukto houwa
belonging *n.pl.* নিজস্ব জিনিষ পত্র nijswo jinish potro
beloved *adj.* অতি প্রিয় oti priyo
below *n.* নিম্নস্থ nimnostho
belt *n.* কেসের বন্ধনী keser bondhoni

belted *adj.* বেল্ট দিয়ে প্রহার করা belt diye prohar kora
bemoan *v.t.* বিলাপ করা bilap kora
bemuse *v.t.* হতবুদ্ধি করা hoto buddhi kora
bench *n.* বেঞ্চি benchi
bend *n.* বক্রীকরন bokrikoron
beneath *prep.* নিম্নে nimne
benedick *n.* সদ্য বিবাহিত পুরুষ sodyo bibahito purush
benediction *n.* আশীর্বাদ asirbad
benefaction *n.* হিতসাধন hitosadhon
benefactor *n.* উপকারী upokari
benefice *n.* ধর্মযাজকের বৃত্তি dhormozajoker britti
beneficence *n.* মঙ্গলসাধন mongolsadhon
beneficent *adj.* দয়ালু doyalu
beneficial *adj.* উপকারী upokari
benefit *n.* উপকার upokari
benevolence *n.* বদান্যতা bodanyota
benevolent *adj.* দয়ালু doyalu
benighted *adj.* পথমধ্যেই রাত্রি হয়েছে pothomodhyei ratri hoyeche
benign *adj.* অনুকূল onukul
benignant *adj.* সদাশয় sodasoy
bent *n.* প্রবণতা probonota
benumb *v.t.* অসাড় করা osar kora
benzoin *n.* সুগন্ধ নির্যাস sugondho nirjas
bequeath *v.t.* উইল করে দেওয়া uil kore dewa
bequest *n.* উইলে প্রদত্ত বস্তু uile prodotto bostu
bereave *v.t.* বঞ্চিত bonchito
bereavement *n.* আত্মীয়ের মৃত্যুজনিত শোক atmiyer mrityo jonito sok
berg *n.* পাহাড় pahar
berry *n.* বীজ শুণ্য ক্ষুদ্র রসাল ফল bij sunyo kshudro rosalo fol
berth *n.* নোঙ্গর স্থান nongor sthan
beseech *v.t.* অনুরোধ করা onurodh kora
beseem মানানসই হওয়া manansoi howa
beset *v.t.* বেষ্টন করা beshton kora
beshrew *v.t.* অমঙ্গল কামনা করা omongol kamona kora
beside *prep.* পার্শ্বে parswe
besides *adv.* তদতিরিক্ত todotirikto
besiege *v..t* অবরোধ করা oborodh kora
basmear *v.t.* অঙ্গে লেপন করা onge lepon kora
besmirch *v.t.* কলঙ্কিত করা kolonkito kora
besom *n.* ডালপালা দিয়ে তৈরী ঝাড়ু dalpala diye toiri jharu
bespeak *v.t.* বায়না দিয়ে রাখা bayna diye rakha
besprinkle *v.t.* দেহের ওপর ছিটিয়ে দেওয়া deher opor chitiye dewa
best *adj.* সর্বশ্রেষ্ঠ sorbo sreshtho
bestial *adj.* পাশবিক pasobik
bestir *v.t.* কর্মতৎপর করা kormototpor howa
bestow *v.t.* প্রদান করা prodan kora
bestowal *n.* প্রদান prodan
bestried *v.t.* ডিঙ্গাইয়া যাওয়া dingiye jauwa
bet *v.t.* বাজি baji
betake *v.t.* দায়িত্ব গ্রহণ করানো dayitto grohon korano
betel *n.* পান pan
betel-nut *n.* সুপারী supari
bethel *n.* পবিত্র স্থান pobitro sthan
bethink *n.* স্মরন করা smoron kora
betide *v.i.* কাহারওভাগ্যে কিছু ঘটা kaharo vagye kichu ghota
betimes *adv.* যথাসময়ে jotha somoye
betoken *v.t.* পূর্বাভাস দেওয়া purba vas dewa
betray *v.t.* প্রতারণা করা protarona kora
betrayal *n.* ছলনা cholona
betroth *v.i.* বিবাহার্থ কথা দান করা bibahartho kotha dan kora
better *adj.* শ্রেষ্ঠতর sresthotoro
betterment *n.* উন্নতি সাধন unnoti sadhon
between *prep.* দুয়ের মধ্যে duyer modhye
beverage *n.* সুরা বিশেষ sura bisesh
bevy *n.* মহিলা মহল mohila mohol

bewill *v.t.* উচ্চৈঃস্বরে বিলাপ করা uchoswore bilap kore
beware *v.i.* সতর্ক হওয়া sotorko houwa
bewilder *v.t.* হতবুদ্ধি করা hotobuddhi kora
bewilderment *n.* হতবুদ্ধি hotobuddhi
bewitch *v.t.* মোহিত mohito
bewitchment *n.* সম্মোহক sommohok
beyond *prep.* ধারে dhare
bi-annual দ্বিবার্ষিক dwibarshik
bias *n.* পক্ষপাতিত্ব pokshoyo patityo
bib *v.t.* লালাপোষ lalaposh
bibber *n.* মাতাল matal
bible *n.* খৃষ্টান্দের ধর্মগ্রন্থ khristabder dhormogrontho
bibliography *n.* কোন এক লেখকের গ্রন্থ তালিকা kono ek lekhoker grntho talika
bicameral *adj.* দুই কক্ষ যুক্ত dui kokhoyo jukto
bicephalous *adj.* দ্বিশিব dwisib
bicker *v.i.* খুঁটিনাটি লইয়া ঝগড়া করা khutinati niye jhogora kora
bickering *n.* ঝগড়া jhogora
bicycle *n.* সাইকেল cyecle
bid *v.t.* নিলাম ডাকা nilam daka
biddable *adj.* ডাক দেবার যোগ্য dk debar jogyo
bidder *n.* নিলামের ডাক nilamer dak
bidding *n.* তাস খেলার ডাক tas khelar dak
bide *v.* সুযোগের প্রতীক্ষায় থাকা sujoger protikhay thaka
biennial *adj.* দ্বি-বার্ষিক dwi barshik
bier *n.* শবযান sobojan
bifurcate *v.t.* দুটি শাখায় বিভক্ত করা duti sakhay bivokto kora
big *adj.* বৃহত brihot
bigot *n.* গোঁড়া ভক্ত gonra vokto
bike *n.* বাইসাইকেল bai cyecle
bilateral *adj.* দ্বি-পাক্ষিক dwipakhshik
bile *n.* যকৃত থেকে নিঃসৃত পাচক রস jokrit theke nihsrito pachok ros
bilingual *adj.* দ্বি-ভাষী dwi vasi
bill *n.* টাকার হিসাব takar hisab
billet *n.* ক্ষুদ্র চিটা khudro chita
billiards *n.* বিলিয়ার্ড খেলা biliyarrd khela
billion *n.* একলক্ষ কোটি eklokhyo koti
billow *n.* সমুদ্রের বিরাট ঢেউ somudrer birat dheu
bimonthly দ্বিমাসিক dwimasik
bin *n.* শস্য আবর্জনা রাখিবার পাত্র scsyo aborjona rakhibar patr0
binary *adj.* যুগ্ম jugmo
bind *v.t.* একত্র বন্ধন করা ektro bondhon kora
binder *n.* বাঁধাই করা badhai kora
binding *adj.* বাধ্যবাধকতা পুর্ণ badhyo badhokota purno
binocular *n.* দূরবীন durbin
binomial *adj.* দ্বিরাশিক dwirasik
biographer *n.* জীবনীকার jibonikar
biography জীবনী jiboni
biology *n.* জীববিদ্যা jibobidya
biologist জীববিগ্যানী jibo bigyani
biped *n.* দ্বিপদ প্রানী dwipod prani
birch *n.* আরণ্য বৃক্ষ বিশেষ arnyo brikhyo bises
bird *n.* পক্ষী pokkhi
birth *n.* জন্ম jonmo
birthday *n.* জন্মদিন jonmodin
birth-place *n.* জন্মস্থান jonmosthan
birth-right *n.* জন্মাধিকার jonmadhikar
biscuit *n.* বিস্কুট biskut
bisect *v.t.* দ্বিখন্ডিত করা dwi khondito kora
bisector *n.* দ্বিখন্ডিত রেখা dwi khondito rekha
bishop *n.* উচ্চপদস্থ খৃষ্টীয় যাজক বিশেষ uccopodostho kristiyo jajok
bison *n.* বুনোষাঁড় bunoshar
bit *n.* একগ্রাম খাদ্য ekgram khadyo
bite *v.t.* দংশন করা dongso kora
biting *adj.* কামড়ে ধরা kamore dhora
bitter *adj.* তিক্ত tikto
bitterness *n.* তিক্ততা tiktota
bitumen *n.* খনিজ পদার্থ khoni podartho

bivalve *adj.* দ্বি-পুটক বীজ dwi-putok bij
bivouac *n.* আকাশতলে রাত্রি যাপন akashtole ratri japon
bizarre *adj.* অদ্‌ভুত odvut
black *adj.* কৃষ্ণবর্ণ krishnoborno
blacken *v.t.* কৃষ্ণবর্ণে রঞ্জিত করা krishno borne ronjito kora
blackguard *n.* বাসন মাজা ভৃত্য bason maja vrityo
blacking *n.* কৃষ্ণবর্ণে রঞ্জন krishno borne ronjon
blackish *adj.* ঈষত কাল isot kal
blackleg *n.* ইতর লোক itor lok
blackmail *n.* প্রদত্ত ঘুষ prodotto ghus
blacksmith *n.* কামার kamar
bladder *n.* ফোলানো যায় এমন থলি folano jay emon tholi
blade *n.* ছুঁড়ির ফলা churir fola
blain *n.* চামড়ার ফোস্কা chamrar foska
blame *v.t.* দোষ দেওয়া dosh dewa
blanch *v.t.* সাদা করা sada kora
bland *adj.* মসৃন mosrin
blandish *v.t.* মিষ্টি কথায় ভোলান misti kothay volano
blank *adj.* অলিখিত olikhito
blanket *n.* পশমী কম্বল posmi kombol
blare গর্জন করা gorjon kora
blaspheme *v.t.* ঈশ্বর নিন্দা করা iswar ninda kora
blasphemy *n.* অধার্মিকের ন্যায় কথা বার্তা odharmiker nyay kotha barta
blast *n.* বিস্ফোরন bisforon
blatant *adj.* স্পষ্ট sposto
blather বাচাল bachal
blaze *n.* আলোকছটা alokchota
blazing *adj.* প্রবল সংকেত সূচক probol songket suchok
blazon *v.t.* জনসমক্ষে প্রদর্শন jono somkhoye prodorshon
bleach *v.t.* সাদা করা sada kora
bleak *adj.* বর্ণহীন bornohin
blear *adj.* দৃষ্টি ঝাপসা করা drishti jhapsa kora
bleat *v.t.* ভেড়ার ডাক verr dak
bleed *v.i.* রক্তপাত হওয়া roktopat houwa
blemish *v.t.* সৌন্দর্য নষ্ট করা soundorjo noshto kora
blench *v.t.* ভয়ে সরে আসা voye sore asa
blend *v.t.* মিশ্রণ করা misron kora
bless *v.t.* আশীর্বাদ করা asirbad kora
blessed *adj.* আশীর্বাদ প্রাপ্ত asirbad prapto
blessing *n.* আশির্বাদ asirbad
blether *v.t.* অর্থহীন orthohin
blight *v.t.* ক্ষয় রোগাক্রান্ত বৃক্ষ kshoy rogakranto brikhyo
blind *adj.* অন্ধ ondho
blindfold *adj.* চোখ বাঁধা অবস্থা যুক্ত chokh badha obostha jukkto
blindness *n.* অন্ধত্ব ondhotto
blink *v.t.* চোখপিট পিট করে তাকানো chokh pit pit kore takano
blinker *v.t.* ঘোড়ার চোখের ঠুলি ghorar chokhr thuli
bliss *n.* পরান সুখ poran sukh
blissful *adj.* স্বর্গসুখ sworgo sukh
blister *n.* ফোস্কা foska
blithe *adj.* হাসি খুশী hasi khusi
blitzkrieg *n.* ঝটিকা অভিযান jhotika ovijan
blizzard *n.* প্রবল হিম ঝঞ্ঝা probol him jhonjha
bloat *v.t.* স্ফীত হওয়া। sfito houwa
block *n.* গুঁড়ি guri
blockade *n.* অবরোধ oborodh
blockhead *n.* জড়বুদ্ধি ব্যক্তি jorobuddhi byakti
blond,blonde *adj.* ঈষত স্বর্নাভ কেশযুক্ত ishot swornavo kesh
blood *n.* রক্ত rokto
bloodhound *n.* ডালকুত্তা dalkutta
blood-shed *n.* রক্তপাত roktopat
blood-vessel *n.* রক্তবাহ নালী roktoprobaho nali
bloody *adj.* খুনে khune
bloom *n.* কুঁড়ি kuri
blossom *n.* পুস্প puspo

blot *v.t.* কালির দাগ শুষিয়া লওয়া kalir dag sushiya louwa
blotting-paper *n.* শোষক কাগজ soshok kagoj
blouse *n.* স্ত্রীলোকের উপরের জামা stri loker oporer jama
blow *v.t.* ফুঁ দেওয়া fu dewa
bludgeon *n.* গদা goda
blue *n.* নীলবর্ণ nilborno
blueblood *n.* অভিজাত ovijato
blue-jacket *n.* গ্রেট বৃটেনের নৌ-সৈনিক gret britener nou soinik
blue-stocking *n.* অতিশিক্ষিতা নারী otoshikhtita nari
bluff *v.t.* ধাপ্পা দেওয়া dhappa dewa
blunder *v.t.* গুরুতর ভুল করা gurutoro vul kora
blunt *adj.* ভোঁতা vota
blur *n.* কালির দাগ kali dag
blush *v.t.* লজ্জায় লাল হওয়া lojjay lal howa
bluster *n.* ভীষন ক্রোধ visom krodh
boa *n.* অজগর জাতীয় সাপ ojogor jatiyo sap
boar *n.* বরাহ মাংস boraho mangso
board *n.* তক্তা tokta
boarding *n.* কাষ্ঠ ফলক দ্বারা ঢাকা kashtho folok dwar dhaka
boast *n.* দম্ভপূর্ণ ব্যক্তি domvopurno byakti
boat *n.* নৌকা nouka
boatswain *n.* জাহাজ সর্দার-মাঝি jahaj sordar majhi
bob *n.* এক শিলিং ek siling
bobbin *n.* সূতা জড়ানোর জন্য লাটিম suta joranor jonyo latim
bode *v.t.* পূর্বাভাস দেওয়া purbavas dewa
bodice *n.* স্ত্রীলোকের আঁটো জামা বিশেষ stri loker ato jama bises
bodily *adj.* দেহগত dehogoto
body *n.* দেহ deho
body-guard *n.* দেহ রক্ষী deho rokhmi
bog *n.* জলাভূমি jolavumi
bogie *n.* ঠেলাগাড়ী বিশেষ thela gari bises
bogus *adj.* মিথ্যা mithya
boil *v.* সিদ্ধ হওয়া siddho houwa
boiler *n.* সিদ্ধ করার জন্য পাত্র siddho korar jonyo patro
boisterous *adj.* হইচই পুর্ণ hoichoi purno
bold *adj.* সাহসী sahosi
boldness *n.* সাহসী্কতা sahosikota
bolshevik *n.* রাশিয়ার এক রাজনৈতিকদল rasiyar ek rajnoitik dol
bolster *n.* কোলবালিশ kolbalish
bolt *n.* ছিটকিনি chitkini
bomb *n.* বোমা boma
bombard *v.t.* বোমার সাহায্যে আক্রমন করা bomar sahajye akromon kora
bombast *n.* শব্দাড়ম্বর পূর্ণ sobdarombor purno
bombastic *adj.* উচ্চশব্দময় ucsobdo moy
bonafide *adj.* যথার্থ jotharrtho
bonafides *n.* সদুদ্দেশ্য soduddesyo
bond *n.* চুক্তিপত্র chuktipotro
bondage *n.* দাসত্ব dasotwo
bone *n.* হাড় har
bonnet *n.* মহিলাদের মস্তকাবরন mohilader mostokaboron
bone-setter *n.* হাতুড়ে চিকিতসক hature chikiktsok
bonfire *n.* বহূতসব bohutsob
bonny *adj.* সুদর্শন sudorson
bonus *n.* বেতনছাড়া অতিরিক্ত পাওনা beton chara otirikto paona
booby *n.* হাবাগোবা লোক habagoba lok
book *n.* বহ্ন bohu
booking-office *n.* টিকিটঘর tikitghor
bookish *adj.* পুঁথিগত puthigoto
book-keeper *n.* হিসাবরক্ষক hisabrokhok
booklet *n.* প্রচার পত্র prochar potro
bookseller *n.* পুস্তক বিক্রেতা pustok bikreta
bookworm *n.* গ্রন্থকীট gronthokit
boom *v.t.* গুরুগম্ভীর গর্জন করা gurugomvir gorjon kora
boon *n.* আশীর্বাদ asirbad
boor *n.* চাষা chasha
boorish *adj.* চাষাড়ে chashare

boot *n.* সুবিধা subudha
bootless *anj.* লাভহীন lavohin
booth *v.t.* অস্থায়ীঘর osthayi ghor
booty *n.* লুঠের মাল luther mal
borax *n.* সোহাগা sohaga
border *n.* সীমান্ত simanto
bore *v.t.* বিরক্ত করা birokto kora
boredom *n.* একঘেয়েমি জনিত বিরক্তি ekgheyemi jonito birokti
born *p.p.* জন্ম নেওয়া jonmo newa
borough *v.t.* যে নগরে পৌরসভা আছে je nogore pourosova ache
borrow *v.t.* ধার করা dhar kora
bosh *n.* অর্থহীন orthohin
bosom *n.* বক্ষস্থল bokhyosthol
boss *n.* মনিব monib
botanist *n.* উদ্ভিদ বিগ্যানী udvid bigyani
botany *n.* উদ্ভিদ বিগ্যান udvid bigyani
both *prep.* উভয় uvoy
bother *v.t.* বিরক্ত করা birokto kora
botheration *n.* বিরক্তি birokti
bottle *n.* বোতল botol
bottom *n.* তলদেশ tolodes
bough *n.* বৃক্ষ শাখা brikhyo sakha
boulder *n.* শিলাখন্ড sila khondo
bounce *v.t.* সহসা লফিয়ে ওঠা sohosa lafiye otha
bound *n.* সীমা simanto
boundary *n.* চতুঃসীমা chotusima
bounden *adj.* মুচলেকা বদ্ধ করা muchleka boddho kora
boundless *n.* অকার্য okarjo
bountiful *adj.* অতিদানহীন otidanhin
bounty *n.* দান dan
bouquet *n.* ফুলের তোড়া fuler tora
bourgeoisie *n.* মধ্যবিত্ত সম্প্রদায় modhyobityo somproday
bout *n.* খেপ khep
bovine *adj.* গবাদি পশুর ন্যায় gobadi posur nyay
bow *n.* জাহাজের অগ্রভাগে jahajer ogrovage
bowler *n.* ক্রিকেট বল নিক্ষেপক cricket bol nikshepok
bowels *n.pl.* অন্ত্র ontro
bower *n.* কুঞ্জ kunjo
bowl *n.* বাটি bati
bowling *n.* ক্রিকেট খেলায় বল করা cricket khelay bol kora
box *n.* বাক্স bakso
boxing *n.* মুষ্টি যুদ্ধ musti juddho
boy *n.* বালক balok
boycott *v.t.* একঘরে করা ekghore kora
boyhood *n.* বাল্যকাল balyo kal
boyish *adj.* বালকের ন্যায় baloker nyay
brace *n.* অবলম্বন obolombon
bracelet *n.* বালা bala
brackish *adj.* ঈষত লোনা ishot lona
brag *v.t.* বড়াই করা borai kora
braggart *n.* মিথ্যা বড়াই করা mithya borai kora
braid *n.* বিনুনি করা binuni kora
braille *v.t.* দৃষ্টহীনদের পড়বার জন্য ছাপার পদ্ধতি drishtihinder porar jnz chapar poddhoti
brain *n.* মস্তিস্ক mostisko
brainless *adj.* মূর্খ murkho
brainy *adj.* বুদ্ধিমান buddhiman
brake *n.* গতিরোধক যন্ত্র gotirodhok
bramble *n.* বৈঁচি ফলের ঝোপ boichi foler jhop
bran *n.* ভূষি vushi
branch *n.* গাছের শাখা gacher sakha
brand *n.* ব্যবসায়ী নির্দ্দিষ্ট চিহ্ন byabsayi nirdishto chinho
brandish *v.i.* অস্ত্র ঘুরানো ostro ghurano
brand-new *adj.* একেবারে নতুন ekebare ntun
brandy *n.* একধরনের মদ ekdhoroner mod
brass *n.* পিতল pitol
brassier *n.* কাঁচুলি kachuli
bravado *n.* সাহসের লড়াই sahoser lorai
brave *adj.* সাহসী sahosi
bravo *int.* শাবাশ sabash
brawl *n.* তুমুল ঝগড়া করা tumul jhogra
bray *v.t.* গাধার ডাক gadhar dak

braze *v.t.* মিশ্র ধাতু দ্বারা misro dhatu dwara
brazen *n.* বেহায়া behaya
breach *n.* ফাঁক fak
bread *n.* রুটি ruti
breadth *n.* প্রস্থ prostho
break *v.t.* ভাঙ্গা vanga
breakage *n.* ভাঙ্গন vangon
break-down *n.* যান্ত্রিক গোলযোগ jantrik golojog
breakfast *n.* প্রাতঃরাশ pratorash
breakneck *adj.* বিপজ্জনক bipojjonok
break-water পাথরের কাঠাম pathorer katham
breast *n.* বক্ষস্থল bokshyo sthol
breastplate *n.* বুকের বর্ম buker bormo
breath *n.* নিঃশ্বাস প্রশ্বাস niswas proswas
breathe *v.t.* নিঃশ্বাস প্রশ্বাস নেওয়া niswas proswas neowa
breathing *n.* দম ফেলা dom fela
breathless *adj.* রুদ্ধশ্বাস ruddho swas
bred *adj.* বংশধর bongsodhor
breeches *n.* পাজামা বিশেষ pajama bises
breed *v.t.* সন্তান জন্ম দেওয়া sontan jonmo dewa
breeding *n.* জন্মদান jonmodan
breeze *n.* মৃদু বাতাস mridu batas
breezy *adj.* বায়ুময় bayu moy
brethren *n.* সহধর্মী sohodhormi
brevity *n.* সংক্ষেপ songkhep
brew *v.t.* মদ চোলাই করা mod cholai kora
brevery *n.* প্রার্থনাপুস্তক prarthonaoustok
bribe *v.t.* ঘুষ দেওয়া ghush dewa
bribery *n.* ঘুষ প্রদান ghush prodan
brick *n.* ইঁট it
brick-bat *n.* ইটের টুকরো iter tukro
brick-kiln *n.* ইটেরভাটি iter vati
bricklayer *n.* রাজমিস্ত্রি rajmistri
bridal *n.* বিবাহোতসব bibahitsob
bride *n.* বিয়ের কনে biyer kone
bridgeroom *n.* পাত্র patro
bridge *n.* সেতু setu
bridle *n.* ঘোড়ার লাগাম ghorar lagam
brief *adj.* মোকদ্দমার নথি mokkddomar nothi
brig *n.* দুই মাস্তুল ওয়ালা পোত বিশেষ dui mastulwala pot bises
brigade *n.* সৈন্য দল বিশেষ soinyo dol bises
brigadier *n.* সৈন্যদলের সেনাপতি soinyodoler senapoti
brigand *n.* দস্যু dosyu
brigandage *n.* রাহাজানি rahajani
bright *adj.* উজ্জ্বল ujjwol
brighten *v.t.* উজ্জ্বল করা ujjwol kora
brilliance *n.* মেধা medha
brilliantine *n.* কেশরাগ kesorag
brim *n.* প্রান্তভাগ prantovag
brimstone *n.* গন্ধক gondhok
brine *n.* লোনাজল lonajol
bring *v.t.* আনা ana
brink *n.* কিনারা kinara
briny *adj.* লোনা lona
brisk *v.t.* সতেজ sotej
bristle *n.* ছোটশক্ত লোম chotosokto lom
british *adj.* গ্রেটবৃটেনের অধিবাসী gretbritener odhibasi
brittle *adj.* ভঙ্গুর vongur
broach *v.t.* টিনের মুখ ফুটো করা যন্ত্র tiner mukh futo kora jontro
broad *adj.* চওড়া chouwra
broadcast *adj.* সম্প্রচার করা somprochar kora
broaden *v.t.* চওড়া প্রশস্ত choura prososto
brocade *n.* বুটিদার রেশমি কাপড় butidar reshmi kapor
brochure *n.* ক্ষুদ্র পুস্তিকা khudro pustika
broil *n.* কলহ koloho
broker *n.* দালাল dalal
brokerage *n.* দালালের প্রাপ্য কমিশন dalaer prapyo komison
bronze *n.* তামা ও টিনের মিশ্রন tama o tiner misron
brooch *n.* বাহারি সেফটিপিন bahri sefti pin
brood *v.t* গভীরভাবে চিন্তা করা govirvabe chinta kora

brook *n.* জলধারা jolodhara
broom *n.* ঝাড়ু jharu
broth *n.* পাতলা ঝোল patla jhol
brothel *n.* গণিকালয় gonikaloy
brother *n.* সহোদর ভাই sohodor vai
brotherhood *n.* ভ্রাতৃত্ব vratritto
brother-in-law *n.* শ্যালক syalok
brotherly *adj.* ভ্রাতৃসুলভ vratrisulov
brow *n.* ভুরু vuru
browbeat *v.* ধমকানো dhomkano
brown *adj.* বাদামী badami
bruise *n.* আঘাতে বিবর্ণ করা aghate biborno kora
bruit *n.* গুজব gujob
brumous *adj.* কুয়াশাচ্ছন্ন kuyasachonno
brunt *n.* আক্রমনের প্রচন্ডতা akromoner prochondota
brush *n.* বুরুশ burush
brushwood *n.* ছোট ঝোপ choto jhop
brusque *adj.* অশিষ্ঠ osistho
brutal *adj.* বর্বর borbor
brutality *n.* পশুবত করে তোলা posubot kore tola
brute *adj.* পাশবিক pasobik
bubble *n.* উলেবুদবুদ uledbud bud
buck *n.* হরিণ horin
buck up *v.t.* অপরের কাধে দায়িত্ব চাপানো oporer kadhe dawityo chapano
bucket *n.* বালতি balti
buckle *n.* বকলস boklos
buckram *n.* মোটা কাপড় mota kapor
bud *n.* কুঁড়ি kuri
budge *v.t.* নড়ানো norano
budget *n.* আয় ও ব্যয়ের পরিকল্পনা aay o byayer porikolpona
buff *n.* মহিষের চামড়া mohiser chamra
buffalo *n.* মহিষ mohis
buffer *n.* নির্বোধ ব্যক্তি norbodh byakti
buffet *n.* ভোজন কক্ষ বিশেষ vojon kokshyo bises
buffoon *n.* ভাঁড় var
buffoonery ভাঁড়ামো varamo
bug *n.* ছারপোকা charpoka
buggy *n.* বর্গিগাড়ী borgi gari
bugle *n.* রণশিঙ্গা ronsinga
build *v.t.* নির্মান করা nirman kora
building *n.* ইমারত emarot
bulb *n.* বৈদ্যুতিক বালব boidyutik ongso
bulge *n.v.i.* স্ফীত অংশ sfito ongso
bulk *n.* আয়তন ayton
bulky *adj.* বৃহদায়তন brihodayoton
bull *n.* ষাঁড় shar
bull-dog *n.* একধরনের কুকুর ekdhoroner kukur
bullet *n.* বন্দুকের গুলি bonduker guli
bulletin *n.* সংক্ষিপ্ত ঘোষনা sonkhipto ghosona
bullion *n.* সোনার/রূপোর বাট sonar /rupor bat
bullock *n.* গরুর গাড়ী gorur gari
bully *v.t.* নির্মমভাবে পীড়ন করা nirmomvabe piron kora
bulwark *n.* প্রাকার prakar
bump *n.* ধাক্কা লাগা dhakka laga
bumper লাফিয়ে ওঠে lafiye othe
bumpkin *n.* গ্রাম্য চাষা gramyo chasha
bun *n.* মিষ্টি পাউরুটি misti pauruti
bunch *n.* কোন জিনিষের থোকা kon jiniser thoka
bundle *n.* বোঁচকা bochka
bunglow *n.* বাংলোবাড়ী banglobari
bungle *v.t.* অপটুভাবে কাজ করা opotuvabe kaj kora
bunk *n.* শয়নের পাটাতন syoner pataton
bunker *n.* জাহাজে কয়লা রাখার জায়গা jahaje koyla rakhar jayga
bunting *n.* পতাকা তৈরীর উপাদান potaka toirir upadan
buoy *v.t.* ডালে ভাসমান বয়া dale vasoman boya
buoyancy *n.* প্রফুল্লতা profullota
burden *n.* বোঝা bojha
burdensome *adj.* ভারী vari
bureau *n.* দপ্তর doptor
bueaucracy *n.* আমলাতন্ত্র amolatontro
bureaucrat *n.* ক্ষমতাসীন আমলা khomotasin amola

burgher *n.* নগরবাসী nogorbasi
burglar *n.* সিঁদেল চোর sindel chor
burial *n.* সমাধিস্থ করন somadhistho koron
burlesque *n.* প্রহসন prohoson
burly *adj.* স্থূলকায় sthulkay
burn *v.t.* আগুন দিয়ে পোড়ান agun diye porano
burning *adj.* উত্তপ্ত uttpto
burnish *v.t.* পালিশ করা palish kora
burr *v.t.* গলায় শব্দ করা golar sobdo kora
burrow *n.* জন্তুর মাটির নীচে বাসস্থান jontu matir niche basosthan
burst *v.t.* সশব্দে ফেটে যাওয়া sosobde fete jauwa
bury *v.t.* পুঁতে দেওয়া pute deowa
bus *n.* বাসগাড়ী bas gari
bush *n.* ঝোপঝাড় jhopjhar
bushel *n.* শুস্ক দ্রব্যের মাপক susko drobyer maook
bushy *adj.* জঙ্গলের ন্যায় jongoler nyay
business *n.* ব্যবসা bybosa
bust *n.* আবক্ষ মূর্তি abokhyo murti
bustle *v.t.* অতিশয় কর্মব্যস্ততা otisoy kormobystota
busy *n.* ব্যস্ত bysto
but *adj.* কিন্তু kintu
butcher *n.* কষাই kosai
butler *n.* খানসামা khansama
butt *n.* যন্ত্রের হাতল jontrer hatol
butter *n.* মাখন makhon
butte¤fingered *adj.* ক্যাচ দৃঢ়ভাবে না ধরে রাখা kyach drrirhvabe na dhore rakha
butterfly *n.* প্রজাপতি projapoti
buttermilk *n.* ঘোল ghol
buttock *n.* নিতম্ব nitombo
button *n.* বোতাম botam
buttress *n.* আলম্ব alombo
buxom *adj.* স্বাস্থবান swasthoban
buy *v.t.* কেনা kena
buyer *n.* ক্রেতা kreta
buzz *v.t.* গুঞ্জন করা gunjon kora
by *adv.* দ্বারা dwara
by and by কালক্রমে kalokrome
by-end *n.* বাড়তি উদ্দেশ্য barti uddesyo
by-gone *adj.* অতীত otit
by-law *n.* উপবিধি upobidhi
by-name *n.* ডাকনাম daknam
by-path *n.* ঘুরপথ ghurpoth
by-product *n.* বর্জিত অংশদ্বারা প্রস্তুত দ্রব্য borjito ongsodwara prstut drobyo
bystander *adj.* পাশে দাঁড়ানো দর্শক pase darano dorsok
by-word *n.* প্রবাদ probad
bye-bye *n.* বিদায় সম্ভাষন biday somvason

C

cab *n.* ভাড়াটে মোটর গাড়ী varate motor gari
cabal *n.* গুপ্ত চক্রান্ত gupto chokranto
cabbage *n.* বাঁধাকপি badha kopi
cabin *n.* জাহাজে থাকবার কুঠুরি jahaje thakbar kuthuri
cabinet *n.* ক্ষুদ্র কক্ষ khudro kokhyo
cabie *n.* নোঙ্গর বাঁধার দড়ি nongor badhar dori
cactus *n.* মনসা জাতীয় গাছ monosa jatiyo gach
cadence *n.* স্বর প্রবাহ swor probaho
cadet *n.* সৈন্য দলে শিক্ষানবিশ soinyo dole sikhanobish
cadge *v.i.* ভিক্ষা করা vikhaya kora
cafe *n.* কফিখানা kofikhana
cage *n.* খাঁচা khacha
caitiff *n.* নীচ জঘন্য লোক nic joghonyo lok
cajole মিষ্ট কথায় ভোলানো misto kathay volano
cajolery *n.* স্তোক stok
cake *n.* পিষ্টক pistok
calabash *n.* লাউয়ের খোসা lauyer khosa

calamitous *adj.* চরম দুর্দশাপূর্ণ chorom durdosapurno
calamity *n.* বিষম দুর্দৈব bishom durdoibo
calcium *n.* রাসায়নিক পদার্থ rasayonik podartho
calculate *v.* হিসাব করা hisab kora
calculation *n.* নির্ভর যোগ্য গণনা nirvor jogyo gonona
caldron *n.* কড়াই korai
calendar *n.* বাতসরিক তালিকা batsorik talika
calf *n.* বাছুর bachur
calibe¤bre যোগ্যতা jogyota
calico *n.* সূতির কাপড় sutir kapor
calix *n.* ব্যাস মাপার যন্ত্র byas mapar jontro
call *v.t.* ডাকা daka
calliper *n.* শক্তির পরিমাপ soktir porimap
calling *n.* পেশা pesha
callous *adj.* হৃদয়হীন hridoyhin
callow *adj.* অজাতশত্রু ojato sotru
calm *adj.* ধীরস্থির dhirsthir
calmly *adv.* শান্ত হওয়া santo houwa
calmness *n.* শান্ত ভাব santovab
calomel *n.* পারদ ঘটিত ঔষধ parod ghotito oushodh
caloric *n.* উত্তাপ uttap
calorie *n.* তাপের একক taper ekok
calorimeter *n.* তাপ মাপের যন্ত্র tap maper jontro
calumniate *v.t.* কলঙ্ক রটনা করা kolonko rotona kora
calumny *n.* কলঙ্ক kolonko
cambric *n.* মিহিসাদা বস্ত্র mihisada bostro
camel *n.* উট ut
camelopard *n.* জিরাফ jiraf
camera *n.* ছবি তোলার যন্ত্র chobi tolar jontro
camouflage *n.* চোখে ধুলো দেয়া chokhe dhulo debar
camp *n.* সৈনিক শিবির soinik sibir
campaign *n.* নির্দ্দিষ্ট কার্যক্রম nirdushto karzokrom
camphor *n.* কর্পূর korpur
campus *n.* এলাকা ভুক্ত জমি elaka vukto jomi
can *v.* কোন কিছু করতে পারা kono kichu korte para
canal *n.* খাল khal
canard *n.* মিথ্যা গুজব mithya gujob
cancel *v.* বাতিল করা batil kora
cancer *n.* কর্কট রোগ korkot rog
candidly *adv.* খোলা মনে khola mone
candidate *n.* পদপ্রার্থী podoprarthi
candle *n.* মোমবাতি mombati
candour *n.* সরলতা sorolota
candy *n.* মিছরি michri
cane *n.* বেত bet
canine *adj.* কুকুরের ন্যায় kukurer nyay
canister *n.* ক্যানেস্তারা kyanestara
canker *n.* মুখক্ষত mikhokhot
cannibal *n.* স্বগোত্রভোজী swgotrovoji
cannon *n.* গীর্জার অনুশাসন girjar onusason
cannonade *v.t.* কামান দ্বারা ধ্বংস করা kaman dwara dwngso kora
canny *adj.* বিচক্ষন ও শতর্ক bichokshon
canoe *n.* ডোঙ্গা donga
canon *n.* কামান kaman
cant *n.* কাত হওয়া অবস্থায় kat houwa obosthay
canteen *n.* খাবার জায়গা jabar jayga
canter *n.* স্বচ্ছন্দধাবন swchondodhabon
canto *n.* কবিতার পর্ব kobitar porbo
canonment *n.* সৈন্যদের ছাউনি soinyoder chauni
canvas *n.* মোটা কাপড় mota kapor
canvass *v.t.* ভোট প্রভৃতি যাচনা vot provriti jacona
cap *n.* টুপি tupi
capable *adj.* সক্ষম sokhom
capacitate *v.t.* সক্ষম করে বলা sokhom kore bola
capacity *n.* ধারন ক্ষমতা dharon khomota
caparison *n.* অশ্বসজ্জা oswosojja
cape *n.* হাতাহীন কোট বিশেষ hatahin kot bises
caper লোফান lofan

capillary *n.* কৈশিকতা koisikota
capital *n.* রাজধানী rajdhani
capitalism *n.* পুঁজিবাদ pujibadi
capitalist *n.* পুজিবাঁদী pujibadi
capitol *n.* জুপিটারের মন্দির jupitarer
capitulate *v.i.* শর্তাধীনে আত্মসমর্পন sorta dhine atmosomopon
capitulation *v.i.* আত্মসমর্পনের শর্ত atmo somporponer sorto
capon *n.* খাসি করা মোরগ khasi kora morog
caprice *n.* খেয়াল kheyali
capricious *adj.* খেয়ালি kheyali
capricorn *n.* মকর রাশি mokor rasi
capsize *v.t.* উলটে দেওয়া ulte deowa
capsule *n.* শুস্ক বীজ কোষ susko bij kosh
captain *n.* অধ্যক্ষ odhokhyo
caption *n.* গ্রেপ্তার greptar.
captious খিটখিটে khit khite
captivate *v.* মোহিত করা mohito kora
captive *n.* বন্দী bondi
captivating *n.* আকর্ষনীয় akorshoniyo
captivity *n.* বন্দিত্ব bonditwo
captor *n.* যে বন্দী করে je bondi kore
capture *v.t.* গ্রেপ্তার করা greptar kora
car *n.* মোটর গাড়ি motor gari
carat *n.* মণিরত্নের মাপ বিশেষ monirotner map bises
caravan *n.* ঢাকনা সমেত বৃহত শকট dhakna somet brihot sokot
caravanseracry *n.* মরুযাত্রীদের জন্য পান্থশালা mrujatrider jonyo panthosala
carbon *n.* অঙ্গার ongar
carbuncle *n.* দুষ্টব্রণ dushtu bron
carcass *n.* শব sob
card *n.* চিরুনি বিশেষ chiruni bises
cardamom *n.* এলাচ elach
cardiac *adj.* হৃতপিন্ড সম্বন্ধীয় hritpindo sombondhiyo
cardinal *adj.* কবজা সম্বন্ধীয় kobja smbndhiyo
care *v.t.* যত্ন jotno
career *n.* দ্রুতগতি drutogoti
careful *adj.* মনযোগী monojogi
careless *adj.* অমনোযোগী omonojogi
caress *v.t.* আদর করা ador kora
careworn *n.* দুশ্চিন্তা পীড়িত duschinta prito
cargo *n.* জাহাজ পরিবাহিত মাল jahaj poribahit mal
carious *n.* ক্ষয়িষ্ণু khoyishnu
carnage *n.* ব্যাপক হত্যা byopok hotya
carnal *adj.* ইন্দ্রিয় গত indriyo goto
carnival *n.* ক্যাথলিকদের পর্ব বিশেষ roman kyatholikder
carnivorous *adj.* স্তন্যপায়ি ও মাংশাসী stonyopayi o mangsasi
carol *v.t.* ভজন গান করা vojon gan kora
carouse *v.i.* মদ্য পানোতসব chutor
carpenter *n.* ছুতোর chutor giri
carpentry *n.* ছুতোর গিরি chutor giri
carpet *n.* গালিচা galicha
carping *n.* খুঁতখুঁতানি khukhutani
carriage *n.* বহনের মাসুল bohoner masul
carrier *n.* বাহক bahok
carrion *n.* প্রানীর গলিত শব pranir golit sob
carrot *n.* গাজর gajor
carry *v.t.* ভার বহন করা var bohon kora
cart *n.* দু চাকার গাড়ী du chakar gari
cartage *n.* নাড়িভাড়া nari vara
cartel *n.* দ্বন্দে আহ্বান dwnde ahban
cartilage *n.* কোমলাস্থি komolasthi
cartoon *n.* নকশা nokosa
cartridge *n.* আগ্নেয়াস্ত্রের গুলি গোলা agneyastrer guli gola
carve *v.t.* খোদাই করা khodai kora
cascade *n.* জলপ্রপাত jolopropat
case *n.* বাক্স bakso
casement *n.* জানালার ফ্রেম janalar frem
cash *n.* নগদ টাকা nogod taka
cashier *n.* কোষাধক্ষ্য kosha dhokhyo
casino *n.* জুয়া খেলার স্থান juya khelar sthan
cask *n.* পিপা pipa
casket *n.* গহনা রাখার বাক্স gohona rakhar bakso
casque *n.* শিরস্থান shirosthan

cassock *n.* যাজকদের আলখিল্লা zajokder alkhilla
cast *v.t.* নিক্ষেপ করা nikkhep kora
castaway *n.* পরিত্যক্ত ব্যক্তি poritktyo bkti
caste *n.* জাত jat
castigate *v.t.* প্রহার করা prohar kora
castle *n.* দুর্গ durgo
castor oil *n.* রেডির তেল redir tel
castrate *v.t.* খোজা khonja
casual *adj.* আকস্মিক akosmik
casually *adv.* অনিয়মিত oniyomito
casualty *n.* দুর্ঘটনা durghotona
cat *n.* বিড়াল biral
cataclysm *n.* অকস্মিক পরিবর্তন .akosmik poriborton
Catalogue *n.* সুবিন্যাস্ত তালিকা bsubinyosto talika
cataract *n.* চোখের ছানি chokher chani
catarrh *n.* সর্দি sordi
catastrophe *n.* বিপর্যয় biporjoy
catch *v.t.* ধরা dhora
categorical *adj.* পুঙ্খানুপুঙ্খ punkhanu punkho
category *n.* বিভাগ bivag
cater *v.t.* সরবরাহ করা soroboraho kora
caterpillar *n.* শুঁয়া পোকা suya poka
catgut *n.* তার তৈরোর উপাদান tar toirir upadan
cathedral *n.* গির্জা girja
catheter *n.* ক্যাথিটার kyathitar
cattle *n.* গবাদি পশু gobadi posu
caucus *n.* সাংগঠনিক কমিটি sanggothonik komiti
cauldron *n.* বড়ো কড়াই boro korai
cauliflower *n.* ফুলকপি fulkopi
causal *adj.* নিমিত্তার্থক nimittaorthok
cause *v.t.* কারণ karon
causeway *n.* পায়ে চলার পথ pay cholar poth
caustic *adj.* দাহক dahok
caution *n.* সতর্কতা sotorkota
cautious *adj.* সতর্ক sotorko
cavalcade *n.* শোভাযাত্রা sovajatra
cavalier *n.* অশ্বারোহী oswarohi
cavalry *n.* অশ্বরোহী সেনাদল oswarohi sena dol
cave *n.* গুহা guha
cavern *n.* গুহা guha
cavity *n.* গর্ত gorto
caw *n.* কাকের ডাক kaker dak
cease *v.t.* বিরত হওয়া biroto houwa
ceaseless *adj.* অন্তহীন ontohin
cedar *n.* বৃক্ষ brrikhyo
cede *v.t.* ছেড়ে দেওয়া chere deuwa
ceilling *n.* ছাদ chhad
celebrate *v.t.* উদযাপন করা udjapon kora
celebrated *adj.* প্রসিদ্ধ prosiddho
celebration *n.* উদযাপন udjapon
celebrity *n.* প্রসিদ্ধ ব্যক্তি prosiddho byakti
celerity *n.* দ্রুততা drutota
celestial *adj.* আকাশ সম্পর্কীয় aksh somporkiyo
celibacy *n.* কৌমার্য koumarjyo
celibate *adj.* কুমার kumar
cell *n.* ছোট ঘর choto ghor
cellar *n.* মদ্য ভান্ডার modyo vandar
cellular *adj.* কোষবিশিষ্ট kosh bisistyo
celluloid *n.* প্লাস্টিক পদার্থ plastik podartho
cement *n.* সিমেন্ট siment
cemetery *n.* সমাধিক্ষেত্র somdhi khetro
cenotaph *n.* অন্যত্র সমাহিত ব্যক্তি onytro somahito byakti
censure *v.t.* সমালোচনা করা somalochona
census *n.* লোকগণনা lokogonona
cent *n.* মুদ্রা mudra
centenary *n.* শতবার্ষিকী sotobarshiki
centennial *adj.* শতবার্ষিক sotobarshik
centigrade *adj.* তাপমাত্রার একক tapomatrar ekok
centipede *n.* খুদ্র প্রাণী khudro prani
central *v.t.* কেন্দ্রীয় kendriyo
centralize *v.t.* কেন্দ্রীভুত করা kendrivuto kora
centre *n.* কেন্দ্রবিন্দু kendrobindu
centrifugal *adj.* কেন্দ্রাতিগ kendaritig
centripetal *adj.* কেন্দ্রাভিমুখ kedravimukh

century *n.* শতবর্ষ sotoborsho
cereal *n.* খাদ্যশস্য khadyo soshyo
ceremony *n.* ধর্মীয় অনুষ্ঠান dhormiyo onusthan
certain *adj.* নিশ্চিত nischito
certainly *adv.* নিঃসন্দেহ nisondeho
certificate *n.* সার্টিফিকেট sartifiket
certify *v.t.* প্রত্যায়ন করা protyayon kora
cess *n.* শুল্ক sulko
cessation *n.* ক্ষান্তি khanti
cession *n.* পতিত্যাগ potityag
cesspool *n.* নোংরা স্থান nongra sthan
chafe *v.t.* ঘষে গরম করা ghose gorom kora
chaff *n.* তুষ tush
chagrin *n.* বিরক্তিবোধ birokti bodh
chain *n.* শিকল sikol
chair *n.* কেদারা kedara
chairman *n.* সভাপতি sovapoti
chaise *n.* নিচু গাড়ি nichu gari
chalk *n.* চুনা পাথর chuna pathor
challenge *n.* প্রতিদ্বন্দ্বিতা protidwondita
chamber *n.* কক্ষ kokhyo
chamberlain *n.* প্রসাদ সরকার prosad sorkor
chambermaid *n.* শয়নকক্ষের পরিচারিকা soyon kokher poricharika
chameleon *n.* বহুরুপী bohurupi
chamois *n.* কৃষ্ণসার হরিণ krishnosar horin
champagne *n.* মদ্য বিশেষ modyo bises
champion *n.* বিজয়ী bijoyi
chance *n.* কপাল kopal
chancellor *n.* রাজ্যের প্রধান rajyer prodhan
change *v.t.* পরিবর্তন poriborton
changeable *adj.* পরিবর্তনক্ষম poribortonkhom
changeful *adj.* পরিবর্তিত হতে পরে poribortito hote pare
changeling *n.* নির্বোধ শিশু nirbodh sisu.
channel *n.* খাল khal.
chant *n.* স্তব stob
chaos *n.* নৈরাজ্য noirajyo
chaotic *adj.* নৈরাজ্যিক noirajyik
chap *n.* খসখসে হওয়া khoskhose houya
chapel *n.* গির্জা girja
chaplain *n.* ধর্মযাজক dhormojajok
chaplet *n.* জপমালা jopomala
chapter *n.* অধ্যায় odhyay
char *v.t.* পুড়িয়ে কালো করা puriye kalokora
character *n.* চরিত্র choritro
characteristic *adj.* বৈশিষ্ট্যময় boishistomoy
characterize *v.t.* বৈশিষ্ট্য boishistyo
charade *n.* ভনিতা vonita
charcoal *n.* কাঠ কয়লা kath koyla
charge *n.* অভিযোগ ovijog
chariot *n.* রথ roth
charioteer *n.* সারথি sarothi
charitable *n.* পরহিতকর porohitokor
charity *n.* সদয়তা sodoyota
charm *n.* আকর্ষনীয়তা akorshoniyo
charmer *n.* মায়াবিনী তরুণী mayabini toruni
chart *n.* রেখাচিত্র rekha chitro
charter *n.* ফরমান forman
chary *adj.* সতর্ক sotorko
chase *v.t.* তাড়া করা tara kora
chasm *n.* দুস্তর ব্যবধান dustor byabodhan
chassis *n.* মোটরগাড়ির কাঠামো motor garir kathamo
chaste *adj.* ধর্মপরায়ণ dhormo porayon
chasten *v.t.* সংযত করা songjoto kora
chastise কঠোরভাবে শাস্তি kothorvabe sasti
chastity *n.* সতীত্ব sotitwo
chat *v.i.* খোশগল্প khosgolpo
chattel *n.* অস্থাবর সম্পতি osthabor sompotti
chatter *v.i.* ঠকঠক করা thok thok kora
chatterbox *n.* বাচাল bachal
chauffeur *n.* মোটরগাড়ির চালক motor garir chalok
chauvinism *n.* উৎকট স্বাদেশিকতা utkot swdesikota
cheap *adj.* সস্তা sosta

cheapen *v.* খাটো করা khato kora
cheat *v.* ঠাকানো thokano
check *v.t.* পরীক্ষা করা porikha kora
checkmate *v.t.* কিশতিমাত kisti mat
cheek *n.* গাল gal
cheer *n.* উৎসাহিত করা utsahito kora
cheerful *adj.* মনোরম monorom
cheery *adj.* প্রাণবন্ত pranobonto
cheese *n.* পনির ponir
chemical *adj.* রাসয়নিক rasayonik
chemicals *n.* রাসয়নিক rasayonik
chemist *n.* রসায়নবিদ rosayonbid
chemistry *n.* রসায়নবিদ্যা rosayonbidya
cheque *n.* চেক chek
cherish *v.t.* সযত্নে লালন sojotne lalon
cheroot *n.* চুরুট churut
cherry *n.* জাম jam
cherub *n.* অনিন্দ্যসুন্দর শিশু onindyosundar sisu
chess *n.* দাবাখেলা daba khela
chest *n.* সিন্দুক sinduk
chew *v.t.* চিবানো chibano
chic *adj.* শৈলীময় soilimoy
chick *n.* পাখির ছানা pakhir chhana
chicken *n.* মুরগির ছানা murgir chhana
chicken-pox *n.* জলবসন্ত jolbosonto
chide *v.t.* বকুনি দেওয়া bokuni deuwa
chief *adj.* নেতা neta
chiefly *adv.* প্রথমত prothomoto
chieftain *n.* উপজাতীয় সর্দার upojatiyo sordar
child *n.* শিশু sisu
children *n.* শিশু sisu
childhood *n.* শৈশব soisob
childish *adj.* বালসুলভ balsulov
childlike *adj.* শিশুর মতো sisur moto
chill *adj.* কনকনে ঠান্দা konkone thanda
chilli *adj.* লঙ্কা lonka
chilly *adj.* হিমেল himel
chime *n.* সুরে বাঁধা sure badha
chimera *n.* সিংহের মাথা singher matha
chimney *n.* চিমনি chimni
chimpanzee *n.* শিম্পানজি simpanji
chin *n.* থুতনি thutni
china *n.* চীনামাটি chinamati
chintz *n.* পর্দা porda
chip *n.* ছোত পাতলা টুকরো choto patla tukro
chirp *v.t.* কিচিরমিচির শব্দ kichirmichir sobdo
chisel *n.* বাটালি batali
chit *n.* শিশু sisu
chi¶chat *n.* হালকা আলাপ halka alap
chivalrous *adj.* বীরব্রতী birabroti
chivalry *n.* বীরব্রত birobroto
chloroform *n.* তরল পদার্থ torol podartho
chocolate *n.* চকলেট chokolet
choice *n.* বাছাঈ bachai
choir *n.* ঐকতানবদ্ধ গান oikotanboddho gan
choke *v.t.* শ্বাসরোধ করা swasrodh kora
cholera *n.* কলেরা kolera
choleric *adj.* খিটখিটে khitkhite
choose *v.t.* বেছে নেওয়া beche neuwa
chop *v.t.* টুকরা করা tukro kora
choral *adj.* বৃন্দগীতি বিষয়ক brrindo giti bishoyok
chord *n.* নালী nali
chorister *n.* বৃন্দগায়ক brrindogayok
chorus *n.* সমবেত সঙ্গীত somobeto songit
christ *n.* জিশু jisu
christen *v.t.* নামকরণ namokoron
christian *n.* খ্রিষ্টান khristan
christianity *n.* খ্রিষ্টান khirstan
christmas *n.* যিশুর জন্মোৎসব jisur jonmotsob
chronic *adj.* অবিরাম obiram
chronicle *n.* ঘটনাপজ্জি ghotonaponji
chronological *adj.* কালানুক্রমিক kalanukromik
chronology *n.* কালনিরুপণবিজ্ঞান kalnirupon bigyan
chronometer *n.* ঘড়িবিশেষ ghori bises
chubby *adj.* গোলগাল golgal
chuck *n.* ছুঁড়ে ফেলা chure fela
chuckout *v.t.* বের করে দেওয়া ber kore deuwa

chuckle *n.* চাপা হাসি chapa hasi
chum *n.* অন্তরঙ্গ বন্ধু ontorongo bondhu
church *n.* গির্জা girja
church-yard *n.* গির্জাসংলগ্ন সমাধিক্ষেত্র girjasonglogno somdhi khetro
churn *v.t.* মাখন তোলার পত্র makhon tolar patro
cigar *n.* চুরুট churut
cigarette *n.* সিগারেট sigaret
cinchona *n.* গাছ gach
cinema *n.* চলচিত্র cholochitro
cinnamon *n.* দারুচিনি daruchini
cipher *n.* গুরুত্হীন ব্যক্তি gurutwohin byakti
circle *n.* বৃত্ত brritto
circuit *n.* প্রদক্ষিন prodokhin
circular *n.* বৃত্তাকার brrittakar
circulate *v.t.* বৃত্তাকারে ঘোরা brrittakare ghora
circulation *n.* পরিভ্রমন porivromon
circumference *n.* পরিধির মাপ poridhir map
circumlocution *n.* ঘুরিয়ে কথাবলা ghuriye kotha bola
circumscribe *v.* সীমা চিহ্নিত করা sima chinhito kora
circumspect *adj.* সতর্ক sotorko
circumspection *n.* সতর্কতা sotorkota
circumstance *n.* পরিস্থিতি poristhiti
circumvent *v.t.* বাস্তবায়নে বাধা bastobayone badha
circus *n.* সারকাস sarkas
cistern *n.* জলাধার joladhar
citadel *n.* নগরদুর্গ nigordurgo
cite *v.t.* উদ্ধৃতি দেওয়া uddhriti dewa
citizen *n.* নগরবাসী nogorbasi
citizenship *n.* নাগরিকত্ব nagorikottowo
citron *n.* লেবুজাতীয় ফল lebijatiyo fol
city *n.* বড় শহর boro sohor
civic *adj.* নাগরিক বিষয়ক nagorik bishoyok
civics *n.* পৌরবিজ্ঞান pouro bigyan
civil *adj.* মানবসম্প্রদায়গত manon somprodaygoto
civilian *n.* বেসামরিক ব্যক্তি o-samorik byakti
civility *n.* ভদ্রকাজ vodrokaj
civilization *n.* সভ্যতা sovyota
civilize *v.t.* মার্জিত রুচি marrjito ruchi
clack *v.t.* খটখট শব্দ khot khot sobdo
clad *p.p.* সজ্জিত sojjito
claim *v.t.* দাবি করা dabi kora
claimant *n.* দাবিদার danidar
clammy *adj.* স্যাঁতসেঁতে syatsyate
clamour *n.* উচ্চ কলরব uccho kolorob
clamp *n.* বন্ধনী bondhoni
clan *n.* গোত্র gotro
clansman *n.* জ্ঞাতি jati
clang *v.t.* ঢংঢং dhong dhong
clap *v,t,* করতালি দেওয়া korotali dewa
clarification *n.* ব্যাখ্যা byakhya
clarify *v.t.* পরিস্কার করা poriskar kora
clarion *n.* উদ্দীপিত করার ডাক uddipito korar dak
clash *v.t.* সংঘর্ষে আসা song ghorse asa
clasp *v.t.* জড়িয়ে ধরা joriye dhora
class *n.* শ্রেণী sreni
classic *n.* মর্যাদাসম্পন্ন morjada somponno
classical *adj.* সাহিত্য সম্পর্কিত sahityo somporrkito
classify *v.t.* শ্রেণীতে বিন্যস্ত করা srenite binyostokora
class-mate *n.* সহপাঠী sohopathi
clatter *n.* ঠনঠন শব্দ thon thon sobdo
clause *n.* চুক্তি chukti
claw *n.* নখরযুক্ত পা nokhorjukto pa
clay *n.* কাদামাটি kadamati
clean *adj.* পরিস্কার poriskar.
cleaner *n.* পরিস্কার করার বস্তু poriskar korar bostu
cleaning *n.* পরিস্কার করা poriskar kora
cleanliness *n.* পরিচ্ছন্নতা poricchonnota
cleanness *n.* পরিচ্ছন্নতা porichhonnota
cleanse *v.t.* পরিস্কার করা poriskar kora
clear *adj.* পরিস্কার poriskar
clearance *n.* পরিষ্করণ poriskoron
cleave *v.i.* চেরা chera

cleft *n.* ফাটল fatol
clemency *n.* নম্রতা nomrota
clement *adj.* নরম norom
clench *v.t.* চেপে ধরা chepe dhora
clergy *n.* যাজকমন্ডলী jajokmondoli
clergyman *n.* যাজক jajokmondoli
clerical *adj.* কেরানিসংক্রান্ত kerani songkranto
clerk *n* কেরানি kerani songkranto
clever *adj.* চালাক chalak
cleverness *n.* চালাকি chalaki
click *v.t.* ক্লিক klik
client *n.* খরিদ্দার khoriddar
clientele *n.* করিদ্দারবৃন্দ khoriddarbrrindo
cliff *n.* পাহাড়ের কিনার paharer kinar
climate *n.* জলবায়ু jolobayu
climatic *adj.* জলবায়ু সংক্রান্ত jolobayu songkranto
climax *n.* চরম chorom
climb *v.t.* অরোহণ করা arohon kora
cling *v.t.* এঁটে থাকা ete thaka
clinic *n.* চিকিৎসাকেন্দ্র chiktsa kendro
clink *v.t.* ঠুন শব্দ thun sobdo
clip *v.i.* ক্লিপ klip
clipper *n.* কর্তন যন্ত্র katar jontro
clipping *n.* কেটি নেওয়া কিছু kete neuwa kichhu
clique *n.* ক্ষুদ্র kshudro
cloak *n.* আবরণ aboron
clock *n.* ঘড়ি ghori
clockwise *adj.* দক্ষিণাবর্তী dokhinaborti
clod *n.* পিন্ড pindo
clog *n.* খড়ম khorom
cloister *n.* আশ্রম asrom
close *v.t.* নিকটবর্তী nikotborti
closet *n.* ছোট কক্ষ choto koksyo
closure *n.* সমাপ্তকরণ somaptokoron
clot *v.t.* রক্ত ঘনীভুত rokto ghonivuto
cloth *n.* কাপড় kapor
clothe *v.t.* পোশাক পরানো posak porano
clothes *n.* পোশক পরিচ্ছদ posak porichhod
cloud *n.* মেঘ megh
cloudy *adj.* মেঘলা meghla
clove *n.* লবঙ্গ lobongo
clown *n.* ভাঁড় var
club *n.* গদা goda
clue *n.* কোন বিষয়ে যোগসুত্র kono bishoye
clumsy *n.* কদাকার kodakar
cluster *n.* ঝাঁক jhak
clutch *v.t.* এঁটে ধরা ete dhora
coach *n.* গৃহশিক্ষক grriho sikhok
coagulate *v.i.* ঘনীভুত ghonivuto
coal *n.* কয়লা koyla
coalesce *v.i.* মিলিত হওয়া milito
coalition *n.* মিলন milon
coal-mine *n.* কয়লা খনি koyla khoni
coal-tar *n.* আলকাতরা alkatra
coarse *n.* মোটা mota
coarsen *v.t.* মোটা mota
coast *n.* উপকুল upokul
coat *n.* কোট kot
coating *n.* আবরণ aboron
cobble *v.t.* খোয়া khoya
cobbler *n.* মুচি muchi
cobra *n.* সাপ sap
cobweb *n.* মাকড়সার জাল makorsar jal
cocaine *n.* মাদক দ্রব্য madok drobyo
cock *n.* মোরগ morog
cockatoo *n.* কাকাতুয়া kakatuya
cockle *n.* ডিঙ্গি নৌকা dingi nouka
cockroach *n.* আরশোলা arsola
cockscomb *n.* মোরগচুড়া morog chura
cock-sure *adj.* অতিনিশ্চিত otischit
cocoa *n.* কোকা koka
coconut *n.* নারকেল narokel
cocoon *n.* রেশম গুটি resom guti
cod *n.* সামুদ্রিক মাছ samudrik machh
coddle *v.t.* লালনপালন lalon palon
code *n.* সংহিতা songhita
codify *v.t.* সঙ্কলন songkolon
coerce *v.t.* দমন domon
coercion *n.* দমন domon
coercive *adj.* দমনমুলক domonmulok
coeval *adj.* সমসাময়িক somosamoyik

coffee *n.* কফি kofi
coffer *n.* পেটি peti
coffin *n.* কফিন kofin
cog *v.t.* খাঁজ khanj
cogent *adj.* জোরালো joralo
cogitate *v.t.* ধ্যান করা dhyan kora
cogitation *n.* ধ্যান dhyan.
cognate *n.* পরস্পর সম্পর্কিত porspor somporkito
cognition *n.* বোধ bodh
cognizance *n.* সচেতন জ্ঞান socheton gyan
cognizant *adj.* অবগত obogoto
cohabit *v.t.* একত্রে বাস ekotre bas
cohere *v.t.* সংযুক্ত হওয়া songjukto
coherence *n.* অসংগত osongoto
coherent *adj.* অনন্বিত onnioto
cohesion *n.* সংসক্ত sonsokhto
cohesive *adj.* একত্র এঁটে থাকা ekotre ete thaka
coil *v.* কুন্ডলী kundoli
coin *n.* মুদ্রা mudra
coinage *n.* টঙ্কন tonkon
coincide *v.i.* মিলে যাওয়া mile jauwa
coincidence *n.* সংঘটন songgothon
coincident *adj.* সমকালীন somokalin
coir *n.* নারকালের ছোবরা narokeler chobra
coitus *n.* যৌনমিলন joun milon
coke *n.* কোক কয়লা kok koyla
colander *n.* চালুনি chaluni
cold *adj.* ঠান্ডা thanda
coldblooded *adj.* নিষ্ঠুর nishthur
coldly *adv.* নিষ্প্রাণ nispran
colic *n.* পেটের ব্যাথা peter byatha
collaborate *v.i.* সহযোগীরুপে কাজ sohojogi rupe kaj
collapse *v.t.* ভেঙ্গে পড়া venge pora
collar *n.* কলার kolar
colla¤bone *n.* কাঁধ kadh
collate *v.t.* সতর্কভাবে তুলনা sotorkovabe tulona
collateral *adj.* পাশাপাশি pasa pasi
colleague *n.* সহকর্মী sohokormi
collect *v.t.* সংগ্রহ songroho
collection *n.* সংগ্রহ songroho
collective *adj.* যৌথ joutho
collector *n.* সংগ্রাহক songrahok
college *n.* মহাবিদ্যালয় mohanidyaloy
collegiate *n.* কলেজ সংক্রান্ত kolej songkranto
collide *v.t.* ধাক্কা খাওয়া dhakka khauwa
colliery *n.* কয়লাখনি koyla khoni
collision *n.* সংঘর্ষে songghorshe
collocate *v.t.* একত্রে স্থাপন করা ekotre sthapon kora
collusion *n.* গোপন চুক্তি gopon chukti
colon *n.* মলাশয় molasoy
colonial *adj.* ঔপনিবেশিক ouponibesik
colonist *n.* ঔপনিবেশিক ouponibesik
colonize *v.* উপনিবেশে পরিনত করা uponibese porinoto kora
colony *n.* কলোনি koloni
colossal *adj.* প্রকান্ড prokando
colossus *n.* অতিকায় মুর্তি otikay murti
colour *n.* রং rong
colt অশ্বশাবক oswosabok
column *n.* স্তম্ভ stomvo
coma *n.* আচ্ছন্নতা acchonnota
comb *v.t.* চিরুনি chiruni
combat *n.* যুদ্ধ juddho
combatant *n.* যোদ্ধা joddha
come *n.* আসা aa
combination *n.* মিশ্রণ misron
combine *n.* সংযুক্ত করা songjukto kora
combustible *adj.* সহজে দাহ্য sohoje dahjyo
combustion *n.* দহন dohon
come *v.i.* আসা asa
comedian *n.* চরিত্রাভিনেতা chorita vineta
comedy *v.* হাস্যরসাত্মক নাটক hasyorosatmyok natok
comely *adj.* সুন্দর sundor
comet *n.* ধুমকেতু dhumketu
comfort *n.* আরাম aram
comfortable *adj.* আরামদায়ক aramdayok
comic *n.* হাস্যরাসাত্মক hasyorosatmyok

comma *n.* যতিচিহ্নবিশেষ jotichinho
command *n.* আদেশ adesh
commandant *n.* আদেশদানকারী অফিসার adeshprodankari ofisar
commander *n.* সেনাপতি senapoti
commanding *adj.* আদেশদানকারী adeshdan kari
commandment *n.* ঐশিক আদেশ oisik adesh
commemorate *v.t.* স্মৃতিরক্ষণ smritirokhok
commemoration *v.t.* স্মৃতিরক্ষণ smritirokhon
commencement *n.* শুরু হওয়া suru houwa
commend *v.t.* প্রশংসা করা prosongsa kora
commendation *n.* প্রশংসা prosongsa kora
commensurable *adj.* প্রমেয় promeyo
commensurate *n.* যথাপরিমাণ jotha poriman
comment *n.* মন্তব্য montyobyo
commentary *n.* বিবরণী biboroni
commentator *n.* ভাষ্যকার vasyokar
commerce *n.* বাণিজ্য banijyo
commercial *adj.* বাণিজ্যিক banijyik
commission *n.* ক্ষমতা অর্পণ kshomota orpon
commissioner *n.* ক্ষমতাপ্রাপ্ত ব্যাক্তি khomota prapto byakti
commit *v.t.* অপর্ণ করা orpon kora
commitment *n.* অঙ্গীকার ongikar
committee *n.* সমিতি somiti
commodious *adj.* স্থানবহুল sthabohul
commodity *n.* পণ্যদ্রব্য ponyodrobyo
commodore *n.* বিমানবহিনীর অফিসার bomanbahinir ofisar
common *adj.* সাধারন sadharon
commoner *n.* সাধারন লোক sadharon lok
commonplace *n.* মেনে নেওয়া mene neuwa
commonwealth *n.* রাষ্ট্রপুঞ্জ rastro punjo
commotion *n.* হৈচৈ hoi chopi
communicate *v.* সঞ্চারিত করা soncharito kora
communication *n.* যোগাযোগ jogajog
communicative *adj.* আলাপী alapi
communion *n.* অংশগ্রহন ongso grohon
communique *n.* ইশতেহার istehar
communism *n.* সাম্যবাদ samyobad
communist *n.* সাম্যবাদী samyobadi
community *n.* গোষ্ঠী gosthi
commute *v.* বিনিময় করা binimoy kora
compact *n.* চুক্তি chukti
companion *n.* সহচর sohochor
companionship *n.* সহচার্য sohocharjyo
company *n.* সংসর্গ songsorgwo
comparative *n.* তুলানমুলক tulonamulok
compare *v.t.* তুলনা করা tulona kora
comparison *n.* তুলনা tulona
compartment *n.* কামরা kamora
compass *v.t.* কম্পাস kompas
compassion *n.* করুণা koruna
compassionate *n.* করুণাময় korunamoy
compatible *adj.* উপযুক্ত upojukto
compatriot *n.* স্বদেশবাসী swodeshbasi
compeer *n.* সমক্ষ ব্যক্তি somo kokshoyo byakti
compel *v.* বাধ্য করা badhyokora
compendium *n.* সংক্ষিপ্তসার songkhipto sar
compensate *v.t.* ক্ষতিপুরণ করা kshoti puron kora
compensation *n.* ক্ষতিপুরণ kshotipuron
compete *v.i.* প্রতিদ্বন্দ্বিতা protidwondita
competence *n.* যোগ্যতা jogyota
competent *adj.* উযুক্ত upojukto
competition *n.* প্রতিযোগিতা protijogita
competitive *adj.* প্রতিযোগিতাপুর্ণ protijogitapurno
competitor *n.* প্রতিযোগী protijogi
compile *v.t.* সংকলন করা songkolon kora
compilation *n.* সংকলনের কাজ sonhkoloner kaj
complain *v.t.* আত্মতুষ্ট atmotusto
complaint *n.* নালিশ nalish
complaisance *n.* পরম সৌজন্য porpm soujonyo
complement *n.* পুরক purok

complementary *adj.* পরন করা puron kora
complete *v.t.* সম্পুর্ণ sompurno
completion *n.* সম্পুর্ণতা sompurnota
complex *adj.* জটিল jotil
complexion *n.* গাত্রবর্ণ gatroborno
complexity *n.* জটিলতা jotilota
compliance *n.* সম্মতি somoti
complaint *adj.* নালিশ nalish
complicate *v.t.* জটিল করা jotil kora
compliment *n.* শ্রদ্ধাসুচক sroddhya suchok
complimentary *n.* বিনামুল্যে binamulye
comply *v.t.* মেনে নেওয়া mene neuwa
component *n.* অংশ ongso grohon
comport *v.i.* আচরণ করা achoron kora
compose *v.t.* গঠন করা gothon kora
composedly চুপ চাপ chup chap
composite *adj.* যৌগিক jougik
composition *n.* রচনা rochona
compositor *n.* মুদ্রক mudrok
composure *n.* শান্তি santi
compound *v.t.* মিশ্রিত misrito
comprehend *v.t.* বোঝা bojha
comprehension *n.* ক্ষমতা khomota
compress *v.t.* চাপা hapa
compressible *adj.* یاب যা চাপা যায় za chapa jay
comprise *v.t.* অন্তর্ভুক্ত করা ontorvukto kora
compromise *v.t.* আপোস aposh
comptroller *n.* নিয়ন্ত্রক niyontrok
controller নিয়ন্ত্রক niyontrok
compulsion *n.* বাধ্য করা badhyo kora
compulsory *adj.* বাধ্যতামুলক badhyota mulok
compunction *n.* বিবিক যন্ত্রনা bibek jontrona
compute *v.* গণনা করা gonona kora
computation *n.* গণনা gonona kora
comrade *n.* বিশ্বস্ত বন্ধু biswosto bondhu
comradership *n.* বন্ধুত্ব bondhutto
concatenation *n.* গ্রথিতকরণ grothito koron
concave *adj.* অবতল obotol
conceal *v.t.* গোপন করা gopon kora
concealment *n.* গুপ্তকরণ guptokoron
concede *v.t.* মেনে নেওয়া mene neuwa
conceit *n.* অতিমাত্রায় আত্মগর্ব otimatray atmogorbo
conceited *adj.* আত্মভিমানী atmavimani
conceivable *adj.* কল্পনাসাধ্য kolpona sadhyo
conceive *v.t.* গর্ভধারণ gorvodharon
concentrate *v.* মনোযোগ দেওয়া monojog dewa
concentration *n.* পুর্ণ মনোযোগ purno monojog dewa
concentric *adj.* এককেন্দ্রিক ek kendrik
concept *n.* ধারনা dharona
conception *n.* কল্পনা kolpona sadhyo
concern *v.t.* সম্পর্কযুক্ত করা somprkojukto kora
concerning *prep.* সম্পর্কে somporke
concert *n.* ঐকতানবাদন oikotan badon
concession *n.* বিশেষ ছাড় bises char
conch *n.* শাঁখ sakh
conciliate *v.t.* শুভেচ্ছা suvechha
conciliation আপোস aposh'
concilliatory আপোসমুলক aposhmulok
concise *adj.* সংক্ষিপ্ত songkhipto sar
conclude *v.t.* সমাপ্ত করা somapto kora
conclusion *n.* উপসংহার uposonghar
concoct *v.t.* বানিয়ে বলা baniye bola
concomitant *adj.* আনুষঙ্গিক anushangik
concord *n.* মিলি mili
concordance *n.* সামঞ্জস্য samonjsosyo
concourse *n.* সমাপতন somapoton
concrete *adj.* বাস্তব সুনির্দিষ্ট bastob sunirdisto
concubine *n.* উপপত্নী upopotni
concur *v.i.* একমত হওয়া ekomot houwa
concurrence *n.* ঐকমত্য oikmotyo
concurrent *adj.* সংঘটনশীল songgothonsil
condemn *v.t.* দোষ দেওয়া dosh dewa
condense *v.t.* ঘন করা ghono kora
condescend ছোট করা choto kora

condign *adj.* কঠোর kothor
condiment *n.* মশলা mosola
condition *n.* অবস্থা obostha
conditional *adj.* শর্তাধীন sortadhin
condole *v.* সমবেদনা জানানো somobedona jananno
condolence *n.* শোকপ্রকাশ sokproksh
condone *v.t.* ক্ষমা করা khoma kora
conduce *v.t.* সংঘটনে সাহায্য করা songghotone sahajyo kora
conducive *adj.* সহায়ক sohayok
conduct *v.t.* আচরণ achoron
conductor *n.* পথপ্রদর্শক pothoprodorshok
condult *n.* নল nol
cone *n.* কোন kon
confection *n.* কেক kek
confederacy *n.* রাষ্ট্র rastro punjo
confederate *adj.* মৈত্রীচুক্তিবদ্ধ moitrichukti boddho
confederation মিত্রসঙ্ঘ mitrosongho
confer *v.t.* খেতাব khetab
conference *n.* আলোচনাসভা alochonasova
confess *v.t.* কবুল করা kobul kora
confession *n.* স্বীকারোক্তি swikarokti
confidant *n.* বিশ্বস্ত ব্যক্তি biswosto byakti
confide *v.t.* ন্যাস্ত করা nyasto kora
confidence *n.* আত্মবিশ্বাস atmobiswas
confident *adj.* আত্মবিশ্বসী atmobiswasi
confidential *adj.* গোপনভাবে goponvabe
configuration *n.* বাহ্যিক আকার bajhik akar
confine *v.t.* সীবাবদ্ধ করা somboddho kora
confinement *n.* অবরোধ oborodh kora
confirm প্রতিপন্ন করা protiponno kora
confirmation *n.* নিশ্চিত প্রমাণ nischito proman
confiscate *v.t.* বাজেয়াপ্ত করা bajeyapto kora
confiscation *n.* বাজেয়াপ্তকরণ bajeyapto koron
conflagration *n.* বিশাল অগ্নিকান্ড bisal ognikando
conflict *v.t.* দ্বন্দ্ব dwndwo
confluent *adj.* সম্মিলিত sommilito
confluence *n.* মিলিত প্রবাহ milito probaho
conform *v.t.* অনুরুপ হওয়া onurup howa
confound *v.t.* বিভ্রান্ত করা bivranto kora
confront মুখোমুখি হওয়া mukhomukhi houwa
confuse *v.t.* বিভ্রান্ত করা bivranto kora
confusion *n.* বিশৃঙ্খলা bisrinkhola
confute *v.t.* খন্ডন করা khondon kora
congeal *v.t.* জমাট বাঁধা jomat badha
congenial *adj.* সদৃশ sodrriso
congenital *adj.* জন্মগত jonmogoto
congest *v.t.* গাদাগাদি অবস্থা gadagadi obosta
congestion ভিড় vir
congiomeration *n.* একত্রী ekotri
congratulate *v.t.* অভিনন্দন ovinondon
congratulation অভিনন্দন ovinondon
congregate *v.t.* সমাবেশ somabesh
congregation *n.* সমাবেশ somabesh
congress মহাসভা mohasova
congruence *n.* মিল mil
congruent সদৃশ sodriso
conical চোঙাকৃত chongakrrito
coniferous *adj.* চোঙাকৃত গাছ chongakrrito gachh
conjecture *n.* অনুমান onuman
conjoin *v.t.* যুক্তভাবে juktovabe
conjugal *adj.* দাম্পত্য damptyo
conjugate *v.t.* ধাতুরুপ করা dhaturup kora
conjuction *n.* যংযোজক পদ songjojok pod
conjure *v.t.* হাতসাফাই hatsafai
conjurer *n.* জাদুকর jadukor
conk *n.* নাক nak
connect *v.t.* সংযুক্ত করা sonjukto kora
connection *n.* সংযোগ songjog
connivance *n.* পরোক্ষ সমর্থন porokhyo somorthon
connive *v.t.* চোখ বুজে থাকা chokh buje thaka

connoisseur *n.* পন্ডিত বিচারক pondit bicharok
connote *v.t.* অর্থ বোঝানো ortho bojhano
connubial *adj.* বিবাহসম্পর্কিত bibaho somporkito
conquer *v.t.* জয় করা joy kora
conquest *n.* বিজয় bijoy
conscience *n.* বিবেক bibek.
conscientious *n.* বিবেকবান bibekban
conscious *adj.* সজ্ঞান sogyan
conscript *adj.* বাধ্যতামুলকভাবে badhyota mulok vabe
consecrate *v.t.* পবিত্র করা pobitro kora
consecration *n.* পবিত্রকরণ pobitro koron
consecutive *adj.* ধরাবাহিক dharabahik
concensus *n.* ঐক্যমত oikyomoto
consent *v.i.* রাজি হওয়া raji houwa
consequence *n.* ফলাফল folafol
consequent *adj.* অনুগামী onigami
conservation *n.* সংরক্ষণ songrokhon
conservative *adj.* রক্ষণশীল rokhonsil
conserve *v.t.* সংরক্ষণ করা songrokhon kora
consider *adj.* বিবেচনা করা bibechona kora
considerable *adj.* গুরুত্বপুর্ণ gurutwopurno
considerate *adj.* সুবিবেচিত subibechito
consideration *n.* বিবেচনা bibechona.
consign *v.t.* প্রেরণ preron
consignment *n.* হস্তান্তর hostntor
consist *v.t.* গঠিত হওয়া gothito houwa
consistent *adj.* সঙ্গতিপুর্ণ songoti purno
consistence *n.* সঙ্গতি songoti.
consolation *n.* সান্তনা santona
console *v.t.* সান্তনা santona
consolidate *v.t.* সংহত করা songhoto kora
consonance *n.* মতৈক্য motikyo
consonant *adj.* সঙ্গতিপুর্ণ songotipurno
consort *n.* সঙ্গী songi
conspicuous দর্শনীয় dorshoniyo
conspiracy *n.* ষড়যন্ত্র shorojontro
conspire *v.t.* ষড়যন্ত্র shorojontro
constable *n.* পুলিশ কর্মী pulishkormi
constancy *n.* স্থিরতা sthirota
constant স্থির sthir
constellation *n.* একত্রে নক্ষত্রপুঞ্জ ekotre nokhtropunjo
constipate *v.t.* কোষ্ঠকাঠিন্য koshthokathinyo
constipation *n.* কোষ্ঠকাঠিন্য koshthokathinyo
constituency *n.* নির্বাচকমন্ডলী nirbachokmondoli
constituent *adj.* নির্বাচকমন্ডলীর সদস্য nirbachokmondoli sodosyo
constitute *v.t.* স্থাপন করা sthapon kora
constitution *n.* সংবিধান songbidhan
constrain *v.t.* সীমাবদ্ধ করা simabodhyo kora
constraint *n.* সীমাবদ্ধতা simabodhoyota
construct *v.t.* নির্মাণ nirman
construction *n.* নির্মাণ nirman
constructive *adj.* গঠনমুলক gothonmulok
construe *v.* বাক্যের বিশ্লেষন bakyer bisleson
consul *n.* রাষ্ট্রদুত rashtodut
consulate *n.* রাষ্ট্রদুতের দপ্তর rastroduter doptor
consult *v.t.* পরামর্শ poramorso
consultation *n.* পরামর্শ poramorso
consume *v.t.* পান করা pan kora
consumer *n.* গ্রাহক grahok
consumption *n.* ভোগ করা vog kora
contact *n.* স্পর্শ sporsho
contagious *adj.* সংক্রামক songramok
contagion *n.* সংক্রামক ব্যাধি songkramok byadhi
contain *v.t.* ধারণ করা dharon kora
contaminate *v.t.* দুষিত করা dushito kora
contemplate *v.t.* ধ্যান করা dhyan kora
contemporary *adj.* সমকালীন somokalin
contempt *n.* ঘৃণা ghrrina
contemptible *adj.* ঘৃণ্য ghrrinyo
contemptuous *adj.* ঘৃণা ghrrinya
contend *v.t.* প্রতিযোগিতা করা protjogita kora

content *n.* আধেয় adheyo
contention *n.* তর্ক torko
contest *n.* তর্ক করা torko kora
context *n.* বর্ণনা প্রসঙ্গ bornona prosongo
contiguity *n.* সন্নিহিত sonnihito '
continence *n.* আত্মসংযম atmosongjom
confinent *n.* অবরোধ oborodh.
continue *v.t.* চলতে থাকা cholte thaka
continuation *n.* অনুবর্তন onuborton
contour *n.* দেহরেখা dehorekha
contraband *adj.* নিষিদ্ধ nisiddho
contraceptive *adj* গর্ভনিরোধক gorvonirodhok
contract *n.* চুক্তি chukti
contraction *n.* সংকোচন songkochon
contradict অস্বীকার করা oswikar kora
contradiction *n.* বিরোধিতা birodhita
contrary *v.t.* বিপরিত biporit
contravene *v.t.* বিরুদ্ধ কাজ biruddho kaj
contravention *n.* লঙ্ঘন lonhghon
contribute *v.t.* সাহায্য করা sahajyo kora
contributor *n.* প্রদায়ক prodayok
contribution *n.* প্রদেয় prodeyo
contrite *adj.* পীড়িত pirito
contrition *n.* পাপ pap
contrive *v.t.* আবিষ্কার করা abiskar
control *n.* নিয়ন্ত্রন niyontron
controller *n.* নিয়ন্ত্রক niyontrok
controversy *n.* বিতর্ক bitorko
convalesce *v.t.* রোগমুক্তি rogmukti
convalescence *n.* রোগমুক্তি rogmukti
convection *n.* পরিচলন porichalon
convene *v.t.* আহবান করা ahbwan kora
convener *n.* যে আহবান করে je shbwan kore
convenience *n.* সুবিধা subidha
convenient *adj.* সুবিধাজনক subidhajonok
convent *n.* আবাস abas
convention *n.* সমিতি somiti
converge *v.t.* সমকেন্দ্রাভিমুখী somokendavimukhi
convergent *adj.* সমকেন্দ্রি হওয়া somkendri houwa
conversant *adj.* অবগত obogoto
conversation *n.* কথোপকথন kothopkothon
converse *v.i.* আলাপ alap
conversion *n.* পরিবর্তন poriborton
convert *v.t.* চাপা chapa
convertible *adj.* পরিবোর্তনযোগ্য poribortonjogyo
convex *adj.* উত্তল uttol
convey *v.t.* বহন করা bohon kora
conveyance *n.* পরিবহন poribohon
convict *v.t.* অপরাধী oporadhi
conviction *n.* দোষী সাব্যস্তকরণ doshi sabyostokoron
convince *v.t.* প্রমাণ proman
convoke *v.t.* সমবেত somobeto
convulsion *n.* বিধ্বংসী আলোড়ন bidhongsi aloron
coo *n.* ঘুঘুর ডাক ghughur dak
cook *n.* বাবুর্চি baburchi
cooker *n.* রান্নার পাত্র rannar patro
cookery *n.* রন্ধনশৈলী rondhon soili
cool *adj.* ঠান্ডা thanda
coolie *n.* কুলি kuli
coop *n.* খাঁচা khacha
cooper *n.* টব tob
co-operation *n.* সহযোগিতা sohojogita
co-opt *v.t.* সহযোযন করা sohojojon kora
co-ordinate *v.t.* সহযোযন করা sohojojon kora
copartner *n.* সহ শরিক soho sorik
cope *v.i.* পরে ওঠা pore otha
coping *n.* ইটের অংশ iter ongso
copious *adj.* প্রাচুর্যপুর্ণ prachurjyo
copper *n.* তামা tama
coppice *n.* ছোট ছোট গাছের ঝড় choto choto gacher jhor
copula *n.* ক্রিয়ারুপ kriyarup
copy *v.* অনুকরণ onukoron
copyist *n.* অনুকরণ onukoron
copyright *n.* লেখাস্বত্ব lekha swtyo
coral *n.* প্রবাল probal

cord *n.* রশি roshi
cordial *adj.* আন্তরিক antorik
cordon *n.* রক্ষা বেষ্টনী rokha bestoni
core *n.* মর্মবস্তু mormo bostu
cork *n.* বোতলের ছিপি botoler chipi
corn *n.* বীজ bij
corner *n.* কোণ kon
corollary *n.* অনুসিদ্ধান্ত onisidhnato
corona *n.* বক্রাকার আলোর বেষ্টনী bokrakar alor beshtoni
coronation *n.* রাজাভিষেক rajavisek
coroner *n.* তদন্তকারী বিচারক todontokari bicharok
coronet *n.* ফুলের মালা fuler mala
corporal *adj.* শরীরী soriri
corporate *adj.* যৌথ দায়িত্ব joutho dayitwo
corporation *n.* পৌরসভা pourosova
corporeal *adj.* শরীর সংক্রান্ত sorir songkranto
corps *n.pl.* সৈন্যবাহিনীর ভাগবিশেষ soinyobahinir vagbises
corpse *n.* শব sob
corpus *n.* দেহ deho.
correct *v.t.* সঠিক sothik
correction *n.* সংশোধন songsodhon
correlative *adj.* পরস্পর porospor
correspond *v.i.* সঙ্গতিপুর্ণ songgotipurno
correspondence *n.* চিঠিপত্র chithiporto
correspondent *n.* চিঠিপত্র প্রাপক chithiporto prapok
corridor *n.* বারন্দা baranda
corrigendum *n.* সংশোধনীয় songsodhoniyo
corrigible *adj.* সংশোধনযোগ্য songsodhonjogyo
corroborate *v.t.* সমর্থন করা somorthon kora
corroboration *n.* সত্যতা প্রমাণ sotyota proman
corrode *v.t.* ক্ষয় kshoy
corrosion *n.* অবক্ষয় obokshoy
corrugate *v.t.* ভাঁজ করা vaj kora
corrupt *adj.* দুর্নীতিগ্রস্ত durnitigrosto
corruption *n.* দুর্নীতি durniti
cosmetic *n.* প্রসাধন prosadhon
cosmic *adj.* মহাজাগতিক mohajagotik
cosmopolitan *n.* বহু অঞ্চল থেকে আগত bohu onchol theke agoto
cosmos *n.* মহাজগৎ mohajogot
cost *n.* দাম dam
costly *adj.* দামী dami
costume *n.* পোশাক posak
cosy *adj.* উষ্ণ ushno
cot *n.* বিছানা bichana
cote *n.* পাখির বাসা pakhir basa
cottage *n.* কুটির kutir
cotton *n.* তুলো tulo
couch *n.* গদি আঁটা আসন godi ata ason
cough *n.* কাসি kasi
council *n.* পরিষদমন্ডলী porishodmondoli
counsel *n.* ব্যারিস্টর byaristar
counsellor *n.* উপদেষ্টা upodesta
count *v.t.* গোনা gona
countenance *n.* প্রসন্ন মুখভাব prosonno mukhovab
counter *n.* কাউন্টার kaunter
counteract *v.t.* ব্যর্থ করা byartho kora
counterfeit *v.t.* জাল jal
counterfoil প্রতিপত্র potipotro
countermand *n.* আদেশ প্রত্যাহার adesh protyahar
counterpane *n.* রেড কভার red kovar
counterpolse *v.t.* ভারসাম্য স্থাপন করা varsamyo sthapon kora
countersign *v.t.* প্রতিস্বাক্ষর করা protoswakhor kora
countless *adj.* অসংখ্য osonkhyo
country *n.* দেশ des
county কাউন্টি kaunti
coup *n.* অভ্যুত্থান ovyutyhan
couple *n.* যুগল jugol
couplet *n.* দ্বিপাদী শ্লোক dwipadi slok
coupon *n.* কুপন kupon
courage *n.* সাহস sahos
courageous *adj.* সাহসী sahosi
courier *n.* কুরিয়ার kuriyar

course *n.* গতি goti
court *n.* আদালত adalot
courteous *n.* ভদ্র vodro
courtesan *n.* বারবনিতা barobonita
courtesy *n.* শিষ্টাচার sista char
courtier *n.* সভ্যসদ sovasod
courtyard *n.* বাগান bagan
cousin *n.* মামাতো mamato
cove *n.* খাঁড়ি khari
covenant *n.* আইনসম্মত চুক্তিপত্র ainsommoto chukti potro
cover *n.* ঢেকা dheka
covering *n.* প্রতিবেদন protibedon
coverlet *n.* চাদর chador
covert *n.* চাপা chapa
covet *v.t.* লোভ lov
covetous *adj.* লোলুপ lolup
cow *n.* গরু goru
coward *n.* ভীরু viru
cowardice *n.* ভীরুতা viruta
cowardly *adj.* ভীরু স্বভাবের viru swavaber
coxcomb *n.* ভাঁড় var
coy *adj.* লাজুক lajuk
cozen *v.t.* বঞ্চিত bonchito
crab *n.* কাঁকড়া kakra
crack *v.t.* ফাটাল fatal
cracker *n.* পটকা potka
crackle *v.t.* পটপট আওয়াজ pot pot auwaj
cradle *n.* দোলনা dolna
craft *n.* শিল্প কৌশল silpo kousol
craftiness *n.* শঠতা sothota
craftsman *n.* কারিগর karigor
crag *n.* উঁচু uchu
cram *v.t.* ঠেসে ঠেসে these these
crammer *n.* মুখস্থ বিদ্যার স্কুল mukhstho bidyar skul
cramp *n.* পেশি সংকোচন pesi songkochon
crane *n.* সারস saros
cranium *n.* মাথার খুলি mathar khuli
crash *n.* ভয়ানক পতন voyanok poton
crass *adj.* হাঁদা hada
crate *n.* ঝুড়ি jhuri
crater *n.* জ্বালমুখ jwalmukh
crave *v.t.* ব্যাকুল ইচ্ছা byakul eichha
craving *n.* ব্যগ্রতা byagrota
craven *n.* ভীরু viru
crawl *v.t.* বুকে ভর দিয়ে চলা buke vor diye chola
crayon *n.* রং এর চকড়ি rong er chorki
craze *v.t.* হুজুগ hujug
crazy *adj.* দিশাহারা disha hara
creak *v.i.* ক্যাঁচক্যাঁচ শব্দ kyach kyach sobdo
cream *n.* মাখন makhon
crease *n.* ভাঁজের দাগ vajer dag
create *v.t.* সৃষ্টি srristi
creation *n.* সৃষ্টি srristi
creative *adj.* সৃজনশীল srrijonsil
creator *n.* স্রষ্টা srrosta
creature *n.* প্রাণী prani
credence *n.* বিশ্বাস biswas
credentials *n.pl.* প্রমাণ পত্র promanpotro
credible *adj.* বিশ্বাসযোগ্য biswasjogyo
credibility *n.* বিশ্বাসযোগ্যতা biswas jogyota
credit ঋন hrrin
creditable *adj.* প্রশংসনীয় prosngsoniyo
creditor *n.* ঋনদাতা hrrindata
credulity বিশ্বাসপ্রবণতা biswasprobonota
credulous *adj.* বিশ্বাসপ্রবণ biswasprobon.
creed *n.* ধর্মীয় মাত dhormiyo mat
creek *n.* খাঁড়ি khari
creep *v.i.* হামাগুড়ি hamaguri
creeper *n.* লতাপাতা lotapata
cremate *v.t.* শবদাহ sobodaho
cremation *n.* দাহকর্ম dahokormo
crescent *n.* অর্ধচন্দ্রাকার ordhochondrakar
crest *n.* পাখির ঝুঁটি pakhirjhuti
cres¶fallen *adj.* হতাশ hotash
crevice *n.* ফাটল fatol
crew *n.* ক্রু kru
crib *n.* কাঠের গামলা kather gamola
crick *n.* ব্যাথা byatha

cricket *n.* ঝিঁঝিঁ পোকা jhi jhi poka
cricketer *n.* খেলোয়াড় kheloyar
crier *n.* নাবিক nabik
crime *n.* অপরাধ oporadhi
criminal *adj.* অপরাধ সংক্রান্ত oporadh songkranto
criminology *n.* অপরাধতত্ব oporadhtotwo
crimp *v.t.* চুল কোঁকড়ানো chul kokrano
cringe *v.i.* নুইয়ে পড়া nuye pora
cripple *n.* পঙ্গুলোক pongu lok
crisis *n.* সঙ্কটকাল sonkot kal
crisp *adj.* মচমচে mochmoche
criterion *n.* মানদন্ড mandondo
critic *n.* নিন্দুক ninduk
critical *n.* সঙ্কটপুর্ণ sonkot purno
criticism *n.* সমালোচনা somalochona
criticize *v.t.* সমালোচনা somalochona
critique *n.* সমালোচনামুলক নিবন্ধ somalochonamulok nibondho
croak *v.t.* ব্যঙ এর ডাক byang er dak
crockery *n.* বাসন bason
crocodile *n.* কুমির kumir
crone *n.* বিগত যৌবন bigoto jouban
crony *n.* সঙি ontorongo bondhu
crook *v.i.* কুঁজো হওয়া kujo houya
crooked *adj.* অসৎ osot
crop *n.* ফসল fosol
crore *n.* কোটি koti
cross *n.* ক্রুশচিহ্ন kroschinho
cross-examin *n.* পুনরায় পরিক্ষা pinoray poriksha
crossing *n.* পারাপার parapar
cross-road *n.* রাস্তার সংযোগস্থল rastar songsthol
crouch *v.t.* গুটিসুটি মারা gutisuti mara
crow *n.* কাক kak
crow-bar *n.* যন্ত্র jontro
crowd *n.* বিশৃঙ্খল জনতা bisrinkhola jonota
crown *n.* মুকুট mukut
crucial *adj.* গুরুত্বপুর্ণ gurutwopurno
crucible *n.* পাত্র patro
crucifix *n.* ক্রুশের মডেল kruser model
crucify *v.t.* যিশুবিদ্ধ করে মারা jishubiddho kore mara
crucification *n.* যিশুবিদ্ধ jishu biddho
crude *adj.* অশোধিত osodhito
cruel *adj.* নিষ্ঠুর nishthur
cruelty *n.* নিষ্ঠুরতা nishthurota
cruet *n.* লবনস lobons
cruise প্রমোদভ্রমণ promodvromon
cruiser *n.* যুদ্ধজাহাজ juddho jahaj
crumb *n.* যৎকিঞ্চিত jotkinchit
crumble *v.i.* ভাঙা vanga
crumple *v.t.* চাপ দিয়ে ভাঁজ chap diye vaj
crusade ন্যায়ের সংগ্রাম nyayer songram
crush *v.* দুমড়ে মুচড়ে dumre muchre
crust *n.* কঠিন উ্পরিভাগ kothik uporivag
crutch *n.* ক্রাচ krach
crux *n.* অত্যন্ত জটিল otynto jotil
cry *adj..* ক্রনন্দন krondon
crypt *n.* ভুগর্ভস্থ কক্ষ vugorvostho kokshyo
cryptic *adj.* গুপ্ত gupto
cryptogram *n.* সংকেতে কিছু লেখা songkete kichu lekh
crystal *n.* স্ফতিক টুকরো sfotik tukro
crystalline *adj.* অতি স্বচ্ছ oti swochho
cub *n.* বাঘের ছানা bagher chhana
cube *n.* ঘনফল ghomo fol
cuckoo *n.* কোকিল kokil
cucumber *n.* শশা sosa
cud *n.* জাবর jabor
cuddle *v.t.* বুকের কাছে নেওয়া buker kache neuwa
cudgel *n.* মুগুর mugur
cue *n.* কিউ kiu
culinary *adj.* রান্না সম্পর্কিত ranna somporkito
cull *v.t.* চয়ন করা choyonkora
culminate *v.t.* শীর্ষবিন্দুতে shirsho bindute
culpable *adj.* দন্ডনীয় dondoniyo
culprit *n.* দোষী doshi
cult *n.* ধর্মীয় প্রথা dhormiyo protha
cultivate *v.t.* চাষ করা chash kora
cultivation *n.* চাষ chash

cultivator *n.* চাষি chashi
culture *n.* সংস্কৃতি songskriti
culvert *n.* কালভার্ট kalvarrt
cumbersome *adj.* ঝামেলাপুর্ণ jhamela purno
cumbrous *n.* ঝামেলাপুর্ণ jhamela purno
cumin *n.* জিরা jira
cumulative *adj.* ক্রমবর্ধমান kromobordhoman
cunning *adj.* ধুর্ত dhurto
cup *n.* কাপ kap
cupboard *n.* আলমারি alamari
cupidity *n.* সম্পত্তির লোভ sompottir lov
cupola *n.* ছোট গম্বুজ choto gombuj
curriculum *n.* পাঠ্যসুচি pathyo suchi
curry *v.t.* তরকারি torkari
curse *n.* অভিশাপ ovisap
cursed *adj.* অভিশপ্ত হওয়া ovisopto houwa
cursory *adj.* তড়িঘড়িতে করা torighorite kora
curt *adj.* স্বল্পভাষী swolpovasi
curtail *v.t.* কাটছাঁট করা katchhat kora
curtailment *n.* কাট ছাঁট কর্ম katchhat kormo
curtain *n.* পর্দা porda
curtain-lecture *n.* স্বামীকে ভর্ৎসনা swamike votsorna
curtsey *n.* সৌজন্য প্রদর্শন soujonyo prodorshon
curvature *n.* বক্রতা bokrota
curve *v.t.* বক্রতা bokrota
cushion *n.* গদি godi
cushy *adj.* আরামপ্রদ aramprodo
custodian *n.* রক্ষক rokshok
costody *n.* প্রহরা prohora
custom *n.* প্রথা protha
customary *adj.* প্রথানুগ prothanug
customer *n.* খরিদ্দার khriddar
cut *v.t.* কাটা kata
cuticle *n.* চামড়ার বাইরের স্তর chamrar bairer stor
cutler *n.* ছুরি churi
cycle *n.* চক্র chokro
cyclist *n.* সাইকেল আরোহী saikel arohi
cyclone *n.* ঘুর্ণিঝড় ghurnijhor
cyclopaedia *n.* অভিধান ovidhan
cyclostyle *n.* সাইক্লোস্টাইল saiklostail
cylinder *n.* সিলিন্ডার silindar
cylindrical *adj.* সিলিন্ডার আকৃতবিশিষ্ট silindar akritobisisto
cymbal *n.* মন্দিরা mondira
cynical *n.* নৈরাশ্যবাদী noirasyobadi
cynosure *n.* আকর্ষণীয় ব্যক্তিত্ব akorshoniyo byaktityo
cypher *n.* গুরুত্বহীন ব্যাক্তি gurutwohin byakti

cyp ress *n.* সাইপ্রাস saipras

D

dab *v.t.* আলতো ভাবে ছোঁয়া alto bhabhe chowa
dabble *v.t.* জল ছেটানো jol chetano
dabbler *n.* পল্লবগ্রাহী pllobgrahi
dacoit *n.* ডাকাত dakat
dacoity *n.* ডাকাতি dakati
dad *n.* বাবা baba
daft *adj.* জড়বুদ্ধি jorbudhi
daffodil *n.* ড্যাফোডিল daffodil
dagger *n.* খঞ্জর khonjor
daily *adj.* প্রতিদিন protidin
dainty *n.* সুখাদ্য sukhado
dairy *n.* গব্যশলা goboshala
dais *n.* মঞ্চ moncho
dale *n.* উপত্যকা uptoka
dalliance ফষ্টিনষ্টি fostinosti
dally *v.t.* ফষ্টিনষ্টি করা fostinosti kora
dam *n.* বাঁধ bandh
damage *n.* ক্ষতি khoti
dame *n.* বিবাহিত নারী bibahit nari
damn *v.t.* নরকদন্ড দেওয়া nrokdondo dewa
damnable *adj.* ঘৃন্য ghrina

damnation *n.* নরকদন্ড nrokdondo
damned *adj.* অভিশপ্ত abhishapto
damp *n.* আদ্রতা adrota
damsel *n.* যুবতী juboti
dance *v.t.* নৃত্য nritoyo
dancer *n.* নৃত্যশিল্পী nritoyoshilpi
dandle *v.t.* কোলে দোলানো kole dolano
dandy *n.* ফুলবাবু fulbababu
danger *n.* বিপদ bipod
dangerous *adj.* বিপদ্‌জনক bipod jonok
dangle *v.i.* ঝোলা jhola
dank *adj.* সেঁতসেঁতে senthsanthe
dare *v.t.* সাহস করা sahos kora
daring *adj.* দুঃসাহস dusahos
dark *adj.* অন্ধকার aondhokar
darken *v.t.* অন্ধকার করা andhokar kora
darling *n.* প্রিয়তম priyotom
darn *v.t.* ক্রোধ প্রভুতি অন্তর্ভাবসুচক krodh probhuti aontorbhabsuchok
dart *v.t.* হানা hana
dash *v.t.* প্রচন্ড বেগে নিক্ষেপ করা prochondo bege nikhep kora
dastard *n.* কাপুরুষোচিত kapurushochit
data *n.* তথ্য totho
date *n.* তারিখ tarikh
dative *n.* সম্প্রদান smprodan
datum *n.* তথ্য tho
daub *v.t.* প্রলেপ দেওয়া prolep dewa
daughter *n.* মেয়ে meye
daughter-in-law *n.* পুত্রবধু putrobodhu
daunt *v.t.* সন্ত্রস্ত করা sontrosto kora
dauntless *adj.* অদম্য adomo
dawdle *v.i.* দেরি করা deri kora
dawn *v.i.* উষা, ভোর usa, bhor
day *n.* দিন din
daze *v.t.* হতবুদ্ধি hotbudhi
dazzle *v.t.* চোখ ধাঁধানো cokh dhandano
dead *n.* মৃত mrito
deaden *v.t.* শক্তি, অনুভুতি shokti
deadly *adj.* মারাত্মক maratmok
deaf *adj.* কালা kala
deafen *v.t.* কানে তালা লাগানো kane tala lagano
deal *v.t.* বন্টন করা bonton kora
dealer *n.* ব্যাপারি byapari
dealing *n.* আচরণ aacharon
dean *n.* নেতৃত্বদানকারী কর্মকর্তা netritodankari kormokorta
dear *adj.* প্রিয় prhiyo
dearth *n.* অভাব abhab
death *n.* মৃত্যু mritu
debacle *n.* মহাদুর্যোগ mahadurjog
debar *v.t.* নিবারিত করা nibarit kora
debase *v.t.* মুল্য mulloy
debatable *adj.* তর্কসাপেক্ষ torkosapekhe
debate *n.* বিতর্ক bitorko
debauch *v.t.* চরিত্রভ্রষ্ট করা chitrobrosto kora
debenture *n.* প্রতিজ্ঞাপত্র protigyapotro
debilitate *v.t.* দুর্বল করা durbol kora
debit *v.t.* দেনা dena
debonair *adj.* প্রফুল্ল profullo
debris *n.* ধ্বংসাবশেষ dhonshosabesh
debt *n.* দেনা dena
decade *n.* দশক doshok
decamp *v.i.* প্রস্থান করা prosthan kora
decapitate *v.t.* শিরশ্ছেদ করা sirosched kora
decay *v.i.* ক্ষয় khoy
decease *n.* মৃত্যু mritu
deceased *adj.* মৃত mrito
deceit *n.* কপট kpat
deceitful *adj.* কপটী kopati
deceive *v.t.* প্রতারিত করা protarit kora
december *n.* ডিসেম্বার december
decent *adj.* শোভন shobhon
decentralize *v.t.* বিকেন্দ্রীভুত করা bikendribhut kora
deception *n.* প্রতারনা protarna
deceptive *adj.* প্রতারনামুলক protaronamulok
decide *v.t.* সিদ্ধান্ত নেওয়া sidhanto newa
decided *adj.* সুনির্দিষ্ট sunirdisto
deciduous *adj.* প্রতি বছর পাতা ঝরে এমন proti bochor pata jhora emon
decimal *adj.* দশমিক dshomik

decipher *v.t.* অর্থোদ্ধার করা arthodhar kora
decision *n.* সিদ্ধান্ত sidhanto newa
decisive *adj.* চুড়ান্ত churanto
deck *n.* নৌতল noitol
declaim *v.t.* উদ্দীপ্ত ভাবে কথা বলা udipto vhabe kotha bla
declaration *n.* ঘোষনা ghosona
declare *v.t.* আনুষ্ঠানিক ভাবে জানানো anusthanik vhabe janano
decline *v.i.* হ্রাস পাওয়া hras pawa
declivity *n.* উৎরাই uthrai
decompose *v.t.* পচা pcha
decorate *v.t.* অলঙ্কৃত করা alonkrit kora
decoration *n.* অলঙ্করন alonkoron
decorous *adj.* শোভন shobhon
decorum *n.* শিষ্টতা sishtota
decoy *v.t.* টোপ ফেলা top fela
decrease *n.* হ্রাস hras
decree *n.* আজ্ঞপ্তি aagopti
decrepit *adj.* জরাজীর্ন jorajirno
decry *v.t.* উচ্চস্বরে নিন্দা ucchosware ninda
dedicate *v.t.* উৎসর্গ utsorgo
dedication *n.* উৎসর্গপত্র utsorgopotro
deduce *v.t.* অনুমান করা anuman kora
deduct *v.t.* বিয়োগ biyog
deduction *n.* বিয়োজন biyojon
deductive *adj.* অবরোহী aaborohi
deed *n.* কার্য karjo
deem *v.t.* মনে করা mone kora
deep *adj.* গভীর gbhir
deer *n.* হরিন horin
deface *v.t.* বিকৃত করা bikrito kora
defame *v.t.* কুৎসা রটানো kutsah rotano
default *n.* অনুপস্হান aonusthan
defeat *v.t.* পরাজয় করা prajoy kora
defecate *v.t.* মলত্যাগ করা moltyag kora
defect *n.* বিচ্যুতি bicuti
defective *adj.* ত্রুটিপুর্ন trutipurno
defence *n.* প্রতিরক্ষা potirokha
defenceless *adj.* প্রতিরক্ষাবিহীন protirpljanojom
defend *v.* রক্ষা rokha
defendant *n.* প্রতিবাদী protibadi
defensive *adj.* আত্মরক্ষামুলক aatmorokhamulok
defer *v.t.* মুলতবি multobi
deference *n.* সম্মান somman
deficiency *n.* অভাব abhab
deficient *adj.* হীন hin
deficit *n.* ঘাটতি ghatti
defile *v.t.* দুষিত dusit
define *v.t.* সংজ্ঞার্থ নির্নয় songartho nirnoy
definite *adj.* নির্দিষ্ট nirdisto
definition *n.* সংজ্ঞার্থ songartho
deflate *v.t.* গ্যাস নিষ্কাশন gyas niskashon
deflect *v.t.* বিভ্রাট bivhrat
deflower *v.t.* নষ্ট করা nosto kora
deform *v.t.* বিকৃত করা nikrito kora
deformation *n.* বিকৃত bikrito
deformity *n.* বিকৃতি bikriti
defraud *v.t.* ঠকিয়ে নেওয়া thekiye newa
defray *v.* অর্থ জোগানো aotho jogano
deft *adj.* চতুর chotur
defunct *adj.* বাতিলকৃত batil krit
defy *v.i.* প্রকাশ্যে বিরোধিতা করা prokasho birodhita kora
degenerate *v.i.* পরিভ্রষ্ট হওয়া pribhrost howa
degeneration *n.* অধঃপতন aodhopoton
degradation *n.* মর্যদাহানি morjadahani
degrade *v.t.* পদভ্রষ্ট podbhrosto
degree *n.* পরিমাপের একক porimaper ekok
deify *v.t.* দেবত্ব দান করা deboto dan kora
deign *v.t.* নকশা niksha
deity *n.* দেবতা debota
deject *v.t.* বিমর্ষ bomorsho
dejection *n.* বিষণ্নতা bisonnota
delay *v.t.* বিলম্ব bilombo
delectable *adj.* আনন্দদায়ক anondodayok
delegacy *n.* প্রতিনিধিবর্গ protinidhiborgo
delegate *n.* প্রতিনিধি protinidhi

delegation *n.* প্রতিনিধিরুপে protinidhirupe
delete *v.t.* বাদ দেওয়া bad dewa
deliberate *v.t.* বিচার বিবেচনা bicar bibechona
deliberation *n.* বিতর্ক bitorko
delicacy *n.* স্বাদুতা swaduta
delicate *adj.* কমনীয় komniyo
delicious *adj.* রসনারোচক rsanrochok
delight *n.* উল্লাস ullas
delirious *adj.* ভ্রান্তচিত্ত bhrantochitto
delirium *n.* প্রলাপ prolap
deliver *v.t.* সরবরাহ করা sorborahkora
deliverance *n.* নিস্তার nistar
delivery *n.* বিতরন bitoron
dell *n.* ঢালু জায়গা dhalu jaiya
delta *n.* ব-দ্বীপ b-dwip
delude *v.t.* বিভ্রান্ত করা bivharnto kora
deluge *n.* মহাপ্লাবন mhaplabon
delusion *n.* প্রতারণা protarna
delve *v.* খোঁড়া khora
demagogue *n.* বত্তৃতাবাগীশ নেতা britobagish nesta
demand *v.t.* দাবি dabi
demarcation *n.* সীমানির্ধারণ simanirdharon
demean *v.t.* মর্যদা লাঘব করা morjada laghob kora
demeanour *n.* ব্যাবহার byabohar
demigod *n.* উপদেবতা updebta
demise *n.* মৃত্যু mritu
democracy *n.* গনতন্ত্র gontontro
democrat *n.* গনতান্ত্রিক gontantrik
demoratic *adj.* গনতান্ত্রিক gontrantrik
demolish *v.t.* ভেঙ্গে ফেলা bhenge fela
demon *n.* দানব danob
demonstrate *v.t.* প্রতিপাদন protipadan
demonstration *n.* প্রতিপাদন protipadan
demoralization *n.* মনোবল হরন mnobol horon
demur *v.i.* আশঙ্কা প্রকাশ করা asonka prokash kora
demure *adj.* গম্ভীর gombhir
demy *n.* কাগজের মাপবিশেষ kagjer mapbishes
den *n.* গুহা guha
denial *n.* অস্বীকার aswikar
denizen *n.* স্থায়ী sthayi
denominate *v.t.* নাম বা আখ্যা দেওয়া nam ba akho dewa
denominator *n.* বিভাজক bivajok
denote *v.t.* সুচিত করা suchit kora
denounce *v.t.* জনসমক্ষে অভিযুক্ত করা jonsmkhe abhijukto kora
dense *adj.* ঘন ghon
density *n.* ঘনতা ghonota
dental *adj.* দন্ত্য donto
dentist *n.* দন্তচিকিৎসক dontochiktsok
denture *n.* কৃত্রিম দাঁতের পংক্তি kritrim danter ponkti
denudation *n.* নগ্নীকরন nognikorn
denude *v.* অনাবৃত/রিক্ত করা anabrito/rikto kora
deny *v.t.* অস্বীকার করা ashwikar kora
depart *v.* প্রস্হান করা proshtan kora
department *n.* বিভাগ bibhag
departure *n.* প্রস্হান prosthan
depend *v.* নির্ভর করা nirbhor kora
dependence *n.* পরনির্ভরতা pornoirbhorota
dependent *adj.* আশ্রিত aashrito
depict *v.t.* বর্ননা bornona
deplete *v.t.* ফুরিয়ে দেওয়া furiye dewea
deplorable *n.* শোচনীয় sochoniyo
deplore *v.t.* নিন্দা করা ninda kora
deport *v.t.* নির্বাসিত nirbasit
deportment *n.* চালচলন calchaln
depose *v.* পদচ্যুত podcutto
deposit *v.t.* গচ্ছিত রাখা gchito kora
depot *n.* গুদাম gudaam
deprave *v.t.* কলুষিত করা kolusit kra
deprecate *v.* অপ্রসন্নতা প্রকাশ aprosonnota prokash
depreciate *v.i.* হ্রাস হওয়া hras howa
depreciation *n.* গুনাপকর্ষণ gunapkorshon
depredation *n.* লুন্ঠন lunthon

depress *v.t.* চাপ দেওয়া chap dewa
deprive *v.* বঞ্চিত করা bonchiot kora
depth *n.* গভীরতা gbhirota
deputation *n.* নিয়োজন niyojon
depute *v.t.* প্রতিনিধি protinidhi
deputy *n.* প্রতিপুরুষ protipurush
derail *v.t.* লাইনচ্যুত lainchuto
derange *v.t.* বিক্ষিপ্ত bikhipto
dereliction *n.* ধ্বংস dwansho
deride *v.t.* উপহাস করা uphas kora
derision *n.* উপহাস uphas kora
derivation *n.* প্রাপ্তি parapti
derive *v.t.* পাওয়া paowa
derogate *v.t.* খর্ব করা khorbo howa
derogatory *adj.* হানিকর hanikor
derrick *n.* বৃহৎ ক্রেন brihito krane
dervish *n.* দরবেশ dorbesh
descend *v.i.* অবতরণ obotoron
descendant *n.* বংশধর bonshodhor
descent *n.* অবতরণ obotoron
describe *v.t.* বর্ণনা bornona
description *adj.* বর্ণনা bornona
descriptive *adj.* বর্ণনাত্মক bornonatmok
desecrate *v.t.* অপবিত্র apobitor
desert *adj.* মরু moru
deserter *n.* পলায়ী palayi
desertion *n.* পলায়ন palayon
deserve *v.* উপযুক্ত হওয়া upojukto howa
deservedly *adv.* যথাচিতভাবে jothachoto bhabe
deserving *adj.* উপযুক্ত হওয়া upojukto howa
desideratum *n.* অভাব অনুভুত হয় এমন বস্তু obhab onubhuto hoi emon bostu
design *v.t.* নকশা noksha
designate *v.t.* চিহ্নিত করা chinito kora
designation *n.* পদমর্যাদা podmorjada
designing *adj.* নকশাবিদ্যা nokshabidya
desirable *adj.* কাম্য kammo
desire *v.t.* আকাঙ্ক্ষা করা aakankha kora
desirous *adj.* অভিলাষী obhilashi
desist *v.i.* নিবৃত্ত হওয়া nibrito howa
desk *n.* দেরাজযুক্ত আসবাববিশেষ deraj jukto asbabbeishes
desolate *v.t.* জনমানবশুন্য jonomanobshunno
desolation *n.* জনমানবশুন্যতা jonomanobshunnota
despair *v.t.* হতাশা hotasha
despatch *v.t.* প্রেরণ করা preron kora
desperado *n.* বেপরোয়া দুর্বৃত্ত beporwa durbrito
desperate *adj.* বেপরোয়া beporwa
despicable *n.* ঘৃণ্য ghrina
despise *v.t.* ঘৃণা ghrina
despite *n.* সত্ত্বেও sotteo
despoil *v.t.* সর্বস্বান্ত sorboshanto
despondency *n.* নৈরাশ্য noirasho
despondent *n.* হতাশ hotash
despot *n.* স্বৈরবৃত্ত swerobritto
despotism *n.* স্বৈরতন্ত্র swarotontro
dessert *n.* মিষ্টি ইত্যাদি misti ityadi
destination *n.* গন্তব্যস্থল gontobosthal
destine *v.t.* পুর্ব নির্ধারিত purbo nirdharito
destined *adj.* পুর্ব নির্ধারিত ছিল purbo nirdharito chilo
destiny *n.* নিয়তি niyoti
destitute *adj.* খাদ্য khadwo
destitution *n.* দুঃস্থতা dusthota
destroy *v.t.* ধ্বংস dhwansho
destroyer *n.* বিনাশক binashok
destructible *adj.* ধ্বংসনীয় dhwanshoniyo
destruction *n.* ধ্বংস dhwansho
destructive *adj.* ধ্বংসাত্মক dhwanshathmok
desultory *n.* উদ্দেশ্যহীন uddeshhin
detach *v.t.* বিচ্ছিন্ন bichhino
detachment *n.* বিয়োজন biyojon
detail *v.t.* সবিস্তারে sobistare
detain *v.* অটকে রাখা atke rakha
detect *v.t.* সনাক্ত করা sonaktho kora
detective *n.* গোয়েন্দা goyenta
detention *n.* বিনা বিচারে আটক bina bichare atok
deter *v.t.* বাধা দেওয়া badha dewa

deteriorate *v.i.* অবনতি ঘটা বা ঘটানো obonoti ghota ba ghatano
determinate *n.* সীমাবদ্ধ simabodho
determination *n.* দৃঢ়সংকল্প dridhosonkolpo
determine *v.t.* দৃঢ়সংকল্প করা dridhosonkolpo kora
detest *v.t.* তীব্রভাবে ঘৃণা করা tibrobhabe ghrina kora
detestation *n.* তীব্র ঘৃণা tibro ghrina
dethrone *v.t.* সিংহাসনচ্যুত করা sinhasoncuto kora
detract *v.t.* মানহানি করা manhani kora
detraction *n.* নিন্দা করা ninda kora
detriment *n.* ক্ষতি করে khoti kora
detrimental *adj.* ক্ষতিকর khotikor
deuce *n.* শয়তান shoitan
devastate *v.* ধ্বংস করা dwansho kora
devastation *n.* ধ্বংস dwansho
develop *v.t.* বড়ো হওয়া boro howa
development *n.* উন্নয়ন unnoyoun
deviate *v.t.* পথভ্রষ্ট হওয়া pothbhrosto howa
deviation *n.* বিচ্যুতি bicuti
device *n.* কৌশল koushol
devil *n.* অশুভ asubho
devilish *adj.* শয়তানোচিত soitanchito
devious *adj.* ঘোরানো ghorano
devise *v.t.* কল্পনা করা kolpona kora
devoid *n.* বিহীন bihin
devolve *v.t.* দায়িত্ব হস্তান্তরিত হওয়া dwaitwo hostantorito howa
devote *v.t.* নিয়োজিত করা niyojito kora
devoted *adj.* একন্তভাবে নিয়োজিত ekanto bhabe niyojito
devotee *n.* নিয়োজিত করা niyojito kore
devotion *n.* আরাধনা aradhona
devotional ভক্তিমুলক bhoktimulok
devour *v.t.* গোগ্রাসে গেলা gograse gela
devout *adj.* ধর্মপ্রাণ dhomopran
dew *n.* শিশির sisir
dewy *adj.* শিশিরসিক্ত sirirsikto
dexterity *n.* দক্ষতা dokhota
dexterous *adj.* দক্ষ dokho
diabetes *n.* মধুমেহ modhumeho
diadem *n.* মুকুট mukut
diagnose *v.t.* লক্ষণ দেখে রোগনির্ণয় lckhon dekhe rognirnoy
diagnosis *n.* রোগনির্ণয় rognirnoy
diagonal *adj.* তির্যক tirjok
diagram *n.* রেখাচিত্র rekhachitor
dial *n.* ঘড়ি ghori
dialect *n.* ভাষার আঞ্চলিক রুপ vhasar aancholik rup
dialectic *n.* দ্বান্দ্বিকতা dwandikta
dialogue *n.* সংলাপ sonlap byas
diameter *n.* ব্যাস
diamond *n.* হীরা hira
diaper *n.* বাচ্চাদের তোয়ালে bacchader towale
diaphanous *adj.* স্বচ্ছ swacho
diaphragm *n.* ঝিল্লির পর্দা jillidar porda
diarrhoea *n.* উদরাময় udarmoy
diary *n.* দিনলিপি dinilipi
diatribe *n.* তীব্র ভাষায় ভর্ৎসনা tibro vhasai vortsona
dibble *n.* খুরপি khurpi
dice *n.* ঘুঁটি ghunti
dictate *v.t.* নির্দেশ দেওয়া y nirdesh dewa
dictation *n.* শ্রুতলিপি shrutulipi
dictator *n.* একনায়ক eknayok
diction *n.* শব্দচয়ন showpdochoyon
dictionary *n.* অভিধান abhidhan
dictum *n.* অনুশাসন anusahon
didactic *adj.* শিক্ষামুলক shikhamulok
die *v.t.* মারা যাওয়া mara jawa
diehard *n.* অতিরিক্ত গোড়াসমর্থক atirikto gora somorthok
diesel *n.* জ্বালানি তৈল jwalani toilo
diet *n.* সাধারন খাদ্য sadharon khadyo
dietary *n.* পথ্যবিধি সংক্রান্ত poth bidhi sonkranto
differ *v.i.* ভিন্নরুপ হওয়া bhinnorup howa
difference *n.* পার্থক্য parthoko
different *adj.* ভিন্নতর bhinnotor
differentiate *v.t.* পার্থক্য করা parthoko kora
difficult *adj.* কঠিন kothin

difficulty *n.* কঠিন kothin
diffident *adj.* আত্মপ্রত্যয়হীন aathmoprotoi hin
diffuse *v.t.* বিকীর্ণ করা bikinornokora
diffusion *n.* ব্যাপন byapon
dig *v.t.* খনন করা khonon kora
digest *v.t.* হজম করা hojom kor
digestive *adj.* পরিপাকসংক্রান্ত poripak sonkranto
digestible *adj.* সহজপাচ্য sohojpacho
digestion *n.* পরিপাক poripak
digit *n.* সংখ্যা sonkhar
dignified *adj.* মর্যাদাবান morjadaban
dignify *v.t.* মর্যাদা দান করা morjada dan kora
dignitary *n.* উচ্চপদস্থ ব্যাক্তি ucchopodostho byeakti
dignity *n.* মর্যাদাপুর্ণ অবস্থা morjodapurno abostha
digress *v.t.* প্রসঙ্গ চ্যুত prosongo chuto
digression *n.* প্রসঙ্গ থেকে বিচ্যুতি prosongo theke bichuti
dike *n.* খাল khal
dilapidate *v.t.* জীর্ণ jirno
dilapidation *n.* জীর্ণ দশা jirno dosha
dilate *v.t.* প্রসারিত হওয়া prosarit howa
dilatory *adj.* দীর্ঘসুত্রী dirghosutri
dilemma *n.* উভয় সঙ্কট ubhoi sonkot
dilettante *n.* সঙ্গীত অনুরাগী songit anuragi
diligence *n.* পরিশ্রম prishorm
diligent *n.* পরিশ্রমী prishormi
dilute *v.t.* পাতলা করা patla kora
dim *adj.* অনুজ্জ্বল anujjwaol
diminish *v.t.* হ্রাস করা hras kora
diminution *n.* হ্রাস hras kora
diminutive *adj.* হ্রাসপ্রাপ্ত haras propto
dimple *n.* গালের টোল galer tol
din *n.* হট্টগোল hottogol
dine *v.i.* ভোজন করা bhojon kora
dingy *adj.* নোংরা nonra
dinner *n.* রাতের খাবার rater khabar
dint *n.* দ্বারা dwara
dip *v.t.* তরল পদার্থে চোবানো trol podarthe chobano
diphtheria *n.* কনঠনালীর সংক্রোমক রোগ konthonalir sonkranot rog
diploma *n.* শিক্ষাগত যোগ্যার সনদপত্র sikhagot joger snodptro
diplomacy *n.* কুটনীতি kutniti
diplmat *n.* কুটনীতিক kutnitik
diplmatic *adj.* কুটনৈতিক kutnitik
dire *adj.* ভয়াবহ bhoyaboho
direct *v.t.* কাউকে দিকনির্দেশনা দেওয়া kauke diknirdeshona dewa
direction *n.* চলরা দিক cholar dik
directly *adv.* সরাসরিভাবে srasoribhabe
director *n.* পরিচালক priclakok
directory *n.* নির্দেশিকা nirdeshika
dirge *n.* মৃতের জন্য শোকগীতি mriter jonnoy shokgit
dirk *n.* একপ্রকার ছোরা ekprokar chora
dirt *n.* ময়লা দ্রব্য moila drobo
dirty *adj.* অপরিষ্কার apriskar
disability *n.* অক্ষমতা akhomota
disable *v.t.* অক্ষম করা akhom kora
disabuse *v.t.* ভ্রান্ত ধারনা থেকে মুক্ত করা bhranto dharona theke mukto kora
disadvantage *n.* অসুবিধা asubhida
disagree *v.t.* ভিন্নমত পোষণ করা bhinno mot poshon kora
disagreeble *adj.* বিসদৃশ bisdrhisho
disallow *v.t.* অনুমতি না দেওয়া anumoti na dewa
disappear *v.i.* অদৃশ্য হওয়া adrishwa howa
disappearance *n.* অন্তর্ধান antordharn
disappoint *v.t.* আশা পুর্ণ না করা asha puron na kora
disappointment *n.* হতাশা htash
disapprove *v.t.* অনুমোদন না করা anumodon na kora
disarm *v.t.* নিরস্ত্র করা nirstro kora
disarmament নিরস্ত্রীকরণ nrostrokoron
disaster *n.* আকস্মিক দুর্ঘটনা akosmik durghotno

disastrous *adj.* দুর্ভাগ্যমুলক durbhagomulok
disavow *v.t.* অস্বীকার করা aswikar kora
disavowal *n.* অস্বীকার aswikar
disband *v.t.* ভেঙে দেওয়া bhenge dewa
disbelief *n.* অবিশ্বাস abiswas
disbelieve *v.t.* অবিশ্বাস করা abiswas kora
disburse *v.t.* প্রাপ্য অর্থ প্রদান করা prapo aortho prodan kora
disc *n.* গোলকার সমতল থালার মত বস্তু golakar smotor thalar mot bostu
discard *v.t.* বাতিল করা batil kora
discharge *v.t.* খালাস করা khalas kora
disciple *n.* শিষ্য sisyo
disciplinarian *n.* কঠোর শাসক kothor
discipline *n.* শৃঙ্খলা srrinkhola
disclaim *v.t.* পরিত্যাগ করা porityag kora
disclose *v.t.* অনাবৃত করা onabrrito kora
disclosure *n.* প্রকাশ করা prokash kora
discomfit *v.t.* বিভ্রান্ত করা bivranto kora
discomfort *n.* অস্বস্তি oswsti
discompose *v.t.* অস্বস্তি সৃষ্টি করা oswisti srristi kora
disconnect *v.t.* বিযুক্ত করা bijukto kora
disconsolate *adj.* পীড়িত pirito
discontent *n.* অসন্তোষ osontosh
discontented অসন্তুষ্ট osuntusto
discontinue *v.t.* বন্ধ হওয়া bondho houwa
discord *n.* ঝগড়া jhogra
discordant *adj.* বিসদৃশ bisodrriso
discount *n.* বাটা bata
discountenance *v.t.* অপ্রতিভ করা orpotivo kora
discourage *v.t.* দমিয়ে দেওয়া domiye deuwa
discouraging *adj.* দমিয়ে দেওয়া domiye deuwa
discourse *n.* বক্তৃতা boktrita
discourteous *adj.* অশিষ্ট osishto
discourtesy *n.* অভদ্রতা ovodrota
discover *v.t.* আবিষ্কার করা abiskar kora
discovery *n.* আবিষ্কার abiskar
discredit *n.* অস্বীকার করা oswikar kora
discreditable *adj.* কলঙ্কদায়ী kolonkodayi
discreet *adj.* সতর্ক sotorko
discrepancy *n.* অনৈক্য onikoyo
discretion *n.* বিচক্ষণতা bichokhonotota
discretionary *adj.* স্বেচ্ছাধীন swachadhin
discriminate *v.t.* বিচার করা bichar kora
discrimination *n.* পার্থক্যকরণ parthikyo koron
discursive *adj.* অসংলগ্ন osonglogno
discuss *v.t.* আলোচনা করা alochona kora
discussion *n.* আলোচনা alochona kora
disdain *v.t.* ঘৃনা করা ghrrina kora
disease *n.* ব্যাধি byadhi
disembark *v.i.* জাহাজ থেকে নামানো jahaj theke namano
disembody *v.* পৃথক করা prrithok kora
disencumber *v.t.* মুক্ত করা mukto kora
disengage *v.t.* পৃথক হওয়া prrithok houwa
disfavour *n.* বিরাগ birag
disfigure *v.t.* বিকৃত করা bikrito
disfranchise *v.t.* ভোটাধিকার হরণ করা votadhikar horon kora
disgorge *v.t.* উগরানো ugrano
disgrace *n.* খ্যাতিনাশ khyatinash
disgruntled *adj.* হতাশা hotasa
disguise *v.t.* ছদ্মবেশ ধারণ করা chodmobesh
disgust *n.* বিরাগ birag
dish *n.* থালা thala
dishearten *v.t.* হতাশ করা hotash kora
dishonour *v.t.* অপমান opoman
disillusion *v.t.* মোহমুক্ত করা mohomukto kora
disinclination *n.* অনিচ্ছা oniccha
disinfect *v.t.* সংক্রমণ মুক্ত করা songkromon mukto kora
disingenuous *adj.* কুটিল kutil
disinherit *v.t.* উত্তরাধিকার থেকে বঞ্চিত uttoradhikar theke bonchito
disintegrate *v.t.* বিভক্ত bivokto
disinter *v.t.* কবর থেকে তোলা kobor theke tola
disinterested নিরপেক্ষ niropekhyo
disjoint *v.t.* টুকরো করা tukro kora
disk *n.* পাতলা patla kora

dislike *v.t.* অপচ্ছন্দ করা opochhondo kora
dislocate *v.t.* স্থানচ্যুত করা sthanchyato kora
dislodge *v.t.* সরিয়ে দেওয়া soriye dewa
disloyal *adj.* অবাধ্য obadhyyo
dismal *adj.* নীরস niros
dismantle *v.t.* অংশ বিচ্ছিন্ন ongso bicchinno
dismay *v.t.* আতঙ্ক atonko
dismember *v.t.* ছিন্নভিন্ন অবস্থা chinnovinno obostha
dismiss *v.t.* বরখাস্ত করা borokhastokora
dismissal *n.* বরখাস্ত borokhasto
dismount *v.t.* অবতরণ করা obotoron kora
disobedience *n.* অবাধ্যতা obadhyota
disobedient *adj.* অবাধ্য obadhyo
disobey *v.i.* অমান্য করা omanyo
disorder *n.* বিশৃঙ্খলা bissrinkhola
disorderly *adj.* বিশৃঙ্খলা অবস্থা bissrinkhola obostha
desorganize *v.t.* বিশৃঙ্খলা করা bissrinkhola kora
disown *v.t.* অস্বীকার করা oswikar kora
disparage *v.t.* অবমুল্যায়ন করা obomulyayon kora
disparity *n.* বৈষম্য boishomyo
dispassionate *v.t.* আবেগমুক্ত abegmukto
dispatch *n.* দ্রুত প্রেরণ druto preron
dispel *v.t.* দুর করা dur kora
dispensable *adj.* পরিহার্য poriharjyo
dispensary *n.* ঔষধের দোকান oushodher dokan
dispense *v.t.* বন্টন করা bonton kora
disperse *v.t.* ছত্রভঙ্গ হওয়া chotro vongo houwa
dispirit *v.t.* নিরুৎসাহিত করা niritsaho kora
displace *v.t.* স্থানচ্যুত করা sthanochyto kora
displacement *n.* স্থানচ্যুতি sthanochyti
display *v.t.* জাহির করা jahir kora
displease *v.t.* বিরক্তি করা birokti kora
displeasure *n.* অসন্তোষ osontosh
disport *v.t.* খেলা করা khela kora
disposal *n.* পরিত্যাগকরণ porityag koron
dispose *v.t.* পরিত্যাগ করা porityag kora
dispose of *v.t.* পরিত্যাগ করা porityag kora
disposition *n.* বিন্যাস binyas
dispossess *v.t.* অধিকারচ্যুত odhikar chyto
disproportion *n.* অসামঞ্জস্য osamonjosyo
disprove *v.* মিথ্যা প্রমান করা mithya proman kora
disputant *n.* বির্তক bitorko
disputation *n.* বির্তক bitorko
dispute *v.t.* বির্তক bitorko
disqualify অক্ষম করা okhom kora
disquiet *v.t.* চিন্তিত করা chintito kora
disquisition *n.* বিস্‌তৃত বক্‌তৃতা bistrito boktrita
disregard *v.t.* অমান্য করা omanyo kora
disrepute *n.* কুখ্যাতি kukhyati
disrespect *v.t.* অশ্রদ্ধা osrodhya
disrobe *v.t.* নগ্ন হওয়া nogno houwa
disrupt *v.t.* ব্যাহত করা byahoto houwa
disruption *n.* ব্যাহতকরণ byahoto koron
dissatisfaction *n.* অসন্তোষ osontosh
dissatisfy *v.t.* অসন্তুষ্ট করা osontushto
dissect *v.t.* ব্যবচ্ছেদ করা byaboched kora
dissection *n.* বিশ্লেষন bsleson
dissemble *v.* ছদ্মবেশ ধারণ করা chodmobesh haron kora
disseminate *v.t.* ধারণা dharona
dissension *n.* ঝগড়া jhogra
dissent *v.t.* ভিন্নমতের প্রকাশ vinnomoter prokash
dissertation *n.* দীর্ঘ নিবন্ধ dirghyo nibondho
disservice *n.* অহিতসাধন ohito sadhon
dissimilar *adj.* ভিন্ন vinno
dissipate *v.* দুর করা dur kora
dissipated *adj.* অর্থহীন আমোদপ্রমোদ orthohin amod promod
dissipation *n.* তুচ্ছ আমোদপ্রমোদ tuccho amodpromod

dissociate *v.t.* পৃথক করা prrithok kora
dissolve *v.t.* গলানো golano
dissonance সুরের তামিল surer tamil
dissuade *v.t.* কাজ থেকে বিরতকরা kaj theke biroto kora
distaff *n.* কাটিম katim
distance *n.* দুরত্ব durotwo
distant *adj.* দুরবর্তী duroborti
distaste *n.* অপছন্দ opochhondo
distasteful *adj.* অরুচি oruchi
distemper *n.* রং rong
distend *v.t.* ফোলানো folano
distiller *n.* চোলাইকারী cholai kari
distinct *adj.* সহজে দৃষ্ট sohoje drrishto
distinction *n.* পৃথকীকরণ prrithoki koron
distinctive *adj.* স্বাতন্ত্র্যসুচক swatontrosuchok
distinguish *v.t.* পার্থক্য prathokyo
distinguished *adj.* বিশিষ্ট bisisto
distort *v.t.* বিকৃত করা bokrito kora
distortion *n.* বিকৃতি bikriti
distract *v.t.* ভিন্নমুখী করা vinnomukhi kora
distraction *n.* চিত্তবিক্ষেপ chittobikhep
distrain *v.t.* মাল ক্রোক করা mal krok kora
distraint *n.* ক্রোক krok
distress *n.* যন্ত্রণা jontrona
distressful *adj.* বেদনা bedona
distribute *v.* বিতরণ করা bitoron kora
distribution *n.* বিতরণ bitoron kora
district *n.* জেলা jela
distrust *v.t.* অবিশ্বাস obiswas
distrustful *adj.* সন্দিহান sondihan
disturb *v.t.* মনোযোগ নষ্ট করা moonojog noshto kora
distrubance *n.* বিশৃঙ্খলা bsrrinkhola
disunion *n.* সংযোগছিন্নতা songjogchhinnota
disunite *v.t.* বিচ্চন্ন করা bichhinno kora
divination *n.* ভবিষৎ কথন vobishyot kothon
divine *adj.* ঐশ্বরিক oisworik
divinity দেবত্ব debotwo
divisible *adj.* বিভাজ্য bivajyo
division ভাগ্য vagyo
divisor *n.* ভাজক vajok
divorce *v.t.* বিবাহবিচ্ছেদ bibahobicched
divulge *v.t.* গোপন কথা ফাঁস gopon kotha
dizzy *adj.* ঘোরাচ্ছন্ন ghorachhonnyo
do *v.t.* করা kora
docile *adj.* বাধ্য badhyo
docility *n.* বাধ্যতা badhyota
dock *n.* ডক dok
docket *n.* সারসংক্ষেপ sarsongkhep
dockyard *n.* জাহাজ নির্মান কারখানা jahaj nirman karkhana
doctor *n.* চিকিৎসক chikitsok
doctrinaire *n.* তাত্ত্বিক tatwik
doctrine *n.* মতবাদ motobad
document *n.* দলিল dolil
documentary *aj.* দলিল সংক্রান্ত dolil songkranto
dodge *v.t.* পাশকাটানো pas katano
doe *n.* প্রাণীর খাল pranir khal
doer *n.* যে কাজকরে je kaj kore
doff *v.t.* ছাড়া chara .
dog *n.* কুকুর kukur
dogged *adj.* একগুঁয়ে ek guye
dogma *n.* ধর্মমত dhormomot
dogmatic *adj.* গোঁড়া মতবাদ প্রকাশ gora motbad prokash
dogmatize *v.t.* প্রমান উপস্হান না করে নিশ্চিত মত প্রকাশ করা proman uposthan na kore nischit mot prokash kora
doings *n.* কার্যকলাপ karjoklap
doldrums *n.* নিরক্ষীয় শান্ত বলয় nirkhiy shanto boloi
dole *n.* অংশ বা ভাগ aonsho ba bhag
doleful *adj.* বেদনাময় bednai
doll *n.* পুতুল putul
dollar *n.* আমেরিকার মুদ্রার নাম amerikar mudrar nam
dolour *n.* মর্মযাতনা mormojatona
dolphin *n.* সামুদ্রিক প্রাণী samudrik prani
domain *n.* রাজ্য rajoy
dome *n.* গম্বুজ gombuj
domestic *adj.* ঘরোয়া ghorowa

domesticate পোষ মানানো pos manano
domicile *n.* বাসা basa
dominant *adj.* প্রবল probol
dominate *v.t.* কর্তৃত্ব করা kotrito kora
domineer *v.t.* আধিপত্যসুলভ ahipthho sulobh
dominion *n.* কর্তৃত্ব kotrito
don *v.t.* পরিধান করা pridhan kora
donate *v.t.* দান করা dan kora
donation *n.* দান কর্ম dan kormo
done *n.* করা kora
donkey *n.* গাধা gadha
donor *n.* দাতা data
doom *v.t.* ভাগ্য নির্দিষ্ট করা bhagyo nirdisto kora
door *n.* দরজা dorja
doo¤keeper *n.* দ্বাররক্ষক dwarrokhok
dormant *adj.* সুপ্ত supto
dormouse *n.* ইঁদুর বা কাঠবেড়ালির মতো এক প্রকারের ছোট প্রাণী indur ba kathberalir moto ek prokare chot prani
dose *n.* মাত্রা matra
dot *n.* ফোঁটা fhonta
dotage *n.* অত্যাধিক অনুরাগ atyadhik anurg
dotard *n.* জড়বুদ্ধিসম্পন্ন লোক jorbudhisomponno lok
dote *v.i.* অত্যাধিক অনুরাগ প্রকাশ করা athyadhik anurag prokash kora
double *n.* দ্বিগুন dwigun
double-cross *n.* উভয় পক্ষের সাথে বিশ্বাসঘাতকতা করা uhoy pokher sahte biswasghatkota kora
double-dealer *n.* প্রতারক protarok
doubt *n.* সন্দেহ sondeh
doubtful *adj.* সন্দিগ্ধ sondigdho
dough *n.* ময়দার তাল moidar tal
doughty *adj.* ময়দার তালের মতো নরম moidar taler moto norom
dove *n.* ঘুঘু ghughu
dovetail *v.t.* এভাবে সংযুক্ত করা ebhabe sonjukto kora
dowager *n.* মৃত স্বামীর সম্পত্তি প্রাপ্তানারী mrito swamir sompotti praptonari
dowdy *n.* জীর্ণ jirno
dower *n.* বিধবাবে প্রদত্ত স্বামীর সম্পত্তি bidhoba prodoto swamir sompotti
down *n.* কোমল/নরম komol/ norom
downcast *adj.* অবসাদগ্রস্ত abosadgrosto
downfall পতন pton
downhill *n.* ঢালু thalu
downpour *n.* প্রচুর বৃষ্টিপাত prochur bristipat
downright *adj.* সহজ shoj
downstairs *adv.* নীচ তলায় nic tolai
downtrodden *adj.* উৎপীড়িত utpirito
downward *adj.* নিম্নগামী nimnogami
downy *adj.* কোমল komol
dowry *n.* বরপণ borpon
doze *v.t.* ঘুমে ঢুলু ঢুলু করা ghume dhulu dhulu kora
dozen *n.* বারো টা baro ta
drab *n.* নীরস niros
draft *n.* রুপরেখা ruprekha
draftsman *n.* স্হাপত্য নকশা sthapotho noksha
drag *v.t.* ভারী কোন বস্তু কে টানা bhari kon bostu ke tana
dragon *n.* কল্পিত সরীসৃপ kolpit srisrip
dragoon *n.* অশ্বারোহী সৈন্য ashorohi soino
drain *v.t.* নিষ্কাশন niskashon
drainage *n.* নিষ্কাশনপ্রক্রিয়া niskashon prokriya
drake *n.* পুরষ পাতিহাঁস purus patihansh
dram *n.* মাত্রা বা পরিমাণ matra ba riman
drama *n.* নাট্য সাহিত্য natoy sahito
dramatic *adj.* নাটক সম্বন্ধীয় natok sombondhiyo
dramatis personae *n.* নাট্য শিল্পী nato shilip
dramatist *n.* নাট্যকার natokar
dramatize *v.t.* নাট্যরুপ nato rup
drape *v.t.* আবৃত করা aabrit kora
draper *n.* পর্দা, কাপড় porda, kapor
draught *v.t.* ঘোড়া ghora
draw *v.t.* টানা tana
drawback *n.* অসুবিধা asubhidha

drawer *n.* দেরাজ deraj
drawing *n.* অঙ্কন aaonkon
drawing room *n.* বসার ঘর bosar ghor
dread *n.* ভয় bhoi
dreadful *n.* ভয়ঙ্কর bhoyoinkor
dream *n.* স্বপ্ন swaopno
dreary *adj.* নিরানন্দ niranondo
dregs *n.* গাদ gadha
drench *v.t.* সিক্ত করা sikhto kora
dress *v.t.* পোশাক পরিধান করা poshak pridhan kora
drew টানা tana
drift *v.i.* ভেসে চলা bhese cloa
drill *n.* খাত khat
drink *v.t.* পান করা pan kora
drinkable *adj.* পান করার যোগ্য pan kora r jogoyo
drip *v.i.* ফোঁটা ফোঁটা পড়া fonta fonta pora
drive *n.* মোটর গাড়িতে ভ্রমন motor garite bhormon
drivel *n.* লালা ঝরানো lala jhorano
driver *n.* গাড়োয়ান garoywan
drizzel *v.i.* গুড়ি গুড়ি বৃষ্টি guri guri bristi
droll *adj.* অদ্‌ভুত adbhut
drone *n.* পুং মৌমাছি pun moumachi
drop *v.t.* ফোঁটা fhonta
dropsy *n.* জলউদারী joludari
dross *n.* গাদ gad
drought *n.* অনাবৃষ্টি anabristi
drove *v.t.* ধাবিত করা dhabit kora
drown *v.t.* ডুবে মরা dube mora
drowsy *adj.* তন্দ্রালু tondralu
drowsiness *n.* তন্দ্রা tondra
drudge *n.* চাকর cakhor
drudgery *n.* পরিশ্রম prishorom
drug *n.* ঔষধ oushudh
druggist *n.* ঔষধের বিক্রেতা oushudh bikreta
druid *n.* প্রাচীন গল prachin gol
drum *n.* ঢাক dhak
drummer *n.* ঢাকী dhaki
drunken *adj.* মাতাল matal
drunkard *n.* মাতাল matal
drunkenness *n.* মাতাল অবস্থা matal obostha
dry *adj.* শুষ্ক suskho
dry-shod *n.* পা ভেজে না এমনভাবে pa bheje na emonbhabe
dual *adj.* দ্বিগুন dwigun
dub *v.t.* উপাধি দান করা upadhi dan kora
duck *n.* পাঁতিহাস patihansh
duckling *n.* হাঁসের বাচ্চা hanser baccha
duct *n.* নল nol
ductile *adj.* নমনীয় nomniyo
dudgeon *n.* তীব্র অসন্তোষ জনিত ক্রোধের বশবর্তী tibro osontosh jonit krodher bosborti
due *adj.* উপযুক্ত upjukto
duel *n.* দ্বন্দ্বযুদ্ধ dwandojudho
duet *n.* দ্বৈতসঙ্গিত dwoitosongit
duffer *n.* অকর্মন্য akormono
dug *n.* খোঁড়া khonra
duke *n.* অভিজাত ব্যক্তি abhijat byakti
dukedom *n.* ডিউকের উপাধি বা পদবি duker upadhi ba podobi
dulcet *adj.* সুমিষ্ট sumishto
dull *adj.* অনুজ্জ্বল anujjwal
dullard *n.* স্থুলবুদ্ধিসম্পন্ন লোক sthulbudhisomponno lok
duly *adv.* দেয় deye
dumb *adj.* বোবা boba
dumb-bells *adj.* ডাম্বেল damberl
dummy *n.* নকল মুর্তি বা কাঠামো nkol murti ba kathamo
dump *n.* আবর্জনা ইত্যাদি ফেলার স্হান aborjona ityadi felar sthan
dumpy *adj.* বেঁটে bente
dunce *n.* স্থুলবুদ্ধিসম্পন্ন লোক shtulbudhi somponno log
dune *n.* বালিয়াড়ি baliyari
dung *n.* পশুর মল poshur mol
dungeon *n.* ভুগর্ভস্হ bhugorboshto
dupe *n.* প্রতারণা করা protarona kora
duplex *adj.* দ্বিগুন dwigun
duplicate *v.t.* অনুরুপ anurup

duplicity *n.* কপটতা koptota
durable *adj.* টেকসই teksoi
durability *n.* টেকসই হওয়া teksoin howa
durance *n.* কয়েদ kayed
duration *n.* স্হায়িত্ব sthayi
during *prep.* যাবৎ jabot
dusk *n.* সন্ধ্যার প্রাক্কাল sondhar prakalle
dust *n.* ধুলা dhulo
duster *n.* ঝাড়ন jharon
dusty *adj.* ধুলিতে আচ্ছাদিত dhulite achadito
dutch *n.* হল্যান্ডের অধিবাসী holander adhibasi
dutiable *adj.* শুল্ক ধার্যের যোগ্য shulko dharjer jogyo
dutiful *adj.* কর্তব্যনিষ্ঠ kortobonishtho
duty *n.* কর্তব্য kortobo
dwarf *n.* বামন bamon
dwarfish *adj.* বামনের মত bamoner mot
dwell *v.i.* বাস করা bas kora
dwelling *n.* বসবাসের স্হান bosbaser shtan
dwindle *v.i.* হ্রাস পাওয়া hras pawa
dye *v.t.* রং করা rong kora
dyer *n.* যে বস্ত্রে রং করে je bostre rong kore
dying *adj.* বস্ত্র ইত্যাদি রং করার বিদ্যা bostro ityadi rong korar bidya
dynamic *adj.* গতিময় gotimoi
dynamite *n.* শক্তিশালী বিস্ফোরক shokishali bisphorok
dynamo *n.* বিদুৎ উৎপাদনের যন্ত্র bidhut uthpadoner jontro
dynasty *n.* বংশ bonsho
dyspepsia *n.* অজীর্ণ রোগ ajirno rog
dyspeptic *adj.* অজীর্ণ রোগগ্রস্ত ajirno rogagrosto

E

enjoy *v.t.* উপভোগ করা upovog kora
enjoyment *n.* আনন্দ anondo
enkindle *v.t.* প্রজ্বলিত করা projjwolito kora
enlarge *v.t.* বড় করা boro kora
enlighten *v.t.* জ্ঞান দান করা gyan dan kora
enlightenment *n.* শিক্ষা sikhya
enlist *v.t.* তালিকাভুক্ত করা talikavukto kora
enliven *v.t.* প্রাণবন্ত করা pranobonto kora
enmity *n.* শত্রুতা sotruta
ennoble *v.t.* সম্ভ্রান্ত শ্রেণীতে উন্নীত করা somvranto srenite unnit kora
enormity *n.* মহা অপরাধ miha oporadh
enormous *adj.* প্রচুর prochur
enogh *adj.* যথেষ্ট jothesto
enquire *v.t.* জিজ্ঞাসা করা jigyasa kora
enrage *v.t.* রাগানো ragano
enrapt মন্ত্রমুগদ্ধ montromugdho
enrapture *v.t.* পরমানন্দিত করা poromanondito kora
enrich *v.t.* ধনী করা dhoni kora
enrol *v.* তালিকাভুক্ত করে নেওয়া talikavukto kore neuwa
enshrine *v.t.* পবিত্রস্থানে রাখা pobitro sthane rakha
ensign *n.* পতাকা অথবা ব্যানার potaka othoba byanar
enslave *v.t.* ক্রীতদাসে পরিণত করা krito dase porinoto kora
ensue *v.i.* পরবর্তী ঘটনা poroborti ghotona
ensuing *adj.* আসন্ন asonno
ensure *v.t.* নিশ্চিত করা nischito kora
entail *v.t.* চাপিয়ে দেওয়া chapiye dewa
entangle জড়িবে পড়া joriye pora
entente *n.* আঁতাঁত atat

enter *v.t.* প্রবেশ করা probesh kora
enterprise *n.* সাহসী উদ্যোগ sahosi udyog
entertain *v.t.* আপ্যায়ন করা apyan kora
entertainment *n.* আমোদপ্রমোদ amod promod
enthral *v.t.* বিমগ্ন করা bimogno kora
enthusiasm *n.* প্রবল উৎসাহ probol utsaho
enthusiast *adj.* উৎসাহী ব্যক্তি utsahi byakti
entice *v.t.* প্ররোচিত করা prorochito kora
entire *adj.* সম্পুর্ণ sompurno
entitle *v.t.* শিরোনামে sironame
entity *n.* অস্তিত্ব ostitwo
entomb *v.t.* সমাধিস্থ করা somadhisto kora
entomology পতঙ্গতত্ব potongototyo
entrails *n.pl.* অন্ত্র ontro
entrance *n.* প্রবেশদ্বার probesh dwar
entrap *v.t.* ফাঁদে ফেলা fandefela
entreat *v.t.* অনুনয়বিনয় করা onunoy binoy kora
entreaty *n.* সনির্বন্ধ অনুরোধ swonirbondho onurodh
entrench *v.t.* ট্রেঞ্চ খনন করে রক্ষা করা trench khonon kore rokhya kora
entrust *v.t.* বিশ্বাস স্থাপন করা biswas sthapon kora
entry *n.* প্রবেশ probesh
entwine *v.t.* পাকানো pakano
enumerate *v.t.* গণনা করা gonona
enumeration *n.* তালিকা talika
enunciate *v.t.* উচ্চারণ করা ucharon kora
enunciation *n.* উচ্চারন ucharon.
envelop *v.t.* ঢেকে ফেলা dheke fela
envelope *n.* খাম kham
envenom *v.t.* বিষপ্রয়োগ করা bisho proyog kora
enviable *adj.* ঈষর্নীয় irshoniyo
envious *adj.* হিংসুক hingsuk
environment *n.* পরিবেশ poribes
envisage *v.t.* মনে মনে ছবি আঁকা mone mone chabi aka
envoy *n.* বিশেষ বার্তবহ bises barta boho
envy *n.* ঈষর্ iswar
enwrap *v.t.* কোনো কিছু ঢেকে ফেলা kono kichu dheke fela
ephemeral *adj.* স্বল্পজীবী swolpo jibi
epic *n.* মহাকাব্য moha kabyo
epicure *n.* পান ভোজনরসিক pan o vojon rcsik
epicurean *n.* ইন্দ্রিয়বিলাসী indriyo bilasi
epidemic *n.* মহামারী mohamari
epigram *n.* শ্লেষসমৃদ্ধ খুদ্র কৌতুক কবিতা swlesh somridho kshudro koutuk kobita
epilepsy *n.* মৃগী রোগ mrigi rog
epileptic *adj.* মৃগীরোগী mrigi rogi
episode *n.* অন্তর্গত উপাখ্যান kahinir upakhyan
epistle *n.* পত্র porto
epitaph *n.* সমাধিলিপি somadhi lipi
epithet *n.* গুণাবলীসুচক বর্ণনা gunaboli suchok bornona
epitome *n.* প্রতীক protik
epitomize *v.t.* প্রতীক হওয়া protik houwa
epoch *n.* বৈশিষ্ট্যসুচক সময় boisistyo suchok somoy
equal *adj.* সমান soman
equality *n.* সমানভাবে soman vabe
equalize *v.t.* সমান করা soman kora
equanimity *n.* মন মেজাজের প্রশান্তি mom mejja jer prosanti
equate *v.t.* সমান বিবেচনা করা soman boichar kora
equation *n.* সমীকরণ somikoron
equator *n.* বিষুবরেখা bishibpo rekha
equilateral *adj.* সমভুজ somovuj
equilibrium *n.* ভারসাম্য varsamyo
equinox *n.* সুর্যের বিষুবরেখা অতিক্রমের কাল surjyer bisub rekha otikromer kal -
equip *v.t.* সজ্জিত করা sojjito kora
equipoise *n.* ভারসাম্য varosamyo
equitable *adj.* ন্যায়সঙ্গত nyay songto
equity *n.* ন্যায়পরায়ণতা nyay porayonota
equivalent *adj.* সমমুল্যের somomulyer
equivocal *adj.* দ্ব্যর্থবোধক dwartho bodhok
era *n.* যুগ jug
eradicate *v.t.* সমাপ্তি টানা somapti tana

erase *v.t.* মুছে ফেলা muche fela
eraser *n.* মুছার রবার mochar rabar
erasure *n.* যে স্থান থেকে কিছু ঘষে তুলে ফেলা হয়েছে je sthan theke kichu ghose tule fela hoyeche
ere *adv.* আগে age
erect *v.t.* নির্মাণ করা nirman kora
erection *n.* নির্মাণ nirman kora
erode *v.t.* ধীরে ধীরে ক্ষয় করা dhire dhire kshoy kora
erosion *n.* ক্ষয় kshoy
erotic *adj.* যৌন কামরা উদ্রেককারী joun kamra udrek kari
err *v.i.* ভুল করা vul kora
errand *n.* পাওয়ার জন্য সংক্ষিপ্ত ভ্রমন pauwar jonyo sonkshipto vromon
erratic *adj.* স্থুল sthol
erratum *n.* ছাপার ভুল chapar vul
erroneous *adj.* ভ্রান্ত vranto
error *n.* ভুল vul kora
eruidite *adj.* পান্ডিত্যপুর্ণ pandityo purno
erudition *n.* বিদ্যা bidya
erupt *v.t.* লাভা নির্গত হওয়া lava nirgoto houwa
eruption *n.* অগ্নুৎপাত ognutpat
escape *v.t.* পলায়ন polayon
eschew *v.t.* এড়িয়ে চলা eriye chola
escort *v.t.* প্রতিরক্ষা সহচর proti rokhya sohochor
esoteric *adj.* দুর্বোধ্য durbodhyo
especial *adj.* বিশেষ bisees
espionage *n.* গুপ্তচরবৃত্তি gupto chor britti
esplanade *n.* গড়ের মাঠ gorer math
espouse *v.t.* সমর্থন দান করা somorhton dn kora
espousal *n.* মতবাদ সমর্থন moto bad somorthon
espy *v.t.* দুর থেকে দেখা dur theke dekha
essay *v.t.* চেষ্টা করা chesta kora
essence *n.* সারাংশ sarangso
essential *adj.* প্রয়োজনীয় proyojoniyo
establish *v.t.* স্থাপন করা sthapon kora
establishment *n.* প্রতিষ্ঠান protistha
estate *n.* ভু–সম্পত্তি vu sompotti
esteem *n.* অত্যন্ত শ্রদ্ধা করা otynoto srodhya kora
estimate *v.t.* মুল্য বিচার করা mulyo bichar kora
estimation *n.* মুল্যায়ন mulyayon
estrange *v.t.* বিচ্ছেদ ডেকে আনা bicched deke ana
eternal *adj.* চিরন্তন chironton
eternity *n.* অনন্তকাল ononto kal
ether *n.* তরল পদার্থ torol podartho
ethic *adj.* নৈতক নীতিমালার পদ্ধতি noitik niti malar poddhoti
ethics *n.* দর্শনশাস্ত্রের শাখাবিশেষ dorshon sastrer sakha bises
etiquette *n.* নম্র আচরণ nomro achoron
etymology *n.* শব্দের উপত্তি ও ইতিহাস সংক্রান্ত বিজ্ঞান sebder utpotti o itihas songkranto bigyan
eulogy *n.* উচ্চপ্রশংসা ucco prosongsa
eunuch *n.* খোজা khoja
eureka *n.* কোন আবিষ্কারে আনন্দ চিৎকার kono abiskare anondo chitkar
european *n.* ইউরোপবাসী iuropbasi
evacuate *v.t.* স্থানান্তরিত করা sthanantorito kora
evade *v.t.* কৌশলে এড়ানো kousol erano
evaluate *v.t.* মুল্যায়ন করা mulyayon kora
evanescent *adj.* বিলীয়মান biliyo man
evaporate *v.t.* বাষ্পে পরিণত করা baspe porinoto kora
evasion *n.* কৌশলে পরিহার kousole porihar
evasive *adj.* এড়িয়ে যেতে সচেষ্ট eriye jete socesto
eve *n.* প্রাক্কাল prakal
even *adj.* সমতল somotol
even *adv.* এমনকি emonki
evening *n.* সন্ধ্যাকাল sondhyakal
event *n.* গুরত্বপুর্ণ ঘটনা gurutt purno ghotona
eventual *adj.* পরিণামস্বরুপ porinam sworup
ever *adv.* আদৌ যদি adou jodi
everlasting *adj.* চিরস্থায়ী chirosthayi

evermore *adv.* চিরকাল chiro kal
evidence *n.* সাক্ষ্যপ্রমান sakhyo proman
evident *adj.* সহজবোধ্য sohoj bodhyo
evil *adj.* দুষ্ট dustu
evince *v.t.* প্রকাশ করা prokash kora
evoke *v.t.* জাগিয়ে তোলা jagiye tola
evolve *v.t.* স্বাভাবিকভাবে বিকাশিত হওয়া swavabik vabe bikasito houwa
evolution *n.* বিকাশের প্রক্রিয়া bikaser prokriya'
ewe *n.* ভেড়ী veri
ewer *n.* বড়ো কলসি boro kolosi
exact *adj.* যথাযথ jotha jotho
exactly *adv.* যথাযথভাবে jotha jotho vabe
exaggerate *v.t.* অতিরঞ্জিত করা oti ronjito kora
exaggeration *n.* অতিরঞ্জন oti ronjon
exalt *v.t.* পদোন্নতি দেওয়া podonnoti
examination *n.* পরীক্ষা porikshya
examine *v.t.* পরীক্ষা porikhya
examinee *n.* যে পরীক্ষা দেয় je porikshya dey
examiner *n.* যে পরীক্ষা নেয় je porikshya ney
example *n.* উদাহরণ udahoron
exasperate উত্তেজিত করা uttejito kora
excavate খনন করা khonon kora
exceed *v.t.* ছাড়িয়ে যাওয়া chariye jauwa
excel *v.t.* ছাড়িয়ে যাওয়া chariye jauwa
excellence *n.* শ্রেষ্ঠতা sresthota
excellent *adj.* চমৎকার chomotkar
except *prep.* ব্যাতীত byatiti
exception *n.* ব্যাতিক্রম byatikrom
exceptionable *adj.* আপত্তিজনক apotti jonok
excerpt *n.* অংশবিশেষ ongspo bises
excess *n.* অতিরিক্ত otirikto
exchange *v.t.* বিনিময় binimoy
exchequer *n.* রাজস্ব rajoswo
excise *n.* অন্তঃশুল্ক onto sulko
excite *v.t.* আন্দোলিত করা andolito kora
exclaim *v.i.* অকস্মাৎ উক্তি করে ওঠা okosmat ukti kore otha
exclamation *n.* বিষ্ময় bismmoy
exclude *v.t.* বাধা দেওয়া badha dewa
exclusive *adj.* একচেটিয়া ek chetiya
excommunicate *v.t.* ধর্মসম্প্রদায় থেকে বহিষ্কৃত করা dhormo somproday theke bchuskrito kora
excruciate *v.t.* পশুবিষ্ঠা posu bistha
exculpate *v.t.* অভিযোগাদি ঢেকে নিষ্কৃতি দেওয়া ovijogadi theke niskriti dewa
excursion *n.* সংক্ষিপ্ত ভ্রমন sonkshipto vromon
excuse *n.* কৈফিয়ত koifiyot
execrate *v.t.* ঘৃনা করা ghrina kora
execute *v.t.* সম্পাদন করা sompadon kora
execution *n.* সম্পাদন করা sompadon kora
executioner *n.* জল্লাদ jollad
executive *n.* সম্পাদনকারী sompadon kari
executor *n.* নির্বাহক nirbahok
executrix *n.* মহিলা নির্বাহক mohila nirbahok
exemplary *adj.* আদর্শস্বরুপ adorswo sworup
exempt *v.t.* অব্যাহতি দেওয়া obyahoti dewa
exemption *n.* অব্যাহতি obyahoti dewa
exercise *n.* অনুশীলন onusilon
exert *v.t.* প্রয়োগ করা proyog kora
exertion *n.* প্রচেষ্টা prochestaa
exhale *v.t.* নিঃস্বাসের সঙ্গে বের করা niswaser songe ber kora
exhalation *n.* নিস্বাসের সঙ্গে বাতাস ত্যাগ niswaser songe batar ber kora
exhaust *v.t.* সম্পুর্ণরুপে ব্যায় করে ফেলা sompurno rupe byay kore fela
exhaustion *n.* নিৎশেষিত অবস্থা nihsesito obostha
exhibit *v.t.* প্রদর্শন সামগ্রী prodorshon samogri
exhibition *n.* প্রদর্শনী prodorshoni
exhilarate *v.t.* উৎফুল্ল utfullo
exhort *v.t.* বিশেষভাবে উপদেশ দেওয়া bises vabe upodes deuwa
exhume *v.t.* কবর থেকে তুলে আনা kobor theke tule ana
exigency *n.* জরুরি অবস্থা joruri obosta

exiguous *adj.* পরিমিত porimito
exile *v.t.* নির্বাসন nirbason'
exist *v.i.* অস্তিত্ব ostitio
existence *n.* বিদ্যমানতা bidyo manota
exit *n.* প্রস্থান prosthan
exodus *n.* বহুলোকের একত্রে বহির্গমন bohuloker ekotre bohir gomon
exorbitant অত্যাধিক otyadhik
exorcize *v.t.* অনুশীলন onusilon
exotic *adj.* চমকপ্রদ chomokprod
expand *v.t.* প্রসারিত করা prosarito kora
expanse বিস্তৃত এলাকা bistrito elaka
expansion *adj.* বিস্তার bistra
expansive *adj.* প্রসারণশীল prosaronsil
exparte *adj.* একতরফা ekotorofa
expatriate *v.t.* বিদেশে প্রবাসী ব্যক্তি bidese probasi byakti
expect *v.t.* প্রত্যাশা protyasa
expectant *adj.* প্রত্যাশী protyasi
expectation *n.* প্রত্যাশা protyasa
expedite *v.t.* অগ্রগতিতে সহায়তা করা ogro gotite sohayota kora
expedition *n.* অভিযান ovijan
expel *v.t.* বহিস্কার bohiskar
expend *v.t.* ব্যায় করা byay kora
expenditure ব্যায় byay kora
expensive *adj.* ব্যায়সাধ্য byay sadhyo
experience *n.* অভিজ্ঞতা ovigyota
experiment *v.* গবেষনা gobeshona
expert *adj.* বিশেষজ্ঞ bisesogyo
expire *v.t.* অবসান হওয়া obosan houwa
expiry *n.* অবসান obosan
explain *v.t.* ব্যাখ্যা করা byakhya kora
explanation *n.* ব্যাখ্যা byakhya kora
explicable *adj.* বর্ণনাসাধ্য bornona sadhyo
explicit *adj.* পরিস্কারভাবে poriskar vabe
explode *v.t.* বিস্ফোরিত করানো bisforito korano
exploit *v.* কাজে লাগানো kaje lagano
exploration তথ্য আহরণমুলক ভ্রমন tohtyo ahoronmulok vromon
explore *v.t.* গবেষমার উদ্দেশ্য ভ্রমন gobeshonar uddeshye vromon
explorer *n.* তথ্য আহরণের উদ্দেশ্যে ভ্রমনকারী ব্যক্তি tothyo ahoroner uddesye vromonkari byakti
explosion *n.* বিস্ফোরণ bisforon
explosive *adj.* বিস্ফোরক পদার্থ bisforok podartho
exponent *n.* প্রকাশক prokasok
export *v.t.* রপ্তানি roptani
expose *v.t.* অনাবৃত করা onabrito kora
exposition *n.* ব্যাখ্যা byakhya kora
expostulate *v.i.* মৃদু অনুযোগ করা mridu onujog kora
exposure *n.* অনাবৃতকরণ onabrito koron
expound *v.t.* ব্যাখ্যা করা byakhya kora
express *v.t.* প্রকাশ করা prokash kora
expression *n.* প্রকাশ prokash
expulsion *n.* বহিস্কার bohiskar
expunge *v.t.* মুছে ফেলা muche fela
exquisite *adj.* অপরুপ সুন্দর oparup sundar
extant *adj.* এখনও বিদ্যমান ekhono bidyoman
extempore *adv.* পুর্বপ্রস্তুতি ছাড়া purbo prostuti chara
extend *v.t.* প্রসারিত করা prosarito kora
extension *n.* সম্প্রসারণ somprosaron
extensive *adj.* বিস্তৃত bistrito
extenuate *v.t.* গুরুত্ব হ্রাস করা guruttwo hras kora
exterior *adj.* বাহ্যিক bahjik
exterminate *v.t.* শেষ করা sesh kora
external *adj.* বহির্মুখ bohir ukh
extinct *adj.* নির্বাপিত nirbapito
extinction *n.* নির্বাপন nirbapon
extinguish *v.t.* নিভানো nivano
extol *v.t.* উচ্চাসপ্রশংসা করা ucco prosongsa kora
extort *v.t.* বলপ্রয়োগ boloproyog
extra *adj.* অতিরিক্ত otirikto
extract *n.* নির্যাস nirjas
extraction *n.* বলপুর্বক টেনে বের করার কাজ bolopurbok tene ber korar kaj
extraneous *adj.* অসংশ্লিষ্ট osnhslisto
extraordinary *adj.* অসাধারন osadharon

extravagance অসংযম osongjom
extravagant *n.* অসংযত osongjoto
extreme *adj.* চরম chorom
extremely *adv.* চরমাত্রা chorom matra
extremist *n.* চরমপন্থী horo ponthi
extremity চরম বিন্দু chorom bindu
extricate *v.t.* মুক্ত করা mukto kora
extrinsic *adj.* বাহ্যিক bahjik
extrude *v.t.* বলপুর্বক bolo purbok
exuberance *n.* উচ্ছাস ucchas
exuberant প্রাণোচ্ছল pranocchol
exude *v.t.* ঝরানো jhorano
exult *v.t.* অতিশয় আনন্দ করা otisoy anondo kora
exultation *n.* জয়োল্লাস joyolloyas
eye *n.* চোখ chokh
eyeball *n.* চোখের মনি chokher moni
eyebrow *n.* ভুরু vuru
eye-glasses *n.* চশমা chosma
eyelid *n.* চোখের পাতা chokher pata
eyesight *n.* দৃষ্টি drrishti
eyesore *n.* চক্ষুশুল chokhyu sul
eye-wash *n.* ছলনা cholona
eye-witness *n.* প্রত্যক্ষদর্শীর্ protyokshodorshi
eyrie *n.* ঈগল পাখির বাসা igol pakhir basa

F

fable *n.* জীবজন্তুর আচরণ jibjontur acharon
fabric *n.* বস্ত্র bostro
fabircate নির্মাণ করা nirman kora
fabrication *n.* নির্মাণকরণ nirmankoran
facade *n.* সদরের বাহির্ভাগ sdorer bahirbhag
face *n.* মুখমন্ডল mukhmondal
facet *n.* কাটা পাথর kata pathor
facetious *adj.* ইয়ারকিপুর্ণ iyarkipurno
facia *n.* মোটরগাড়ির ড্যাশবোর্ড motor garir dashboard
facial *adj.* মুখ সম্পর্কিত mukh somporkito
facile *adj.* সহজসাধ্য shojsadhya
facilitate *v.t.* সহজ করা shoj kora
facility *n.* সহজসাধ্যতা sohojsadhyata
facsimile *n.* লেখা, মুদ্রণ, ছবি প্রভৃতির অবিকল প্রতিরুপ lekha, mudran, chobi probhutir abikol protirup
fact *n.* ঘটনা ghotona
faction *n.* দলের অভ্যন্তরে ক্ষুব্ধ doler abhyantore khubdho
factor *n.* উৎপাদক utpadok
factory *n.* কারখানা karkhana
faculty *n.* ক্ষমতা khomota
fad *n.* সাময়িক খামখেয়াল samoyik khamkheyal
fade *v.i.* বর্ণ হারানো borno harano
faded *adj.* বর্ণ হারিয়ে ফেলা borno hariye fela
fag *v.t.* ক্লান্তিকর কাজ klantikor kaj
fag-end *n.* শেষের দিকে seher dike
fall *v.i.* পড়া pora
falling *n.* পড়ছে porche
fallure *n.* ব্যার্থতা barthota
faint *adj.* অপরিস্কার aporiskar
fair *adj.* পক্ষপাতহীন pokhopathin
fairly *adv.* পক্ষপাতহীনভাবে pokhopathinbhabe
fairy *n.* পরী pori
faith *n.* বিশ্বাস biswas
faithful *adj.* বিশ্বস্ত biswastho
faithless *adj.* আস্থাহীন asthahin
fake *n.* প্রবঞ্চক probonchok
falcon *n.* বাজপাখি bajpakhi
fall *v.i.* পতন poton
fallacy *n.* মিথ্যা যুক্তি mithay jukti
fallible *adj.* পতনপ্রবণ poton probon
fallow *n.* পতিত potit
FALSE *adj.* মিথ্যা mithya
falsify *v.t.* জাল করা jal kora
falsity *n.* মিথ্যা mithya

falter *v.i.* দ্বিধাপুর্ণভাবে চলা dwidhapurno vhabe
fame *n.* খ্যাতি khyati
familiar *adj.* কিছু সম্পর্কে ভাল জ্ঞান আছে এমন kichu somporke vhal gyan ache emon
familliarity পরিচয় porchoy
familiarize *v.t.* পরিচিত করানো proricit krano
family *n.* পরিবার pribar
famine *n.* দুর্ভিক্ষ durbhik
famish *v.t.* প্রচন্ড ক্ষুধায় মৃতপ্রায় prochonodd khudhai mrituprai
famous *adj.* বিখ্যাত bikhyato
fan *n.* অনুরাগী anuragi
fanatic *adj.* অতিমাত্রায় গোঁড়া atimatrai gonra
fanaticism *n.* উগ্র যুক্তিহীন উৎসাহ ugro jukthihin utsob
fanciful অলীক কল্পনাসম্পন্ন olik kolponasomponno
fancy *adj.* বর্ণাঢ্য bornato
fang *n.* লম্বা তীক্ষ্ণ দাঁত lomba tikhno danth
fantastic *adj.* অদ্‌ভুত adbhut
far *adj.* দুরবর্তী durborti
farce *n.* প্রহসন prohoson
fare *n.* ভাড়া vara
farewell *n.* বিদায় bidai
farm *n.* খামার khamar
farmer *n.* কৃষক krishok
farming *n.* কৃষিকাজ krishikaj
farrago *n.* বিভিন্ন প্রকৃতির বস্তুর মিশ্রণ bibhinno prokritir bostur mishron
farrier *n.* যে ব্যক্তি ঘোড়ার খুরে নাল পরায় je beyekti ghorar khure nal porai
farther *adj.* অধিকতর দুর adhiktr dur
fascinate *v.t.* মুগ্ধ করা mugdho kora
fascination *n.* মুগ্ধতা mugdhota
fascism *n.* ফ্যাসিবাদ fasibad
fashion *n.* কায়দা kaida
fast *adj.* দৃঢ় dridho
fastidious *adj.* খুঁতখুঁতে khunt khunte
fastness *n.* সুরক্ষিত surokhito
fat *adj.* চর্বিযুক্ত chorbijukto
fatal *adj.* প্রাণনাশক prannashok
fatalism *n.* অদৃষ্টবাদ adristobad
fatality *n.* দুর্ভাগ্য durbhago
fate *n.* নিয়তি niyoti
father *n.* বাবা baba
father-in-law *n.* শশুর soshur
fatherland *n.* স্বদেশ swadesh
fatherly *adj.* পিতৃসুলভ pitrisulobh
fathom *n.* জলের গভীরতার পরিমাপক joler gobhirotar primapok
fathomless *adj.* অগাধ agadh
fatique *n.* ক্লান্তি klanti
fatness *n.* মোটাত্ব motato
fatten *v.t.* মোটা করা mota kora
fatty *adj.* চর্বিযুক্ত chorbijukto
fatuous *adj.* বোকা boka
fault *n.* ত্রুটি truti
faultless *adj.* নিখুঁত nikhut
faulty *adj.* ত্রুটিযুক্ত trutijukto
fauna *n.* বিশেষ সময়ের প্রাণীকুল bishesh somoye pranikul
favour *n.* অনুগ্রহ onugroho
favourable *adj.* অনুকুল onukul
favourite *n.* প্রিয় ব্যাক্তি priyo byakti
favouritism *n.* প্রিয় ব্যাক্তিদের প্রতি পক্ষপাতিত্ব priyo byaktider proti pokhopatito
fawn *n.* হরিণশিশু horinsishu
fear *n.* ভয় voi
ferful *adj.* ভীতিকর vhitikor
fearless *adj.* নির্ভীক nirvhik
fearlessness নির্ভীকতা nirvhikta
feasibility সম্ভবতা sombhobta
feasible সম্ভব smbhob
feather পাখির পালক pakhir palok
february *n.* ইংরেজি বর্ষের দ্বিতীয় মাস inraji borse dwitio mas
federal *adj.* কেন্দ্রীয় kendriyo
federate *v.t.* জোটবদ্ধ করা jotbodho kora
federation *n.* সমিতি somiti
fee *n.* পেশাজীবীদের কাজের অর্থ peshajibider kajer ortho
feeble *adj.* ক্ষীণ khin

feed *v.t.* খাওয়ানো khawano
feeder *n.* খাদক khadok
feel *v.t.* অনুভব করা onubhob kora
feeling *n.* অনুভুতি onubhuti
feign *v.t.* ভান করা van kora
feint *n.* ভান van kora
felicitate *v.t.* অভিনন্দিত করা obhinondit kora
felicitations *n.pl.* অভিনন্দিতকরণ obhinonidikoron
felicitous সুনির্বাচিত sunirbachit
felicity *n.* পরম সুখ porom sukh
feline *adj.* বিড়ালসংক্রান্ত biralsonkranto
fell *adj.* পতন poton
fellow *n.* লোক lok
fellowship *n.* সঙ্ঘের সদস্যাতা songher sdoshota
felon *n.* গুরুতর অপরাধে দোষী ব্যক্তি gurutor oporadher doshi byakti
felonious *adj.* অপরাধমুলক oporadhmulok
felony *n.* গুরুতর অপরাধ gurutor oporadh
felt *n.* পশমি বস্ত্রবিশেষ poshmi bostrobishes
feminine *adj.* স্ত্রীলোকসংক্রান্ত striloksonkranto
fen *n.* নিচু nichu
fence *n.* বেড়া bera
fencing *n.* বেড়া নির্মাণ bera nirman
fend *v.t.* আত্মরক্ষার্থে প্রতিরোধ গড়ে তোলা atmo rokharthe prorodh gore tola
feral *adj.* বন্য bonno
fermentation *n.* উত্তেজনা ও অস্থিরতা utejona o asthirota
fern *n.* ফার্নগাছ farngach
ferocious *adj.* হিংস্র hinoshro
ferocity হিংস্রতা hinoshrota
ferret *n.* সুতা বা রেশমের তৈরি সুরু ফিতা suta ba reshomer toiri soru fita
ferry *n.* খেয়া পথ kheya poth
ferryman *n.* মাঝি majhi
fertile *adj.* উর্বর uorbor
fertility *n.* উর্বরতা urborota
fertilize *v.t.* উর্বর বা ফলনশীল করা uorbor ba fholonshil kora
fervent *adj.* গরম gorom
fervid উদ্দীপ্ত udhbhit
fervour *n.* অনুভুতির উত্তাপ onubhutir uttap
festal *adj.* উৎসব সংক্রান্ত utshob sonkranto
fester *v.t.* পুঁজপুর্ণ করানো punjpurno korano
festival *n.* উৎসব utshob
festive *adj.* উৎসব সংক্রান্ত utshob sonkranto
festivity *n.* আনন্দ উল্লাস anondo ullash
festoon *n.* ফেসটুন festun
fetch *v.t.* কোনো কিছু গিয়ে নিয়ে আসা kono kichu giye niye asha
fete *n.* উৎসব utshob
fetish *n.* অস্বাভাবিক মনোযোগ প্রদান aswabhabik monojog prodan
fetters *n.* বন্দীর পায়ে পরানো শৃঙ্খল bondir paye prano shirnkhol
feud *n.* কলহ koloho
feudal *adj.* জমি ভোগ করার পদ্ধতি jmi bhog krar chalu chilo
fever *n.* জ্বর jwor
feverish *adj.* জ্বরের লক্ষণযুক্ত jwor lokhonjukto
few *adj.* স্বল্প swolpo
fiance *n.* বাগদত্তা bagdotta
fiasco *n.* কোনো উদ্যোগে চরম ব্যর্থতা kono udyoger chorom barthota
fiat *n.* আদেশ adesh
fib *n.* গুল gul
fibre *n.* আঁশ aansh
fickle *adj.* প্রয়াশ proyash
fiction *n.* কল্পিত kolpito
fiddle *n.* বেহালা behala
fiddler *n.* বেহালাবাদক behalabadok
fidelity *n.* আনুগত্য anugotto
fidget *v.i.* অস্থিরভাবে চলাফের করা osthirbhabe cholafera kora
fie ছিঃ ছিঃ chi chi
field *n.* মাঠ math

fiend *n.* শয়তান shoitan
fierce *adj.* হিংস্র hinogshro
fiercely *adj.* প্রচন্ড prochondo
fiery *adj.* অগ্নিময় ognimoi
fife *n.* খুদ্র বাঁশিবিশেষ khudro banshibishes
fifteen *adj.* পনের pnero
fifth *adj.* পঞ্চম ponchom
fiftieth *adj.* পারি pari
fifty *adj.* পঞ্চাশ ponchas
fig *n.* ডুমুর গাছ dumur gach
fight *v.t.* যুদ্ধ juddho
figment *n.* কল্পিত kolpito
figure *n.* সংখ্যা sonkhya
filament *n.* খুব সরু সুতার ন্যায় জিনিষ khub sori sutor nai jinis
filch *v.t.* চুরি churi
file *n.* মসৃণ করার জন্য ব্যবহৃত যন্ত্র mosrin krar jonno babhrito jontro
filial *adj.* সন্তানোচিত sontanochito
fill *v.t.* পুরণ করা puron kora
fillip *n.* টোকা toka
filly *n.* বাচ্চা ঘোটকী baccha ghotika
film *n.* চামড়া camra
filter *v.t.* ফিল্টার filter
filth *n.* ময়লা moila
fin *n.* জলচর প্রাণীর ডানা jlchor pranir dana
final *adj.* চুড়ান্ত churanto
finality *n.* চুড়ান্ত অবস্থা churanto obostha
finance *n.* বিত্ত bitto
financial *adj.* অর্থ সংক্রান্ত aortho sonkranto
financier *n.* অর্থ বিশেষজ্ঞ aortho bishesoggo
find *v.t.* প্রাপ্তি prapti
fine *adj.* উজ্জ্বল ujjwal
finery *n.* জাঁকালো পোশাক jankalo poshak
finesse *n.* কৌশলের সুক্ষমতা kousholer sukhmota
finger *n.* হাতের অঙ্গুলি hater angul
finish *v.t.* শেষ করা sesh kora
finite *adj.* সীমাবদ্ধ simaboddho
fir *n.* দেবদারুজাতীয় বৃক্ষ debdarujatiyou brikho
fire *n.* আগুন aagun
fire-arm *n.* আগ্নেয়াস্ত্র agneyastro
fire-brigade *n.* দমকল বাহিনী domkol bahini
fire-place *n.* বাসগৃহের যেস্থানে আগুন জ্বালানো হয়ে থাকে basgrihe jeshane aagun jwalano hoye thake
fire-proof *adj.* আগুনে পোড়ে না aagune pore na
firewood *n.* জ্বালানির কাঠ jalanir kath
fireworks *n.* আতশবাজি atoshbaji
firm *adj.* দৃঢ় dridho
firmness *n.* দৃঢ়তা dridhota
firmament *n.* মহাকাশ mahakash
first *adj.* প্রথম prothom
first aid *n.* প্রাথমিক চিকিৎসা prathomik chikitsa
firth *n.* নদীর মোহনা nodir mohna
fiscal *adj.* সরকারি রাজস্বসংক্রান্ত sorkari rajoshwosonkranto
fish *n.* মাছ mach
fisherman *n.* মাঝি majhi
fishery *n.* মৎস্যচাষ mothsochas
fishy *adj.* সন্দেহজনক sondehojonok
fissure *n.* চিড় chir
fist *n.* মুষ্টি musthi
fistula *n.* ভগন্দর vhogandor
fit *adj.* উপযুক্ত upojukto
fitness *n.* উপযোগিতা upojogita
fitted *adj.* উপযুক্ত upojukto
five *adj.* পাঁচ panch
fix *v.t.* সংলগ্ন করা sonlogno kora
fixture *n.* যথাস্থানে নিবদ্ধ সামগ্রী বিশেষ jothashtane nibodho smogri bishes
fizz *n.* হিসহিস করা his his kora
fizzle *v.i.* আস্তে আস্তে হিস হিস করা aste aste his his kora
flabby *adj.* কোমল komol
flaccid *adj.* থলথলে tholthole
flag *n.* পতাকা ptaka
flagon *n.* পেট মোটা বোতল pet mota botol

flagrant *adj.* বিষম bishom
flake *n.* ছোট ছোট হালকা পাতলা টুকরা chot chot halka patla tukro
flambeau *n.* মশাল moshal
flamboyant *n.* উজ্জ্বল বর্ণশোভিত ujjwal bornoshobhit
flame *n.* শিখা shikha
flamingo *n.* গোলাপি পালক golapi palok
flannel *n.* ফ্ল্যানেল flannel
flap *v.t.* ঝাপটা বা ঝাপটার শব্দ jhapta ba jhaptar shobdo
flare *v.t.* ধক ধক করে জ্বলা dhok dhok kore jola
flash *n.* আলোর ঝলক alor jholka
flask *n.* গরম বা ঠান্ডা রাখার বোতল gorom ba thanda rakhar botol
flat *adj.* সমতল somotol
flatter *v.* চাটুক্তি করা chatukti kora
flatterer *n.* যে চাটুক্তি করে je chatukti kore
flattery *n.* চাটু chatu
flaunt *v.i.* জাহির করা jahir kora
flavour *n.* স্বাদগন্ধ swadhgondho
flaw *n.* ত্রুটি truti
flax *n.* শণগাছ shongach
falxen *adj.* পীতভাব pithbhab
flay *v.t.* ছাল ছাড়ানো chal chorano
flea *n.* মক্ষিকা makhika
fleck *n.* ছোট ছোট ফোঁটা বা দাগ chot chot fonta ba dag
flee *v.i.* পালানো palano
fleece *n.* একবারে একটি ভেড়ার যতটা লোম ছাঁটা হয় ekbar ekti bharar jotota lom chanta hoi
fleecy *adj.* ভেড়ার লোমের মত bharar lomer mot
fleet *v.i.* নৌবহর noubhor
flesh *n.* মাংস mansho
fleshy *adj.* মাংসল manshalo
flexibility *n.* নম্যতা nommota
flick *n.* টুসকি tuski
flicker *v.t.* মিট মিট করা mit mit kora
flickering *adj.* কম্পমান kompoman
flight *n.* উড়ন্ত অবস্থা uranto obostha
flimsy *adj.* হালকা halka
flinch *v.i.* পিছিয়ে যাওয়া pichiye jawa
fling *v.t.* ছুড়ে মারা chure mara
flint *n.* চকমকি chokmoki
flip *v.t.* পাক দিয়ে ছুঁড়ে মারা pak diye chure mara
flippancy *n.* ফাজলামি phajlami
flippant *adj.* ফিচেল fhichel
flirt *v.t.* ফষ্টিনষ্টি fostinosti
flirtation *v.* প্রেমবিলাস prembilas
flit *v.t.* ফুরফুর করা furfure kora
float *v.i.* ভাসা vasa
flock *n.* ঝাঁক jhank
flog *v.t.* চাবকানো chabkano
flogging *n.* চাবকানি chabkani
flood *n.* বান ban
floor *n.* মেজে meje
flora *n.* উদ্‌তিদসম্পদ uditosompod
floral *adj.* ফুলদার fuldar
florescence *n.* ফুল ফোটার অবস্থা ful fhotar obostha
florid *adj.* অত্যাধিক অলঙ্কৃত atyadhik alonkrito
florist *n.* ফুলের চাষী fhuler chas
flounce *n.* অস্থিরভাবে চলাফের করা osthirbhave cholafere kora
flounder *v.t.* উৎকট এবং সাধা utkot ebong sadha
flour *n.* ময়দা moida
flourish সতেজে বেড়ে ওঠা soteje bere otha
flout *v.t.* বিরোধিতা করা birodhita kora
flow *v.i.* বওয়া bowa
flower *n.* ফুল ful
flowerpot *n.* ফুলতের টব fuler tob
flowery *n.* পুষ্পিত puspito
fluctuate *v.t.* ওঠানামা কর othanama kora
fluctuation *n.* ওঠানামা othanama
flue *n.* তাপ tap
fluency সাবলীলতা sablilta
fluent *adj.* সাবলীল sablil
fluid *n.* তরল torol
fluke *n.* আকস্মিক সৌভাগ্য akosmik soubhagya

flunk *n.* ফেল করা fel kora
flunkey *n.* চাপরাশি caprashi
flurry *n.* আকস্মিক ও ক্ষণস্থায়ী বায়ুবেগ akosmik o khonsthayi bayubeg
flush *n.* আকস্মিক প্রবহ akosmik proboh
flute *n.* বাঁশি banshi
flutter *n.* ঝাপটা jhapta
flux নিরন্তর nirontor
fly *n.* মাছি machi
foal *n.* ঘোড়া বাচ্চা ghorar bachha
foam *n.* ফেনা fena
fob *n.* ঘড়ির পকেট ghorer poket
focal *adj.* অধিশ্রয়ণ aadhishoroyon
focus *n.* আলো, তাপ ইত্যাদির মিলনবিন্দু alo, tap ityadi milonbindu
fodder *n.* গবাদি পশুর শুকন্য খাদ্য gobadi poshur shukno khadya
foe *n.* শত্রু shotru
foetus *n.* ভ্রুন bhrun
fog *n.* কুয়াশা kuwasha
fogy *n.* কুয়াশাচ্ছন্ন kuwashachonno
foible *n.* ব্যক্তির গৌণ চরিত্র bektir gouno choritro
foil *v.t.* ব্যার্থ bartho
foist *v.t.* চালকি করে গছিয়ে দেওয়া calaki kre gochiye dewa
fold *n.* ভাঁজ করা bhanj kora
folio *n.* মুদ্রিত বইয়ের পৃষ্ঠসংখ্যা mudrito boiyer pristhosonkha
folk *n.* লোক lok
folksong *n.* লোগগীতি lokgeeti
follow *v.t.* পিছে পিছে আসা pichiye asha
following *n.* পরবর্তী porborti
folly *n.* বোকামি bokami
foment *v.t.* সেক দেওয়া sek dewa
fomentation *n.* সেক sek
fond *adj.* পছন্দ করা pcchondo kora
fondle *v.t.* আদর করা ador kora
font *n.* জলাধার joladhar
food *n.* খাদ্য khadyo
fool *n.* বোকা bokami
foolhardy *adj.* হঠকারিতাপুর্ণ hotokaritapurno
foolish *adj.* বোকামিপুর্ণ bokamipurno
foot *n.* পা pak diye chure mara
football *n.* বল bl
footwear *n.* জুতো juto
footing পদস্থান pdosthan
footman *n.* খানসামা khansama
footnote *n.* পাদটীকা podtika
foo¶path *n.* পথচারির চলার পথ pthocharir clar poth
footprint *n.* পায়ের দাগ payer dag
footstep *n.* পদশব্দ podshobto
fop *n.* শৌখিনবাবু soukhinbabu
for উদ্দেশে uddesho
forage *n.* পশুর খাদ্য poshur khadyo
foray *n.* হামলা hamla
forbear *n.* বিরত থাকা birot thaka
forbearance ধৈর্য dhoirjo
forbid *v.t.* নিষিদ্ধ করা nishidho kora
force *n.* বল boll
forceps *n.* ছোট সাঁড়াশি chot sarashi
forcible *adj.* জবরদস্তিমুলক jobordostimulok
ford *n.* প্রতর protor
fore *adj.* সম্মুখভাগ sommukhbhabe
forebode *v.t.* সঙ্কেত, লক্ষণ sonket, lokhon
forecast *v.t.* পুর্বাভাষ দেওয়া purbabhas dewa
forefather *n.* পুর্বপুরুষ purbopurus
forego *v.t.* পুর্ববর্তী হওয়া purboborti howa
forehead *n.* কপাল kopal
foreign *adj.* বিদেশ bidesh
foreigner *n.* বিদেশী bideshi
foreman *n.* শ্রমিকদের প্রধান shromikder prodhan
foremost *adj.* প্রধান prodhan
foresee *v.t.* আগাম জানা agam jana
foresight *n.* দুরদর্শিতা durdorshita
forest *n.* বন bon
foretell আগাম বলা agam bola
forever *adv.* সর্বদা sorboda
foreword *n.* মুখবন্ধ mukhobondho
forefeiture *n.* দেউলিয়া deuliya
forge *n.* কামারশালা kamarshala

forgery *n.* জালিয়াতি jaliyati
forge *v.t.* গড়া gora
forgetful *adj.* ভুলো vhule
forgive *v.t.* মার্জনা marjona
forgiveness *n.* ক্ষমা khoma
forgiving *adj.* ক্ষমাশীল khomashil
fork *n.* কাঁটা kanta
forlorn *adj.* অসুখী asukhi
form *n.* রুপ rup
formal *adj.* আনুষ্ঠানিক anusthanik
formality *n.* আনুষ্ঠানিকতা anusthanikota
formation *n.* গঠন gothon
former *adj.* আগেকার agekar
formerly *adv.* আগেকার দিনে agekar dine
formidable *adj.* ভয়ানক vhoyanok
formula *n.* সংকেত sonket
formulate *v.t.* স্পষ্ট করা sposto kora
forsake পরত্যাগ করা prtyag kora
forsooth *adv.* নিঃসন্দেহে nishondehe
forswear ছেড়ে দেওয়া chere dewa
fort *n.* দুর্গ durgo
forte *n.* কোনো ব্যাক্তির বিশেষ ক্ষমতা kono bekti ke bishes khomota
forth *adv.* বাহিরে bahire
forthwith *adv.* এই মুহুর্তে ei muhurte
fortieth *adj.* চল্লিসতম cllishtom
fortification *n.* দর্গকরণ durgokoron
fortify *v.t.* সুরক্ষিত দুর্ভেদ্য করা surokhito durbhdeho kora
fortitude *n.* বিপদ বা অসুবিধার মুখে ধৈর্য bipod ba asubhidar mukhe dhoirjo
fortnight *n.* পক্ষকাল pokhokal
fortress *n.* দুর্গ durgo
fortuitous আকস্মিক akosmik
fortunate *adj.* ভাগ্যবান bhagyoban
fortune *n.* ভাগ্য bhagyo
fortune-teller *n.* জোতিষী jotishi
forty *adj.* চল্লিশ chollish
forum *n.* সর্বসাধারণের সভাস্থল sorobosadharoner shasthol
forward *adv.* অগ্রগামী agrogami
fossil *n.* জীবাশ্ম jibashmo

foster *v.t.* প্রতিপালন করা protipalon kora
foul *adj.* জঘন্য joghonno
found *v.t.* স্থাপন করা shthapon kora
foundation *n.* প্রতিষ্টান protisthan
founder *n.* প্রতিষ্ঠাতা ptisthata
foundling *n.* পরিত্যাক্ত শিশু pritakto sishu
fountain *n.* ফোয়ারা fowara
four *n.* চার char
fourteen *n.* চোদ্দ choddo
fourth *adj.* চতুর্থ choturtho
fowl *n.* যে কোনো পাখি je kono pakhi
fowler *n.* পাখি শিকারি pakhi shikari
foundry *n.* ঢালাইখানা dhalai khana
fount *n.* ঝর্না jhorna
fox *n.* খেঁকশিয়াল khekshiyal
fracas *n.* হৈচৈ hoichoi
fraction *n.* ভগ্নাংশ bhognansho
fracture *n.* ভঙ্গ bhongo
fragile *adj.* ঠুনকো thunko
fragment *n.* টুকরো tukro
fragrance *n.* সুগন্ধ sughondho
fragrant *adj.* সুগন্ধ sughondho
frail *adj.* দুর্বল durbol
frailty *n.* ভঙ্গুরতা bhongurota
frame *n.* কাঠামো kathamo
frank *adj.* অকপত, মন খোলা akopot, mon khola
frankness *n.* অকপটতা akotta
frantic *adj.* চরম উত্তেজিত horom uttejit
fraternal *adj.* ভ্রাতৃসুলভ bhatrisulobh
fraternity *n.* ভ্রাতৃত্ব bharitwa
fratricide *n.* ভ্রাতৃহত্যা bhatrihotya
fraud *n.* প্রবঞ্চনা probonchona
fray *n.* প্রতিদ্বন্দ্বিতা protidwandita
freak *n.* অস্বাভাবিক কার্য aswabhabik karjo
free *adj.* মুক্ত mukho
freedom *n.* স্বাধীনতা swadhinota
freehold *n.* নিরঙ্কুশ মালিকানা nironkush malikana
free-thinker *n.* স্বাধীনচিন্তক swadhinchintok

free trade *n.* দেশিয় শুল্ক থেকে মুক্ত, অবাধ বানিজ্য deshiwo shulko theke muktho, obadh banijo
freeze *v.i.* জল জমে বরফ হওয়ার মতো ঠান্ডা পড়া jol jome borof howar moto thanda pora
freezing *adj.* জল জমে বরজ হওয়ার মতো ঠান্ডা পড়া jol jome borof howar moto thanda pora
freight *n.* পরিবহন মাশুল pribohon mashul
frenzy *n.* প্রবল উত্তেজনা probol uttejona
frequent *adj.* নিয়মিত niyomito
fresco *n.* রঞ্জক পদার্থ ronjok podhartho
fresh *adj.* তাজা taja
fret *v.t.* অস্থির হওয়া osthir howa
fretwork *n.* নকশার কাজ nokshar kaj
friar *n.* ধর্মসঙ্ঘবিশেরষের সদস্য dhormosonghbishesher sodoswo
friction *n.* ঘর্ষণ ghorson
friday *n.* শুক্রুবার shukrubar
friend *n.* বন্ধু bondhu
friendly *adj.* বন্ধুত্বপুর্ণ bondhutwopurno
freindship *n.* বন্ধুত্ব bondhuto
frigate *n.* দ্রতগামী রক্ষী জাহাজ dhrutogami rokhi jahaj
fright *n.* আকস্মিক প্রচন্ড ভীতি aakosmik prochondo bhiti
frighten *v.t.* আতঙ্কিত atonkito
frigid *adj.* নিরাবেগ nirabeg
frigidity *n.* শীতলতা shitolota
fringe *n.* প্রান্ত pranto
frisk *v.i.* লুকানো অস্ত্রের সন্ধানে কারো গায়ে হাত বুলানো lukano ostrere sondhane karo gaye hath bulano
fritter *v.t.* লক্ষ্যহীনভাবে অপচয় করা lokhohinvabe opochoi kora
frivolity *n.* হালকামি halkami
frivolous *adj.* তুচ্ছ tuchho
frock *n.* ফ্রক frock
frog *n.* ব্যাঙ bang
from *prep.* থেকে, হতে theke, hote
front *v.i.* সম্মুখ sommoukh
frontier *n.* জনবসতিপুর্ণ এলাকার শেষসীমা jonobosotipurno
frontispiece মুখচিত্র mukhochitro
frost *n.* হিম him
froth *n.* ফেনা fena
frown *v.t.* ভুরু কোঁচকানো bhuru kochkano
fructify *v.i.* ফলবান pholban
frugal *adj.* মিতব্যায়ী mitobayi
fruit *n.* ফল fol
fruiterer *n.* ফল বিক্রেতা fol bikreta
fruition *n.* ফলপ্রসুতা folprosuta
frustrate *v.t.* ব্যার্থ করা bartho kora
frustration *n.* আশাভঙ্গ ashabhongo
fry *v.t.* তেলে ভাজা telebhaja
frying-pan *n.* কড়াই korai
fuel *n.* ইন্ধন indhon
fugitive *adj.* পলাতক platok
fulcrum *n.* যে বিন্দুতে ভারশঙ্কু je bindute bharsonku
fulfil *v.t.* পুর্ণ করা purno kora
fulgent *adj.* উজ্জ্বল ujjowal
full *adj.* পুর্ণ purno
fulminate *v.i.* ফুঁসে ওঠা funshe otha
fulsome *adj.* ন্যক্কারজনকভাবে nokkarjonokvabe
fumble *v.i.* হাতড়ানো hatrano
fume *n.* উগ্রগন্ধ ধোঁয়া ugrogondho dhowa
fumigation *n.* ধুমন dhumon
fun *n.* মজা moja
function *v.i.* দ্যায়িত্ব পালন করা dawito palon kora
functionary *n.* কর্মভারপ্রাপ্ত ব্যাক্তি kormobharprapto bekti
fund *n.* ভান্ডার vhandar
fundamental *adj.* মৌলিক moulik
funeral *n.* অন্ত্যেষ্টিক্রিয়া ontestikriya
fungus *n.* ছত্রাক chotak
funk প্রচন্ড ভয় prochondo bhoi
funnel *n.* কুপি kupi
funny *adj.* মজার mojar
fur *n.* জন্তুর লোম jontur lom
furious *adj.* ক্ষিপ্ত khipto

furl *v.t.* গুটানো gutano
furlough *n.* ছুটি chuti
furnace *n.* চুল্লি culli
furnish *v.t.* সরবরাহ করা srborah kora
furniture *n.* আসবাবপত্র asbabpotro
furrow *n.* হলরেখা holrekha
further *adv.* অধিকতর দুরে odhikotor dure
turtherance *n.* অগ্রনয়ন agrayon
furtive *adj.* গোপন gopon
fur *n.* জন্তুর লোম jontur lom
furious *adj.* ক্ষিপ্ত khipto
fuse *v.t.* গলা বা গলানো gola ba golano
fusion *n.* সংমিশ্রণ sonmishron
fuss *n.* অযথা স্নায়বিক অস্থিরতা ojotha snaibik osthirota
futility *n.* নিষ্ফলতা nishpholota

future *n.* ভবিষ্যৎ bhobisot

G

gab *n.* বকবকানি bokboikani
gabble *n.* অস্পষ্টভাবে কথা বলা ospostovabe kotha bola
gadfly *n.* দংশ মক্ষিকা dongso mokshika
gag *v.t.* মুখে গোঁজ ভরা mukhe goj vora
gaily *adv.* উচ্ছল ucchol
gain *v.t.* অর্জন করা orjon kora
gainsay *v.t.* প্রধানত prodhanoto
gait *n.* হাঁটার ভঙ্গি hatar vongi
gala *n.* পর্ব porbo
galaxy *n.* ছায়াপথ chayapoth
gale *n.* প্রবল বায়ু probol bayu
gall *n.* পিত্ত pitto
gallant *adj.* সাহসিক sahosik
gallantry *n.* বীরত্ব birotto
gallery *n.* শিল্পকর্ম প্রদর্শনের জন্য ভবন silpokormo prodorshoner jonyo vobon
galley *n.* নিচু nichu
gallop *v.i.* চার পা তুলে ধাবন char pa tule e dhabon
gallows *n.* ফাসিকাঠ fasikath
gamble *v.i.* লাভের আশায় ঝুঁকি নেওয়া laver asay jhuki newa
gambol *n.* দ্রুত druto
game *n.* ক্রীড়া krira
gander কলহংস kolohongso
gang *n.* দল dol
gangway *n.* পার্শ্বদ্বার parwo dwar
gaol *n.* কারাগার karagar
gaoler *n.* কারারক্ষক kararokshok
gap *n.* খালি অংশ khali ongso
gape হাঁ করে তাকিয়ে থাকা ha kore takiye thaka
garage *n.* গাড়ি ঘর gari ghor
garb *n.* পোসাক posak
garbage *n.* আর্বজনা aborjona
garden *n.* বাগান bagan
gardener *n.* মালী mali
gardening *n.* উদ্যানপালন udyan palon
gargle *v.t.* মুখে তরল পদার্থ দিয়ে গড়গড়া করা mukhe torol podarrtho diye gorgora
garland *n.* মাল্য malyo
garlic *n.* রসুন rosun
garment *n.* পোশাক posak
garner *n.* সঞ্চয় করা sonchoy kora
garnish *v.t.* সজ্জিত করা sojjito kora
garret *n.* চিলেকোঠা chile kotha
garrulous *adj.* বাচাল bachal
gas *n.* গ্যাস gas
gasolene *n.* পেট্রল petrol
gasp *v.t.* হাঁপানো hapano
gastric *adj.* পাকাশয়ের ক্ষত pakasoyer kshoto
gate *n.* ফটক fotok
gateway *n.* দ্বারযুক্ত প্রবেশ dwarjukto probes
gather *v.t.* জড়ো হওয়া joro houwa
gathering *n.* জনসমাবেশ jonosomabesh
gaudy *adj.* জমকালো jomokalo
gauge *v.t.* মুল্যায়ন করা mulyayon
gaunt *adj.* রোগা roga

gauntlet *n.* লোহার দস্তানা lohar dostana
gauze *n.* রেশমের তৈরি কাপড় বিশেষ resomer toiri kapor bises
gay *adj.* হাসিখুশি hasi khusi
gaze *v.t.* স্হির দৃষ্টিতে তাকিয়ে থাকা sthir dristite takiye thaka
gear *n.* গিয়ার giyar
geese *n.pl.* রাজ হংস rajohongso
geld *n.* খাসি করা পশু khasi kora posu
gem *n.* মুল্যবান রত্ন mulyoban posu
gender *n.* লিংগ lingo
genealogy উদ্ভববিজ্ঞান udvob bigyan
general *adj.* সাধারন sadharon
generalissimo *n.* সম্মিলিত সামরকি বাহিনীর প্রধান sommilito samorik bahinir prodhan
generalize সাধারন সিদ্ধান্ত টানা sadharon tana
generally *adv.* সাধারনত sadharonoto
generate *v.t.* উৎপাদন করা utapdon kora
generation *n.* উৎপাদন utpadon
generosity *n.* উদ্যরতা udarota
generous *adj.* উদার udar.
genesis *n.* সুচনা suchona
genial *adj.* সদয় sodoy
genital *adj.* প্রাণীর প্রজনন-অঙ্গ সম্বন্ধীয় pranir pjonon ongo sombondhiyo
genitive *n.* সম্বন্ধপদসুচক কারকবিশেষ swombondho pod suchok karok bises
genius *n.* প্রতিভা protiva
genteel *adj.* ভদ্র ও পরিশীলিত vodro o porisilit
gentility *n.* ভদ্রতা vodrota
gentle *adj.* অমায়িক omayik
gentleman *n.* সজ্জন sojjon
gentry *n.* রাজন্যবর্গের পরবর্তী অভিজাত সম্প্রদায় rajonyo borger poroborti ovijato somproday
genuine *adj.* খাঁটি khati
genus *n.* প্রাণী বা উদ্‌তিদের গণ prani ba udviter gon
geography *n.* ভুগোলবিদ্যা vugolbidya
geology *n.* ভুস্তর বিজ্ঞান vustor bigyan
geometry *n.* জ্যামিতি jyamiti
germ *n.* জীবাণু jibanu
germicide *n.* জীবাণুনাশক jibanunasok
germinate *v.i.* অঙ্কুরিত হওয়া onkurito houwa
gestation *n.* গর্ভধারন gorvodharon
gesticulate *v.t.* অঙ্গভঙ্গি ongo vongi
get *v.t.* অবস্হান্তরে যাওয়া obosthanontore jauwa
geyser *n.* উষ্ণ প্রস্রবণ ushno prosrobon
ghastly *adj.* ভয়ঙ্কর voyonkor
ghost *n.* ভুত vut
ghostly *adj.* ভুতুড়ে vuture
giant *n.* অস্বাভাবিক বড়ো আকার oswavabik boro akarer
gibbet *n.* ফাঁসিকাঠ fansi katha
gibe *v.i.* উপহাস করা upohas kora
giddy *adj.* মাথা ঝিমঝিম করা matha jhim jhim kora
gift *n.* উহার upohar
gifted *adj.* গুনসম্পন্ন gunosomponno
gigantic *adj.* বিশালকার bisalakar
giggle *v.i.* ফিক ফিক করে হাসা fik fik kore hasa
gild *v.i.* সোনার মতো উজ্জ্বল করা sonar moto ujjwol kora
gill *n.* মাছের শ্বাসযন্ত্র macher swasjontro
gin *v.t.* জীব-জন্তু ধরার ফাঁদ বা জাল jibojontu dhorar fand ba jwal
ginger *n.* আদা ada
gipsy *n.* দুষ্টুমিভরা মানুষ dustumi vora manush
giraffe *n.* জিরাফ প্রাণী jiraf prani
gird *v.t.* পেঁচিয়ে বাঁধা penchiye bandha
girder *n.* ইস্পাতের তৈরি কাঠামো ispater toiri kathamo
girdle *v.* ঘিরে থাকা hire thaka
girl *n.* বালিকা balika
gist *n.* মুলকথা mul kotha
give *v.i.* অর্পন করা orpon kora
glacier *n.* হিমবাহ himobaho
glad *adj.* আনন্দময় anondomoy
gladden *v.t.* আনন্দিত করা anondito kora
gladiator *n.* যুদ্ধে প্রশিক্ষণপ্রাপ্ত ক্রীতদাস juddheprosikhon prapto kritodas'

glamour *n.* মোহিনী শক্তি বা মায়া mohini sokti ba maya
glance *n.* পলকে দেখে নেওয়া lalagronthi
gland *n.* লালাগ্রন্হি lalagronthi
glare *n.* অসহনীয় আলো osohoniyo alo
glass *n.* কাঁচ kanch
glasses *n.pl.* চশমা cosoma
glaucoma *n.* চোখের রোগ chokher rog
glaze *v.t.* কাচ দিয়ে kanch diye
gleam *n.* মৃদু দীপ্তি mridu dipti
glean *v.t.* ফসল কুড়ানো fosol kurano
glee *n.* উল্লাস ullas
glen *n.* সংকীর্ণ উপত্যকা songkirno upotyoka
glib *adj.* অতি তৎপর oti totpor
glide *v.i.* মসৃন গতিতে ভেসে চলা mosrrin gotite vese chola
glimmer *v.i* ক্ষীন আলো দেওয়া kshin alo
glimpse *n.* ক্ষণিক দৃষ্টি kshonik drristi
glitter *v.* ঝলমল করা jholmol kora
gloat *v.i.* সংকীর্ণ আত্মতৃপ্তিতে তাকিয়ে থাকা songkirno atmotrptite takiye thaka
globe *n.* গোলাকার বস্তু golakar bostu
gloom *n.* অস্পষ্টতা ospostota
gloomy *adj.* অনালোকিত onalokiti
glorify *v.t.* যশ গৌরব দানকরা josh gourob dan kora
glorious *adj.* চমৎকার chomotkar
glory *n.* যশ josh .
gloss *n.* মসৃন উজ্জ্বল তল mosrrin ijjowol twok
glossary *n.* শব্দের ব্যাখ্যা সমলিত তালিকা sobder byakhya somboliti talika
glove *n.* দস্তানা dostnana
glow-worm *n.* জোনাকি jonaki
glucose *n.* আঙুরজাত চিনি angur jato chini
glue *n.* আঠা atha
glum *adj.* বিষণ্ন bishonno
glutton *n.* অতিভোজী ব্যক্তি otivoji prani
glycerine *n.* গ্লিসারিন glisarin
gnash *v.t.* দাঁত কড়মড় করা dat koromor kora
gnat *n.* ছোট খাট উপদ্রব choto khato upodrob
gnaw *v.t.* একনাগাড়ে কামড়ানো aknagare kamrano
go *v.i.* চলে যাওয়া chole jauwa
goad *n.* অঙ্কুশ onkush
goal *n.* লক্ষ্য lokshyo
goat *n.* ছাগল chagol
gobble *v.t.* গোগ্রাসে গেলা gograse gela
goblet *n.* হাতলছাড়া পান পাত্রবিশেষ hatolchara pan patro bises
goblin *n.* অপদেবতা opodebota
god *n.* দেবতা debota
goddess *n.* দেবী debi
godly *adj.* ঈশ্বরপ্রেমী iswar premi
godown *n.* গুদাম gudam
goggle *v.t.* চোখ পাকানো chokh pakano
gold *n.* স্বর্ণ sworno
golden *adj.* স্বর্ণনির্মিত sworno nirmiti
goldsmith *n.* স্বর্ণকার sworno kar
golf *n.* গলফ খেলা golof khela
gong *n.* ধাতুনির্মিত চাকতি আকারের ঘন্টা dhatu nurmito chakti akarer ghonta
gonorrhoea *n.* যৌনব্যাধিবিশেষ jouno byadhi bises
good *adj.* ভালো valo
goodwill *n.* বন্ধুত্বের মনোভাব bondhutter monovab
googly *n.* ক্রিকেট বল ছোড়ার এক বিশেষ ধরন cricket bol chorar ek bises dhoron
gore *n.* জমাট বাঁধা রক্ত jomat bandsa rokto
gorge *n.* গিরিসঙ্কট giri sonkot
gorgeous *adj.* জমকালো jomkalo
gory *adj.* রক্তাক্ত roktakto
gospel *n.* আচরিত নীতিমালা achorito niti mala
gossamer *n.* মাকড়সার জাল makorsar jal
gossip *n.* পরচর্চা porochorcha
gouge *n.* এক ধরনের বাটালি ek dhoroner batali
gout *n.* গেঁটেবাতগ্রস্ত gete bat grosto
govern *v.i.* শাসন করা sason kora
government *n.* সরকার sorokar

governor *n.* রাজ্যপাল rajyopal
gown *n.* মহিলাদের পোষাক বিশেষ mohilader posak bises
grab *v.t.* আঁকড়ে ধরা akre dhora
grace *n.* চলনে সাবলীলতা cholone sabolilota
graceful *adj.* মাধুর্যময় madhurjyo moy
gracious *adj.* সৌজন্যময় soujonyomoy
gradation *n.* মাত্রাবিন্যাস matra binyas
drade *n.* পদমর্যাদা podpmorjada
graduate *n.* স্নাতক snatok
gradual ক্রমিক kromik
graft *n.* গাছের কলম gacher kolom
grain *n.* খাদ্যশস্য khadyo soshyo
gram *n.* মেট্রিক পদ্ধতির ওজনের মাপবিশেষ metrik poddhoti te ojoner map bisses
grammar *n.* ব্যাকরণ byakoron
grammatical *adj.* ব্যাকরণগত byakoron goto
gramme *n.* গ্রাম gram
gramophone *n.* কলের গান koler gan
granary *n.* শস্যভান্ডার sosyo vandar
grand *adj.* সর্বোচ্চ sorboccho
gran·child *n.* নাতি nati
grandeur *n.* বিশালতা bisalota
gran·father *n.* দাদু dadu
grandiose *adj.* বড়ো আকরে পরিকল্পিত boro akare porikolpiti
granite *n.* গ্রানিট শিলা granait sila
grant *n.* প্রদান করতে সম্মত হওয়া prodan korote sommoto houwa
grape *n.* আঙ্গুর angur jato chini
graph *n.* গ্রাফ graf
grapple *v.i.* শক্ত করে ধরা sokto kore dhora
grasp *n.* হাত দিয়ে শক্ত করে ধরা har diye sokto kore dhora
grass *n.* ঘাস ghas
grate *n.* শীত নিবারক উনুনের ঝাঁঝরি sit nibarok ununer jhajhori
grateful *adj.* কৃতজ্ঞ krritogyo
gratification *n.* বাসনা পুরণ basona puron
gratify খুশি করা বা সন্তোষবিধান khusi kora ba sontosh bidhan
grating *n.* জানালা প্রভাতির গারদ janala provritir garod
gratis *adv.* বিনামুল্য binamulye
gratitude *n.* কৃতজ্ঞতা krotogyota
gratuity *n.* অবসরগ্রহনকারী প্রদত্ত ভাতা obosor grohon kari prodotto vata
grave *n.* সমাধিস্তম্ভ somadhisto
gravel *n.* কাঁকর kakor
gravitation *n.* মাধ্যাকর্ষন শক্তি madhya korsho sokti
gravity *n.* মাধ্যাকর্ষন শক্তি madhya korsho sokti
gray *adj.* ধুসর dhusor
graze *v.t.* ঘাস খাওয়া ghas khauwa
grease *v.t.* গ্রিজ grij
great *adj.* বড়ো boro akare porikolpiti
greatness *n.* মহানতা mohanota
greed *n.* লোভ lov
greediness *n.* লোভী lovi
greedy *adj.* লোভী lovi
green *adj.* সবুজ sobuj
greenery *n.* শ্যামলিমা syamolima
greet *v.i.* সম্ভাষণ জ্ঞাপন করা somvason gyapon kora
greeting *n.* সম্ভাষণ somvashon
gregarious *adj.* দলবদ্ধভাবে বাস করা এমন doloboddhovabe bas kora emon
grey *adj.* ধুসর dhusor
grid *n.* অঙ্কিত বর্গজালি onkiti borgwo jali
grief *n.* প্রচন্ড দঃখ prochondo dukhyo
grievance *n.* দুঃখ দুর্দশার কারণ dukhyo durdosar karon
grieve *v.t.* দুঃখ দেওয়া dukhyo dewa
grievous *adj.* দুঃখ বা কষ্টদায়ক dukhyo ba kosto dayok
grim *adj.* নির্মম nirmom
grimace *n.* মুখবিকৃতি mukhobikriti
grin *v.t.* দাঁত বার করে হাসা dat bar kore hasa
grind *v.t.* ঘষে চুর্ণ বা গুঁড়া করা ghose churno ba gura kora
grip *n.* শক্ত হাতে ধরা sokto hate dhora

grisly *adj.* বীভৎস bivotso
grit *n.* পাথর, বালি patho,r bali
groan *v.i.* গোঙ্গানো gongano
grocer *n.* মুদি mudi
groom *n.* বর boro akare porikolpiti
groove *n.* অভ্যাসে পরিণত জীবনরীতি ovyase porinoto jibonriti
grope *v.i.* অন্ধের মতন হাতরে ফেরা ondher moton hatre fera
gross *n.* বারো ডজন baro dojon
grotesque *adj.* অদ্‌ভুত odvut
grotto *n.* গুহা guha
ground *n.* ভুতল vutol
ground floor *n.* একতলা ekotola
groun·nut *n.* বাদাম badam
groundwork *n.* প্রারম্ভিক কাজ
group *n.* গোষ্ঠী praromvik kaj
grove *n.* তরুদল gosthi
grow *v.t.* বড়ো হওয়া toru dol
growl *n.* গর্জন করা boro kora
growth *n.* বিকাস gorjon kora
gruesome *adj.* বিভীষিকাময় bivisika moy
grumble *v.i.* বিড়বিড়িয়ে ক্ষোভ বা অসন্তোষ প্রকাশ করা birbiriye khov ba osontosh prokas kora
guarantee *n.* শর্তাবলী পুরনের অঙ্গীকার sortaboli puroner ongikar
guard *v.t.* রক্ষা করা rokhya kora
guardian *n.* অভিভাবক ovivabok
guava *n.* পেয়ারা peyara
guess *v.t.* অনুমান করা onuman kora
guest *n.* অতিথি otithi
guidance *n.* নেতৃত্ব netritto
guide *v.t.* পথপ্রদর্শক pothoprodorshok
guild *n.* সমবায় সঙঘ somobay songhyo
guilt *n.* দোষ dosh
guilty *adj.* দোষী doshi
guise *n.* পোশাকের ধরন posaker
gulf *n.* উপসাগর uposagor
gulp *v.t.* ঢকঢক করে গেলা dhokdhok kore gela
gum *n.* দাঁতের মাড়ি dater mari
gun *n.* বন্দুক bonduk
gunner *n.* গোলন্দাজ সৈনিক golondaj soinik
gunpower *n.* বারুদ barud
gunny *n.* গুনচট gunochot
gush *v.t.* আকস্মিক ও প্রবলভাবে নিঃসৃত হওয়া akosmik o probool vabe nisrito houwa
gust *n.* দমকা বাতাস domoka batas
gusto *n.* কোনো কিছু করার আনন্দ kono kichu korar anondo
gut *n.* পেটের নাড়িভুঁড়ি peter nairi vuri
gutter *n.* নালী nali
guttural *n.* কন্ঠ থেকে উৎপন্ন konho theke utponno
guzzle *v.t.* ঢকঢক করে গেলা dhok dhok kore gela
gymkhana *n.* শরীরচর্চা sorir corcha
gymnasium *n.* শরীরচর্চা কেন্দ্র sorir chorchar kendro
gypsy *n.* বেদে bede
gyrate *v.i.* চক্রাকারে ঘোরা chokrakare ghora

gyroscope *n.* গতিতত্ত্ব ব্যাখ্যার যন্ত্রবিশেষ gotitwotto byakhar jontro bises

H

habit *n.* অভ্যাস ovyas
habitable *n.* বাসযোগ্য vasojogyp
habitation *n.* বাসস্হান basosthan
habitual *adj.* নিয়মিত niyomito
hack *v.t.* কোপানো kopano
hackney *n.* ভাড়াটে গাড়ি varate gari
hades *n.* পাতাল patal
haggard *adj.* চোখমুখ বসে গেছে এমন chokmukh bose geche emon
haggle *v.i.* দর কষাকষি করা]dor kosha koshi kora
hall *n.* সভাকক্ষ sovakokshyo
hair *n.* চুল chul

hale *adj.* স্বাস্‌হ্যবান swasthoban
half *n.* অর্ধেক ordhek
half-brother *n.* সৎভাই sotvai
hall *n.* সভাকক্ষ sovakokhyo
hallo এই যে,হ্যালো ei je hyalo
hallucination *n.* দৃষ্টিভ্রম drrishti vrom
halt *v.i.* ইতস্তত করা itostoto kora
halter *n.* ঘোড়ার গলার দড়ি ghorar golar dori
hamlet *n.* ছোট গ্রাম choto gram
hammer *n.* হাতুড়ি haturi
hammock *n.* দড়ির তৈরি দোলনা-বিছানা dorir toiri dolona bichana
hamper *n.* উপহার হিসাবে পাঠানো খাবার, পানীয় ইত্যাদি ভরা ঝুড়ি upohar hisebe pathano khabar,
hand *n.* হাত haturi
handbill *n.* ইশতেহার istehar
handbook *n.* হাতবই hat kora
handcuffs *n.* হাত কড়া ekmutho
handful *n.* একমুঠো protibondhi
handicap *n.* প্রতিবন্ধী hosto silpo
handicraft *n.* হস্তশিল্প tumal
handkerchief *n.* রুমাল hatol
handle *n.* হাতল
handsome *adj.* সুশ্রী susri
handwriting *n.* হস্তলেখা hosto lekha
handy *adj.* হাতের কাজে পটু hater kaje potu
hang *v.t.* ঝোলা jhola
hanger *n.* যে বস্তুতে কোনো কিছু টাঙ্গিয়ে রাখা হয় je kono kichu tangiye rakha hoy
hank *n.* সুতার ফেটি sutar feti
hanker *v.i.* তীব্র লালসা tibra lalosa
haphazard *adj.* বিশৃঙ্খল bishrinkhal
happen *v.i.* ঘটা ghota
happily *adv.* সুখী shukhi
happiness *n.* সুখ sukh
happy *n.* সুখী sukhi
harangue *n.* লম্বা-চওড়া lomba-chaora
harass *n.* হয়রান hoyran
harbinger *n.* অগ্রদুত agradut
harbour *n.* জাহাজ নোঙর করার স্থান jahaj nongar korar sthan
hard *adj.* শক্ত shokto
harden *v.i.* মজবুত mojbut
hardly *adv.* নামেমাত্র nam matra
hardship কষ্টকর পরিস্থিতি koshtokor poristhiti
hardware *n.* ধাতব সামগ্রীর ব্যবসা dhatob samogrir byabsa
hare *n.* খরগোশ khorgosh
harem *n.* অন্তঃপুরবাসিনী নারীবৃন্দ ontopurbasini naribrinda
hark *v.i.* শোনা shona
harm *n.* ক্ষতি kshoti
harmony *n.* মতামতের মিল motamoter mil
harmonious *adj.* সুদৃশ্যভাবে সাজানো sudrisya bhabe sajano
harmonium *n.* বাদ্যযন্ত্রবিশেষ badyojontro bishesh
harness *n.* ঘোড়াকে নিয়ন্ত্রন করার সরঞ্জাম ghroake korar soronjam
harp *n.* বাদ্যযন্ত্রবিশেষ badyojontro bishesh
harpoon *n.* বর্শা borsha
harrow *v.t.* জমিতে দেবার মই jomite debar moi
harsh *adj.* কর্কশ korkosh
hart *n.* প্রাপ্তবয়স্ক praptoboyosko
harvest *n.* ফসল কাটা ও ঘরে তোলার কাজ fosol kata o ghore tolar kaj
haste *n.* দ্রুততা drutata
hasty *adj.* ব্যাস্তগতি byasto goti
hat *n.* টুপি tupi
hatch *v.t.* ডিমে তা দেওয়া dime ta deoa
hatchet *n.* হালকা halka
hate *v.* ঘৃণা করা ghreena kora
hatred *n.* তীব্র বিরাগ tibra birag
haughty *adj.* অহঙ্কারী ohonkari
haul *v.t.* সবলে টানা sobole tana
haunt *v.t.* অভ্যাসগতভাবে কোথাও যাতায়াত করা obhyasgotobhabe kothao
have *v.t.* হওয়া hoya
haven *n.* বিশ্রামস্থল bishramsthol

havoc *n.* ব্যাপক ক্ষয়ক্ষি byapok khoy khoti
haw *n.* বৈঁচিজাতীয় ফল bnoichi jatiya fol
hawk *n.* বাজপাখি bajpakhi
hawker *n.* ফেরিওয়ালা feriowala
hay *n.* খড় khorgosh
hazard *n.* ঝুঁকি jhnuki
haze *n.* পাতলা কুয়াশা patla kuyasha
hazel *adj.* এক প্রকার ঝড়-গাছ ekprokar jhar
he সে se
head *n.* মস্তক mostok
headache *n.* মাথা ব্যাথা matha byatha
heading *n.* শিরোনাম shironam
headlong *adv.* অধোমুখে odhomukhe
headquarters মুখ্যালয় mukhyaloy
headman *n.* প্রধান prodhan
headstrong *adj.* একগুঁয়ে ekgnuye
heal *v.t.* নিরাময় করা niramoy kora
health *n.* স্বাস্হ্য swasthyo
healthy *adj.* স্বাস্থ্যবান swasthyoban
heap *n.* রাশি rashi
hear *v.t.* শোনা shona
hearing *n.* শ্রবন shrobon
hearken *v.i.* কর্ণপাত kornopat
hearsay *n.* জনশ্রুতি jonosruti
hearse *n.* শবযান shobjan
heart *n.* হৃৎপিন্ড hritpindo
hearten *v.t.* উল্লাসিত করা ullasito kora
hearth *n.* ভিটেমাটি bhitemati
hearty *adj.* আন্তরিক antorik
heat *n.* তাপ tap
heated *adj.* উত্তপ্ত uttopto
heath *n.* ঘন লাল ghono lal
heathen বিধর্মী bidhormi
heave *v.t.* কিংবা kingba
heaven *n.* স্বর্গ sworgo
heavy *n.* ভারী bhari
hectic *adj.* রগরগে byasto
hedge *n.* মাঠ jhop
heed *v.t.* অবধান obodhan
heedful *adj.* কৃতাবদান kritabodhan
heel *n.* গোড়ালি gorali
hefty *adj.* তাগড়া tagra
heifer *n.* বকনা বাছুর bokna bachur
height *n.* উচ্চতা uchchota
heighten *v.* উচ্চতর uchchotara
heinous *adj.* ঘৃন্য ghrinya
heir *n.* উত্তরাধিকারী uttradhikari
helicopter *n.* হেলিকপ্টার helikopter
helium *n.* হিলিয়াম hiliam
hell *n.* নরক norok
helm *n.* কর্ণ mostok
helmet *n.* শিরস্ত্র shirostran
help *n.* সাহায্য shajyo
helpful *adj.* সহায়ক sohyaok
hem *n.* আঁচল anchol
hemisphere *n.* গোমার্ধ gomardho
hemlock *n.* শবকেয়ান shobkeyan
hemorrhage *n.* রক্তক্ষরণ roktokhoron
hemp *n.* ভাং bhang
hen *n.* মুরগি murgi
hen-packed *adj.* স্ত্রীবশ shtri bosh
hence *adv.* এখন থেকে ekhon theke
henceforth *adv.* অতঃপর otoppor
her *pro* স্ত্রীবাচক stribachok
herald *n.* উদঘোষক udghoshak
herb *n.* উদ্ভিত udbhit
herbage *n.* তৃণগুল্ম trinogulm
herculean *n.* অতিদুষ্কর otidushkar
herd *n.* দল dol
here *adv.* এখানে ekhane
hereditary *adj.* বংশানুক্রমিক bongshanukromik
herewith *adv.* এতৎসহ etotsoh
heritage *n.* উত্তরাধিকার uttaradhikar
heretic *adj.* উৎপথগামী utpothgami
hernia *n.* অন্ত্রবৃদ্ধি ontrobriddhi
hero *n.* বীর beer
heroism *n.* বীরত্ব beeratwa
heroin *n.* মাদক দ্রব্য madok drobyo
heron *n.* কাঁকপাখি kankpakhi
hesitate *v.i.* দ্বিধা dwidha
hesitating *adj.* দ্বিধার সঙ্গে dwidhar songe
hesitation *n.* দ্বিধা dwidha
hessian *n.* চট chot

heterodox *adj.* ভিন্নমতাবলম্বী bhinnomotabolombi
heterogeneous অসমসত্ব osomosotwo
hew *v.t.* কেটে টুকরো kete tukro
hexagon *n.* ষড়ভুজ sorobhuj
hiccup *n.* হেঁচকি hnechki
hidden *p.p.* লুকানো lukano
hide *v.t.* লুকানো lukano
hideous *adj.* কদাকার kodakar
hierarchy *n.* ক্রমাধিকারতন্ত্র kromadhikartontro
higgle *v.i.* দর কষাকষি dor koshakoshi
high *adj.* উচ্চ uchcha
highway *n.* জনপথ jonopoth
hike *n.* পরিব্রাজন poribrajon
hilarity *n.* আনন্দোচ্ছ্বাস anondochchwas
hill *n.* পাহাড় pahar
hillock *n.* গিরি giri
hilt *n.* মুষ্টি mushti
hind *n.* পেছনের pichhoner
hinder *v.t.* ব্যাহত byahoto
hindrance *n.* বিঘ্ন bighno
hinge *n.* কব্জা kobja
hint *n.* ইঙ্গিত ingit
hip *n.* কটি koti
hippopotamus *n.* জলহস্তী jolohosti
hire *v.t.* ভাড়া করা bharakora
hireling *n.* ভাড়ার গোলাম bharar golam
his *pro.* তার tarahuro
hiss *v.t.* ফোঁস fnos
historic *adj.* ঐতিহাসিক oitihasik
history *n.* ইতিহাস itihas
hit *v.t.* মারা mara
hitch *n.* হেঁচকা টান hnechka tan
hither *adv.* এখানে ekhane
hitherto *adv.* এখন পর্যন্ত ekhon porjonto
hive *n.* মধুকোষ modhukosh
hoard *n.* সঞ্চিত ভান্ডার sonchito bhandar
hoarse *adj.* কর্কশ korkosh
hoary *adj.* সুপ্রাচীন suprachin
hobby *n.* সাধ sadh
hockey *n.* হকি hoki
hog *n.* খাসি করা khasikora
hoist *v.t.* উত্তোলন করা uttolon
hold *v.* ধরা dhora
hole *n.* ছিদ্র chhidro
holiday *n.* ছুটি chuti
holiness *n.* পুণ্যতা punyota
hollow *n.* ফাঁপা fnapa
holy *adj.* পবিত্র pobitro
homage *n.* অভ্যার্থনা obhyarthona
home *n.* গৃহ griha
homely *adj.* সাদামাটা sadamata
homicide *n.* নরহত্যা norohotya
homogeneous *adj.* সমমাত্র somomatro
honest *adj.* সৎ sot
honesty *n.* সততা sotota
honey *n.* মধু modhukosh
honeycomb *n.* মৌউচাক mouchak
honeymoon *n.* মধুচন্দ্রিমা modhuchondrima
honorarium *n.* দক্ষিনা dhokkhina
honorary *adj.* অবৈতনিক oboitonik
honour *adj.* সম্মান somman
honourable *n.* সম্মান্য sommanyo
hood *n.* মাথা matha byatha
hoodwink *v.t.* প্রতারিত করা protarito kora
hoof খুর khur
hook *n.* আকষী akoshi
hooligan *n.* গুন্ডা gunda
hoot *v.i.* পেঁচার ডাক pnecha dak
hop *v.i.* উদ্ভিদবিশেষ udbhidbishesh
hope *n.* আশা asha
horde *n.* যাযাবর উপজাতি jajabor upojati
horizon *n.* দিগন্ত digont
horn *n.* শিং shing
hornet *n.* ভীমরুল bhimrul
horoscope *n.* রাশিচক্র rashichokro
horrible *adj.* ভয়ানক bhoyanok
horrid *adj.* ভয়ঙ্কর bhoyonkor
horrify *v.t.* আতঙ্কিত atonkito
horror *n.* বিভীষিকা bibhishika
horse *n.* ঘোড়া ghora
horseman *n.* অশ্বারোহী oswarohi
horticulture *n.* উদ্যানবিদ্যা udyanbidya
hose *n.* নমনিয় নল nomoniyo nol

hosiery *n.* হোসিয়ারি hosiary
hospitable *adj.* অতিথিপরায়ণ otithiporayon
hospital *n.* হাসপাতাল haspatal
hospitality *n.* আতিথ্য atithyo
host *n.* রাশি রাশি rashi rashi
hostage *n.* শরীরবন্ধক shorirbondhok
hostel *n.* ছাত্রাবাস chhatrabas
hostile *adj.* শত্রুবাহিনী shtrubahini
hostility *n.* বৈইভাবে boribhabe
hot *adj.* গরম gorom
hound *n.* শিকারি কুকুর shikari kukur
hour *n.* ঘন্টা ghonta
hourly *adj.* প্রতি ঘন্টায় proti ghonta
house *n.* বাড়ি bari
household *n.* গৃহজন grihojon
housemaid *n.* গৃহপরিচারিকা grihoporicharika
housewife *n.* গৃহকর্ত্রী grihokortri
hovel *n.* চালা chala
hover *v.i.* ভেসে থাকা bhese thaka
how *adv.* কিভাবে ki bhabe
howdah *n.* হাওদা haoda
however *adv.* যতোই jotoi
howitzer খাটো কামান khato kaman
howl *v.t.* আর্তনাদ artonad
hubbub *n.* কোলাহল kolahol
huddle *v.t.* গাদাগাদি করে gadagadi kore
hue *n.* রঙের তারতম্য ronger tartomyo
hug *v.t.* জড়িয়ে ধরা joriye dhora
huge *adj.* বিশাল bishal
hull *n.* খোসা khosa
hum *v.i.* গুঞ্জন gunjon
human *adj.* মানুষ manush
humane *n.* সহৃদয় sohridoy
humanity *n.* মানবজাতি manobjati
humble *adj.* বিনিয়ী binoyi
humbug *n.* ধোঁকাবাজি dhnokabaji
humdrum *n.* নীরস nirosh
humid *adj.* আদ্র adro
humidity *n.* আদ্রতা adrota
humiliate *v.* অবমানিত obomanito
humility *n.* বিনয় binoy
humorist হাস্যরসিক hasyoroshik
humorous *n.* রসাত্মক rosatmok
humour *n.* হাস্যরস hasyorosh
hump *n.* কুঁজ knuj
hundred *n.* শত shoto
hunger *n.* ক্ষুদা kshuda
hungry *adj.* ক্ষুদার্ত kshudarto
hunt *v.t.* শিকার shikar
hunter *n.* শিকারি shikari
hurdle *n.* অবরোধ oborodh
hurl *v.t.* নিক্ষেপ করা nikshep kora
hurrah *int.* হর্ষ horsho
hurricane *n.* হারিকেন hariken
hurry *v.t.* ব্যস্ততা bystota
hurt *v.t.* আঘাত aghat
husband *n.* স্বামী swami
husbandry *n.* কৃষি krishi
hush *v.t.* চুপ করা chup kora
husk *n.* খোসা khosa
hut *n.* কুঁড়ে ঘর knure ghor
hybrid *adj.* দো-আঁশলা do anashla
hydrant *n.* জলের কল joler kol
hydraulic *adj.* ঔদক oiudok
hydrogen *n.* হাইড্রোজেন গ্যাস haidrojen gyas
hydrophobia *n.* জলাতঙ্ক jolatonko
hyena *n.* নেকড়ে hayna
hygiene *n.* স্বাস্থ্যবিধি swasthobidhi
hymn *n.* ঈশ্বরবন্দনা ishworbondona
hyperbole *n.* অতিশয়োক্তি otishoyokti
hyphen *n.* যোযকচিহ্ন jojokchinho
hypnotism সংবেশন songbeshon
hypocrisy *n.* ভন্ডামি bhondami
hypocrite *adj.* ভন্ড bhondo
hypothesis *n.* উপপ্রমেয় upopromeyo
hypothetical *adj.* উপ্রেময়মুলক upopromeyomulok
hysteria *n.* মুর্ছারোগ murchharog
hysteric *adj.* মুর্ছারোগ সংক্রান্ত murchharog songkranto

I

i *pro.* আমি ami
ice *n.* বরফ borof
iceberg *n.* হিমশৈল himshoilo
ice-cream *n.* মলাই বরফ malai borof
icicle *n.* তুষারিকা tusharika
icon *n.* প্রতিমা protima
icy *adj.* হিমেল himel
idea *n.* ধারনা dharona
ideal *adj.* আদর্শ adorsho
idealist *n.* আদর্শবাদি adorshobadi
idealize *v.t.* আদর্শায়িত করা adorshayito kora
identical *adj.* অভিন্ন obhinno
identify *v.t.* চিহ্নিত chinhito
identity *n.* পরিচয় porichoy
idiomatic *adj.* স্বভাষা swobhasha
idiot *n.* বোকা boka
idle *adj.* অলস olosh
idler *n.* আলসে alse
idol *n.* প্রতিমা protima
idyll *n.* পল্লীচিত্র pollichitro
if *conj.* যদি jodi
igneous *adj.* আগ্নেয় agneo
ignite *v.t.* জ্বলা jwola
ignition *n.* জ্বালান jwalan
ignoble *adj.* নীচ neech
ignominy *n.* অপমান opoman
ignorance *n.* অজ্ঞতা oggota
ignorant *adj.* অজ্ঞ oggo
ignore *v.t.* উপেক্ষা upekkha
ill *adj.* পীড়িত pirito
ill-bred *adj.* অবিনয় obinoy
illegal *adj.* বেআইনি beaini
illegible *adj.* দুষ্পাঠ্য dushpathyo
illiberal *adj.* দুষ্পাঠ্য dushpathyo
illicit *adj.* নিষিদ্ধ
illiteracy *n.* নিরক্ষরতা nirokkhorota
illiterate *adj.* নিরক্ষর nirokkhor
illness *n.* অসুস্থ osushtho
illogical *adj.* অযৌক্তিক ojouktik
illuminate *v.t.* আলোকিত alokito
illumination প্রদীপন prodipon
illumine উজ্জ্বলিত করা ujjwolito kora
illusion *n.* মায়া maya
illusive *adj.* মায়িক mayik
illustrate *v.t.* ব্যাখ্যা byakkha
illustration *n.* সচিত্রীকরণ sochitrikoron
illustrious *adj.* কীর্তিমান kirtiman
image *n.* প্রতিমা chobi
imaginable *adj.* কল্পনীয় kolpona
imaginary *n.* কাল্পনিক kalponik
imagination *n.* কল্পনা kolpona
imaginative *adj.* কল্পনাপ্রবণ kolpona probon
imagine *v.t.* কল্পনা kolpona kora
imbecile *adj.* জড়বুদ্ধি jorobuddhi
imbibe *v.t.* হজম করা hojom
imbrue *v.t.* আত্মসাৎ করা atmosat kora
imbue *v.t.* পরিপুরিত poripurito
imitate *v.t.* অনুকরণ onukoron
imitation *n.* অনুকরণ onukoron
immaculate *adj.* অকলঙ্ক okolonko
immanent *adj.* অন্তর্নিহিত ontornihit
immaterial *adj.* গুরুত্বহীন gurutwoheen
immature *adj.* অপরিণত oporinoto
immaturity অপরিপক্কতা poripokkota
immeasurable *adj.* অপরিমেয় oporimeyo
immediate *adj.* নিকট nikot
immediately *adv.* তৎক্ষনাৎ totkkhonat
immemorial *adj.* স্মরণতিগ smoronatig
immense *adj.* বিশাল bishal
immerse *v.t.* ডোবানো dobano
immigrant *n.* বহিরাগত bohiragoto
immigrate *v.t.* অভিবাসনের জন্যা আসা obhibasoner jonyo asa
imminent *adj.* আসন্ন asonno
immobile *adj.* নিশ্চল nishchol
immoderate *adj.* অপরিমিত oporimito
immodest *adj.* অশালীন oshalin
immolate *v.t.* বলি দেওয়া bolideoa

immoral *adj.* নীতিবিগর্হিত nitibigorhito
immortal *adj.* অমর omor
immovable *adj.* স্থাবর sthabor
immune মুক্ত mukto
immunity *n.* নিরাপত্তা nirapotta
immutable *adj.* অবিকার্ম obikarmo
imp *n.* খুদে শয়তান khude shoytan
impact *n.* সংঘর্ষ songhorsho
impair *v.t.* হানি hani
impale *v.t.* বর্শাবিদ্ধ করা borshabiddho kora
impalpable *adj.* অস্পর্শনীয় osporshoniyo
imparity *n.* অসাম্য osamyo
impartial *adj.* নিরপেক্ষ niropekkho
impasse *n.* অচলাবস্থা ocholabostha
impassive *adj.* নির্বিকার nirbikar
impatience *n.* অধ্যর্য odhoirjyo
impatient *adj.* অধৈর্য odhoirjyo
impeach প্রশ্ন তোলা proshno tola
impede *v.t.* বাধিত করা badhito kora
impediment *n.* তোতলামি totlami
impel *v.t.* বাধ্য করা badhyo kora
impend *v.t.* আসন্ন asonyo
impending আসন্ন asonyo
impenetrable দুর্ভেদ্য durbhedyo
imperative *adj.* জরুরি joruri
imperceptible *adj.* ইন্দ্রিয়াগম্য indriyogomyo
imperfect *adj.* অসম্পুর্ন osompurrno
imperial *adj.* সাম্রাজ্য samrajyo
imperialism *n.* সাম্রাজ্যবাদ samrajyobad
imperil *v.t.* বিপন্ন biponno
imperious *adj.* আদেশব্যঞ্জক adeshbyanjok
imperishable অক্ষয় okkhoy
impersonal *adj.* নৈর্ব্যক্তিক noibbyaktik
impersonate *v.t.* অভিনয় করা obhinoy kora
impertinent *adj.* অবিনয়ী obinoyi
impervious *adj.* অভেদ্য obhedyo
impetus *n.* গতিশক্তি gotishokti
impish *adj.* খুদে শয়তান impish
implacable *adj.* অপ্রশম্য oproshomyo
implant উপ্ত upto
implement *n.* বাস্তবায়িত করা bastobayito kora
implicate *v.t.* জড়িত করা jorito kora
implication *n.* জড়ানো jorano
implicit *adj.* অসংশয় osongshoy
implied *adj.* ইঙ্গিত করা ingit kora
implore *v.t.* কাকুতি মিনতি kakuti minoti
imply *v.t.* ইঙ্গিত করা ingit kora
impolite *adj.* অবিবেচক obibechok
import *v.t.* আমদানি amdani
importance *n.* গুরুত্ব gurutwo
important *n.* গুরুত্বপুর্ণ gurutwopurno
importunity *n.* নির্বন্ধ nirbondho
impose *v.t.* আরোপ করা arop kora
imposing *adj.* জমকালো jomkalo
imposition আরোপ arop
impossible *adj.* অসম্ভব osombhob
impostor ভন্ড bhondo
impotent *adj.* নিবীর্য nirbirjyo
impoverish *v.t.* দরিদ্র doridro
impracticable *adj.* অসাধ্য osadhyo
impregnable *adj.* দুর্জয় durjoy
impregnate *v.t.* গর্ভবতী করা gorbhoboti
impress ছাপ দেওয়া chhap deoa
impression *n.* ছাপ chhap
impressive *adj.* হৃদয়গ্রাহী hridoygrahi
imprison *v.t.* কারারুদ্ধ kararuddho
improbable *adj.* অঘটনীয় oghotoniyo
improper *adj.* অনুপুযুক্ত onupojukto
impropriety *n.* অনৌচিত্য onouchityo
improve *v.* উন্নতিসাধন unnotisadhon
improvement *n.* উন্নতিসাধন unnotisadhon
imprudent অবিবেচক obibechok
impudent *adj.* নির্লজ্জ nirlojjo
impugn *v.t.* বিরোধিতা করা birodhita kora
impulse বেগ beg
impulsion *n.* অনুপ্রাণন onupranon
impunity *n.* দন্ডমুক্ততা dondomuktota
impure *adj.* অশুদ্ধ oshuddho
imputation *n.* অধ্যারোপণ odhyaropon
impute *v.t.* কার্য karjo

in *prep.* যুক্ত করে jukto kore
inability অক্ষমতা okkhomota
inaccessible *adj.* দুর্গম durgom
inaccurate *adj.* অশুদ্ধ osuddho
inadequate *adj.* অপর্যাপ্ত oporjyapto
inadmissible *adj.* অনাদেয় onadeo
inadvertent *adj.* অনবহিত onobohito
inane *adj.* নিঃসার nissar
inapplicable *adj.* অনুপযুক্ত onupojukto
inapt *adj.* অবান্তর obantor
inaptitude অপ্রবণতা oprobonota
inattentive *adj.* অমনোযোগ omonojog
inaudible *adj.* শ্রবণাতীত shrobonatit
inaugural *adj.* উদ্বোধনি udbodhoni
inaugurate *v.t.* উদ্বোধন করা udbodhon kora
inauguration *n.* উদ্বোধন udbodhon
inborn *adj.* সহজাত sohojato
incalculable *adj.* অপরিমেয় oporimeyo
incandescence *n.* ভাস্বরতা bhasworota
incandescent *adj.* ভাস্বর bhasworota
incantation মন্ত্র montro
incapable *adj.* অক্ষম okkhom
incapacitate *v.t.* অক্ষম okkhom
incarcerate *v.t.* কারারুদ্ধ করা kararuddho kora
incarnate *v.t.* মুর্তিমান murtiman
incendiary *adj.* গৃহদাহক grihodahok
incense *n.* ধুপ dhup
incentive *adj.* উদ্দীপক uddipok
inception *n.* শুরু shuru
incessant *n.* অবিরাম obiram
inch *n.* ইঞ্চি inchi
incident *n.* ঘটনা ghotona
incision *n.* ছেদন chhedon
incite *v.t.* উস্কানি uskani
incivility *n.* অশিষ্টতা osishtota
inclination *n.* ঢাল dhhal
incline *v.t.* বাঁকা bnaka
inclosure *n.* বেড়া bera
include *v.t.* অন্তর্ভুক্ত ontorbhukto
inclusion *n.* অন্তর্ভুক্তি ontorbhukti
incognito *n.* ছদ্মরুপী chodmorupi
income *n.* আয় aay
income-tax *n.* আয়কর aykor
incomparable *adj.* অতুল্য otulyo
incompatible *adj.* সামাঞ্জস্যহীন samonjosyohin
incompetent *adj.* অনুপযুক্ত onupojukto
incomplete অসম্পুর্ন osompurrno
incomprehensible *adj.* অবোধগম্য obodhgomyo
inconceivable *adj.* অভাবনীয় obhaboniyo
inconclusive *adj.* অনিশ্চায়ক onischayok
inconsiderate *n.* অবিবেচক obibechok
inconsistent *adj.* অসমঞ্জস osomonjos
inconstant *adj.* অস্থিরচিত osthirchito
incorporate *v.t.* সমুহীভুত somuhibhut
incorrect *adj.* অশুদ্ধ oshuddho
incorrigible *adj.* অশোধনীয় oshodhonio
increase *v.t.* বৃদ্ধি brriddhi
increasingly *adv.* ক্রমবর্ধমানভাবে kromobordhomanbhabe
incredible *adj.* অতুল্য otulyo
increment *n.* বৃদ্ধি brriddhi
incriminate *v.t.* অভিযুক্ত করা obhijukto kora
inculcate *v.t.* চিত্তনিষ্ঠ করা chittonishtho kora
incumbent *adj.* পদাধিকারী podhadhikari
incur *v.t.* ঋণগ্রস্ত ringrostho
incurable *adj.* অনারোগ্য onarogyo
incursion *n.* অভিনির্মাণ obinirman
indebted *adj.* ঋণী rini
indecency *n.* অশ্লীলতা oshlilota
indecent *adj.* অশ্লীল oshlil
indecisive *adj.* অনিশ্চায়ক onishchayok
indeed *adj.* বস্তুত bostuto
indefatigable *adj.* অক্লান্ত oklanto
indefensible *adj.* প্রতিপাদন protipadon
indefinite *adj.* অনির্দিষ্ট onirdishto
indelible অমোচনীয় omochoniyo
indemnity *n.* নিরাপত্তা nirapotta
indent *v.t.* ফরমাশ পত্র formash potro
indenture *n.* প্রতিজ্ঞাপত্র protigga potro
independence *n.* স্বাধীনতা swadhinota

independent *adj.* স্বাধীনতা swadhinota
indestructible *n.* অবিনাশ্য obinashyo
index *n.* সুচক suchok
indian *n.* ভারতীয় bharotiyo
indicate *v.t.* নির্দেশ করা nirdesh kora
indict *v.t.* অভিযুক্ত করা obhijukto kora
indifferent *adj.* উদাসীন udasin
indigenuous *adj.* দেশীয় deshiyo
indigent *adj.* দরিদ্র doridro
indigestion *n.* অজীর্ণ ojirno
indignation *n.* অবিচার obichar
indignity *n.* অবমাননা obomanona
indigo *n.* নীল nil
indirect *adj.* অপ্রত্যক্ষ oprotyokkho
indiscreet *adj.* অবিচক্ষণ obichokkhon
indispensable *adj.* অপরিহার্য oporiharjo
indisposition *n.* বিরাগ birag
indistinct *adj.* অস্পষ্ট osposto
individual *n.* পৃথক prithok
individuality *n.* ব্যক্তিত্য byaktitwo
indolence *n.* আলস্য alosyo
indolent *adj.* অলস olos
indomitable *adj.* অদম্য odomyo
indoor *adj.* আভ্যন্তরীণ abhyontorin
indoors *adv.* ঘরের ভিতর ghorer bhitor
indorse *v.t.* অনুমোদন করা onumodon kora
induce *v.t.* রাজি করা raji kora
inducement *n.* উৎসাহের হেতু utsaher hetu
induction *n.* অভিষেক obhishek
inductive আরোহী arohi
indulge *v.t.* প্রশয় দেওয়া proshroy deoa
indulgence *n.* প্রশ্রয় proshroy
indulgent *adj.* প্রশ্রয়পুর্ণ proshroypurno
industrial *adj.* শিল্প এলাকা shilpo elaka
industrious *adj.* পরিশ্রমী porishromi
industry *n.* পরিশ্রম porishromi
inedible *adj.* অভোজ্য obhojyo
ineffable *adj.* অনির্বভনীয় onirbhoniyo
ineffective *adj.* নিষ্ফল nishfol
ineligible *adj.* অযোগ্য ojogyo
inept *adj.* অযোগ্য ojogyo
inequality *n.* বৈষম্য boisomyo
inert *adj.* নিষ্ক্রিয় niskrio
inertia *n.* জড়তা jorota
inevitable *adj.* অনিবার্য onibarjo
inexcusable *adj.* অমার্জনীয় omarjoniyo
inexhaustible অফুরন্ত ofuronto
inexorable *adj.* নিরন্তর nirontor
inexpedient *adj.* অনুপযোগী onupjogi
inexplicable *adj.* অব্যাখ্যেয় obyakhyeo
infallible *adj.* অপ্রমাদী opromadi
infamous *adj.* কুখ্যাত kukhyato
infamy *n.* কুকীর্তি kukirti
infancy *n.* বাল্য balyo
infant *n.* শিশু shishu
infanticide *n.* শিশুহত্যা shishuhotya
infantile *adj.* বালযোগ্য baljogyo
infantry পদাতিকাবাহিনী podatikabahini
infatuate *v.t.* মোহে পড়া mohe pora
infect *v.t.* দুষিত করা dushito kora
infection *n.* রোগসঞ্চার rog sonchar
infectious *adj.* সংক্রামক songkramok
infer *v.t.* অনুমান করা onuman kora
inferior *adj.* নিকৃষ্ট nikrishto
inferiority *n.* হীনতা hinota
infernal *adj.* নারকীয় narokiyo
infest *v.t.* উপদ্রব upodrob
infidel *n.* নাস্তিক nastik
infinite *n.* অসীম osim
infinitesimal *adj.* ক্ষুদ্রাদপিক্ষুদ্র khudradopikhudro
infirm *adj.* অশক্ত oshokto
infirmity দুর্বলতা durbolota
inflame *v.* প্রজ্জ্বলিত projjwolito
inflammable *adj.* দাহ্য dahyo
inflammation *n.* প্রদাহ prodaho
inflation *n.* ফোলানো folano
inflection *n.* বক্রীকরণ bokrikoron
inflexible *adj.* অনমনীয় onomoniyo
inflict *v.t.* বসানো bosano
influence *n.* প্রভাব probhab
influential *adj.* প্রতিপত্তি protipotti
influenza *n.* ইনফ্লুয়েনজা influyenja
influx *n.* আগম agom

inform *v.t.* জানানো janano
informal *adj.* ঘরোয়া ghoroya
information *n.* জ্ঞাপন gyapon
infringe *v.t.* অতিক্রম করা otikrom kora
infuriate ক্ষিপ্ত করা khipto kora
infuse *v.t.* পরিপুর্ণ করা poripurno kora
ingenious *adj.* বিচক্ষণ bichokkhon
ingenuity *n.* উদ্ভাবনপটুতা udbhabonpotuta
ingenuous *adj.* নিষ্কপট niskopot
ingot *n.* পিন্ড pindo
ingraft *v.t.* গাছের কলম gacher kolom
ingratitude *n.* অকৃতজ্ঞতা okritoggota
ingredient *n.* উপাদন upadan
inhabit *v.t.* বসবাস bosobas
inhabitant *n.* অধিবাসী odhibasi
inhale *v.t.* নিঃশ্বাস নেওয়া nissas neoa
inherit *v.t.* উত্তরাধিকারী হওয়া uttaradhikari hoya
inhibition *n.* সঙ্কোচ sonkoch
inhuman *n.* অমানুষিক omanushik
inimical *adj.* প্রতিকুল protikul
inimitable *adj.* অনুনকরণীয় onunkoroniyo
iniquitous *adj.* দুর্বৃত্তোধম durbritto dhom
initial *n.* আদ্য adyo
initiate চালু chalu
initiative *n.* প্রত্যুপক্রম protyupkrom
inject *v.t.* সঞ্চারিত করা soncharito kora
injunction *n.* আদেশ adesh
injure *v.t.* আহত ahoto
injury *n.* আহত ahoto
injustice *n.* অন্যায় onyay
ink *n.* কালি kali
inkling *n.* আভাস abhas
ink-pot *n.* কালির দোয়াত kalir doyat
inlay *v.t.* খচিত khochito
inlet *n.* খাঁড়ি khnari
inmate *n.* নিবাসী nibasi
inn *n.* পান্থশালা panthoshala
innate *adj.* অন্তর্জাত ontorjato
inner *adj.* অন্তর ontor
innings *n.* ইনিং ining
innkeeper *n.* পান্থশালার পরিচালক panthoshalar porichalok
innocent *adj.* নির্দোষ nirdosh
innocuous *adj.* অনপকারী onopkari
innovate *v.t.* প্রবর্তন করা proborton kora
innumerable *adj.* অসংখ্য osonkhyo
inoculate টিকা দেওয়া tika deoa
inopportune *adj.* অনুচিত onuchito
inordinate *adj.* অপরিমিত oporimito
inquest *n.* অনুসন্ধান onusondhan
inquire *v.i.* জিজ্ঞাসা jiggasa
inquiry জিজ্ঞাসা jiggasa
inquisition *n.* তল্লাশি tollasi
inquisitive *adj.* কৌতুহলী koutuholi
inroad *n.* উপদ্রব upodrob
insane *adj.* বিকৃতমস্তিক bikritomostisko
inscribe *v.t.* খোদাই khodai
inscription *n.* খোদিত শ্বদাবলী khodito shobdaboli
inscrutable *adj.* দুর্বোধ্য durbodhyo
insect *n.* পোকা poka
insecure *adj.* অনিশ্চিত onishchit
insensible অচৈতন্য ochoitonyo
insert *v.t.* ঢোকানো dhokano
inside *n.* অভ্যন্তর obhyontor
insight *n.* অন্তর্জ্ঞান ontorgyan
insignificant *adj.* অর্থহীন orthohin
insincere *adj.* আন্তরিকতাহীন antorikotahin
insist *v.i.* জোরের সঙ্গে jorer songe
insistence *n.* পীড়াপীড়ি pirapiri
insolence *n.* ঔদ্ধত্য oudhotyo
insolent *adj.* ঔদ্ধত্যপুর্ণ oudhotyopurno
insoluble *adj.* অদ্রাব্য odrabyo
insolvency *n.* দেউলিয়াত্ব deuliyatwo
insolvent *adj.* দেউলিয়া deuliya
insomnia *n.* অনিদ্রা onidra
inspect *v.t.* পরিদর্শন করা poridorshon
inspection *n.* অনুসন্ধান onushondhan
inspector *n.* পরিদর্শক poridorshok
inspiration *n.* অনুপ্রাণনা onupranona
inspire *v.t.* উদ্দীপ্ত করা uddipto kora
install *v.t.* সংস্থাপন করা sonsthapon kora

installation *n.* অভিষেক obhishek
instalment *n.* কিস্তি kisti
instance *n.* উদাহরণ udahoron
instant *n.* তাৎক্ষণিক tatkkhonik
instantaneous *adj.* তাৎক্ষণিকভাবে tatkkhonikbhabe
instantly *adv.* তৎক্ষণাৎ totkkhonat
instead *adv.* বিকল্প bikolpo
instigate *v.t.* প্ররোচিত prorochito
instigation *n.* প্ররোচনা prorochona
instil *v.t.* সঞ্চারিত করা soncharito kora
instinct *n.* সহজপ্রকৃতি sohojprokriti
instinctive *adj.* সাহজিক sahojik
institute *n.* সংগঠন songothon
institution *n.* প্রতিষ্ঠান protisthan
instruct *v.t.* শিক্ষা দেওয়া shikkha deoa
instruction *n.* শিক্ষা shikkha
instrument *n.* যন্ত্রপাতি jontropati
insubordinate *adj.* অবাধ্য obadhyo
insufficient *adj.* অপর্যাপ্ত oporjyapto
insulate *v.t.* অন্তরিত করা ontorito kora
insult *n.* অপমান opoman
insuperable *adj.* অনতিক্রম্য onotikromyo
insurance *n.* বিমা bima
insure *v.t.* বিমা করা bima kora
insurgent *n.* বিদ্রোহী bidrohi
insurmountable *adj.* দুর্জয় durjoy
insurrection *n.* বিদ্রোহ bidroho
intact *adj.* অক্ষত okkhoto
intangible *adj.* স্পর্শাতীত sporshatito
inegral *adj.* অবিচ্ছেদ্য obicchedyo
integrate *v.t.* সংহত করা sonhoto kora
integration *n.* একাঙ্গীভবন ekangikoron
integrity *n.* সততা sotota
intellect *n.* মেধা medha
intellectual *n.* বুদ্ধিবৃত্তি buddhibritti
intelligence *n.* বুদ্ধি buddhi
intelligent *adj.* বুদ্ধিমান buddhiman
intelligible *adj.* বোধগম্য bodhogomyo
intend *v.t.* সঙ্কল্প sonkolpo
intense *adj.* তীক্ষ্ণ tikkhno
intensity *n.* তীব্রতা tibrota
intent *adj.* একাগ্র ekagro
intention *n.* অভিসন্ধি obhisondhi
intentional ইচ্ছাকৃত icchakrito
intercept *v.t.* অভিগ্রহন করা obhigrohon kora
interchange *v.t.* বিনিময় binimoy
intercourse *n.* সঙ্গম songom
interdict *v.t.* নিষিদ্ধ nishiddho
interest আগ্রহ agroho
interesting *adj.* আগ্রহোদ্দীপক agrohoddipok
interfere *v.i.* অনধিকারচর্চা onodhikarchorcha
interference *n.* অবাঞ্চিত obanchito
interim *n.* অন্তবর্তীকালীন ontorbortikalin
interior *adj.* অন্তবর্তী ontoborti
interject *v.t.* ফোড়ন দেওয়া foron deoa
interjection *n.* অন্তর্ভাবমুলক শব্দ ontorbhabmulok shobdo
intermediate *adj.* মধ্যাম modhoyom
intermingle *v.t.* মেশানো meshano
intermittent *adj.* থেকে থেকে theke theke
internal অভ্যন্তরীণ obhyontorin
international *adj.* অন্তর্জাতীয় antorjatik
interpellation *n.* অভ্যনুযোগ obhyonujog
interpret *v.t.* ব্যাখ্যা byakkha
interpretation ব্যাখ্যান byakkhan
interpreter *n.* দোভাষী dobhashi
interrogate *v.t.* জেরা করা jera kora
interrogation *n.* জিজ্ঞাসা jiggasa
interrupt *v.t.* ব্যাহত byahoto
interruption *n.* ব্যাঘাত byaghat
intersect *v.t.* কাটা kata
interstice ছিদ্র chhidro
intertwine *v.t.* একত্র পাকানো ekotro pakano
interval *n.* বিরতি biroti
intervene মাঝখানে ঘটা hostokkhep
intervention *n.* হস্তক্ষেপ hostokkhep
interview *n.* সাক্ষাৎকার sakkhatkar
intestate *adj.* ইচ্ছাপত্র না রেখে মরা ichchapotro na reke mora
intestines *n.pl.* অন্ত্র ontro
intimacy *n.* অন্তরঙ্গতা ontorongota

intimate *v.t.* অন্তরঙ্গ ontorongo
intimation *n.* জ্ঞাপন gyapon
intimidate *v.t.* ভয় দেখানো bhoy dekhano
into *prep.* হীন্টু bhitor
intolerable *adj.* অসহ্য osohyo
intolerence *n.* অসহ্য osohyo
intoxicant *adj.* মত্ততা mottota
intoxicate *v.t.* মাতাল করা matal kora
intractable *adj.* দুর্দম durdom
intransitive *adj.* অকর্মক okormok
intrepid *adj.* অসমসাহসিক osomosahosik
intricacy *n.* জটিলতা jotilota
intricate *adj.* জটিল jotil
intrigue *n.* চক্রান্ত chokranto
intrinsic *adj.* অন্তর্নিহিত ontornihito
introduce *v.t.* প্রস্তাব করা prostab kora
introduction *n.* প্রস্তাবনা prostabona
introspection *n.* অন্তর্বীক্ষণ ontorbikkhon
intrude *v.t.* অনাহুত প্রবেশ onahuto probesh
intuition *n.* স্বজ্ঞা swogga
inundate *v.* প্লাবিত plabito
inundation *n.* প্লাবন plabon
inure *v.t.* অভ্যস্ত করা obhyosto kora
invade *v.t.* অধিক্রম odhikrom
invalid *adj.* অকেজো okejo
invalidate *v.t.* অকার্যকর করা okarjokor kora
invaluable *adj.* অমুল্য omulyo
invariable অবিকার্য obikarjyo
invasion *n.* হামলা hamla
invective দুর্বাক্য durbakyo
invent *v.t.* উদ্ভাবন করা udbhabon kora
inventor *n.* উদ্ভাবন কারক udbhabon karok
inventory *n.* মজুত সামগ্রী mojut samogri
inverse *adj.* উল্টো ulto
invert *v.t.* উল্টে দেওয়া ulte deoa
invest বিনিয়োগ biniyog
investigate *n.* তদন্ত todonto
investment *n.* বিনিয়োগ biniyog
invidious *adj.* বিদ্বেষজনক bidwesjonok
invigorate *v.t.* প্রদীপ্ত prodipto
invincible *adj.* অপৌতিবীর্য opoutibirjo
inviolable অলগ্ঘনীয় olonghonio
invisible *adj.* অদৃশ্য odrishyo
invitation *n.* আমন্ত্রন amontron
invite *v.t.* নিমন্ত্রন amontron
invoice *n.* চালান chalan
invoke *v.t.* আবাহন করা abahon kora
involve *v.t.* জড়িত jorito kora
inward অভ্যন্তরস্থ obyontoroshtho
irascible *adj.* খিটখিটে khitkhite
ire *n.* ক্রোধ krodh
iris *n.* কনীনিকা koninika
irk *v.t.* বিরক্ত birokto
irksome বিরক্তিকর biroktikor
iron *n.* লোহ্য lohyo
ironic বক্রাঘাতমুলক kokraghatmulok
irony *n.* বক্রাঘাত bokraghat
irradiate *v.t.* উড্ভাসিত করা udbhasito kora
irrational *adj.* বিচারশক্তিহীন bicharshoktihin
irregular *adj.* অনিয়মিত oniyomito
irregularity *n.* অনিয়ম oniyomito
irrelevent *adj.* অপ্রাসঙ্গিক oprasongik
irreparable *adj.* অপুরনীয় opurnoniyo
irresolute *adj.* অস্থিরমনস্ক osthirmonosko
irresponsible *adj.* দায়িত্বহীন dayitwohin
irretrievable *adj.* অপুরনীয় opurniyo
irrevocable *adj.* অপরাবর্তনীয় oporabortoniyo
irrigate *v.t.* জলসেচের ব্যবস্থা jolosecher byabostha
irrigation *n.* জলসেচ jolosech
irritate *v.t.* বিরক্ত birokto
irruption *n.* অভ্যুৎপাত obhyutpat
is *v.i.* দ্র dro
isle *jn.* দ্বীপ dwip
island *n.* দ্বীপ dwip
isolate *v.t.* পৃথক prithok
issue *n.* নির্গত nirgoto
isthmus *n.* যোজক jojok
it *pro* এ, ও e, o

italics *n.pl.* বাঁকা bnaka
itch *n.* চুলকানি chulkani
its *pro.* এর, ওর er, or
item *n.* বিষয় bishoy
itinerary *n.* পথবৃত্তান্ত pothbrittanto
ivory *n.* হাতির দাঁত hatir dnat

ivy *n.* উজ্জ্বল ujjwol

J

jab *v.t.* খোঁচা মারা khnocha
jabot *n.* বুকের ঝালর buker jhalor
jack *n.* নাম nam
jackal *n.* শেয়াল sheyal
jackass *n.* গর্দভ gordobh
jackdaw *n.* দাঁড়কাক dnarkak
jacket *n.* জ্যাকেট jyaket
jade *n.* কঠিন kothin
jail *n.* কারগার karagar
jam *n.* ঠাসা thasa
jamboree *n.* আনন্দমেলা anondomela
janitor *n.* দ্বাররক্ষক dwarrokkhok
january *n.* জ্যানিউয়ারি jyaniuari
jar *n.* কম্পন kompon
jargon *n.* বিভাষা bibhasha
jasmine *n.* শিশুগন্ধা shishugondha
jaundice *n.* পান্ডুরোগ pandurog
jaunt *n.* প্রমোদবিহার promodbihar
jaunty *adj.* আত্মবিশ্বাস atmobiswas
javelin *n.* বর্শা borsha
jaw *n.* চোয়াল choyal
jay *n.* নীলকন্ঠ nilkontho
jealous *adj.* ঈর্ষাকাতর iirshakator
jealousy *n.* ঈর্ষা iirsha
jeer *v.t.* উপহাস upohas
jelly *n.* জেলি jeli
jeopardize *v.t.* বিপদগ্রস্ত bipodgrost
jeopardy *n.* বিপদ bipod
jerk *n.* ঝাঁকুনি jhnakuni
jerkin *n.* আঁটাসাট জামা antosnato jama
jersey *n.* পশমি গেঞ্জি poshomi genji
jest *n.* ঠাট্টা thatta
jester *n.* ভাঁড় bhnar
jet *n.* বাষ্প bashpo
jetty *n.* জাহাজঘাট jahajghat
jew *n.* ইহুদি ihudi
jeweller *n.* অলঙ্কার বিক্রেতা olonkar bikreta
jewellery *n.* অলঙ্কার olonkar
jibe উপহাস upohas
jingle *n.* ঝুনঝুন শব্দ jhunjhun shobdo
job *n.* কাজ kaj
jobber *n.* শেয়ারের দালাল sheyarer dalal
jockey *n.* ঘোড়সওয়ার ghorsoyar
jocular *adj.* রসিক rosik
jocund *adj.* হাসিখুশি hasikhushi
jog *v.t.* ঝাঁকানো jhnakano
join *v.t.* মিলিত milit
joint *n.* স্থান sthan
joke *n.* ঠাট্টা thatta
jolly *adj.* হাসিখুশি hasikhushi
jolt *v.t.* ঝাঁকি দেওয়া jhnaki deoa
jot *n.* সামান্য samanyo
journal *n.* সাময়িকী samoyiki
journalism *n.* সাংবাদিকতা sangbadikota
journalist *n.* সাংবাদিক sangbadik
journey *n.* ভ্রমন bhromon
jovial *adj.* হাসিখুশি hasikhushi
joy *n.* আনন্দ anondo
joyful *adj.* আনন্দিত anondito
joyous *adj.* আনন্দিত anondito
jubilant *adj.* বিজয়ানন্দে উৎফুল্ল bijoyanonde utfullo
jubilee *n.* জয়ন্তী joyonti
judge *n.* বিচারক bicharok
judgement *n.* বিচার bichar
judicious *adj.* বিচক্ষন bichokkhon
jug *n.* জগ jog
juice *n.* রস ros
juicy *adj.* রসালো rosalo
jumble *v.t.* তালগোল পাকানো talgol pakano

jump *v.t.* লাফ laf
junction *n.* জংশন্ jongshon
juncture *n.* সংযোগ songjog
jungle *n.* বন bon
junior *adj.* বয়ঃকনিষ্ঠ boyokonishtho
junket *n.* মিষ্টি খাবার mishti khabar
jupitor *n.* বৃহস্পতি গ্রহ brihospoti groho
jurisdiction *n.* আইনগত অধিকার aingoto odhikar
jurisprudence *n.* মানবিক আইনের দর্শন manobik ainer dorshon
jurist *n.* আইনবিদ ainbid
jury *n.* নির্ণায়বর্গ nirnayborgo
just *adj.* সঠিক sothik
justice *n.* ন্যায়ানুগ nyayanug
justification সত্যতা প্রতিপাদন sotyota protipadon
justify *v.t.* সত্যতা প্রতিপাদন sotyota protipadon
jut *v.t.* বেরিয়ে থাকা beriye thaka
jute *n.* পাট pat
juvenile *adj.* স্বল্পবয়স্ক ব্যক্তি swolpoboyosko byakti

juvenility *n.* কৈশোর koishor

K

kaleidoscope ক্যালাইদাসকৌপ kyalaidoskop
kaleidoscopic *adj.* দ্রুত পরিবর্তনশীল druto poribortonshil
kangaroo *n.* ক্যাঙ্গারু kyangaru
keel *n.* জাহাজের তলি jahajer toli
keen *adj.* ধারালো dharalo
keep *v.* রাখা rakha
keeping *n.* রাখা rakha
keg *n.* ছোট পিপা chhoto pipa
ken *v.t.* জানা jana
kennel *n.* কুকুরের ঘর kukurer ghor
kerchief *n.* রুমাল rumal
kernel *n.* শাঁস snash
kerosene *n.* কেরোসিন keroshin
kettle *n.* কেটলি ketli
key *n.* চাবি chabi
kick *v.i.* লাথি lathi
kid *n.* ছাগলছানা chagolchhana
kiddy *n.* বাচচা bachcha
kidnap *v.t.* অপহরণ opohoron
kidney *n.* কিডনি kidni
kill *v.t.* হত্যা করা hotya kora
kiln *n.* ভাঁটি bhnati
kin *n.* আত্মীয়স্বজন atmiyoswojon
kind *n.* সদয় sodoy
kindle *v.t.* আগুন ধরা agun dhora
kindness *n.* দয়া doya
kindred *adj.* আত্মীয়তা atmiyota
king *n.* রাজা raja
kingdom *n.* রাজ্যত্ব rajotwo
kiss *n.* চুম্বন chumbon
kit *n.* ঝোলা jhola
kitchen *n.* রান্নাঘর rannaghor
kite *n.* ঘুড়ি ghuri
kith *n.* আত্মীয়স্বজন atmiyoswojon
kitten *n.* বিড়ালছানা biralchhana
kleptomania *n.* চুরি করার প্রবনতা churikorar probonota
knack *n.* দক্ষতা dokkhota
knave *n.* বদমাশ bodmash
knavery *n.* বদমাইশি bodmaishi
knead *v.t.* দলাইমলাই dolai molai
knee *n.* হাঁটু hnatu
kneel *v.i.* হাঁটুগেড়ে বসা hatugere bosa
knell *n.* ঘন্টাধ্বনি ghontadwoni
knickers *n.* ইজার ijar
knife *n.* ছুরি churi
knight *n.* বীরযোদ্ধা birjoddha
knit *v.t.* বোনা bona
knob *n.* গোলকার হাতল golakar hatol
knock *v.t.* টোকা toka
knot *n.* গিট gnit
knotty *adj.* গিটযুক্ত gnitjukto
know *v.t.* জানা jana
knowingly *adv.* জেনে jene
knowledge *n.* জ্ঞান gyan

knuckle আঙ্গুলের গাঁঠ anguler gnath
koran *n.* ধর্মগ্রন্থ dhormogrontho
kosher *n.* খ্যাদের দোকান khyader dokan
kukri *n.* ছোরা chhora

L

label *n.* মোড়ক morok
labial *adj.* ঔষ্ঠ্য oushtho
laboratory *n.* গবেষণাগার gobeshonagar
laborious *adj.* শ্রমসাধ্য shromosadhyo
labour *n.* শারীরিক sharirik
labyrinth *n.* জটিল মিলনস্থল jotil milonsthol
lace *n.* ফিতা fita
lacerate *v.t.* ছিঁড়ে যাওয়া chnirejaoa
lack *n.* অভাব obhab
lackey *n.* পুরুষ চাকর purush chakor
laconic *adj.* স্বল্পভাষী swolpobhashi
lad *n.* বালক balok
ladder *n.* মই moi
lading *n.* জাহাজে বোঝাইকৃত মাল jahaje bojhaikrito mal
ladle *n.* হাতা hata
lady *n.* মহিলা mohila
lag *n.* পিছিয়ে পড়া pichiye pora
lagoon *n.* উপহ্রদ upohrod
lair *n.* গুহা guha
lake *n.* হ্রদ hrod
lamb *n.* মেষশাবক meshshabok
lame পঙ্গু pongu
lament *v.t.* শোক করা shok kora
lamentation *n.* বিলাপ bilap
lamp *n.* বাতি bati
lance *n.* বর্শা borsha
lancet *n.* ছুরি chhuri
land *v.t.* জমি jomi
landing *n.* ভুমি স্পর্শকরণ bhumi sporshokorn
landscape *n.* প্রাকৃতিক দৃশ্য prakritik drishyo
lane *n.* গলি goli
language *n.* ভাষা bhasha
languid অসাড় osar
languish *v.i.* নিস্তেজ হওয়া nistej hoya
lank *adj.* দীর্ঘ dirgho
lantern *n.* লন্ঠন longhon
lap *n.* কোল kol
lapidary *n.* পাথর খোদাই pathor khodai
lapse *n.* স্মৃতিগত ভ্রান্তি smritigoto bhranti
larceny *n.* চুরি churi
lard *n.* শুকরচর্বি sukorchorbi
large *adj.* বিরাট birat
lark *n.* গানের পাখি ganer pakhi
larva *n.* শুঁয়া পোকা shnuya poka
lash *n.* চাবুক chabuk
lass *n.* বালিকা balika
lassitude *n.* অবসন্নতা obosonnota
lasso *n.* ল্যাসো lyaso
last *adj.* চুড়ান্ত churanto
lasting *adj.* স্থায়ি sthayi
latch *n.* হুড়কো hurko
late *adv.* বিলম্ব bilombo
latent *adj.* সুপ্ত supto
lateral *adj.* পার্শ্বিক parshik
lathe *n.* লেদমেশিন ledmeshin
lather *n.* সাবনের ফেনা sabaner fena
latitude *n.* বিষুবরেখা bishubrekha
latrine *n.* পায়খানা paykhana
latter *adj.* সাম্প্রতিক samprotik
lattice *n.* জাফরি jafri
laud *v.t.* প্রশংসা করা proshongsa kora
laudable *adj.* প্রশংসা যোগ্য proshongsa jogyo
laudatory *adj.* প্রশংসাসুচক proshongsa suchok
laugh *v.t.* হাস্য hasyo
laughter *n.* হাসি hasi
launch *v.t.* প্রেরণ করা preron kora
laundry *n.* লন্ড্রি londri
lava *n.* লাভা lava
lavatory *n.* স্নানাগার snanagar

lavish *adj.* অপব্যায়ী opobyayi
law *n.* আইন ain
lawful *adj.* বিধিসঙ্গত bidhisongoto
lawn *n.* বাগান bagan
lawyer *n.* আইনজীবি ainjibi
lax *adj.* আলগা aloga
laxative *adj.* জোলাপ jolap
layer *n.* স্তর stor
layman *n.* অপেশদর ব্যক্তি opeshadar byakti
laziness *n.* আলস্য alosyo
lazy *adj.* অলস olos
lea *n.* তৃণভুমি trinobhumi
lead *v.t.* সীসা দিয়ে ঢাকা sisa diye dhaka
leader *n.* নায়ক nayok
leaf *n.* পাতা pata
leaflet *n.* ছোট পাতা chot pata
league *n.* সংগঠম songothon
leak *n.* জলীয় পদার্থ joliyo podartho
leakage *n.* লিক করা lik kora
lean *v.t.* হেলে যাওয়া hele jaoa
leaning *n.* ঝোঁক jhnok
leap *n.* লাফ laf
learn *v.t.* শেখা shekha
learned *adj.* বিদ্বান bidwan
learning *n.* জ্ঞান gyan
lease *n.* লিজ lij
least *adj.* ক্ষুদ্রতম khudrotomo
leather *n.* চামড়া chamra
leave *v.t.* ত্যাগ করা tyag kora
leaven *n.* খামির khamir
lecture *n.* বত্তৃতা boktrita
ledger *n.* খতিয়ান বই khotiyan boi
leech *n.* জোঁক jnok
leer *n.* কদর্য হাসি kodorjo hasi
left *adj.* পরিত্যক্ত হওয়া porityokto hoya
leg *n.* পা pa
legacy *n.* প্রাপ্ত সম্পত্তি prapto sompotti
legal *adj.* আইন সংক্রান্ত ain songkranto
legalize *v.t.* বৈধ করা boidho kora
legation *n.* কর্মচারীবৃন্দ kormocharibrindo
legend *n.* উপাখ্যান upakhyan
legible *adj.* স্পষ্ট sposhto
legion *n.* বিশাল সংখ্যক bishal sonkhyak
legistate *v.t.* আইণ প্রনয়ন ain pronoyon
legislation আইন ain
legislator *n.* আইনসভা ain sobha
legislature *n.* আইণ প্রনয়নকারী ain pronoyonkari
legitimate *adj.* আইনসঙ্গত ainsongoto
legume *n.* শিম বীক shim bik
leisure *n.* অবকাশ obokash
lemon *n.* লেবু lebu
lemonade *n.* লেবুর পানীয় lebur paniyo
lend *v.t.* ধার দেওয়া dhar deoa
length *n.* দৈর্ঘ্য doirgho
lengthen *v.t.* দীর্ঘায়িত করা dirghaiyto kora
lens *n.* চশমা choshma
lentil *n.* মসুরি ডাল mosuri dal
leopard *n.* চিতা বাঘ chita bagh
leper *n.* কুষ্ঠরোগী kushtharogi
leprosy *n.* কুষ্ঠরোগ kushtharog
less *adj.* অল্পতর olpotoro
lesson *v.i.* পাঠ path
lest *conj.* পাছে pache
let *v.t.* অনুমতি দেওয়া onumoti deoa
lethal *adj.* মারাত্মক maratmok
lethargy *n.* আলস্য alosyo
letter *n.* চিঠি chithi
level *n.* সমতল somotol
lever *n.* লিভার libhar
levity *n.* লঘুতা loghuta
levy *v.t.* আদায় করা aday kora
lewd *adj.* অশোভন oshobhon
lexicographer *n.* সঙ্কলক sonkolok
lexicon *n.* শব্দকোষ shobdokosh
liability *n.* দায়িত্ব dayitwo
liable *adj.* দায়ী dayi
liar *n.* মিথ্যাবাদী mithyabadi
libel *n.* মানহানিকর বিবৃতি manhanikorbibriti
liberal *adj.* বদান্য bodanyo
liberate *v.t.* মক্ত করা mukto kora
liberty *n.* স্বাধীনতা swadhinota
libidinous *adj.* লম্পট lompot

library *n.* গ্রন্থাগার gronthagar
licence *n.* অনুমতিপত্র onumotipotro
licentious *adj.* লম্পট lompot
lick *v.t.* চাটা chata
lid *n.* ঢাকনা dhakna
lie *n.* মিথ্যা কথা mithya kotha
lieutenant *n.* সেনাবাহিনীর অফিসার senabahinir podadhikari
life *n.* জীবন jibon
lifelike *adj.* জীবনসদৃশ jibonsodriso
lift *v.t.* তোলা tola
light *n.* আলো alo
lighten *v.t.* বোঝা লাঘব করা bojha laghob kora
ligh¶house *n.* বাতিঘর batighor
lightning *n.* বিদুৎ চমক bidyut chomok
like *v.t.* অনুরুপ onurup
likelihood *n.* সম্ভাবনা sombhabona
likewise *adv.* একইরুপে ekoirupe
liking *n.* পছন্দ pochondo
lily *n.* লিলিফুল liliful
limb *n.* দেহের অঙ্গ deher ongo
lime *n.* চুনাপাথর cunapathor
lime-light *n.* খ্যাতি khyati
limit *n.* সীমা sima
limp *v.i.* খোঁড়ানো khnorano
line *n.* লাইন lain
lineage *n.* বংশ bongsho
lineal *adj.* বংশীয় bongshiyo
lineament *n.* বৈশিষ্ট্যসুচক মুখাবয়ব boishishtyosuchok mukhaboyob
linear *adj.* রৈখিক roikhik
linen *n.* পাট pat
liner *n.* জাহাজ jahaj
linger *v.t.* বিলম্ব করা bilombo kora
linguist *n.* ভাষাবিদ bhashabid
liniment *n.* মালিশ malish
link *v.t.* আংটা angta
linseed *n.* মসিনা বীজ mosina bij
lint *n.* ব্যান্ডেজের কাপড় byandejer kapor
lion *n.* সিংহ singho
lip *n.* ঠোঁট thnot
liquefy *v.t.* তরল করা torol kora
liquid *n.* তরল পদার্থ torol podartho
liquidate *n.* পরিশোধ করা poreshedh kora
liquidation *n.* দেউলিয়া deulia
liquor *n.* মদ mod
list *n.* তালিকা talika
listen *v.i.* শোনা shona
listless *adj.* হতোদ্যাম motodyam
literacy *n.* সাক্ষরতা sakkhorota
literal *adj.* আক্ষরিক akkhorik
literally *adv.* অক্ষরে অক্ষরে okkhore okkhore
literary *adj.* সাহিত্যিক sahityik
literate *adj.* শিক্ষিত sikkhito
literature *n.* সাহিত্যি sahityo
lithograph *n.* ছাপনোর পদ্ধতি chhapanor poddhoti
litigate *v.t.* মামলা করা mamla kora
litigation *n.* মামলা mamla
litter *n.* আবর্জনা aborjona
little *adj.* অল্প olpo
live *adj.* জীবন্ত jibonto
livelihood *n.* জীবিকা jibika
lively *adj.* হাসিখুশি hasikhushi
liver *n.* যকৃত jokrito
livery *n.* উর্দি urdi
live-stock *n.* পশুসম্পদ poshusompod
living *n.* জীবিত jibito
lizard *n.* টিকটিকি tiktiki
load *n.* ভার bhar
loaf *n.* পাউরুটির খন্ড paurutir khondo
loaves *v.t.* পাউরুটির খন্ড paurutir khondo
loan *v.t.* ঋন rin
loath *adj.* অনিচ্ছুক onuchchhuk
loathe *v.t.* অপছন্দ করা opochondo kora
loathsome *adj.* বিরক্তিকর biroktikor
lobby *n.* ছোট বৈঠকখানা chhoto boithokkhana
lobe *n.* কানের লতি kaner loti
lobster *n.* গলদা golda
local *adj.* স্থানীয় sthaniyo
locality *n.* অবস্থান obosthan
locate *v.t.* প্রতিষ্ঠিত করা protisthito kora
lock *n.* তালা tala

locket *n.* লকেট loket
lock-up *n.* হাজত hajot
locus *n.* সঠিক স্থান sothik sthan
locust *n.* পঙ্গপাল pongopal
lodge *n.* লজ loj
lodging *n.* ভাড়াকৃত কক্ষ bharakrito kokkho
lofty *adj.* চমৎকার chomotkar
log *n.* কাঠের গুড়ি kather guri
logic *n.* যুক্তিবিদ্যা juktibidya
loin *n.* নেংটি nengti
lone *adj.* একা eka
lonely *adj.* নিঃসঙ্গ nissongo
lonesome *adj.* একাকিত্ব ekakitwo
long *adj.* লম্বা lomba
longevity *n.* দীর্ঘায়ু dirghayu
longing *n.* আকুল আকাঙ্খা akul akangkha
longitude *n.* দ্রাঘিমারেখা draghima rekha
look *v.t.* দেখা dekha
look after *v.t.* যত্ন নেওয়া jotno neoa
looking-glass *n.* চশমা choshma
look-out *n.* বাইরে তাকানো baire takano
loom *n.* তাঁত tnat
loop *n.* লুপ lup
loop-hole *n.* আইনের ফাঁকফোকর ainer fnak fokor
loose *adj.* মুক্ত mukto
loosen *v.t.* ঢিলা dhila
lop *v.t.* ছেঁটে ফেলা chnete fela
loquacious *n.* বাচাল bachal
lord *n.* লর্ড lord
lore *n.* লোক বিদ্যা lokbidya
lorn *adj.* নির্জন nirjon
lorry *n.* ট্রাক trak
loose *v.t.* মুক্ত mukto
loss *n.* ক্ষতি kkhoti
lost *adj.* হারানো harano
lot *n.* পুরোটা purota loshon
lotion *n.* লোশন্ lotion
lottery *n.* লটারি lotari
lotus *n.* পদ্ম podmo
loud *adj.* উচ্চস্বর uchchoswor
lounge *v.i.* বসা bosa
louse *n.* উকুন ukun
lout *n.* অভদ্রলোক obhodrolok
love *n.* প্রেম prem
love-lady *n.* সুন্দরী মহিলা sundori mohila
lovely *adj.* সুন্দর sundor
lover *n.* প্রেমিক premik
low *adj.* নিচু nichu
lower *v.t.* নামানো namano
lowland *n.* নিচু জমি nichu joi
loyal *adj.* অনুগত onugoto
loyalty *n.* আনুগত্য anugotyo
lubricate *v.t.* তেল দেওয়া tel deoa
lucid *adj.* স্পষ্ট sposhto
luck *n.* ভাগ্য bhagyo
luckily *adv.* সৌভাগ্যক্রমে soubhagyokrome
lucrative *adj.* লাভজনক labhjonok
ludicrous *adj.* হাস্যকর hasyokor
luggage *n.* মাল পত্র malpotro
lukewarm *adj.* কুসুম গরম kusum gorom
lull *v.t.* ঘুম পাড়ানো ghum parano
lullaby *n.* ঘুম পাড়ানোর গান ghum paranor gan
lumbago *n.* কটিবাত kotibat
lumber *n.* কাঠের তক্তা kather tokta
luminary *n.* জ্যোতিক jyotik
luminous *adj.* স্পষ্ট sposhto
lump *n.* খন্ড khondo
lunacy *n.* পাগলামি paglami
lunar *adj.* চন্দ্র সংক্রান্ত chondro sonkranto
lunatic *adj.* পাগলাটে paglate
lunch *n.* মুধ্যাহ্নভোজ modhyanyo bhoj
lung *n.* ফুসফুস fusfus
lurch *n.* একপাশে গড়িয়ে পড়া ekpashe goriye pora
lure *v.t.* প্রলোভন prolobhon
lurid *adj.* গনগনে gongone
lurk *v.i.* ওত পেতে থাকা oto pete thaka
luscious *adj.* আকর্ষনীয় akorshoniyo
lust *n.* যৌন কামনা jouno kamona
lustre *n.* ঔজ্জ্বল্য oujjwolyo
lustrous *adj.* দ্যুতিময় dyutimoy

lusty *adj.* বলবান boloban
luxuriant *adj.* ফলবান foloban
luxurious *adj.* বিলাসপুর্ণ bilaspurno
luxury *n.* বিলাসিতা bilasita
lyric *n.* গীতিকবিতা gitikobita

M

ma *n.* মা ma
ma'am *n.* ম্যাডাম myadam
macaroni *n.* ম্যাকারনি myakaroni
mace *n.* গদা goda
machination *n.* ষড়যন্ত্র sorojontro
machine *n.* মেশিন meshin
machinery *n.* যন্ত্রপাতি jontropati
macrocosm *n.* মহাবিশ্ব mohabiswo
mad *adj.* পাগল pagol
madam *n.* ম্যাডাম myadam
madcap *n.* ছিটগ্রস্ত chhitgrosto
madden *v.t.* পাগল করা pagol kora
made *p.p.* তৈরি করা toiri kora
madhouse *n.* পাগলা গারদ paglagarod
madness *n.* পাগলামি paglami
magazine *n.* পত্রিকা potrika
maggot *n.* শুককীট sukkit
magic *n.* জাদু jadu
magician *n.* জাদুকার jadukar
magistrate *n.* ম্যাজিস্ট্রেট myajistret
magnanimous *adj.* মহানুভব mohanubhob
magnate *n.* বৈভবশালী ব্যক্তি boibhobshali byakti
magnesium *n.* রসায়নিক পদার্থ roshayonik podartho
magnet *n.* চুম্বক chumbok
magnetic *adj.* চুম্বকের গুণসম্পন্ন chumboker gunsomponno
magnetism *n.* চুম্বকত্ব chumbokotwo
magnificent *adj.* চমকপ্রদ chomokprodo
magnifier *n.* বিবর্ধক যন্ত্র bibordhok zontro
magnify *v.t.* অতিরঞ্জিত করা otironjito kora
magnitude *n.* প্রসার prosar
maid *n.* বালিকা balika
maiden *n.* প্রথম বার prothombar
mail *n.* ডাক dak
main *adj.* মুখ্য mukhyo
mainland *n.* মুল ভুখন্ড mul bhukhondo
mainstay *n.* প্রধান অবলম্বন prodhan obolombon
maintain *v.t.* বজায় রাখা bojay rakha
maintenance *n.*رکی রক্ষণাবেক্ষণ rokkhonabekkhon
maize *n.* ভুট্টা bhutta
majestic *adj.* রাজকীয় rajokiyo
majesty *n.* রাজকীয় rajokiyo
major *n.* অধিকরত odhikorta
majority *n.* সংখ্যাগরিষ্ঠ sonkhyagorishtho
make *v.t.* তৈরি toiri
maker *n.* স্রষ্ঠা srostha
malady *n.* অসুস্থতা osusthota
malaria *n.* ম্যালেরিয়া myaleria
malcontent *adj.* অসন্তুষ্ট osontusto
male *n.* পুরুষ purush
malediction *n.* অভিশাপ obhishap
malefactor *n.* অপরাধী oporadhi
malevolent *n.* পরের অমঙ্গলকামনাকারী porer omongolkari
malice *n.* অশুভ কামনা oshubho kamona
malicious *adj.* বিদ্বেষপুর্ণ bidweshpurno
malign *adj.* মারাত্মক maratmok
malignant *adj.* ক্ষতিকর khotikor
malignity *n.* গভীর বিদ্বেষী gobhir bideweshi
mall *n.* বিপণিকেন্দ্র biponikendro
malleable *adj.* নমনীয় nomoniyo
mallet *n.* কাঠের হাতুড়ি kather haturi
malpactice *n.* অপকর্ম opokormo
malt *n.* সুরা sura
maltreat *v.t.* দুর্ব্যবহার durbyabohar
mammal *n.* স্তন্যপ্রায়ী প্রাণী stonyopayi prani

mammon *n.* ধনসম্পদ dhonsompod
mammoth *n.* বিশাল bishal
man *n.* পুরুষ purush
manacle *n.* শিকল shikol
manage *v.t.* নিয়ন্ত্রণ করা niyontron
management *n.* ব্যাবস্থাপনা byabosthapona
manageable *adj.* নিয়ন্ত্রণসাধ্য niyontonsadhyo
mandate *n.* প্রদত্ত ক্ষমতা prodotto kkhomota
mandible *n.* চোয়াল choyal
mane *n.* কেশর keshor
manganese *n.* রসায়নিক পদার্থ roshayonik podartho
mangle *v.t.* ইস্ত্রী করা istri kora
mango *n.* আম aam
mania *n.* বাতিক batik
maniac *adj.* বাতিকগ্রস্ত batikgrostho
manifest *v.t.* ঈঙ্গিত দেওয়া ingit deoa
manisfestation প্রকাশ prokash
manifesto *n.* লিখিত ঘোষণা likhito ghoshona
manifold *n.* বহুমুখী bohumukhi
manikin *n.* বামন bamon
manipulate *v.t.* সুবিধাজনক ভাবে কাজে লাগানো subidhajonok bhabe kaje lagano
mankind *n.* মানব জাতি manob jati
manly *adj.* পুরুষালি purushali
manner *n.* পদ্ধতি poddhoti
mannerly *adj.* বিনয়ী binoyi
manoeuvre *n.* কৌশল koushol
manor *n.* কাছারি kachari
mansion *n.* অট্টালিকা ottalika
mantle *n.* আবরণ aboron
manual *adj.* হস্তচালিত hostochalito
manufacture *v.t.* উৎপাদন করা utpadon kora
manumit *v.t.* মুক্ত করা mukto kora
manure *n.* সার sar
manuscript *n.* পান্ডুলিপি pandulipi
many *adj.* অনেক onek
map *n.* মানচিত্র manchitro
mar *v.t.* ক্ষতিসাধন করা kkhoti sadhon
maraud *v.t.* বেড়ানো berano
marble *n.* মার্বেল marbel
march *v.t.* কুচকাওয়াজ করা kuchkaoaj kora
mare *n.* ঘোড়া ghora
margarine *n.* উদভিজো মাখন udbhijo makhon
margin *n.* মার্জিন marjin
marginal *adj.* প্রান্তিক prantik
marigold *n.* ফুল gnada ful
marine *adj.* সামুদ্রিক samudrik
mariner *n.* নাবিক nabik
marital *adj.* বিবাহ সংক্রান্ত bibaho sonkranto
maritime *adj.* সমুদ্র সম্পর্কিত somudro sonkranto
mark *n.* দাগ dag
marked *adj.* ঈঙ্গিত দেওয়া ingit deoa
market *n.* বাজার bajar
marketable *adj.* বিপণযোগ্য biponon jogyo
marking *n.* দাগ দেওয়া dag deoa
maroon *n.* বর্ণ borno
marquis *n.* ডিউক খেতাব diuk khetab
marrow *n.* মজ্জা mojja
marry *v.t.* বিয়ে করা biye kora
mars *n.* মঙ্গলগ্রহ mongol groho
marsh *n.* জলাভুমি jolabhumi
marshal *n.* অফিসার ofisar
mart *n.* বাজার bajar
martial *adj.* সামরিক samorik
martin *n.* পাখি pakhi
martyr *n.* শহীদ shohid
martyrdom *n.* শহীদত্ব shohidotwo
marvel *n.* বিস্ময় bismoy
marvellous *adj.* বিস্ময়কর bismoykor
mascot *n.* সুভঙ্কর shubhankar
masculine *adj.* পুরুষতুল্য purushtulyo
mash *v.t.* মন্দো mondo
mask/masque *n.* মুখোশ mukhosh
mason *n.* রাজমিস্ত্রি rajmistri
mass *n.* ভর bhor
massacre *n.* নৃশংস হত্যকান্ড nrishongso hotyakando

massage *n.* মালিশ malish
massive *adj.* বিশাল bishal
mast *n.* মাস্তুল mastul
master *n.* প্রভু probhu
masterpiece *n.* মহৎ রচনা mohot rochona
mastery *n.* ওস্তাদি ostadi
masticate চর্বণ করা chorbon kora
mat *n.* মাদুর madur
match *n.* দিয়াশলাই diyasholai
matchless *adj.* পতিদ্বন্দ্বীহীন protidwondihin
mate *n.* বন্ধু bondhu
material *n.* বস্তু bostu
materialism *n.* বাস্তবাদ bostubad
materialize *v.t.* বাস্তবে পরিণত bastobe porinoto
maternal *adj.* মাতৃতুল্য matritulyo
maternity *n.* মাতৃত্ব matritwo
mathematics *n.* গণিত gonit
matinee *n.* ম্যাটিনি শো myatini show
matricide *n.* মাতৃহত্যা matrihotya
matrimony *n.* বিবাহ bibaho
matrix *n.* ছাঁচ chnach
matron *n.* মাতৃকা matrika
matted *adj.* ম্যাট myat
matter *n.* পদার্থ podartho
mattock *n.* কোদলবিশেষ kodolbishesh
mattress *n.* তোশক toshok
mature *adj.* পরিনত porinoto
maturity *n.* পরিপক্কতা poripokkota
maturation *n.* অপুষ্টি opushti
maudlin *adj.* অল্পে বিচলিত হয় olpe bicholito hoy
mausoleum *n.* জাঁককমকপুর্ণ jnak jomokpurno
maxim *n.* প্রবচন probochon
maximum *n.* সর্বোচ্চ sorbochcho
mayor *n.* মেয়র meyor
maze *n.* গোলকধাঁধা golokdhnadha
me *pro.* আমি ami
meadow *n.* তৃনভুমি trinobhumi
meagre *adj.* দর্বল durbol
meal *n.* ভোজন bhojon
mealy *adj.* আটাযুক্ত atajukto
mean *v.t.* হীন hin
meander *n.* এদিক ওদিক ঘোরা edik odik ghora
meaning *n.* অর্থ ortho
meanness *n.* হীনমনা ব্যক্তি hinmonya byakti
means পদ্ধতি poddhoti
meantime *adv.* মধ্যকাল modhyokal
measure *n.* পরিমাপ porimap
measurement *n.* পরিমাপ porimap
meat *n.* মাংশ mangso
mechanic *n.* মিস্ত্রি mistri
mechanical *adj.* যন্ত্রসংক্রান্ত jontrosonkranto
mechanics *n.pl.* বলবিদ্যা bolobidya
mechanism *n.* গঠন gothon
medal *n.* পদক podok
medallist *n.* পদকপ্রাপ্ত ব্যক্তি podokprapto byakti
meddle *v.i.* হস্তক্ষেপ করা hostokkhep kora
meddlesome *adj.* হস্তক্ষেপকর hostokkhepkr
medial *adj.* মধ্যবর্তী modhyoborti
median *n.* মধ্যবর্তী modhyoborti
mediate *v.i.* মধ্যস্থতা করা modhyosthota kora
medical *adj.* চিকিৎসা chikitsa
medicate *v.t.* চিকিৎসা করা chikitsa kroa
medicine *n.* ঔষধ oushodh
medicinal *adj.* আরোগ্যকর ভেযজ arogyokor bheshoj
mediocre *adj.* মাঝারি মানের majhari maner
mediocrity *n.* সাধারণ লোক sadharon lok
meditate *v.t.* মধ্যস্থতা করা modhyosthota kora
meditation *n.* সালিশি salisi
medium *n.* মাধ্যম madhyom
medley *n.* মিশ্রণ mishron
meek *adj.* নম্র nomro
meet *v.t.* মিলিত হওয়া milito hoya
meeting *n.* সভা sobha

megaphone *n.* মেগাফোন megafon
melancholy *n.* বিষাদ bishad
mellow *adj.* নরম norom
melodious *adj.* সুরসংক্রান্ত sur sonkranto
melody *n.* সঙ্গীত songit
melon *n.* তরমুজ tormuj
melt *v.t.* গলা gola
member *n.* সদস্য sodosyo
membrane *n.* ঝিল্লি jhilli
memento *n.* অভিজ্ঞান obhiggan
memoir *n.* স্মৃতিকথা smritikotha
memorable স্মরণীয় smoroniyo
memorandum *n.* স্মারক smarok
memorial *v.i.* স্মৃতিসৌধ smritisoudha
memorize *v.t.* মুখস্থ করা mukhostho kora
memory *n.* স্মৃতি smriti
men *n.* পুরষ purush
mend *v.t.* মেরামত করা meramot kora
mendacious *adj.* মিথ্যা mithya
mendicant *n.* ভিক্ষুক bhikkhuk
menial *adj.* চাকরবাকরের উপযোগী chakorbakorer upojogi
menses *n.pl.* রজঃস্রাব rojosrab
mensuration *n.* পরিমাপন পক্রিয়া porimapon prokriya
menstruation *n.* ঋতুস্রাব ritushrab
mental *adj.* ধাতু dhatu
mentality *n.* মানসিক manosik
menthol *n.* মেনথল্ menthol
mention *v.t.* উল্লেখ ullekh
mentor *n.* পরামর্শদাতা poramorshodata
menu *n.* খাদ্যের তালিকা khadyer talika
mercantile *adj.* বণিকসংক্রান্ত bonik sonkranto
mercenary *adj.* ভাড়াটে কর্মী bharate kormi
merchandize *n.* পণ্যদ্রব্য ponyodrobyo
merchant *n.* বণিক bonik
merchantman *n.* বণিক bonik
merciful *adj.* ক্ষমাপুর্ণ kkhomapuron
merciless *adj.* ক্ষমাহীন kkhomahin
mercury *n.* পারদ parod
mercy ক্ষমা kkhoma
mere *adj.* নিছক nichhok
merely শুধু shudhu
merge *v.t.* একত্র ekotro
merger *n.* একত্রীকরণ ekotrikoron
meridian *n.* মধ্যরেখা modhyorekha
merit *n.* উৎকর্ষ utkorsho
meritorious *adj.* প্রশংসার যোগ্য prosongsar jogyo
mermaid *n.* মৎস্যনারী motsyonari
merry *adj.* উল্লসিত ulloshito
mesh *v.t.* জাল jal
mess *n.* বিভ্রান্তি bibhranti
message *n.* বার্তা barta
messenger *n.* বার্তা বাহক bartabahok
messiah *n.* মেসিহা mesiha
messieurs *n.* মালিশকারক malishkarok
metal *n.* ধাতু dhatu
metallic *adj.* ধাতুব dhatab
metaphor *n.* রুপক rupak
mete *v.t.* পরিমাপ করা porimap kora
meteor *n.* উল্কা ulka
meteorology *n.* আবহাওয়াবিজ্ঞান abohaoabiggan
meter *n.* পরিমাপযন্ত্র porimapjontro
methinks *v.i.* আমার মনে হয় amar mone hoy
method *n.* নিয়ম niyom
methodical *n.* পদ্ধতিগত poddhotigoto
meticulous *adj.* অতি সতর্ক otisotorko
metre *n.* মিটার mitar
metropolis *n.* মহানগরী mohanogori
mettle *n.* সাহস sahos
mew *v.i.* মিউ মিউ ধ্বনি করা miu miu dhwoni kora
mica *n.* ধাতু dhatu
mice *n.pl.* ইন্দুর indur
microbe *n.* জীবাণু jibanu
microcosm *n.* মানুষ manush
microphone *n.* মাইক্রোফোন maikrophone
microscop *n.* অণুবীক্ষন onubikkhon
mid *adj.* মধ্যস্থিত modhyosthito
midday *n.* মধ্যাহ্ন modhyanho

middle *adj.* কেন্দ্র kendro
middleman *n.* দালাল dalal
midget *n.* অতি ক্ষুদ্রকায় oti khudrokay
midnight *n.* মধ্যারাত্রী modhyaratri
midst *n.* মধ্যভাগ modhyabhag
midway *adv.* অর্ধপথে ordhopothe
midwife *n.* দাই dai
midwifery *n.* ধাত্রীবিদ্যা dhatribidya
mien *n.* চেহারা chehara
might *n.* শক্তি shokti
mighty *adj.* পরাক্রমশালী porakromshali
migrant *n.* ওধিবাসনকারী odhibasonkari
migrate *v.t.* ওধবিাস odhibas
migration *n.* ওধিবসন odhibason
migratory *adj.* ভ্রমণশীল bhromonshil
mike *n.* মাইক্রোফোন maikrophone
milkman *adj.* দুধওয়ালা dudhwala
mild *adj.* নরম norom
mildness *n.* কোমলত্ব komolotwo
mile *n.* মাইল maail
milestone *n.* মাইলফলক maailfolok
militant *adj.* জঙ্গি jongi
military *adj.* সামরিক samorik
militate *v.t.* বিরুদ্ধে কাজ করা biruddhe kaj kora
militia *n.* বেসামরিক বাহিনী besamorik bahini
milk *n.* দুধ dudhwala
milkmaid *n.* গোয়ালিনী goyalini
milky *adj.* দুধের মত dudher moto
milky way *n.* ছায়াপথ chhayapoth
mill *n.* কারখানা karkhana
millennium সহস্রাব্দ sohosrabdo
miller *n.* কলওয়ালা kolwala
millet *n.* বজরা bojra
milliard *n.* একশ কোটি eksho koti
million *n.* দশ লক্ষ doshlokkho
millionaire *n.* কোটিপতি kotipoti
mimic *n.* নকল nokol
minaret *n.* মিনার minar
mince *v.t.* কিমা করা kima kora
mind *n.* মন mon
mindful *adj.* মনোযোগী monojogi
mine *n.* আমার amar mone hoy
miner *n.* খনি শ্রমিক khoni shromik
mineral *n.* খনিজ khonij
mineralogy *n.* খনিজবিজ্ঞান khonijbiggan
mingle *v.t.* মিশ্রিত mishrito
miniature *n.* অনুচিত্র onuchitro
minim *n.* বিশদ bishod
minimize *v.t.* ন্যুনতম nyunotomo
minimum *n.* ন্যুনতম nyunotomo
minister *n.* মন্ত্রী montri
ministry *n.* মন্ত্রক montrok
minor *adj.* কনিষ্ঠ konishtho
minority *n.* সংখ্যালঘিষ্ঠ sonkhyaloghishtho
minstrel *n.* গীতিকার gitikar
mint *n.* পুদিনা pudina
minus *n.* বিয়োগচিহ্ন biyogchinho
minute *n.* মিনিট minit
minx ধুর্ত dhurto
miracle *n.* অলৌকিক oloukik
miraculous *adv.* অলৌকিক oloukik
mirage *n.* মরীচিকা morichika
mire *n.* পাঁক pnak
mirror *n.* আয়না ayna
mirth *n.* আনন্দোচ্ছাস anondochchhas
misanthrope *n.* নরদ্বেষী norodweshi
misadventure *n.* দুর্ভাগ্য durbhagyo
misapply *v.t.* অপপ্রয়োগ opoproyog
misapprehend *v.t.* ভুল বোঝা bhul bojha
misapprehension *n.* অন্যথগ্রহন onyothghohon
misappropriate *v.t.* অন্যায়ভাবে গ্রহণ onyay bhabe grohon
misbegotten *adj.* অবৈধ oboidho
misbehave *v.t.* অভদ্র obhodro
miscarriage *n.* গর্ভপাত gorbhopat
miscarry ব্যর্থ byartho
miscellaneous *adj.* বিবিধ bibidh
mischance *n.* দুর্ভাগ্য durbhagyo
mischief *n.* ক্ষতি kkhoti
mischievous *adj.* অনিষ্টকর onishtokor
misconduct *n.* অসদাচরণ osodachoron
miscreant *n.* দুর্বৃত্ত durbritto

misdeed *n.* অপকর্ম opokormo
misdirect *v.t.* বিপথগামী করা bipothgami kora
miser *n.* কৃপণ kripon
miserable *adj.* দঃস্থ dustho
misery *n.* দুর্গতি durgoti
misfortune *n.* দুর্ভাগ্য durbhagyo
misgive *v.t.* দর্ভাবনাগ্রস্ত durbhabonagrosto
misgiving আশঙ্কা ashonka
misguide *v.t.* বিভ্রান্ত bibhranto
mishap *n.* বিপত্তি bipotti
misinterpret *v.t.* ভুল ব্যাখ্যা bhul byakhya
misjudge *v.t.* ভুল বিচার bhul bichar
mislay *v.t.* হারিয়ে ফেলা hariye fela
mislead *v.t.* ভুল পথে bhul pothe
mismanage *v.t.* বেবন্দোবস্ত করা bebondobosto kora
misnomer *n.* মিথ্যাভিধান mithyabhidhan
misplace *v.t.* ভুল জায়গায় রাখা bhul jaygay rakha
misprint *n.* ভুল ছাপানো bhul chhapano
mispronounce অশুদ্ধ উচ্চারণ oshuddho uchcharon
misrepresent *v.t.* অসত্য বিবরণ osotyo biboron
misrule *n.* অব্যবস্থা obyabostha
miss *n.* বিফলতা bifolota
missile *n.* ক্ষেপণাস্ত্র kkheponastro
missing *adj.* হারানো harano
mission *n.* মিশন mishon
missionary *n.* মিশনারি mishonari
mist *n.* কুয়াশা kuyasa
mistake *v.t.* ভুল bhul
mister *n.* শ্রী shri
mistress *n.* গৃহকর্ত্রী grihokortri
mistrust *n.* অবিশ্বাস obiswas
misty *adj.* কুয়াশা kuasha
misunderstanding *n.* ভুল বোঝা bhul bojha
misuse *v.t.* অপপ্রয়োগ opoproyog
mite *n.* রত্তি rotti
mitigate *v.t.* উপশমিত করা uposhomit kora
mix *v.t.* মিশ্রণ mishrikoron
mixture *n.* মিশ্রীকরণ mishron
moan *v.i.* বেদনা bedona
moat *n.* প্রশস্ত পরিখা proshanto porikha
mob *n.* উচ্ছৃঙ্খল জনতা uchchhrinkhol jonota
mobile *v.t.* ভ্রাম্যমান bhramyoman
mobilize *v.t.* একত্র করা ekotro kora
mock *n.* তামাসা করা tamasa kora
mockery *n.* উপহাস' upohas
mode *n.* ধরন dhoron
model *n.* মডেল model
moderate *n.* মাঝারি majhari maner
moderation *n.* সংযতাচার sonjotachar
modern *adj.* সাম্প্রতিক samprotik
modesty *n.* সংযম songjom
modicum *n.* অল্প olpo
modification *n.* পরিবর্ত poriborto
modify *v.t.* বদলে দেওয়া bodle deoa
modish *adj.* কেতদুরস্ত ketadurosto
modulate *v.t.* নিয়ন্ত্রিত niyontrito
mofussil *adj.* মফোসলি mofossol
moiety *n.* এক অর্ধাংশ ek ordhangso
moist *adj.* আদ্র ardro
moisture *n.* আর্দ্রতা ardrota
molasses *n.* ঝোলাগুড় jholagur
mole *n.* তিল til
molecular *n.* আণবিক anobik
molest *v.t.* নিগৃহীত করা nigrihito kora
mollify *v.t.* প্রশামিত proshomito
molten *adj.* গলিত golito
moment *n.* মুহূর্ত muhurto
momentary *adj.* ক্ষণস্থায়ী kkhonosthayi
momentous *adj.* গুরুতর gurutor
momentum *n.* গতিশীল gotishil
monarch *n.* রাজা raja
monarchy *n.* রাজতন্ত্র rajtontro
monastery *n.* মঠ moth
monetary *adj.* অর্থ সম্বন্ধী ortho sombondhi
money *n.* টাকা taka
moneyed *adj.* ধনী dhoni
mongoose *n.* বেঁজি bneji

monitor *v.t.* পর্দা porda
monk *n.* ভিক্ষু bhikkhuk
monkey *n.* বানর banor
monogamy *n.* একবিবাহ ekbigomon
monopolize *v.t.* একচ্ছত্র ekchchhotro
monopoly *n.* একচেটিয়া ekchetiya
monotheism *n.* একেশ্বর বাদ ekesworbad
monotonous *adj.* একঘেষে ekgheye
monotony *n.* একঘেয়েমি ekgheyemi
monsoon *n.* বর্ষাকাল borshakal
monster *n.* বিকৃতগঠন প্রাণী bikritogothon prani
monstrous নিষ্ঠুর nishthur
montage *n.* অধিন্যাস odhinyas
month *n.* মাস mas
monthly *adj.* মাসিক masik
monument *adj.* স্মৃতিসৌধ smritisoudha
monumental *n.* স্মৃতিসৌধ সম্বন্ধী smritisoudha sombondhi
mood *n.* মেজাজ mejaj
moon *n.* চাঁদ chand
moonstruck *adj.* চন্দ্রাহত chandrahato
moor *n.* পতিত জমি potito jomi
moot *v.t.* উত্থাপন করা utthapon kora
mop *n.* নেকড়া nekra
mope *v.i.* বিষণ্ন bishonno
moral *n.* নৈতিক noitik
morale *n.* মনোবল monobol
moralist *n.* নীতিবিদ nitibid
morality *n.* নৈতিকতা noitikota
moralize *v.i.* নীতিকথা nitikotha
morass *n.* নিচু nichu
moratorium *n.* বিলম্বনাধিকার bilombonadhikar
morbid *adj.* পীড়িত pirito
mordant *adj.* তীক্ষ্ণ tikkno
more *adj.* অধিকতর odkhitor
moreover তাছাড়া tachhara
morgue *n.* শবালয় shobaloy
morning *n.* সকাল sokal
morning star *n.* শুক্তার shuktara
morose *adj.* খিটখিটে khit khite
morphia *n.* মর্ফিন morfin
morrow *n.* পরদিন pordin
morsel *n.* ক্ষুদ্র টুকরা khudro tukro
mortal *adj.* নশ্বর noswor
mortality *n.* মরণশীলতা moronshilota
mortar *n.* মশলা গোলা moslagola
mortgage *n.* বন্ধক bondhok
mortgagee *n.* বন্ধকগ্রহীতা bondhok grohita
mortify *v.t.* লজ্জা lojja
mosaic *n.* চিত্রোপলশিল্প chitropolshilpo
mosque *n.* মসজিদ mosjid
mosquito *n.* মশা mosha
moss *n.* শেওলা sheola
most *adj.* সর্বোচ্চ sorbochcho
mostly *adv.* প্রধানত prodhanoto
mote *n.* কণিকা konika
moth *n.* পতঙ্গ potongo
mother *n.* মা ma
mother-in-law *n.* শাশুরি shashuri
motif *n.* পুনরাবর্তিত punorabritto
motion *n.* গতি gotishil
motionless *adj.* গতিহীন gotihin
motive *n.* অভিসন্ধি obhisondhi
motor *n.* মোটর motor
motto *n.* মুলমন্ত্র mulmontro
mould *v.t.* ছাঁচ chhnach
mound *n.* স্তুপ stup
mount *v.t.* পর্বত porbot
mountain *n.* পর্বত porbot
mountaineer *n.* পর্বতারোহী porbotarohi
mourn *v.t.* শোক করা shok kora
morning *n.* সকাল sokal
mouse *n.* ইন্দুর indur
moustache *n.* গোঁফ gnof
mouth *n.* মুখ mukh
mouthful *n.* মুখভর্তি mukhbhorti
mouthpiece *n.* মুখপাত্র mukhopatro
movable *adj.* স্থান্তরিত যোগ্য sthanantorito jogyo
move *v.t.* স্থান পরিবর্তন sthan poriborton
movement *n.* গতি goti
mover *n.* প্রস্তাবক prostyobok
movie *n.* চলচিত্র cholochitro

mow *v.t.* কাটা kata
much *adj.* অনেক onek
muck *n.* গোবর gobor
mucus *n.* পিচ্ছিল পদার্থ pichchhil podartho
mud *n.* কাদা kada
muddle *v.t.* বিশরঙ্খল করা bishrinkhol kora
muddy *adj.* কাদা ভরা kada bhora
muffler *n.* রুমাল rumal
mug *n.* মগ mog
mule *n.* গাধা gadha
multifarious *adj.* নানাবিধ nanabidho
multiform *adj.* বহুরুপ bohurup
multiple *n.* বহুশাখাবিশিষ্ট bohushakhabishishto
multiplication *n.* গুণন gunon
multiplicity *n.* প্রাচুর্য prachurjo
multiply *v.t.* গুণ করা gun kora
multitude *n.* বিপুল সংখ্যা bipul sonkhya
mum একদম চুপ ekdom chup
mumble *v.i.* অস্ফুট বলা osfut bola
mummery *n.* স্তন্যপ্রায়ী প্রাণী ston
mummy *n.* মমি momi
mumps *n.* রোগবিশেষ rogbishesh
munch *v.t.* চিবানো chibano
mundane *adj.* জাগতিক jagotik
mungoose *n.* প্রাণীবিশেষ pranibishesh
municipal *adj.* পৌর pouro
municipality *n.* পৌরসভা pourosobha
munificent *adj.* দানবীর danbeer
munition *n.* সামরিক রসদ samorik rosod
murder *n.* খুন khun
murderous *adj.* খুনসুচক khunsuchok
murky *adj.* তমসাচ্ছন্ন tomosachchhonno
murmur *n.* গুঞ্জন gunjon
muscle *n.* পেশি peshi
muscular *adj.* পেশিসম্বন্ধী peshisombondhi
muse *v.i.* সঙ্গীত songit
museum *n.* জাদুঘর jadughor
mushroom *n.* ব্যাঙের ছাতা byang-er chhata
music *n.* সঙ্গীত songit
musician *n.* সঙ্গীতবিশারদ songitbisharod
musk *n.* কস্তুরি kosturi
musket *n.* তবক tobok
musketeer *n.* তবকি toboki
muslin *n.* মিহি mihi
must *v.* নিশ্চিত nischit
mustard *n.* সরিষা sorisha
muster *v.t.* জড়ো করা jorokora
mutable *adj.* পরিবর্তনশীল poribortonshil
mutation *n.* পরিব্যক্তি poribyakti
mute *adj.* নীরব nirob
mutilate *v.t.* ক্ষতিগ্রস্ত khotigrosto
mutilation *n.* অঙ্গচ্ছেদ ongocched
mutineer *n.* বিদ্রোহী bidrohi
mutinous *adj.* বিদ্রোহী bidrohi
mutiny *n.* বিদ্রোহ bidroho
mutt *n.* গাড়ল garol
mutter *v.t.* বিড়বিড় করা birbir kora
muttering *n.* বিড়বিড় করা birbir kora
mutton *n.* মাংস mangso
mutual *adj.* পারস্পরিক parosporik
muzzle *n.* আগ্নেয়াস্ত্রের মুখ agneyastrer mukh
my *pro.* আমার amar
myopia *n.* খাটো দৃষ্টি khato drishti
myriad *n.* বিপুল bipul
myrrh *n.* গন্ধরস gondhorosh
myself *pro.* আমি ami
mysterious *adj.* রহস্যময় rohosyomoy
mystery *n.* রহস্য rohosyo
mystify *v.t.* হতবুদ্ধি hotobuddhi
myth *n.* অতিকথা otikotha
mythological *adj.* প্রৌরাণিক pouranik

mythology *n.* পুরাণতত্ত্ব purantotwo

N

nab *v.t.* হাতেনাতে ধরা hatenate dhora

nadir *n.* নিম্নতম nimnotomo
nag *n.* ঘোড়া ghora
nail *n.* নখ nokh
naive *adj.* সরল sorol
naked *adj.* নগ্ন nogno
name নাম nam
nameless *adj.* নামহীন namhin
namesake *n.* একনামা eknama
nap *n.* নিদ্রা nidra
nape *n.* ঘাড় ghar
napkin *n.* ন্যাপকিন nyapkin
narcissism *n.* আত্মকাম atmokam
narcotic *adj.* মাদকদ্রব্য madokdrobyo
narrate *v.t.* বর্ণনা bornona
narration *n.* বর্ণন bornon
narrative *adj.* গল্প golpo
narrow *adj.* সঙ্কীর্ণ sonkiron
narrowly *adv.* অল্পের জন্য olper jonyo
narrow-minded *adj.* সঙ্কীর্ণচিত্ত sonkironchitto
nasal *adj.* নাসিক্য nasikyo
nascent *adj.* জৎপাদ্যমান jotpadyoman
nasty *adj.* নোংরা nongra
natal *adj.* জন্মসংক্রান্ত jonmosonkranto
mation *n.* দেশ desh
national *adj.* জাতীয় jatiyo
nationalism *n.* জাতীয়তাবাদ jatiyotabad
nationality *n.* জাতীয়তা jatiyota
nationalize *v.t.* রাষ্ট্রায়ত্ত rashtraottwo
native *n.* জাতক jatok
nativity *n.* জন্মগ্রহ jonmogroho
natty *adj.* পরিপাটি poripati
natural *adj.* প্রাকৃতিক prakritik
naturally স্বাভাবিকভাবে swavabik vabe
nature *n.* প্রকৃতি prokriti
naught *n.* কিছু না kichhu na
naughty *adj.* দুষ্ট dushto
nausea *n.* বিতৃষ্ণাবোধ bitrishnabodh
nauseate *v.t.* বিতৃষ্ণাজনক bitrishnajonok
nauseous *adj.* বিতৃষ্ণাজনক bitrishnajonok
nautch *n.* নর্তকীর নৃত্য nrityo
nautical *adj.* নৌপরিভাষা nouporibhasha
naval *adj.* নৌবাহিনীসংক্রান্ত noubahinisongkranto
nave *n.* চক্রনাভি chokronabhi
navel *n.* নাভি nabhi
navigable *adj.* নাব্য nabyo
navigate *v.t.* যাত্রাপথ নির্ণয় jatrapoth nirnoy
navigation *n.* নৌচালানবিদ্যা nouchalanbidya
navy *n.* নৌবাহিনী noubahini
nay *adj.* না na
near *adv.* নিকট nikot
nearly *adv.* প্রায় pray
neat *adj.* পরিচ্ছন্ন porichchonno
neatly *adv.* পরিচ্ছন্নভাবে porichchhonnobhabe
neatness *n.* পরিচ্ছন্নতা porchchhonnota
nebula *n.* নীহারিকা niharika
necessary *adj.* প্রয়োজনীয় proyojoniyo
necessitous *adj.* দরিদ্র doridro
necessity *n.* জরুরি joruri
neck *n.* গলা gola
necklace *n.* হার har
necromancy *n.* প্রেতসিদ্ধি pretosiddhi
necropolis সমাধিক্ষেত্র somadhikhetra
nectar *n.* অমৃত omrit
need *n.* প্রয়োজন proyojon
needful *adj.* প্রয়োজনীয় proyojoniyo
needle *n.* সুচ such
needs *n.pl.* আবশ্যিকভাবে aboshyikbhabe
needy *adj.* দীনদরিদ্র dindoridro
nefarious *adj.* অনিষ্টকর onishtokor
negative *adj.* নেতিবাচক netibachok
neglect *v.t.* অবহেলা obohela
negligence *n.* অসতর্কতা osotorko
negligent *adj.* যত্নহীন jotnohin
negligible *adj.* তুচ্ছ tuchchho
negotiable *adj.* মিমাংসনীয় mimangsoniyo
negotiate *v.t.* আলোচনা করা alochona kora
negotiation *n.* কথাবার্তা kotha barta
negro *n.* নিগ্রো nigro
neigh *v.t.* হ্রেষা hresha

neighbour *n.* প্রতিবেশী protibeshi
neighbourhood নিকটবর্তী nikotborti
neighbouring *adj.* নিকটবর্তী nikotborti
neighbourly প্রতিবেশীসুলভ protibeshisulobh
neither *adv.* এটাও না etao na
nerve *n.* স্নায়ু snayu
nervous *adj.* স্নায়ুসম্বন্ধী snayu sombondhi
nescient *adj.* সুপ্তো supto
nest *n.* পাখির বাসা pakhir basa
nestle *v.i.* শোয়া shoa
net *n.* জাল jal
nether *adj.* নিম্নস্থ nimnostho
neural *adj.* স্নায়ুসম্বন্ধী snayusombondhi
neuralgia *n.* স্নায়ুশুল snayushul
neurosis *n.* স্নায়ুবৈকল্য snayuboikolyo
neuter *adj.* ক্লীবলিঙ্গ klibling
neutral *adj.* নিরপেক্ষ niropekkho
neutralize *v.* নিষ্ক্রিয় করা niskriyo kora
never *adv.* কখনো না kokhono na
nevermore *adv.* আর নয় ar noy
nevertheless *adv.* তা সত্ত্বেও ta sottweo
new *adj.* নতুন notun
news *n.* খবর khobr
newsmonger *n.* সংবাদ রটনাকারী songbad rotonakari
newspaper *n.* খবরের কাগজ khoborer kagoj
next *prep.* পরবর্তী poroborti
nib *n.* নিব nib
nibble *v.t.* খুঁটে খাওয়া khnute khaoa
nice *adj.* সুন্দর sundor
nicely *adv.* সুন্দরভাবে sundorbhabe
nicety *n.* সুক্ষমতা sukkhota
niche *n.* উপযুক্ত upojukto
nick *n.* সন্ধিক্ষণে sondhikkhone
nickel *n.* ধাতু dhatu
nickname *n.* ডাকনাম daknam
nicotine *n.* নিকোটিন nikotin
niece *n.* ভাগিনেয়ী bhaginei
niggard *n.* পিশাচ pisach
nigger *n.* নিগ্রো nigro
nigh *adj.* কাছাকাছি kachhakachhi
night *n.* রাত rat
nightfall *n.* সন্ধ্যাগম sondhyagom
nightingale *n.* এক পাখি em pakhi
nightly *adj.* নৈশ্য noishyo
nightmare *n.* দুঃস্বপ্ন dusswopno
nigh¶soil *n.* পায়খানা paykhana
nill *n.* শুন্য shunyo
nimble *adj.* ক্ষিপ্তগামী khiptogami
nine *adj.* নয় noy
ninefold *adj.* নয়গুন noygun
nineteen *n.* উনিশ unish
ninetieth *adj.* নবতিতম nobotitomo
ninety *n.* নব্বই nobboi
ninny *n.* বোকারাম bokaram
ninth *adj.* নবম nobom
nip *n.* চিমটি কাটা chimti kata
nipple *n.* চুচুক chuchuk
nit *n.* নিকি niki
nitrate *n.* রাসায়নিক পদার্থ rasayanik podartho
nitre *n.* রাসায়নিক পদার্থ rasayanik podartho
no *adj.* না na
nobility *n.* মহত্ত্ব mohotto
noble *adj.* মহৎ mohot
nobleman *n.* ডিউক diuk
nobody *n.* কেউ না keu na
nocturnal নিশাচর nishachor
nod *v.t.* মাথা নাড়ানো matha narano
noddle *n.* মাথা matha narano
node *n.* নোড node
noise *n.* আওয়াজ aoyaj
noiseless *adj.* নিঃশব্দ nissobdo
noisy *adj.* হৈচৈ পুর্ণ hoichoi purno
nomad *n.* যাযাবর jajabor
nomadic *adj.* যাযাবর jajabor
nomenclature *n.* নামকরণপদ্ধতি namkoronpoddhoti
nominal *adj.* নামমাত্র nammatro
nominate নিযুক্ত nijukto
nomination *n.* নিয়োজন niyojon
nominative *n.* কর্তৃকারক kortrikarok

nominee *n.* মনোনীত ব্যক্তি mononito byakti
none *adj.* কোনোটা না konota na
nonsense *n.* নির্বোধ nirbodh
nook *n.* কোণ kon
noon *n.* মধ্যাহ্ন modhyanyo
noose *n.* ফাঁস fnas
norm *n.* নিয়ম niyom
normal *adj.* স্বাভাবিক swabhabik
north *n.* উত্তর uttor
northern *adj.* উত্তরদিক সংক্রান্ত uttordik sonkranto
northward *adj.* উত্তরভিমুখে uttorabhimukhe
nose *n.* নাক nak
nose-bag *n.* থলি tholi
nosegay *n.* ফুলের তোড়া fuler tora
nostril *n.* নাসারন্ধ্র nasarondhro
not *adv.* না na
notable *adj.* উল্লেখযোগ্য ullekhjogyo
notary *n.* নোটারি notari
notch *n.* খাঁজ khnaj
note *n.* নোট not
noteworthy *adj.* উল্লেখযোগ্য ullekhjogyo
nothing *n.* কিছু না kichhu na
notice *n.* বিজ্ঞপ্তি biggopti
notification *n.* প্রজ্ঞাপন proggapon
notify *v.t.* জ্ঞাপন করা gyapon kora
notion *n.* ধরাণা dharona
notorious *adj.* কুখ্যাত kukhyato
nought *n.* কিছু না kichhu na
noun *n.* বিশেষ্য bisheshyo
nourish *v.t.* পরিপুষ্ট করা poripushto kora
novel *n.* উপন্যাস uponyas
novelist *n.* ঔপন্যাসিক ouponyasik
novelty *n.* নতুনত্ব notunotwo
novice *n.* শিক্ষানবিশ shikkhanobish
now *adv.* এখন ekhon
nowadays *adv.* আজকাল ajkal
nowhere *adv.* কোথাও না kothao na
noxious *adj.* ক্ষতিকর kkhotikor
nozzle *n.* নির্গত হবার মুখ nirgoto hobar mukh
nuclear *adj.* কেন্দ্রসম্বন্ধী kendrosombondhi
nucleus *n.* পরমাণীকেন্দ্র poromanikendra
nude *adj.* নগ্ন nogno
nugget *n.* তাল tal
nuisance *n.* উৎপাত utpat
null *adj.* বাতিল batil
nullify *v.t.* বাতিল batil
numb *adj.* অসাড় osar
number *n.* সংখ্যা sonkhya
numerical *adj.* সংখ্যাবিষয়ক sonkhyabishoyok
numeration *n.* সংখ্যাভুক্ত sonkhyabhukto
numerator *n.* ভগ্নাংশের লব bhognangser lob
numerous *adj.* বিপুল bipul
nun *n.* সন্ন্যাসিনী sonyasini
nunnery *n.* নারী মঠ nari moth
nuptial *adj.* বিয়ে সংক্রান্ত biye sonkranto
nurse *n.* নার্স nars
nursinghome *n.* ব্যাক্তিকালিকাতীন চিকিৎসায়তন byaktikalikatin chikitsayoton
nurture *n.* প্রতিপালন protipalon
nut *n.* বাদাম badam
nu¶crackers *n.* বাদাম ভাঙার কল badam bhangar kol
nutrition *n.* পুষ্টি pushti
nutritious *adj.* পুষ্টিকর pustikor
nutshell *n.* সারাংশ sarangso

nymph *n.* পরী pori

O

oaf *n.* গেঁয়ো ভুত gneo bhut
oak *n.* ওক গাছ ok gach
oar *n.* দাঁড় dnar
oarsman *n.* মাঝি majhi
oasis *n.* মরিচিকা morichika
oat *n.* জই joi

oath *on* শপথ shopoth
obdurate *adj.* এ্কগুঁয়ে ekgnue
obedience *n.* বাধ্যতা badhyota
obedient *adj.* বাধ্য badhyo
obeisance অভিবাদন obhibadon
obesity *n.* অতিশয় স্থুলতা otishoy sthulota
obey *v.t.* মেনে চলা mene chola
obituary *adj.* শোকসংবাদ shoksongbad
object *n.* সামগ্রী samogri
objection *n.* আপত্তি apotti
objectionable *adj.* আপত্তিকর apottikor
objective *adj.* বাস্তব bastob
oblation *n.* নৈবেদ্য noibedyo
obligation *n.* আইনঙ্গত বাধ্যবাধকতা aainsongoto badhyobadhokota
obligatory *adj.* আইন aain
oblige *v.t.* বাধিত করা badhito kora
obliging *adj.* পরোপকারী poropokari
obilvion বিস্মরণ bismoron
oblivious বিস্মৃত bismrito
obnoxious *adj.* নোংরা nongra
obscene *adj.* অশ্লীল oshlil
obscenity *n.* অশ্লীলতা oshlilota
obsecure *adj.* অন্ধকারময় ondhokarmoy
obsecurity *n.* অখ্যাতি okhyati
obsequies *n.* অন্তোষ্টিক্রিয়া ontestikriya
observance *n.* প্রথা protha
observation *n.* পর্যবেক্ষণ porjobekkhon
observatory *n.* মানমন্দির manmondir
observe *v.t.* লক্ষ করা lokkho kora
obsess *v.t.* পীড়িত করা pirito kora
obsolete *adj.* অপ্রচলিত oprocholito
obstacle *n.* বাধা badha
obstinacy *n.* জেদ jed
obstinate *adj.* জেদি jedi
obstruct *v.t.* বাধা দেওয়া badha deoa
obstruction *n.* বাধা badha
obtain *v.t.* পাওয়া paoa
obtrude *v.t.* চাপিয়ে দেওয়া chapiye deoa
obtuse *adj.* ভোঁতা bhnota
obverse *adj.* লক্ষ করা lokkho kora
obviate *v.t.* ভারমুক্ত হওয়া bharmukto hoya
obvious *adj.* পরিস্কার poriskar
occasion *n.* উপযুক্ত সময় upjukto somoy
occasional *adj.* নিয়মিত নয় oniyomito
occident *n.* পাশচাত্য paschatyo
occidental *adj.* পাশচাত্য সোমবোন্ধীয় paschatyo sombondhiyo
occult *adj.* গুপ্ত gupto
occupancy *n.* দখল dokhol
occupant বাসিন্দা basinda
occupation *n.* পেশা pesha
occupy *v.t.* বাস করা bas kora
occur *v.i.* ঘটা ghota
occurrence *n.* ঘটনা ghotona
ocean *n.* মহাসমুদ্র mohasomudra
octagon *n.* অষ্টভুজ ostobhuj
octave *n.* সুর সংক্রান্ত sursongkranto
octroi *n.* নগরশুল্ক nogorshulko
ocular *adj.* চক্ষুবিষয়ক chokkhubishoyk
odd *adj.* বিজোড় bijor
oddity *n.* অস্বাভাবিক oswabhabik
ode *n.* কবিতাবিশেষ kobitabishesh
odious *adj.* ঘৃণ্য ghrinyo
odium *n.* বিদ্বেষ bidwesh
odour *n.* গন্ধ gondho
off *adv.* নির্গমন nirgomon
offal *n.* যেমন jemon
offence *n.* অপরাধ oporadh
offend *v.i.* অন্যায় করা onyay kora
offensive *adj.* অশোভন oshobhon
offer *v.t.* প্রস্তাব করা prostab kora
offering *n.* প্রদান prodan
off-hand *adv.* তাৎক্ষণিক tatkhonik
office *n.* দফতর doftor
officer *n.* অফিসার ofisar
official *adj.* আনুষ্ঠানিক anusthanik
offset *n.* পুষিয়ে নেওয়া pushiye neoa
offshoot *n.* শাখা shakha
offspring *n.* সন্তান sontan
often *adv.* প্রায় pray
oh *int.* ওহ oh
oil *n.* তৈল toilo
oil-cake *n.* খইল khoilo
oil-cloth *n.* অয়েল কল্থ oyelkloth

oil-painting *n.* তৈলচিত্র toilochitro
oily *adj.* তৈলাক্ত toilakto
ointment *n.* মলম molom
old *adj.* বয়স সম্পর্কিত boyos somporkito
olfactory *adj.* ঘ্রাণসংক্রান্ত ghransonkranto
olive *n.* জলপাই jolpai
olympic *adj.* অলিম্পিক ক্রিড়া olimpic krira
omen *n.* শুভ বা অশুভ সংকেত shubho ba oshubo sonket
ominous *adj.* অশুভ oshubh
omission বাদ দেওয়া bad deoa
omit *v.t.* বাদ দেওয়া bad deoa
omnipotent *adj.* সর্বশক্তিমান sorboshoktiman
omnipresent সর্ববিরাজমান sorbobirajaman
oncoming *adj.* আসন্ন asonno
on *adv.* এসো eso
once *adv.* একবার ekbar
one *adj.* এক ek
onerous *adj.* গুরভার gurbhar
oneself *pro.* নিজে nije
one-sided *adj.* একপেশে ekpeshe
onion *n.* পিঁয়াজ piyaj
on-looker *n.* দর্শক dorshok
only *adj.* কেবল kebol
onslaught *n.* প্রচন্ড আক্রমণ prochondo akromon
onto *pre.* এর আগে er age
onus *n.* দায়িত্বভার dayitwobhar
onward *adv.* সম্মুখ sommukh
ooze *v.i.* চুইয়ে পড়া chuiye pora
opacity *n.* অনচ্ছতা onochchhota
opal *n.* উপল upol
opaque *adj.* অনচ্ছ onochcha
open *adj.* উন্মুক্ত unmukto
open-hearted *adj.* খোলা মনের khola moner
opening *n.* খোলা জায়গা khola jayga
opera *n.* গীতিনাটক gitinatok
operate *v.t.* চালানো chalano
operation *n.* ক্রিয়াপদ্ধতি kriyapoddhoti
operator *n.* যন্ত্রচালক jontrochalok
opine *v.t.* মত পোষন করা mot poshon kora
opinion *n.* মত পোষন করা mot poshon kora
opium *n.* আফিম afim
opponent *n.* প্রতিপক্ষ protipokkho
opportune *adj.* উপযুক্ত upojukto
opportunist *n.* সুজোগসন্ধানি sujogsondhani
opportunity *n.* সুযোগ sujog
oppose *v.t.* বিরোধ করা birodh kora
opposite *adj.* বিপরিত biporit
opposition *n.* বিরোধি পক্ষ birodhi pokkho
oppress *v.t.* দমিয়ে রাখা domiye rakha
oppression *n.* পীড়িত করা pirito kora
oppressive *adj.* প্রতিতোকোরণ piritokoron
oppressor *n.* প্রতিতোকারি piritokari
opprobrious *adj.* তিরস্কারপুর্ণ tiroskarpurno
optic *n.* আলোক সম্বন্ধীয় alok sombondhoiyo
optical *adj.* দৃষ্টিসংক্রান্ত drishti sonkranto
optician *n.* চোখের চিকৎসক chokher chikitsok
optics *n.* আলোক সম্বন্ধীয় alok sombondhoiyo
optimism *n.* আশাবাদ ashabad
optimist *n.* আশাবাদী ashabadi
option *n.* বিকল্প bikolpo
optional *adj.* ঐচ্ছিক oichchik
opulence প্রাচুর্য prachujyo
opulent *adj.* বিত্তবান bittoban
or *conj.* কিংবা kingba
oracle *n.* দৈবরাণী doibobani
oral *adj.* মৌক্ষিক moukkhik
orange *n.* কমলা komola
oration *n.* ভাষণ bhashon
orator *n.* বক্তা bokta
oratory *n.* বাগ্মিতা bagmita
orb *n.* গোলক golok
orbit *n.* কক্ষপথ kokkhopoth
orchard *n.* ফলবাগান folbagan

orchestra *n.* অর্কেস্ট্রা orkestra
ordeal *n.* কঠিন পরীক্ষা kothin porikkha
order *n.* ক্রম krom
orderly *adj.* সুবিন্যাস্ত subinosto
ordinal *adj.* বিন্যাস binyas
ordinance *n.* আদেশ adesh
ordinary *adj.* সাধারণ sadharon
ordnance *n.* গোলন্দাজবাহিনী golondajbahini
ore *n.* আকরিক akorik
organ *n.* দেহ অঙ্গ deho ongo
organic *adj.* দেহযন্ত্র সংক্রান্ত dehojontro sonkranto
organism *n.* প্রাণীসত্তা pranisotwa
organization *n.* সংগঠিতকরণ songothitokoron
organize *v.t.* সংগঠিত করা songothito kora
orient *adj.* প্রাচ্য prachyo
oriental *adj.* প্রাচ্যসম্বন্ধীয় prachyo sombondhiyo
orifice *n.* বাহির্মুখ bahirmukh
origin *n.* উৎস utso
original *adj.* আদি adi
originate *v.t.* শুরু হওয়া shuru hoya
orion *n.* নক্ষত্রপুঞ্জ nokkhotro punjo
ornament *v.t.* অলঙ্কার olonkar
ornamental শোভাময় shobhamoy
ornate *adj.* অলঙ্কারসমৃদ্ধ olonkarsomriddho
orphan *n.* অনাথ onath
orphanage *n.* আনাথ অশ্রম onath ashrom
orthodox *adj.* গোঁড়া gnora
oscillate *v.i.* আন্দোলিত হওয়া andolito hoya
oscillation *n.* আন্দোলিতকরণ andolon
osier *n.* গাছ gach
osseous *adj.* অস্থিসার osthisar
ostensible *adj.* লোকদেখানো lokdekhano
ostentatious *adj.* জাঁকালো jnakalo
ostrich *n.* উটপাখি utpakhi
other *adj.* অন্য onyo
otherwise *adv.* অন্যভাবে onyobhabe
otter *n.* ভোঁদর bhnodor
ounce *n.* ওজনের একক ojoner ekok
our *adj.* আমাদের amader
ourselves *pro.* আমাদের amader
oust *v.t.* বিতাড়িত করা bitarit kora
out *adv.* বাইরে baire
outbreak *n.* প্রকাশ prokash
outburst *n.* ফেটে পড়া fete pora
outcast *adj.* সমাজ তাড়িত somaj tarito
outcaste *n.* জাতিচ্যুত jatichyuto
outcome *n.* পরিণতি porinoti
outcry *n.* ভয়ার্ত চিৎকার bhoyarto chitkar
outdo *v.t.* আরো ভাল করা aro bhalo kora
outdoor *adj.* বহিরঙ্গন bohirongon
outfit *n.* পোষাক poshak
outhouse *n.* উপগৃহ upogriho
outing *n.* প্রমোদভ্রমন promodbhomon
outlandish অদ্ভুত odbhut
outlaw *n.* অপরাধী oporadhi
outlay *n.* ব্যয় byay
outlet *n.* নির্গমন nirgomon
outlive *v.t.* বেশি দিন বেঁচে থাকা beshi din bneche thaka
outlook *n.* দৃষ্টিভঙ্গি drishti bhongi
outlying *adj.* প্রত্যন্ত protyonto
outnumber সংখ্যায় ছাড়িয়ে sonkhyay chhariye
outpost *n.* ফাঁড়ি fnari
output *n.* উৎপাদিত পরিমাণ utpadito poriman
outrage *v.t.* নিষ্ঠুরতা nishturata
outrageous জঘন্য joghonyo
outright *adv.* খোলাখুলি kholakhuli
outset *n.* শুরু shuru hoya
outside *n.* বাহির bahir
outsider *n.* বহিরাগত bohiragoto
outskirt *n.* বাহিরে bahire
outspoken *adj.* স্পষ্টবাদী sposhtobadi
outstanding *adj.* বিশিষ্ট bishishto
outward *adv.* বাহ্যিক bahyik
outweigh *v.t.* ওজনে ojone
outwit *v.t.* চালাকিতে পরাস্ত chalakite porasto
oval *adj.* ডিম্বাকার dimbakar

ovary *n.* ডিম্বাশয় dimbashoy
ovation *n.* উচ্ছাসিত সংবর্ধনা uchchhashito songbordhona
oven *n.* উনুন unun
overawe *v.t.* শ্রদ্ধায় অভিভুত shroddhyay obhibhuto
overburden *v.t.* অত্যাধিক খাটা otyadhik khata
overcast *v.t.* মেঘাচ্ছন্ন meghachchhonno
overcharge *v.t.* অতিরিক্ত দাম দেওয়া otirikto dam deoa
overcoat *n.* ওভার কোট overcot
overcome *v.t.* দমন করা domon kora
overdo *v.t.* বাড়াবাড়ি করা barabari kora
overdraw *v.t.* অতিরিক্ত নেওয়া otirikto neoa
overflow *n.* প্লাবিত plabito
overhear *v.t.* আড়ি পেতে শোনা ari pete shona
overjoy *v.t.* অতি খুশি oti khushi
overlay *v.t.* প্রলেপ prolep
overlook উপেক্ষা করা upekkha kora
overpower *v.t.* পরাভুত করা porabhuto kora
overrule *v.t.* খারিজ করা kharij kora
oversee *v.t.* তত্ত্বাবধান করা tottabodhan kora
overseer *n.* তত্ত্বাবধায়ক tottabodhayok
oversight *n.* সজাগ দৃষ্টি sojag drishti
overt *adj.* প্রত্যক্ষ protyokkho
overtake পিছনে ফেলা pichone fela
overthrow *v.t.* পরাস্ত করা porasto kora
overture *n.* আলোচনার প্রস্তাব alochonar prostab
overturn *n.* উলটে ফেলা ulte fela
overweening *adj.* দাম্ভিক dambhik
overwhelm *v.t.* নিমজ্জিত করা nimojjito kora
overwork *n.* অত্যাধিক খাটা otyadhik khata
ovum *n.* ডিম্বাণু dimbanu
owe *v.t.* ঋণী থাকা rini thaka
owing *prop.* বকেয়া bokeya
owl *n.* পেঁচা pnecha
own *adj.* নিজের nijer
owner *n.* মালিক malik
ox *n.* ষাঁড় shnar
oxide *n.* অক্সিজেনের যৌগ oksijener jougo
oxygen *n.* অক্সিজেন oksijen
oyster *n.* ঝিনুক jhinuk
ozone *n.* ওজোন ojon

P

pace *n.* পদক্ষেপ podokkhep
pacific *adj.* শান্ত shanto
pacification *n.* শান্তকরণ shantokoron
pacify *v.t.* শান্ত করা shantokora
pack *n.* প্যাকেট pyaket
package *n.* মোড়ক morok
packet *n.* প্যাকেট pyaket
pad *n.* প্যাড pyad
paddle *v.t.* প্যাডেল pyadel
paddy *n.* ধান dhan
padlock *n.* তালা tala
pagan *n.* পৌত্তলিক pouttolik
paganism *n.* পৌত্তলিকতা pouttolikota
page *n.* পৃষ্ঠ prishtho
pageant *n.* বর্ণাঢ্য শোভাযাত্রা bornaddhyo shobhajatra
pagoda *n.* বৌদ্ধ মন্দির boudho mondir
pail *n.* বালতি balti
pain *n.* বেদনা bedona
painstaking *adj.* বেদোনাকিরনো bedonakirno
paint *v.t.* রং rong
painter *n.* চিত্রকার chitrokor
pair *n.* জোড়া jora
palace *n.* রাজপ্রসাদ rajprasad
palankeen *n.* পালঙ্কো palonko
palatable *adj.* স্বাদু swadu
palatal *adj.* তালু সংক্রান্ত talu sungkranto

palate *n.* তালু talu
palatial *adj.* প্রাসাদোপম prasadopom
pale *adj.* মলিন molin
paleness *n.* বিবর্ণ biborno
pall *n.* শবাধারের ভারী কাপড় shobadharer bhari kapor
palliate *v.t.* প্রশমন করা proshomon kora
palliation *n.* প্রশমন proshomon
pallid *adj.* ফ্যাকাশে fyakase
pallor *n.* বিবর্ণতা bibornota
palm *n.* হাতের তালু hater talu
palmist *n.* হস্তরেখাবিদ hostorekhabid
palmistry *n.* হস্তরেখাবিদ্যা bostorekhabidya
palpable অনুভব করা যায় onubhob kora jay
palpitate *v.i.* ভয়ে কাঁপা bhoye knapa
palpitation *n.* বুক ধড়ফড়ানি buk dhorphorani
palsy *n.* পক্ষাঘাত pokkhaghat
palter *v.t.* দ্বিমুখী আচরণ dwimukhi achoron
paltry *adj.* তুচ্ছ্ tuchchho
pamper *n.* অত্যাধিক প্রশ্রয় otyadhik proshryoy
pamphlet *n.* প্যামফলেট pyamflet
pan *n.* চাটু chatu
panacea *n.* ওষুধ oshudh
pane *n.* জানলার কাঁচ janlar knach
pang *n.* তীক্ষ্ণ বেদনা tikkhno bedona
panic *n.* আতঙ্ক atonko
panoply *n.* জমকালো সজ্জা jomkalo sojja
panorama *n.* বিস্তৃত দৃশ্যপট bistrito drishyopot
pant *v.t.* হাঁপানো hnapano
pantaloon *n.* ভাঁড় bhnar
pantheism *n.* সর্বদেবতার উপাসনা sorbodebotar upasona
panther *n.* কালো চিতা kalo chita
pantry *n.* রান্না ঘর ranna ghor
pants *n.* প্যান্ট pyant
pap *n.* সহজপাঠ্য বই sohojpathyo boi
papa *n.* বাবা baba
papal *adj.* পোপ সোবন্ধীয় pope sombondhiyo
paper *n.* কাগজ kagoj
par *n.* মাত্রা matra
parable *n.* নীতিগর্ভ nitigorbho
parachute *n.* প্যারশুট pyarasut
parade *n.* কুচকাওয়াজ kuchkaoaj
paradise *n.* ইডেন উদ্যান sworgo
passable *adj.* চলাচলযোগ্য cholacholjogyo
passage *n.* গমন gomon
passenger *n.* যাত্রী jatri
passion *n.* প্রবল অনুরাগ probol onurag
passive অপ্রতিরোধী oprotirodhi
passport *n.* পাসপোর্ট pasport
past *adv.* অতীতকালীন otitkalin
paste *v.t.* লাগানো lagano
pasteurize *v.t.* জীবনমুক্ত করা jibonmukto kora
pastime *n.* অবসর বিনোদন obosor binodon
pastry *n.* পেস্ট্রি pestri
pasture *n.* ঘাস ghas
pat *n.* আদর ador
patch *n.* তালি tali
patent *n.* সরকারি সনদ sorkari sond
paternal *adj.* পৈতৃক poitrik
paternity *n.* পিতৃত্ব pitritwo
path *n.* পথ poth
pathetic *adj.* করুণ korun
pathos *n.* দুঃখ dukkho
patience *n.* ধৈর্য dhoirjo
patient *adj.* ধৈর্যশীল dhoirjoshil
patiently *adv.* ধৈর্যসহকারে dhoirjosohokare
patriarch *n.* পত্রিতান্ত্রকি pitritantrik
patricide *n.* পিতৃহত্যা pitrihotya
patrimony *n.* পৈর্তৃক poitrik
patriot *n.* দেশপ্রেমিক deshopremik
patriotism *n.* দেশপ্রেমিকের অনুভুতি deshopremiker onubhuti
patriotic *adj.* দেশপ্রেমমুলক deshopremmulok

patrol *adj.* নিরাপত্তাবিধানের পরিক্রমা nirapottabidhaner porikroma
patron *n.* সমর্থনকারী somorthonkari
patronage *n.* সমর্থন somorthonkari
patronize *v.t.* পৃষ্ঠপোষকতা prishthoposhokota
pattern *n.* নকশা noksha
paucity *n.* অভাব obhab
pauper *n.* কপর্দকশুন্য kopordokshunyo
pauperism *n.* কপর্দকশুন্য অবস্থা kopordoshunyo obostha
pause *v.t.* সাময়িক বিরতি samoyik biroti
pave *v.t.* ইটের আস্তারণ iter astoron
pavement *n.* ফুটপাথ futpath
paw *n.* থাবা thaba
pawn দাবার বোড়ে dabar bore
pay *v.t.* দেওয়া deoa
payable *adj.* প্রদানযোগ্য prodanjogyo
payee *n.* যাকে প্রদান করা হয় jake prodan kora hoy
payment *n.* প্রদান prodan
pea *n.* মটর moton
peace *n.* শান্তি shanti
peaceful *adj.* শান্তিপুর্ণ shantipurno
peacock *n.* ময়ুর moyur
peahen *n.* ময়ুর moyur
peak *n.* চুড়া chura
pearl *n.* মুক্ত mukto
peasant *n.* চাষি chashi
pebble *n.* নুড়ি nuri
peccable *adj.* পাপপ্রবণ pap probon
peck *v.t.* ঠোঁট দিয়ে আঘাত thnot diye aghat kora
peculation *n.* অবৈধভাবে আত্মসাৎ oboidhobhabe atmosat
peculiar *adj.* বিচিত্র bichitro
peculiarity *n.* বিশিষ্টতা bishishtota
pedagogue *n.* পন্ডিতপ্রবর ponditprobor
pedal *adj.* লিভার livar
pedant *n.* গোঁড়া স্কুলশিক্ষক gnora skul sikkhok
pedantry *n.*علم ক্লান্তিকর পান্ডিতিপনা klantikor panditipona
peddle *v.t.* ফেরি করা feri kora
pedestal *n.* স্তম্ভের ভিত্তি stombher bhitti
pedestrian *n.* পথচারী pothochari
pedigree *n.* বংশতালিকা bongsotalika
pedlar *n.* ফেরিওয়ালা feriwala
peel *v.t.* খোসা ছাড়ানো khosa chharano
peep *v.i.* উঁকি unki
peer *n.* স্তর stor
peerage *n.* অভিজাতমন্ডলীর সদস্য obhijatomondolir sodosyo
peevish *adj.* বিরক্তিকর biroktikor
peg *n.* পেরেক perek
pekoe *n.* উচ্চমানের কৃষ্ণবর্ণ uchchamaner krishnaborno
pelf *n.* ধনসম্পদ dhonosompod
pelican *n.* পাখিবিশেষ pakhibishesh
pellet *n.* কাগজের দলা kagojer dola
pellucid *adj.* নির্মল nirmol
pelt *n.* ছুড়ে আক্রমন chhure akromon
pen *n.* কলম kolom
penal *adj.* দন্ড dondo
penalty *n.* জরিমানা jorimana
penance *n.* প্রায়শ্চিত্ত prayoschitto
pencil *n.* পেনসিল pensil
pendant *adj.* অলঙ্কার বিশেষ olonkar bishesh
pending *adj.* অমীমাংসিত omimangshito
pendulum *n.* দোলক dolok
penetrate *v.t.* ঢোকানো dhokano
penetration *n.* প্রবেশ probesh
peninsula *n.* উপদ্বীপ upodwip
penitence *n.* কৃত অপরাধ krito oporadh
penitent *adj.* অনুতাপবিদ্ধ onutapbiddho
penknife *n.* ভাঁজ করা ছুরি bhanj kora chhuri
penman *n.* সুন্দর হস্তাক্ষরে লেখার ব্যাক্তি sundor hostakkhor
penmanship *n.* লেখার ব্যক্তি lekahr byakti
pennant *n.* লিপিকুশলতা lipikushalata
penniless *adj.* কপর্দকশুন্য kopordokshunyo
pension *n.* অবসরভাতা obosorbhata
pensioner *n.* অবসরভাতা গ্রহনকারী obosorbhata grohonkari
pensive *adj.* চিন্তামগ্ন chintamogno

pent *adj.* বন্ধ bondho
pentagon *n.* পঞ্চভুজ ponchobhuj
penultimate *adj.* পুর্ববর্তী purboborti
penumbra *n.* উপচ্ছায়া upochhaya
penurious *adj.* দরিদ্র doridro
peon *n.* কর্মচারী kormochari
people *n.* ব্যক্তিবর্গ byaktiborgo
pepper *n.* গোলমরিচ golmorich
perambulator *n.* শিশুগাড়ি shishugari
perceive অবহিত হওয়া obohito hoya
percentage *n.* শতকরা হার shotkora har
perceptible প্রত্যক্ষ protyokkho
perception *n.* প্রত্যক্ষকরণ protyokkhokoron
perceptive *adj.* উপলব্ধির upolobdhir
perch *n.* মাছবিশেষ machbishesh
perchance *adv.* দৈব্যৎ doibat
percolate *v.i.* চোঁয়ানো chnoyano
percussion *n.* বাদ্যযন্ত্র badyojontro
perdition *n.* সমুহ somuh
perennial *adj.* বর্ষব্যাপী borshobyapi
perfect *adj.* নিখুঁত nikhnut
perfection *n.* উৎকর্ষ utkorsho
perfidious *adj.* বিশ্বাসঘাতক bishwashghatok
perfidy *n.* বিশ্বাসঘাতক biswashghatok
perforate *v.t.* ছিদ্র করা chhidra kora
perforce প্রয়োজনবশত proyojonboshoto
performance *n.* কৃতিত্ব krititwo
perfume *n.* সুগন্ধি sugondhi
perfumer *n.* সুগন্ধি দ্রব্য বিক্রেতা sugondhi drobyobikreta
perfumery *n.* সুগন্ধি দ্রব্য তৈরির কারখানা sugondhi drobyo toirir karkhana
perhaps *adv.* হয়তো hoyto
peril *n.* ভয়ানক বিপদ bhoyanok bipod
perilous *adj.* বিপজ্জনক bipojjonk
perimeter *n.* পরিসীমা porishima
period *n.* নির্দিষ্ট সময়সীমা nirdishto somoysima
periodic *adj.* পর্ষাবৃত্ত porjyabritto
periodical *adj.* পর্ষাবৃত্ত poryabritto
perish *v.t.* ধবংস dhwongso
perishable পচনশীল pochonshil
permanence *n.* স্থায়িত্ব sthayitwo
permanent *n.* স্থায়ী sthayi
permanently *v.t.* স্থায়ী ভাবে sthayi bhabe
permeate *v.t.* প্রবাহিত করা probahito kora
permissible *adj.* অনুমতিযোগ্য onumotijogyo
permission *n.* অনুমতি onumoti
permit *v.t.* অনুমতি প্রদান onumoti prodan
permutation *n.* বিন্যাস পরিবর্তন binyas poriborton
pernicious *adj.* ক্ষতিকর kkhotikor
peroration *n.* বত্তৃতার শেষাংশ boktritar sheshangsho
perpendicular *adj.* উল্লম্ব ullombo
perpetrate *v.t.* অন্যায় সাধন করা onyay sadhon kora
perpetual *n.* অন্তহীন ontohin
perpetually *adv.* চিরস্থায়ী chirosthayi
perpetuate চিরস্থায়ী করা chirosthayi kora
perpetuity *n.* চিরস্থায়িত্ব chirsthayitwo
perplex *v.t.* হতবুদ্ধি hotobuddhi
perplexing *adj.* হতবুদ্ধি হওয়া hotobuddhi kora
perplexity *n.* জটিল অবস্থা jotil obostha
perquisite *n.* বেতন অতিরিক্ত ভাতা beton otirikto bhata
persecute *v.t.* কষ্ট দেওয়া koshto deoa
persecution *n.* যন্ত্রণাভোগ jontronabhog
perseverance *n.* পরিশ্রম porishrom
persist অটল থাকা otol thaka
persistent *adj.* অনড় অবস্থান onor obostan
person *n.* ব্যক্তি byakti
personage সম্মানীয় ব্যক্তি sommaniyo byakti
personal *adj.* ব্যক্তিগত byaktigoto
personality *n.* ব্যাক্তিত্ব byaktitwo
personally *adj.* ব্যক্তিগতভাবে byaktigotobhabe
personate *v.t.* ভাম করা bhan kora

personification *n.* ব্যক্তিরুপে প্রকাশ byaktirupe prokash
personnel *n.* কর্মচারী kormochari
perspective *adj.* অবস্থান obosthan
perspiration *n.* ঘাম gham
perspire *v.i.* ঘর্মাক্ত হওয়া ghormakto hoya
persuade *v.* বোঝানো bojhano
persuasive *adj.* বোধযোগ্য bodhjogyo
pert *adj.* ধৃষ্ট dhrishto
pertain *v.i.* অংশ হিসাবে যুক্ত ongso hisabe jukto
pertinacious *adj.* অদম্য odomyo
pertinence *n.* প্রাসঙ্গিক prasongik
pertinent *adj.* প্রাসঙ্গিক prasongik
perturb উত্তেজিত করা uttejito kora
perturbation *n.* উত্তেজিত করা uttejito kora
peruse *v.t.* মনোযোগসহকার পাঠ monojog sohokare path
pervade *v.t.* পরিব্যাপ্ত করা poribyapto kora
perverse *adj.* বিপথগামী bipothgami
perversion *n.* বকৃিতি bikriti
pervert *v.* বকৃিতি ব্যক্তি bikrito byakti
pervious *adj.* আগের ager
pessimism *n.* নৈরাশ্যব্যঞ্জক noirashyobyanjok
pessimist *n.* হতাশপ্রবণ ব্যক্তি hotashprobon byakti
pest ধ্বংসাত্মক প্রাণী dhwongsatwok prani
pester *v.t.* বিরক্তিকরা birokto kora
pestilence *n.* মহামারী ব্যাধি mohamari byadhi
pestle *n.* মোটা লাঠি mota lathi
pet *adj.* পোষ্য poshya
petal *n.* পাপড়ি papri
petite *adj.* নগন্য nogonyo
petition *n.* আবেদন abedon
petitioner *n.* আবেদনকারী abedonkari
petrify *v.t.* প্রস্তরীভুত হওয়া prostoribhuto hoya
petrol *n.* পেট্রোল petrol
petticoat *n.* সায়া saya
pettish *adj.* বদমেজাজি bodmejaji
pettiness *n.* নীচতা nichota
petty *adj.* ছোট chhoto
petulance যুক্তিহীনভাবে অস্থরি juktihinbhabe osthori
petulant *adj.* যুক্তিহীনভাবে অস্থরি juktihinbhabe osthori
pew *n.* সংরক্ষিত আসন songrokkhito ason
pewter *n.* টিনের পদার্থ tiner podartho
phalanx *n.* আঙ্গুলের হাড় anguler har
phantasm *n.* ছায়ামুর্তি chaya murti
phantasy *n.* কল্পনা kolpona
phantom *n.* ছায়ামুর্তি chhaya murti
pharmaceutical *adj.* ঔষধপ্রস্তুতসংক্রান্ত oushodh prostut songkranto
pharmacy *n.* ঔষধ প্রস্তুত oushodh prostut
pharos *n.* বাতিঘর batighor
phase *n.* পর্যায় porjyay
phenomenal *adj.* বিস্ময়কর bismoykor
phenomenon *n.* বিস্ময়কর bismoykor
philander *v.i.* প্রেমের ভান করা premer bhan kora
philanthropic *adj.* দানি dani
philosopher *n.* দার্শনিক darshonik
philosophic *adj.* দর্শণ সংক্রান্ত dorshon songkranto
philosophy *n.* দর্শণ dorshon
phoenix *n.* পৌরাণিক পাখি pouranik pakhi
phone *n.* টেলিফোন durbhash
phonetic *adj.* বাচনধ্বনি bachondhwoni
phonetics *n.pl.* বাচনের ধ্বনিবিদ্যা bachoner dhonibidya
phonograph *n.* গ্রামোফোন gramaphone
phonology *n.* বাচনের ধ্বনিবিজ্ঞান bachoner dwonibigyan
photograph *n.* আলোক চিত্র alok chitro
photographer *n.* আলোকচিত্রগ্রাহক alokchitro grahok
photography *n.* আলোকচিত্রগ্রহন বিষয়ে alokchiro grohon bishoye

photometer *n.* আলোর তীব্রতা পরিমাপের যন্ত্র alor tibrota porimaper jontro
phrase *n.* ব্যাক্যে অংশ bakyer ongsho
phraseology *n.* ভাষাগত রচনাশৈলী bhashagoto rochonashoili
physic *n.* যক্ষমারোগ jokkha rog
physical *adj.* শারীরিক sharirik
physician *n.* চিকিৎসক chikitsok
physics *n.* পদার্থবিজ্ঞান podarthobigyan
physiognomy *n.* মুখ দেখে চরিত্র নির্দেশপদ্ধতি mukh dekhe choritro nirdesh poddhoti
physiology *n.* প্রাণী বিজ্ঞান pranibigyan
physique *n.* দৈহিক গঠণ doihik gothon
pianist *n.* পিয়ানোবাদক piano badok
piano *n.* বাদ্য যন্ত্র badyo jontro
pice *n.* পয়সা poysa
pick *v.t.* নির্বাচন nirbachon
pickaxe *n.* কুড়াল kural
picket *n.* গোঁজ gnoj
pickle *n.* আচার achar
pickpocket *n.* পকেট থেকে চুরি poket theke churi
picnic *n.* বনভোজন bonbhojon
pictorial *adj.* চিত্রে প্রকাশিত chitre prokashito
picture *n.* চিত্র chitro
picuresque *adj.* চিত্রবৎ chitrobot
pie *n.* পিঠাবিশেষ pithabishesh
piece *n.* টুকরো tukro
pier *n.* কাঠ kath
pierce *v.t.* ছিদ্র করা chhidro kora
piety *n.* ধার্মিকতা dharmikota
pig *n.* শুকর shukor
pigeon *n.* পাখি payra
pigheaded *adj.* একগুঁয়ে ekgnuye
pigeon-hole *n.* পায়রার খোপ payrar khop
pigment *n.* রঞ্জকপদার্থ ronjok podartho
pigmy *n.* বামন bamon
pike *n.* বর্শা borsha
pile *n.* কাঠ kath
piles *n.* অর্শ orsho
pilfer *v.t.* চুরি churi
pilferage *n.* চুরি churi
pilgrim *n.* তীর্থযাত্রী tirthojatri
pilgrimage *n.* তীর্থযাত্রা tirthojatra
pill *n.* ঔষধ বড়ি oushodh bori
pillar *n.* স্তম্ভ stombho
pillion *n.* অতিরিক্ত আসন otirikto ason
pillow *n.* বালিশ balish
pilot *n.* বিমানচালক bimanchalok
pimp *n.* দালাল pimp
pimple *n.* ফুস্কুড়ি fuskuri
pin *n.* পিন pin
pincers *n.* সাঁড়াশি snarashi
pinch *v.t.* চমিট chimot
pine *n.* পাইন গাছ pain gach
pine-apple *n.* আনারস anaros
pinion পিনিয়ন pinion
pink *n.* গোলাপি golapi
pinnacle *n.* সর্বোচ্চ সীমা sorbochcho seema
pint *n.* ছাপা chhapa
pint *n.* তরলরে মাপবিশেষ toroler map bishesh
pioneer *n.* প্রবর্তক probortok
pious *adj.* ধার্মিক probortok
pip *n.* লেবু lebu
pipe *n.* নল nol
pipette *n.* সরু নল soru nol
piquant *adj.* সুস্বাদু suswadu
pique *v.t.* জাগিয়ে তোলা jagiye tola
pirate *n.* জলদস্যু jolodosyu
piss *n.* মুত্র করা mutro kora
pistol *n.* পিস্তল pistol
piston *n.* পিস্টন piston
pit *n.* গর্ত gorto
pitch *n.* সেই স্থান sei sthan
pitcher *n.* কলস kolos
pith *n.* শাঁস snash
pitiable *adj.* শোচনীয় shochoniyo
pitiful *adj.* করুণাময় korunamoy
pitiless *adj.* নির্মম nirmom
pittance *n.* ভিক্ষামুষ্টি bhikkhamushti
pity *n.* করুণা koruna
pivot *n.* কেন্দ্রবিন্দু kendrobindu

pivotal *adj.* আবর্তনকীলক সংক্রান্ত abortonkilok sonkranto
place *n.* স্থান sthan
placid *adj.* শান্ত shanto
placidity *n.* শান্ত shanto
plagiarism *n.* কুম্ভিলতা kumbhilota
plagiarize *v.t.* কুম্ভিলতা kumbhilota
plague *n.* মরক morok
plain *adj.* স্পষ্ট sposhto
plainly *adv.* স্পষ্টত sposhtoto
plaint *n.* নালিশ nalish
plaintiff *n.* বাদী badi
plaintive *adj.* শোকপুর্ণ shokpurno
plait *n.* বিনুনি করা binuni kora
plan *n.* নকশা noksha
plane *adj.* সমতল somotol
planet *n.* গ্রহ groho
plank *n.* তক্তা tokta
plant *n.* চারাগাছ charagach
plantain *n.* কদলী kodoli
plantation *n.* বৃক্ষরোপতি brikkhoropon
plaster *n.* পলেস্তার polestar
plastic *adj.* নমনীয় nomoniyo
plate *n.* থালা thala
plateau *n.* মালভুমি malbhumi
platform *n.* প্লাটফর্ম platform
platinum *n.* ধাতুবিশেশ dhatu bishesh
platitude *n.* মামুলি কথা mamuli kotha
platonic *adj.* নিষ্কাম প্রেম niskam prem
platoon *n.* পল্টন polton
plaudit *n.* জয়শ্বদ joswod
plausible *adj.* সত্যপ্রতিম sotyoprotim
play *n.* খেলা khela
player *n.* খেলোয়াড় kheloyar
playful *adj.* ক্রীড়াপরায়ন kriraporayon
playground *n.* খেলার মাঠ khelar math
playhouse *n.* খেলাঘর khelaghor
playmate *n.* বন্ধু bondhu
plaza *n.* বাজার bajar
plea *n.* অনুরোধ onurodh
plead *v.i.* ওকালতি করা okaloti kora
pleader *n.* যে ওকালতি করে je okaloti kore
pleasant *adj.* মনোরম monorom
pleasantry রসিকতা rosikota
please *v.t.* অনুগ্রহ করে onugroho kore
pleasure *n.* সুখ sukh
plebiscite *n.* গনভোট gonobhot
pledge *n.* জামানত jamanot
plenary *adj.* সম্পুর্ণ sompurno
plentiful *adj.* প্রচুর prochur
plethora *n.* আতিশয্য atisojyo
pliable *adj.* সুনম্য sunomyo
plight *n.* কষ্ট koshto
plot *n.* জমি jomi
plough *v.i.* লাঙল langol
ploughman *n.* হলবাহক holbahok
ploughshare *n.* লাঙলের ফলা langoler fola
pluck *v.t.* তোলা tola
plucky *adj.* সাহসী sahosi
plug *n.* ছিপি chhipi
plum *n.* আলুবোখারা alubokhara
plumage *n.* পুচ্ছ puccho
plumb *n.* ওলনদাড়ি olondori
plumber *n.* জলের মিস্ত্রি joler mistri
plume *n.* পুচ্ছ puccho
plummet *n.* ওলণ olon
plump *adj.* ঢলঢল dholdhol
plunder *v.t.* লুঠ luth
plunge *v.i.* ডুবিয়ে দেওয়া dubiye deoa
plural *adj.* বহুবচন bohubochon
plurality *n.* বহুত্ব bohutto
plus *n.* যোগ jog
plutocracy *n.* ধনিকগোষ্ঠী dhonigoshthi
ply *v.t.* তিন পরতের কাঠ tin poroter kath
pneumatic *adj.* বায়ুচালিত bayuchalito
pneumatics *n.* বায়ুবিদ্যা baubidya
pneumonia *n.* ফুসফুসের রোগ fusfuser rog
pock *n.* বসন্তের দাগ bosonter rog
pocket *n.* পকেট poket
pod *n.* গুঁটি gnuti
poem *n.* কবিতা kobita
poesy *n.* কাব্য kabyo
poet *n.* কবি kobita

poetic *adj.* কাব্যিক kabyik
poetical *adj.* কবিসংক্রান্ত kobita songkranto
poetry *n.* কবিতা kobita
poignant তীক্ষ্ণ tikkhno
point *n.* বিন্দু bindu
pointed *adj.* তীক্ষ্ণাগ্র tikkhnagro
poison *n.* বিষ bish
poisonous *adj.* বিষাক্ত bishakto
poke *n.* খোঁচানো khnochano
polar *n.* মেরু meru
pole *n.* মেরু meru
polemic *adj.* বিবাদ bibad
pole-star *n.* ধ্রুবতারা dhrubotara
police *n.* পুলিশ pulish
policeman *n.* পুলিশকর্মচারী pulish kormochari
police-station *n.* থানা thana
policy *n.* নীতি niti
polish *v.t.* ঘষামাজা করা ghoshamaja kora
polished *adj.* ঘষামাজা ghoshamaja
polite *adj.* শিষ্টাচারী shishtachari
politeness *n.* শিষ্টতা shishtota
politic *n.* নীতি niti
political *adj.* রাষ্ট্রীয় rastriyo
politician *n.* রাজনীতিক rajnitik
politics *n.* রাজনীতি rajnitik
polity *n.* প্রক্রিয়া prokriya
poll *n.* নির্বাচন nirbachon
pollen *n.* পরাগ porag
poll-tax *n.* মাথাপিছু কর mathapichu kor
pollute *v.t.* দুষিত করা dushito kora
pollution *n.* দুষণ dushon
poltroon *n.* ভীরু bhiru
polyandry *n.* বহূভর্তৃত্ব bohubhritto
polygamy *n.* বহুবিবাহ bohubibaho
polygon *n.* বহুভুজ bohubhuj
polytechnic *n.* পলিটেকনিক polytechnik
pomegranate *n.* ডালিম dalim
pomp *n.* ধুমধাম dhumdham
pompous আড়ম্বরপুর্ণ arombor purno
pond *n.* পুকুর pukur
ponder *v.t.* বিবেচনা করা bibechona kora
ponderous *adj.* গুরুভার guruvar
poniard *n.* ছুরি churi
pony *n.* টাটু chhoto ghora
pool *n.* ডোবা kritrim pukur
poor *adj.* গরিব doridro
pop *v.i.* ফট শব্দ fot fot sobdo
pope *n.* পোপ khrishto dhormoguru
popinjay *n.* ফুলবাবু fulbabu
poplin *n.* পপলিন poplin
poppy *n.* আফিম গাছ afimgachh
populace *n.* সাধারণ মানুষ sadharon manush
popular *n.* জনপ্রিয় jonopriyo
popularity *n.* জনপ্রিয়তা jonopriyota
popularize *v.* জনপ্রিয় jonopriyo
populate জনপুর্ণ করা jonoppurno
population *n.* জনসংখ্যা jonosongkhya
populous *n.* জনবহূল jono bohul
porcelain *n.* চীনামাটি chinamati
porch *n.* বারান্দা baranda
porcupine *n.* শজারু sojaru
pore *n.* লোমকুপ lomokup
pork *n.* শুকরমাংস sukor mangso
porn *n.* অশ্লীল oslil
porridge *n.* খাদ্য বিশেষ khadyo bises
porringer *n.* জুসপাত্র jus patro
port *n.* বন্দর bondor
portable *adj.* সুবহনীয় subohoniyo
portal *n.* প্রবেশদ্বার probesh dwar
portend *v.t.* সঙ্কেতসুচক songket suchok
portent *n.* পুর্বলক্ষণ purbolokhon
porter *n.* কুলি kuli
portfolio *n.* পোর্টফোলিও portfolio
portico *n.* দ্বারমন্ডপ dwarmondop
portion *n.* অংশ ongso
portly *adj.* গোলগাল golgal
portmanteau *n.* ব্যাগ বিশেষ byag bises
portrait *v.t.* প্রতিমুর্তি protimurti
pose *v.t.* অবস্থান গ্রহন obosthan grohon
poser *n.* বিব্রতকর প্রশ্ন bibroto kor proshno
position *n.* অবস্থান obosthan
positive *n.* সুনির্দিষ্ট sunirdishto

possess *n.* মালিক হওয়া malik houa
possession *n.* দখল dokhol
possessive *adj.* অধিকারসুচক odhikar suchok
possessor *n.* মালিক হওয়া maik houwa
possibility *n.* সম্ভাবনা ssomvabona
possible *adj.* সম্ভবপর somvobpor
possibly *adv.* সম্ভবপর somvobpor
post *n.* ডাক dak
postage *n.* ডাকখরচা dak songkranto
postal *adj.* ডাক dak songkranto
poster *n.* প্রচারপত্র prochar potro
posterity *n.* সন্তানসন্ততি sontan sontoti
postman *n.* ডাকপিওন dak pion
postmortem *adv.* ময়না তদন্ত moyna todonto
postpone *v.t.* মুলতুবি multubi
postprandial *adj.* ভোজনোত্তর vojonottor
postscript *n.* পুনশ্চ punischo
postulate *n.* অনুমানমুল onimanmulo
posture *n.* অঙ্গস্থিতি ongosthiti
posy *n.* পুষ্পস্তবক puspostobok
pot *n.* পাত্র patro
potable পানীয় panio
potato *n.* আলু alu
pot-belly *adj.* ভুঁড়ি sthulo
potency *n.* পুরুষত্ব purushitto
potent *adj.* শক্তিশালী shoktisali
potentate *n.* ক্ষমতাবান ব্যাক্তি kshomotaban byakti
potential *adj.* সম্ভাব্য sombhabona
potentiality *adj.* সম্ভাবনা sombhaboniyo
pother *n.* হট্টগোল hottogol
potion *n.* ঔষধের মাত্রা oushodher matra
potter *n.* কুমোর kumor
pottery *n.* মৃৎশিল্প matir samogri prostut kora
pouch *n.* ঝুলি jhuli
poultry *n.* হাঁসমুরগি has murgi
pounce *v.t.* ছোঁ মারা cho mara
pour *v.* ঢালা dhala
poverty *n.* দারিদ্র্য daridro
powder *n.* গুঁড়া gnuro
power *n.* শক্তি shokti
powerful *adj.* শক্তিশালী shoktishali
powerless *adj.* শক্তিহীন shoktihin
pox *n.* বসন্তরোগ bosontorog
practicable *n.* কার্যকর karjokor
practical *adj.* ব্যবহারিক byaboharik
practically *adv.* ব্যবহারিকভাবে byaboharikbhabe
practice *n.* প্রয়োগ proyog
practise *v.t.* অভ্যাস obhyas
practitioner *n.* পেশাজীবী peshajibi
pragmatic *adj.* ব্যবহারবাদী byaboharbadi
praise *v.t.* প্রশংসা proshongsa
praiseworthy *adj.* প্রশংসনীয় proshongsoniyo
prank ছলনা chholona
prate *v.i.* বাজে বকা baje boka
prattle *n.* বাজে বকা baje boka
pray *v.i.* প্রার্থনা prarthona
prayer *n.* প্রার্থনা prarthona
preach *v.t.* প্রচার করা prochar kora
preamble *n.* প্রস্তাবনা prostabona
precarious *adj.* আশঙ্কাজনক ashonkajonok
precaution *n.* আগাম হুঁশিয়ারি agam hushiari
precede *v.t.* অগ্রগামী agrogami
precedence অগ্রাধিকার ogradhikar
precedent *n.* পুর্বনিদর্শন purbonidorshon
precept নীতিবাক্য nitibakyo
preceptor *n.* শিক্ষক shikkhok
precinct *n.* পরিসর porisor
precious *adj.* মুল্যবান mulyoban
precipice *n.* শিলা shila
precipitation *n.* বৃষ্টি brishti
precise *n.* যথাযথ jothajotho
precision *n.* যথার্থ্য jhothartho
preclude *n.* নিবারিত nibarito
precocious *n.* বালপক্ক balpokk
precognition *n.* পুর্বজ্ঞান purbogyan
preconceive *v.t.* প্রকৃত জ্ঞান prokrito gyan
preconception পুর্বকল্পনা purbokolpona

precursor *n.* অগ্রদুত ogrodut
predatory *n.* লুন্ঠনপরায়ন lunthonporyaon
predestinate *v.t.* পুর্বনির্ধারিত purbonirdharito
predetermine *v.t.* পুর্বনিশ্চয় purbonischoy
predicament *n.* দুর্দশা durdosha
predict *v.t.* ভবিষ্যদ্বাণী করা bhobiswotbani kora
prediction *n.* ভবিষ্যদ্বাণী bhobiswotbani
predilection *n.* পক্ষপাত pokkhopat
preface *n.* প্রস্তাবনা prostabona
prefer *v.t.* পছন্দ করা pochhondo kora
preferable *adj.* অধিক বরণীয় odhik boroniyo
preference *n.* অভিরুচি obhiruchi
preferential *adj.* প্রাধিকারমুলক pradhikarmulok
prefix *n.* উপসর্গ uposorgo
pregnancy *n.* গর্ভাবস্থা gorbhabostha
pregnant *adj.* গর্ভবতী gorbhoboti
prehistoric *adj.* প্রাগোতিহাসিক pragoitihasik
prejudge *v.t.* পুর্বনিষ্পত্তি purbonispotti
prejudice *n.* পুর্বসংস্কার purbosonskar
prelim *n.* প্রাথমিক prathomik
preliminary *adj.* প্রাথমিক prathomik
prelude *n.* প্রস্তাবনা prostabona
premature *adj.* অপ্রাপ্তকাল opraptokal
premeditate *v.t.* পুর্বপরিকল্পনা করা purboporikolpona kora
premeditation *n.* পুর্বপরিকল্পনা purboporikolpona
premier *adj.* প্রদর্শনী prodorshoni
premium *n.* প্রতিদান protidan
premonition *n.* পুর্ববোধ purbobodh
pre-occupy *v.t.* আচ্ছন্ন করা achchhonno kora
prepaid *adj.* আগাম পরিশোধিত agam porishodhito
preparative *adj.* প্রোসতুতি সোনক্রান্তো prostuti songkranto
preparation *n.* প্রস্তুতি prostuti
prepare *v.t.* প্রস্তুত prostut
prepay *v.t.* আগাম দেওয়া agam deoa
prepossess *v.t.* মন জয় mon joy
preposterous *adj.* অযৌক্তিক ojouktik
pre-requisite *n.* পুর্বাবশ্যক purbabsyok
prerogative *n.* প্রাধিকার pradhikarmulok
presage *v.t.* পুর্বাভাস purbabhas
prescribe *v.t.* বিহিত করা bihit kora
prescript *n.* আদেশ adesh
prescription *n.* ব্যবস্থাপত্র byabosthapotro
presence *n.* উপস্থিতি uposthiti
present *adj.* উপস্থিত uposthit
present *n.* উপহার upohar
presently *adv.* বর্তমানে bortomane
preservation *n.* রক্ষণ rokkhon
preserve *v.t.* সংরক্ষণ করা songrokkhon
preside *v.t.* সভাপতিত্ব sobhapotitwo
presidency সভাপতিত্ব sobhapotitwo
president *n.* রাষ্ট্রপতি rashtropoti
presidential *adj.* রাষ্ট্রপতি সম্বন্ধী rashtropoti sombondhiyo
press *v.t.* চাপ chap
pressure *n.* পীড়ন piron
prestige *n.* মর্যাদা morjyada
presume *v.t.* অনুমান করা onuman kora
presumption *n.* অনুমিতি onumiti
presumptuous *adj.* অহঙ্কৃত ohonkrito
pretence *n.* ভান bhan
pretend *v.t.* ভান bhan
pretender *n.* রাজ্যাভিযোগী rajyabhijogi
pretext *n.* অজুহাত ojuhat
prettiness *n.* সৌন্দর্য soundorjo
pretty *adj.* সুন্দর sundor
prevail *v.t.* বিরাজমান birajman
prevailing *adj.* বিরাজমান birajman
prevalence *n.* প্রচলন procholon
prevalent *n.* প্রচলিত procholito
prevaricate *v.t.* অসত্য উক্তি osotyoukti
preventive *adj.* প্রতিরোধক protirodhok
previous *adj.* পুর্ববর্তী purboborti
prey *n.* শিকার shikar
price *n.* মুল্য mulyo
priceless *adj.* অমুল্য omulyo

prick *v.t.* খোঁচা দেওয়া khnocha deoa
prickle *n.* খোঁচা লাগা khnocha laga
prickly *adj.* কন্টকী kontoki
prickly *heat* ঘমাচি ghamachi
pride *n.* গর্ব gorbo
priest *n.* পুরোহিত purhit
priestly *adj.* পৌরোহিত pourohityo
prim *adj.* পরিপাট poripat
primarily *adv.* প্রধানত prodhanoto
primary প্রাথমিক prathomik
prime *adj.* প্রধান prodhan
primer *n.* প্রথম পাঠ prothom path
primitive *adj.* আদিম adim
primordial *adj.* আদ্যকালীন adyokalin
primrose *n.* বাসন্তী রং basonti rong
primus *n.* প্রাইমাস primus
prince *n.* রাজপুত্র rajputro
princely *adj.* রাজপুত্রতুল্য rajputrotulyo
princess *n.* রাজকুমারি rajkumari
principal *adj.* প্রধান prodhan
principality *n.* ক্ষুদ্র রাজ্য khudro rajyo
principle *n.* মুলসুত্র mulsutro
print *v.t.* ছাপা chhapa
printer *n.* মুদ্রাকর mudrakor
printing *n.* মুদ্রণ mudron
printing press *n.* মুদ্রণ যন্ত্র mudron jontro
prior *adj.* পুর্ববর্তী purboborti
priority *n.* অগ্রতা ogrota
prism *n.* প্রিজম prijom
prison *n.* কারাগার karagar
prisoner *n.* বন্দী bondi
pristine *adj.* আদিম adim
privacy *n.* একান্ততা ekantota
private *n.* ব্যক্তিগত byaktigoto
privately *adv.* একান্তে ekante
privation *n.* অভাব obhab
privy *adj.* গোপন gopon
prize *n.* পুরস্কার purskar
probability সম্ভাবনীয় sombhaboniyo
prbable *adj.* সম্ভাব্য sombhabyo
probably *adj.* খুব সম্ভব khub sombhob
probate *n.* উইলের বৈধতা uiler boidhota
probation *n.* অবেক্ষা obekkha
probationary *adj.* আবেক্ষিক abekkhik
probe *v.t.* তদন্ত todonto
probity *n.* সততা sotota
problem *n.* সমস্যা somosya
problematic *adj.* সমস্যাসঙ্কুল somosyasonkul
procedure *n.* কার্যপ্রণালী karjopronali
proceed *v.i.* অগ্রসর হওয়া ogrosor hoya
proceeding *n.* কর্মপন্থা kormopontha
process *n.* প্রক্রিয়া prokriya
procession *n.* মিছিল michil
proclaim *v.t.* ঘোষণা ghoshona
proclamation *n.* ঘোষণা ghoshona
proclivity *n.* প্রবণতা probonota
procrastinate *v.t.* গড়িমসি করা gorimosi kora
procrastination *n.* কালক্ষেপণ kalkkhepon
procreate *v.t.* প্রসব করা prosob kora
proctor *n.* প্ররক্ষক prorokkhok
procure *v.t.* অর্জন করা orjon kora
prod *v.t.* খোঁচানো khnochano
prodigal *adj.* অতিব্যয়ী otibyayi
prodigality *n.* অকৃপণতা okriponota
prodigious *adj.* বিশাল bishal
prodigy *n.* অসাধারণ ক্ষমতাসম্পন্ন osadharon kkhomotasomponno
produce *v.t.* হাজির করা hajir kora
product *n.* উৎপন্নদ্রব্য utponno drobyo
production *adj.* উৎপাদন utpadon
productive *adj.* উর্বর urbor
profane *v.t.* লৌকিক loukik
profess *v.t.* ঘোষণা করা ghoshona kora
profession *n.* জীবিকা jibika
professional *adj.* পেশগত peshagoto
professor *n.* বিশ্ববিদালয় শিক্ষক bisyobidyaloy sikkhok
proffer *v.t.* প্রস্তাব prostab
proficiency *n.* দক্ষতা dokkhota
proficient *adj.* দক্ষ dokkho
profit *v.t.* লাভ lav
profitable *adj.* লাভজনক lavjonok
profuse *adj.* সুপ্রচুর soprochur

profusion *n.* অতিপ্রাচুর্য otiprachurjo
progenitor *n.* পুর্বপুরুষ purbopurush
progeny *n.* সন্তান সন্ততি sontan sontoti
prognosis *n.* পরিভাষন poribhashon
prognostic *adj.* পুর্বসুচক purbosuchok
prognosticate *v.i.* পুর্বাভাস purbabhas
programme *n.* ক্রমপত্র kromopotro
progress *n.* অগ্রগতি ogrogoti
progression *n.* অগ্রগমন ogrogomon
progressive *adj.* অগ্রগতিশীল ogrogotishil
prohibit নিষেধ করা nishedh kora
prohibition *n.* নিষেধ nishedh
project *n.* প্রকল্প prokolp
projectile *n.* ক্ষেপণাস্ত্র kkheponastro
projection *n.* প্রক্ষেপণ prokkhepon
prolific *adj.* প্রচুর পরিমাণে prochur porimane
prolix *adj.* বিরক্তিকর biroktikor
prolixity *n.* অতিবিস্তার otibistar
prologue *n.* প্রস্তাবনা prostabona
prolong *v.t.* দীর্ঘায়িত dirghayito
promenade *n.* ভ্রমণ bhromon
prominent *adj.* উন্নত unnoto
promiscuous *adj.* বাছবিচারহীন bachbicharhin
promise *n.* অঙ্গীকার ongikar
promising *adj.* প্রতিশ্রুতিময় protishrutimoy
promissory *adj.* প্রতিশ্রুতিবহ protishrutiboho
promote *v.t.* পদোন্নতি podonnoti
promotion *n.* পদোন্নতি podonnoti
promulgate *v.t.* প্রচার করা prochar kora
promulgation *n.* প্রকীর্তন prokirton
prone *adj.* প্রবন probon
pronoun *n.* সর্বনাম sorbonam
pronounce *v.t.* উচ্চারন uchcharon
pronunciation *n.* উচ্চারন uchcharon
proof *n.* প্রমাণ proman
propaganda *n.* তথ্য tothyo
propagandist *n.* তথ্যপ্রচারক tothyoprocharok
propagate *v.t.* সংখ্যাবৃদ্ধি করা sonkhyabriddhi kora
propel *v.t.* প্রচালিত করা prochalito kora
propensity প্রবণতা probonota
proper *adj.* উপযুক্ত upojukto
properly *adv.* যথোচিতভাবে jothochito bhabe
property *n.* সম্পত্তি sompotti
prophecy *n.* ভবিষ্যৎকথন bhobisyotkothon
prophesy *n.* ভবিষ্যৎবাণী bhobisyotbani
prophetic *adj.* ভবিষ্যৎবাণী bhobisyotbani
prophylactic *adj.* রোগবারক rogbahok
propitiate *v.t.* প্রসন্ন করা proshonno kora
propitiation *n.* প্রসাদন prosadon
propitious *adj.* অনুকুল onukul
proportional *adj.* আনুপাতিক anupatik
proposal *n.* প্রস্তাবদান prostabdan
propose *v.t.* প্রস্তাব দেওয়া prostab deoa
proposition *n.* বিবৃতি bibriti
propound *v.t.* প্রস্থাপন করা prosthapon kora
proprietary *adj.* স্বত্বাধিকারী swotwadhikari
proprietor *n.* মালিক malik
propriety *n.* নীতিনিয়মের শুদ্ধতা nitiniomer shuddhota
prorogation *n.* মুলতবি multobi
prorogue *v.t.* মুলতবি করা multobi kora
prosaic *adj.* গদ্যময় godyomoy
proscribe *v.t.* নির্বাসিত করা nirbashito kora
proscription *n.* প্রতিষেধন protishedhon
prose *n.* গদ্য godyomoy
prosecute *v.t.* অব্যাহত রাখা obyahoto rakha
prosecution *n.* মামলা mamla
prosecutor *n.* অভিযোক্তা obhijokta
proselyte *n.* নিজের ধর্মীয় nijer dhormiyo
prosody *n.* ছন্দ chhondo
prospect *n.* পরেপ্রেক্ষিত poriprekkhito
prospective *adj.* সম্ভাব্য sombhabyo
prospectus *n.* প্রস্তাবিকা prostabika
prosper *v.t.* উন্নতি করা unnoti kora

prosperity *n.* সমৃদ্ধি somrriddhi
prosperous *adj.* সমৃদ্ধ somriddho
prostitute বেশ্যা dehoposarini
prostitution *n.* বেশ্যাবৃত্তি besyabritti
prostrate *v.t.* প্রণত pronoto
protagonist *n.* মখ্যচরিত্র mukhyo choritro
protect *v.t.* রক্ষণ rokkhon
protection *n.* সংরক্ষণ songrokkhon
protective *n.* নিরাপত্তামুলক nirapottamulok
protector *n.* রক্ষক rokkhok
protectorate *n.* আশ্রিত রাজ্য ashrito rajyo
protege *n.* অনুগ্রহভাজন onugrohobhajon
protest *v.t.* প্রতিবাদ protibad
protocol *n.* বিনয়বিধি binoybidhi
protoplasm *n.* প্রোটোপ্লাজাম protoplasm
prototype *n.* অনুরূপ onurup
protract *v.t.* দীর্ঘায়িত dirghayito
protraction *n.* দীর্ঘীকরণ dirghikoron
protractor *n.* চাঁদা chada
protrude *v.t.* বহির্বর্তিত bohirbrityo
proud *adj.* গর্বিত gorbito
prove *v.t.* প্রমাণ proman
provender *n.* পশুখাদ্য poshukhadyo
proverb *n.* প্রবচন probochon
proverbial *adj.* প্রবাদতুল্য probadtulyo
provide *v.t.* সংস্থান songsthan
provided *conj.* এই শর্তে ei shorte
providence *n.* মিতব্যায় mitobyay
provident *adj.* দুরদর্শী durodorshi
providential *adj.* ঈশ্বরবিহিত ishworbihito
province *n.* প্রদেশ prodesh
provincialism *n.* প্রাদেশিকতা pradeshikota
provision *n.* সরবরাহ sorboraho
provisional অস্থায়ী osthayi
proviso *n.* বিশেষ bishesh
provocation *n.* উসকানি uskani
provoke *v.t.* খেপানো khepano
prow *n.* গলুই golui
prowess *n.* বিক্রম bikrom
proximate *adj.* নিকটতম nikototomo
proximity *n.* সান্নিধ্য sannidhyo
prude *n.* বিনয়ভিমানী binoyabhimani
prudence *n.* দুরদর্শিতা durdorshita
prudent *n.* বিচক্ষন bichokkhon
prudery *n.* শিষ্টাচারমান্যতা shishtacharmanyota
prune *v.t.* অংশবিশেষ ছাঁটা ongshobishesh chhnata
prurient *adj.* বিকৃত কামনাসম্পন্ন bikrito kamonasomponno
pry *v.t.* অত্যাধিক কৌতুহল otyadhik koutuhol
psalm *n.* স্তুতিগান stutigan
pseudo *n.* কৃত্রিম kritrim
pseudonym *n.* ছদ্মনাম chhodmonam
pshaw *int.* অবজ্ঞা obogga
psyche *n.* অন্তরাত্মা ontoratma
psychic *adj.* মানসিক manosik
psychological *adj.* মানসিক manosik
psychology *adj.* মনোবিদ্যা monobidya
puberty *n.* বয়ঃসন্ধি boyosondhi
public *adj.* জনসাধারণ jonosadharon
publication *n.* প্রকাশনা prokashona
publicity *n.* প্রচার prochar
publish *v.t.* মুদ্রণ mudron
publisher *n.* প্রকাশক prokashok
pudding *n.* মিষ্টিদ্রব্য mishtidrobyo
puddle *n.* গর্ত gorto
puff *n.* ধোঁয়া ত্যাগ dhnoya tyag
pugilist *n.* মুষ্টিযোদ্ধা mushtijoddha
pugnacious *adj.* কলহপ্রিয় kolohopriyo
puissant *adj.* অত্যন্ত otyonto
puke *v.t.* বমি করা bomi kora
pull *v.t.* টান tan
pulldown *v.t.* ধ্বংস করা dhwongso kora
pulley *n.* কপিকল kopikol
pulmonary *adj.* ফুসফুসঘটিত fusfusghotito
pulp *n.* নরম শাঁস norom snas
pulse *n.* ধমনী dhomoni
pulverize *v.t.* গুঁড়া করা gnura kora
pump *n.* পাম্প pump

pumpkin *n.* কুমড়া kumro
pun *n.* শব্দ কৌতুক shobdo koutuk
punch *n.* ফোটা করার যন্ত্র futo korar jontro
punctilious *adj.* যথাযথ jothajotho
punctual *n.* যথাসময়ে jothasomoye
punctuality *n.* সময়ানুবর্তিতা somoyanubortita
punctuate *v.t.* বিরামচিহ্ন biramchinho
punctuation *n.* বিরামচিহ্নের ব্যবহার biramchinher byabohar
punctur ফুটো futo
pungent *adj.* তীব্র tibro
punish *v.t.* শাস্তি shasti
punishable *adj.* শাস্তিযোগ্য shastijogyo
punishment *n.* শাস্তি shasti
punitive *adj.* শাস্তিমুলক shastimulok
puny *adj.* পুঁচকে pnuchke
puppy *n.* বাচ্চা কুকুর bachcha kukur
pupil *n.* ছাত্র chhatro
puppet *n.* পুতুল putul
purchase *v.t.* ক্রয় kroy
pure *adj.* বিশুদ্ধ bishuddho
purgative *adj.* রেচক দ্রব্য rechok drobyo
purgatory *n.* শুদ্ধিমুলক shuddhimulok
purge *n.* বিশোধিত করা bishodhito kora
purification *n.* পরিশোধন porishodhon
purify *v.t.* পবিত্র করা pobitro kora
puritan *n.* নীতিবাগীশ nitibagish
purity *n.* শুদ্ধতা shuddhota
purl *v.i.* কুলকুল ধ্বনি kul kul dhwoni
purple *adj.* রং beguni rong
puopose *n.* উদ্দেশ্য uddeshyo
purposely *adj.* উদ্দেশ্যমুলকভাবে uddeshyomulokbhabe
purr *v.i.* তৃপ্তি tripti
purse *n.* মানিব্যাগ manibyag
purse-proud *adj.* মানিব্যাগ manibyag
purse-strings কৃপণ হওয়া kripon hoya
pursuance *n.* অনুসারে onusare
pursue *v.t.* তাড়া করা tara kora
pursuit *n.* অনুসরণ onusoron
purulent *adj.* পুঁজযুক্ত pnuj jukto
purvey *v.t.* সরবরাহ করা sorboraho kora
purveyance *n.* সরবরাহকরণ sorborahokoron
purview *n.* আত্ততা attota
pus *n.* পুঁজ pnuj
push *v.t.* ধাক্কা dhakka
pusillanimous *adj.* ভীরু bhiru
put রাখা rakha
putrid *adj.* পচা pocha
putrefy *v.t.* পচানো pochano
putsch *n.* অভ্যুত্থান obhyutthan
puzzle *v.t.* দুর্বোধ্য প্রশ্ন dhadha
pygmy *n.* বামন bamon
pyorrhoea *n.* দাঁতের রোগ dnater rog
pyramid *n.* পিরামিড piramid
pyre *n.* চিতা chita

python *n.* অজগর সাপ ojogor sap

Q

quack *v.i.* হাতুড়ে ডাক্তার hature daktar
quackery *n.* হাতুড়ে ডাক্তার hature daktar
quadrangle *n.* চতুর্ভুজাকার choturbujhakar
quadrant *n.* যন্ত্রবিশেষ jontrobishesh
quadratic *adj.* দ্বিধাতের সহসমীকরণ dwidhater sohosomikoron
quadrennial *adj.* চতবর্ষীয় chotuborshiyo
quadrilateral *adj.* চতুর্ভুজা ক্ষেত্র choturbhuja khetro
quadrillion *n.* দশ লক্ষের চতুর্ঘাত dosh lokkher choturghat
quadruped *n.* চতুপদ প্রাণী chotuspod prani
quadruple *n.* চতুর্মুখী choturmukhi
quagmire *n.* জলভরা খানাখন্দ jolbhora khanakhondo
quail *n.* পাখিবিশেষ pakhibishesh
quaint *adj.* খেয়ালি kheyali
quake *v.i.* ভুমিকম্প bhumikompo

qualification *n.* যোগ্যতা jogyota
qualified *adj.* যোগ্য jogyo
qualify *v.t.* যোগ্য করে তোলা jogyo kore tola
qualitative *adj.* গুণগত gungoto
quality *n.* গুণ gun
qualm *n.* বিবেকের অস্বস্তিবোধ bibeker oswostibodh
quandary *n.* দ্বিধা dwidha
quantitative *n.* পরিমাণগত porimangoto
quantity *n.* পরিমাণ নির্ধারণ poriman nirdharon
quantum *n.* পরিমাণ poriman
quarrel *v.i.* ঝগড়া jhogra
quarrelsome *adj.* ঝগরুটে jhogrute
quarter *n.* এক চতুর্থাংশ ek choturthangso
quarterly ত্রৈমাসিক troimashik
quartz *n.* খনিজ দ্রব্য khonijo drobyo
quasi *adv.* দৃশ্যত drisyoto
quatrain *n.* চার লাইনের পদ্য charlainer podyo
quaver *n.* কাঁপা knapa
quay *n.* জেটি jeti
queasy *adj.* বমনোদ্রেককর bomonodrekkor
queen *n.* রানী rani
queenly *adj.* রানীসুলভ ranisulobh
queer *adj.* অদ্‌ভুত odbhut
quell *v.t.* দমন করা domon kora
quench *v.t.* নির্বাপিত করা nirbapito kora
query *n.* জিজ্ঞাসা jiggasa
quest *n.* সন্ধান sondhan
question *n.* প্রশ্ন proshno
questionable *adj.* প্রশ্নসাপেক্ষ proshnosapekkho
queue *n.* লাইন lain
quick *adj.* দ্রুত druto
quicken *v.t.* ত্বরান্বিত করা tworantito
quickness *n.* দ্রুতগতিসম্পন্ন drutogotisomponno
quicklime *n.* চুন chun
quickly *adv.* সত্তর sottor
quicksilver *n.* পারদ parod
quid *n.* খৈনি khoini
quiddity *n.* সারবস্তু sarbostu
quiescent *adj.* শান্ত shanto
quiet *v.t.* শান্ত shanto
quietly *adv.* শান্ত ভাবে shanto bhabe
quietude *n.* প্রশান্তি proshanti
quietus *n.* ঋণ পরিশোধ rin porishodh
quill *n.* পালক palok
quilt *n.* লেপ lep
quinine *n.* ঔষধ oushodh
quinsy *n.* গলার প্রদাহ golar prodaho
quintessence *n.* উৎকৃষ্ট নিদর্শন utkrishto nidorshon
quip *n.* চতুর chotur
quire *n.* দিস্তা dista
quirk *n.* মুদ্রাদোষ mudradosh
quit *v.t.* ছেড়ে যাওয়া chhere jaoa
quite *adv.* সমগ্রভাবে somogrobhabe
quittance *n.* ঋণমুক্তির দলিল rinmuktir dolil
quiver তীর রাক্ষার খোপ thir rakhar khop
quixotic *adj.* খামখেয়ালি khamkheyali
quiz *n.* সাধারণ জ্ঞানের পরীক্ষা sadharon gyaner porikkha
quizzical *adj.* লঘু পরিহাসমুলক loghu porihasmulok
quondam *adj.* ভুত পুর্ববর্তী bhutopurboborti
quotation *n.* উদ্ধতকরণ uddhotokoron
quote *v.* উদ্‌ধৃত করা udhrito kora
quoth *n.* বললো bollo
quotidian *adj.* দৈনন্দিন doinondin
quotient *n.* ভাগফল bhagfol

R

rabbit *n.* খরগোশ khorgosh
rabble উচ্ছৃঙ্খল জনতা uchchhrinkhon jɔnota
rabid *adj.* উমাদ umad
rabies *n.* জলাতঙ্ক jolatonko

race *n.* দৌড় dour
race-course *n.* ঘোড়াদৌড়ের মাঠ ghordourer math
racial *adj.* সাম্প্রদায়িক samprodayik
rack *n.* তাক tak
racket *n.* কোলাহল kolahol
racketeering *n.* ব্যবসা byabsa
racy *adj.* সতেজ sotej
radial *adj.* ব্যাসার্ধ সম্পর্কিত poridhi somporkito
radiance *n.* দীপ্তি dipti
radiant *adj.* দীপ্তিমান diptiman
radiate *v.t.* বিকিরণ bikiron
radiation *n.* বিকিরণ bikiron
radical *adj.* মৌলিক moulik
radio *n.* বেতার betar
radiology *n.* বিকিরণের বৈজ্ঞানিক বিচার bikironer boigyanik bichar
radish *n.* মুলা mulo
radium *n.* তেজস্ক্রিয় মৌলিক ধাতব tejoskriyo moulik dhatu
radius *n.* পোরধি poridhi
raft *n.* নৌকা nouka
rage *n.* র‍্যাগ rag
raid *n.* আকস্মিক আক্রমণ akosmik akromon
rail *n.* রেল rel
railway *n.* রেল rel
rain *n.* বৃষ্টি brishti
rainbow *n.* রামধনু ramdhonu
rainfall *n.* বৃষ্টিপাত brishtipat
raingauge *n.* বৃষ্টিপরিমাপক যন্ত্র brishtiporimapok jontro
rainy *adj.* বৃষ্টিপুর্ণ brishtipurno
raise উঠানো uthano
raisin *n.* কিশমিশ kismis
rakish *n.* দুশ্চরিত্র duschoritro
rally *v.t.* উজ্জীবিত করা ujjibito kora
ram *n.* পাঁঠা pnatha
ramble *v.i.* আলোচনা করা alochona
ramification *n.* শাখা বিভাগ shakha
ramify *v.t.* শাখা বিভক্ত করা shakha bibhokto kora
ramp *v.i.* ঢালু পথ dhalu poth
rampage *n.* উত্তেজণাপুর্ণ আচরণ uttejonapurno achoron
rampant অবাধ obadh
rampart *n.* আত্মরক্ষা attorokkha
rancid *adj.* পচা চর্বি pocha chorbi
rancour *n.* ঘৃণা ghrina
rand *n.* দক্ষিন আফ্রিকার মুদ্রা dokkhin afrikar mudra
random *adj.* এলোমেলোভাবে alomelo bhabe
randy *adj.* হুল্লোড়ে hullor
range *v.t.* ক্রমবিন্যাস kromobinyas
ranger *n.* বনরক্ষী bonorokkhi
rank *n.* ব্যক্তির বিন্যাস byaktir binyas
ransack লন্ডভন্ড londobhondo
ransom *n.* মুক্তিপণের টাকা muktiponer taka
rant *n.* বাদসর্বস্ব বক্‌তৃতা badsorboswo boktrita
rap *n.* দ্রুত druto
rapacious *adj.* লোভী lobhi
rape *n.* ধর্ষণ dhorshon
rapid *adj.* দ্রুত druto
rapidity *n.* দ্রুততো drutota
rapier *n.* দ্বন্দ্বযুদ্ধ dwondwojuddho
rapine *n.* লুটপাট lutpat
rapport *n.* সহানুভুতিপুর্ণ সম্পর্ক sohanubhutipurno somporko
rapprochement *n.* সম্পর্ক পুনঃস্থাপন somporko punosthapon
rapt *adj.* মগ্ন mogno
rapture *n.* মগ্নতা mognota
rare দুর্লভ durlobh
rarely *adv.* কদাচিৎ kodachito
rarity *n.* বিরলতা birolota
rascal *n.* বদমাস bodmas
rase *v.t.* ধুলিসাৎ করা dhulisat kora
rash *adj.* ফুলকুড়ি fulkuri
rasp *n.* উখা ukha
raspberry *n.* কন্টকগুল্মফল kontokgulmofol
rat *n.* ইঁদুর indur
ratable *adj.* করারোপযোগ্য koraropojogyo

rate দর dor
rather *adv.* বরঞ্চ boroncho
ratification *n.* অনুসমথফন onusomothofon
ratify *v.t.* অনুমোদন করা onumodon kora
ratio *n.* অনুপাত onupat
ration *n.* রেশন reshon
rational *adj.* যৌক্তিক jouktik
rationale যৌক্তিক ভিত্তি jouktik bhitti
rationalist *n.* জুক্তিবাদি juktibadi
rattle *v.i.* ঝমঝম করা jhomjhom kora
ravage *n.* বিধবস্ত biddhosto
rave *v.i.* খেপার মতো khepar moto
ravel *v.t.* পাক খোলা pak khola
raven *n.* দাঁড় কাক dnar kak
ravenous ক্ষুধার্ত khudharto
ravine *n.* দরী dori
ravish *v.t.* আনন্দে বিহবল করা anonde bihwol kora
ravishment *n.* বিমোহন bimohon
raw *adj.* কাঁচা knacha
ray *n.* রশ্মি rosmi
rayon *n.* রেয়ন reyon
raze *v.t.* ধুলিসাৎ করা dhulisat kora
razor *n.* খুর khur
reach *v.t.* পৌঁছানো pouchhano
react *v.i.* পৌভাবিত হওয়া protikriya prokash
reaction *n.* বিক্রিয়া bikriya
reactionary *adj.* বিক্রিয়া bikriya
read *v.t.* পড়া pora
readable *adj.* পাঠযোগ্য pathjogyo
reader *n.* পাঠক pathok
readiness *n.* প্রস্তুত prostut
reading *n.* পাঠ path
readjust *v.t.* পুনর্বিন্যাস্ত punorbinyas
ready *adj.* তৈরি toiri
readymade *adj.* তাৎক্ষনিকভাবে ব্যবহারোপযোগী tatkkhonikbhabe byboharopojogi
real *adj.* বাস্তব bastob
realism *n.* বাস্তববাদ bastobbad
realistic *adj.* বাস্তববাদী bastobbadi
reality *n.* বাস্তবতা bastobota
realization *n.* বাস্তববায়ন bastobayon
realize *v.t.* উপলব্ধি upolobdhi
realm *n.* রাজ্য rajyo
ream *n.* দিস্তা distha
reap *v.i.* কাটা kata
reappear *v.i.* পুনরাবির্ভুত হওয়া punorabirbhuto hoya
rear *n.* পিছনের অংশ pichhoner ongsho
rearm *v.t.* পুনরায় অস্ত্রসজ্জিত punoray ostrosojjito
rearrange *v.t.* পুনর্বিন্যাস করা punorbinyas
reason *n.* কারণ karon
reasonable *adj.* যুক্তিপরায়ণ juktiporayon
reasoning *n.* যুক্তিবিন্যাস juktibinyas
rebate *v.t.* ছাড় chhar
rebel *n.* বিদ্রোহী bidrohi
rebellion *n.* বিদ্রোহ bidroho
rebirth *n.* পুনর্জন্ম punorjonmo
rebound *n.* প্রতিক্ষিপ্ত হওয়া protikkhipto hoya
rebuff *n.* অবজ্ঞাপুর্ণ উপেক্ষা oboggapurno upekkha
rebuke *v.t.* তিরস্কার tiroskar
rebut *v.t.* খন্ডন khondon
recalcitrant *adj.* অবাধ্য obadhyo
recall *n.* ডেকে পাঠানো deke pathano
recant *v.t.* ত্যাগ করা tyag kora
recapitulate *v.t.* পুনরাবৃত্তি করা punorabritti kora
recapture *v.t.* স্মরণ করা smoron kora
recast *v.t.* ছাঁচে ঢালা chnache dhala
recede *v.ti.* পিছিয়ে যাওয়া pichhiye jaoa
receipt *n.* প্রাপ্তি prapti
receive *v.t.* গ্রহন grohon
receiver *n.* গ্রহীতা grohita
recent *adj.* অধুনাতন odhunaton
recently *adv.* অধুনা odhuna
receptacle *n.* সম্মানিত sommanito
reception *n.* অভ্যর্থনা obhyorthona
receptive *adj.* গ্রহণোম্মুখ grohononmukh
recess *n.* অবকাশ obokash
recipe *n.* আহার্য aharjyo

recipient *n.* প্রাপক prapok
reciprocal *adj.* অনুরুপ onurup
reciprocate *v.t.* লেনদেন করা lenden kora
recital *n.* সঙ্গিত পরিবেশনা songit poribeshona
recitation আবৃত্তি abritti
recite *v.t.* আবৃত্তি করা abritti kora
reckless *adj.* বেপরোয়া beporoya
reckon *v.t.* হিসাব করা hisab kora
reckoning *n.* পরিশোধনীয় মুল্যের হিসাব porishodhoniyo mulyer hisab
reclaim *v.t.* পুনরুদ্ধার করা punoruddhar kora
reclamation *n.* পুনরুদ্ধার punoruddhar
recline *v.t.* এলিয়ে দেওয়া eliye deoa
recluse *n.* বিবিক্তবাসী bibiktobasi
recognition *n.* স্বীকৃতি swikriti
recognizance *v.t.* মুচলেকা muchleka
recoil *v.i.* পিছিয়ে আসা pichhiye asa
recollect *v.t.* স্মরণ করা smoron kora
rocollection *n.* স্মরণ smoron
recommend *n.* সুপারিশ করা suparish kora
recommendation *n.* সুপারিশ suparish
recompense *n.* পুরস্কৃত করা puroskrito kora
reconcile *v.t.* মিটিয়ে ফেলে mitiye fela
reconciliation *n.* মিটমাট mitmat
recondite *adj.* দুর্বোধ্য durbodhyo
reconnaissance কাজের আগ প্রাথমিক জরিপ kaj age prathomik jorip
reconstitute *v.t.* পুনরগঠন punorgothon
record *n.* রেকর্ড rekord
recorder *n.* ধারকযন্ত্র dharokjontro
recount *v.t.* বিবরণ দেওয়া biboron deoa
recoup *v.t.* পুষিয়ে নেওয়া pushiye neoa
recourse *n.* সাহায্য চাওয়া sahajyo chaoya
recover *v.t.* ফিরে পাওয়া fire paoya
recoverable *adj.* পুনরুদ্ধারযোগ্য punoruddhar jogyo
recovery *n.* আরোগ্য arogyo
recreant *adj.* কাপুরুষ kapurush
recreate *v.t.* পুনরগঠন punorgothon
recreation *n.* আমোদপ্রমোদ amod promod
recruit *v.t.* নিয়োগ niyog
rectangle *n.* আয়তক্ষেত্র ayotokhetro
rectangular *adj.* আয়তক্ষেত্রাকার aoyotokhetrakar
rectification *n.* সংশোধন songsodhon
rectify সংশোধন করা songsodhon kora
rectitude *n.* সততা sotyoto
rector *n.* রেকটর rekton
recumbent শায়িত shayito
recuperate *v.t.* সুস্থ হয়ে ওঠা sustho hoye otha
recur *v.i.* পুনরায় ঘটে punoray ghote
recurrence *n.* পুনরাবর্তন punoraborton
recurrent *adj.* আবর্তক abortok
red *adj.* লাল lal
redaction *n.* সম্পাদনা sompadona
redden *v.t.* লাল হওয়া lal hoya
reddish *adj.* লালচে lalche
redeem *v.t.* পুনরুদ্ধার করা punoruddhar kora
redeembale *adj.* উদ্ধারযোগ্য uddharjogyo
redeemer *n.* ত্রাণকর্তা trankorta
redemption *n.* ত্রাণ tran
re·handed *adj.* হাতে নাতে hate nate
re·hot *adj.* হাতে গরম hate gorom
red lead *n.* রং বিশেষ rong bishesh
redness *n.* লালচে lalche
redolent *adj.* স্মৃতিসুরভিত smritisurobhito
redoubt *v.t.* দুর্ভেদ্য স্থান durbhedyo sthan
redoubt *n.* দুর্ভেদ্য স্থান durbhedyo sthan
redoubtable *adj.* দুর্দান্ত durdanto
redress *v.t.* সংশোধন করা songsodhon kora
reduce *v.t.* হ্রাস করা hras kora
reducible *adj.* কমাবার উপযোগী komabar upojogi
reduction *n.* হ্রাস hras
redundant অনাবশ্যাক onaboshyok
reduplicate *v.t.* দ্বিগুণ করা dwigun kora
reed *n.* নল nol
reef *n.* পাল খাটো করা pal khato kora

reek *n.* তীব্রদুর্গন্ধ tibrodurgondho
reel *n.* সুতা suta
re-elect *v.t.* পুনঃনির্বাচিত punonirbachito
re-examine *v.t.* পুনঃপরীক্ষা punoporikkha
refection *n.* প্রতিফলন protifolon
refectory *n.* ভোজনশালা bhojonshala
refer *v.t.* উল্লেখ করা ullekh kora
referee *n.* মধ্যস্থ modhyostho
reference উল্লেখ ullekh
referendum *n.* ভোটগ্রহণ bhot grohon
refine *v.t.* বিশুদ্ধ করা bisuddho kora
refined *adj.* বিশুদ্ধিত bisuddhito
refinement *n.* শোধন shodhon
refinery *n.* শোধানাগার shodhonagar
reflect *v.t.* প্রতিফলিত protifolito
reflection *adj.* প্রতিফলন protifolon
reflective *n.* ভাবুক bhabuk
reflecter *n.* প্রতিফলন হয় এমন protifolok
reflex *n.* প্রতিবর্তী ক্রিয়া protiborti kriya
reflux *n.* ভাঁটা bhnata
reform *v.* সংশোধন করা songsodhon
reformation *n.* সংস্কার sonskar
reformatory সংস্কারমুলক sonskarmulok
reformer *n.* সংস্কারক sonskarok
refract *v.t.* প্রতিসৃত করা protisrito kora
refraction *n.* প্রতিসরণ protisoron
refractory *adj.* একগুঁয়ে ekgnuye
refrain *v.i.* বিরত থাকা biroto thaka
refresh *v.t.* ঝরঝরে jhorjhore
refreshing *adj.* শক্তিদায়ক shoktidayok
refreshment *n.* হালকা খাবার halka khabar
refrigerate *v.t.* শীতল করা shitol kora
refrigerator *n.* শীতল করা যন্ত্র shitol kora jontro
refuge *n.* আশ্রয় ashroy
refugee *n.* শরণার্থী shoronarthi
refund *v.t.* ফেরত দেওয়া ferot deoa
refusal *n.* প্রত্যাখ্যান protyakhyan
refuse *v.t.* আবর্জনা aborjona
refutation *n.* খন্ডন khondon
refute *v.t.* খন্ডন khondon
regain *v.t.* ফিরে পাওয়া fire paoa
regal *adj.* রাজকীয় rajokiyo
regale *n.* সুখ দান করা shukh dan kora
regalia *n.* রাজচিহ্নাদি rajchinhadi
regard *v.t.* নিরীক্ষন করা nirikkhon kora
regarding *prep.* সম্পর্কে somporke
regardless *adj.* বিবেচনা না করে bibechona na kore
regency *n.* রীজেনসি rajokiyo
regenerate *v.t.* নবজীবন লাভ করা nobojibon lav kora
regeneration *n.* পুনর্জীবন punorjibon
regent *n.* অসুস্থতা osusthota
regicide *n.* রাজহত্যা rajhotya
regime *n.* শাসনব্যবস্থা shasonbyabostha
regimen *n.* স্বাস্থ্যবিধান swasthobidhan
regiment *n.* সেনা সম্পর্কিয় sena somporkiyo
regina *n.* রাজ্যশাসনরতা রানী rajyo shashonrota rani
region *n.* এলাকা elaka
register *n.* তালিকা takila
registrar *n.* রেজিস্ট্রার rejistrar
registration *n.* নিবন্ধীকরণ nibondhikoron
registry *n.* নিবন্ধগ্রস্থ রাখার স্থান nibondhogrontho rakhar sthan
regress *v.i.* পশ্চাদগমন করা poschadgomon kora
regression *n.* পশ্চাদগতি poschadgoti
regret *v.t.* অনুতাপ onutap
regular *n.* নিয়মিত niyomito
regularity *n.* নিয়মনিষ্ঠা niyomnishtha
regularize *v.t.* বিধিসম্মত করা bidhisommoto kora
regulate *v.t.* নিয়মিত করা niyomito kora
regulation *n.* নিয়মন niyomon
regulator *n.* নিয়ন্ত্রক niyontrok
rehabilitation *n.* পুনর্বাসন punorbashon
rehearsal *n.* মহড়া mohora
rehearse *v.t.* অনুশীলন onushilon
reign *v.t.* রাজত্ব rajotwo
reimburse *v.t.* ব্যয় পরিশোধ byah porishodh

rein *n.* লাগাম lagam
reindeer *n.* হরিণবিশেষ horinbishesh
reinforce *v.t.* জোরদার করা jordar kora
reinforced দৃঢ়ীকরা dririkora
reinforcement *n.* দৃঢ়ীকরণ dririkoron
reins *n.* লাগাম lagam
reinsert *v.t.* পুনরায় প্রবেশ punoray probesh
reinstate *v.t.* পুনর্বহাল করা punorbohal kora
reinsure *v.t.* পুনরায় বিমা করা punoray bima kora
reinvest *v.t.* পুরায় বিনিয়োগ punorbiniyog
reissue *v.t.* পুনরায় চালু punoray chalu
reiterate *v.t.* পুনর্ব্যক্ত punorbyakto
reiteration পুনরাবৃত্তি punorabritti
reject *v.t.* বাতিল batil
rejection *n.* বাতিলকরণ batilkoron
rejoice *v.t.* আনন্দিত anondito
rejoicing *n.* আমোদফুর্তি amod furti
rejoin *v.t.* জবাব jobab
rejoinder *n.* আইনি পরিভাষা aini poribhasha
rejuvenate *v.i.* নবযৌবন দান nobojoubon dan
rejuvenationعادہ। পুনর্যৌবনদান punorjoubon dan
relate *v.t.* বর্ণনা দেওয়া bornona deoa
related সম্পর্কিত somporkito
relating *adj.* সম্পর্ক somporko
relation *n.* সম্পর্ক somporko
relationship *n.* সম্পর্ক somporko
relative *n.* আত্মীয় atmiyo
relatively *n.* তুলামুলকভাবে tulanamulokbhabe
relax *v.t.* আরাম করা aram kora
relaxation *n.* বিনোদন binodon
relay *n.* অশ্বপর্যায় ashwoporjay
release *v.t.* মুক্তি mukti
relegate *v.t.* নিম্ন পদ nimno pod
relegation *n.* দায়িত্ব অর্পণ daitwo orpon
relent *v.t.* সদয় হওয়া sodoy hoya
relentless *n.* নির্মম nirmom
relevance *n.* প্রাসঙ্গিকতা prasongikota
relevant *adj.* সম্পর্কীয় somporkiyo
reliability *n.* নির্ভরযোগ্যতা nirbhorjogyota
reliable *adj.* নির্ভরযোগ্য nirbhorjogyo
reliance *n.* আস্থা astha
relic *n.* পবিত্র স্মৃতিচিহ্ন pobitro smritichinho
relief *n.* উপশম uposom
relieve *v.t.* স্বস্তি দেওয়া swosti deoa
religion *n.* ধর্মবিশ্বাস dhormobiswas
religious *adj.* ধর্মীয় dhormiyo
relinquish ত্যাগ করা tyag kora
relish *n.* আকর্ষণীয় গুন akorshoniyo gun
reluctance *n.* অনিচ্ছুক onichchhuk
reluctant *adj.* অনিচ্ছুক onichchhuk
rely *v.i.* নির্ভর nirbhor
remain *v.t.* অবশিষ্ট oboshishto
remainder *n.* অবশিষ্টাংশ oboshishtangsho
remains *n.* অবশিষ্টাংশ oboshishtangsho
remand *v.t.* পুনঃপ্রেষন punopreshon
remark *v.t.* মন্তব্য করা montyobyo kora
remarkable *adj.* আকর্ষণীয় akorshoniyo
remarriage *n.* পুনর্বিবাহ punorbibaho
remarry *v.i.* আবার বিয়ে করা punorbibaho
remedial *adj.* প্রতিকারক protikarok
remedy *n.* প্রতিকার protikarok
remember *v.t.* স্মরণ smoron
remembrance *n.* স্মরণ smoron
remind *v.t.* স্মরণ smoron
reminder *n.* স্মারক smarok
reminiscence *n.* স্মৃতিচরণ smriticharon
reminiscent *adj.* স্মৃতিবাহী smritibahi
remiss *adj.* অমনোযোগী omonojogi
remission *n.* ক্ষমা kkhoma
remit *v.t.* ক্ষমা করা khoma kora
remittance *n.* অর্থ প্ররণ ortho preron
remittent *adj.* সবিরাম sobiram
remnant *n.* অবশেষ oboshesh
remonstrance প্রতিবাদ protibad
remonstrate *v.i.* প্রতিবাদ করা protibad kora

remorse *n.* অনুতাপ onutap
remote *adj.* দুরবর্তী duroborti
remount *v.t.* পুনরারোহণ করা punorarohon kora
removable *adj.* সরানো যায় এমন sorano jay emon
removal *n.* সরানো sorano
remove *v.t.* সরানো sorano
remunerate পুরস্কৃত করা purskrito kora
remuneration *n.* পুরস্কার purskar
remunerative *adj.* লাভজনক labhjonok
renal *adj.* বৃক্কঘটিত brikkoghotito
rend *v.t.* বিদীর্ণ করা bidirno kora
render *v.t.* প্রতিদানে দেওয়া protidane deoa
rendezvous *n.* মিলনস্থল milonsthon
renegade *n.* স্বধর্মত্যাগী swodhormotyagi
renew *v.t.* পুনরায় নতুন করা punoray notun kora
renewable *adj.* নবায়নযোগ্য nobayonjogyo
renewal *n.* নবায়ন nobayon
renounce আনুষ্ঠানিকভাবে পরিত্যাগ anusthanik bhabe porityag kora
renouncement *n.* পরিত্যাগ porityag
renovate *v.t.* সংস্কার songskar
renovator *n.* জীর্ণসংস্কারক jirnosongskarok
renown *n.* সুনাম sunam
renowned *adj.* বিখ্যাত bikhyato
rent *n.* ভাড়া bhara
rental *n.* ভাড়ার টাকা bharar taka
renunciation অস্বীকৃতি' oswikriti
reorganize *v.t.* পিনর্গঠিত করা punorgothito kora
repair *v.t.* মেরামত meramot
repairable *adj.* মেরামত যোগ্য meramot jogyo
reparation *n.* ক্ষতিপুরণ khotipuron
repartee *n.* বুদ্ধিদীপ্ত জবাব buddhidipto jobab
repatriate *v.t.* প্রত্যাবাসনের ব্যবস্থা protyabasoner byabostha
repay *v.t.* ফেরত দেওয়া ferot deoa
repeal *v.t.* বাতিল করা batil kora
repeat *v.t.* পুনরায় বলা punoray bola
repeatedly বার বার bar bar
repel *v.t.* তাড়িয়ে দেওয়া tariye deoa
repellent *adj.* বিরক্তিকর biroktikor
repent *v.t.* অনুশোচনা onushochona
repentance *n.* অনুতাপ onutap
repentant *adj.* অনুতপ্ত onutopto
repercussion পাল্টা বিতাড়ন palta bitaron
repertory *n.* তথ্যভান্ডার tothyobhandar
repetition *n.* পুনরাবৃত্তি punorabritti
repine *v.i.* পরিতাপ করা poritap kora
replace *v.t.* যথাস্থানে রাখা jothasthane rakha
replenish *v.t.* শুন্যস্থান পুরণ shunyosthan puron
replete *adj.* ভর্তি bhorti
replica *n.* হুবহূ নকল hubohu nokol
replication *n.* হুবহূ নকল hubohu nokol
reply *n.* উত্তর uttor
report *v.t.* রিপোর্ট protibedon
reporter *n.* রিপোর্টার protibedok
repose *v.t.* বিশ্বাস biswash
repository *n.* গুদাম gudam
reprehend *v.t.* তিরস্কার করা tiroskar kora
reprehensible *adj.* তিরস্কারযোগ্য tiroskarjogyo
represent ব্যাখ্যা করা byakha kora
representation *n.* প্রতিনিধিত্ব protinidhitwo
representative *n.* নির্বাচিত protinidhi
repress *v.t.* দমিয়ে দেওয়া domiye deoa
repression *n.* দমননীতি domonniti
reprieve *n.* দন্ডাদেশ স্থগিত dondadesh sthogito
reprimand তিরস্কার tiroskar
reprint *v.t.* পুনরায় ছাপানো punoray chhapano
reprisal *n.* প্রত্যাঘাত protyaghat
reproach *n.* নিন্দা করা ninda kora
reproachful *adj.* নিন্দনীয় nindoniyo
reprobate *adj.* প্রত্যাখান করা protyakhan kora

reprobation *n.* প্রত্যাখ্যান protyakhan
reproduce *v.t.* পুনরায় দর্শন punoray dorshon
reproduction *v.t.* পুনর্জনন punorjonon
reproof *n.* নিন্দা ninda kora
reprove কাউকে দোষারোপ করা kauke dosharop kora
reptile *n.* সরীসৃপ sorisrip
republic *n.* প্রজাতন্ত্র projatontro
republican *adj.* প্রজাতন্ত্রের projatontrer
republication *n.* পুনোরমুদ্রন punormudron
republish *v.t.* পুনোরমুদ্রন punormudron
repudiate *v.t.* নিজের বলে অস্বীকার করা nijer bole oswikar kora
repugnance *n.* প্রবল অনিহা probol oniha
repugnant *adj.* বিস্বাদ biswad
repulse *v.t.* প্রতিরোধ করা protirodh kora
repulsion *n.* বিকর্ষণ bikorshon
repulsive *adj.* বিরক্তিকর biroktikor
reputable *adj.* শ্রদ্ধেয় shroddheyo
reputation *n.* খ্যাতি khyati
repute *n.* সুখ্যাতি sukhyati
reputed *adj.* সুখ্যাত sukhyato
request *v.t.* অনুরোধ onurodh
require *v.t.* প্রয়োজন proyojon
requirement *n.* প্রয়োজন proyojon
requisite *adj.* প্রয়োজনীয় proyojoniyo
requisition *n.* লিখিত চাইদা likhito chahida
requite *v.t.* শোধ করা shodh kora
rescind *v.t.* বাতিল করা batil kora
rescue *v.t.* উদ্ধার uddhar
research *n.* গবেষনা gobeshona
resemblance *n.* সাদৃশ্য sadrisyo
resemble *v.t.* সদৃশ হওয়া sodriso hoya
resent *v.t.* অসন্তুষ্ট হওয়া osontusto hoya
resentment *n.* অসন্তুষ্টি osontusti
reservation *n.* সংরক্ষণ songrokkhon
reserve *v.* সঞ্চয় sonchoy
reserved *adj.* চাপা স্বভাবের chapa swobhaber
reside *v.i.* বসবাসকরা bosbas kora
residence *n.* বাসভবন bas bhobon
resident *n.* আবাসিক abasik
residential *adj.* আবাসিক abasik
residual *adj.* অবশেষ oboshesh
residue *n.* অবশিষ্টাংশ oboshishtangsho
resign *v.t.* পদত্যাগ করা podotyag kora
resignation *n.* পদত্যাগ podotyag
resilience *n.* আগের অবস্থায় ফিরে আসার গুণাবলী ager obsthay fire asar gunaboli
resin *n.* রঞ্জন ronjon
resist *v.t.* বিরোধিতা করা birodhita kora
resolute *adj.* দৃঢ়সঙ্কল্প drirhosonkolpo
resolution *n.* দৃঢ়তা drirota
resolve *v.t.* স্থির করা sthir kora
resonance *n.* অনুনাদ onunad
resonant *adj.* অনুনাদক onundok
resort *v.i.* অবলম্বন করা obolombon kora
resound *v.i.* ধ্বনিত dhwonito
resource *n.* সম্পদ sompod
resourceful *adj.* দ্রুত বৃদ্ধি druto briddhi
respect *n.* সম্মান somman
respectable *adj.* সম্মানিত sommanito
respectful *adj.* সশ্রদ্ধ sosroddho
respecting *prep.* সম্পর্কিত somporkito
respective *adj.* নিজ নিজ nijo nijo
respetively একে একে eke eke
respiration *n.* শ্বাসক্রিয়া swaskriya
respire *v.t.* ত্যাগ করা tyag kora
respite *n.* নিবৃত্তি nibritti
resplendent *adj.* চমৎকার chomotkar
respond *v.t.* প্রতিক্রিয়া protikriya
respondent *n.* প্রতিবাদী protibadi
response *n.* সাড়া sara
responsibility *n.* দায়িত্ব dayitwo
responsible *adj.* দায়ী dayi
rest *n.* বিশ্রাম bishram
restaurant *n.* রেস্তোঁরা restora
restitution *n.* মালিকের কাছে ফেরত maliler kachhe ferot
restive *adj.* পিছু হটা pichhu hota
restless *adj.* অস্থির osthir
restoration *n.* নতুনভাবে notunbhabe
restore *v.t.* ফিরিয়ে আনা firiye ana

restrain *v.t.* ধরে রাখা dhore rakha
restraint *n.* নিয়ন্ত্রণ niyontron
restrict *v.t.* সীমিত করা simito kora
restriction *n.* সীমিতকরণ simitokoron
resultant *adj.* পরিনাম porinam
resume *v.i.* পুনরায় শুরু করা punoray shuru kora
resumption *n.* পুনরারম্ভ punorarombho
resurrect *v.t.* নতুনভাবে ব্যবহার notun bhabe byabohar
retail *v.i.* খুচরো বিক্রি khuchro bikri
retailer *n.* খুচরো বিক্রিতা khuchro bikreta
retain *v.t.* যথাস্থানে রাখা jothasthane rakha
retainer *n.* চাকর chakor
retaliate *v.t.* দুর্ব্যবহারের জবাব durbyaboharer jobab
retaliation *n.* পাল্টা দুর্ব্যবহার palta durbyabohar
retaliative *adj.* পাল্টা দুর্ব্যবহার palta durbyabohar
retard *v.t.* প্রতিহত করা protihoto kora
retch *v.t.* বমি বমি ভাব bomi bomi bhab
retention *n.* ধারণ dharon
retentive *adj.* ধারণক্ষম dharonkhom
reticence বাকসংযম baksongjom
reticent *adj.* গুরুগম্ভীর gurugombhir
retina *n.* অক্ষিপট okkhipot
retinue *n.* উচ্চপদস্থ কর্মচারীর ভ্রমণসঙ্গীবৃন্দ uchchopodosthokormocharir bhromonsongibrindo
retire *v.i.* সরে দাঁড়ানো sore dnarano
retired *adj.* অবসরপ্রাপ্ত obosorprapto
retirement *n.* অবসর obosor
retort *v.t.* জবাব দেওয়া jobab deoa
retouch *n.* রিটাচ দেওয়া ritach deoa
retrace *v.t.* মনে মনে চলা mone mone chola
retract *v.t.* প্রত্যাহার করা protyahar kora
retreat *v.i.* প্রত্যাহার করা protyahar kora
retrench *v.t.* খরচ কমানো khoroch komano
retrenchment *n.* ব্যায়সঙ্কোচ byaysonkoch
retribution *n.* উচিত শাস্তি uchit sasti
retrograde *v.t.* অবনতিমুলক obonotimulok
retrogress *v.i.* পিছন দিকে চলা pichhoner dike chola
return *v.i.* প্রত্যাবর্তণ protyaborton
reunion *n.* পুনর্মিলন punormilon
reunite *v.t.* পুনর্মিলিত হওয়া punormilito hoya
reveal *v.t.* ফাঁস করা fnas kora
revel *v.t.* আনন্দ করা anondo kora
revelation *n.* প্রকাশ prokash
revelry *n.* আনন্দোভোগ anondobhog
revenge *v.t.* প্রতিশোধ protishodh
revengeful *adj.* প্রতিহিংসাপরায়ণতা protihingsaporayonata
revenue *n.* রাজস্ব rajoswo
reverberate *v.t.* প্রতিধ্বনিত হওয়া protidhwonito hoya
reverberation *n.* প্রতিধ্বনি protidhwoni
revere *v.t.* শ্রদ্ধা করা shroddha kora
reverend *adj.* শ্রদ্ধেয় shroddhyeo
reverent *adj.* শ্রদ্ধান্বিত shroddhanwito
reverie *n.* স্বপ্নলোক swopnolok
reversal *n.* উলট পালট ulot palot
reverse *v.t.* বিপরীত biporit
revert *v.i.* প্রত্যাবর্তন করা protyaborton
review *n.* পুনর্নিরীক্ষণ করা punornirikkhon kora
reviewer *n.* পুনর্নিরিক্ষক punornirkkhok
revile *v.t.* শাপ দেওয়া shap deoa
revision *n.* পুনরায় পাঠ punoray path
revise *n.* পুনর্বিবেচনা করা punorbibechona kora
revival *n.* পুনঃপ্রচলন punoprocholon
revive *v.t.* পুনরুদ্ধার করা punoruddhar kora
revocable *adj.* বাতিলযোগ্য batiljogyo
revocation *n.* বাতিল batil
revoke *v.t.* বাতিল করা batil kora
revolt *v.t.* বিদ্রোহ করা bidroho kora
revolution *n.* বিপ্লব biplob

revolutionary *adj.* বিপ্লবী biplobi
revolutionist *n.* বিপ্লববাদি biplobbadi
revolutionize বিপ্লবে উদ্‌বুদ্ধ করা biplobe udbuddho kora
revolve *v.t.* চক্রাকারে ঘোরানো chokrakare ghorano
revolver *n.* রিভলভার rivolbhar
revulsion *n.* প্রতিক্রিয়া protikriya
reward *n.* পুরস্কার purashkar
rhapsody *n.* আনন্দোচ্ছল প্রকাশ anondochchhol prokash
rhetoric *n.* অলঙ্কারবহুল ভাষা olonkarbohul bhasha
rhetorical *adj.* অলঙ্কারবহুল olonkar bohul
rhinoceros *n.* গন্ডার gondar
rhyme *n.* অন্তোমিল ontomil
rhythm *n.* ছন্দ chhondo
rhythmic ছন্দযুক্ত chhondojukto
rib *n.* পাঁজর pnajor
ribald *n.* অশ্লীল কথা oshlil kotha
ribaldry *n.* অশ্লীল কথা oshlil kotha
riband *n.* ফিতা fita
rice *n.* চাল chal
rich *n.* ধনী dhoni
richness *n.* প্রাচুর্য prachurjyo
rick *n.* স্তুপ stup
rickets *n.* রিকেট riket
rickety *adj.* দুর্বল durbol
ricksha *n.* রিকশা riksha
rid *v.t.* মুক্ত করা mukto kora
riddance *n.* নিষ্কৃতি niskriti
riddle *n.* ধাঁধা dhnadha
ride *v.t.* ঘোড়ায় চড়া ghoray chora
rider *n.* অশ্বরোহী oswarohi
ridicule *n.* উপহাস upohas
ridiculous *adj* হাস্যকর hasokor
riding *n.* অশ্বারোহন বস্ত্র oswarohon bostro
rife *adj.* বহুল প্রচলিত bohul procholito
rifle *n.* রাইফেল raifel
rift *n.* ফাটল fatol
rig *v.t.* পাল palta durbyabohar
right *adj.* ঠিক thik
right angle *n.* ৯০ডিগ্রি কোণ somokon
righteous *adj.* ন্যায়নিষ্ঠ nyaynishtho
rightful *adj.* আইনসম্মত ainsommoto
rigid *adj.* অনমনীয় onomoniyo
rigidity *n.* দৃঢ়তা drirhota
rigorous *adj.* কঠোর kothor
rigour *n.* কঠোরতা kothorota
rim *n.* কাঠামো kathamo
rime *n.* অন্তমিল ontomil
rind *n.* খোসা khosa
ring *n.* আংটি angti
ringing *n.* বাজা baja
ringleader *n.* দর্বৃত্তদলের সর্দার durbrittodoler sordar
ringlet *n.* চুলের ছোট ছোট কুঞ্চন chuler chhoto chhoto kunchon
ringmaster *n.* রিং মাস্টার ring master
ringworm *n.* দাদ dad
rinse *v.t.* আলতোভাবে ধোয়া altobhabe dhoya
riot *n.* দাঙ্গা danga
riotous *adj.* দাঙ্গা প্রবণ dangaprobon
rip *v.t.* চুরি করা churi kora
ripe *adj.* পাকা paka
ripen *v.t.* পাকা paka
ripple *n.* মৃদু হিল্লোল mridu hillol
rise *v.t.* ওঠা otha
risible *adj.* হাস্যসংক্রান্ত hasyosongkranto
rising *n.* সশস্ত্র বিদ্রোহ soshostro bidroho
risk *n.* ঝুঁকি jhuki
risky *adj.* ঝুঁকিপুর্ণ jhukipurno
rite *n.* অনুষ্ঠান onushthan
rituals *adj.* ধর্মীয় আচার dhormiyo achar
rival *n.* প্রতিদ্বন্দ্বী protidwondi
rivalry *n.* প্রতিদ্বন্দ্বিতা protidwondita
river *n.* নদি nodi
riverside *n.* নদীতীর noditir
rivet *n.* রিভিট rivit
rivulet *n.* ছোট নদি chhoto nodi
road *n.* রাস্তা rasta
roam *v.i.* ঘুরে বেড়ানো ghure berano
roan *n.* মিশ্রবর্ণবিশিষ্ট mishrobornobishishto

roar *n.* গর্জন gorjon
roaring *adj.* গোলযোগপুর্ণ golojogpurno
roast *v.t.* রোস্ট করা porano
rob *v.t.* ডাকাতি করা dakati kora
robber *n.* ডাকাত dakati kora
robbery *n.* অতিরিক্ত দাম দাবি করা dakati
robe *n.* ঢিলে জামা jobba
robin *n.* পাখি pakhi
robot *n.* রোবোট jontromanob
robust *adj.* মোটাসোটা motasota
rock *n.* শিলাখন্ড shilakhondo
rocket *n.* রকেট roket
rocking-chair *n.* দোলনা চেয়ার dolna chear
rock-salt *n.* খনিজ লবন khonij lobon
rocky *adj.* শিলাপুর্ণ shilapurno
rodent *adj.* ইঁদুর indur
rodomontade *adj.* বড়াই borai
roe *n.* মাছের ডিমের দলা macher dimer dola
rogue *n.* দুর্বৃত্ত durbritto
roguish *adj.* অসৎ osot
role *n.* নির্দিষ্ট ক্রিয়া nirdishto kriya
roll *v.t.* গড়ানো gorano
roller *n.* রোলার rolar
rolling *adj.* গড়ানো gorano
romance *n.* প্রেমের কাহিনী premer kahini
romantic *adj.* ভাববিলাসী bhabbilasi
romp হৈচৈ করা hoi choi kora
roof *n.* ছাত chhad
rook *n.* জুয়াচোর juyachor
room *n.* কক্ষ kokkho
roomy *adj.* প্রশান্ত proshanto
roost *n.* মুরগির বাসা murgir basa
root *n.* শিকড় shikor
rope *n.* দড়ি dori
ropish *adj.* দড়ির মত dorir moto
rosary *n.* গোলাপবাগ golapbag
rose *n.* গোলাপ golap
roseate *adj.* গোলাপি রঙের golapi ronger
rosette *n.* গোলাপকৃতি ব্যাজ golapkriti badge
rosin *n.* রজন rojon
rostrum *n.* বক্তৃতা-মঞ্চ boktrita moncho
rosy *adj.* গোলাপি golapi
rot *v.i.* ক্ষয় করা kkhoy kora
rotary *adj.* চক্রাকারে chokkrakare
rotate *v.i.* চক্রাকারে আবর্তিত chokkrakare abortito
rotation *n.* আবর্তন aborton
rote *n.* মুখস্ত mukhosto
rotten *adj.* পচা pocha
rotund *adj.* নাদুসনুদুস nadusnudus
rough *n.* অমসৃণ omosrin
round *adj.* গোল gol
rounabout *adj.* পরোক্ষ porokkho
rouse *v.t.* জাগানো jagano
rout *n.* বিশৃঙ্খল bishrinkhol
route *n.* পথ poth
routine *n.* গতানুগতিক gotanugotik
rove *v.t.* ভ্রমন করা bhromon kora
rover *n.* ভ্রমনকারী bhromonkari
row *n.* সারি sari
rowdism *n.* উচ্ছৃঙ্খলতা uchchrinkholota
rowdy *adj.* উচ্ছৃঙ্খল uchchrinkhol
royal *adj.* রাজকীয় rajokiyo
royalist *n.* রাজার সমর্থক rajar somorthok
royalty *n.* রয়্যালটি rajokiyo
rub *v.t.* ঘষা ghosha
rubber *n.* রবার robar
rubbish *n.* আবর্জনা aborjona
rubble *n.* পাথরকুচি pathorkuchi
ruby *n.* চুনি chuni
ruck *v.t.* মামুলি mamuli
rudder *n.* হাল hal
ruddy *adj.* স্বাস্থ্যোজ্জ্বল swasthojjwol
rude *adj.* অভদ্র obhodro
rudeness *n.* অভদ্রতা obhodrota
rudiment *n.* উপক্রম upokrom
rudimentary *adj.* প্রাথমিক prathomik
rue *v.t.* অনুতাপ করা onutap kora
ruffian *n.* নিষ্ঠুর nishthur
ruffle *v.t.* আলোড়িত করা alorito kora
rug *n.* ছোট গালিচা chhoto galicha
rugged *adj.* অমসৃণ omosrin

ruin *n.* ধ্বংশ dhwongso
ruins *n.* ধ্বংশ dhwongso
rule *v.t.* নিয়ম niyom
ruler *n.* শাসক shasok
ruling *adj.* রায় ray
rum *n.* সুরাজাতীয় পানীয় surajatiyo panio
rumble *v.t.* গুড় গুড় করা gur gur kora
ruminate *v.t.* জাবর কাটা jabor kata
rumination *n.* চর্বিতচর্বণ chorbitochorbon
rummage *v.t.* অনুষন্ধান করা onusondhan kora
rummy *n.* র‍্যামি rami
rumour *n.* গুজব gujob
rump *n.* পশ্চাদভাগ poschadbhag
run *v.t.* দৌড় dour
runaway *n.* বিরাট সাফল্য birat safolyo
rung *n.* মইয়ের ধাপ moier dhap
runner *n.* ধাবক dhabok
running *adj.* ধাবন dhabon
runway *n.* বিরাট সাফল্য birat safolyo
rupee *n.* টাকা taka
rupture *v.t.* বিচ্ছেদ bichchhed
rural *adj.* গ্রামীন gramin
ruse *n.* চাতুরি chaturi
rush *v.i.* তোড় tor
russet *adj.* কপিলবর্ণ kopilborno
rust *n.* মরিচা moricha
rustic *adj.* অকপট okopot
rusticate *v.t.* বহিষ্কার bohiskar
rustle *v.i.* খসখস khoskhos
rusty *adj.* জংধরা jongdhora
rut *n.* আচরণ achoron
ruthless *n.* নির্মম nirmom
rye *n.* রাই raifel

S

salary *n.* মাইনা maina
sale *n.* বিক্রয় bikroy
salesman *n.* বিক্রেতা bikreta
salient *adj.* লক্ষণীয় lokkhonoiyo
saline *adj.* লবণজল lobonjol
saliva *n.* মুখলালা mukholala
salivate *v.t.* অত্যধিক লালা নিঃসারন otyodhik lala nissaron
sallow *adj.* ফ্যাকাশে fyakase
sally *n.* অভিনিষ্ক্রমণ obhiniskromon
salmon *n.* মৎস্যবিশেষ motsyobishesh
saloon *n.* সেলুন selun
salt *n.* লবণ lobon
salts *n.* অতি দ্রুত oti druto
saltpetre *n.* নোনতা সাদা গুঁড়ো nonta sada guro
salubrious *adj.* স্বাস্থ্যকর swasthokor
salutary *adj.* কল্যাণকর kolyankor
salutation *n.* প্রীতিসম্ভাষণ pritisombhashon
salute *v.t.* অভিবাদন obhibadon
salvation *n.* পাপমোচন papmochon
salve *n.* মলম molom
salver *n.* ধাতুনির্মিত dhatunirmito
salvo *n.* মুহুর্মুহু করাতালি muhurmuhu korotali
same *adj.* একই eki
sameness *n.* একঘেয়েমি ekgheyemi
sample *n.* নমুনা nomuna
sanctify *v.t.* পবিত্র করা pobitro kora
sanction *n.* মঞ্জুরি monjuri
sanctity *n.* পবিত্রতা pobitrota
sanctuary *n.* অভয়স্থল obhoysthol
sand *n.* বালি bali
sandal *n.* চটি choti
sandal-wood *n.* চন্দনকাঠ chondonkath
san·paper *n.* সিরিশ কাগজ shirish kagoj
sane *adj.* মানসিকভাবে সুস্থ manosik bhabe sustho
sanguine *adj.* আশাবাদি ashabadhi
sanitary *adj.* জীবাণুমুক্ত jibanumukto
sanitation *n.* মলনিষ্কাশনের ব্যবস্থা mol niskashoner byabostha
sanity *n.* মানসিক স্বাস্থ্য manosik swastho
sans *prep.* বিহীণ bihin
sap *n.* বোকা লোক bokalok
sapience *n.* প্রজ্ঞা progya
sapient *adj.* জ্ঞানী gyani

sapling *n.* চারা chara
sapphire *n.* নীলা nila
sarcasm *n.* শ্লেষ shlesh
sarcastic *adj.* শ্লেষপুর্ণ shleshpurno
sarcophagus *n.* পাথরের শবাধার pathorer shobadhar
sardonic *adj.* অবজ্ঞাপুর্ণ obogyapurno
sash *jn.* পরিকর porikor
sat *p.t.* বসা bosa
satan *n.* শয়তান shoytan
satanic *adj.* শয়তানি shoytani
satchel *n.* হালকা জিনসপত্র halka jinispotro
satellite *n.* উপগ্রহ utpogroho
satiate *v.t.* সম্পুর্ণরুপে তৃপ্ত করা sompurnorupe tripto kora
satiety *n.* পরিতৃপ্ত poritripto
satin *n.* স্যাটিন syatin
satire *n.* ব্যঙ্গরচনা byangorochona
satrical *adj.* ব্যঙ্গাত্মক byangatwok
satirist *n.* ব্যঙ্গনবিশ byangonobis
satirize *v.t.* বিদ্রূপের বিষয় করা bidruper bishoy kora
satisfaction *n.* সন্তুষ্টি sontushti
satisfactory *adj.* সন্তুষ্টিকর sontushtikor
satisfy *v.t.* সন্তুষ্ট sontushto
saturate পরিপুক্ত করা poriprikto kora
saturation *n.* পরিপৃক্তি poriprikti
saturday *n.* শনিবার shonibar
saturn *n.* শনি shonibar
satyr *n.* অসংযত যৌনকামনাবিশিষ্ট osongjoto jounokamonabishishto
sauce *n.* আখনি akhni
saucer *n.* তশতরি tostori
saucy *adj.* ফাজিল fajil
saunter *n.* মন্থর গতি monthor goti
sausage *n.* সসিজ sosij
savage *adj.* অসভ্য bony
savanna *n.* তৃণময় trinomoy
savant *n.* পন্ডিত ব্যক্তি pondit byakti
save বাঁচানো bnachano
saving *n.* বাঁচানো bnachano
saviour *n.* ত্রাতা trata
savour *n.* আমেজ amej
savoury *n.* ক্ষুধা khudha
saw *n.* করাত korat
sawdust *n.* করাতের গুঁড়া korater gnura
sawyer *n.* করাতি korati
say *v.t.* বলা bola
saying *n.* প্রবাদ probad
scabbard *n.* খাপ khap
scaffold *n.* রাজমিস্ত্রিদের ভারা rajmistriter vara
scaffolding *n.* ভারা vara
scald *n.* বাশ্পে দগ্ধ করা baspe dogdho kora
scale *n.* আঁশ anash
scalene *adj.* বিষমভুজ bishombhuj
scalp *n.* মাথার ত্বক mathar twok
scamp *n.* অপদর্থ opodartho
scamper *v.t.* দ্রুত ধবন druto dhabon
scan *v.t.* অভিবীক্ষন করা obhibikkhon kora
scandal *n.* বদনাম bodnam
scant *adj.* অত্যল্প otyolpo
scanty *adj.* অপর্যাপ্ত oporjapto
scapegoat *n.* বলির পাঁঠা bolir pantha
scapegrace *n.* হতচ্ছাড়া hotochchara
scar *n.* দাগ dag
scarce *adj.* দুষ্প্রাপ্য dushprapyo
scarcely *adv.* সবেমাত্র sobematro
scarcity *n.* দুষ্প্রাপ্যতা dusprapyota
scare *n.* ভীত bhito
scarecrow *n.* কাকাতুয়া kaktarua
scarf *n.* গলবস্ত্র golobostro
scarp *n.* খাড়া ঢাল khara dhal
scatter *v.t.* ছড়িয়ে পড়া chhoriye pora
scavenger *n.* অবস্কারক oboskarok
scene *n.* দৃশ্য drishyo
scenery *n.* শোভা shobha
scent *n.* গন্ধ gondho
sceptic *n.* সংশয়াত্মা songshoyatma
scepticism *n.* সংশয়বাদ songsoybad
sceptre *n.* রাজদন্ড rajdondo
schedule *n.* অনুসুচি onusuchi
scheme *n.* বিন্যাস binyas

schism *n.* ধর্মবিচ্ছেদ dhormobichchhed
scholar *n.* শিক্ষার্থী shikkharthi
scholarly *adj.* পান্ডিত্যপুর্ন pandityopurno
scholarship *n.* পান্ডিত্য pandityo
scholastic *adj.* শিক্ষাসংক্রান্তো shikkhasongkranto
school *n.* বিদ্যালয় bidyaloy
schooling *n.* লিখাপড়া lekhapora
sciatica *n.* গৃধ্রশি gridhoshi
science *n.* বিজ্ঞান bigyan
scientific *adj.* বৈজ্ঞানিক boigyanik
scientist *n.* বিজ্ঞানি bigyani
scimitar *n.* বাঁকা baka
scintillate *v.i.* বিকিরণ করা bikiron kora
scion *n.* বংশধর bongshodhor
scissors *n.* কাঁচি knachi
scold *v.t.* তিরস্কার করা tiroskar kora
scolding *n.* ভর্ৎসনা করা bhortsona kora
scoop *n.* হাতার এক সাপট hatar ek sapot
scope *n.* সুজোগ sujog
scorch *v.t.* ঝলসানো jholsano
score *n.* কাটাদাগ kata dag
scorer *n.* লেখনবিশ lekhonobish
scorn *v.t.* অশ্রদ্ধা oshroddha
scornful *adj.* তাচ্ছিল্যপুর্ণ tachchhilyopurno
scorpion *n.* বৃশ্চিক brishchik
scot *n.* স্কটল্যান্ডেবাসী skotlyandbasi
scotfree *adj.* অক্ষতশরীরে okkhotoshorire
scoundral *n.* ভর্ৎসনা রুব ব্যবহৃত vhortsona rupe babohrito
scour *n.* মাজা maja
scout *n.* গুপ্তদুত guptodut
scowl *v.t.* ক্রুদ্ধ ভ্রুকুটি kruddho brukuti
scramble *v.t.* হুড়োহুড়ি hurohuri
scrap *n.* অত্যল্প পরিমান otyolpo poriman
scrape *v.t.* চাঁছা chnacha
scratch *n.* আঁচড়ানো anachrano
scrawl *v.t.* খসখস করে khos khos kore
scream *n.* তীব্র চিৎকার tibro chitkar
screech *n.* ক্যাঁচ করে ওঠা kyach kore otha
screen *n.* পর্দা porda
screw *n.* প্যাঁচ pyach
scribble *v.t.* হিজিবিজি লেখা hijibiji lekha
scribbler *n.* বেজে লেখক beje lekhok
scribe *n.* অনুলেখক onulekhok
scrip *n.* পৌর্বিক সনদ pourhik sonod
script *n.* হস্তলিপি hostolipi
scripture *n.* বাইবেলসম্বন্ধী baibelsombondhi
scroll *n.* লেখ্যপট lekhyopot
scrotum *n.* অন্ডকোষের থলে ondokosher thole
scrub *v.t.* ঝোপঝাড় jhopjhar
scrutinize *v.t.* অবেক্ষণ করা obekkhon kora
scruitny *n.* নিরীক্ষা nirikkha
scuffle *n.* হাতাহাতি hatahati
scull *n.* ক্ষেপণী kheponi
sculptor *n.* ভাস্কর bhaskor
sculpture *n.* ভাস্কর্য bhaskorjo
scum *n.* ফেনা fena
scurf *n.* খুশকি khuski
scurrilous *adj.* তীব্র বিদ্রূপপুর্ণ tibro bidruppurno
scurvy *n.* স্কার্ভি skarbhi
scythe *n.* কাস্তে kaste
sea *n.* সমুদ্র somudro
seaboard *n.* উপকুলবর্তী অঞ্চল upokuloborti onchol
seafaring *n.* সমুদ্রযাত্রা somudro jatra
se¡gull *n.* সমুদ্রকুক্কুট somudro kukkut
seal *n.* সামুদ্রিক প্রাণীবেশেষ samudrik pranibeshesh
seam *n.* জোড়মুখ jormukh
seaman *n.* নৌকর্মী noukormi
sear *v.t.* বিষাক্ত ক্ষত bishakt
search *v.t.* তল্লাশি tollashi
searching *adj.* তল্লাশি tollashi
season *n.* ঋতু ritu
seasonable *adj.* ঋতু অনুযায়ী ritu onujayi
seasoned *adj.* অভ্যস্ত করা obhyosto kora
seal *n.* মোহর mohor
secant *n.* পরস্পরছেদী porsporchhedi
secede *v.i.* পৃথক prithok
secession *n.* অপসরণ oposoron
seclude *v.t.* বিচ্ছিন্ন bichchhinno

seclusion *n.* নির্জনতা nirjonota
second *adj.* দ্বিতীয় dwitiyo
secondary *adj.* গৌণ gouno
secrecy *n.* গোপনীয়তা goponiyota
secret *n.* গোপন gopon
secretary *n.* সচিব sochib
secretariate *n.* sochibaloy
secretary *n.* সচিব shochib
secrete ক্ষরণ khoron
secretion *n.* ক্ষরণ khoron
secretive *adj.* গোপন রাখার অভ্যাস্ত gopon rakhar obhyosto
sect *n.* উপদল upodol
sectarian *adj.* উপদলীয় upodoliyo
section *n.* কোষ kosh
sector *n.* বৃত্তকলা brittokola
secular *adj.* লোকায়ত lokayot
secure *adj.* নিশ্চিত nishchit
security *n.* নিরাপত্তা nirapotta
sedan *n.* পালকিবিশেষ palkibishesh
sedate *adj.* সমাহিত somahito
sedative *adj.* স্নায়ু উত্তেজনা প্রশামিত করে এমন snayuuttejona proshomito kore emon
sedentary *adj.* বসে বসে করতে হয় এমন bose bose korte hoy emon
sedge *n.* হোগলা hogla
sediment *n.* তলানি tolani
seditious *adj.* রাজবৈরী rajboiri
seduce *v.t.* প্রলোভিত prolobhito
seduction *n.* প্রলোভন prolobhon
seductive *adj.* প্রলুব্ধকর porlubdhokor
sedulous *adj.* অধ্যাবসায়ী odhyabosayi
see দেখা dekha
seed *n.* বীজ bij
seedling *n.* চারা chara
seek *v.t.* খোঁজা khnoja
seem *v.i.* প্রতিভাত হওয়া protibhato hoya
seeming *adj.* আপত দৃশ্যমান apot drishyoman
seemly *adj.* শোভন shobhon
seepage *n.* ক্ষরণ kkhoron
seer *n.* দ্রষ্টা droshta
seesaw *n.* ঢেঁকি dheki
seethe *n.* গিজগিজ করা gijgijkora
segment *n.* বৃত্তাংশ brityangsho
segregate *v.t.* পৃথক করা prithok kora
segregation *n.* পৃথককরণ prithokoron
seigneur *n.* শ্রীমান shriman
seismograph *n.* ভুমিকম্প মাপার যন্ত্র bhumikompo mapar jontro
seize *v.t.* দখল করা dokhol kora
seizure *n.* বাজেয়াপ্তকরণ bajeyapto koron
seldom *adj.* কদাচিৎ kodachit
select *v.t.* পচ্ছন্দ করা pochhondo kora
selection *n.* নির্বাচন nirbachon
selective *adj.* নির্বাচনী nirbachoni
selector *n.* যে নির্বাচন করে je nirbachon kore
self *n.* ব্যক্তিপ্রকৃতি byaktiprokriti
self-centred *adj.* আত্মকেন্দ্রিক attokendrik
self-confidence *n.* আত্মবিশ্বাস attobiswas
self-control *n.* আত্মসংযম attosongjom
self-denial *n.* আত্মবিসর্জন attobisorjon
self-esteem *n.* আত্মমর্যদা attomorjada
selfish *n.* স্বার্থপর swarthopor
selfishness *n.* স্বার্থপরতা swarthoporota
self-respect *n.* আত্মসম্মান attosomman
selfsame *n.* আত্মলজ্জা attolojja
sell *v.t.* বিক্রি bikri
semblance *n.* সাদৃশ্য sadrisyo
semen *n.* বীর্য birjo
semester *n.* অর্ধবর্ষ ordhoborsho
semi *adj.* অর্ধ ordho
semicircle *n.* অর্ধবৃত্ত ordhobritto
seminal *adj.* বীর্যসংক্রান্ত birjosongkranto
seminar *n.* সেমিনার sommelon
seminary *n.* শিক্ষাশ্রম shikkhashrom
senate *n.* গরিষ্ঠসভা gorishtosobha
senator *n.* গরিষ্টসভার সদস্য gorishtosobhar sodosyo
send *v.t.* পাঠানো pathano
send off *n.* বিদায় biday
senile *adj.* বার্ধক্যজনিত bardhokyojonito
senility *n.* জরাগ্রস্ততা joragrostota

senior *adj.* বরিষ্ঠ borishtho
seniority *n.* জ্যেষ্ঠতা jyesthota
sensation *n.* অনুভব onubhob
sense *n.* ইন্দ্রিয় indriyo
senseless *n.* অজ্ঞান ogyan
sensibility *n.* সংবেদনশীলতা songbedonshilota
sensible *adj.* বিচারবুদ্ধিসম্পন্ন bicharbuddhi somponno
sensitive *adj.* সংবেদনশীল songbedonshilota
sensual *n.* ইন্দ্রিয়সুখ indriyosukh
sensualism *n.* ইন্দ্রিয়পরিতৃপ্তি indriyoporitripti
sensuality *n.* ইন্দ্রিয়পরিতৃপ্তি indriyoporitripti
sentence *n.* দন্ডাদেশ dondadesh
sentiment *n.* হৃদয়ানুভূতি hridoyanubhuti
sentimental *adj.* আবেগাত্মক abegatmok
sentinel *n.* পাহারা দেওয়া pahara deoa
sentry *n.* প্রহরী prohori
separable *adj.* বিচ্ছেদ্য bichchhedyo
separate *v.t.* পৃথক prithok
separately *n.* পৃথকভাবে prithokbhabe
separation *n.* বিচ্ছেদ bichchhed
sepoy *n.* সিপাই sipai
sepsis *n.* বীজদুষণ bijdushon
september *n.* সেপ্টেম্বর septembor
septic *adj.* বীজানুঘটিত bijanughotito
sepulchre *n.* কবর kobor
sequacious *adj.* সমাহিতকরণ somahitokoron
sequel *n.* পরিণাম porinam
sequence *n.* পরম্পরা porompora
sequester *v.i.* স্বতন্ত্র রাখা swotontro rakha
sequestration *n.* ক্রোক krok
seraph *n.* দেবদুততুল্য debduttullo
sere *adj.* শুকনা shukna
serene *adj.* স্বচ্ছ swochchho
serenity প্রশান্তি proshanti
serf *n.* ভুমিদাস bhumidas
serfdom *n.* ভুমিদাসবৃত্তি bhumidasbritti
serge *n.* সাজ saj
sergeant *n.* সার্জেন্ট sarjent
serial *adj.* ক্রমিক kromik
sericulture *n.* রেশম উৎপাদন reshom utpadon
series *n.* শ্রেণী shreni
serious *adj.* গম্ভীর gombhir
seriousness *n.* গাম্ভীর্য gambhirjyo
sermon *n.* অভিভাষণ obhibhashon
serpent *n.* সাপ sap
serpentine *adj.* সর্পিল sorpil
serum *n.* রক্তাম্বু roktambu
servant *n.* চাকর chakor
serve *v.t.* কাজ করা kaj kora
service *n.* কাজ kaj kora
serviceable *adj.* মেরামতযোগ্য meramotjogyo
servile *adj.* দাস্য dasyo
servility *n.* দসের মতো daser moto
servitude *n.* দাসত্ব dasotwo
sesame *n.* তিল গাছ til gach
session *n.* অধিবেশন odhibeshon
set *v.t.* প্রস্থ prostho
setback *n.* অসফল osofol
se¶off *n.* যাত্রা শুরু করা jatra suru kora
settle *v.t.* বসবাস করা bosobas kora
settlement *n.* নিষ্পত্তি nispotti
settler *n.* বসতকার bosotkar
seven *adj.* সাত sat
sevenfold *adj.* সাত গুন satgun
seventeen *adj.* সপ্তদশ soptodosh
seventh *adj.* সপ্তম soptom
seventieth *adj.* সপ্ততিতম soptotitomo
seventy *adj.* সত্তর sottor
sever *v.t.* কাটা kata
several *adj.* কয়েক koyek
severally *adj.* পৃথক পৃথকভাবে prithok prithok bhabe
severance *n.* বিচ্ছেদ bichchhed
severe *adj.* কঠোর kothor
severity *n.* কঠোরতা kothorota
sew *v.t.* সেলাই selai
sewage *n.* নর্দমা nordoma
sewer *n.* পয়ঃপ্রণালী poyopronali
sewing *n.* সেলাই selai

sewn *adj.* সেলাই করা selai kora
sex *n.* লিঙ্গ lingo
sextant *n.* সেক্সটানট sekstant
sexual *adj.* যৌন jouno
shabby *adj.* জীর্ণ jirno
shackle *v.t.* হাতকড়া hatkora
shade *n.* ছায়া chhaya
shadow *n.* ছায়া chhaya
shadowy *adj.* ছায়াচ্ছন্ন chayachhonno
shady *adj.* ছায়াময় chhayamoy
shaft *n.* তীর tir
shag *n.* তামাক tamak
shaggy *adj.* উস্কখুস্ক uskokhusko
shake *v.t.* ঝাঁকানো jhakano
shall *adv.* কোরবো korbo
shallow *asj.* অগভীর ogobhir
sham *n.* ভান করা bhan kora
shamble *v.i.* টেনে চলা tene chola
shame *n.* লজ্জা lojja
shameful *adj.* লজ্জাকর lojjakor
shameless *adj.* নির্লজ্জ nirlojjo
shampoo *v.t.* শ্যাম্পু shyampu
shank *n.* পায়ের নলি payer noli
shanty *n.* কুঁড়েঘর kureghor
shape *n.* আকার akar
shapeless *adj.* নিরবয়ব nirboy
shapely *adj.* সুঠাম sutham
share *n.* অংশ ongsho
shareholder *n.* হিস্যাদার hissadar
shark *n.* হাঙ্গর hangor
sharp *adj.* শাণিত shanit
sharpen *v.t.* ধারালো করা dharalo kora
sharpness *n.* ধার dharalo kora
shatter *v.t.* ভেঙে চুরমার bhenge churmar
shave *v.t.* কামানো kamano
shaw *n.* করাত korat
shawl *n.* শাল shal
she *pr.n.* স্ত্রীজাতীয় strijatiyo
sheaf *n.* মুঠি muthi
shear *v.t.* লোম ছাঁটা lom chnata
shears *n.pl.* লোম ছাঁটা lom chnata
sheath *n.* কোষ kosh
sheathe *v.t.* কোষবদ্ধ করা koshboddho kora
shed *n.* ছাউনি chhauni
sheen *n.* ঔজ্জ্বল্য oujjwolyo
sheep *n.* ভেড়া bhera
sheepish *n.* ভেরুয়া bherua
sheer *adj.* সম্পুর্ণ sompurno
sheet *n.* চাদর chador
shee¶anchor *n.* আপৎকালীন আশ্রয় apotkalin ashroy
shelf *n.* তাক tak
shell *n.* খোসা khosa
shelter *n.* আশ্রয় ashroy
shelve তাকযুক্ত করা takjukto kora
shepherd *n.* মেষপালক meshpalok
sherbet *n.* শরবত shorbot
shew *v.t.* প্রদর্শন prodorshon
shield ঢাল dhal
shift *v.i.* স্থান পরিবর্তন sthan poriborton
shimmer *n.* ঝিকমিক করা jhikmik kora
shin *n.* জঙঘার সম্মুখ ভাগ jonghar sommukh bhag
shine *v.t.* উজ্জ্বল ujjwol
shinning *adj.* উজ্জ্বল ujjwol
shiny *adj.* চকচক chokchoke
ship *n.* জাহাজ jahaj
ship-chandlier *n.* জাহাজে সাজসরঞ্জাম বিক্রেতা jahaje sajsoronjam bikreta
shipmate *n.* সহকর্মি নাবিক sohokormi nabik
shipment *n.* জাহাজে মাল বোঝাইকরণ jahaje mal bojhaikoron
shipping *n.* পোতসমুহ potsomuho
shipwreck *n.* জাহাজদুবি jahajdubi
ship-yard *n.* পোত নির্মাণ স্থান pot nirman sthan
shire *n.* কাউন্টি kaunti
shirk *v.t.* পরিহর করা porihar kora
shirt *n.* জামা jama
shirting *n.* শার্টের কাপড় sharter kapor
shirty *adj.* রগচটা rogchota
shiver *v.t.* থর থর করা thor thor kora
shoal *n.* মাছের ঝাঁক macher jhnak
shock *n.* বিকম্পন bikompon

shocking *adj.* মর্মঘাতী mormoghati
shoe *n.* জুতো juto
shoe-black *n.* জুতো পালিশওয়ালা juto palishoyala
shoe-maker *n.* পাদুক প্রস্তুতকারক paduka prostutkarok
shoot *n.* কিশলয় kisholoy
shooting *n.* উৎক্ষিপ্ত করা utkhipto kora
shop *n.* দোকান dokan
shopping *n.* কেনাকাটা kenakata
shore *n.* তীর tir
short *n.* খাটো khato
shortage *n.* ঘাটতি ghatti
shortcoming *n.* খামপ্তি khamti
short cut *n.* সংক্ষিপ্ত পথ songkhipto poth
shorten *v.t.* সংক্ষিপ্ত করা songkhipto kora
shorthand *n.* সাটলিপি satlipi
shortly *adv.* শ্রীঘ্রই shighroi
shorts *n.* হাফপ্যান্ট hafpyant
shot *n.* গুলি guli
should *v.t.* শুড sud
shoulder *n.* কান্ধ knadh
shout *v.i.* চিৎকার chitkar
shove *v.t.* ঠেলা দেওয়া thela deoa
shovel *n.* বেলচা belcha
show *n.* প্রদর্শন prodorshon
shower *v.t.* বর্ষণ borshon
showery *adj.* বৃষ্টির আবহাওয়া bristir abohaoa
showy *adj.* আকর্ষনীয় akorshoniyo
shred *n.* টকরা করা tukro kora
shrew *n.* বদমেজাজী bodmejaji
shrewd *adj.* বিচক্ষণ bichokkhon
shrewish *adj.* কটুভাষী kotubhashi
shrill *adj.* তীক্ষ্ণ tikhno
shrine *n.* পবিত্র স্মৃতিচিহ্ন pobitro smritichinho
shrink সঙ্কুচিত হওয়া sonkuchito hoya
shroud *n.* কাফন kafon
shrub *n.* ঝোপ jhop
shrug *v.t.* কাঁধ ঝাঁকানো kadh jhakano
shudder *v.i.* থরথর কাঁপা thor thor kapa
shuffle *v.t.* পা টেনে হাঁটা pa tene hata
shun *v.t.* পরিহর করা porihor kora
shunt *v.t.* অপসারিত করা oposarito kora
shut *v.t.* বন্ধ bondho
shutter *n.* দরজা বিশেষ dorja bishesh
shuttlecock *n.* ব্যাডমিন্টের কর্ক byadmintoner kork
shy *v.i* লাজুক lajuk
sibilant *adj.* শিসধ্বনি shishdhwoni
sick *adj.* অসুস্থ osustho
sicken *v.t.* অসুস্থ osustho
sickle *n.* কাস্তে kaste
sickly *adj.* রুগ্ন rugno
sickness *n.* অসুস্থতা osusthota
side *n.* পর্শ্বদেশ parshodesh
sidelong তাড়াতাড়ি taratari
sidewise *adv.* পাশ্ববর্তি paswoborti
siege *n.* অবরোধ oborodh
sieve *n.* ঝাঁঝরি jhajhri
sift *v.t.* চালনি দিয়ে ছাঁকা chalni diye chhaka
sigh *v.i.* দীর্ঘশ্বাস ফেলা dirghoswash fela
sight *n.* দৃষ্টিশক্তি drishtishokti
sign *n.* প্রতীকী protiki
signal *n.* সঙ্কেত sonket
signatory *n.* চুক্তিপত্র chuktipotro
signature *n.* স্বাক্ষর swakkhor
signboard *n.* সাইনবোর্ড sainbord
signet *n.* সীমোহর silmohor
significance *n.* গুরুত্ব gurutwo
significant *adj.* গুরুতুবপুর্ণ gurutwopurno
significantly *adj.* গুরুতুবপুর্ণ gurutwopurno
signification অর্থ ortho
signify *v.t.* জানানো janano
signor *n.* সমার্থক somarthok
signpost *n.* সাইনপোস্ট sainpost
silence *n.* নীরবতা nirobota
silent *adj.* নীরব nirob
silica *n.* পাথর বালি pathor bali
silk *n.* রেশম reshom
silken *n.* নরম ও মসৃণ norom o moshrin
silkworm *n.* রেশমগুটি reshomguti
silliness *n.* বোকাটে bokate

silly *adj.* বোকাটে bokate
silt *n.* পলি poli
silvan *adj.* আরণ্য aronyo
silver *n.* রুপা rupa
silverleaf *n.* রুপার পাত rupar pat
silvern *adj.* রৌপ্যনির্মিত rouponirmito
silvery রুপালি rupali
simian *n.* বানর banor
similar *adj.* অনুরুপ onurup
similarity *n.* সমধর্মিতা somodhormita
similarly *adv.* অনুরুপভাবে onurupbhabe
simile *n.* উপমা upoma
similitude *n.* উপমা upoma
simmer *v.t.* ফোটানো fotano
simper *v.i.* বোকার মত হাসা bokar moto hasa
simple *adj.* সাধারন sadharon
simpleton *n.* সরল sorol
simplicity *n.* সহজতা sohojato
simplify *v.t.* সরল করা sorol kora
simply *adj.* সাদামাটাভাবে sadamata bhabe
simulate *v.t.* ভান করা bhan kora
simulation *adj.* অনুকরন onukoron
simultaneous *adj.* একই সময়ে যা ঘটছে eki somoye ja ghotechhe
sin *n.* পাপা paap
since *adv.* তার পর থেকে tarpor thek
sincere *adj.* আন্তরিক antorik
sincerely *adv.* আন্তরিক ভাবে antorik bhabe
sincerity *n.* আন্তরিকতা antorikota
sine *n.* সাইন sain
sinecure *n.* দায়িত্ব বিহীন পদ daitwobihin pod
sinew *n.* মাংসপেশি mangsopeshi
sinewy *adj.* বলিষ্ঠ bolishtho
sinful *adj.* অন্যায় onyay
sing *v.i.* গান করা gan kora
singer *n.* গায়ক gayok
single *adj.* একক ekok
singly *adv.* এক করে eko kore
singsong *n.* একতান গীতি ekotan giti
singular *adj.* অসাধারণ osadharon
singularity *n.* অদ্‌ভুত ভাব odbhutbhab
sinister *n.* অমঙ্গলসুচক omongolsuchok
sink *v.i.* ডুবে যাওয়া dube jaoa
sinless *adj.* নিষ্পাপ nishpap
sinuous *adj.* আঁকা বাঁকা anaka baka
sinus *n.* হাড়ের গর্ত hare gonto
sip *v.t.* চুমুক chumuk
siphon *n.* সাইফন saifon
sir *n.* মহোদয় mohoydoy
sire *n.* পশুর জনক poshur jonok
siren *n.* তীব্র বাঁশি tibro bnashi
sirrah *n.* মহোদয় mohodoy
sirup *n.* সিরাপ shirap
sister *n.* বোন bondho
sisterhood *n.* সেবাকাজে নিবেদিত নারীসঙঘ sebakaje nibedito narisongho
sister-in-law *n.* শ্যালিকা shyalika
sisterly *adj.* ভগিনীসুলভ bhohinisulobh
sit *v.i.* বসা bosa
site *n.* স্থান sthan
sitting *n.* আদালত adalat
situate অবস্থান obosthan
situated *adj.* অবস্থিত obosthito
situation *n.* অবস্থা obostha
six *adj.* ছয় choy
sixfold *adj.* ছয় গুন choygun
sixteen *n.* ষোল sholo
sixteenth *adj.* ষোল তারিখ sholotomo
sixth *adj.* ছয়তম choytomo
sixtieth *adj.* সাট sattomo
sixty *adj.* সাঠ saat
size *n.* আয়তন ayoton
sizzle *v.i.* হিসহিস শব্দ his his shobdo
skate *n.* স্কেট sket
skein *n.* সুতা suta
skeleton *n.* কাঠামো kathamo
skeptic *n.* সংশয় পোষণ করে songshoy poshon kore
sketch *n.* নকশা noksha
skiff *n.* হালকা নৌকা halka nouka
skilful *adj.* দক্ষ dokkho
skill *n.* দক্ষতা dokkhota

skilled *adj.* দক্ষ dokkho
skim ভাসমান পদার্থ সরিয়ে নেওয়া bhasoman podartho soriye neoa
skimmer *n.* পাখি বিশেষ pakhi bishesh
skin *n.* ত্বক twok
skindeep *adj.* ভাসা ভাসা bhasa bhasa
skip *v.i.* লাফানো lafano
skipping *n.* লাফালাফি করা lafalafi kora
skipper *n.* ক্যাপ্টেন kyapten
skirmish *n.* বিছ্ছিন্ন লড়াই bichchhino lorai
skirt *n.* ঘাগরা ghagra
skit *n.* ক্ষুদ্র ব্যঙ্গরচনা khudro byangorochona
skull *n.* মাথার খুলি mathar khuli
sky *n.* আকাশ akash
skylark *n.* ভরতপাখি bhorot pakhi
skylight *n.* ঢালু ছাদে বসানো জানালা dhalu chade bosano janala
sky-scraper *n.* গগনচুম্বী ইমারত gogonchumbi imarot
slab *n.* পাথর pathor
slack *adj.* নির্জীব nirjib
slacken *v.t.* কাজে ঢিলে kaje dhile
slackness *n.* ফাঁকিবাজি fnakibaji
slake *v.t.* প্রশমন করা proshomon kora
slam *v.t.* দড়াম করে বন্ধ করা doram kore bondho kora
slander *n.* অপবাদ opobad
slanderer *n.* অপবাদদানকারী ব্যক্তি opobaddankari byakti
slang *n.* শ্বদার্থ swodarth
slant *adj.* ঢালু হয়ে নামা dhalu hoye nama
slap *n.* চড় chor
slash *n.* ফালা ফালা করে কাটা fala fala kore kata
slat *n.* কাঠ kathamo
slate *n.* স্লেট slet
slattern *n.* নোংরা স্ত্রীলোক nongra strilok
slaughter *n.* পশুবধ poshubodh
slaughter-house *n.* কসাইখানা koshaikhana
slave *n.* ক্রীতদাস kritodas
slaver *n.* দাসব্যবসায়ী dasbyabsai
slavery *n.* দাসত্ব dasotwo
slavish *adj.* হীনমন্য hinomonyo
slay *v.t.* খুন করা khun kora
slayer *n.* খুনি khuni
sledge *n.* স্লেজ গাড়ি slej gari
sleek *adj.* নরম মসৃন norom moshrin
sleep *n.* ঘুম ghum
sleeper *n.* শয়ন shoyoun
sleepless *adj.* নিদ্রাহীন nidrahin
sleepy *adj.* নিদ্রালু nidralu
sleet *n.* বৃষ্টিসহ brishtisoho
sleeve *n.* আস্তিন astin
sleigh *n.* স্লেজ গাড়ি slej gari
slender *adj.* সরু soru
slice *n.* ফালি fali
slide *v.t.* পিছলানো pichlano
slight *adj.* হালকা পাতলা halka patla
slim *adj.* সরু soru
slime *n.* নরম norom
slimy *adj.* পিচ্ছিল pichchhil
sling *n.* ঝোলা jhola
slip *v.t.* পিছলানো pichlano
slipper *n.* চপ্পল choppol
slippery *n.* পিচ্ছিল pichchhil
slipshod *adj.* আলুথালু aluthalu
slit *v.t.* ফাটল fatol
slitcut *n.* চিরে ফেলা chire fela
sliver *v.t.* রুপা rupa
slobber *n.* মুখ দিয়ে লালা বের করা mukh diye lala ber kora
slogan *n.* স্লোগান slogan
sloop *n.* ছোট পাল তোলা জাহাজ choto pal tola jahaj
slop *n.pl.* উপচে পড়া upche pora
slope *n.* ঢাল dhal
sloppy *adj.* কর্দমাক্ত kordomakto
slot *n.* সংকীর্ণ ফাঁক sonkirno fnak
sloth *n.* আলস্য alosyo
slothful *adj.* নিষ্ক্রিয় niskrio
slough *n.* জলাভুমি jolabhumi
sloven *n.* চেহারা chehara
slovenly *adj.* অগোছালো ogochhalo
slow *adj.* মন্থর monthor

slowly *adv.* ধীরে ধীরে dhire dhire
slug *n.* মন্থরগতির প্রাণী monthorgotir prani
sluggard *n.* অলস olos
sluggish *adj.* নিষ্ক্রিয় nishkrio
sluice *n.* জলকপাট jolkopat
slum *n.* বস্তি bosti
slumber *n.* সুখনিদ্রা sukhonidra
slump *n.* ব্যবসাসংক্রান্ত মন্দা byabsasongkranto monda
slur *n.* তিরস্কার tiroskar
slut *n.* নোংরা স্ত্রীলোক nongra strilok
sly *adj.* প্রতারণাপুর্ণ protaronapurno
smack *n.* চড়মারা chormara
small *adj.* ছোট choto
smallness *n.* ছোট পোষাক chhoto poshak
smart *adj.* সুবেশ subesh
smash *v.t.* টুকরো টুকরো করা tukro tukro kora
smear *v.t.* তৈলাক্ত পদার্থ লাগানো toilakto odartho lagano
smell *n.* ঘ্রাণশক্তি ghranshokti
smelly *adj.* কটুগন্ধযুক্ত kotugondhojukto
smelt *v.t.* গলানো golano
smile *v.i.* মৃদুহাসি mriduhasi
smiling *adj.* সহাস্যে sohasye
smirk *n.* নির্বোধ nirbodh
smite *v.i.* আঘাত করা aghat kora
smith *n.* কর্মকার kormokar
smithy *n.* কামারশালা kamarshala
smoke *n.* ধুঁয়া dhua
smoker *n.* ধুমপায়ী dhumpayee
smoky *adj.* ধোঁয়াময় dhoyamoy
smooth *adj.* সমতল somotol
smoothen *v.t.* সমতল করা somotol kora
smoothly *adv.* নির্ঝঞ্ঝাটে nirjhonjhate
smoothness *n.* নির্ঝঞ্ঝাট nirjhonjat
smother শ্বাসরোধ করে হত্যা swashrodh kore hotya
smoulder *v.i.* ধিকিধিকি জ্বলা dhiki dhiki jwola
smudge *n.* নোংরা দাগ nongra dag
smug *n.* আত্মতৃপ্ত atmotripto
smuggle *v.t.* চোরাচালান করা chorachalan kora
smuggling *n.* চোরাচালান chorachalan kora
smut *n.* ঝুলকালি jhulkali
snack *n.* জলখাবার jolkhabar
snaffle *n.* চুরি করা churi kora
snail *n.* শামুক shamuk
snake *n.* সাপ sap
snap *n.* খাবল দিয়ে ধরা khabol diye dhora
snappish *adj.* বদমেজাজি bodmejaji
snare *n.* ফাঁদ fnad
snarl *v.i.* ক্রুদ্ধ গর্জন kruddho gorjon
snatch *n.* কেড়ে নেওয়া kere neoa
sneak *v.i.* নিঃশব্দে আসা যাওয়া nissobde asa jaoa
sneer *v.t.* বিদ্রুপ করা bidrup kora
sneeze *v.i.* হাঁচি hnachi
snide *adj.* কটাক্ষপুর্ণ kotakkhopurno
sniff *v.i.* নাক সিটকানো nak sitkano
snip *v.t.* কাঁচি দিয়ে কাটা kachi diye kata
snivel *n.* নাকিকান্না করা nakikanna kora
snob *n.* নাকিকান্না nakikanna
snooze স্বল্পস্থায়ী ঘুম swolposthayi ghum
snore *v.i.* নাক ডাকা nak daka
snort *v.t.* ফোঁস ফোঁস করা fnos fnos kora
snot *n.* শিকনি shikni
snout *n.* নাক nak
snow *n.* বরফ borof
snowy *n.* তুষারময় tusharmoy
snub *v.* শীতল আচরণ shitol achoron
snuff *n.* নস্যি nosyi
snuffle *v.i.* নাক দিয়ে কথা বলা nak diye kotha bola
snug *adj.* সুবিন্যাস্ত subinosto
so *adj.* তাহলে tahole
soak *v.t.* সিক্ত হওয়া sikto hoya
soap *n.* সাবান saban
soapy *n.* সাবান বিষয়ক saban bishyok
soar *v.i.* উপরে ওঠা upore otha
sob *v.i.* কাঁদা knada
sober *adj.* পরিমিত porimito
sobriety *n.* আত্মনিয়ন্ত্রণ atmoniyontron

sociable *adj.* বন্ধুসুলভ bondhusulobh
social *adj.* সামাজিক samajik
socialism *n.* সমাজতনত্র somajtontro
society *n.* সমাজ somaj
sociology *n.* সমাজবিজ্ঞান somajbigyan
sock *n.* মোজা moja
socket *n.* কোটর kotor
sod *n.* ঘাস ghas
soda *n.* সোডা soda
sodium *n.* যৌগিক পদার্থ jougik podartho
sofa *n.* সোফা sofa
soft *adj.* নরম norm
soften *v.i.* কোমল komol
softly *adj.* কোমলভাবে komolbhabe
soil *n.* মাটি mati
soiree *n.* সান্ধ্যকালীন গানের আসর sandhyokalin ganer asor
sojourn *n.* কিছুকালের জন্য থাকা kichukaler jonyo thaka
sojourner *n.* কিছুকালের জন্য থাকা kichukaler jonyo thaka
solace *n.* সান্ত্বনা santona
solar *adj.* সুর্য সংক্রান্ত surjo songkranto
solarium *n.* কাচের ঘরে রৌদ্রস্নান kacher ghore roudro snan
solder *v.t.* ঝালাই jhalai
soldier *n.* সৌনিক soinik
soldiery *n.* বিশেষ সৈনিকবর্গ bishesh soinik borgo
sole *n.* সামুদ্রিক মাছ samudrik machh
solely *adv.* এককভাবে ekok bhabe
solemn *adj.* ভাবগম্ভীর bhabgogombhir
solemnity *n.* গাম্ভীর্য gambhirjyo
solemnize *v.t.* সম্পাদন করা sompadon kora
solicit *v.t.* অনুরোধ করা onurodh kora
solicitation *n.* অনুরোধ onurodh
solicitor *n.* আইনজীবী ainjibi
solicitous *n.* উৎকণ্ঠিত utkonthito
solicitude *n.* উথকণ্ঠা utkontha
solid *adj.* কঠিন kothin
solidarity *n.* সংহতি songhoti
solidify *v.t.* কঠিন হওয়া kothin hoya
solidity *n.* কঠিন kothin
soliloquy *n.* স্বগতোক্তি swogotokti
solitariness *n.* একাকিত্ব ekakitwo
solitary *adj.* এককী ekoki
solitude *n.* একাকিত্ব ekakitwo
solo *n.* একক ekok
solstice *n.* অয়ন oyon
solubility *n.* দ্রবণীয়তা droboniyota
soluble *adj.* দ্রবণীয় droboniyo
solution *n.* সমাধান somadhan
solve *v.t.* সমাধান somadhan
solvent *adj.* দ্রাবক drabok
sombre *adj.* বিষণ্ন bishonno
some *adj.* কিছু সংখক kichu songkhok
somebody *n.* কেউ keu
somehow *adv.* কোনপ্রকার konoprokar
someone *n.* কেউ keu
something *n.* কিছু kichu
sometime *adj.* কিছুখন kichukkhon
somewhere *adv.* কোথাউ kothao
somnambulism *n.* হেঁটে বেড়ানো hete berano
somnolent *adj.* নিদ্রালু nidralu
son *n.* ছেলে chhele
song *n.* গান gan
songster *n.* গায়ক gayok
songatress *n.* গায়িকা gayika
son-in-law *n.* জামাই jamai
sonnet *n.* চৌদ্দ লাইনের কবিতা choudyo lainer kobita
sonorous *adj.* ধ্বনিময় dhwonimoy
soon *adv.* অবিলম্বে obilombe
soot *n.* ঝুল jhulkali
sooth *n.* বাস্তবিকপক্ষে bastobikpokkhe
soothe *v.t.* শান্ত করা shanto kora
soothsay *v.t.* ভবিষৎবানী bhobisyotbani
soothsayer *n.* ভবিষৎথ বক্তা bhobisyot bokta
sophism *n.* কুতর্ক kutorko
sophist *n.* কুটতার্কিক kut tarkik
sophisticate *v.t.* মার্যিত marjito
sophistry *n.* কুটতর্ক kut torko
sorcerer *n.* জাদুকর jadukor
sorceress *n.* জাদুকরী jadukori

sorcery *n.* মায়াবিদ্যা mayabidya
sordid *adj.* শোচনীয় shochoniyo
sore *n.* যন্ত্রণাপুর্ণ jontronapuron
sorely *adv.* শোচনীয়ভাবে shochoniyobhabe
soreness *n.* যন্ত্রণা jontrona
sorrel *adj.* পিঙ্গলবর্ণ pingolborno
sorrow *n.* দুঃখ dukkho
sorrowful দুঃখপুর্ণ dukkhopurno
sorry *adj.* দুঃখিত dukkhito
sort *n.* একই প্রকার ekiprokar
sos *n.* জরুরি সাহায্যের আবেদন joruri sahajyer abedon
so-so *adj.* ঠিক ঠাক thik thak
sot *n.* যে মদের ঘোরে আচ্ছন্ন থাকে je moder ghore achchhonno thake
sottish *adj.* মদে চুর mode chur
soul *n.* আত্মা atma
sound *n.* অটুট otut
soundly *adv.* গভীরভাবে gobhirbhabe
soup *n.* স্যুপ syup
sour *adj.* টক tok
source *n.* উৎস utso
sourness *n.* টক tok
souse *v.t.* জলে ডোবানো jole dobano
south *n.* দক্ষিন dokkhin
soutÅeast *adj.* দক্ষিনপুর্ব dokkhinpurbo
southern *adj.* দক্ষিণী dokkhini
southward দক্ষিন দিকে dokkhin dike
soutÅwest *n.* দক্ষিন পশ্চিম dokkhin poschim
souvenir *n.* স্মৃতিচিহ্ন smriticinho
sovereign *n.* সার্বভৌম sarbobhoumo
sovereignty *n.* সার্বভৌম ক্ষমতা sarbobhoumo khomota
soviet *n.* সোভিয়েট sobhite
sow *n.* পুর্ণবয়স্ক শূকরী purnoboyosko sukori
sow *v.t.* বীজ বপন bij bopon
space *n.* মহাশুন্য mohashunyo
spacious *adj.* প্রশস্ত proshoshto
spade *n.* কোদাল kodal
span *n.* প্রসারিত অবস্থা prosarito obostha
spangle *n.* চুমকি chumki
spaniel *n.* কুকুর বিশেষ kukur bishesh
spank দ্রুতগতিতে চলা drutogotite chola
spar *n.* জাহাজের মাস্তুল jahajer mastul
spare *v.t.* ক্ষতি করা kkhoti kora
sparing *adj.* হিসাবি hisabi
spark *n.* বিদ্যুৎপ্রবাহ bidyutprobaho
sparkle *v.i.* জ্বলজ্বল করা jwoljwol kora
sparkish *n.* জ্বলজ্বল jwoljwol
sparrow *n.* চড়াই পাখি chorai pakhi
sparse *adj.* বিরল birol
spasm *n.* খিঁচুনি khnichuni
sparsmodic বিক্ষিপ্ত bikkhito
spatter *v.t.* ছিটিয়ে দেওয়া chhitiye deoa
spay *v.t.* গভর্ভাশয় অপসরণ gorbhashoy cposoron
speak *v.i.* কথা বলা kotha bola
speaker *n.* বক্তা bokta
spear *n.* বর্শা borsha
special *adj.* বিশিষ্ট bishishto
specialist *n.* বিশেষজ্ঞ bisheshoggo
speciality *n.* বৈশিষ্ট্য boishishtyo
specialize *v.t.* বিশেষজ্ঞ হওয়া bisheshoggo hoya
specially বিশেষ ভাবে bishesh bhabe
specie *n.* মুদ্রা mudra
species *n.* প্রজাতি projati
specific *adj.* সুনির্দিষ্ট sunirdisto
specification *n.* সুনির্দিষ্ট করণ sunirdisto koron
specify *v.t.* সুনির্দিষ্টভাবে উল্লেখ করা sunirdistobhabe ullekh kora
specimen নমুনা nomuna
specious আপাতদৃষ্টিতে যথার্থ apatdrishtite
speck *n.* ক্ষুদ্র kkhudro
speckle *n.* বিশেষত গায়ের চামড়া bisheshoto gayer chamora
specs *n.pl.* চশমা choshma
spectacle *n.* প্রদর্শনী prodorshoni
spectator *n.* দশক dorshok
spectral *adj.* ভুতুড়ে bhuture
spectre *n.* ভুত bhut
spectrum *n.* বর্ণালি bornali
speculate অনুমান করা onuman kora

speculation *n.* অনুমান onuman
speculative *adj.* অনুমানমুলক onumanmulok
speculator *n.* ফটকাবাজ fatkabaj
speech *n.* বাচন bachon
speechless *adj.* নির্বাক nirbak
speed *n.* গতি goti
spedily *adv.* গতিময় gotimoy
speedy *adj.* দ্রুত drutogotite chola
spell *v.i.* জাদুমন্ত্র jadumontro
spelling *n.* বানান banan
spend *v.t.* ব্যায় করা byay kora
spendhrift *n.* আপব্যয়ী লোক opobyahi lok
sperm *n.* বীর্য birjo
spew *v.t.* বমি করা bomi kora
sphere *n.* গোলক golok
spherical *adj.* গোলকাকার golokakar
spheroid *n.* উপগোলক upogolok
spice *n.* মশলা mosla
spicy *adj.* মশলাযুক্ত mosolajukto
spigot *n.* কাঠের ছিপি kather chhipi
spike *n.* তীক্ষ্ণ tikhno
spill *v.i.* ছলকে পড়া chholke pora
spin *n.* সুতা কাটা suta kata
spinal *adj.* মেরুদন্ড সংক্রান্ত merudondo songkranto
spindle *n.* সুতাকাটার টাকু sutakatar maku
spine *n.* মেরুদন্ড merudondo
spineless *adj.* মরুদন্ডহীন merudondohin
spiral *n.* পেঁচালো pnechalo
spire *n.* মোচাকার চুড়া mochakar chura
spirit *n.* আত্মা atma
spirited *adj.* সজীব sojib
spirited *adj.* সজীব sojib
spiritual *adj.* আধ্যাত্মিক adhyatmik
spiritualism *n.* আধ্যাত্মবাদ adhyattobad
spirituality *n.* আধ্যাত্মিকতা adhyattikota
spirituous *adj.* সুরাযুক্ত surajukto
spit *v.t.* থুতু ফেলা thutu fela
spite *n.* আক্রোশ akrosh
spiteful *adj.* বিদ্বেষপুর্ণ bidweshpurno
spittle *n.* থুতু thutu
spittoon *n.* পিকদানি pikdani
splash *v.t.* ছিটানো chhitano
spleen *n.* প্লীহা pliha
splendid *adj.* চমৎকার chomotkar
splendour *adj.* অদভুত odbhut
splice *v.t.* পাকিয়ে একত্র করা pakiye ekotro kora
splint ভাঙা হাত ঠিক করার সরঞ্জাম bhanga hat thik korar soronjam
split *v.t.* টুকরা করা tukro kora
spoil *n.* ক্ষতিগ্রস্ত করা kkhotigrosto kora
spoke *n.* কথা বলা kotha bola
spokesman *n.* মুখপত্র mukhopotro
spoliation *n.* বাণিজ্যিক জাহাজ লুন্ঠন banijyik jahaj lunthon
sponge *n.* স্পন্জ sponj
sponger *n.* পরজীবী porojibi
sponsor *n.* ব্যায়ভার বহন করা byaybhar bohon
spontaneous *adj.* স্বতঃস্ফুর্ত swotosfurto
spook *n.* ভুত bhut
spool *n.* লাটাই latai
spoon *n.* চামচ chamoch
sporadic *adj.* বিক্ষিপ্ত bikkhipto
sport *n.* খেলাধুলা kheladhula
sportive *adj.* হাসিখুশি hasikhushi
sportsman *n.* খালোয়ার kheloyar
sportsmanship *n.* খেলোয়াড়োচিত kheloayarochito
spot *n.* দাগ dag
spotless *adj.* নিষ্কলঙ্ক niskolonko
spotted *adj.* ফোটা ফোটা দাগযুক্ত fota fota dagjukto
spouse *n.* স্বামী বা স্ত্রী sami ba stri
spout *n.* নল nol
sprain *n.* মচকানো mochkano
sprawl *v.i.* ছড়িয়ে পড়া choriye pora
spray *n.* স্প্রে spre
spread *v.t.* মেলে ধরা mele dhora
sprig *n.* গাছের ছোট ডাল gachher chhoto dal
sprightly *adj.* প্রাণচঞ্চল pranchonchol
spring *n.* ঝর্না jhorna
sprinkle *v.t.* ছড়িয়ে দেওয়া choriye deoa

sprite *n.* পরী pori
sprout *n.* পল্লাবিত হওয়া pollobito hoya
spruce *adj.* কেতাদুরস্ত ketadurosto
spry *adj.* প্রাণবন্ত pranobonto
spume *n.* ফেনা fena
spur *n.* অশ্বরোহীর বুটের নালবিশেষ oswarohir buter nolbishesh
spurious *adj.* ভেজাল bhejal
spurn *v.t.* প্রত্যাখ্যান করা protyakkhan kora
spurt *v.i.* নির্গত হওয়া nirgoto hoya
sputter *v.i.* থুতু ছিটানোর মতো শব্দ thutu chitanor moto sobdo
sputum *n.* থুতু thutu
spy *n.* গুপ্তচর guptochor
squabble *n.* তুমুল ঝগড়া করা tumul jhogra kora
squad *n.* প্রশিক্ষপার্থীর দল proshikkhoprarthir dol
squalid *adj.* নোংরা nongra
squall *n.* ঝোড়ো বাতাস jhoro batas
squander অপব্যায় করা opobyay kora
square *n.* চতুর্জুজাকৃতি choturbhujakriti
squash *v.t.* নিষ্পেষণ করা nispeshon kora
squat *v.t.* আসন করে বসা ason kore bosa
squeak *n.* তীক্ষ্ণ রব tikkhno rob
squeal *v.t.* আর্তধ্বনি artodhwoni
squeamish *n.* পেটরোগা petroga
squeeze *v.t.* চেপে ধরা chepe dhora
squib *n.* চুঁচোবাজি chhnucho baji
squint *v.i.* তির্যক হওয়া tirjok hoya
squire *n.* বীরেরে অনুচর birer onuchor
squirrel *n.* কাঠবিড়াল kathbiral
stab *v.t.* ছুরিকাঘাত churikaghat
stability *n.* স্থায়িত্ব sthayitwo
stable *n.* সুস্থিত susthito
stack *n.* খড়ের গাদা khorer gada
stadium *n.* স্টেডিয়াম stediam
staff *n.* কর্মচারীবৃন্দ kormocharibrindo
stag *n.* পুরুষ হরিণ purush horin
stage *n.* মঞ্চ moncho
stagger *v.i.* বিশৃঙ্কলভাবে হাঁটা bishrinkhol bhabe hata
stagnant *adj.* নিশ্চল nischol
stagnate *v.i.* স্থির sthir
staid *adj.* রাশভারী rashbhari
stain *n.* বিবর্ণ করা biborno kora
stainless *adj.* দাগমুক্ত dagmukto
stair *n.* সিড়ি siri
staircase *n.* সোপানশ্রেণী sopanshreni
stake *n.* সুক্ষ্ম প্রান্তযুক্ত sukkho prantojukto
stale *adj.* বাসি basi
stalk *n.* পুষ্পবৃন্ত purpobrinto
stall *n.* দোকান dokan
stallion *n.* খোজা করা হয়নি এমন ঘোড়া khoja kora hoy ni emon ghora
stalwart *adj.* বলিষ্ঠ bolishtho
stamen *n.* পুংকেশর pungkeshor
stamina *n.* শক্তি shokti
stammer *v.i.* তোতলানো totlano
stamp *v.t.* পদাঘাত করা podaghat kora
stampede *v.i.* ছত্রভঙ্গ chhotrbhongo
stanch *adj.* গোঁড়া gora
stand *v.i.* গৃহীত অবস্থান grihito obosthan
standard *n.* মানদন্ড mandondo
standardize *v.t.* স্বীকৃত মান swikrito man
standing *adj.* স্থিতিকাল sthitikal
standpoint *n.* দৃষ্টিভঙ্গি drrishtibhongi
standstill *n.* অচলাবস্থা ocholabostha
stanza *n.* স্তবক stobok
staple *n.* গাঁথার যন্ত্রবিশেষ gnathar jontrobishesh
star *n.* তারা tara
starboard *n.* সামনের দিকে তাকিথে থাকা samner dike takiye thaka
starch *n.* মাড় mar
stare *v.i.* স্থির দৃষ্টিতে তাকানো stir dristite takano
stark *adv.* সম্পুর্ণ sompurno
starry *adj.* তারাময় taramoy
start *v.t.* শুরু করা shuru kora
startle *v.t.* ভয়ে চিৎকার bhoye chitkar
starvation *n.* খাদ্যাভাবজনিত কষ্ট khadyabhabjonito koshto
starve *v.i.* ক্ষুধাজনিত khudhajonito
starving *adj.* ক্ষুদার্থ khudarto
state *n.* অবস্থা obostha

stately *adj.* মর্যাদাজ্ঞাপক morjadagyapok
statement *n.* বিবরণ biboron
statesman *n.* কুটনীতিজ্ঞ ব্যক্তি kutnitiggo byakti
statesmanship *n.* রাষ্ট্রপরিচালনব্যবস্থায় দক্ষতা rastroporichalon byabosthay dokkhota
static *v.t.* অনড় onor
statics *n.* স্থিতিবিদ্যা sthitibidya
station *n.* স্টেশন্ steshon
stationary *adj.* স্থির sthir
stationery *n.* কাজগপত্র ইত্যাদি kagojpotro ityadi
statistical *adj.* পরিসংখ্যান সংক্রান্ত porisongkhyan songkranto
statistics *n.* সংখ্যায় প্রদর্শিত তথ্যাবলী sonkhyay prodorshito tothyaboli
statuary *n.* প্রতিমুর্তি protimurti
statue *n.* প্রতিমুর্তি protimurti
stature *n.* মানসিক গুণ manoshik gun
status *n.* অবস্থান obosthan
statute *n.* সংবিধি songbidhi
statutory *adj.* সংবিধিবন্ধ songbidhi bondho
staunch *adj.* গোঁড়া gora
stave *n.* কবিতার স্তবক kobitar stobok
stay *v.t.* থাকা thaka
stead *n.* তার পরিবর্তে tar poriborte
steadiness *n.* দৃঢ়তা drirota
steady *v.* দৃঢ়ভাবে স্থাপিত drirobhabe sthapito
steal *v.t.* চুরিকরা churi kora
stealth *n.* গোপনীয়ভাবে goponiyo bhabe
stealthy *adj.* গোপনে gopone
steam *n.* বাস্প baspo
steamer *n.* স্টমার stimar
steel *n.* ইস্পাত ispat
steelyard যান্ত্রিক দাঁড়িপাল্লা jantrik daripalla
steep *adj.* ঢালু বা খাড়া পথ dhalu ba khara poth
steerage *n.* চলনা করার দক্ষতা cholona korar dokkhota
steersman *n.* যানবাহনের চালক janbahoner chalok
stellar *adj.* নাক্ষত্রিক nakkhotrik
stem *n.* বৃক্ষের কান্ড brikher kando
stench *n.* দুর্গন্ধ durgondho
stencil *n.* ছিদ্রময় পাতা chhidromoy pata
stenograph *n.* আশুলিপি ashulipi
stenographer *n.* আশুলিক ashulipik
stenography *n.* আশুলিপি ashulipi
stentorian *adj.* নিনাদময় ninadmoy
step *v.i.* পদক্ষেপ podokkhep
step-brother *n.* সতভাই sotbhai
step-father *n.* সতবাবা sotbaba
step-son *n.* সতছেলে sotchhele
steppe *n.* বৃক্ষহীন প্রান্তর brikkhohin prantor
stepping-stone *n.* কিছু অর্জন করার উপায় kichur orjon korar upay
stereoscope *n.* ঘনছক ghonochok
stereotype *n.* বাঁধাধরা badhadhora
stereotyped *adj.* বাঁধা বুলির মতো badha bulir moto
sterile *adj.* বন্ধ্যা bondhya
sterility *n.* নিষফলা করে তোলা nishfola kore tola
sterilize জীবানুমুক্ত করা jibanumukto kora
sterling *n.* ব্রিটেনের মুদ্রা britener mudra
stern *n.* কঠোর kothor
stethoscope *n.* হৃদবীক্ষণ যন্ত্র hridbikkhon jontro
stew *v.t.* ঢকাযুক্ত পাত্রে রান্না surua
steward *n.* খাদ্য সরবরাহনকারি ব্যক্তি khadyo sorboraho kari byakti
stewardess *n.* উক্ত মহীলা khadyo sorboraho kari mohila
stick *n.* লাঠি lathi
stickler *n.* নিজস্ব অভিমতে অটল ব্যক্তি nijoswo obhimote otol byakti
sticky *adj.* আঠার মত লেগে থাকা athar moto lege thaka
stickiness *n.* বিরোধী প্রভৃতি birodhi probhriti
stiff *adj.* কঠিন kothin

stiffen *v.t.* কঠিন kothin
stiffness *n.* কঠিন kothin
stifle *v.t.* থামিয়ে দেওয়া thamiye deoa
stigma *n.* কলঙ্কের চিহ্ন kolonker chinho
stigmatize *v.t.* কলঙ্ক চিহ্নিত করা kolonko chinhito kora
stile *n.* দরজার বাজু dorjar baju
still *adj.* স্থির sthir
silently নিশব্দ nisobdo
stillness *n.* নীরব nirob
stilt *n.* রণপা ronopa
stilted *adj.* অস্বাভাবিক oswabhabik
stimulant উদ্দীপক uddipok
stimulate *v.t.* উদ্দীপিত করা uddipito kora
stimulation উদ্দীপল uddipol
stimulus *n.* উদ্দীপক uddipok
sting *n.* হুল hul
stingless *n.* হুল বিহীন hulbihin
stinging *adj.* হুল ফোটানো hulfotano
stingy *adj.* কৃপণস্বভাব kriponswobhab
stink *n.* দুর্গন্ধ ছড়ানো durghodho chhorano
stint *v.t.* থামিয়ে রাখা thamiye rakha
stipend *n.* ভাতা bhata
stipendiary *adj.* বেতনভুক betonbhuk
stipulate *v.t.* শর্ত উপস্থাপনা করা shorto uposthapona kora
stipulation *n.* শর্তাধীন বিষয় shortadhin bishoy
stir *v.i.* চলাচল নেই cholachol
stirring *adj.* উত্তেজনা uttejona
stirrup *n.* অশ্বারোহীর পা রাখার স্থান oswarohir pa rakhar sthan
stitch *n.* সেলাই selai
stithy *n.* নেহাই nehai
stock *n.* ভান্ডার bhandar
stockade *n.* বেড়া bera
stocking *n.* মোজা moja
stoic *n.* সুখে দুঃখে নির্বকার sukhe dukkhe nirbikar
stoicism *n.* ঔদাসীন্য oudasinyo
stolid *adj.* অবিচলিত obicholito
stomach *n.* পেট pakostholi
stone *n.* পাথর pathor
stony *adj.* কঠিন kothin
stooge *n.* হাস্যকৌতুকাভিনেতা hasyokoutukabhineta
stool *n.* টুল tul
stoop *v.t.* ঝুঁকে পড়া jhuke pora
stop *v.t.* থামা thama
stoppage *n.* গতিরোধ gotirodh
stopper *n.* ছিপি chhipi
store *n.* সঞ্চিত বস্তু sonchito bostu
storehouse *n.* ভান্ডার bhandar
store-keeper *n.* ভান্ডাঈ bhandai
storey *n.* বাড়ির তলা barir tola
stork *n.* সারস saros
storm *n.* ঝড় jhor
stormy *adj.* ঝোড়া বাতাস jhoro batas
story *n.* গল্প golpo
stout *adj.* মজবুত mojbut
stove *n.* চুল্লি chulli
stow *v.t.* একসঙ্গে বেঁধে রাখা eksonge bedhe rakha
straggle *v.i.* অনিয়মিত oniyomito
straggler *n.* দলভ্রষ্ট হওয়া dolobhroshto hoya
straight *adj.* সরল sorol
straighten *v.t.* সরল করা sorol kora
straightway সোজাসুজি sojasuji
strain *v.t.* প্রসারণ prosharon
strained আন্তরিকতাশুন্য antorikotashunyo
strait *n.* সংকীর্ণ sonkirno
straiten দারিদ্র্যে daridre
straitened *n.* দারিদ্র্যে daridre
strand *n.* সমুদ্রের বালুময় তীর somudrer balumoy tir
stranded *adj.* আটকে পড়া atoke pora
strange *adj.* বিস্ময়কর bismoykor
strangeness *n.* প্রচলিত রীতির বাইরে procholito ritir baire
stranger *n.* অপরিচিত oporichito
strangle *v.t.* গলা টিপে ধরা gola tipe dhora
strap *n.* বন্ধন badhon
strapping *adj.* চামড়ার ফিতের বাঁধন chamrar fiter badhon

stratagem *n.* ঠকানোর কৌশল thokanor koushol
strategical *adj.* কৌশলগত kousholgoto
strategy *n.* পরিচালনার দক্ষতা porichalonar dokkhota
stratify *v.t.* স্তর অনুযায়ী বিন্যাস stor onuzayi binyas
straw *n.* খড়কুটো khorkuto
strawberry *n.* ফল বিশেষ folbishesh
stray *v.i.* পথভ্রষ্ট pothobhroshto
streak *n.* আঁকাবাঁকা দাগ akabaka dag
stream *n.* জলপ্রবাহ joloprobaho
streamer *n.* সরু কাগজের ফিতা sorukagojer fita
streamlet *n.* ক্ষুদ্র শ্রোত khudro srot
street *n.* রাস্তা rasta
streetwalker *n.* পতিতা potita
strength *n.* শক্তি shokti
strengthen *v.t.* শক্তিশালী হওয়া soktishali hoya
strenuous *adj.* শ্রমসাধ্য sromosadhyo
stress *n.* চাপ chap
stretch *v.t.* প্রসারিত করা prosarito kora
stretcher *n.* স্ট্রেচার strechar
strew *v.t.* ছড়ানো chhorano
stricken *adj.* প্রপীড়া propira
strict *adj.* শক্ত shokto
strictness *n.* সীমিত simito
stricture *n.* নিন্দা ninda
stride *v.t.* লম্বা লম্বা পা ফেলা lomba lomba pa fela
strife *n.* বিবাদ bibad
strike *v.t.* ধর্মঘট dhormoghot
striking *adj.* আকর্ষনীয় akorshoniyo
string *n.* সুতা suta
stringent *adj.* কঠোর kothor
stringy *adj.* দড়ির মত dorir moto
strip *v.t.* বিবস্ত্র bibostro
stripe *n.* ডোরা dora
stripling *n.* তরুন কিশোর torun kishor
strive *v.t.* সংগ্রাম songram
stroke *n.* আঘাত aghat
stroll *v.i.* পায়চারি paychari
strong *adj.* বলিষ্ঠ bolistho
stronghold *n.* ঘাঁটি ghati
strop *n.* চামাটি chamati
structure *n.* কাঠামো kathamo
struggle *v.t.* সংগ্রাম songram
strumpet *n.* বেশ্যা beshya
strut *v.i.* গোঁজ goj
strychnine *n.* শক্তিশালী soktishali hoya
stub *n.* মুড়া mura
stubble *n.* মুড়া mura
stubborn *adj.* একগুঁয়ে ekguye
stubbornness *n.* একগুঁয়েমি ekguyemi
stubby *adj.* মোটা ও খাটো mota o khato
student *n.* ছাত্র chatro
studied *adj.* জ্ঞানকৃত gyankrito
studio *n.* স্টুডিও studio
studious *adj.* অধ্যয়নশীল odhyaonshil
study *n.* পাঠ path
stuff *n.* দ্রব্য drobyo
stuffing *n.* পশুপাখি poshupakhi
stuffy *adj.* গোমড়া মুখো gomramukho
stultify *v.t.* বোকা বানানো boka banano
stumble *v.i.* হোঁচট hochot
stump *n.* মুড়া mura
stumpy *adj.* বেঁটে ও মোটা bete o mota
stun *v.t.* অচৈতন্য করা ochoitonyo kora
stung *p.t.* হুল hul
stunt *v.t.* চমক chomok
stunted *adj.* বামনীকৃত bamonikrito
stupefaction *n.* অসাড়তা osharota
stupefy *v.t.* হতভম্ভ করা hotobhombo kora
stupendous *adj.* প্রকান্ড prokando
stupid *adj.* বোকা boka banano
stupidity *n.* বোকামি bokami
stupor *n.* আঘাত aghat
sturdy বলিষ্ঠ bolishto
stutter *v.i.* তোতলানো totlano
sty *n.* খোঁয়াড় khoyar
style *n.* শৈলী shoili
stylish *adj.* কেতাদুরস্ত ketadurosto
suasion *n.* অনুনয়ন onunoyon
suave *adj.* বিনয়ী binoyi
sub চাঁদা chada

subaltern *adj.* অফিসার ofisar
sub-committee *n.* উপসমিতি uposomiti
sub-conscious *adj.* অচৈতন্য ochoitonyo
sub-division *n.* উপবিভাগ upobibhag
subdue নিয়ন্ত্রনে niyontrone
subjacent *adj.* অধোলগ্ন odhologno
subject *adj.* অধীন odhin
subjection *n.* দমন domon
subjective *adj.* বিষয়ীকেন্দ্রিক bishoyikendrik
subjudice *n.* বিচারাধীন bicharadhin
subjugate *v.t.* পরাভুত করা porabhuto kora
subjunctive *adj.* শর্ত shorto
sublet *v.t.* ভাড়া bhara
sublimate *v.t.* উধর্বপাতন করা urdhopaton kora
sublimation *n.* উধর্বপাতন urdhopaton
sublime *adj.* বিস্ময় bismoy
sublimity *n.* মহিমময়তা mohimmoyota
sublunary *adj.* পার্থিব parthib
submarine *adj.* ডুবজাহাজ dubjahaj
submerge *v.t.* ডোবানো dobano
submerse *v.t.* ডুবেথাকা dubethaka
submersion *n.* আপ্লাবন aplabon
submission *n.* আত্মসমপর্ণ atmosomorpon
submissive *n.* অনুগত onugoto
submit *v.t.* আনুগত্য anugotyo
subnormal *adj.* স্বাভাবিকের চেয়ে নীচে swabhabiker cheye niche
subordinate *n.* অধীন odhin
suborn *v.t.* কুকর্মসাধনে প্রবৃত্ত করা kukormosadhone probrita kora
subscription *n.* অর্থদান orthodan
subsequent *adj.* পরবর্তী poroborti
subsequently *adv.* পরবর্তীকালে porobortikale
subservient *adj.* বিনয়বিগলিত binoybigolito
subside *v.i.* হ্রাস পওয়া hras paoa
subsidiary *adj.* সহায়ক sohayok
subsidize *v.t.* ভর্তুকি bortuki
subsidy *n.* ভর্তুকি bhortuki
subsist *v.t.* বিদ্যমান থাকা bidyoman thaka
subsistence *n.* অস্তিত্ব ostitwo
subsoil *n.* ভুপৃষ্ঠ buprishtho
substance *n.* পদার্থ podartho
substantial *adj.* বিপুল bipul
substantiate *v.t.* প্রমাণ করা proman kora
substantive *n.* স্বাধীন swadhin
substitute *n.* বিকল্প bikolpo
substitution *n.* উপকল্পন upokolpon
substratum *n.* নিম্নস্থ স্তর nimnostho stor
subtenant *n.* ভাড়াটে bharate
subtend *v.t.* বিপ্রতীপ হওয়া biprotip hoya
subterfuge ঝামেলা এড়ানো jhamela erano
subterranean *adj.* সুড়ঙ্গ surongo
subtle *adj.* সুক্ষ্ম sukkho
subtract *v.t.* বাদ দেওয়া bad deoa
subtraction *n.* বিয়োগ biyog
suburb *n.* উপশহর uposhohor
suburban *adj.* উপনগরস্থ uponogorstho
subvention *n.* ভর্তুকি bhortuki
subversion ধ্বংস dhwongso
subversive *adj.* নাশকতামুলক nashokotamulok
subway *n.* পাতালপথ patalpoth
succeed *v.t.* সফল sofol
success *n.* সাফল্য safolyo
successful *adj.* সফল sofol
succession *n.* অনুক্রম onukrom
successive *adj.* ক্রমাগত kromagoto
successor *n.* উত্তরাধিকারী uttoradhikari
succinct *adj.* সংক্ষিপ্ত songkhipto
succour *v.t.* ত্রাণ tran
succulent *adj.* রসালো rosalo
succumb মারা যাওয়া mara jaoa
suck *n.* চোষা chosha
suckle *v.t.* স্তন্যদান করা stondan kora
suckling *n.* স্তন্যপায়ী শিশু stonyopayi shishu
sudden *adj.* আকস্মিক akosmik
suddenly *adv.* হঠাৎ hothat
suddenness *n.* আকস্মিকতা akosmikota
suds *n.* সাবানের ফেনা sabaner fena

sue *v.t.* মামলা করা mamla kora
suffer *v.t.* ভোগা bhoga
sufferance *n.* কষ্ট ভোগ kosto bhog
suffering *n.* দুঃখবেদনা dukkhobedona
suffice *v.t.* পর্যাপ্ত porjapto
sufficiency *n.* পর্যাপ্ত porjapto
sufficient *adj.* পর্যাপ্ত porjapto
suffix *v.t.* বিভক্তি bibhokti
suffocate *v.t.* শ্বাসরোধ করা swashrodh kora
suffocation *n.* শ্বাসরোধ shwasrodh
suffrage *n.* নির্বাচন nirbachon
suffuse ধীরে ধীরে ছড়ানো dhire dhire chhorano
sugar *n.* চিনি chini
suga¤cane *n.* আঁখ aakh
suggest *v.t.* প্রস্তাব করা prostab kora
suicidal আত্মঘাতী atmoghati
suicide *n.* আত্মহত্যা atmohotya
suit *v.i.* স্যুট syut
suitability *n.* উপযুক্ততা upojuktota
suitable *adj.* উপযোগী upojogi
suitably *adv.* যথাচিতভাবে jothochito bhabe
suite *n.* অনুচরবর্গ onuchorborgo
suitor *n.* মামলা দায়েরকারী mamla dayerkari
sulk *v.i.* মুখ গোমড়া mukhgomra
sulky *adj.* গোমড়া মুখো gomramukho
sullen *adj.* চাপা ক্রোধযুক্ত chapa krodhjukto
sully *v.t.* কলঙ্কিত kolonkito
sulphate *n.* গন্ধকজাত লবন gondhokjato lobon
sulphur *n.* গন্ধক gondhokjato lobon
sultry *adj.* গুমসা gumsa
sum *n.* যোগফল jogfol
summarize *v.t.* সার সংগ্রহ করা sar songroho kora
summary *adj.* সংক্ষিপ্ত songkhipto
summer *n.* গীষ্মকাল grismokal
summing *n.* সারসংক্ষেপ sarsongkhep
summit *n.* শিখর shikhor
summon *v.t.* ডেকে পাঠানো deke pathano
summons *n.* তলবনামা tolobnama
sumpter *n.* অশ্বের চালক oshyer chalok
sumptuary *adj.* ব্যায়নিয়ন্ত্রক byahniyontrok
sumptuous *adj.* জাঁকালো jakalo
sun *n.* সুর্য surjo
sun-bath *n.* সুর্যস্নান surjyosnan
sunbeam *n.* সুর্যরশ্মি suryoroshmi
sunday *n.* রবিবার robibar
sun-dial *n.* সুর্য ঘড়ি surjo ghori
sundries *n.* নানাবস্তু nanabostu
sundry *adj.* বিবিধ bibidh
sunflower *n.* সুর্যমুখি ফুল surjomukhi ful
sunk *p.p.* ডোবা doba
sunken *adj.* ডোবা doba
sunlit *n.* রৌদ্রকরোজ্জ্বল rodrokorojjwol
sunny *adj.* রোদালো rodalo
sunrise *n.* সুর্যদয় surjodoy
sunshine *n.* রোদ rod
sunstroke *n.* সর্দিগর্মি sordigormi
sup *v.t.* চুমুক দিয়ে খাওয়া chumuk diye khaoa
super *adj.* সংখ্যাতিরিক্ত sonkhyatirikto
superannuate *v.t.* অপসর দেওয়া oposor deoa
superannuation *n.* অতিবয়স্কতা otiboyoskota
superb *adj.* চমৎকার chomotkar
supercillious *adj.* অবস obos
superficial *adj.* উপরিতল uporitol
superfine *adj.* অতি সুক্ষ্ম otisukkho
superfluous *adj.* অনর্থক onorthok
superfluity *n.* বাহুল্য bahulyo
superhuman *adj.* অতিমানবিক otimanobik
superintend অবেক্ষণ করা obekkhon kora
superintendence অধ্যক্ষতা odhyokkhota
superintendent *n.* অধিকর্মিক odhikormik
superior *adj.* উৎকৃষ্ট utkrishto
superiority *n.* শ্রেষ্ঠতা shreshthota
superlative *adj.* উচ্চতম uchchotomo
superman *n.* অতিমানব otimanob

supernal *adj.* দিব্য dibyo
supernatural *adj.* অলৌকিক oloukik
superscribe *v.t.* ওপরে লেখা opore lekha
supersede *v.t.* অপসারিত করা oposarito kora
superstition *n.* কুসংস্কার kusongskar
superstitious *adj.* কুসংস্কারাচ্ছন্ন kusongskarachchhonno
superstructure *n.* উপরের কাঠামো uporer kathamo
supervise *v.t.* তত্ত্বধান totwabodhan
supervision *n.* তত্ত্ববধান totwabodhan
supervisor *n.* তত্ত্ববধানকারী tothabodhankari
supine *adj.* অকর্মা okorma
supper *n.* নৈশভোজ noishobhoj
supplant *v.t.* উচ্ছেদ করা uchchhed kroa
supple *adj.* নমনীয় nomoniyo
supplement *n.* সম্পুরণী sompuroni
supplementary *adj.* অনুপুরক onupurok
suppliant *adj.* শরণাগত shoronagoto
supplicate *v.t.* অনুনয়বিনয় onunoybinoy
supply *v.t.* সরবরহ করা sorborah kora
support *n.* সমর্থন করা somorthon kora
supportable *adj.* সমর্থনীয় somorthoniyo
supporter *n.* সমর্থক somorthok
suppose *v.t.* ধরা dhora
suppository *n.* নিবেশ্য nibeshyo
suppress দমন করা domon kora
suppression *n.* দমন domon kora
suppurate *v.i.* পেকে ওঠা peke otha
supermacy *n.* আধিপত্য adhipotyo
supreme *adj.* সর্বোচ্চ sorbochyo
surcharge *v.t.* অধিশুল্ক odhishulko
sure *adj.* নিশ্চিত nishchit
surely *adv.* নিশ্চিত nishchit
surf *n.* ফেনা fena
surface *n.* বস্তুর বহির্ভাগ bosturbohirbhag
surfeit *n.* বাহুল্য bahulyo
surge *n.* তরঙ্গি torongi
surgeon *n.* অস্ত্রচিকিৎসক ostrochikitsok
surgery *n.* শল্যবিদ্যা sholyobidhya
surgical *adj.* অস্ত্রচিকিৎসাসম্বন্ধী ostrochikitsa sombondhi
surly *adj.* কর্কশস্বভাব korkosh swabhab
surmise *v.t.* আন্দাজ andaj
surmount কাটিয়ে ওঠা katiye otha
surname *n.* পদবি podobi
surpass *v.t.* ছাড়িয়ে যাওয়া chhariye jaoa
surpassing *adj.* অতুলনীয় otuloniyo
surplus *n.* উদ্‌বৃত্ত udbretto
surprise *n.* চমক chomok
surprising *adj.* বিস্ময়কর bismoykor
surrender *v.t.* সমপর্ণ করা somorpon kora
surreptitious *adj.* চুপি চুপি chupi chupi
surround *v.t.* বেষ্টন beston
surroundings *n.* প্রতিবেশ protibesh
surtax *n.* উপরিকর uporikor
surveillance *n.* পাহারা pahara
survey *v.t.* অবলোকন করা obolokon kora
surveyor *n.* আমিন amin
survival *n.* বেঁচে থাকা beche thaka
survive *n.* বেঁচে beche thaka
survivor *n.* উত্তরজীবী uttorjibi
susceptibilityn সংবেদনশীলতা songbendonshilota
susceptible *adj.* অনুভুতির দ্বারা onubhutir dwara
suspect *v.t.* আশঙ্কা ashonka
suspend আলম্বিত alombito
suspense *n.* উৎকন্ঠা uthkontha
suspension *n.* সাময়িক বরখাস্তকরণ samoyik borkhasto koron
suspicious *n.* সন্দেহজনক sondehojonok
sustain *v.t.* ধরে রাখা dhore rakha
sustenance *n.* পুষ্টিকর উপাদান pustikor upadan
suture *n.* সেলাইয়ের দাগ selaiyer dag
suzerain *n.* অধিরাজ odhiraj
suzerainty *n.* অধিরাজত্ব odhirajotwo
swab *n.* শোষণী shoshoni
swag *n.* চোরাই মাল chorai mal
swagger *v.i.* তর্জন গর্জন করা torjon gorjon kora

swainn প্রেমিক premik
swallow *n.* ক্ষুদ্র পাখিবিশেষ khudro pakhibishesh
swamp *n.* জলা jola
swampy *adj.* জলা jola
swan *n.* রাজহাঁস rajhas
swank *n.* জাঁক করা jnak kora
swap *n.* অদলবদল করা odolbodol kora
sward *n.* তৃণভুমি trinobhumi
swarm *n.* ঝাঁক jhnak
swarthy *adj.* শ্যাম shyam
swath *n.* ঘাস ghas
swathe মোড়া বাঁধা mora badha
sway *v.t.* দোলা dola
swear *v.t.* শপথ shopoth
sweat *n.* ঘাম gham
sweater *n.* সোয়েটার soyetar
sweaty *adj.* ঘর্মাক্ত ghormakto
sweep *v.i.* ঝাঁট jhnat
sweeper *n.* ঝাড়ুদার jharudar
sweeping *n.* অতি ব্যাপক oti byapok
sweet *adj.* মিষ্টি mishti
sweets *n.* মিষ্টান্ন mistanno
sweeten *v.t.* মিষ্টি করা misti kora
sweetheart *n.* প্রমিকা premika
sweetmeat *n.* মিষ্টান্ন misthanno
sweetness *n.* মিষ্টতা misthota
swell *v.i.* ফোলা fola
swelling *n.* ফোলন folon
swerve *v.i.* হতাৎ গতি পরিবর্তন hothat goti poriborton
swift *adj.* দ্রুত druto
swiftness *n.* দ্রততা drutota
swim *v.i.* সাঁতার satar
swindle *v.t.* প্রতারণা protarona
swindler *n.* প্রতারক protarok
swine *n.* শুকর shukor
swing *v.t.* ঝোলা jhola
swinge *v.t.* পেটানো petano
swirl *v.i.* ঘুর্ণি তোলা ghurni tola
switch *n.* সুইচ botam
swivel *n.* ব্যবর্তনবলয় byabortonboloy
swoon *v.i.* মুর্ছিত হওয়া surchito hoya
swoop *v.t.* ছোঁ মারা chhnomara
swop *n.* অদলবদল করা odolbodol kora
sword *n.* তলোয়ার toloyar
swordsman *n.* অসিবিদ osibid
sycophancy *n.* মোসাহেবসুলভ mosahebsulobh
sycophant *n.* মোসাহেব mosahebs
syllable *n.* অক্ষর okkhor
syllabus *n.* পাঠ্যসুচি pathyosuchi
syllogism *n.* ন্যায় nyay
sylph *n.* পরী pori
sylvan *adj.* আরণ্য aronyo
symbol *n.* প্রতীক protik
symbolical *adj.* প্রতীকী protiki
symmetrical *adj.* সামঞ্জস্যপুণফ samonjosyopurno
symmetry *n.* সামঞ্জস্য samonjosyo
sympathetic *adj.* সহানুভুতিশীল sohanubhutishil
sympathize *v.i.* সহানুভুতিশীল sohanubhutishil
sympathy *n.* কারুণ্য karunyo
symphony *n.* ঐকতানসঙ্গীত oikotansongit
symposium *n.* আলোচনা সংগ্রহ alochona songroho
symptom *n.* লক্ষণ lokkhon
synagoguen পার্ষি মৃত দেহো রাখার স্থান parsi mritodeho rakhar sthan
synchronize *v.t.* এককলবর্তী করা ekkolborti kora
synchronous *adj.* একসাথে eksathe
syndicate *n.* সংবাদ সমিতি songbad somiti
synod *n.* নীতি niti
synonym *n.* সমার্থক শব্দ somarthok shobdo
synonymous *adj.* সমার্থক somarthok
synopsis *n.* সারংশ sarangso
syntax *n.* বাক্যপ্রকরণ bakyoprokorn
synthesis *n.* সংশ্লেষ songslesh
synthetic *adj.* সংশ্লেষী songsleshi
syphillis *n.* যৌনরোগ jouno rog
syringe *n.* সিরিনজ sirinj

system *n.* সংস্থান songsthan
systematic *adj.* প্রণালীবদ্ধ pronaliboddho
systematize *v.t.* প্রণালীবদ্ধ pronaliboddho
systole হৃৎপিন্ডের hritpindher

T

tab *n.* ছোটো পটি choto poti
tabby *n.* নক্সাদার সিল্কের কাপড় noksadar silker kapor
tabernacle *n.* গির্জা ছাড়া অন্য ধর্মস্থান girja chara onyo dhormo sthan
tabes *n.* টেবস tebs
table *n.* টেবিল tebil
tableau মঞ্চ উপস্থাপনা/ট্যাবলো moncho uposthapona/tyablo
tablet *n.* বড়ি bori
tabloid *n.* চটুল খবরের কাগজ chotul khoborer kagoj
taboo *n.* নিষিদ্ধ কথা বা বস্তু nishiddho kotha ba bostu
tabor *n.* ঢোলকজাতীয় বাদ্যযন্ত্র dholok jatiyo badyo jontro
tabular সারণিবদ্ধ saroni boddho
tach *n.* ট্যাক tyak
tacit *adj.* অকথিত okothito
taciturn *adj.* মিতবাক mitobak
tack *n.* গোঁজ goj
tackle *n.* কপিকল kopikol
tact *adj.* লোকব্যবহারচাতুর্য lokbyaboharcaturjyo
tactful *adj.* সুকৌশলী sulousuli
tactician *n.* রণকৌশলবিদ ronokousolbid
tactics *n.* রণকৌশল ronokoushol
tactile *adj.* স্পর্শবোধ sporshobodh
tadpole *n.* ব্যাঙাচি byangachi
tag *n.* সরু মুখ বা ট্যাগ soru mukh ba tyag
tail *n.* লেজ lej
tailor *n.* দর্জি dorji
taint *n.* সংক্রমণ sonkromon
taintless *adj.* নির্দোষ nirdosh
take *v.t.* গ্রহণ করা grohon kora
talc *n.* স্বচ্ছ খনিজ পদার্থ swochho khonij podartho
talent *n.* দক্ষতা dokshota
talented *adj.* স্বভাবপটু swovabpotu
talk *v.i.* কথা বলা kotha bola
talkative *adj.* বাচাল bachal
talker *n.* বক্তা bokta
talkies *n.* সবাক চলচ্চিত্র sobak cholochitro
tall *adj.* লম্বা lomba
tallow *n.* সাবান saban
tally *v.t.* খতিয়ান khotiyan
talon *n.* ঈগলের নখর igoler nokhor
tamarind *n.* তেঁতুল tentul
tambour *n.* আনদ্ধ বাদ্যযন্ত্র anoddho badyojontro
tambourine *n.* খঞ্জনি-জাতীয় বাদ্যযন্ত্র khonjoni jatiyo badyo jontro
tame *adj.* পোষ মানানো posh manano
tamper *v.i.* অন্যায়ভাবে হস্তক্ষেপ onyay vabe hostokhep
tan *n.* চর্ম সংস্কার chormo songskar
tang *n.* নিজস্ব বৈশিষ্ট্য nijswo boisisto
tangent *n.* স্পর্শক sporsok
tangibility *n.* স্পর্শনীয় sporshoniyo
tangible *adj.* স্পর্শগ্রাহ্য sporshograjhyo
tangle *v.t.* জট পাকা jot paka
tank *n.* আধার adhar
tankard *n.* বড় মগ boro mog
tanker *n.* পরিবহন শকট poribohon sokot
tantalize *v.t.* বাঞ্ছিত বস্তুকে কষ্ট দেওয়া banchito bostuke kosto dewa
tantamount *adj.* সমতুল্য somotulyo
tantrum *n.* রাগারাগির পালা ragaragir pala
tap *v.t.* জল বা তেলের কল jol ba teler kol
tape *n.* ফিতা fita
taper *n.* সরু মোমবাতি soru mombati
tapestry *n.* নকশা খচিত ঢাকনা noksha khochito dhakna
tapster *n.* মদ পরিবেশনকারী mod poribeshon kari
tar *n.* আলকাতরা alokatra

tardiness *n.* গড়িমসি gorimosi
tardy *adj.* ধীরগতি dhirogoti
target *n.* নিশানা nishana
tariff *n.* মাশুল masul
tarn *n.* পাহাড়ি হ্রদ pahari hrod
tarnish *v.t.* জেল্লা jella
tarpaulin *n.* ত্রিপল tripol
tarry *adj.* আলকাতরার মত alkatrar moto
tart *adj.* টক tok
tartar *n.* গাঁজানো মদ gajano mod
tartuffe *n.* ভন্ড vondo
task *n.* কর্তব্য kortyobyo
tassel *n.* সুদৃশ্য গুচ্ছি sudrisyo guchhi
taste *v.t.* স্বাদ গ্রহণ করা swad grohon kora
tasteful *adj.* সুরুচিসম্পন্ন suruchi somponno
tasteless *adj.* স্বাদহীন swadhin
tasty *adj.* সুস্বাদু swuswdu
tatter *n.* ছেঁড়া ন্যাকড়া chera nyakra
tattle *v.t.* বকবক bokbok
tattler *n.* আড্ডাবাজ লোক addabaj lok
tattoo *n.* উল্কি আঁকা ulki aka
taunt *n.* বিদ্রূপবাণ bidrupban
taurus *n.* বৃষরাশি brrishorasi
taut *adj.* টানটান tantan
tautological *adj.* উক্তিপূর্ণ uktipurno
tautology *n.* দ্বিরুক্তি dwirukti
tavern *n.* পান্থশালা panthosala
taw *v.t.* লবনের দ্রবনে চুবিয়েচামরা পাকা করা loboner drobone chubiye camra paka kora
tawdry *adj.* ঝলমলে অথচ অন্তঃসারশূন্য jholomole othocho ontoswar sunyo
tawny *adj.* তামাটে tamate
tax *n.* কর kortyobyo
taxable *adj.* করযোগ্য korjogyo
taxation *n.* করারোপ korarop
taxi *n.* ট্যাক্সি tyaksi
tea *n.* চা cha
teach *v.t.* শিক্ষকতা sikshokota
teacher *n.* শিক্ষক sikshokota
teaching *n.* শিক্ষা shiksha
teak *n.* সেগুন গাছ segin gacch
teal *n.* ছোটো হাঁস choto has
team *n.* দল dol
tear *n.* অশ্রু osru
tease *v.t.* বিরক্ত করা birokto kora
teat *n.* বাঁট bat
technic *n.* প্রকৌশল prokoushol
technical প্রায়োগিক prayogik
technicality *n.* পরিভাষা porivasa
technician *n.* কলাকুশলী kolakusoli
technique *n.* প্রকরণ prokoron
technology *n.* প্রযুক্তি projukti
ted *v.t.* উল্টে শুকোনো ulte sukono
tedious *adj.* বিরক্তিকর biroktikor
tedium *n.* একঘেয়েমি ekgheyemi
teem *v.t.* থিকথিক thikthik
teens *n.pl.* ১৩ থেকে ১৯ বছর 13 theke 19 bochor
teeth *n.pl.* দাঁত dat
teethe *v.t.* দাঁত ওঠা dat ottha
teetotaller *n.* নেশা বিরোধী nesh birodhi
tele *prep.* দূর dur
telegram *n.* তারবার্তা tarobarta
telegraph *n.* তারবার্তা প্রেরণ tarobarta preron
telegraphic *adj.* তারবার্তা সংক্রান্ত tarbarta songkranto
telegraphy *n.* টেলিগ্রাফ বার্তা teligraf barta
telepathy *n.* ইন্দ্রিয়োত্তর ভাব-সংযোগ indriyottor vab songjog
telephone *n.* দূরভাষ durovas
teleprintery *n.* দূরমুদ্রণ যন্ত্র duromudron jontro
telescope *n.* দূরবীন durbin
telescopic *adj.* দূরবীক্ষণিক durobikshon
television *n.* টেলিভিশন telivison
tell সবিস্তারে বলা sobistare bola
teller *n.* টাকা জমা দেওয়া taka joma dewa
telling *adj.* প্রবল probol
tele-tale *n.* রটন্তী rotonti
temerity *n.* হঠকারিতা hothokarita
temper *n.* উপযুক্ত দৃঢ়তা upojukto drrirota
teperament *n.* ধাত dhat
temperance *n.* সংযম songjom'

temperate *adj.* পরিমিত porimito
temperature *n.* তাপমাত্রা tapomatra
tempered *adj.* বদমেজাজী bodomejaji
tempest *n.* ঝড়জল jhorojol
tempestuous *n.* প্রবল probol
temple *n.* মন্দির mondir
tempo *n.* লয় loy
temporary *adj.* অস্থায়ী osthayi
temporize *v.i.* সময়ের দাবী অনুযায়ী কাজ করা somoyer dabi onujayi kaj kora
tempt *v.t.* প্রলোভিত prolovito
temptation *n.* প্রলুব্ধ করা prolubdho kora
tempter মায়াবী mayabi
ten *adj.* দশ dos
tenable *adj.* সমর্থনযোগ্য somorthon jogyo
tenacious *adj.* সংসক্ত sonsokto
tenacity *n.* সংসক্তি songsokti
tenancy *n.* প্রজাস্বত্ব projaswotto
tenant *n.* ভাড়াটে varate
tenantry *n.* প্রজাবৃন্দ projabriondo
tend *v.t.* প্রবণতাযুক্ত হওয়া probonota jukto houa
tendency *n.* প্রবৃত্তি probritti
tender *v.t.* সুকোমল sukomol
tenderness *n.* পেলবতা pelobota
tendon *n.* কন্ডরা kondora
tendril *n.* আকর্ষ akorsho
tenement *n.* বসতবাড়ি bosot bari
tenet *n.* নীতি niti
tenfold *adj.* দশগুন dosh goon
tennis *n.* টেনিস খেলা tenis khela
tenon *v.t.* কাঠের প্রান্তভাগ আটকানো kather pranto vag atkano
tenor *n.* পুরুষ কন্ঠ purush kontho
tense *adj.* কাল kal
tension *n.* উত্তেজনা uttejona
tent *n.* তাঁবু tabu
tentacle *n.* শুঁড় suruchi somponno
tentative *adj.* আপাতত apatato
tenth *adj.* দশম dosom
tenuous *adj.* কৃশ krrisho
tergal *adj.* পৃষ্ঠ prrishtho
term *n.* কালসীমা kalosima
termagant *adj.* রণচন্ডী ronochondi
terminal *adj.* প্রান্তিক prantik
terminate *v.t.* সমাপ্ত করা somapto kora
terminable *n.* সমাপ্য somapyo
terminology *n.* পরিভাষা-বিজ্ঞান porivasa bigyan
terminal *n.* প্রান্তিক prantik
termite *n.* ঘুণপোকা ghunpoka
tern *adj.* ত্রয়ী troyi
ternate *adj.* ত্রিপত্রী tripotri
terrace *n.* মন্ডপ mondop
terrafirma *n.* স্থলভুমি stholovumi
terresterial *adj.* পার্থিব pratrthibo
terrible *n.* ভয়ানক voyanok
terrific *adj.* দুর্দান্ত durdanto
terrify *v.t.* আতঙ্কগ্রস্ত করা atonkogrosto
territorial *adj.* প্রাদেশিক pradesik
territory *n.* ভূভাগ vuvag
terror *n.* সন্ত্রাস sontras
terrorism *n.* সন্তাসবাদ sontrasbad
terrorize *v.t.* আতঙ্কগ্রস্ত করা atonkogrosto kora
terse *adj.* মার্জিত marjito
tertian *adj.* প্রতি তৃতীয় দিনে পুনরাবৃত্ত হয় proti trritiyo dine punorabrritti hoy
test *n.* পরীক্ষা poriksha
testament *n.* উইল uil
testamentary *adj.* উইলকারী uil kari
testator *n.* উইলকারী uilkari
testicle *n.* অন্ডকোষ ondokosh
testify *v.t.* প্রমাণ করা promankora
testimonialn প্রসংশাপত্র prosongsa potro
testimony *n.* সাক্ষ্য sakhyo
testy *n.* অসহিষ্ণু osohonshu
tetanus *n.* ধনুষ্টঙ্কার রোগ dhonushtonkar rog
tether *n.* গরু বাঁধার দড়ি goru badhar dori
tetrad *n.* চতুষ্পদ chotuspod
tetrahedron *n.* চতুস্তলক chotustolok
text *n.* মূল পাঠ্যাংশ mul pathyangso
tex¶book *n.* পাঠ্য পুস্তক pathyo pustok
textile *adj.* বয়ন সংক্রান্ত boyon sogkranto

textual *adj.* মূল পাঠ্যাংশ mul pathyangso
texture *n.* বুনন bunon
than *conj.* তুলনায় tulonay
thank ধন্যবাদ দেওয়া dhonobad dewa
thankful *adj.* কৃতজ্ঞ krritogyo
thankless *adj.* অকৃতজ্ঞ okritgyo
that *pro.* যে je
thatch *v.t.* খড় khor
thaumaturge *n.* ঐন্দ্রজালিক oindrojalik
thaumaturgy *n.* ঐন্দ্রজাল oindrojal
thaw *v.t.* গলা gola
theatre *n.* নাট্যশালা natyosala
thee *pro.* আপনি aponi
theft *n.* চুরি churi
their তাদের tader
theism *n.* আস্তিক্য astyikyo
theist *n.* আস্তিক astik
them তারা tara
theme *n.* বিষয়বস্তু bishoybostu
themselves *pro.* তারা নিজেরা tara nijera
then *adv.* তারপর tarpor
thence *adv.* তজ্জন্য tojjonyo
theo *pref.* ঈশ্বর iswor
theocracy *n.* পুরোহিততন্ত্র purohit tontro
theodolite *n.* মাপার যন্ত্র mapar jontro
theologian *n.* ধর্মতত্ত্ববিদ dhormotwtwo bid
theology *n.* ধর্মতত্ত্ব dhormoyototwo
theorem *n.* উপপাদ্য upppadyo
theoretical *adj.* তত্ত্বীয় totwiyo
theorist *n.* তত্ত্ব–সংগঠক totwo songgothon
theorize *v.t.* তত্ত্ব নির্মান totwo nirman
theory *n.* তত্ত্ব totwo
theosophy *n.* দার্শনিক মতবাদ darshonik motobad
therapeutic *adj.* রোগনিরাময় rog niramoy
therapy *n.* চিকিৎসা chikitsa
there *adv,* সেখানে sekhane
thereby *adv.* সেই সূত্রে sei sutre
therefore *adv.* তখন পর্যন্ত tokhon porjontyo
therein *adv.* সেই খানে sei khane
thereupon *adv.* ফলত foloto
therewithal *adv.* তাছাড়া tachara
therm *n.* তাপ একক tapo ekok
thermal *adj.* তাপীয় tapiyo
thermic *adj.* তাপ সংক্রান্ত tapo songkranto
thermometer *n.* তাপমান যন্ত্র tapoman jontro
thermos *n.* থার্মস ফ্লাস্ক tharms flask
thesaurus *n.* কোষগ্রন্থ kosh grontho
these *n.* এগুলি e guli
thesis *n.* ভাবনা vabna
theurgy *n.* অলৌকিক বিষয় oloukik bishiy
thew *n.* বলশালিতা bolosalita
they *pro.* তাহারা tahara
thick *adj.* স্থূল sthul
thicken *v.t.* গাঢ় garh
thicket *n.* ঝাড় jhar
thickness *n.* স্থূলতা sthulota
thief *n.* চোর chor
thieve *v.i.* চুরি করা churikora
thievish *adj.* তস্করসুলভ toskor sulov
thigh *n.* উরু uru
thimble *n.* অঙ্গুলিত্রাণ onguli tran
thin *adj.* পাতলা patla
thine *pro.* আপনার aponar
thing *n.* সামগ্রী samofri
think *v.t.* চিন্তা chinta
thinker *n.* চিন্তাবিদ chinra bid
thinking *n.* চিন্তা করা chinta kora
thinly *adv.* গাঢ়তা garhota
thinness *n.* রোগাটে rogate
third *adj.* তৃতীয় trritiyo
thirst *n.* তৃষ্ণা trishna
thirsty *adj.* তৃষ্ণার্ত trishnarto
thirteen *n.* ত্রয়োদশ troyodosh
thirteenth *adj.* ত্রয়োদশতম troyodhosh tomo
thirtieth ত্রিশতম trishotom
thirty *n.* ত্রিশ trish
this *pro.* এই ei

thither *adv.* ওদিকপানে odikpane
thong *n.* চাবুক chabuk
thorax *n.* বক্ষোদেশ bokshodes
thorn *n.* কন্টক kontok
thorny *adj.* কন্টকিত kontokito
thorough *adj.* তন্নিষ্ঠ tonnishtho
thoroughfare *n.* সদর রাস্তা sodor rasta
thoroughly *adv.* সম্পূর্ণত sompurnota
those *pro.* সেগুলি se guli
thou *pro.* আপনি aponi
though *conj.* তথাপি tothapi
thought *n.* চিন্তা chinta
thoughtful *adj.* ধ্যানস্থ dhyanostho
thoughtless *adj.* অদূরদর্শী odurdorshi
thousand *adj.* সহস্র sohosro
thraidom *n.* দাসত্ব dasotwo
thrash *v.t.* চাবকানো chabkano
thread *n.* সূতো suto
threadbare *adj.* বিশদ bishod
threat *n.* ধুমকি dhumoki
threaten *v.t.* ভয় দেখানো voy dekhano
threatening *adj.* বিপদের ইঙ্গিত দেওয়া bipoder ingit dewa
three *adj.* তিন tin
thresh *n.* ধান ভানা dhan vaba
threshold *n.* দ্বারপ্রান্ত dwar pranto
threw *v.t.* ছোঁড়া chora
thrice *adv.* তিনবার tinbar
thrift *n.* মিতব্যয়িতা mitobyayita
thrifty *adj.* মিতব্যয়ী mitobyayita
thrill *v.t.* পুলক জাগানো pilok jagano
thrive *v.i.* সমৃদ্ধ হওয়া somridho houya
thriving *adj.* সমৃদ্ধশালী হওয়া somriddho sali
throat *n.* গলা gola
throb *v.i.* দবদব করা dob dob kora
throe *n.* তীব্র যন্ত্রণা tibro jontrona
thrombosis *n.* রক্তবাহে রক্ত জমাট বাঁধা roktobahe jomat badha
throne *n.* রাজাসন rajason
throng *v.t.* ভিড় vir
throttle *v.t.* কন্ঠরোধ করা konthorodh kora
through *adv.* আদ্যোপান্ত adyopanto
throughout *adv.* আগাগোড়া agagora
throw *v.t.* নিক্ষেপ করা nikshep kora
thrum *n.* ফেঁসো fso
thrush *n.* ছত্রাক সংক্রমন chotrak songkromon
thrust *v.t.* ধাক্কা মারা dhaka mara
thrustings *n.* ধাক্কা ধাক্কি dhakka dhakki
thud *n.* ধুপ শব্দ dhu sobdo
thug *n.* ঠগী thogi
thumb *n.* বুড়ো আঙুল buro angul
thump *v.t.* ঘুষি বা কিল মারা ghusi ba kil mara
thunder *v.i.* বজ্র bojro
thunderbolt *n.* বজ্রপাত bojro pat
thunde¤storm *n.* বজ্র বিদ্যুৎ সহ বৃষ্টি bojro bidyut soho brishti
thursday *n.* বৃহস্পতিবার brihospoti bar
thus *adv.* এইভাবে ei vabe
thwart *adj.* ব্যাহত করা byahoto kora
thy *pro.* আপনার aponar
thymol *n.* থাইমল taimol
thyroid *adj.* থাইরয়েড/ অনাল গ্রন্থি thairoyed
thyself *pro.* তুমি tumi
tibia *n.* জঙ্ঘাস্থি jonghadi
tic *n.* খিঁচুনি khuchuni
tick *v.t.* টিক টিক শব্দ tik thik sobdo
ticket *n.* টিকিট tikit
tickle *v.t.* সুড়সুড়ি sur suri
ticklish *adj.* স্পর্শকাতর sporsho kator
tidal *adj.* জোয়ার-ভাঁটা সংক্রান্ত joyar vata songranto
tide *v.t.* জোয়ার-ভাঁটা joyar vata songranto
tidiness *n.* সুবিন্যস্ত subinyosto
tidings *n.* বার্তা barta
tidy *adj.* ছিমছাম chimacham
tie *v.t.* দড়ি dori
tiff *n.* মন কষাকষি mon kosha koshi
tiffin *n.* জলযোগ jolojog
tiger *n.* বাঘ bagh
tight *adj.* আঁট at

tighten *v.t.* আঁটা ata
tile *n.* টালি tali
till *v.t.* চাষ করা chash kora
tillage *n.* চাষ chash
tiller *n.* নৌকোর হাতল noukar hatol
tilt *n.* হেলে যাওয়া hele jauwa
timber *n.* কাঠ kath
timbrel *n.* নাদগুন nadgun
time *n.* সময় somoy
time-bar *n.* সময় সীমা somoy sima
timely *adj.* সময়োচিত somoyochito
timepiece *n.* ঘড়ি ghori
time-table *n.* সময়-সারণী somoy saroni
timid *adj.* স্বভাবভীরু swovaviru
timidity *n.* ভীরু স্বভাব viru swovab
tin *n.* টিন ধাতু tin dhatu
tincal *n.* সোডিয়াম বোরেট sodiyam boret
tincture *n.* ভেষজ আরক vesoj arok
tinder *n.* শুকনো sukno
tine *n.* উপশৃঙ্গাগ্র uposringagro
tinge *v.t.* হালকা রঙের প্রলেপ দেওয়া halka ronger prolep dewa
tingle *v.t.* কান ভোঁ ভোঁ করা kan vo vo kora
tinker *n.* মেরামতি meramoti
tinkle *v.i.* ক্রমাগত শব্দ করা kromagoto sobdo kora
tinsel *n.* রাংতা rangta
tint *n.* বর্ণাভা bornava
tiny *adj.* ছোট্ট chotto
tip *n.* ডগা doga
tipple *v.t.* নেশা করা nesha kora
tipsy *adj.* অল্প নেশাগ্রস্ত olpo nesha grosto
tiptoe *n.* পায়ের আঙুলের ডগা payer anguler doga
tiptop *v.t.* পরাকাষ্ঠা pora kashtha
tirade *n.* নিন্দাভাষ nindavas
tire *v.t.* ক্লান্ত klanto
tired *adj.* ক্লান্তি klanti
tiring *adj.* ক্লান্তিকর klanti kor
tiro শিক্ষানবিশ sikshanobish
tiresome *adj.* অবসাদজনক obosadjonok
tissue *n.* কলা kola
tit *n.* টুনি পাখি tuni pakhi
titan *n.* অতিকায় otikay
titbit *n.* টুকরো অংশ tukro ongso
tithe *n.* দশম ভাগ dosom vag
titillate মৃদু উদ্দীপনা জাগানো mrridu uddipona jagano
titilation সুড়সুড়ি sur suri
title *n.* শিরোনাম sironam
titter *v.i.* মুচকে হাসা muchke hasa
¶ittle *n.* ফুটকি futki
lituler *adj.* স্বত্ববলে অধিকৃত swotwo bole odhikrrito
toad *n.* কোলাব্যাঙ kolabyang
toady *n.* ধামাধরা লোক dhamadhora lok
toast *n.* সেঁকা পাঁউরুটি seka pauruti
tobacco *n.* তামাক tamak
tobacconist *n.* তামাক বিক্রেতা tamak bikreta
tocsin *n.* বিপদ সংকেত bipod songket
today *n.* আজ aj
toddle *v.i.* ধীরে সুস্থে হাঁটা dhire susthe hata
toddy *n.* তাড়ি tari
toe *n.* পদাঙ্গুলি podanguli
toffee *n.* টফি tofi
toga *n.* আলখাল্লা alokhalla
together *adv.* একসঙ্গে ekosonge
toil *v.i.* খাটা khata
toilet *n.* পরিমার্জনা porimarjona
toilsome *adj.* শ্রমসাধ্য sromosadhyo
token *n.* চিহ্ন chinho
tolerable *n.* সহনীয় sohoniyo
tolerance *n.* সহিষ্ণুতা sohoshnuta
tolerant *adj.* সহিষ্ণু sohishnu
tolerate *v.t.* বরদাস্ত করা borodasto kora
toleration পরমতসহিষ্ণুতা porpm sohishnuta
toll *n.* বাজানো bajano
tomato *n.* টমেটো tometo
tomb *n.* সমাধিগহ্বর somadhu ghorwor
tomboy *n.* ডানপিটে dan pite
tom-cat *n.* হুলো বেড়াল hulo beral
tome *n.* মোটা বই mota boi

tomfool *n.* বুদ্ধু buddhu
tomfoolery *n.* ছেলেমানুষি chele manushi
tomorrow *adv.* আগামীকাল agamikal
tomtom *n.* ঢোল dhol
ton *n.* টন ton
tone *n.* ধ্বনি dhwoni
tonga *n.* টাঙ্গা tanga
tongs *n.pl.* চিমটে chimte
tongue *n.* জিহ্বা jihwa
tonguester *n.* চমিটা chimta
tonic *adj.* বলবর্ধক bolobordhok
tonight *adv.* আজ রাত aj rat
tonsil *n.* টনসিল tonosil
tonsure *n.* যাজক jajok
too *adv.* মাত্রাতিরিক্ত matratirikto
tool *n.* যন্ত্রপাতি jontro pati
tooth *n.* দাঁত dat
top *n.* শীর্ষ sirsho
topaz *n.* পোখরাজ pokhraj
toper *n.* শীর্ষস্থানীয় sirshosthaniyo
topic *n.* আলোচ্য বিষয় alochyo bishoy
topical *adj.* বিষয়ভিত্তিক bishoy vittik
topknot *adj.* মাথায় চূড়া করে চুল বাধা mathay chura kore chul badha
topography *n.* ভূ-সংস্থান মানচিত্র vu songsthan manochitro
topsyturvy *adj.* লন্ডভন্ড londo vondo
torch *n.* মশাল mosal
torment *n.* ক্লেশ klesh
tornado *n.* কটূক্তি kotukti
torpedo *n.* আক্রমণ হানা akromon hana
torpid *adj.* অব্যক্ত obyakto
torpidity *n.* সুপ্তি supti
torpor *n.* সুপ্তিদায়ক suptidayok
torrent *n.* খরস্রোত khorosrot
torrential *adj.* মুষলধারে mishodhare
torrid *adv.* রৌদ্রদগ্ধ roudrodogdho
torso *n.* দেহকান্ড dehokando
tortoise *n.* কচ্ছপ kocchop
tortuous *adj.* আঁকাবাঁকা akabaka
torture *n.* অত্যাচার otyachar
tory *n.* রক্ষণশীল rokhon sil
toss *v.t.* উৎক্ষেপ করা utkhepon kora
total *adj.* সম্পূর্ণ sompurnota
totality *n.* সমগ্রতা somogrota
totter *v.t.* টলমল করা tolomol kora
touch *v.t.* স্পর্শ sporsho kator
touching *adj.* স্পর্শ করা sporsho kora
touchy *adj.* রগচটা rog chota
tough *adj.* কঠিন kothin
tour *n.* বেড়ানো berano
tourist *n.* পর্যটক porjotok
tournament *n.* প্রতিযোগিতা protijogita
tourniquet *n.* পাক-তাগা pak taga
tout *n.* মাল বিক্রি malobikri
tow *v.t.* চেন chen
toward *prep* অভিমুখে ovimukhe
towel *n.* গামছা gamocha
tower *n.* ইমারত imarot
towering *adj.* সুউচ্চ suuccho'
town *n.* শহর sohor
toxicology *n.* বিষবিদ্যা bishobidya
toxin *n.* অধিবিষ odhi bish
toy *n.* খেলনা khelona
trace *n.* চিহ্ন chinho
tracing *n.* ছাপ নেওয়া chap neowa
track *n.* পথরেখা potho rekha
trackless *adj.* পথহীন potho hin
tract *n.* ভূখন্ড vu khondo
tractability *n.* সহজবশ্যতা sohojbosyota
tractable *n.* কায়দা kayda
traction *n.* কোনো কিছুকে টেনা kono kichu tene
tractive *adj.* আকুঞ্চন akunchon
tractor *n.* ট্র্যাকটর tryaktor
trade *n.* ব্যবসা byabosa
trader *n.* ব্যবসায়ী byabosayi
tradesman *n.* ব্যবসাদার byabosadar
trade mark *n.* সুপরিচিত প্রতীকচিহ্ন suporichito pritik chinho
trade union *n.* শ্রমিক সংগঠন sromik songgothon
tradition *n.* বংশপরম্পরা bongsoporompora
traditional *adj.* ঐতিহ্যবাহী oitijhyobahi
traduce *v.t.* কলঙ্ক kolonko

traffic *v.i.* যানবাহন চলাচল janbahon cholachol
tragedian *n.* ট্র্যাজেডির রচয়িতা trajdir rochoyita
tragedy *n.* বিয়োগান্ত নাটক biyoganto natok
tragic *adj.* দুঃখজনক dukhyo jonok
trail *v.t.* পথচিহ্ন potho chinho
trailer *n.* ট্রেলার trelar
train *v.t.* ট্রেন tren
trainee *n.* শিক্ষানবিশ sikshanobish
trainer *n.* প্রশিক্ষক prosikshok
training *n.* প্রশিক্ষণ proshikhon
trait *n.* লক্ষণ lokshon
traitor *n.* বিশ্বাসঘাতক biswasghatok
traitorous *adj.* বিশ্বাসঘাতী biswas ghati
trajectory *n.* নিক্ষিপ্ত nikshipto
tram *n.* ট্রামগাড়ি tram gari
trammel *n.* ব্যাহত করা byahoto kora
trample *v.t.* মাড়ানো marano
trance *n.* আবিষ্ট abishto
tranquil *adj.* শান্ত santo
tranquillity *n.* প্রশান্তি prosanti
tranquillize *v.t.* স্তিমিত করা stimito kora
trans *prep.* ব্যাপ্তি byapti
transact *v.* সম্পাদন করা sompadon kora
transaction *n.* ব্যবসা সম্পাদন byabosa sompadoon
transacend বুদ্ধি buddhi
transcendent *adj.* অত্যুত্তম ottuttom
transcribe *v.t.* নকল করা nokol kora
transcription *n.* প্রতিলিপিকরণ protilipikoron
transfer *v.t.* বদলি bodoli
transferable *adj.* হস্তান্তরযোগ্য hostantor jogyo
transfigure *v.t.* চেহারার পরিবর্তন ceharar poriborton
transfix *v.t.* বিদ্ধ করা biddho kora
transform *v.t.* বাহ্য আকার পরিবর্তন bajhyo akar poriborton
transformation *n.* রূপান্তরণ rupantoron
transfuse *v.i.* সঞ্চালিত করা sonchalito kora
transfusion *n.* সঞ্চালন sonchalon
transgress *v.t.* সীমা ছাড়িয়ে যাওয়া sima chariye jauwa
transgression *n.* সীমালঙ্ঘন simalonghon
transgressor *n.* সীমা অতিক্রমকারী sima otikromkari
transient *adj.* ক্ষণিক kshonik
transit *n.* গমন gomon
transition *n.* অবস্থান obosthan
transitional *adj.* উত্তরণমূলক uttoronmulok
transitive *adj.* সকর্মক sokormok
transitory *n.* ক্ষণস্থায়ী kshonosthayi
translate *v.t.* অনুবাদ করা onubad kora
translation *n.* অনুবাদ onubad
translator *n.* অনুবাদক onibadok
transliterate *v.t.* অক্ষরান্তরণ ঘটানো okshorntok ghotano
translucent *adj.* অর্ধস্বচ্ছ ordhoswocho
transmigrate *v.t.* পুনর্জন্ম গ্রহণ করা punorjonmo grohon kora
transmission *n.* সম্প্রচার somprochar
transmit *v.t.* হস্তান্তর করা hostantor kora
transmutable *adj.* পরিবর্তনযোগ্য poriborton jogyo
transmutation *n.* পরিবর্তন poriborton jogyo
transmute *v.t.* আকৃতির পরিবর্তন ঘটানো akrritir poriborton ghotano
transparence *n.* সহজবোধ্য sohoj bodhyo
transparent *n.* পরিস্কার poriskar
transpire *v.t.* প্রকাশ হয়ে পড়া prokash hoye pora
transplant *v.t.* প্রতিরোপন করা protiropon kora
transport পরিবহন করা p poribohon kora
transportation *n.* পরিবহন প্রক্রিয়া poribohon prokriya
transpose *v.t.* স্থান বিনিময় করানো sthan binimoy korano
trans-ship এক জাহাজ থেকে অন্য জাহাজে স্থানান্তরণ ek jahaj theke onyo jahaje sthanontoron

transverse *adj.* কোনাকুনিভাবে স্থিত konakuni vabe sthito
trap *n.* ফাঁদ fad
trapeze *n.* দোলন-কাষ্ঠ dolon kashtho
trapezium *n.* যে চতুর্ভুজের কেবল দুটি বাহু সমান্তরাল je choturvujer kebol duti bahu somantoral
trappings *n.pl.* লাগাম lagam
trash *n.* অসার জিনিস osar jinish
travail *v.i.* কষ্টকর প্রচেষ্টা kostokor prochesta
travel *n.* ভ্রমণ vromon
traveller *n.* ভ্রমণকারী vromonkari
traverse *v.t.* পাড়ি দেওয়া pari dewa
trawl *n.* মাছ ধরার বড় টানা জাল machh dhorar boro tana jal
tray *n.* বারকোষ barokosh
treachery *n.* বিশ্বাসঘাতকতা biswas ghatok
treacle *n.* ঝোলাগুড় jholagur
tread *v.t.* পা ফেলা pa fela
treadle *n.* সেলাইকলের পাদানি selai koler padani
treason *n.* রাজদ্রোহ rajodroho
treasure *n.* মূল্যবান ধাতু mulyoban dhatu
treasurer *n.* কোষাধ্যক্ষ kosha dhokhyo
treasury *n.* ভান্ডার vandar
treat *v.* সশ্রদ্ধ ব্যবহার করা sosroddhho byabohar kora
treatise *n.* সুসংবদ্ধ নিবন্ধ susongboddho nibondho
treatment *n.* আচরণ achoron
treaty *n.* চুক্তি chukti
treble *adj.* ত্রিগুণিত trigunit
tree *n.* বৃক্ষ brrikshyo
trek *n.* হেঁটে পথ পাড়ি দেওয়া hete poth pari dewa
tremble *v.i.* কম্পিত kompito
tremendous *adj.* বিপুল bipul
tremolo *n.* স্বরকম্পন sworo kompon
tremor *n.* শিহরণ sihoron
tremulous *n.* কম্পমান kompoman
trench *v.t.* পরিখা porikha
trenchant *adj.* ওজস্বী ojoswi
trend *n.* প্রবণতা probonota
trepan তুরপুন জাতীয় যন্ত্র turpun jatiyo jontro
trepidation *n.* আতঙ্ক atonko
trespass *v.i.* অনধিকার প্রবেশ করা onodhikar probesh kora
trespasser *n.* অনধিকার প্রবেশ করা ব্যক্তি onodhikar probesh kora byakti
tress *n.* কেশগুচ্ছ keshoguccho
tri *pre.* তিন tin
triad *n.* ত্রয়ী troyi
trial *n.* পরীক্ষা poriksha
triangle *n.* ত্রিভুজ trivuj
triagular *adj.* তিনকোনা tinkona
tribe *n.* উপজাতি upojati
tribulation *n.* চরম দুরবস্থা chorom duroboistha
tribunal *n.* বিচারালয় bicharaloy
tribune *n.* উঁচু মঞ্চ uchu moncho
tributary *adj.* করদানকারী korodankari
tribute *n.* শ্রদ্ধার্ঘ্য srodhraghyo
trice *n.* নিমেষে nimeshe
trick *n.* ছল chol
trickery *n.* চালাকি chalaki
trickle *v.t.* ফোঁটা ফোঁটা করে ঝরে পড়া fota fota kore jhore pora
trickster *n.* প্রবঞ্চক probonchok
tricolour *n.* ত্রিবর্ণ triborno
trident *n.* ত্রিফলা অস্ত্র trifola ontro
triennial *adj.* ত্রিবর্ষজীবী triborshojibi
trifle *n.* সামান্য samanyo
trifling ক্ষুদ্র kshudro
trigger *n.* বোতাম botam
trigo *n.* ত্রিকোন trikon
trigonometry *n.* ত্রিকোনমিতি trikonomiti
trill *n.* কম্পিত/ঘূর্ণিত হওয়া kompito/ghrnito houwa
trillion *n.* দশ হাজার কোটি কোটি dosh hajar koti koti
trilogy *n.* উপন্যাসত্রয় upnyas troy
trim পরিচ্ছন্ন porichonno
trimming *n.* নকশা nokosa
trine *adj.* তিনগুন tingun
trinket *n.* সামান্য/তুচ্ছ samnyo/ tuchco

trinketry *n.* শৌখিন soukhin
trio *n.* ত্রয়ী troyi
trip *n.* হালকা পায়ে চলা halka paye chola
tripartite *adj.* ত্রিধাবিভক্ত tridha bivokto
triple *adj.* তিনগুন tun gun
triplicate *adj.* তিন কপি করা tin kopo kora
tripod *n.* তেপায়া টুল tepaya tul
tritet *adj.* সাধারণ কথাবার্তা sadharon kotha barta
triton *n.* শামুক samuk
triumph *n.* সাফল্য safolyo
triumphant *adj.* বিজয়দৃপ্ত bijoy drripto
trivet *n.* টিপয় tipoy
trivial *adj.* সামান্য samanyo
troll *v.t.* অতিমানবিক জীব otimanibik jib
trolley *n.* ট্রলি troli
troop *n.* দল
trophy *n.* বিজয়স্মারক bijoy smarok
tropic *n.* ক্রান্তি রেখা kranti rekha
trot *v.t.* দুলকি চালে ধাবিত হউয়া dulki cale dhabito houwa
troth *n.* কথা দেওয়া kotha dewa
trouble *n.* অসুবিধে osubidhe
troublesome *adj.* অসুবধিকোরী osubhekari
trough *n.* দীর্ঘ dirghyo
trounce *v.t.* পরাজিত porajito
troup *n.* দল dol
trousers *n.pl.* পাজামা pajama
trousseau *n.* কনের সাজ পোশাক koner saj
trowel *n.* হাতিয়ার বিশেষ hatiyar bises
truant *n.* ভবঘুরে voboghure
truce *n.* অস্ত্রবিরতি ostro biroti
truck *n.* লরি lori
truckle *v.i.* নতজানু হওয়া notojanu houa
trudge *v.i.* ক্লান্তিকর যাত্রা klantikor jatra
TRUE সত্য sotyo
truism সত্যতা sottota
truil *n.* সত্য করে sotyo kore
truly *adv.* সত্য sotto
trump card *n.* তুর্য turjyo
trumpet *n.* বগিুল bigul
trumpeter *n.* বগিুলবাদক bigulbadok
truncate *v.t.* পিরামিড piramid
truncheon *n.* মোটা মুগুর mota mugur
trundle *v.t.* গড়িয়ে নেওয়া goriye neuwa
trunk *n.* কান্ড kando
truss *n.* ছাদ chhad
trust *n.* বিশ্বাস biswas
trustee *n.* ন্যাসরক্ষক nyas rokshok
trustful *adj.* আস্থাবান asthaban
trustless *adj.* বিশ্বাসহীন biswashin
trustworthy *adj.* বিশ্বস্ত biswosto
truth *n.* সত্যতা sotyota
truthful *adj.* সত্য সম্বলিত sotyo sombolito
try *v.t.* চেষ্টা chesta kora
trying *adj.* চেষ্টা করা chesta kora
tub *n.* গোলাকার পাত্র golakar patro
tube *n.* নল nol
tuber *n.* কন্দ kondo
tuberculosis *n.* যক্ষারোগ joksha rog
tuck গুঁজে দেওয়া guje dewa
tuesday *n.* মঙ্গলবার mongolbar
tufa *n.* গুচ্ছ giccho
tuft *n.* গুচ্ছ guchcho
tug *v.t.* সবলে টানা sobole tana
tuition *n.* শিক্ষণ sikshon
tumble *v.t.* উল্টে পড়া ulte pora
tumbler *n.* হাতলবিহীন hatolbihin jontro
tumid *adj.* ফোলা fola
tumult *n.* শোরগোল sorogol
tumultuous *n.* তুমুল কোলাহলপূর্ণ tumul kolahol purno
tun *n.* বৃহত পিপা brrihot pipa
tune *n.* সুর sur
tunic *n.* পুলিশ pulis
tunnel *n.* সুড়ংগ surungo
turban *n.* পাগড়ি pagori
turbid *adj.* ঘন ghono
turbine *n.* জলপ্রবাহ joloprobaho
turbulence *n.* অশান্ত osanto
turbulent *adj.* অশান্ত osanto
turf *n.* মৃত্তিকা তল mrrittika

turgid *adj.* ফোলা fola
turkey *n.* তুর্কি মোরগ turki morog
turmeric *n.* হলুদ holud
turmoil *n.* গোলযোগ golojog
turn *v.t.* ঘুর্নন ghurnon
turner *n.* কুন্দকার kundokar
turning *n.* রাস্তার মোড়/সন্ধিস্থল rastar mor/sondhisthol
turnip *n.* শালগম salgom
turpentine *n.* তার্পিন tarpin
turpitude *n.* দুষ্টতা dushtota
turret *n.* প্রাসাদ শৃংগ prasad srringo
turtle *n.* কুর্ম kurmo
tusk *n.* হাতি hati
tutelage *n.* অভিভাবকত্ব ovivaboktwo
tutor *n.* একান্ত শিক্ষক ekanto sikhok
twaddle *v.i.* বাজে বকা bje boka
twain *n.* দুই dui
twang *n.* টঙ্কার tonkar
twelfth *n.* দ্বাদশ dwadosh
twelve *adj.* বারো baro
twenty *n.* কুড়ি kuri
twentieth *adj.* বিংশতিতম bingsotitomo
twice *adv.* দুবার dubar
twig *n.* উপশাখা uposakha
twilight *n.* গোধূলি godhuli
twin *n.* যমজ jomoj
twine *n.* পাকানো সুতা pakano suta
twinge *v.i.* আকস্মিক akosmik
twinkle *v.i.* মিট মিট করা mit mit kora
twinkling চোখের নিমেষে chokher nimeshe
twirl *v.t.* পাকানো pakano
twist *v.t.* মোচড়নো mochrano
twit *v.t.* খেপানো khepano
twitch *v.t.* কাঁপা বা কাঁপানো kapa ba kapano
twitter *v.i.* কিচির মিচির করা kichir michir kora
two *adj.* দুই dui
tympanum *n.* মধ্যকর্ণ modhyo korno
type *n.* নমুনা nomuna
type-writer *n.* লেখার যন্ত্র lekhar jontro
typhoid *n.* ব্যাক্টেরিয়া ঘটিত রোগ বিশেষ byakteriya ghitito rog bises
typhoon *n.* প্রচন্ড ঘুর্ণিঝড় বিশেষ prochondo ghurijhor bises
typical *adj.* বৈশিষ্ট্যসূচক boisishtyo suchok
typify *v.t.* প্রতীক হওয়া protik houwa
typist *n.* যে ব্যক্তি টাইপ করে je byakti taip kore
typography *n.* মুদ্রনশৈলী mudron soili
tyrannical *adj.* নির্মম nirmom
tyrannize *v.t.* জুলুমবাজি চালানো julumbaji chalano
tyranny *n.* জুলুম. julumbaji chalano
tyrant *n.* জালিম/স্বৈরশাসক jalim/swoirosasok
tyre *n.* টায়ার tayar

tyro *n.* অর্বাচীন orbachin

U

ubiquitous *adj.* সর্বব্যাপী sorbobyapi
ubiquity *n.* সর্বব্যাপিতা sorbo byapita
udder *n.* গরুর স্তন gorur ston
ugliness *n.* কদর্য kdarjo
ugly *adj.* কুৎসিত kutsit
ulcer *n.* পুঁজস্রাবী ক্ষত pujosrabi khsoto
ulcerate *v.i.* ক্ষত সৃষ্টি করা khosto sristikora
ulema *n.* উলেমা umela
ulterior *adj.* দুরবর্তী duroborti
ultimate *adj.* চুড়ান্ত churanto
ultimatum *n.* চুড়ান্ত বিবৃতি churanto bibriti
ultimo *n.* তারিক্ষ tarikh
ultra *adj.* ছড়িয়ে choriye
ultramarine *adj.* উজ্জ্বল নীল ujjwol nil
ultr¡violet *n.* অতিবেগনি otibeguni
umbilicus *n.* নাভি navi
umbra *n.* প্রচ্ছায়া prochhaya

umbrage *n.* অসন্তুষ্ট osuntusto
umbrella *n.* ছাতা chata
umpire *n.* রেফারি referee
umpteen *prep.* অসংখ্য asonkho
unabated *adj.* অপ্রতিহত oprotihoto
unable *adj.* অক্ষম okkhom
unaccented *adj.* স্বরাঘাতহীন swaroghatahin
unacceptable *adj.* গ্রহনযোগ্য নয় grohon joggo noi
unaccompanied *adj.* একাকী ekaki
unaccomplished *adj.* অকুশল okhushol
unacountable *adj.* ব্যাখ্যাতীত bathatito
unaccustomed *adj.* অস্বাভাবিক oswabhabik
unacqainted *adj.* অনবহিত onobohit
unaffected *adj.* অপ্রভাবিত oprobahito
unaided *adj.* নিরাবলম্ব nirabolmbo
unalloyed *adj.* বিশুদ্ধ bishudho'
unanimity *n.* ঐক্যমত oikomoth
unanimous সর্বসম্মত sorbosommoto
unappeasable *adj.* শান্ত shanto
unarmed *n.* নিরস্ত্র nirastro
unassuming *adj.* বিনয়ী binoyee
unattainable *adj.* অসম্ভব osombhob
unauthorized *adj.* অননুজ্ঞাত onunogyato
unavailing *adj.* বিফল bifol
unavoidable *adj.* এড়ানো যায়না erano jaina
unaware *adj.* অনবহিত onobohit
unawares *adv.* অজানিত ojanito
unbar *v.t.* অর্গলমুক্ত করা orgolmokhto kora
unbearable *adj.* অসহনীয় osohoniyo
unbeaten অপরাজিত oprajito
unbelief *n.* অবিশ্বাস obishwas
unbeliever *n.* যে বিশ্বাস করেনা je biswas korena
unbend *n.* নমনীয় হওয়া nomoniyo howa
unbending *adj.* দৃঢ়প্রতিজ্ঞ driroprotigo
unbidden *adj.* অনাহুত onahuto
unblemished *adj.* নিষ্কলঙ্ক niskolonko
unblushing *adj.* নির্লজ্জ nirlojjo
unbolt *v.t.* অর্গলমুক্ত করা orgolmokhto kora
unbosom *v.i.* প্রকাশ করা prokashkora
unbounded *adj.* সীমাহীন simahin
unbridled *adj.* লাগামছাড়া lagamchara
unbroken *n.* অনায়ত onayoto
unbuckle *v.t.* ঢিলে করা dhile kora
uncalled *adj.* অযাচিত ojachito
unceasing *adj.* অবিশ্রাম obishram
unceremonious *adj.* আনুষ্ঠানিকতহীন onusthanikota
uncertain অনিশ্চিত onishchit
uncertainty অনিশ্চিয়তা onishchoyta
unchain *v.t.* শৃঙ্খলমুক্ত করা srinkholmukhto kora
unchangeable *adj.* অপরিবর্তনীয় opribortoniyo
uncharitable *adj.* নিষ্ঠুর nisthur
unchaste *adj.* অসংযমী osonjomi
uncivil *adj.* অভদ্র obhodhro
uncivilized *adj.* বর্বর borbor
unclaimed *adj.* অস্বামকি oswamik
uncle *n.* কাকা, মামা kaka, mama
unclean *adj.* আনুষ্ঠানিকভাবে অপবিত্র anusthanikbhabe opobitro
unclothe *v.t.* বিবস্ত্র bibostro
unclouded *adj.* উজ্জ্বল ujjowol
uncomfortable *adj.* অস্বস্তিকর oswastikor
uncommon *adj.* অসাধরণ osadharon
unconcerned *adj.* অসংশ্লিষ্ট asonlishto
uncoditional *adj.* অপ্রতিবদ্ধ aprotibodho
uncongenial *adj.* অনুপযোগী onupjogi
unconquerable *adj.* অজেয় ojoi
unconsitutional *adj.* অসাংবিধানিক asanbidhanik
uncontrolled *adj.* অনিয়ন্ত্রিত aniyontrito
uncork *v.t.* ছিপি খোলা chipi khola
uncouth *adj.* অমার্জিত ommarjito
uncover ঢাকনা dhakna
unction *n.* অভ্যঞ্জন obhanjon
uncultivated *adj.* অনুনশীলিত onunoshalito
uncut *adj.* আছাঁটা aachanta

undaunted *adj.* নির্বিশঙ্ক nirbishanko
undecided *n.* অমীমাংসিত omimansito
undefiled *adj.* অদুষ্ট odusto
undefined *adj.* অনির্দিষ্ট onirdisto
undeniable *adj.* অস্বীকার করা oswikar kora
under *prep.* নীচে niche
underage *n.* অবয়সক oboyosko
underbid *v.t.* কম দর হাঁকা kom dor hanka
undergo *n.* ভোগ করা vog kora
underground *adj.* মাটির নীচে matir niche
underlie *v.t.* ভিত্তিস্বরূপ হওয়া vhittisworup howa
underline *v.t.* নিম্নরেখাঙ্কিত করা nimnorekhankoto kora
underling *n.* চুনেপুঁটি chuno punti
undermine *v.t.* ভিত্তি দুর্বল করা vitti durbol kora
undermost *adj.* সর্বনিম্নস্থ sorbonimno
underneath *adv.* নীচে nice
underrate *n.* হীন করা hin kora
undersell *v.t.* কম দামে বিক্রি করা kom dame bikri kora
undersign *v.t.* নীচে স্বাক্ষর করা niche swakhor kora
understand *v.t.* উপলব্ধি করা upolbdhi kora
understanding *n.* বোঝাপড়া bojhapora
understood *n.* বোঝা bojh
undertake *n.* দায়িত্ব গ্রহণ করা dwaitwo grohon kora
undertaking *n.* প্রতিশ্রুতি protishruti
underwear *n.* অন্তর্বস্ত্র ontorbostro
underwood *n.* বনতল bonotol
underwriter *n.* দায় গ্রহক dai graho
undigested *adj.* অজীর্ণ ojirno
undignified *adj.* মর্যাদাহীন morjodahin
undisputed *adj.* নির্বিবাদ nirbibad
undivided *adj.* অখন্ড okhondo
undo *v.t.* আলগা alga
undoing *n.* সর্বনাশ sorbonash
undoubtedly *adv.* সংশয়হীন sonshoihin
undress *v.t.* কাপড় খোলা kapor khola
undue *adj.* অসঙ্গত osonjot
undulate *v.i.* তরঙ্গিত torongito
undulatory *adj.* তরঙ্গী torongi
unduly *adv.* অসঙ্গতভাবে osombhabe
undutiful *adj.* কর্তব্যবিমুখ kortobobimukh
unearth *v.t.* উদঘাটন udghaton
uneasiness *n.* অস্বস্তি oswosti
uneducated *adj.* অশিক্ষিত oshikhito
unending নিত্য nitto
unemployed *adj.* বেকার bekar
unequal *adj.* অসম osom
unequivoc *adj.* পরিষ্কার poriskar
uneven *adj.* অসম osomo
unexpected *adj.* অনপেক্ষিত onpekhito
unfailing *adj.* অব্যর্থ abartho
unfair *adj.* অন্যায় onyai
unfamiliar *adj.* অপরিচিত oporichito
unfasten অবদ্ধ oboddho
unfavourable *adj.* অননুকুল onnunokul
unfeeling *adj.* নির্দয় nirdoi
unfit *adj.* অযোগ্য ojoggo
unfold *v.t.* উন্মোচন করা unmochon kora
unfortunate *adj.* দুর্ভাগ্যজনক durbhagojonok
unfortunately *adv.* দুঃখজনকভাবে dukhojonokbabe
unfounded *adj.* ভিত্তিহীন vhittihin
unfrequented লোকসমাগমশুন্য loksmagunsunno
unfuri *v.t.* খোলা khola
ungainly *adj.* অসুন্দর osundor
ungenerous *adj.* নিষ্ঠুর nisthur
ungodly *adj.* অধার্মিক odharmik
ungovernable অশাসনীয় oshasoniyo
ungraceful *adj.* অসুষ্ঠ atustho
ungrateful *adj.* অকৃতজ্ঞ okritoggo
unguarded *adj.* অসতর্ক osotorko
unhallowed *adj.* অপবিত্র opobitro
unhappily *adv.* নিরানন্দে niranondo
unhappy *adj.* অসুখী osukhi
unhealthy অস্বাস্থ্যকর osathokor

unheard *adj.* অশ্রুত oshurut
unheeded *adj.* উপক্ষিত upekhito
unhinge *v.t.* কব্জা kobja
unholy *adj.* অশুভ oshubho
unhurt *adj.* অক্ষত okhoto
uniform *adj.* একরূপ ekrup
uniformity *n.* সমান অবস্থা sman obostha
unify *v.t.* একীভুত করা ekbhut kora
unimpaired *n.* অক্ষত okhoto
unimproved *adj.* অনুন্নত onnunoto
uninhabitable *adj.* বাস যোগ্য নয় bas jogo noi
uninjured *adj.* অক্ষত akhoto
unintelligible *adj.* অজ্ঞেয় ogyeo
uninteresting নিরস niros
union *n.* একীকরণ ekikoron
unique *adj.* অনন্য onono
unison *n.* ঐক্য oiko
unit *n.* একাঙ্ক ekanko
unite *v.t.* মেলানো melano
unity *n.* ঐক্য oiko
universal *adj.* সর্বজনীন sarbojonin
universallity *adv.* অসাম্প্রদায়কি osamprodayikota
universe *n.* বিশ্ব bishwo
university *n.* বিশ্ববিদ্যালয় biswabidyaloi
unjust *adj.* অন্যায় onai
unkempt *adj.* অপরিপাটি opripatito
unkind *adj.* নির্দয় nirdoi
unknown *adj.* অজ্ঞাত oghyato
unknowingly *adj.* অজানতে ojante
unlawful *adj.* বেআইনি beaini
unless *conj.* যদি না jodi na
unlike *adj.* মতো নয় moto noi
unlikely *adv.* অসম্ভাবনীয় osombhaboniyo
unlimited *adj.* অসীমিত osimito
unload *v.t.* ভার vhar
unlock *v.t.* তালা খোলা tala khola
unloose *v.t.* বন্ধনমুক্ত করা bondhonmukto kora
unlucky *adj.* অভাগ্যবান obhagoban
unman *v.t.* অনুদিত onudito
unmanageable *adj.* নিয়ন্ত্রনের অসাধ্য inyontraner osadho
unmanly *adj.* দুর্বল durbol
unmannerly *adj.* অভদ্র obhodro
unmask *v.t.* মুখোশ খোলা mukhosh khola
unmatched *adj.* অপ্রতিদ্বন্দ্বী oprodidwondi
unmixed *adj.* অমিশ্রিত omisrito
unnatural *adj.* অস্বাভাবিক oswabhabik
unnecessary *adj.* অপ্রয়োজিনয় oproyojinio
unnerve *v.t.* আত্মসংযম aatmosonjom
unofficial *adj.* অনাধিকারিক onadhikarik
unpack *v.t.* খোলা khela
unpaid *adj.* বেতনহীন betonhin
unplatable *adj.* অস্বাদ oswad
unparalleled *adj.* অতুলনীয় otuloniyo
unpleasant অপ্রিয় opriyo
unpolished *adj.* অমসৃন omosrin
unpolite *adj.* অমার্জিত omarjito
unproductive *adj.* নিষ্ফল nisfol
unprofitable *adj.* অনুৎপাদী onutpadi
unprotected *adj.* অসুরক্ষীত osurokhito
unprovoked উস্কানিবিহীন uskanibihin
unpublished *adj.* অপ্রকাশিত oprokashito
unquestionable *adj.* প্রশ্নাতীত prosnatit
unreal *adj.* অলীক olik
unreasonable *adj.* যুক্তিহীন juktihin
unrelenting *adj.* অবিশ্রান্ত obrisanto
unreliable *adj.* অবিশ্বাসী obiswashi
unreserved *adj.* অসংরক্ষিত osonrokhito
unrest *n.* অস্থির অবস্থা osthir obostha
unripe *adj.* অপক্য opokko
unrivalled *adj.* অতুলনীয় otuloniyo
unroll *v.t.* বিছানো bichana
unruly *adj.* বিশৃঙ্খল bishrinkhola
unsafe *adj.* অনিরাপদ onirapod
unsatisfactory *adj.* অসন্তোষজনক osonthosjonok
unseat *v.t.* গদিচ্যুত করা godichuto kora
unseemly অশালীন oshalin
unseen *adj.* অদৃষ্ট odristo
unserviceable *adj.* অচল ochol

unsettled *adj.* অনবস্থিত onobosthito
unsheathe উন্মুক্ত unmukto
unsightly *adj.* কুদৃশ্য kudrisho
unsociable *adj.* অসামাজকি 0somajik
unsolicited *adj.* অযাচতি ojachito
unsound *adj.* নিঃশব্দ nishobdo
unsparing *adj.* উদার udar
unspeakable *adj.* অকথনীয় okhoniyo
unstable *adj.* স্থিতিহীন shitihin
unsteady *adj.* টলমলে tolmole
unsubstantial *adj.* অনুল্লেখযোগ্য onullekhjoggo
unsuccesful *adj.* অসাফল osophol
unsuitable অনুপযোগী onupjogi
unsurpassed অনতিক্রম onotikrom
untaught *adj.* অনুপদিষ্ট onupodisto
untenable *adj.* অসিদ্ধ osidho
unthankful *adj.* কৃতঘ্ন kritogno
unthought *adj.* অকল্পিত okolpito
untidy *adj.* অপরিস্কার oporiskar
until *prep.* পর্যন্ত porjonto
untimely *adv.* অকাল okal
untiring *adj.* অক্লান্ত oklanto
unto *prep.* অনুক্ত anukto
untold *adj.* অবর্ণনীয় obornoniyo
untolerable অসহনীয় osohoniyo
untouchable *adj.* অছুত ochut
untouched *adj.* অস্পর্শ osporcho
untoward *adj.* অপ্রতিকর opritikor
untrained *adj.* অপ্রশীক্ষিত oproshikhito
untrodden *adj.* অমর্দিত omardito
untrue *adj.* অসত্য osotto
untruth *n.* অসত্য osotto
unusual *n.* অস্বাভাবিক oswabhabik
unveil *v.t.* উদঘাটন udghaton
unwarranted *adj.* অনাধিকার onadhikarik
unwary *adj.* অনবহিত onabohito
unwavering *adj.* অচল ochol
unwearied *adj.* অক্লান্ত oklanto
unwelcome *adj.* অবরেন্য oborenno
unwell *adj.* অসুস্থ osustho
unwholesome *adj.* অপখ্য opokho
unwieldy *adj.* পেল্লায় pellai
unwilling *adj.* অনিচ্ছাকৃত onichakrito
unwise *adj.* বোকা boka
unwittingly *adv.* অজানিত ojanito
unwonted *adj.* অনুভ্যস্ত onubhosto
unworthy *adj.* অনাদর onador
up *adv.* ওঠো otha
upbraid *v.t.* ভর্ৎসনা bhortsona
upheaval *n.* আকস্মিক akosmik
uphold *v.t.* অনুমোদন onumodon
upholster *v.t.* গদি godi
upkeep *n.* রক্ষণাবেক্ষণ rokhonabekhon
uplift *v.t.* উন্নীত করা onnoti kora
upon *prep.* অধিকতর প্রচলিত odhikotor procholito
upper *adj.* উপরের uporer
uppermost *adj.* উচ্চতম uchhotomo
uppish *adj.* হামবড়া hambora
upright *adj.* সোজা soja
uprising *n.* বিদ্রোহ bidroh
uproar *n.* বিশৃঙ্খলা bisrinkhola
upset *v.t.* উল্টানো ultano
upshot *n.* ফলাফল flafol
upstairs *adv.* উপরের তলায় uporer tolai
upstart *n.* ভুঁইফোড় bhuinphor
up-to-date *adv.* সামপ্রতিকতম samprotiktomo
upward *adj.* উর্ধ্বমুখী urdhomukhi
upwards *n.* উপরের দিকে upoere dike
uranus *n.* উরেনাস uranus
urban *adj.* শহুরে sohure
urbane *adj.* শিষ্ট shito
urchin *n.* দরিদ্র doridro
urge *v.t.* তাড়া করা tara kora
urgency *n.* অত্যাবশ্যক otyaboshok
urgent *adj.* অত্যাবশ্যক otyaboshok
urinal *n.* মুত্রাধার mutrodhar
urinary *adj.* মুত্রঘাটিত mutroghotito
urine *n.* মুত্র mutro
urn *n.* পাত্রবিশেষ patro bishes
us *pro.* আমাদের amader
usage *n.* প্রয়োগ proyag
use *v.t.* ব্যবহার babohar

used *v.t.* অভ্যস্ত obhosto
useful *adj.* প্রয়োজনীয় proyojoniyo
useless *adj.* অকাজের okajer
usher *n.* দ্বারিক dwarik
usual *adj.* সচরাচর sochorachor
usure *v.t.* প্রচলিত procholito
usurp *v.i.* জবরদখল করা jobordokhol kora
usurpation *n.* জবরদখল jobordokhol
usurper *n.* জবরদখলকারি jobordokholkari
usury চড়া সুদ chora sudh
utensil *n.* বাসনপত্র basonpotro
uterus *n.* জরায়ু jorayu
utility *n.* উপযোগিতা upojogita
utmost *adj.* সর্বাধিক sorbadhik
utopia *n.* কাল্পনিক kalponik
utopian *adj.* আকাশকুসুম akashkusum
utter *v.t.* বলা bola
utterance বাচনভঙ্গি bachonbhongi
utterly *adv.* সম্পুর্ণরুপে sompurnorupe
uvula *n.* আলজিহবা aaljiba

uxorious *adj.* স্ত্রৈণসুলভ stroinosulobh

V

vacancy *n.* শুন্যতা sunnota
vacant *adj.* শুন্য sunno
vacate *v.* খালি করা khali kora
vacation *n.* ছুটি chutti
vaccinate *v.t.* টিকা দেওয়া tika dewa
vaccination *n.* টিকা tika
vacillate *v.t.* দ্বিধা করা dwidha kra
vacuity *n.* শুন্যতা sunnota
vacuum *n.* সম্পুর্ন বায়ুশুন্য sampoorna bayushunno
vagabond *n.* বাউন্ডুলে baundule
vagary *n.* অস্বাভাবিক কাজ বা ভাব aswabhabik kaj ba bhab
vagrant *n.* যাযাবর jajabor
vague *adj.* অপরিচ্ছিন্ন aprichonno
vain *adj.* বিফল bifol
vale *n.* উপত্যকা upotokka
valediction *n.* বিদায়সম্ভাষণ bidai sombhason
valentine *n.* প্রমিকা বা প্রেমিক premik ba premika
valet *n.* ভৃত্য bhrito
validity *n.* বৈধ boidhya
valise *n.* সৈনিকদের কিট ব্যাগ soinikder kit baag
valley *n.* উপত্যকা upotokka
valorous *adj.* বিক্রমশালী bikramshila
valour *n.* পরাক্রম prakrom
valuable *adj.* মুল্যবান mulloban
valuation মুল্যনির্ণয় mullonirnoy
value *v.* মুল্য mullo
valve *n.* একমুখী প্রবাহ নিয়ন্ত্রণের জন্য যান্ত্রিক কৌশলবিশেষ ekmukhi probah niyontroner jonno jantrik koushalbishisto
vamp *n.* পাদুকামুখ padukamukh
vampire *n.* রক্তচোষা roktochosa
van *n.* ভ্যান van
vandal *n.* বর্বর borbor
vane *n.* বায়ুর দিকনির্দেশক তীর বা কাঁটা bayer dik nirdeshekr tir b ba kanta
vanguard *n.* অগ্রনীদল agronidon
vanish *v.* হঠাৎ অদৃশ্য হওয়া hotat adrishwo howa
vanity *n.* অহঙ্কার ahonkar
vanquish *v.i.* পরাস্ত prasto
vantage *n.* সুবিধা subidha
vapid *adj.* নীরস, নিস্তেজ niros, nistaj
vaporous *adj.* বাষ্পীয় baspiyo
vapour *n.* বাষ্প bashpo
variable *adj.* পরিবর্তনশীল pribortonshil
variance *n.* মতবিরোধ matbirodh
variation *n.* ভিন্নতার মাত্রা vinnotar matra
variegated *n.* বিভিন্ন রঙের এলোমেলো ছোপযুক্ত bibhinno ronger elommelo chopjukto
variety *n.* বৈচিত্র্য bai chitra
various *adj.* বিভিন্ন bibhinno

varnish *n.* বার্নিশ barnish
vary *v.t.* ভিন্ন হওয়া bhinno howa
vase *n.* পুষ্পাধার puspodhara
vasectomy *n.* পুরুষের বন্ধ্যকরনের অস্ত্রোপচার puruserh bondhokorener astropochar
vaseline *n.* পেট্রোলিয়ম জেলিবিশেষ petroleum jelly beishes
vassal *n.* অনুগত দাস onjugoto daas
vast *adj.* বিশাল bishal
vat *n.* ভাঁটি vanti
vault *n.* খিলান khilan
vaunt *n.* দম্ভ dombho
veer *v.i.* দিক পরিবর্তন করা dik priborton kor
vegetable *n.* উদ্ভিদসম্বন্ধী udbhit sombondhiyo
vegetarian *n.* নিরমিষাশী niramisashi
vegetate উদ্ভিদের মতো জীবনধারন করা udbhiter moton jibondharan kora
vegetation *n.* উদ্ভিদজগৎ udhbhit jogot.
vehement *adj.* প্রচন্ড prochondo
vehicle *n.* যানবাহন janbahon
veil *n.* মুখাবরন mukhoboron
vein *n.* শিরা shira
velocity *n.* গতি goti
velvet *n.* মখমল mokhmol
venal *adj.* অর্থপিচাশ orthopisach
vend বিক্রয় করা bikroy kora
venerable *adj.* বয়স, চরিত্র ইত্যাদি কারনে শ্রদ্ধেয় boyous, choritro ityadi karne shodha
venerate *v.t.* গভীরভাবে শ্রদ্ধা gobhir bhabe shrodha
veneration *n.* গভীর শ্রদ্ধা gobhir shrodha
venereal *adj.* যৌনব্যাধি jounobadhi
vengeance *n.* প্রতিশোধ proshodh
venial *adj.* মার্জনীয় marjoniya
venison *n.* মৃগমাংস mrigmansho
venom *n.* সর্পবিষ sorpobis
vent *n.* ছিদ্র chidro
ventilate *v.t.* বায়ু সঞ্চালিত করা bayu sonchalito kora
ventilation *v.* বায়ু চলাচল bayu chalachol
ventilator *n.* অবাধ বায়ু চলাচলের পথ obadh bayu colacholer poth
venture *v.t.* ঝুঁকিপুর্ন উদ্যোগ junkhipurno udoyog
venue *n.* নির্দিষ্ট স্থান nirdisto sthan
venus *n.* শুক্রগ্রহ sukrogroho
veracious *adj.* যথার্থ jothartho
veracity *n.* যথার্থতা jotharthota
verb *n.* ক্রিয়া kriya
verbal *adj.* মৌখিক moukhik
verbose *adj.* শব্দাড়াম্বরপুর্ন sobdoramborpurno
verdant *n.* তাজা ও সবুজ taja o sobuj
verdict *n.* রায় rai
verge *n.* প্রান্ত pranto
verification সত্যাসত্য নির্ধারণ sotota nirdharon
verify *v.* যথার্থতা যাচাই jotharthota jachai
verily *adv.* বস্তুত bostuto
veritable *adj.* যথার্থ jothartho
verity *n.* যথার্থতা jotharthota
vermilion *n.* সিন্দুর sindoor
vermin *n.* অনিষ্টকর জীবজন্তু anistokor jibjontu
vernacular *n.* দেশী ভাষা deshi bhasa
vernal *adj.* বসন্তকালীন bsontokalin
versatile *adj.* বহুমুখী bhumukhi
verse *n.* পদ্য, ছন্দ pdyo, chondo
versed *adj.* দক্ষ dokho
version বর্ণনা bornona
versus *prep.* বনাম bnam
vertebra *n.* মেরুদন্ডের যে কোনো খন্ড merudonder je kono khondo
vertex *n.* শীর্ষবিন্দু shirsobindhu
vertical *adj.* খাড়া khara
vertigo *n.* মাথাঘোরা matha ghora
very *adv.* ঠিক এইটিই thik eaitei
vessel *n.* পাত্র patro
vest *n.* অর্ন্তবাস ontobas
vestibule *n.* কোন ভবনের লবে বা প্রবেশক কক্ষ kon bhobner lobe ba probeshok kokho
vestige *n.* বিন্দুবিসর্গ bindubisorgo
vestment *n.* পোশাক poshak

veterinary *adj.* পশুরোগবিষয়ক poshurogbisheshok
veto *n.* প্রত্যাখান করবার সাংবিধানিক অধিকার protyakhan korbar sanbidhanik odhikar
vex *v.t.* বিরক্ত birokto
vexation *n.* বিরক্তি যা উত্ত্যক্ত করে birokti ba utokto kore
vexed *adj.* বিরক্ত birokto
viable *adj.* টিকে থাকতে সমর্থ tike thake samotrho
viaduct *n.* সেতু পথ setu poth
vial *n.* তরল ঔষধের জন্য শিশি torol ousodher jonno sishi
vibrate *v.t.* কম্পিত হওয়া kompito howa
vibration *n.* কম্পন kompon
vicar *n.* পোপের প্রতিনিধি poper protinidhi
vice *n.* পাপ, দোষ, pap, dosh
vice-president *n.* উপরাষ্ট্রপতি uprastropoti
viceroy *n.* কোনো সার্বভৌম শাসকের প্রতিনিধি হিসাবে যিনি রাজ্যশাসন করেন kono sarbovhoumo sashoker pronidhi hisabe jini rajyosahon koren
vicinity *n.* নৈকট্য noikoto
vicious *adj.* দুষিত, কলুষিত dusit, klusito
vicissitude *n.* পরিবর্তন priborton
victim *n.* বলি boli
victor *n.* বিজেতা bijeta
victorious *n.* বিজয়ী bijowi
victory *n.* বিজয় bijow
vie *v.i.* পাল্লা দেওয়া palla dewa
view *v.t.* বিবচনা করলে bibechona korle
vigil *n.* পাহারা দেওয়া জন্য রাত্রি জাগরন pahara dewa jonno ratri jagron
vigilance *n.* সতর্কতা storkota
vigilant *adj.* সতর্ক sotorko
vigorous *adj.* প্রবল, বলিষ্ঠ probol, bolistho
vilify *v.t.* কাউকে অপবাদ দেওয়া kauke apobad dewa
villa *n.* বাড়ি bari
village *n.* গ্রাম gram
villager *n.* গ্রামবাসী grambasi
villain *n.* দুর্জন, বদমাশ durjon, bodmash
vindicate *v.t.* সত্যতা প্রমান করা satyota proman kora
vindication *n.* সত্যতা প্রতিপাদন satyota protipadon
vine *n.* লতাজাতীয় উদ্ভিদ lata jatiwo udbhit
vinery *n.* দ্রাক্ষালতার জন্য কাচনির্মিত ঘর drakholtar jono kanchnirmito ghor
viola *n.* বড়ো বেহালা boro behala
violate *v.t.* লঙঘন করা longhon kora
violation *n.* লঙঘন, ভঙ্গ longhon, bhongo
violence *n.* হিংসা hinsa
violent *n.* প্রবল, হিংস্র probol, hinosro
violet *n.* বেগুনি রঙ beguni rong
violin *n.* বেহালা behala
violinist *n.* বেহালাবাদক behalabadok
viper এক ধরনের বিষধর সাপ ek dhoroner bishodhor saap
virago *n.* দজ্জাল, রণচন্ডী মহিলা dwojjal, ronchondi mohila
virgin *n.* কুমারী kumari
virginity *n.* কুমারীত্ব kumaritwo
virgo *n.* কন্যারাশি konyarashi
virile *adj.* পৌরুষদীপ্ত pouroshdipto
virtual *adj.* প্রকাশ্যে স্বীকৃত না হলেও কার্যত prokashye swikrito na holeo karjoto
virtue *n.* গুন gun
virtuoso *n.* শিল্পকর্ম বিশেষ জ্ঞান shilopkorm bishes gyan
virtuous *n.* পুণ্য, পবিত্র punno, pobitro
virulent *n.* শক্তিমান, মারাত্মক shoktiman, maratwok
virus *n.* ভাইরাস virus
visage *n.* মুখমন্ডল mukhomondol
viscera *n.* নাড়িভুড়ি naribhuri
viscid *adj.* আঠালো, চটচটে athela, chotchote
visibility *n.* দর্শন dorshon
visible *adj.* দৃষ্টিগ্রাহ্য dristigraho
visibly *adv.* দৃশ্য drisho
vision *adj.* দুরদৃষ্টি durdristi

visionary *adj.* ভাবতান্ত্রিক bhavtantrik
visitation *n.* বিশপ বা পাদ্রি কতৃক দর্শন bishop ba padri kotrik dorshon
visitor *n.* আগন্তুক agontuk
visual *adj.* দর্শনসম্বন্ধী dorshonsombondhi
visualize *v.t.* দর্শনসম্বন্ধী dorshonsombondhi
vital *adj.* জীবনসম্বন্ধী jibonsombondhi
vitality *n.* জীবনশক্তি jibonshokti
vitalize *v.t.* প্রাণশক্তিতে পুর্ণ করা pranshokti purno kora
vitamin *n.* ভিটামিন vitamin
vitiate *v.t.* দুষিত করা dushito kora
vitreous *adj.* কাচের বা কাচসদৃশ kacher ba kachsodrisho
vitrify *v.t.* কাচসদৃশ পদার্থে রুপান্তরিত হওয়া kanchsodrisho podarthe rupantarito howa
vitriol *n.* গন্ধকাম্লঘটিত যে কোন লবন gondhokamlaghotito je kon lobon
vituperate *v.t.* কটুকাটব্য করা ktukatabo kora
vivacious *adj.* প্রাণোচ্ছল pronochhol
vivacity *n.* প্রাণচাঞ্চল্য pronochollo
vivid *adj.* উজজ্বল ujjwol
viz *adv.* যথা jotha
vocabulary *n.* একটি ভাষার মোট শব্দসংখ্যা ekti vhasar mot sobdosonkhya
vocalist *n.* সঙ্গীত শিল্পী songeet shilpi
vocation *n.* বিশেষ ধরনের কাজের অনুভুতি kono bishes dhoroner kajer jonno onubhuti
vocative *adj.* সম্বোধন sonmodhon
vociferate *v.t.* চেঁচানো chenchano
vociferous *adj.* হট্টগোলকারী hottogolkari
vogue *n.* হাল ফ্যাশন halfashion
voice *n.* কণ্ঠস্বর konthoswor
void *adj.* শুন্য shunno
volatile *adj.* সহজে গ্যাস পরিনত হয় shoje gas prinoto hoi
volcano *n.* আগ্নেয়গিরি aagnewogiri
volition *n.* নিজ ইচ্ছাশক্তি nij ichashokti
volley *n.* গালিবর্ষন, প্রশ্নবৃষ্টি galiborshon, proshnobristi
volt *n.* বৈদ্যুতিক শক্তির একক boidutik shoktir ekok
voltage *n.* ভোল্টের এককে volter ekoke
voluble *adj.* স্বচ্ছন্দভাষী swachondobhasi
volume *n.* আয়তন ayoton
voluminous *adj.* বিপুলায়তন bipurayoton
voluntary *adj.* স্বেচ্ছাপ্রণোদিত swechapranodito
volunteer *n.* স্বেচ্ছাসেবক swchasebok
vomit *v.i.* বমি bomi
voracious *adj.* সর্বগ্রাসী sorbograsi
vortex *n.* ঘুর্ণী ghurni
votary *n.* পুজারী pujari
vote *n.* ভোট vote
voter *n.* যার ভোটরাধিকার থাকে jar bhotadhikar thake
vouch *v.t.* আস্হা প্রকাশ করা astha prokash kora
voucher *n.* রসিদ rosid
vouchsafe *v.t.* সদয় হয়ে দেওয়া sodhoi howe dewa
vow *n.* প্রতিজ্ঞা protigya
vowel *n.* স্বরবর্ণ swarborno
voyage *n.* সমুদ্রযাত্রা somudrojatra
vulgar *adj.* কুরুচিপুর্ণ kuruchipurno
vulgarity *n.* কুরুচিপুর্ণতা kuruchipurnota
vulnerable *adj.* ক্ষতিগ্রস্ত হতে পারে khotigrosto hote pare

vulture *n.* শকুন shokun

W

wad *n.* কাগজ তাড়া kagoj tara
waddle *v.i.* হেলেদুলে চলা heledule chola
wade *v.t.* অতি কষ্টে চলা otikoste chola
wafer *n.* পাতলা চেপ্টা বিস্কুটবিশেষ patla chepta biskutbishes
waft *v.t.* ভাসিয়ে নিয়ে যাওয়া bhasiwe niye jawa
wag *v.t.* নাড়া nara
wage *v.t.* বেতন, মজুরি beton, mojuri

wages *n.* বেতন beton
wager *n.* বাজি ধরা bajidhora
waggon *n.* মালগাড়ি malgari
wail *v.t.* বিলাপ bilap
wailing *n.* কান্না kanna
wain *n.* মাঝি majhi
waist *n.* কোমর, কটি komor, koti
wais¶band *n.* কটিবন্ধ kotibondho
waistcoat *n.* কোট kot
wait *v.t.* অপেক্ষা opekha
waiter *n.* পরিবেশক pribeskhok
waiting-room *n.* অপেক্ষা ঘর apekhar ghor
waitress *n.* পরিচারিকা pricarika
waive *v.t.* পরিত্যাগ করা prityag kora
wake *v.t.* ঘুম ভাঙ্গানো ghum bhangano
wakeful *adj.* বিনিদ্র binidra
waken *v.t.* নিদ্রাভঙ্গ করা nidrabhongo kora
walk *v.i.* পথভ্রমন pothbhromon
wall *n.* প্রাচীর prachir
wallet *n.* টাকা রাখার ব্যাগ taka rakhar bag
walnut *n.* আখরোট akhrot
waltz *n.* পাশ্চাত্যে প্রচলিত এক ধরনের নাচ pashchatte procholit ek dhoroner nach
wan *adj.* ক্লান্ত, বিবর্ণ klanto, biborno
wand *n.* জাদুদন্ড jadudondo
wander *v.i.* উদ্দেশ্যহীনভাবে ঘুরেবেড়ানো uddeshohin vhabe ghure berano
wanderer *n.* পথভ্রষ্ট ব্যক্তি pothbhrosto beykti
wandering *n.* দীর্ঘ ভ্রমন dirgho bhromon
wane *v.i.* ক্রমশ ক্ষীণকায় হওয়া kormosho khinkai howa
want *v.t.* প্রয়োজন proyojon
wanton *adj.* কৌতুকপ্রিয় koutukpriyo
war *n.* যুদ্ধ juddho
warble *v.t.* সুরে গান গাওয়া ko sure gan gawa
warbler *n.* গায়ক পাখি gayok pakhi
ward *v.t.* পাহারা দেওয়া রক্ষা করা pahare dewa rokha kora
warden *adj.* হোস্টেলের প্ররক্ষক hostoler prorokhok
warder *n.* কারারক্ষী kararokhi
wardrobe *n.* জামাকাপড় রাখার আলমারি jamakapor rakhar almari
ware *n.* নির্মিত পণ্যসামগ্রী nimito ponnosamogri
warehouse *n.* গুদাম gudam
warfare *n.* যুদ্ধ লিপ্ত হওয়া judho lipto howa
wariness *n.* সর্তক sotorko
warlike *adj.* সামরিক samorik
warm *adj.* হালকা গরম halka gorom
warmly *adv.* আন্তরিকভাবে antorikbhabe
warmth *n.* আন্তরিকতা antorikota
warn *v.t.* সর্তক করে দেওয়া sothorko kore dewa
warning *n.* সর্তকীকরন sotorkikoron
warp *v.t.* বাঁকিয়ে দেওয়া bankiye dewa
warrant *v.t.* ন্যায্যতা বা কর্তৃত্ব nayjota ba kotirto
warranty *n.* গ্যারান্টি guarantee
warren *n.* খরগোশ বংশবিস্তার করে khorghosh bonshobistar kore
warrior *n.* যোদ্ধা joddha
wary *adj.* সর্তক sotorko
was *p.p.* ছিল chil
wash *v.t.* ধোয়া dhowa
washerman *n.* ধোপা dhopa
wasp *n.* বোলতা, ভিমরুল bolta, vhimrul
waspish *adj.* খিটখিটে khitkhite
wastage *n.* অপচয়ের পরিমাণ opochoyer poriman
waste *v.t.* অপচয় opchoi
wasteful *adj.* অপচয়ী opochoyi
watch *n.* পর্যবেক্ষন, লক্ষ রাখা porjabedkhon, lokho rakha
watchful *adj.* বিনিদ্র binidra
watchman *n.* নৈশপ্রহরী noishoprohori
watchword *n.* সংকেত শব্দ sonket sobdo
water *n.* জল jol
waterfall *n.* জলপ্রপাত jolpropat
wate¤melon *n.* তরবুজ torbuj

watery *adj.* জল সংক্রান্ত বা জলের মতন jol sonkranot ba joler moton
watt *n.* বিদ্যুশক্তির একক bidutshoktir ekok
wattle *n.* মরোগের ঝুঁটি moroger junthi
wave *n.* তরঙ্গ torongo
wavy *adj.* তরঙ্গিত torongito
waver *v.i.* দোদুল্যমান হওয়া dodoloman howa
wax *n.* মোম mom
waxen *adj.* মোম দিয়ে তৈরি mom diye toiri
way *n.* রাস্তা rasta
waylay *v.t.* আক্রমন করার জন্য ওত পেতে থাকা akromoner jonno ot pete thaka
wayward *n.* স্বেচ্ছাচারী swachachari
we *pro* আমরা amra
weak *adv.* দুর্বল durbol
weaken *v.t.* দুর্বল হওয়া durbol howa
weakling *n.* দুর্বল মানুষ durbol manus
weakly *adj.* দুর্বলভাবে durbolbhabe
weak-hearted *adj.* কোমল হৃদয়ের komol hridoy
weakness *n.* দুর্বলতা durbolota
weal *n.* কল্যান, শুভ kolyan, subho
wealth *n.* সম্পদ sompod
wealthy *adj.* সম্পদশালী sompodshli
wean *v.t.* কাউকে কোন অভ্যাস থেকে মুক্ত করা kauke kon aobhyas theke mukto kora
weapon *n.* অস্ত্র ostro
wear *v.t.* পরিধান করা pridhan kora
weariness *n.* ক্লান্তি klanti
wearisome *adj.* ক্লান্তিকর klantikor
weary *adj.* ক্লান্ত klanto, biborno
weasel *n.* বেজি, নেউল beji, neul
weather *n.* আবহাওয়া abohaowa
weave *v.t.* বোনা bona
weaver *n.* তাঁতি tanti
web *n.* জাল jal
wed *v.i.* বিয়ে করা biye kora
wedding *n.* বিয়ের অনুষ্ঠান biyer onusthan
wedge *n.* কাঠের বা ধাতুর গোঁজ kather ba dhatur gonj
wedlock *n.* বিবাহ বন্ধন bibaho bondhon
wednesday *n.* বুধবার budhbar
wee *adj.* অত্যান্ত খুদ্র atyanto khudro
weed *n.* আগাছা agacha
week *n.* সপ্তাহ soptaho
week-day *n.* বরিবার বাদ দিয়ে যে কোন দিন robibar bad diye je kon din
week-end *n.* সপ্তহের শেষ দিন soptaher ses din
weekly *adj.* সাপ্তাহিক saptahik
weep *v.i.* ক্রন্দন krondon
weft *n.* ওজন করার বাটখারা ojon korar batkhara
weigh *v.t.* ওজন করা ojon kora
weight *n.* ওজন ojon
weighty *adj.* খাঁটি khanti
weir *n.* দীতে দেওয়া বাঁধ nodite dewa bandh
weird *adj.* অস্বাভাবিক aswabhabik
welcome *v.t.* সাদর অভ্যার্থনা জ্ঞাপন করা sador oborthana jyapon kora
weld *v.t.* ঢালাই করা dhalai kora
welfare *n.* কল্যান kolyan
well *n.* কুঁয়া kuyan
well-known *adj.* সুপরিচিত suporichito
welter *v.i.* গড়িয়ে যাওয়া goriye jawa
went *p.p.* প্রস্থান proshtan
west *n.* পশ্চিম poschim
westerly *adj.* পশ্চিম থেকে poschim theke
western *adj.* পশ্চিম থেকে আগত poschim theke agoto
westward *adv.* পশ্চিমুখী poschimukhi
wet *adj.* আর্দ্র aadro
whack *v.t.* উত্তম uttom
whale *n.* তিমি মাছ timi mach
wharf *n.* জাহাজঘাট jahajghat
what *pro.* কী ki
whatever *adj.* যাই হোক না কেন jai hok na keno
wheat *n.* গম gom

wheedle মিষ্টি কথায় ভুলিয়ে misti kothai vuliye
wheel *n.* চাকা chaka
wheeze *v.t.* শব্দ করে শ্বাস গ্রহন বা ত্যাগ shobdo kre shwas grohn ba tyag
whelm *v.t.* অকুল okul
whelp *n.* কুকুর, ভালুকে বাচ্চা kukur, bhaluker baccha
whenever *adj.* যে কোন সময়ই হোক je kon smoi hok
whence *adv.* কোথা থেকে, কি কারনে kotha theke, ki karne
where *adv.* কোথায় kothai
whereabouts *n.* কোনখানে konkhane
whereas এই বিচার করে aei bichar kore
wherever *adv.* যেখানেই যে কোনো জায়গায় jekhanei je kono jaigai
whet *v.t.* শাণ দেওয়া shan deowa
whether *conj.* শর্তাধীন shortadhin
whey *n.* ঘোল ghol
which *pro.* কোনটি konti
whiff *v.i.* ফুঁক phunk
while *adv.* অনতিপুর্বে onotipurbe
whim *n.* খেয়াল kheyal
whimper *v.i.* কাতর স্বরে কাঁদা kator shore kanda
whimsical খেয়ালি kheyali
whip *v.t.* চাবুক দিয়ে মারা chabuk diye mara
whirl *v.t.* ঘুরপাক খাওয়া ghurpak khawa
whirlpool *n.* ঘুর্ণিস্রোত ghurnishrot
whirlwind *n.* ঘুর্ণিবায়ু ghurni bayu
whisker *n.* ইঁদুর গোঁফ indur gonf
whisky *n.* মদ mod
whisper *v.i.* ফিস ফিস করে বলা fis fis kore bola
whistle *n.* শিস ধ্বনি sis dhowoni
whit *n.* বিন্দুমাত্র না bindumatro na
white *adj.* সাদা sada
white-wash *v.t.* চুনকাম করা chunkam kra
whither *adv.* সম্ভাব্য ভবিষ্যৎ কী sombhabbo vobisot ki
whiz *v.i.* শাঁ শব্দ করে shan showbdo kore
who *pro.* কে ke
whoever *pro.* যে কেউ হোক je keu hok
whole *adj.* সম্পুর্ন sompurno
wholesale *n.* আরত aarot
wholesome *adj.* পাইকিরি paikiri
wholly *adv.* সম্পুর্নভাবে sompurno vabe
whom *pro.* কে ke
whore *n.* বেশ্যা beshya
whose *pro.* কার, কদের kar, kader
why *adv.* কী কারণে ki karne
wick *n.* সলতে solte
wicked *adj.* অসৎ osoth
wickedness *n.* অসৎভাবে osothbhabe
wicker *adj.* সাধা ঝুড়ি sadha jhuri
wicket *n.* ছোট দরজা choto dorja
wide *adj.* চওড়া chowra
widow *n.* বিধবা bidhowa
widower *n.* বিপত্নীক bipotnik
widowhood *n.* বিধবা অবস্থা bidhowa obostha
width *n.* প্রশস্ততা prosthota
wield *v.t.* অধিকারী হওয়া odhikari howa
wife *n.* পত্নী potni
wig *n.* পরচুলা porchula
wild *adj.* বন্য bonno
wile *n.* কুটকৌশল kutkoushol
wilful *adj.* স্বেচ্চাচারী swachhacari
will *n.* ইচ্ছাশক্তি ichhasokti
willing *adj.* ইচ্ছুক ichhuk
willingness *n.* ইচ্ছুক ichhuk
willow *n.* এক প্রকার গাছ ek prokar gach
wily *adj.* ধুর্ত dhurto
win *v.t.* জয় joi
wind *n.* বাতাস batas
windfall *n.* বাতসে গাছ থেকে পড়া baser gach theke pora
windmill *n.* বাতচক্র batchokor
window *n.* জানালা janala
window-dressing *n.* সাজিয়ে রাকার কৌশল jinisptor sajiye rakhar koushol
windward *adv.* যে দিক থেকে বায়ু প্রবাহিত হয় je dik theke bayu probahit hoi

windy *adj.* ঝটিকাপুর্ণ jotikapurno
wine *n.* সুরা sura
wing *n.* ডানা dana
wink *v.t.* পিটপিট করা pit pit kora
winsome *adj.* আকর্ষণীয় akorshoniyo
winter *n.* শীতকাল shitkal
wipe *v.t.* কপড় মুছে পরিস্কার করা kapor muche poriskar kora
wire *n.* তার tar
wireless *adj.* বেতার betar
wisdom *n.* জ্ঞানসম্পন্নতা gyansomponnota
wise *adj.* জ্ঞানী gyani
wiseacre *n.* বেশি জানার ভান করা বিরক্তিকর লোক besi janar vhan kora biroktokor lok
wisely *adj.* জ্ঞান বিশেষ gyan bishes
wish *v.t.* ইচ্ছা ichha
wisp *n.* ছোট আঁটি choto angti
wistful *adj.* বিষণ্ন bishonno
wit বুদ্ধি budhi
witch *n.* ডাইনি daini
witchcraft ডাকিনীবিদ্যা dainibidya
witchery *n.* ডাকিনীবিদ্যা dainibidya
with *prep.* সহ soho
withdraw *v.t.* তুলে নেওয়া tule newa
wither *v.t.* শুকিয়ে যাওয়া sukhiy jawa
withhold *v.t.* পিছনে টেনে রাখা pichone tene rakha
within *adv.* মধ্যে mdhey
without *adv.* বাইরে baire
withstand *v.t.* প্রতিরোধ করা prirodh kora
witless *adj.* বুদ্ধিবিহীন budhi hin
witness *n.* সাক্ষী sakhi
witty *adj.* বুদ্ধি budhi
wizard *n.* জাদুকর jadukor
woe *n.* দুঃখ dukho
woebegone *adj.* নিরানন্দ niranondo
wolf *n.* নেকড়ে nekre
woman *n.* নারী nari
womb *n.* জরায়ু jrayu
wonder *n.* বিস্ময় bismoi
wonderful *adj.* অদ্ভুত adbhut
wont *n.* অভ্যস্ততা abhayasto
wonted *adj.* প্রথাসিদ্ধ prothasidhi
woo *v.t.* প্রণয় ভিক্ষা করা pronoi bhikha kora
wood *n.* কাঠ kath
woodcut *n.* নকশা noksha
woo·cutter *n.* কাঠুরে kathure
wooden *adj.* কাঠের তৈরি kather toiri
woodpecker *n.* এক জাতিয় পাখি ek jatiyo pakhi
woodwork *n.* কাঠের তৈরি জিনিষ kather toiri jinish
woody *n.* গাছে ঢাকা gache dhaka
wool *n.* পশম poshom
woollen *adj.* পশমের তৈরি poshmer toiri
word *n.* শব্দ swobdo
wording *n.* কথন kothon
work *n.* কাজ kaj
workable *adj.* যা করা সম্ভবপর ja kora smbhobpor
worker *n.* কর্মী kormi
workhouse *n.* গৃহহীন ব্যক্তিদের জন্য সরকারি প্রতিষ্ঠান grihohin bektider jonno srkari protisthan
workman *n.* যে ব্যাক্তি কায়িক পরিশ্রম করে je bekti kahik pishorom kore
workmanship *n.* কোনো কৃতকর্মে দৃষ্ট দক্ষতার মান kono kotrikorme dristo dokhotar man
world *n.* পৃথিবী prithibi
worldly *adj.* পার্থিব parthibo
worl·wide *adj.* সারা বিশ্ব জুড়ে sara biswa jure
worm *n.* কীট keet
worn ক্ষয়প্রাপ্ত khoiprapti
worried *adj.* উদ্বিগ্ন udbigno
worry *v.t.* দুশ্চিন্তা হওয়া duschina howa
worse অধিকতর মন্দা aodhiktor monda
worship *n.* পুজা puaj
worst *adj.* সবচেয়ে সঙ্কটজনক অবস্থা sobcheye sonkotjonok obostha
worth *n.* নির্দিষ্ট মুল্যের সমান nirdisto muller sman
worthless *adj.* অর্থহীন orthohin

worthy *adj.* যে কৃতিত্ব প্রশংসার যোগ্য je kotrito proshonshar joggo
would-be *adj.* বাগদত্তা bagdotta
wound *n.* ক্ষত khoto
wrack *n.* সমুদ্রজাত শৈবাল smudrojat shoibal
wrangle *n.* কোলাহলময় বিবাদ kolahomoi bibad
wrangler *n.* কলহকারী kolohokari
wrap *v.t.* গুটিয়ে ফেলা gutiye fela
wrapper *n.* মোড়ক morok
wrath *n.* ক্রোধ krodh
wrathful *adj.* ক্রোধ krodh
wreak *v.t.* ক্রোধ krodh
wreck *n.* ধ্বংস বা বিনাশ dhonsho ba binash
wreckage *n.* ধ্বংসপ্রাপ্ত বিষয় আশায় dhonshoprapto bishoi ashoi
wrench *v.t.* প্রচন্ড মোচড় prochondo mochor
wrest *v.t.* জোরপুর্বক নিয়ে যাওয়া jorpurbok niye jawa
wrestle *v.i.* কুস্তিলড়াই kustilorai
wrestler *n.* কুস্তিগির kustigir
wretch *n.* জঘন্য নীচ ব্যক্তি joghonno nich beykti
wretched *adj.* শোচনীয়, হতভাগ্য sochoniyo , hotbhagyo
wright *n.* প্রস্তুতকারক prostutkarok
wring *v.t.* মোচড়ানো mochrano
wrinkle *n.* চামড়ায় কুঞ্চিত রেখা chamrai kunchit rekha
wrist *n.* কব্জি kobji
wristlet *n.* অলঙ্কার alonkar
writ *n.* আদালতের আদেশ adalote adesh
write *v.t.* লেখা lekha
writer *n.* লেখক lekhok
writhe *v.i.* ব্যাথায় মোচড়ানো bathai mochrano
writing *n.* লিখন likhon
wrong *n.* যা কিছু অনৈতিক ja kich onoitik

wry *adj.* মিচড়ানো michrano

X

xanthippe *n.* মুখরা রমণী mukhora romoni
xebec *n.* তিন মাস্তুলের ছোট জাহাজ tin mastuler choto jahaj
xenon *n.* বর্ণহীন bonohin
xmas *n.* ক্রিসমাস krismas
x-ray *n.* রঞ্জনরশ্মি ronjon roshmi
xylography *n.* কাঠে খোদাই করার বিদ্যা kathe khodai krar bidhya

xylonite *n.* সেলিউলয়েড celleuloid

Y

yacht *n.* হালকা নৌকা halka nouka
yachting *n.* নৌকা চালানর নৈপুন্য nouka chalanor noipunno
yak *n.* চমরি গাই chomri gai
yam *n.* ভোজ্য লতানো গাছ vojyo lotano gach
yap *v.t.* অবিরত চিৎকার abiroto chitkar
yard *n.* বাগান বা উঠান bagan ba uthan
yarn *n.* সেলাই বা বোনার জন্য সুতা selai ba bonar jonney suto
yawl *n.* দুই মাস্তুলওয়ালা পালতোলা নৌকা dui mastulwala paltola nouka
ye *pro.* তোমরা tomara
yea *adv.* হ্যাঁ han
yean *v.t.* (প্রধানত ভেড়া বিষয়ে) বাচ্চা প্রসব করা। prodhanoto vera bishoye bacha prosob kora
yeanling *n.* মেষশাবক mesh sabok
year *n.* বছর bochor
yearling *n.* ছোটো প্রাণী choto prani

yearly *adj.* বার্ষিক barsik
yearn *v.i.* আকুল আকাঙ্খা akul akankha
yearning *n.* বলবতী ইচ্ছা bolboti iccha
yeast *n.* এককোষী ছত্রাকবিশেষ ek kosi chotrak bishes
yell *v.t.* তীব্রস্বরে চিৎকার tiroswore chitkar
yellow *adj.* হলুদ hlud
yellowish *adj.* পীতাভ pitvab
yelp *v.i.* তীক্ষ্ণ চিৎকার tikhno chitkar
yen *n.* জাপানের মুদ্রার একক japner mudar ekok
yeoman *n.* যে কৃষক নিজেই নিজের জমির মালিক je krishok nijer nijer jomir malik
yes *adv.* হ্যাঁ han
yester *adj.* প্রভৃতি শব্দের উপসর্গ হিসাবে ব্যবহৃত হয় provrit shobder upsorgo hisabe babhrito hoi
yesterday *n.* গতকাল gotkal
yet *adv.* এখন পর্যন্ত ekhon porjonto
yew *n.* এক ধরনের গাছ l ek dhoroner gach
yoke *n.* জোয়াল joyal
yolk *n.* ডিমের কুসুম dimer kusum
yon *adj.* ওই oei
yonder *adv.* ওই খানে oei khane
yore *n.* প্রাচীনকালে prachin kale
you *pro.* তুমি, tumi,
young *adj.* কমবয়সী komboyeshi
youngster *n.* বালক, ছোকরা balok, chokra
your *pro.* তোমার, tomar,
yours *pro.* তোমার, tomar,
yourself *pro.* নিজের nijer
youth *n.* তারুণ্য tarunno

youthful *adj.* তরুণবয়স্ক tarun boyosko

Z

zany *n.* অপেক্ষাকৃত নির্বোধ ব্যক্তি apekhakrito nirbodh bekti
zeal *n.* উদ্দীপনা uddipona
zealous *adj.* অত্যন্ত আগ্রহশীল atyanto agrohoshil
zealously *adv.* অত্যন্ত আগ্রহের সাথে atyanto agroher sathe
zebra *n.* জেব্রা প্রাণী jebra prani
zebu *n.* গৃহপালিত ষাঁড় grihopalit sand
zenith *n.* সৌভাগ্যের সর্বোচ্চ বিন্দু soubhagyer sorbochho bindu
zephyr *n.* পশ্চিম বাতাস poschim batas
zero *n.* শুন্য sunno
zest *n.* প্রবল উৎসাহ probol utsaho
zigzag *adj.* আঁকা বাঁকা anka banka
zinc *n.* শক্ত নীলাভ ধাতু sokto nilav dhatu
zodiac *n.* রাশিচক্র rashichokro
zoic *adj.* প্রাণিজীবন সংক্রান্ত pranijibon sonkranto
zoo *n.* চিড়িয়াখানা ciriyakhana
zoologist *n.* প্রানিবিজ্ঞানী pran bigyani
zoology *n.* প্রানিবিজ্ঞান pran bigyan
zoroastrian *adj.* জরাথ্রস্ট jorathrasto

zootomy *n.* প্রানি-ব্যবচ্ছেদ-বিদ্যা prani babched bidya

Bengali - English

A

aa *n.* আসা come
aaborohi *adj.* অবরোহী deductive
aabrit kora *v.t.* আবৃত করা drape
aachanta *adj.* আছাঁটা uncut
aacharon *n.* আচরণ dealing
aadhishoroyon *adj.* অধিশ্রয়ণ focal
aadro *adj.* আর্দ্র wet
aagnewogiri *n.* আগ্নেয়গিরি volcano
aagopti *n.* আজ্ঞপ্তি decree
aagun *n.* আগুন fire
aagune pore na *adj.* আগুনে পোড়ে না fire-proof
aagyobadi *n.* আগ্যাবাদী agnostic
aain *adj.* আইন obligatory
aainsongoto badhyobadhokota *n.* আইনঙ্গত বাধ্যবাধকতা obligation
aakankha kora *v.t.* আকাঙ্ক্ষা করা desire
aakh *n.* আঁখ suga¤cane
aakosmik prochondo bhiti *n.* আকস্মিক প্রচন্ড ভীতি fright
aaljiba *n.* আলজিহবা uvula
aallaha *n.* আল্লাহ allah
aam *n.* আম mango
aansh *n.* আঁশ fibre
aantiya lege thaka *v.t.* আঁটিয়া লেগে থাকা adhere
aantiye dewa *v.* আঁটিয়া দেওয়া affix
aaonkon *n.* অঙ্কন drawing
aapse sompadit *adv.* আপসে সম্পাদিত amicably
aarot *n.* আরত wholesale
aashrito *adj.* আশ্রিত dependent
aathmoprotoi hin *adj.* আত্মপ্রত্যয়হীন diffident
aatmogopon kora *v.* আত্মগোপন করা abscond
aatmorokhamulok *adj.* আত্মরক্ষামুলক defensive
aatmosonjom *v.t.* আত্মসংযম unnerve
aay *n.* আয় income
aay o byayer porikolpona *n.* আয় ও ব্যয়ের পরিকল্পনা budget
aayu *n.* আয়ূ age
abahon kora *v.t.* আবাহন করা invoke
abartho *adj.* অব্যর্থ unfailing
abas *n.* আবাস convent
abasik *n.* আবাসিক resident
abasik *adj.* আবাসিক residential
abasito kora *v.t.* আবাসিত করা accommodate
abedon *n.* আবেদন petition
abedon potro *n.* আবেদনপত্র application
abedonkari *n.* আবেদনকারী applicant
abedonkari *n.* আবেদনকারী petitioner
abegatmok *adj.* আবেগাত্মক sentimental
abegmukto *v.t.* আবেগমুক্ত dispassionate
abegpurno *adj.* আবেগপূর্ণ emotional
abekkhik *adj.* আবেক্ষিক probationary
abhab *n.* অভাব dearth
abhab *n.* অভাব deficiency
abhas *n.* আভাস inkling
abhayasto *n.* অভ্যস্ততা wont
abhidhan *n.* অভিধান dictionary
abhijat byakti *n.* অভিজাত ব্যক্তি duke
abhijog *n.* অভিযোগ accusation
abhijukto kra *v.* অভিযুক্ত করা accuse
abhishapto *adj.* অভিশপ্ত accursed
abhishapto *adj.* অভিশপ্ত damned
abhyasto *adj.* অভ্যস্ত accustomed
abhyasto kra *v.t.* অভ্যস্ত করা accustom
abhyontorin *adj.* আভ্যন্তরীণ indoor
abirbhab *n.* আবির্ভাব advent
abiroto chitkar *v.t.* অবিরত চিৎকার yap
abirvab *n.* আবির্ভাব appearance
abirvab *n.* আবির্ভাব emergence
abishto *n.* আবিষ্ট trance
abiskar *v.t.* আবিষ্কার করা contrive
abiskar *n.* আবিষ্কার discovery
abiskar kora *v.t.* আবিষ্কার করা discover
abiswas *n.* অবিশ্বাস disbelief

abiswas kora *v.t.* অবিশ্বাস করা disbelieve
abivuto howa *v.* আবিভূত হওয়া appear
ablush katha *n.* আবলুস কাঠ ebony
abohaoabiggan *n.* আবহাওয়াবিজ্ঞান meteorology
abohaowa *n.* আবহাওয়া weather
abohoman jontro *n.* আবহমান যন্ত্র barometer
abokhyo murti *n.* আবক্ষ মূর্তি bust
aborjona *n.* আর্বজনা garbage
aborjona *n.* আবর্জনা litter
aborjona *v.t.* আবর্জনা refuse
aborjona *n.* আবর্জনা rubbish
aborjona ityadi felar sthan *n.* আবর্জনা ইত্যাদি ফেলার স্হান dump
aboron *n.* আবরণ cloak
aboron *n.* আবরণ coating
aboron *n.* আবরণ mantle
aborrto nondon *n.* আবর্ত eddy
abortok *adj.* আবর্তক recurrent
aborton *n.* আবর্তন rotation
abortonkilok sonkranto *adj.* আবর্তনকীলক সংক্রান্ত pivotal
abosadgrosto *adj.* অবসাদগ্রস্ত downcast
aboshyikbhabe *n.pl.* আবশ্যিকভাবে needs
abotron kora *v.t.* অবতরন করা alight
abritti আবৃত্তি recitation
abritti kora *v.t.* আবৃত্তি করা recite
acchonnota *n.* আচ্ছন্নতা coma
achar *n.* আচার pickle
achchhonno kora *v.t.* আচ্ছন্ন করা pre-occupy
achorito niti mala *n.* আচরিত নীতিমালা gospel
achoron *n.* আচরন bearing
achoron *n.* আচরণ rut
achoron *n.* আচরণ treatment
achoron *n.* আচরন behaviour
achoron *v.t.* আচরণ conduct
achoron kora *n.* আচরন করা act
achoron kora *v.i.* আচরন করা behave
achoron kora *v.i.* আচরণ করা comport
ada *n.* আদা ginger
adalat *n.* আদালত sitting
adalot *n.* আদালত court
adalote adesh *n.* আদালতের আদেশ writ
aday kora *v.t.* আদায় করা levy
adbhut *adj.* অদ্‌ভুত droll
adbhut *adj.* অদ্‌ভুত fantastic
adbhut *adj.* অদ্‌ভুত wonderful
addabaj lok *n.* আড্ডাবাজ লোক tattler
adesh *n.* আদেশ behest
adesh *n.* আদেশ command
adesh *n.* আদেশ fiat
adesh *n.* আদেশ injunction
adesh *n.* আদেশ ordinance
adesh *n.* আদেশ prescript
adesh prodan kora *v.t.* আদেশ প্রদান করা enjoin
adesh protyahar *n.* আদেশ প্রত্যাহার countermand
adeshbyanjok *adj.* আদেশব্যঞ্জক imperious
adeshdan kari *adj.* আদেশদানকারী commanding
adeshprodankari ofisar *n.* আদেশদানকারী অফিসার commandant
adhar *n.* আধার tank
adheyo *n.* আধেয় content
adhiktr dur *adj.* অধিকতর দুর farther
adhipotyo *n.* আধিপত্য supermacy
adhyabsayi *adj.* অধ্যবসায়ী assiduous
adhyatmik *adj.* আধ্যাত্মিক spiritual
adhyattikota *n.* আধ্যাত্মিকতা spirituality
adhyattobad *n.* আধ্যাত্মবাদ spiritualism
adi *adj.* আদি original
adim *adj.* আদিম primitive
adim *adj.* আদিম pristine
adomo *adj.* অদম্য dauntless
ador *n.* আদর endearment
ador *n.* আদর pat
ador kora *v.t.* আদর করা caress
ador kora *v.t.* আদর করা fondle
adorshayito kora *v.t.* আদর্শায়িত করা idealize

adorsho *adj.* আদর্শ ideal
adorshobadi *n.* আদর্শবাদি idealist
adorswo sworup *adj.* আদর্শস্বরুপ exemplary
adou jodi *adv.* আদৌ যদি ever
adrishwa howa *v.i.* অদৃশ্য হওয়া disappear
adristobad *n.* অদৃষ্টবাদ fatalism
adro *adj.* আদ্র humid
adrota *n.* আদ্রতা damp
adrota *n.* আদ্রতা humidity
adyo *n.* আদ্য initial
adyokalin *adj.* আদ্যকালীন primordial
adyopanto *adv.* আদ্যোপান্ত through
aei bichar kore এই বিচার করে whereas
afim *n.* আফিম opium
afimgachh *n.* আফিম গাছ poppy
agacha *n.* আগাছা weed
agadh *adj.* অগাধ fathomless
agagora *adv.* আগাগোড়া throughout
agam bola আগাম বলা foretell
agam deoa *v.t.* আগাম দেওয়া prepay
agam hushiari *n.* আগাম হুঁশিয়ারি precaution
agam jana *v.t.* আগাম জানা foresee
agam porishodhito *adj.* আগাম পরিশোধিত prepaid
agamikal *adv.* আগামীকাল tomorrow
age *adv.* আগে ere
agekar *adj.* আগেকার former
agekar dine *adv.* আগেকার দিনে formerly
ager *adj.* আগের pervious
ager obsthay fire asar gunaboli *n.* আগের অবস্থায় ফিরে আসার গুণাবলী resilience
aghat *v.t.* আঘাত hurt
aghat *n.* আঘাত stroke
aghat *n.* আঘাত stupor
aghat kora *v.i.* আঘাত করা smite
aghate biborno kora *n.* আঘাতে বিবর্ণ করা bruise
agneo *adj.* আগ্নেয় igneous
agneyastrer guli gola *n.* আগ্নেয়াস্ত্রের গুলি গোলা cartridge
agneyastrer mukh *n.* আগ্নেয়াস্ত্রের মুখ muzzle
agneyastro *n.* আগ্নেয়াস্ত্র fire-arm
agom *n.* আগম influx
agomon *n.* আগমন arrival
agontuk *n.* আগন্তুক visitor
agradut *n.* অগ্রদুত harbinger
agrayon *n.* অগ্রনয়ন turtherance
agrogami *adv.* অগ্রগামী forward
agrogami *v.t.* অগ্রগামী precede
agroher sathe *adv.* আগ্রহের সাথে eagerly
agroho *n.* আগ্রহ ardour
agroho *n.* আগ্রহ eagerness
agroho আগ্রহ interest
agrohoddipok *adj.* আগ্রহোদ্দীপক interesting
agronidon *n.* অগ্রনীদল vanguard
agroson sahajo kora *adv.* অগ্রসর সাহায্য করা ahead
agrosor krano অগ্রসর করানো advance
agun ba rod pohan *v.t.* আগুন বা রোদ পোহান bask
agun dhora *v.t.* আগুন ধরা kindle
agun diye porano *v.t.* আগুন দিয়ে পোড়ান burn
ahar *v.t.* আহার eat
aharjyo *n.* আহার্য recipe
ahbwan kora *v.t.* আহবান করা convene
ahipthho sulobh *v.t.* আধিপত্যসুলভ domineer
ahonkar *n.* অহঙ্কার vanity
ahoto *v.t.* আহত injure
ahoto *n.* আহত injury
ain *n.* আইন law
ain আইন legislation
ain pronoyon *v.t.* আইণ প্রনয়ন legistate
ain pronoyonkari *n.* আইণ প্রনয়নকারী legislature
ain sobha *n.* আইনসভা legislator
ain songkranto *adj.* আইন সংক্রান্ত legal

ainbid *n.* আইনবিদ jurist
ainer fnak fokor *n.* আইনের ফাঁকফোকর loop-hole
aingoto odhikar *n.* আইনগত অধিকার jurisdiction
aini poribhasha *n.* আইনি পরিভাষা rejoinder
ainjibi *n.* আইনজীবি lawyer
ainjibi *n.* আইনজীবী solicitor
ainsommoto *adj.* আইনসম্মত rightful
ainsommoto chukti potro *n.* আইনসম্মত চুক্তিপত্র covenant
ainsongoto *adj.* আইনসঙ্গত legitimate
aj *n.* আজ today
aj rat *adv.* আজ রাত tonight
ajirno rog *n.* অজীর্ণ রোগ dyspepsia
ajirno rogagrosto *adj.* অজীর্ণ রোগগ্রস্ত dyspeptic
ajkal *adv.* আজকাল nowadays
ajoukthi *adj.* অযৌক্তিক absurd
akabaka *adj.* আঁকাবাঁকা tortuous
akabaka dag *n.* আঁকাবাঁকা দাগ streak
akar *n.* আকার shape
akarjkor kora *v.t.* অকার্যকর করা annul
akash *n.* আকাশ sky
akash ranga *adj.* আকাশ রঙ্গা azure
akash tar sombondhiyo আকাশ তার সম্বন্ধীয় antennae
akashkusum *adj.* আকাশকুসুম utopian
akashtole ratri japon *n.* আকাশতলে রাত্রি যাপন bivouac
akhni *n.* আখনি sauce
akhom kora *v.t.* অক্ষম করা disable
akhomota *n.* অক্ষমতা disability
akhoto *adj.* অক্ষত uninjured
akhrot *n.* আখরোট walnut
akkhorik *adj.* আক্ষরিক literal
aknagare kamrano *v.t.* একনাগাড়ে কামড়ানো gnaw
akopot, mon khola *adj.* অকপত, মন খোলা frank
akorik *n.* আকরিক ore
akormono *n.* অকর্মন্য duffer
akorsho *n.* আকর্ষ tendril
akorshon আকর্ষন attraction
akorshon kora *v.t.* আকর্ষন করা attract
akorshoniyo *n.* আকর্ষনীয় captivating
akorshoniyo *n.* আকর্ষনীয়তা charm
akorshoniyo *adj.* আকর্ষনীয় luscious
akorshoniyo *adj.* আকর্ষণীয় remarkable
akorshoniyo *adj.* আকর্ষনীয় showy
akorshoniyo *adj.* আকর্ষনীয় striking
akorshoniyo *adj.* আকর্ষণীয় winsome
akorshoniyo byaktityo *n.* আকর্ষণীয় ব্যক্তিত্ব cynosure
akorshoniyo gun *n.* আকর্ষণীয় গুন relish
akoshi *n.* আকষী hook
akosmik *adj.* আকস্মিক abrupt
akosmik *adj.* আকস্মিক casual
akosmik আকস্মিক fortuitous
akosmik *adj.* আকস্মিক sudden
akosmik *v.i.* আকস্মিক twinge
akosmik *n.* আকস্মিক upheaval
akosmik akromon *n.* আকস্মিক আক্রমণ raid
akosmik durghotno *n.* আকস্মিক দুর্ঘটনা disaster
akosmik o khonsthayi bayubeg *n.* আকস্মিক ও ক্ষণস্থায়ী বায়ুবেগ flurry
akosmik o probool vabe nisrito houwa *v.t.* আকস্মিক ঔ প্রবলভাবে নিঃসৃত হওয়া gush
akosmik poriborton *n.* অকস্মিক পরিবর্তন cataclysm
akosmik proboh *n.* আকস্মিক প্রবহ flush
akosmik soubhagya *n.* আকস্মিক সৌভাগ্য fluke
akosmikota *n.* আকস্মিকতা suddenness
akotta *n.* অকপটতা frankness
akranto *n.* আক্রমন aggression
akre dhora *v.t.* আঁকড়ে ধরা grab
akromon *n.* আক্রমন attack
akromon hana *n.* আক্রমণ হানা torpedo
akromon kari *n.* আক্রমন কারী assailant

akromon kora *v.t.* আক্রমন করা assail
akromoner jonno ot pete thaka *v.t.* আক্রমন করার জন্য ওত পেতে থাকা waylay
akromoner prochondota *n.* আক্রমনের প্রচন্ডতা brunt
akrosh *n.* আক্রোশ spite
akrritir poriborton ghotano *v.t.* আকৃতির পরিবর্তন ঘটানো transmute
aksh somporkiyo *adj.* আকাশ সম্পর্কীয় celestial
akul akangkha *n.* আকুল আকাঙ্খা longing
akul akankha *v.i.* আকুল আকাঙ্খা yearn
akulvabe kamona kora *v.i.* আকুলভাবে কামনা করা aspire
akulvabe kamonakari *n.* আকুলভাবে কামনা কারী aspirant
akunchon *adj.* আকুঞ্চন tractive
alada kora *v.* আলাদা করা alienate
alamari *n.* আলমারি cupboard
alap *v.i.* আলাপ converse
alapi *adj.* আলাপী communicative
alga *v.t.* আলগা undo
alingon kora *v.t.* আলিঙ্গন করা embrace
alkatra *n.* আলকাতরা coal-tar
alkatrar moto *adj.* আলকাতরার মত tarry
alo *n.* আলো light
alo, tap ityadi milonbindu *n.* আলো, তাপ ইত্যাদির মিলনবিন্দু focus
alocho bishoysuchi *n.* আলোচ্য বিষয়সূচী agenda
alochona *v.i.* আলোচনা করা ramble
alochona kora *v.t.* আলোচনা করা discuss
alochona kora *n.* আলোচনা discussion
alochona kora *v.t.* আলোচনা করা negotiate
alochona songroho *n.* আলোচনা সংগ্রহ symposium
alochonar prostab *n.* আলোচনার প্রস্তাব overture
alochonasova *n.* আলোচনাসভা conference
alochyo bishoy *n.* আলোচ্য বিষয় topic
aloga *adj.* আলগা lax
alok chitro *n.* আলোক চিত্র photograph
alok sombondhoiyo *n.* আলোক সম্বন্ধীয় cptic
alok sombondhoiyo *n.* আলোক সম্বন্ধীয় cptics
alok sonket *n.* আলোক সংকেত beacon
alokatra *n.* আলকাতরা tar
alokchiro grohon bishoye *n.* আলোকচিত্রগ্রহন বিষয়ে photography
alokchitro grahok *n.* আলোকচিত্রগ্রাহক photographer
alokchota *n.* আলোকছটা blaze
alokhalla *n.* আলখাল্লা toga
alokito *v.t.* আলোকিত illuminate
alombito আলম্বিত suspend
alombo *n.* আলম্ব buttress
alomelo bhabe *adj.* এলোমেলোভাবে random
alonkar *n.* অলঙ্কার wristlet
alonkoron *n.* অলঙ্করন decoration
alonkrit kora *v.t.* অলঙ্কৃত করা decorate
alor jholka *n.* আলোর ঝলক flash
alor tibrota porimaper jontro *n.* আলোর তীব্রতা পরিমাপের যন্ত্র photometer
alorito kora *v.t.* আলোড়িত করা ruffle
alosyo *n.* আলস্য indolence
alosyo *n.* আলস্য laziness
alosyo *n.* আলস্য lethargy
alosyo *n.* আলস্য sloth
alse *n.* আলসে idler
alto bhabhe chowa *v.t.* আলতো ভাবে ছোঁয়া dab
altobhabe dhoya *v.t.* আলতোভাবে ধোয়া rinse
alu *n.* আলু potato
alubokhara *n.* আলুবোখারা plum
aluthalu *adj.* আলুথালু slipshod
amader *adj.* আমাদের our
amader *pro.* আমাদের ourselves

amader *pro.* আমাদের us
amar *pro.* আমার my
amar mone hoy *v.i.* আমার মনে হয় methinks
amar mone hoy *n.* আমার mine
amayik *adj.* অমায়িক affable
amdani *v.t.* আমদানি import
amej *n.* আমেজ savour
amerikar mudrar nam *n.* আমেরিকার মুদ্রার নাম dollar
ami *pro.* আমি i
ami *pro.* আমি me
ami *pro.* আমি myself
amin *n.* আমিন surveyor
amod furti *n.* আমোদফুর্তি rejoicing
amod promod *n.* আমোদপ্রমোদ entertainment
amod promod *n.* আমোদপ্রমোদ recreation
amolatontro *n.* আমলাতন্ত্র bueaucracy
amontron *n.* আমন্ত্রন invitation
amontron *v.t.* নিমন্ত্রন invite
amra *pro* আমরা we
ana *v.t.* আনা bring
anabristi *n.* অনাবৃষ্টি drought
anabrito/rikto kora *v.* অনাবৃত/রিক্ত করা denude
anachrano *n.* আঁচড়ানো scratch
anaka baka *adj.* আঁকা বাঁকা sinuous
anaros *n.* আনারস pine-apple
anash *n.* আঁশ scale
anchol *n.* আঁচল hem
andaj *v.t.* আন্দাজ surmise
andhokar kora *v.t.* অন্ধকার করা darken
andolito hoya *v.i.* আন্দোলিত হওয়া oscillate
andolito kora *v.t.* আন্দোলিত করা excite
andolon *n.* আন্দোলিতকরণ oscillation
aneker modhey *prep.* অনেকের মধ্যে among
ango byabchede lokho *adj.* অংগ ব্যবচ্ছেদে দক্ষ anatomical
angta *v.t.* আংটা link
angti *n.* আংটি ring
anguler gnath আঙ্গুলের গাঁঠ knuckle
anguler har *n.* আঙ্গুলের হাড় phalanx
angur jato chini *n.* আঙুরজাত চিনি glucose
angur jato chini *n.* আঙ্গুর grape
anischit *n.* অনিশ্চিত ambiguity
anishangik bostu *n.* আনুষাঙ্গিক বস্তু appurtenance
anistokor jibjontu *n.* অনিষ্টকর জীবজন্তু vermin
aniyom *n.* অনিয়ম anomaly
aniyontrito *adj.* অনিয়ন্ত্রিত uncontrolled
anka banka *adj.* আঁকা বাঁকা zigzag
anobik *n.* আণবিক molecular
anoddho badyojontro *n.* আনদ্ধ বাদ্যযন্ত্র tambour
anokichur shit mishrit kora *v.t.* অন্যকিছুর সহিত মিশ্রিত করা admix
anonde bihwol kora *v.t.* আনন্দে বিহবল করা ravish
anonde udhbhasit *adj.* আনন্দে উদ্ভাসিত alight
anondito *adj.* আনন্দিত joyful
anondito *adj.* আনন্দিত joyous
anondito *v.t.* আনন্দিত rejoice
anondito kora *v.t.* আনন্দিত করা gladden
anondo *n.* আনন্দ enjoyment
anondo *n.* আনন্দ joy
anondo kora *v.t.* আনন্দ করা revel
anondo ullash *n.* আনন্দ উল্লাস festivity
anondobhog *n.* আনন্দোভোগ revelry
anondochchhas *n.* আনন্দোচ্ছাস mirth
anondochchhol prokash *n.* আনন্দোচ্ছল প্রকাশ rhapsody
anondochchwas *n.* আনন্দোচ্ছ্বাস hilarity
anondodayok *adj.* আনন্দদায়ক delectable
anondomela *n.* আনন্দমেলা jamboree
anondomoy *adj.* আনন্দময় glad
anonton *n.* আবন্টন allotment
antordharn *n.* অন্তর্ধান disappearance
antorik *adj.* আন্তরিক cordial

antorik *adj.* আন্তরিক hearty
antorik *adj.* আন্তরিক sincere
antorik bhabe *adv.* আন্তরিক ভাবে sincerely
antorikbhabe *adv.* আন্তরিকভাবে warmly
antorikota *n.* আন্তরিকতা sincerity
antorikota *n.* আন্তরিকতা warmth
antorikotahin *adj.* আন্তরিকতাহীন insincere
antorikotar sathe *adv.* আন্তরিকতার সাথে earnestly
antorikotashunyo আন্তরিকতাশুন্য strained
antorjatik *adj.* অন্তর্জাতীয় international
antosnato jama *n.* আঁটাসাট জামা jerkin
antrik rog bises *n.* আন্ত্রিক রোগ বিশেষ appendicitis
anugotho *n.* আনুগত্য adhesion
anugoto *n.* আনুগত্য allegiance
anugotto *n.* আনুগত্য fidelity
anugotyo *n.* আনুগত্য loyalty
anugotyo *v.t.* আনুগত্য submit
anujayi *adv.* অনুযায়ী according
anujjwal *adj.* অনুজ্জ্বল dull
anujjwaol *adj.* অনুজ্জ্বল dim
anukto *prep.* অনুক্ত unto
anuman *n.* অনুমান assumption
anuman kora *v.t.* অনুমান করা deduce
anumodit protinidhi *n.* অনুমোদিত প্রতিনিধি agent
anumodon na kora *v.t.* অনুমোদন না করা disapprove
anumoti dewa *v.* অনুমতি দেওয়া allow
anumoti na dewa *v.t.* অনুমতি না দেওয়া disallow
anupatik *adj.* আনুপাতিক proportional
anuposthit *n.* অনুপস্থিতি absence
anuposthit *adj.* অনুপস্থিত absent
anuprasjukto অনুপ্রাসযুক্ত alliteration
anuragi *n.* অনুরাগী fan
anurpta *n.* অনুরূপতা anagram
anurup *v.t.* অনুরুপ duplicate
anusahon *n.* অনুশাসন dictum
anusangik *adj.* আনুষাঙ্গিক accessory
anushangik *adj.* আনুষঙ্গিক concomitant
anusthanik *adj.* আনুষ্ঠানিক formal
anusthanik *adj.* আনুষ্ঠানিক official
anusthanik bhabe porityag kora আনুষ্ঠানিকভাবে পরিত্যাগ renounce
anusthanik vhabe janano *v.t.* আনুষ্ঠানিক ভাবে জানানো declare
anusthanikbhabe opobitro *adj.* আনুষ্ঠানিকভাবে অপবিত্র unclean
anusthanikota *n.* আনুষ্ঠানিকতা formality
aodhiktor monda অধিকতর মন্দা worse
aodhopoton *n.* অধঃপতন degeneration
aomrit *n.* অমৃত ambrosia
aondhokar *adj.* অন্ধকার dark
aonger byabched *n.* অঙ্গের ব্যবচ্ছেদ anatomy
aongo byabchet bidya *n.* অংগ ব্যবচ্ছেদ বিদ্যা anarchy
aongo korton kora *n.v.* অংগ কর্তন করা amputate
aonno *adj.* অন্য another
aonsho ba bhag *n.* অংশ বা ভাগ dole
aonshorupe bonton *v.* অংশরূপে বন্টন allot
aonusthan *n.* অনুপস্হান default
aopor sayon *n.* অপরসায়ন alchemy
aorjon kora *v.t.* অর্জন করা acquire
aortho bishesoggo *n.* অর্থ বিশেষজ্ঞ financier
aortho sonkranto *adj.* অর্থ সংক্রান্ত financial
aotho jogano *v.* অর্থ জোগানো defray
aoyaj *n.* আওয়াজ noise
aoyotokhetrakar *adj.* আয়তক্ষেত্রাকার rectangular
apatato *adj.* আপাতত tentative
apatdrishtite আপাতদৃষ্টিতে যথার্থ specious
apato drisyoman *adj.* আপাত দৃশ্যমান apparent
apekhakrito nirbodh bekti *n.* অপেক্ষাকৃত নির্বোধ ব্যক্তি zany

apekhar ghor *n.* অপেক্ষা ঘর waiting-room
apel *n.* আপেল apple
a-peshadar *n.* অ-পেশাদার amateur
apilkari *n.* আপীলকারী appellant
aplabon *n.* আপ্লাবন submersion
apman kra *v.t.* অপমান করা abase
apobitor *v.t.* অপবিত্র desecrate
apohron *n.* অপহরন abduction
aponar *pro.* আপনার thine
aponar *pro.* আপনার thy
aponi *pro.* আপনি thee
aponi *pro.* আপনি thou
aporiskar *adj.* অপরিস্কার faint
aposh *v.t.* আপোস compromise
aposh' আপোস conciliation
aposhmulok আপোসমুলক concilliatory
apot drishyoman *adj.* আপত দৃশ্যমান seeming
apotkalin ashroy *n.* আপৎকালীন আশ্রয় shee¶anchor
apotti *n.* আপত্তি objection
apotti jonok *adj.* আপত্তিজনক exceptionable
apottikor *adj.* আপত্তিকর objectionable
aprahon *n.* অপরানহ afternoon
aprichonno *adj.* অপরিচ্ছিন্ন vague
apriskar *adj.* অপরিষ্কার dirty
aprobhit kra *v.* অপ্রভিত করা abash
aprokashito nam *adj.* অপ্রকাশিত নামা anonymous
aprosonnota prokash *v.* অপ্রসন্নতা প্রকাশ deprecate
aprotibodho *adj.* অপ্রতিবদ্ধ uncoditional
aprsayon bid *n.* অপরসায়ন বিদ alchemist
apyan kora *v.t.* আপ্যায়ন করা entertain
ar noy *adv.* আর নয় nevermore
araarivabe *prep.* আড়াআড়িভাবে athwart
aradhona *n.* আরাধনা devotion
aram *n.* আরাম comfort
aram *n.* আরাম ease
aram kedara *n.* আরাম কেদারা easychair
aram kora *v.t.* আরাম করা relax
aram o siriyar vasa *n.* আরাম ও সিরিয়ার ভাষা aramaic
aramdayok *adj.* আরামদায়ক comfortable
aramkedara *n.* আরামকেদারা arm-chair
aramprodo *adj.* আরামপ্রদ cushy
ardro *adj.* আদ্র moist
ardrota *n.* আর্দ্রতা moisture
ari pete shona *v.t.* আড়ি পেতে শোনা overhear
arjit drobo *n.* অর্জিত দ্রব্য acquirement
arnyo brikhyo bises *n.* আরণ্য বৃক্ষ বিশেষ birch
aro *adv.* আরও also
aro bhalo kora *v.t.* আরো ভাল করা outdo
arober morubasi jajabor *n.* আরবের মরুবাসী যাযাবর bedouin
arogyo *n.* আরোগ্য recovery
arogyokor bheshoj *adj.* আরোগ্যকর ভেষজ medicinal
arohi আরোহী inductive
arohon *n.* আরোহন ascent
arohon *n.* আরোহন attribute
arohon kora *v.t.* আরোহন করা ascend
arohon kora *v.t.* অরোহণ করা climb
arombor purno আড়ম্বরপুর্ণ pompous
aromvo kora *v.t.* আরম্ভ করা begin
aromvo kora *p.p.* আরম্ভ করা begun
aronyo *adj.* আরণ্য silvan
aronyo *adj.* আরণ্য sylvan
arop *n.* আরোপ ascription
arop আরোপ imposition
arop kora *v.t.* আরোপ করা ascribe
arop kora *v.t.* আরোপ করা impose
arsola *n.* আরশোলা cockroach
arthodhar kora *v.t.* অর্থোদ্ধার করা decipher
artodhwoni *v.t.* আর্তধ্বনি squeal
artonad *v.t.* আর্তনাদ howl
asa *v.i.* আসা come
asakot howa আসক্ত হওয়া addicted

asanbidhanik *adj.* অসাংবিধানিক unconsitutional
asbabpotro *n.* আসবাবপত্র furniture
aseem *n.* অসীম absolute
asha *n.* আশা hope
asha puron na kora *v.t.* আশা পুর্ণ না করা disappoint
ashabad *n.* আশাবাদ optimism
ashabadhi *adj.* আশাবাদি sanguine
ashabadi *n.* আশাবাদী optimist
ashabhongo *n.* আশাভঙ্গ frustration
ashonka আশঙ্কা misgiving
ashonka *v.t.* আশঙ্কা suspect
ashonkajonok *adj.* আশঙ্কাজনক precarious
ashorohi soino *n.* অশ্বারোহী সৈন্য dragoon
ashrito rajyo *n.* আশ্রিত রাজ্য protectorate
ashroy *n.* আশ্রয় refuge
ashroy *n.* আশ্রয় shelter
ashulipi *n.* আশুলিপি stenograph
ashulipi *n.* আশুলিপি stenography
ashulipik *n.* আশুলিক stenographer
ashwikar kora *v.t.* অস্বীকার করা deny
ashwoporjay *n.* অশ্বপর্যায় relay
asi *adj.* আশি eighty
asirbad *n.* আশীর্বাদ benediction
asirbad *n.* আশির্বাদ blessing
asirbad *n.* আশীর্বাদ boon
asirbad kora *v.t.* আশীর্বাদ করা bless
asirbad prapto *adj.* আশীর্বাদ প্রাপ্ত blessed
asitomo *adj.* আশিতম eightieth
asokti *n.* আসক্তি attachment
ason kore bosa *v.t.* আসন করে বসা squat
asonka prokash kora *v.i.* আশঙ্কা প্রকাশ করা demur
asonkho *prep.* অসংখ্য umpteen
asonlishto *adj.* অসংশ্লিষ্ট unconcerned
asonnman *n.* আসন্নমান approximation
asonno *adj.* আসন্ন ensuing
asonno *adj.* আসন্ন imminent
asonno *adj.* আসন্ন oncoming
asonyo *v.t.* আসন্ন impend
asonyo আসন্ন impending
asposto abhas dewa *v.t.* অস্পষ্ট আভাষ দেওয়া adumbrate
asrom *n.* আশ্রম asylum
asrom *n.* আশ্রম cloister
aste aste his his kora *v.i.* আস্তে আস্তে হিস হিস করা fizzle
astha *n.* আস্থা reliance
astha prokash kora *v.t.* আস্হা প্রকাশ করা vouch
asthaban *adj.* আস্থাবান trustful
asthahin *adj.* আস্থাহীন faithless
astik *n.* আস্তিক theist
astin *n.* আস্তিন sleeve
astyikyo *n.* আস্তিক্য theism
asubhida *n.* অসুবিধা disadvantage
asubhidha *n.* অসুবিধা drawback
asubho *n.* অশুভ devil
asukhi *adj.* অসুখী forlorn
asustho howa *n.* অসুস্থ হওয়া ailment
aswa *n.* অশ্ব ambler
aswabhabik *adj.* অস্বাভাবিক abnormal
aswabhabik *adj.* অস্বাভাবিক weird
aswabhabik kaj ba bhab *n.* অস্বাভাবিক কাজ বা ভাব vagary
aswabhabik karjo *n.* অস্বাভাবিক কার্য freak
aswabhabik monojog prodan *n.* অস্বাভাবিক মনোযোগ প্রদান fetish
aswabhik *adj.* অস্বাভাবিক adventious
aswikar *n.* অস্বীকার denial
aswikar *n.* অস্বীকার disavowal
aswikar kora *v.t.* অস্বীকার করা disavow
at আট eight
at *adj.* আঁট tight
ata *v.t.* আঁটা tighten
atajukto *adj.* আটাযুক্ত mealy
atat *n.* আঁতাঁত entente
atha *n.* আঠা glue
athar moto lege thaka *adj.* আঠার মত লেগে থাকা sticky

atharo *adj.* আঠেরো eighteen
athela, chotchote *adj.* আঠালো, চটচটে viscid
athyadhik anurag prokash kora *v.i.* অত্যাধিক অনুরাগ প্রকাশ করা dote
atimatrai gonra *adj.* অতিমাত্রায় গোঁড়া fanatic
atiprachin *adj.* অতিপ্রাচীন ancient
atirikto *adj.* অতিরিক্ত additional
atirikto gora somorthok *n.* অতিরিক্ত গোড়াসমর্থক diehard
atirikto matrai agrosor *n.* অতিরিক্ত মাত্রায় অগ্রসর advancement
atisojyo *n.* আতিশষ্য plethora
atite *adj.* অতীতে ago
atithyo *n.* আতিথ্য hospitality
atke rakha *v.* অটকে রাখা detain
atma *n.* আত্মা soul
atma *n.* আত্মা spirit
atmavimani *adj.* আত্মভিমানী conceited
atmiyer mrityo jonito sok *n.* আত্মীয়ের মৃত্যুজনিত শোক bereavement
atmiyo *n.* আত্মীয় relative
atmiyoswojon *n.* আত্মীয়স্বজন kin
atmiyoswojon *n.* আত্মীয়স্বজন kith
atmiyota *adj.* আত্মীয়তা kindred
atmo jiboni *n.* আত্মজীবনী autobiography
atmo rokharthe prorodh gore tola *v.t.* আত্মরক্ষার্থে প্রতিরোধ গড়ে তোলা fend
atmo somporponer sorto *v.i.* আত্মসমর্পনের শর্ত capitulation
atmobiswas *n.* আত্মবিশ্বাস aplomb
atmobiswas *n.* আত্মবিশ্বাস confidence
atmobiswas *adj.* আত্মবিশ্বাস jaunty
atmobiswasi *adj.* আত্মবিশ্বসী confident
atmoghati আত্মঘাতী suicidal
atmohotya *n.* আত্মহত্যা suicide
atmokam *n.* আত্মকাম narcissism
atmokendrik *adj.* আত্মকেন্দ্রিক egocentric
atmoniyontron *n.* আত্মনিয়ন্ত্রণ sobriety
atmoprochar *n.* আত্মপ্রচার egotism
atmoprotey *n.* আত্মপ্রত্যয় assurance
atmosat karon *n.* আত্মসাতকারন appropriation
atmosat kora *v.t.* আত্মসাৎ করা embezzle
atmosat kora *v.t.* আত্মসাৎ করা imbrue
atmosomorpon *n.* আত্মসমপর্ণ submission
atmosongjom *n.* আত্মসংযম continence
atmotripto *n.* আত্মতৃপ্ত smug
atmotusto *v.t.* আত্মতুষ্ট complain
atoke pora *adj.* আটকে পড়া stranded
atol gohbor *n.* অতল গহ্বর abyss
atonke hotbudhi *adj.* আতঙ্কে হতবুদ্ধি aghast
atonkito *v.t.* আতঙ্কিত frighten
atonkito *v.t.* আতঙ্কিত horrify
atonkito krano *v.* আতংকিত করানো affright
atonko *v.t.* আতঙ্ক dismay
atonko *n.* আতঙ্ক panic
atonko *n.* আতঙ্ক trepidation
atonkogrosto *v.t.* আতঙ্কগ্রস্ত করা terrify
atonkogrosto kora *v.t.* আতঙ্কগ্রস্ত করা terrorize
atoshbaji *n.* আতশবাজি fireworks
attobisorjon *n.* আত্মবিসর্জন self-denial
attobiswas *n.* আত্মবিশ্বাস self-confidence
attokendrik *adj.* আত্মকেন্দ্রিক self-centred
attolojja *n.* আত্মলজ্জা selfsame
attomorjada *n.* আত্মমর্যদা self-esteem
attorokkha *n.* আত্মরক্ষা rampart
attosomman *n.* আত্মসম্মান self-respect
attosongjom *n.* আত্মসংযম self-control
attota *n.* আত্ততা purview
atustho *adj.* অসুষ্ঠ ungraceful
atyachar kora *v.* অত্যাচার করা aggrieve
atyadhik alonkrito *adj.* অত্যাধিক অলঙ্কৃত florid
atyadhik anurg *n.* অত্যাধিক অনুরাগ dotage
atyanto agroher sathe *adv.* অত্যন্ত আগ্রহের সাথে zealously

atyanto agrohoshil *adj.* অত্যন্ত আগ্রহশীল zealous
atyanto ghrina kora *v.t.* অত্যন্ত ঘৃণা করা abominate
atyanto khudro *adj.* অত্যান্ত খুদ্র wee
avhedo dhal *n.* অভেদ্য ঢাল aegis
avhijog kora *v.* অভিযোগ করা allege
avijatyo purno byakti *n.* অভিজাত্যপূর্ণব্যক্তি aristocrat
ayesh *n.* আয়েশ easement
aykor *n.* আয়কর income-tax
ayna *n.* আয়না mirror
ayotokhetro *n.* আয়তক্ষেত্র rectangle
ayoton *n.* আয়তন size
ayoton *n.* আয়তন volume
ayton *n.* আয়তন bulk

B

baba *n.* বাবা dad
baba *n.* বাবা father
baba *n.* বাবা papa
babla gach *n.* বাবলা গাছ acacia
babohar *v.t.* ব্যবহার use
baburchi *n.* বাবুর্চি cook
baccha ghotika *n.* বাচ্চা ঘোটকী filly
bacchader towale *n.* বাচ্চাদের তোয়ালে diaper
bachai *n.* বাছাঈ choice
bachal বাচাল blather
bachal *n.* বাচাল chatterbox
bachal *adj.* বাচাল garrulous
bachal *n.* বাচাল loquacious
bachal *adj.* বাচাল talkative
bachbicharhin *adj.* বাছবিচারহীন promiscuous
bachcha *n.* বাচচা kiddy
bachcha kukur *n.* বাচ্চা কুকুর puppy
bachon *n.* বাচন speech
bachon vongi songkranto *n.* বাচনভঙ্গিসংক্রান্ত elocution
bachonbhongi বাচনভঙ্গি utterance
bachondhwoni *adj.* বাচনধ্বনি phonetic
bachoner dhonibidya *n.pl.* বাচনের ধ্বনিবিদ্যা phonetics
bachoner dwonibigyan *n.* বাচনের ধ্বনিবিজ্ঞান phonology
bachur *n.* বাছুর calf
bad deoa বাদ দেওয়া omission
bad deoa *v.t.* বাদ দেওয়া omit
bad deoa *v.t.* বাদ দেওয়া subtract
bad dewa *v.t.* বাদ দেওয়া delete
badam *n.* বাদাম almond
badam *n.* বাদাম groun·nut
badam *n.* বাদাম nut
badam bhangar kol *n.* বাদাম ভাঙার কল nu¶crackers
badami *adj.* বাদামী brown
badha *n.* বাধা barrier
badha *n.* বাধা encumbrance
badha *n.* বাধা obstacle
badha *n.* বাধা obstruction
badha bulir moto *adj.* বাঁধা বুলির মতো stereotyped
badha deoa *v.t.* বাধা দেওয়া obstruct
badha dewa *v.t.* বাধা দেওয়া deter
badha dewa *v.t.* বাধা দেওয়া exclude
badha kopi *n.* বাঁধাকপি cabbage
badhadhora *n.* বাঁধাধরা stereotype
badhai kora *n.* বাঁধাই করা binder
badhito *adj.* বাধিত beholden
badhito kora *v.t.* বাধিত করা impede
badhito kora *v.t.* বাধিত করা oblige
badhon *n.* বন্ধন strap
badhyo *adj.* বাধ্য amenable
badhyo *adj.* বাধ্য docile
badhyo *adj.* বাধ্য obedient
badhyo badhokota purno *adj.* বাধ্যবাধকতা পুর্ণ binding
badhyo kora *n.* বাধ্য করা compulsion
badhyo kora *v.t.* বাধ্য করা impel
badhyokora *v.* বাধ্য করা compel
badhyota *n.* বাধ্যতা docility
badhyota *n.* বাধ্যতা obedience

badhyota mulok *adj.* বাধ্যতামুলক compulsory
badhyota mulok vabe *adj.* বাধ্যতামুলকভাবে conscript
badi *n.* বাদী plaintiff
badsorboswo boktrita *n.* বাদসর্বস্ব বক্তৃতা rant
badur *n.* বাদুড় bat
badyo jontro *n.* বাদ্য যন্ত্র piano
badyojontro *n.* বাদ্যযন্ত্র percussion
badyojontro bishesh *n.* বাদ্যযন্ত্রবিশেষ harmonium
badyojontro bishesh *n.* বাদ্যযন্ত্রবিশেষ harp
bagan *n.* বাগান courtyard
bagan *n.* বাগান garden
bagan *n.* বাগান lawn
bagan ba uthan *n.* বাগান বা উঠান yard
bagdotta *n.* বাগদত্তা fiance
bagdotta *adj.* বাগদ্যতা would-be
bagh *n.* বাঘ tiger
bagher chhana *n.* বাঘের ছানা cub
bagmita *n.* বাগ্মিতা oratory
bahir *n.* বাহির outside
bahire *adv.* বাহিরে forth
bahire *n.* বাহিরে outskirt
bahirmukh *n.* বাহির্মুখ orifice
bahjik *adj.* বাহ্যিক exterior
bahjik *adj.* বাহ্যিক extrinsic
bahok *n.* বাহক bearer
bahok *n.* বাহক carrier
bahri sefti pin *n.* বাহারি সেফটিপিন brooch
bahu. *n.* বাহু arm
bahulyo *n.* বাহুল্য superfluity
bahulyo *n.* বাহুল্য surfeit
bahur avoron bises *n.* বাহুর আভরণ বিশেষ armiet
bahyik *adv.* বাহ্যিক outward
bai chitra *n.* বৈচিত্র্য variety
bai cyecle *n.* বাইসাইকেল bike
baibelsombondhi *n.* বাইবেলসম্বন্ধী scripture
baire *adv.* বাইরে out
baire *adv.* বাইরে without
baire takano *n.* বাইরে তাকানো look-out
baja *n.* বাজা ringing
bajano *n.* বাজানো toll
bajar *n.* বাজার market
bajar *n.* বাজার mart
bajar *n.* বাজার plaza
baje boka *v.i.* বাজে বকা prate
baje boka *n.* বাজে বকা prattle
bajeyapto kora *v.t.* বাজেয়াপ্ত করা confiscate
bajeyapto koron *n.* বাজেয়াপ্তকরণ confiscation
bajeyapto koron *n.* বাজেয়াপ্তকরণ seizure
bajhik akar *n.* বাহ্যিক আকার configuration
bajhyo akar poriborton *v.t.* বাহ্য আকার পরিবর্তন transform
baji *v.t.* বাজি bet
bajidhora *n.* বাজি ধরা wager
bajpakhi *n.* বাজপাখি falcon
bajpakhi *n.* বাজপাখি hawk
bak potu *adj.* বাকপটু eloquent
bak potuta *n.* বাকপটুতা eloquence
baka *n.* বাঁকা scimitar
bakdokhyo *n.* বাকদক্ষ elocutionist
bakso *n.* বাক্স box
bakso *n.* বাক্স case
baksongjom বাকসংযম reticence
bakyansho gothon *n.* বাক্যাংশ গঠন anaemia
bakyer bisleson *v.* বাক্যের বিশ্লেষন construe
bakyer ongsho *n.* ব্যাক্যে অংশ phrase
bakyoprokorn *n.* বাক্যপ্রকরণ syntax
bala *n.* বালা bangle
bala *n.* বালা bracelet
bali *n.* বালি sand
balika *n.* বালিকা girl
balika *n.* বালিকা lass
balika *n.* বালিকা maid
balish *n.* বালিশ pillow
baliyari *n.* বালিয়াড়ি dune

baljogyo *adj.* বালযোগ্য infantile
balok *n.* বালক boy
balok *n.* বালক lad
balok, chokra *n.* বালক, ছোকরা youngster
baloker nyay *adj.* বালকের ন্যায় boyish
balpokk *n.* বালপক্ক precocious
balsulov *adj.* বালসুলভ childish
balti *n.* বালতি bucket
balti *n.* বালতি pail
balyo *n.* বাল্য infancy
balyo kal *n.* বাল্যকাল boyhood
bamon *n.* বামন dwarf
bamon *n.* বামন manikin
bamon *n.* বামন pigmy
bamon *n.* বামন pygmy
bamoner mot *adj.* বামনের মত dwarfish
bamonikrito *adj.* বামনীকৃত stunted
ban *n.* বান flood
banan *n.* বানান spelling
banayito kora *v.* বনায়িত করা afforest
banchito bostuke kosto dewa *v.t.* বাঞ্ছিত বস্তুকে কষ্ট দেওয়া tantalize
bandh *n.* বাঁধ barrage
bandh *n.* বাঁধ dam
bang *n.* ব্যাঙ frog
banglobari *n.* বাংলোবাড়ী bunglow
banijyik *adj.* বাণিজ্যিক commercial
banijyik jahaj lunthon *n.* বাণিজ্যিক জাহাজ লুন্ঠন spoliation
banijyo *n.* বাণিজ্য commerce
baniye bola *v.t.* বানিয়ে বলা concoct
bank *n.* ব্যাঙ্ক bank
banker kaj karbar *n.* ব্যাঙ্কের কাজ কারবার banking
bankiye dewa *v.t.* বাঁকিয়ে দেওয়া warp
banor *n.* বানর monkey
banor *n.* বানর simian
banor bishes *n.* বানর বিশেষ baboon
bansh *n.* বাঁশ bamboo
banshi *n.* বাঁশি flute
banshi bises *n.* বাঁশিবিশেষ bagpipe
bar bar বার বার repeatedly
barabari kora *v.t.* বাড়াবাড়ি করা overdo
baranda *n.* বারন্দা corridor
baranda *n.* বারান্দা porch
barano *v.t.* বাড়ানো augment
barano *v.t.* বাড়ানো enhance
bardhokyojonito *adj.* বার্ধক্যজনিত senile
bari *n.* বাড়ি house
bari *n.* বাড়ি villa
barir tola *n.* বাড়ির তলা storey
barir vu-gorvostho ongso *n.* বাড়ির ভূ-গর্ভস্থ অংশ basement
barnish *n.* বার্নিশ varnish
baro *adj.* বারো twelve
baro dojon *n.* বারো ডজন gross
baro ta *n.* বারো টা dozen
barobonita *n.* বারবনিতা courtesan
barokosh *n.* বারকোষ tray
barshik *adv.* বার্ষিক annually
barshik briti prapok *n.* বার্ষিক বৃত্তির প্রাপক annuitant
barshik briti vhata *n.* বার্ষিক বৃত্তি ভাতা annuity
barshik uthsber din *n.* বার্ষিক উতসবের দিন anniversary
barsik *adj.* বার্ষিক yearly
barta *n.* বার্তা message
barta *n.* বার্তা tidings
bartabahok *n.* বার্তা বাহক messenger
bartho *v.t.* ব্যার্থ foil
bartho kora *v.t.* ব্যার্থ করা frustrate
barthota *n.* ব্যার্থতা fallure
barti uddesyo *n.* বাড়তি উদ্দেশ্য by-end
barud *n.* বারুদ gunpower
bas bhobon *n.* বাসভবন residence
bas gari *n.* বাসগাড়ী bus
bas jogo noi *adj.* বাস যোগ্য নয় uninhabitable
bas kora *v.i.* বাস করা dwell
bas kora *v.t.* বাস করা occupy
basa *n.* বাসা domicile
baser gach theke pora *n.* বাতসে গাছ থেকে পড়া windfall

basgrihe jeshane aagun jwalano hoye thake *n.* বাসগৃহের যেস্থানে আগুন জ্বালানো হয়ে থাকে fire-place
bashpo *n.* বাষ্প jet
bashpo *n.* বাষ্প vapour
basi *adj.* বাসি stale
basinda বাসিন্দা occupant
bason *n.* বাসন crockery
bason maja vrityo *n.* বাসন মাজা ভৃত্য blackguard
basona puron *n.* বাসনা পুরণ gratification
basonpotro *n.* বাসনপত্র utensil
basonti rong *n.* বাসন্তী রং primrose
basosthan *n.* বাসস্হান habitation
baspe dogdho kora *n.* বাশ্পে দগ্ধ করা scald
baspe porinoto kora *v.t.* বাষ্পে পরিণত করা evaporate
baspiyo *adj.* বাষ্পীয় vaporous
baspo *n.* বাস্প steam
basthan *n.* বাসস্থান abode
bastob *adj.* বাস্তব objective
bastob *adj.* বাস্তব real
bastob ovigyo *adj.* বাস্তব অভিজ্ঞ empirical
bastob sunirdisto *adj.* বাস্তব সুনির্দিষ্ট concrete
bastobayito kora *n.* বাস্তবায়িত করা implement
bastobayon *n.* বাস্তববায়ন realization
bastobayone badha *v.t.* বাস্তবায়নে বাধা circumvent
bastobbad *n.* বাস্তববাদ realism
bastobbadi *adj.* বাস্তববাদী realistic
bastobe porinoto *v.t.* বাস্তবে পরিণত materialize
bastobikpokkhe *n.* বাস্তবিকপক্ষে sooth
bastobota *n.* বাস্তবতা reality
bat *n.* বাঁট teat
bata *n.* বাটা discount
batali *n.* বাটালি adze
batali *n.* বাটালি chisel
batas *n.* বাতাস air
batas *n.* বাতাস wind
batchokor *n.* বাতচক্র windmill
bathai mochrano *v.i.* ব্যাথায় মোচড়ানো writhe
bathatito *adj.* ব্যাখ্যাতীত unacountable
bati *n.* বাটি bowl
bati *n.* বাতি lamp
batighor *n.* বাতিঘর ligh¶house
batighor *n.* বাতিঘর pharos
batik *n.* বাতিক mania
batikgrostho *adj.* বাতিকগ্রস্ত maniac
batil *adj.* বাতিল null
batil *v.t.* বাতিল nullify
batil *v.t.* বাতিল reject
batil *n.* বাতিল revocation
batil kora *v.t.* বাতিল করা abrogate
batil kora *v.* বাতিল করা cancel
batil kora *v.t.* বাতিল করা discard
batil kora *v.t.* বাতিল করা repeal
batil kora *v.t.* বাতিল করা rescind
batil kora *v.t.* বাতিল করা revoke
batil krit *adj.* বাতিলকৃত defunct
batiljogyo *adj.* বাতিলযোগ্য revocable
batilkoron *n.* বাতিলকরণ rejection
batsorik *adj.* বাতসরিক annual
batsorik talika *n.* বাতসরিক তালিকা calendar
baubidya *n.* বায়ুবিদ্যা pneumatics
baundule *n.* বাউন্ডুলে vagabond
bayer dik nirdeshekr tir b ba kanta *n.* বায়ুর দিকনিদের্শক তীর বা কাঁটা vane
bayna diye rakha *v.t.* বায়না দিয়ে রাখা bespeak
bayu chalachol *v.* বায়ু চলাচল ventilation
bayu moy *adj.* বায়ূময় breezy
bayu probesh poth rudho *adj.* বায়ূ প্রবেশের পথরুদ্ধ ai¤tight
bayu purno kora *adj.* বায়ুপূর্ণ করা aerated
bayu sonchalito kora *v.t.* বায়ু সঞ্চালিত করা ventilate
bayuchalit bondhuk bishes *n.* বায়ূচালিত বন্দুক বিশেষ ai¤gun

bayuchalito *adj.* বায়ুচালিত pneumatic
bayuman *adj.* বায়ুময় aerial
bayumondol *n.* বায়ুমন্ডল atmosphere
bayumonol songkranto *adj.* বায়ূমন্ডল সংক্রান্ত atmospheric
bayupurno *adj.* বায়ূপূর্ন airy
b-dwip *n.* ব-দ্বীপ delta
beaini *adj.* বেআইনি illegal
beaini *adj.* বেআইনি unlawful
bebondobosto kora *v.t.* বেবন্দোবস্ত করা mismanage
beche neuwa *v.t.* বেছে নেওয়া choose
beche thaka *n.* বেঁচে থাকা survival
beche thaka *n.* বেঁচে survive
bede *n.* বেদে gypsy
bedeshirube obosthan *adj.* বিদেশী্রূপে অবস্থান alienable
bedi *n.* বেদি altar
bedna nashok *n.* বেদনা নাশক anodyne
bednai *adj.* বেদনাময় doleful
bedona *adj.* বেদনা distressful
bedona *v.i.* বেদনা moan
bedona *n.* বেদনা pain
bedonakirno *adj.* বেদোনাকিরনো painstaking
beer *n.* বীর hero
beeratwa *n.* বীরত্ব heroism
beet *n.* বীট beet
beg বেগ impulse
beguni rong *adj.* রং purple
beguni rong *n.* বেগুনি রঙ violet
behala *n.* বেহালা fiddle
behala *n.* বেহালা violin
behalabadok *n.* বেহালাবাদক fiddler
behalabadok *n.* বেহালাবাদক violinist
behaya *n.* বেহায়া brazen
beje lekhok *n.* বেজে লেখক scribbler
beji, neul *n.* বেজি, নেউল weasel
bekar *adj.* বেকার unemployed
bekosur khalas *n.* বেকসুর খালাস acquittal
bektir gouno choritro *n.* ব্যক্তির গৌণ চরিত্র foible
belcha *n.* বেলচা shovel
belt diye prohar kora *adj.* বেল্ট দিয়ে প্রহার করা belted
belun *n.* বেলুন balloon
belune coriya sunye vromonkari *n.* বেলুনে চড়িয়া শুন্যে ভ্রমনকারী balloonist
benama *adj.* বেনামা anonymously
benchi *n.* বেঞ্চি bench
bente *adj.* বেঁটে dumpy
beporoya *adj.* বেপরোয়া reckless
beporwa *adj.* বেপরোয়া desperate
beporwa durbrito *n.* বেপরোয়া দুর্বৃত্ত desperado
ber kore deuwa *v.t.* বের করে দেওয়া chuckout
bera *n.* বেড়া fence
bera *n.* বেড়া inclosure
bera *n.* বেড়া stockade
bera nirman *n.* বেড়া নির্মাণ fencing
berano *v.t.* বেড়ানো maraud
berano *n.* বেড়ানো tour
beri badh *n.* বেড়িবাঁধ embankment
beriye asa বিরিয়ে আসা emerge
beriye thaka *v.t.* বেরিয়ে থাকা jut
besamorik bahini *n.* বেসামরিক বাহিনী militia
beshi din bneche thaka *v.t.* বেশি দিন বেঁচে থাকা outlive
beshton kora *v.t.* বেষ্টন করা beset
beshya *n.* বেশ্যা strumpet
beshya *n.* বেশ্যা whore
besi janar vhan kora biroktokor lok *n.* বেশি জানার ভান করা বিরক্তিকর লোক wiseacre
beston *v.t.* বেষ্টন surround
bestoni *n.* বেষ্টনী encloseure
besyabritti *n.* বেশ্যাবৃত্তি prostitution
bet *n.* বেত cane
betar *n.* বেতার radio
betar *adj.* বেতার wireless
betarbarta *n.* বেতারবার্তা aerogram
bete o mota *adj.* বেঁটে ও মোটা stumpy
beton *n.* বেতন emolument

beton *n.* বেতন wages
beton chara otirikto paona *n.* বেতনছাড়া অতিরিক্ত পাওনা bonus
beton otirikto bhata *n.* বেতন অতিরিক্ত ভাতা perquisite
beton, mojuri *v.t.* বেতন, মজুরি wage
betonbhuk *adj.* বেতনভুক stipendiary
betonhin *adj.* বেতনহীন unpaid
bhabbilasi *adj.* ভাববিলাসী romantic
bhabgogombhir *adj.* ভাবগম্ভীর solemn
bhabuk *n.* ভাবুক reflective
bhagfol *n.* ভাগফল quotient
bhaginei *n.* ভাগিনেয়ী niece
bhagyo *n.* ভাগ্য fortune
bhagyo *n.* ভাগ্য luck
bhagyo nirdisto kora *v.t.* ভাগ্য নির্দিষ্ট করা doom
bhagyoban *adj.* ভাগ্যবান fortunate
bhan *n.* ভান pretence
bhan *v.t.* ভান pretend
bhan kora *v.t.* ভাম করা personate
bhan kora *n.* ভান করা sham
bhan kora *v.t.* ভান করা simulate
bhandai *n.* ভান্ডাঈ store-keeper
bhandar *n.* ভান্ডার stock
bhandar *n.* ভান্ডার storehouse
bhang *n.* ভাং hemp
bhanga hat thik korar soronjam ভাঙা হাত ঠিক করার সরঞ্জাম splint
bhanj kora *n.* ভাঁজ করা fold
bhanj kora chhuri *n.* ভাঁজ করা ছুরি penknife
bhar *n.* ভার load
bhara *n.* ভাড়া rent
bhara *v.t.* ভাড়া sublet
bharakora *v.t.* ভাড়া করা hire
bharakrito kokkho *n.* ভাড়াকৃত কক্ষ lodging
bharar golam *n.* ভাড়ার গোলাম hireling
bharar lomer mot *adj.* ভেড়ার লোমের মত fleecy
bharar taka *n.* ভাড়ার টাকা rental
bharate *n.* ভাড়াটে subtenant
bharate kormi *adj.* ভাড়াটে কর্মী mercenary
bhari *n.* ভারী heavy
bhari kon bostu ke tana *v.t.* ভারী কোন বস্তু কে টানা drag
bhari toloyar *n.* ভারী তলোয়ার sabre
bharitwa *n.* ভ্রাতৃত্ব fraternity
bharmukto hoya *v.t.* ভারমুক্ত হওয়া obviate
bharommoman haspatal *n.* ভ্রাম্যমান হাসপাতাল ambulance
bharotiyo *n.* ভারতীয় indian
bhasa bhasa *adj.* ভাসা ভাসা skindeep
bhasar rukhota *n.* ভাষার রুক্ষতা acrimony
bhasha *n.* ভাষা language
bhashabid *n.* ভাষাবিদ linguist
bhashagoto rochonashoili *n.* ভাষাগত রচনাশৈলী phraseology
bhashon *n.* ভাষণ oration
bhasiwe niye jawa *v.t.* ভাসিয়ে নিয়ে যাওয়া waft
bhaskor *n.* ভাস্কর sculptor
bhaskorjo *n.* ভাস্কর্য sculpture
bhasoman podartho soriye neoa ভাসমান পদার্থ সরিয়ে নেওয়া skim
bhasworota *n.* ভাস্বরতা incandescence
bhasworota *adj.* ভাস্বর incandescent
bhata *n.* ভাতা stipend
bhatrihotya *n.* ভ্রাতৃহত্যা fratricide
bhatrisulobh *adj.* ভ্রাতৃসুলভ fraternal
bhavtantrik *adj.* ভাবতান্ত্রিক visionary
bhejal *adj.* ভেজাল spurious
bhejal meshano *v.t.* ভেজ়াল মেশান adulterate
bhenge churmar *v.t.* ভেঙে চুরমার shatter
bhenge dewa *v.t.* ভেঙে দেওয়া disband
bhenge fela *v.t.* ভেঙ্গে ফেলা demolish
bhera *n.* ভেড়া sheep
bherua *n.* ভেরুয়া sheepish
bhese cloa *v.i.* ভেসে চলা drift
bhese thaka *v.i.* ভেসে থাকা hover
bhikashala *n.* ভিক্ষাশালা almonry

bhikha *n.* ভিক্ষা alms
bhikkhamushti *n.* ভিক্ষামুষ্টি pittance
bhikkhuk *n.* ভিক্ষুক mendicant
bhikkhuk *n.* ভিক্ষু monk
bhimrul *n.* ভীমরুল hornet
bhinno howa *v.t.* ভিন্ন হওয়া vary
bhinno mot poshon kora *v.t.* ভিন্নমত পোষণ করা disagree
bhinnomotabolombi *adj.* ভিন্নমতাবলম্বী heterodox
bhinnorup howa *v.i.* ভিন্নরুপ হওয়া differ
bhinnotor *adj.* ভিন্নতর different
bhiru *n.* ভীরু poltroon
bhiru *adj.* ভীরু pusillanimous
bhitemati *n.* ভিটেমাটি hearth
bhitikor *adj.* ভীতিকর alarming
bhito *n.* ভীত scare
bhitor *prep.* হীন্‌টু into
bhnar *n.* ভাঁড় jester
bhnar *n.* ভাঁড় pantaloon
bhnata *n.* ভাঁটা reflux
bhnati *n.* ভাঁটি kiln
bhnodor *n.* ভোঁদর otter
bhnota *adj.* ভোঁতা obtuse
bhobisot *n.* ভবিষ্যৎ future
bhobiswotbani *n.* ভবিষ্যদ্বাণী prediction
bhobiswotbani kora *v.t.* ভবিষ্যদ্বাণী করা predict
bhobisyot bokta *n.* ভবিষৎথ বক্তা soothsayer
bhobisyotbani *n.* ভবিষ্যৎবাণী prophesy
bhobisyotbani *adj.* ভবিষ্যৎবাণী prophetic
bhobisyotbani *v.t.* ভবিষৎবানী soothsay
bhobisyotkothon *n.* ভবিষ্যৎকথন prophecy
bhoga *v.t.* ভোগা suffer
bhognangser lob *n.* ভগ্নাংশের লব numerator
bhognansho *n.* ভগ্নাংশ fraction
bhohinisulobh *adj.* ভগিনীসুলভ sisterly
bhoi *n.* ভয় dread
bhojon *n.* ভোজন meal
bhojon kora *v.i.* ভোজন করা dine
bhojonshala *n.* ভোজনশালা refectory
bhoktimulok ভক্তিমুলক devotional
bhokto *n.* ভক্ত adoration
bhondami *n.* ভন্ডামি hypocrisy
bhondo *adj.* ভন্ড hypocrite
bhondo ভন্ড impostor
bhongo *n.* ভঙ্গ fracture
bhongurota *n.* ভঙ্গুরতা frailty
bhor *n.* ভর mass
bhorot pakhi *n.* ভরতপাখি skylark
bhorti *adj.* ভর্তি replete
bhortsona *v.t.* ভর্ৎসনা upbraid
bhortsona kora *n.* ভর্ৎসনা করা scolding
bhortuki *n.* ভর্তুকি subsidy
bhortuki *n.* ভর্তুকি subvention
bhot grohon *n.* ভোটগ্রহণ referendum
bhoy dekhano *v.t.* ভয় দেখানো intimidate
bhoyaboho *adj.* ভয়াবহ dire
bhoyanok *adj.* ভয়ানক horrible
bhoyanok bipod *n.* ভয়ানক বিপদ peril
bhoyarto chitkar *n.* ভয়ার্ত চিৎকার outcry
bhoye chitkar *v.t.* ভয়ে চিৎকার startle
bhoye knapa *v.i.* ভয়ে কাঁপা palpitate
bhoyoinkor *n.* ভয়ঙ্কর dreadful
bhoyonkor *adj.* ভয়ঙ্কর horrid
bhramyoman *v.t.* ভ্রাম্যমান mobile
bhranto dharona theke mukto kora *v.t.* ভ্রান্ত ধারনা থেকে মুক্ত করা disabuse
bhrantochitto *adj.* ভ্রান্তচিত্ত delirious
bhrito *n.* ভৃত্য valet
bhromon *n.* ভ্রমন journey
bhromon *n.* ভ্রমণ promenade
bhromon kora *v.t.* ভ্রমন করা rove
bhromonkari *n.* ভ্রমনকারী rover
bhromonshil *adj.* ভ্রমণশীল migratory
bhrun *n.* ভ্রুন foetus
bhugorboshto *n.* ভুগর্ভস্হ dungeon
bhuinphor *n.* ভুঁইফোড় upstart
bhul *v.t.* ভুল mistake
bhul bichar *v.t.* ভুল বিচার misjudge
bhul bojha *v.t.* ভুল বোঝা misapprehend

bhul bojha *n.* ভুল বোঝা misunderstanding
bhul byakhya *v.t.* ভুল ব্যাখ্যা misinterpret
bhul chhapano *n.* ভুল ছাপানো misprint
bhul jaygay rakha *v.t.* ভুল জায়গায় রাখা misplace
bhul pothe *v.t.* ভুল পথে mislead
bhumi sombondhiya *adj.* ভূমি সম্বন্ধীয় agrarian
bhumi sporshokorn *n.* ভুমি স্পর্শকরণ landing
bhumidas *n.* ভুমিদাস serf
bhumidasbritti *n.* ভুমিদাসবৃত্তি serfdom
bhumikompo *v.i.* ভুমিকম্প quake
bhumikompo mapar jontro *n.* ভুমিকম্প মাপার যন্ত্র seismograph
bhumukhi *adj.* বহুমুখী versatile
bhuru kochkano *v.t.* ভুরু কোঁচকানো frown
bhut *n.* ভুত spectre
bhut *n.* ভুত spook
bhutopurboborti *adj.* ভুত পুর্ববর্তী quondam
bhutta *n.* ভুট্টা maize
bhuture *adj.* ভুতুড়ে spectral
bibad *adj.* বিবাদ polemic
bibad *n.* বিবাদ strife
bibah procarit bigyopti *n.* বিবাহ প্রচারিত বিগপ্তি banns
bibahartho kotha dan kora *v.i.* বিবাহার্থ কথা দান করা betroth
bibahit nari *n.* বিবাহিত নারী dame
bibahitsob *n.* বিবাহোতসব bridal
bibaho *n.* বিবাহ matrimony
bibaho bondhon *n.* বিবাহ বন্ধন wedlock
bibaho somporkito *adj.* বিবাহসম্পর্কিত connubial
bibaho sonkranto *adj.* বিবাহ সংক্রান্ত marital
bibahobicched *v.t.* বিবাহবিচ্ছেদ divorce
bibechona kora *adj.* বিবেচনা করা consider
bibechona kora *v.t.* বিবেচনা করা ponder
bibechona korle *v.t.* বিবচনা করলে view
bibechona na kore *adj.* বিবেচনা না করে regardless
bibechona. *n.* বিবেচনা consideration
bibek jontrona *n.* বিবিক যন্ত্রনা compunction
bibek. *n.* বিবেক conscience
bibekban *n.* বিবেকবান conscientious
bibeker oswostibodh *n.* বিবেকের অস্বস্তিবোধ qualm
bibhag *n.* বিভাগ department
bibhajit aonsho prapok *n.* বিভাজিত অংশের প্রাপক allottee
bibhasha *n.* বিভাষা jargon
bibhinno *adj.* বিভিন্ন various
bibhinno prokritir bostur mishron *n.* বিভিন্ন প্রকৃতির বস্তুর মিশ্রণ farrago
bibhinno ronger elommelo chopjukto *n.* বিভিন্ন রঙের এলোমেলো ছোপযুক্ত variegated
bibhishika *n.* বিভীষিকা horror
bibhokti *v.t.* বিভক্তি suffix
bibhranti *n.* বিভ্রান্তি mess
bibhranto *v.t.* বিভ্রান্ত misguide
bibidh *adj.* বিবিধ miscellaneous
bibidh *adj.* বিবিধ sundry
bibiktobasi *n.* বিবিক্তবাসী recluse
bibordhok zontro *n.* বিবর্ধক যন্ত্র magnifier
biborno *n.* বিবর্ণ paleness
biborno kora *n.* বিবর্ণ করা stain
bibornota *n.* বিবর্ণতা pallor
biboron *n.* বিবরণ statement
biboron deoa *v.t.* বিবরণ দেওয়া recount
biboroni *n.* বিবরণী commentary
bibostro *v.t.* বিবস্ত্র strip
bibostro *v.t.* বিবস্ত্র unclothe
bibriti *n.* বিবৃতি proposition
bibroto kor proshno *n.* বিব্রতকর প্রশ্ন poser
bicar bibechona *v.t.* বিচার বিবেচনা deliberate
bicar purbok sthir kora *v.t.* বিচার পূর্বক স্থির করা adjudicate

bicched deke ana *v.t.* বিচ্ছেদ ডেকে আনা estrange
bichana *n.* বিছানা bed
bichana *n.* বিছানা cot
bichana *v.t.* বিছানো unroll
bichana dhakar chador *n.* বিছানা ঢাকার চাদর bed-spread
bichanapotro *n.* বিছানাপত্র bedding
bichanar chador *n.* বিছানার চাদর bed-quilt
bichar *n.* বিচার judgement
bichar kora *v.t.* বিচার করা discriminate
bicharadhin *n.* বিচারাধীন subjudice
bicharaloy *n.* বিচারালয় tribunal
bicharbuddhi somponno *adj.* বিচারবুদ্ধিসম্পন্ন sensible
bicharok *n.* বিচারক judge
bicharpurbok ray dewa *n.* বিচারপুর্বক রায় দেওয়া award
bicharshoktihin *adj.* বিচারশক্তিহীন irrational
bichchhed *v.t.* বিচ্ছেদ rupture
bichchhed *n.* বিচ্ছেদ separation
bichchhed *n.* বিচ্ছেদ severance
bichchhedyo *adj.* বিচ্ছেদ্য separable
bichchhinno *v.t.* বিছ্ছিন্ন seclude
bichchhino lorai *n.* বিছ্ছন্ন লড়াই skirmish
bichhinno kora *v.t.* বিচ্চন্ন করা disunite
bichhino *v.t.* বিচ্ছিন্ন detach
bichitro *adj.* বিচিত্র peculiar
bichokhon *adj.* বিচক্ষন astute
bichokhonotota *n.* বিচক্ষণতা discretion
bichokkhon *adj.* বিচক্ষণ ingenious
bichokkhon *adj.* বিচক্ষন judicious
bichokkhon *n.* বিচক্ষন prudent
bichokkhon *adj.* বিচক্ষণ sagacious
bichokkhon *adj.* বিচক্ষণ shrewd
bichokshon *adj.* বিচক্ষন ও শতর্ক canny
bicuti *n.* বিচ্যুতি defect
bicuti *n.* বিচ্যুতি deviation
bidai *n.* বিদায় farewell
bidai sombhason *n.* বিদায়সম্ভাষণ valediction
biday *n.* বিদায় send off
biday somvason *n.* বিদায় সম্ভাষন bye-bye
biddho kora *v.t.* বিদ্ধ করা transfix
biddhosto *n.* বিধবস্ত ravage
bidese probasi byakti *v.t.* বিদেশে প্রবাসী ব্যক্তি expatriate
bidesh *adj.* বিদেশ foreign
bideshi *adj.* বিদেশী alien
bideshi *n.* বিদেশী foreigner
bidesi *adj.* বি্দেশী barbaric
bidhi bohirvuto *n.* বিধিবহির্ভূত arbitrary
bidhisommoto kora *v.t.* বিধিসম্মত করা regularize
bidhisommoto kshomota *n.* বিধিসঙ্গত ক্ষমতা authority
bidhisongoto *adj.* বিধিসঙ্গত lawful
bidhoba prodoto swamir sompotti *n.* বিধবাবে প্রদত্ত স্বামীর সম্পত্তি dower
bidhongsi aloron *n.* বিধ্বংসী আলোড়ন convulsion
bidhormi বিধর্মী heathen
bidhowa *n.* বিধবা widow
bidhowa obostha *n.* বিধবা অবস্থা widowhood
bidhut uthpadoner jontro *n.* বিদুৎ উৎপাদনের যন্ত্র dynamo
bidirno kora *v.t.* বিদীর্ণ করা rend
bidroh *n.* বিদ্রোহ uprising
bidrohi *n.* বিদ্রোহী insurgent
bidrohi *n.* বিদ্রোহী mutineer
bidrohi *adj.* বিদ্রোহী mutinous
bidrohi *n.* বিদ্রোহী rebel
bidroho *n.* বিদ্রোহ insurrection
bidroho *n.* বিদ্রোহ mutiny
bidroho *n.* বিদ্রোহ rebellion
bidroho kora *v.t.* বিদ্রোহ করা revolt
bidrup kora *v.t.* বিদ্রুপ করা sneer
bidrupban *n.* বিদ্রূপবাণ taunt
bidruper bishoy kora *v.t.* বিদ্রূপের বিষয় করা satirize

bidutshoktir ekok *n.* বিদ্যুশক্তির একক watt
bidwan *adj.* বিদ্বান learned
bidwes *n.* বিদ্বেষ antipathy
bidwesh *n.* বিদ্বেষ odium
bidweshpurno *adj.* বিদ্বেষপুর্ণ malicious
bidweshpurno *adj.* বিদ্বেষপুর্ণ spiteful
bidwesjonok *adj.* বিদ্বেষজনক invidious
bidya *n.* বিদ্যা erudition
bidyaloy *n.* বিদ্যালয় school
bidyaloy sombondhiyo *adj.* বিদ্যালয় সম্বন্ধীয় academic
bidybidyitayito kora *v.t.* বিদ্যুতায়িত করা electrify
bidyo manota *n.* বিদ্যমানতা existence
bidyoman thaka *v.t.* বিদ্যমান থাকা subsist
bidyut *n.* বিদুৎ electricity
bidyut chomok *n.* বিদুৎ চমক lightning
bidyut mistri *n.* বিদুৎ মিস্ত্রি electrician
bidyut songkranto *n.* বিদুৎ সংক্রান্ত electrical
bidyut sprsti koron *n.* বিদ্যুৎ স্পৃষ্টিকরণ electrocution
bidyut utpadok jontro *n.* বিদ্যুত উতপাদক যন্ত্র battery
bidyutprobaho *n.* বিদ্যুৎপ্রবাহ spark
bifol *adj.* বিফল unavailing
bifol *adj.* বিফল vain
bifolota *n.* বিফলতা miss
biggopti *n.* বিজ্ঞপ্তি notice
bighno *n.* বিঘ্ন hindrance
bigoto jouban *n.* বিগত যৌবন crone
bigul *n.* বিগুল trumpet
bigulbadok *n.* বিগুলবাদক trumpeter
bigyan *n.* বিজ্ঞান science
bigyani *n.* বিজ্ঞানি scientist
bigyapito kora *v.* বিগ্যাপিত করা advertise
bigyopti *n.* বিগ্যাপ্তি advertisement
bihbol kora *adj.* বিহবল করা abashed
bihin *n.* বিহীন devoid
bihin *prep.* বিহীণ sans
bihit kora *v.t.* বিহিত করা prescribe
bij *n.* বীজ corn
bij *n.* বীজ seed
bij bopon *v.t.* বীজ বপন sow
bij sunyo kshudro rosalo fol *n.* বীজ শুণ্য ক্ষুদ্র রসাল ফল berry
bijanughotito *adj.* বীজানুঘটিত septic
bijdushon *n.* বীজদুষণ sepsis
bijeta *n.* বিজেতা victor
bijgonit *n.* বীজ গণিত algebra
bijgonitik *adj.* বীজগাণিতিক algebrical
bijor *adj.* বিজোড় odd
bijow *n.* বিজয় victory
bijowi *n.* বিজয়ী victorious
bijoy *n.* বিজয় conquest
bijoy drripto *adj.* বিজয়দৃপ্ত triumphant
bijoy smarok *n.* বিজয়স্মারক trophy
bijoyanonde utfullo *adj.* বিজয়ানন্দে উৎফুল্ল jubilant
bijoyi *n.* বিজয়ী champion
bijukto kora *v.t.* বিযুক্ত করা disconnect
bikaser prokriya' *n.* বিকাশের প্রক্রিয়া evolution
bikendribhut kora *v.t.* বিকেন্দ্রীভুত করা decentralize
bikhipto *v.t.* বিক্ষিপ্ত derange
bikhobh *n.* বিক্ষোভ agitation
bikhyato *adj.* বিখ্যাত famous
bikhyato *adj.* বিখ্যাত renowned
bikinornokora *v.t.* বিকীর্ণ করা diffuse
bikiron *v.t.* বিকিরণ radiate
bikiron *n.* বিকিরণ radiation
bikiron kora *v.i.* বিকিরণ করা scintillate
bikironer boigyanik bichar *n.* বিকিরণের বৈজ্ঞানিক বিচার radiology
bikkhipto *adj.* বিক্ষিপ্ত sporadic
bikkhito বিক্ষিপ্ত sparsmodic
bikolpo *adv.* বিকল্প instead
bikolpo *n.* বিকল্প option
bikolpo *n.* বিকল্প substitute
bikompon *n.* বিকম্পন shock
bikorshon *n.* বিকর্ষণ repulsion
bikramshila *adj.* বিক্রমশালী valorous

bikreta *n.* বিক্রেতা salesman
bikri *v.t.* বিক্রি sell
bikriti *n.* বিকৃতি deformity
bikriti *n.* বিকৃতি distortion
bikriti *n.* বকিৃতি perversion
bikrito *n.* বিকৃত deformation
bikrito *v.t.* বিকৃত করা disfigure
bikrito byakti *v.* বকিৃতি ব্যক্তি pervert
bikrito kamonasomponno *adj.* বিকৃত কামনাসম্পন্ন prurient
bikrito kora *v.t.* বিকৃত করা deface
bikritogothon prani *n.* বিকৃতগঠন প্রাণী monster
bikritomostisko *adj.* বিকৃতমস্তিক insane
bikriya *n.* বিক্রিয়া reaction
bikriya *adj.* বিক্রিয়া reactionary
bikrom *n.* বিক্রম prowess
bikroy *n.* বিক্রয় sale
bikroy kora বিক্রয় করা vend
bikroysadhy *adj.* বিক্রয়সাধ্য salable
bilap *n.* বিলাপ lamentation
bilap *v.t.* বিলাপ wail
bilap kora *v.t.* বিলাপ করা bemoan
bilasita *n.* বিলাসিতা luxury
bilaspurno *adj.* বিলাসপুর্ণ luxurious
biliyarrd khela *n.* বিলিয়ার্ড খেলা billiards
biliyo man *adj.* বিলীয়মান evanescent
bilombo *v.t.* বিলম্ব delay
bilombo *adv.* বিলম্ব late
bilombo kora *v.t.* বিলম্ব করা linger
bilombonadhikar *n.* বিলম্বনাধিকার moratorium
bilupto *adj.* বিলুপ্ত effete
bima *n.* বিমা insurance
bima kora *v.t.* বিমা করা insure
biman *n.* বিমানপোত aeroplane
biman *n.* বিমান aircraft
biman *n.* বিমান airplane
biman chalona bidya *n.* বিমানচালনা বিদ্যা aviation
biman clacler poth *n.* বিমান চলাচলের পথ airline
bimanbahit dak *n.* বিমানবাহিত ডাক airmail
bimanchalok *n.* বিমানচালক aeronaut
bimanchalok *n.* বিমানচালক aviator
bimanchalok *n.* বিমানচালক pilot
bimanshala *n.* বিমানশালা aerodrome
bimisho prokriya *v.* বিমিশ্র প্রক্রিয়া alligate
bimogno kora *v.t.* বিমগ্ন করা enthral
bimohon *n.* বিমোহন ravishment
bimurtibhabe *n.* বিমূর্তভাবে amplifier
bina bichare atok *n.* বিনা বিচারে আটক detention
binamulye *n.* বিনামুল্যে complimentary
binamulye *adv.* বিনামুল্য gratis
binashok *n.* বিনাশক destroyer
bindu *n.* বিন্দু point
bindubisorgo *n.* বিন্দুবিসর্গ vestige
bindumatro na *n.* বিন্দুমাত্র না whit
bingsotitomo *adj.* বিংশতিতম twentieth
binidra *adj.* বিনিদ্র wakeful
binidra *adj.* বিনিদ্র watchful
binimoy *v.t.* বিনিময় exchange
binimoy *v.t.* বিনিময় interchange
binimoy kora *v.* বিনিময় করা commute
biniyog বিনিয়োগ invest
biniyog *n.* বিনিয়োগ investment
binodon *n.* বিনোদন relaxation
binoy *n.* বিনয় humility
binoyabhimani *n.* বিনয়ভিমানী prude
binoybidhi *n.* বিনয়বিধি protocol
binoybigolito *adj.* বিনয়বিগলিত subservient
binoyee *adj.* বিনয়ী unassuming
binoyi *adj.* বিনিয়ী humble
binoyi *adj.* বিনয়ী mannerly
binoyi *adj.* বিনয়ী suave
binuni kora *n.* বিনুনি করা braid
binuni kora *n.* বিনুনি করা plait
binyas *n.* বিন্যাস arrangement
binyas *n.* বিন্যাস disposition
binyas *adj.* বিন্যাস ordinal
binyas *n.* বিন্যাস scheme

binyas poriborton *n.* বিন্যাস পরিবর্তন permutation
bipd sonket বিপদ সংকেত alarm
biplob *n.* বিপ্লব revolution
biplobbadi *n.* বিপ্লববাদি revolutionist
biplobe udbuddho kora বিপ্লবে উদ্বুদ্ধ করা revolutionize
biplobi *adj.* বিপ্লবী revolutionary
bipod *n.* বিপদ danger
bipod *n.* বিপদ jeopardy
bipod ba asubhidar mukhe dhoirjo *n.* বিপদ বা অসুবিধার মুখে ধৈর্য fortitude
bipod jonok *adj.* বিপদ্‌জনক dangerous
bipod songket *n.* বিপদ সংকেত tocsin
bipod sonket *n.* বিপদ সংকেত alarm
bipoder ingit dewa *adj.* বিপদের ইঙ্গিত দেওয়া threatening
bipodgrost *v.t.* বিপদগ্রস্ত jeopardize
bipojjonk *adj.* বিপজ্জনক perilous
bipojjonok *adj.* বিপজ্জনক breakneck
bipokhe *prep.* বিপক্ষে against
bipokho *n.* বিপক্ষ adversary
biponikendro *n.* বিপণিকেন্দ্র mall
biponno *v.t.* বিপন্ন imperil
biponon kendro *n.* বিপণন কেন্দ্র emporium
bipononjogyo *adj.* বিপণযোগ্য marketable
bipopthe *adv.* বিপথে astray
biporit *v.t.* বিপরিত contrary
biporit *adj.* বিপরিত opposite
biporit *v.t.* বিপরীত reverse
biporitarthok sobdo *n.* বিপরীতার্থক শব্দ antonym
biporjoy *n.* বিপর্যয় catastrophe
bipoth gami *n.* বিপথ গমন aberrance
bipoth gami *n.* বিপথ গামী aberrant
bipothgami *adj.* বিপথগামী perverse
bipothgami kora *v.t.* বিপথগামী করা misdirect
bipotnik *n.* বিপত্নীক widower
bipotti *n.* বিপত্তি mishap
biprotip hoya *v.t.* বিপ্রতীপ হওয়া subtend

bipul *n.* বিপুল myriad
bipul *adj.* বিপুল numerous
bipul *adj.* বিপুল substantial
bipul *adj.* বিপুল tremendous
bipul sonkhya *n.* বিপুল সংখ্যা multitude
bipurayoton *adj.* বিপুলায়তন voluminous
birabroti *adj.* বীরব্রতী chivalrous
birag *n.* বিরাগ disfavour
birag *n.* বিরাগ disgust
birag *n.* বিরাগ indisposition
birajman *v.t.* বিরাজমান prevail
birajman *adj.* বিরাজমান prevailing
biral *n.* বিড়াল cat
biralchhana *n.* বিড়ালছানা kitten
biralsonkranto *adj.* বিড়ালসংক্রান্ত feline
biramchinher byabohar *n.* বিরামচিহ্নের ব্যবহার punctuation
biramchinho *v.t.* বিরামচিহ্ন punctuate
biramhin bedno *v.t.* বিরামহীন বেদনা ache
birat *adj.* বিরাট large
birat safolyo *n.* বিরাট সাফল্য runaway
birat safolyo *n.* বিরাট সাফল্য runway
birbir kora *v.t.* বিড়বিড় করা mutter
birbir kora *n.* বিড়বিড় করা muttering
birbiriye khov ba osontosh prokas kora *v.i.* বিড়বিড়িয়ে ক্ষোভ বা অসন্তোষ প্রকাশ করা grumble
birer onuchor *n.* বীরেরে অনুচর squire
birjo *n.* বীর্য semen
birjo *n.* বীর্য sperm
birjoddha *n.* বীরযোদ্ধা knight
birjosongkranto *adj.* বীর্যসংক্রান্ত seminal
birjyo pat kora *v.t.* বীর্যপাত করা ejaculate
birjyopat *n.* বীর্যপাত ejaculation
birkto kora *v.t.* বিরক্ত করা annoy
birobroto *n.* বীরব্রত chivalry
birodh kora *v.t.* বিরোধ করা oppose
birodhe olongkar *n.* বিরোধ অলংকার antithesis
birodhi pokkho *n.* বিরোধি পক্ষ opposition

birodhi probhriti *n.* বিরোধী প্রভৃতি stickiness
birodhita *n.* বিরোধিতা antagonism
birodhita *adj.* বিরোধী antagonistic
birodhita *n.* বিরোধিতা contradiction
birodhita kora *v.t.* বিরোধিতা করা antagonise
birodhita kora *v.t.* বিরোধিতা করা flout
birodhita kora *v.t.* বিরোধিতা করা impugn
birodhita kora *v.t.* বিরোধিতা করা resist
birokti *n.* বিরক্তি botheration
birokti ba utokto kore *n.* বিরক্তি যা উত্ত্যক্ত করে vexation
birokti bodh *n.* বিরক্তিবোধ chagrin
birokti kora *v.t.* বিরক্তি করা displease
biroktikor বিরক্তিকর irksome
biroktikor *adj.* বিরক্তিকর loathsome
biroktikor *adj.* বিরক্তিকর peevish
biroktikor *adj.* বিরক্তিকর prolix
biroktikor *adj.* বিরক্তিকর repellent
biroktikor *adj.* বিরক্তিকর repulsive
biroktikor *adj.* বিরক্তিকর tedious
birokto *n.* বিরক্তি annoyance
birokto *v.t.* বিরক্ত irk
birokto *v.t.* বিরক্ত irritate
birokto *v.t.* বিরক্ত vex
birokto *adj.* বিরক্ত vexed
birokto kora *v.t.* বিরক্ত করা bore
birokto kora *v.t.* বিরক্ত করা bother
birokto kora *v.t.* বিরক্তিকরা pester
birokto kora *v.t.* বিরক্ত করা tease
birol *adj.* বিরল sparse
birolota *n.* বিরলতা rarity
birot thaa *v.* বিরত থাকা abstain
birot thaka *n.* বিরত থাকা forbear
biroti *n.* বিরতি interval
biroto houwa *v.t.* বিরত হওয়া cease
biroto thaka *v.i.* বিরত থাকা refrain
birotto *n.* বীরত্ব gallantry
biruddhe kaj kora *v.t.* বিরুদ্ধে কাজ করা militate

biruddho kaj *v.t.* বিরুদ্ধ কাজ contravene
biruddhovabaponno *adj.* বিরুদ্ধভাবাপন্ন averse
birupvab *n.* বিরূপভাব aversion
bis *n.* বিষ bane
bisakto gas *n.* বিষাক্ত গাছ aconite
bisal ognikando *n.* বিশাল অগ্নিকান্ড conflagration
bisalakar *adj.* বিশালকার gigantic
bisalota *n.* বিশালতা grandeur
bisdrhisho *adj.* বিসদৃশ disagreeble
bisees *adj.* বিশেষ especial
bises barta boho *n.* বিশেষ বার্তবহ envoy
bises char *n.* বিশেষ ছাড় concession
bises vabe upodes deuwa *v.t.* বিশেষভাবে উপদেশ দেওয়া exhort
biseshanik *adj.* বিশেষনিক adjectival
bisesogyo *adj.* বিশেষজ্ঞ expert
bisforito korano *v.t.* বিস্ফোরিত করানো explode
bisforok podartho *adj.* বিস্ফোরক পদার্থ explosive
bisforon *n.* বিস্ফোরন blast
bisforon *n.* বিস্ফোরণ explosion
bish *n.* বিষ poison
bishad *n.* বিষাদ melancholy
bishad *n.* বিষাদ sadness
bishakt *v.t.* বিষাক্ত ক্ষত sear
bishakto *adj.* বিষাক্ত poisonous
bishal *adj.* বিশাল huge
bishal *adj.* বিশাল immense
bishal *n.* বিশাল mammoth
bishal *adj.* বিশাল massive
bishal *adj.* বিশাল prodigious
bishal *adj.* বিশাল vast
bishal sonkhyak *n.* বিশাল সংখ্যক legion
bishesh *n.* বিশেষ proviso
bishesh bhabe বিশেষ ভাবে specially
bishesh soinik borgo *n.* বিশেষ সৈনিকবর্গ soldiery
bishesh somoye pranikul *n.* বিশেষ সময়ের প্রাণীকুল fauna

bisheshoggo *n.* বিশেষজ্ঞ specialist
bisheshoggo hoya *v.t.* বিশেষজ্ঞ হওয়া specialize
bisheshon *n.* বিশেষন adjective
bisheshoto gayer chamora *n.* বিশেষত গায়ের চামড়া speckle
bisheshyo *n.* বিশেষ্য noun
bishibpo rekha *n.* বিষুবরেখা equator
bishishto *adj.* বিশিষ্ট outstanding
bishishto *adj.* বিশিষ্ট special
bishishtota *n.* বিশিষ্টতা peculiarity
bishmito kora *v.t.* বিস্মিত করা astonish
bishmoye ovivuto kora *v.t.* বিস্ময়ে অভিভূত করা astound
bisho proyog kora *v.t.* বিষপ্রয়োগ করা envenom
bishobidya *n.* বিষবিদ্যা toxicology
bishod *n.* বিশদ minim
bishod *adj.* বিশদ threadbare
bishodhito kora *n.* বিশোধিত করা purge
bishoi *n.* বিষয় affair
bishom *adj.* বিষম flagrant
bishom durdoibo *n.* বিষম দুদৈর্ব calamity
bishombhuj *adj.* বিষমভুজ scalene
bishonn *adj.* বিষণ্ন sad
bishonno *adj.* বিষণ্ন glum
bishonno *v.i.* বিষণ্ন mope
bishonno *adj.* বিষণ্ন sombre
bishonno *adj.* বিষণ্ন wistful
bishonno kora *v.t.* বিষণ্ন করা sadden
bishonnobhabe *adv.* বিষণ্নভাবে sadly
bishop ba padri kotrik dorshon *n.* বিশপ বা পাদ্রি কতৃক দর্শন visitation
bishoy *n.* বিষয় item
bishoy vittik *adj.* বিষয়ভিত্তিক topical
bishoybostu *n.* বিষয়বস্তু theme
bishoyikendrik *adj.* বিষয়ীকেন্দ্রিক subjective
bishram *n.* বিশ্রাম rest
bishram dibos *n.* বিশ্রামদিবস sabbath
bishramsthol *n.* বিশ্রামস্থল haven
bishrinkhal *adj.* বিশৃঙ্খল haphazard
bishrinkhol *n.* বিশৃঙ্খল rout
bishrinkhol bhabe hata *v.i.* বিশৃঙ্কলভাবে হাঁটা stagger
bishrinkhol kora *v.t.* বিশরঙ্খল করা muddle
bishrinkhola *adj.* বিশৃঙ্খল unruly
bishubrekha *n.* বিষুবরেখা latitude
bishuddho *adj.* বিশুদ্ধ pure
bishudho' *adj.* বিশুদ্ধ unalloyed
bishwashghatok *adj.* বিশ্বাসঘাতক perfidious
bishwo *n.* বিশ্ব universe
bisisto *adj.* বিশিষ্ট distinguished
biskut *n.* বিস্কুট biscuit
bisleshok *v.t.* বিশ্লেষক analysis
bisleshon *v.t.* বিশ্লেষন analyse
bisleshon kora *adj.* বিশ্লেষন করা analogous
bismmoy *n.* বিষ্ময় exclamation
bismoi *n.* বিস্ময় wonder
bismoron বিস্মরণ obilvion
bismoy *int.* বিস্ময় eh
bismoy *n.* বিস্ময় marvel
bismoy *adj.* বিস্ময় sublime
bismoy bihbolvhabe *n.* বিষ্ময় বিহবলভাবে amazement
bismoy kore emon *adj.* বিষ্ময় করে এমন amazing
bismoykor *adj.* বিস্ময়কর marvellous
bismoykor *adj.* বিস্ময়কর phenomenal
bismoykor *n.* বিস্ময়কর phenomenon
bismoykor *adj.* বিষ্ময়কর strange
bismoykor *adj.* বিস্ময়কর surprising
bismoyvhivhut kora *v.t.* বিস্ময়াভিভূত করা amaze
bismriti probon *adj.* বিস্মৃতিপ্রবণ elusive
bismrito বিস্মৃত oblivious
bisodhor sab *n.* বিষধর সাপ adder
bisodrriso *adj.* বিসদৃশ discordant
bisonnota *n.* বিষণ্নতা dejection
bisri *adj.* বিশ্রী awkward
bisrinkhola *n.* বিশৃঙ্খলা confusion
bisrinkhola *n.* বিশৃঙ্খলা uproar

bisrinkhola jonota *n.* বিশৃঙ্খল জনতা crowd
bissrinkhola *n.* বিশৃঙ্খলা disorder
bissrinkhola kora *v.t.* বিশৃঙ্খলা করা desorganize
bissrinkhola obostha *adj.* বিশৃঙ্খলা অবস্থা disorderly
bistarito *adj.* বিস্তারিত elaborate
bistra *adj.* বিস্তার expansion
bistrito *adj.* বিস্তৃত extensive
bistrito boktrita *n.* বিস্তৃত বক্তৃতা disquisition
bistrito drishyopot *n.* বিস্তৃত দৃশ্যপট panorama
bistrito elaka বিস্তৃত এলাকা expanse
bisuddhito *adj.* বিশুদ্ধিত refined
bisuddho kora *v.t.* বিশুদ্ধ করা refine
biswabidyaloi *n.* বিশ্ববিদ্যালয় university
biswad *adj.* বিস্বাদ repugnant
biswas *n.* বিশ্বাস belief
biswas *n.* বিশ্বাস credence
biswas *n.* বিশ্বাস faith
biswas *n.* বিশ্বাস trust
biswas ghati *adj.* বিশ্বাসঘাতী traitorous
biswas ghatok *n.* বিশ্বাসঘাতকতা treachery
biswas jogyo *n.* বিশ্বাস যোগ্য believer
biswas jogyota *n.* বিশ্বাসযোগ্যতা credibility
biswas kora *v.t.* বিশ্বাস করা believe
biswas sthapon kora *v.t.* বিশ্বাস স্থাপন করা entrust
biswasghatok *n.* বিশ্বাসঘাতক traitor
biswasghatokota purbok gopone hotya *v.t.* বিশ্বাসঘাতকতা পূর্বক গোপনে হত্যা assassinate
biswash *v.t.* বিশ্বাস repose
biswashghatok *n.* বিশ্বাসঘাতক perfidy
biswashin *adj.* বিশ্বাসহীন trustless
biswasjogyo *adj.* বিশ্বাসযোগ্য credible
biswasprobon. *adj.* বিশ্বাসপ্রবণ credulous
biswasprobonota বিশ্বাসপ্রবণতা credulity
biswastho *adj.* বিশ্বস্ত faithful
biswo kosh *n.* বিশ্বকোষ encyclopedia
biswosto *adj.* বিশ্বস্ত trustworthy
biswosto bondhu *n.* বিশ্বস্ত বন্ধু comrade
biswosto byakti *n.* বিশ্বস্ত ব্যক্তি confidant
bisyobidyaloy sikkhok *n.* বিশ্ববিদালয় শিক্ষক professor
bitarit kora *v.t.* বিতাড়িত করা oust
bitorko *n.* বিতর্ক controversy
bitorko *n.* বিতর্ক debate
bitorko *n.* বিতর্ক deliberation
bitorko *n.* বির্তক disputant
bitorko *n.* বির্তক disputation
bitorko *v.t.* বির্তক dispute
bitorko mulok *adj.* বিতর্কমূলক argumentive
bitoron *n.* বিতরন delivery
bitoron kora *v.* বিতরণ করা distribute
bitoron kora *n.* বিতরণ distribution
bitrishnabodh *n.* বিতৃষ্ণাবোধ nausea
bitrishnajonok *v.t.* বিতৃষ্ণাজনক nauseate
bitrishnajonok *adj.* বিতৃষ্ণাজনক nauseous
bitto *n.* বিত্ত finance
bittoban *adj.* বিত্তবান opulent
biupode fela বিপদে ফেলা endanger
bivag *n.* বিভাগ category
bivajok *n.* বিভাজক denominator
bivajyo *adj.* বিভাজ্য divisible
bivharnto kora *v.t.* বিভ্রান্ত করা delude
bivhrat *v.t.* বিভ্রাট deflect
bivisika moy *adj.* বিভীষিকাময় gruesome
bivokto *v.t.* বিভক্ত disintegrate
bivotso *adj.* বীভতস awful
bivotso *adj.* বীভৎস grisly
bivranti kar prosno *n.* বিভ্রান্তিকার প্রশ্ন enigma
bivranto kora *v.t.* বিভ্রান্ত করা confound
bivranto kora *v.t.* বিভ্রান্ত করা confuse
bivranto kora *v.t.* বিভ্রান্ত করা discomfit
biye kora *v.t.* বিয়ে করা marry
biye kora *v.i.* বিয়ে করা wed

biye sonkranto *adj.* বিয়ে সংক্রান্ত nuptial
biyer kone *n.* বিয়ের কনে bride
biyer onusthan *n.* বিয়ের অনুষ্ঠান wedding
biyog *v.t.* বিয়োগ deduct
biyog *n.* বিয়োগ subtraction
biyoganto natok *n.* বিয়োগান্ত নাটক tragedy
biyogchinho *n.* বিয়োগচিহ্ন minus
biyojon *n.* বিয়োজন deduction
biyojon *n.* বিয়োজন detachment
bje boka *v.i.* বাজে বকা twaddle
bl *n.* বল football
bnachano বাঁচানো save
bnachano *n.* বাঁচানো saving
bnaka *v.t.* বাঁকা incline
bnaka *n.pl.* বাঁকা italics
bnam *prep.* বনাম versus
bneji *n.* বেঁজি mongoose
bnoichi jatiya fol *n.* বৈঁচিজাতীয় ফল haw
boba *adj.* বোবা dumb
bochka *n.* বোঁচকা bundle
bochor *n.* বছর year
bodanyo *adj.* বদান্য liberal
bodanyota *n.* বদান্যতা benevolence
bodh *n.* বোধ cognition
bodhjogyo *adj.* বোধযোগ্য persuasive
bodhogomyo *adj.* বোধগম্য intelligible
bodle deoa *v.t.* বদলে দেওয়া modify
bodmaishi *n.* বদমাইশি knavery
bodmas *n.* বদমাস rascal
bodmash *n.* বদমাশ knave
bodmejaji *adj.* বদমেজাজি pettish
bodmejaji *n.* বদমেজাজী shrew
bodmejaji *adj.* বদমেজাজি snappish
bodnam *n.* বদনাম scandal
bodoli *v.t.* বদলি transfer
bodomejaji *adj.* বদমেজাজী tempered
bohir ukh *adj.* বহির্মুখ external
bohiragoto *n.* বহিরাগত immigrant
bohiragoto *n.* বহিরাগত outsider
bohirbrityo *v.t.* বহির্বর্তিত protrude
bohirongon *adj.* বহিরঙ্গন outdoor
bohiskar *v.t.* বহিস্কার expel
bohiskar *n.* বহিস্কার expulsion
bohiskar *v.t.* বহিষ্কার rusticate
bohon kora *v.t.* বহন করা convey
bohon koriya *v.i.* বহনকরিয়া bear
bohoner masul *n.* বহনের মাসুল carriage
bohu *n.* বহু book
bohu onchol theke agoto *n.* বহু অঞ্চল থেকে আগত cosmopolitan
bohubhritto *n.* বহূভর্তৃত্ব polyandry
bohubhuj *n.* বহুভুজ polygon
bohubibaho *n.* বহুবিবাহ polygamy
bohubochon *adj.* বহুবচন plural
bohul procholito *adj.* বহুল প্রচলিত rife
bohuloker ekotre bohir gomon *n.* বহুলোকের একত্রে বহির্গমন exodus
bohumukhi *n.* বহুমুখী manifold
bohurup *adj.* বহুরুপ multiform
bohurupi *n.* বহুরুপী chameleon
bohushakhabishishto *n.* বহুশাখাবিশিষ্ট multiple
bohutsob *n.* বহূতসব bonfire
bohutto *n.* বহুত্ব plurality
boibhahik sombondho *n.* বৈবাহিক সম্বন্ধ affinity
boibhobshali byakti *n.* বৈভবশালী ব্যক্তি magnate
boichi foler jhop *n.* বৈঁচি ফলের ঝোপ bramble
boidho kora *v.t.* বৈধ করা legalize
boidhya *n.* বৈধ validity
boidutik shoktir ekok *n.* বৈদ্যুতিক শক্তির একক volt
boidyutik ongso *n.* বৈদ্যুতিক বালব bulb
boigyanik *adj.* বৈজ্ঞানিক scientific
boishishtyo *n.* বৈশিষ্ট্য speciality
boishishtyosuchok mukhaboyob *n.* বৈশিষ্ট্যসুচক মুখাবয়ব lineament
boishistomoy *adj.* বৈশিষ্ট্যময় characteristic
boishistyo *v.t.* বৈশিষ্ট্য characterize
boishomyo *n.* বৈষম্য disparity

boisishtyo suchok *adj.* বৈশিষ্ট্যসূচক typical
boisistyo suchok somoy *n.* বৈশিষ্ট্যসুচক সময় epoch
boislesik *n.* বৈশ্লেষিক analyst
boisomyo *n.* বৈষম্য inequality
bojay rakha *v.t.* বজায় রাখা maintain
bojh *n.* বোঝা understood
bojha *n.* বোঝা burden
bojha *v.t.* বোঝা comprehend
bojha laghob kora *v.t.* বোঝা লাঘব করা lighten
bojhano *v.* বোঝানো persuade
bojhapora *n.* বোঝাপড়া understanding
bojra *n.* বজরা millet
bojro *v.i.* বজ্র thunder
bojro bidyut soho brishti *n.* বজ্র বিদ্যুৎ সহ বৃষ্টি thunde¤storm
bojro pat *n.* বজ্রপাত thunderbolt
boka *adj.* বোকা fatuous
boka *n.* বোকা idiot
boka *adj.* বোকা unwise
boka banano *v.t.* বোকা বানানো stultify
boka banano *adj.* বোকা stupid
bokabanano *v.t.* বোকাবানানো befool
bokalok *n.* বোকা লোক sap
bokami *n.* বোকামি folly
bokami *n.* বোকা fool
bokami *n.* বোকামি stupidity
bokamipurno *adj.* বোকামিপুর্ণ foolish
bokar moto hasa *v.i.* বোকার মত হাসা simper
bokaram *n.* বোকারাম ninny
bokate *n.* বোকাটে silliness
bokate *adj.* বোকাটে silly
bokboikani *n.* বকবকানি gab
bokbok *v.t.* বকবক tattle
bokeya *n.pl.* বকেয়া arrears
bokeya *prop.* বকেয়া owing
bokhyosthol *n.* বক্ষস্থল bosom
boklos *n.* বকলস buckle
bokna bachur *n.* বকনা বাছুর heifer
bokraghat *n.* বক্রাঘাত irony
bokrakar alor beshtoni *n.* বক্রাকার আলোর বেষ্টনী corona
bokrikoron *n.* বক্রীকরন bend
bokrikoron *n.* বক্রীকরণ inflection
bokrito kora *v.t.* বিকৃত করা distort
bokrota *n.* বক্রতা curvature
bokrota *v.t.* বক্রতা curve
bokrovabe *adv.* বক্রভাবে askance
bokshodes *n.* বক্ষোদেশ thorax
bokshyo sthol *n.* বক্ষস্থল breast
bokta *n.* বক্তা orator
bokta *n.* বক্তা speaker
bokta *n.* বক্তা talker
boktrita *n.* বক্তৃতা discourse
boktrita *n.* বত্তৃতা lecture
boktrita moncho *n.* বত্তৃতা-মঞ্চ rcstrum
boktritar sheshangsho *n.* বত্তৃতার শেষাংশ peroration
bokuni deuwa *v.t.* বকুনি দেওয়া chide
bola *p.i.* বলা said
bola *v.t.* বলা say
bola *v.t.* বলা utter
bolboti iccha *n.* বলবতী ইচ্ছা yearning
boli *n.* বলি victim
bolideoa *v.t.* বলি দেওয়া immolate
bolir pantha *n.* বলির পাঁঠা scapegoat
bolishtho *adj.* বলিষ্ঠ sinewy
bolishtho *adj.* বলিষ্ঠ stalwart
bolishto বলিষ্ঠ sturdy
bolisombondhi *adj.* বলিসম্বন্ধী sacrificial
bolistho *adj.* বলিষ্ঠ strong
boll *n.* বল force
bollo *n.* বললো quoth
bolo purbok *v.t.* বলপুর্বক extrude
boloban *adj.* বলবান lusty
bolobidya *n.pl.* বলবিদ্যা mechanics
bolobordhok *adj.* বলবর্ধক tonic
boloproyog *v.t.* বলপ্রয়োগ extort
bolopurbok tene ber korar kaj *n.* বলপুর্বক টেনে বের করার কাজ extraction
bolosalita *n.* বলশালিতা thew

bolpurbok kon bayekti ke aporohon kora *v.t.* বলপূর্বক কোন ব্যক্তিকে অপহরন করা abduct
bolta, vhimrul *n.* বোলতা, ভিমরুল wasp
boma *n.* বোমা bomb
bomanbahinir ofisar *n.* বিমানবহিনীর অফিসার commodore
bomar sahajye akromon kora *v.t.* বোমার সাহায্যে আক্রমন করা bombard
bomi *v.i.* বমি vomit
bomi bomi bhab *v.t.* বমি বমি ভাব retch
bomi kora *v.t.* বমি করা puke
bomi kora *v.t.* বমি করা spew
bomi udrekkari oushdh *adj.* বমি উদ্রেককারী ঔষধ emetic
bomonodrekkor *adj.* বমনোদ্রেককর queasy
bomorsho *v.t.* বিমর্ষ deject
bon *n.* বন forest
bon *n.* বন jungle
bona *v.t.* বোনা knit
bona *v.t.* বোনা weave
bonbhojon *n.* বনভোজন picnic
bonchiot kora *v.* বঞ্চিত করা deprive
bonchito *v.t.* বঞ্চিত bereave
bonchito *v.t.* বঞ্চিত cozen
bondho *adj.* বন্ধ pent
bondho *v.t.* বন্ধ shut
bondho *n.* বোন sister
bondho houwa *v.t.* বন্ধ হওয়া discontinue
bondhok *n.* বন্ধক mortgage
bondhok grohita *n.* বন্ধকগ্রহীতা mortgagee
bondhoni *n.* বন্ধনী clamp
bondhonmukto kora *v.t.* বন্ধনমুক্ত করা unloose
bondhu *n.* বন্ধু friend
bondhu *n.* বন্ধু mate
bondhu *n.* বন্ধু playmate
bondhurota *n.* বন্ধুরতা asperity
bondhusulobh *adj.* বন্ধুসুলভ sociable
bondhuto *n.* বন্ধুত্ব freindship
bondhutopurno *adj.* বন্ধুত্বপূর্ণ amicable
bondhutopurno *n.* বন্ধুত্ব amity
bondhutter monovab *n.* বন্ধুত্বের মনোভাব goodwill
bondhutto *n.* বন্ধুত্ব comradership
bondhuttopurno achoron kora *v.t.* বন্ধুত্বপূর্ণ আচরন করা befriend
bondhutwopurno *adj.* বন্ধুত্বপুর্ণ friendly
bondhya *adj.* বন্ধ্যা sterile
bondi *n.* বন্দী captive
bondi *n.* বন্দী prisoner
bondi kora *v.t.* বন্দী করা encage
bondir paye prano shirnkhol *n.* বন্দীর পায়ে পরানো শৃঙ্খল fetters
bonditwo *n.* বন্দিত্ব captivity
bondor *n.* বন্দর port
bonduk *n.* বন্দুক gun
bonduker guli *n.* বন্দুকের গুলি bullet
bonduker songin *n.* বন্দুকের সঙ্গীন bayonet
bongshanukromik *adj.* বংশানুক্রমিক hereditary
bongshiyo *adj.* বংশীয় lineal
bongsho *n.* বংশ lineage
bongshodhor *n.* বংশধর scion
bongsodhor *adj.* বংশধর bred
bongsoporompora *n.* বংশপরম্পরা tradition
bongsotalika *n.* বংশতালিকা pedigree
bonhiman abostha *adv.* বনহিমান অবস্থায় aflame
bonik *n.* বণিক merchantman
bonik *n.* বণিক merchant
bonik sonkranto *adj.* বণিকসংক্রান্ত mercantile
bonno *adj.* বন্য feral
bonno *adj.* বন্য wild
bonobrikhyo bises *n.* বনবৃক্ষ বিশেষ beech
bonohin *n.* বর্ণহীন xenon
bonorokkhi *n.* বনরক্ষী ranger
bonotol *n.* বনতল underwood
bonshanukromik *adj.* বংশানুক্রমিক ancestra
bonsho *n.* বংশ dynasty

bonshodhor *n.* বংশধর descendant
bonton *n.* বন্টন allocation
bonton kora *v.t.* বন্টন করা deal
bonton kora *v.t.* বন্টন করা dispense
bony *adj.* অসভ্য savage
bor roskos nei emon *n.* বড় রসকস নেই এমন baldness
boraho mangso *n.* বরাহ মাংস boar
borai *adj.* বড়াই rodomontade
borai kora *v.t.* বড়াই করা brag
borbor *adj.* বর্বর brutal
borbor *adj.* বর্বর uncivilized
borbor *n.* বর্বর vandal
borborota *n.* বর্বরতা barbarism
borgi gari *n.* বর্গিগাড়ী buggy
bori *n.* বড়ি tablet
boribhabe *n.* বৈইভাবে hostility
borishtho *adj.* বরিষ্ঠ senior
borjito ongsodwara prstut drobyo *n.* বর্জিত অংশদ্বারা প্রস্তুত দ্রব্য by-product
borjon *n.* বর্জন abandonment
borjon kora *v.t.* বর্জন করা eliminate
bormo *n.* বর্ম armour
bornaddhyo shobhajatra *n.* বর্ণাঢ্য শোভাযাত্রা pageant
bornakromik bibroni *n.* বর্ণানুক্রমিক বিবরনী annals
bornali *n.* বর্ণালি spectrum
bornato *adj.* বর্ণাঢ্য fancy
bornava *n.* বর্ণাভা tint
borno *n.* বর্ণ maroon
borno harano *v.i.* বর্ণ হারানো fade
borno hariye fela *adj.* বর্ণ হারিয়ে ফেলা faded
bornohin *adj.* বর্ণহীন bleak
bornohin gyas *n.* বর্ণহীন গ্যাস acetylene
bornomala *n.* বর্ণমালা alphabet
bornomala sonkranto *adj.* বর্ণমালা সংক্রান্ত alphabetical
bornon *n.* বর্ণন narration
bornona বর্ণনা version
bornona *v.t.* বর্ননা depict
bornona *v.t.* বর্ণনা describe
bornona *adj.* বর্ণনা description
bornona *v.t.* বর্ণনা narrate
bornona deoa *v.t.* বর্ণনা দেওয়া relate
bornona prosongo *n.* বর্ণনা প্রসঙ্গ context
bornona sadhyo *adj.* বর্ণনাসাধ্য explicable
bornonatmok *adj.* বর্ণনাত্মক descriptive
boro akare porikolpiti *adj.* বড়ো আকারে পরিকল্পিত grandiose
boro akare porikolpiti *adj.* বড়ো great
boro akare porikolpiti *n.* বর groom
boro behala *n.* বড়ো বেহালা viola
boro howa *v.t.* বড়ো হওয়া develop
boro kolosi *n.* বড়ো কলসি ewer
boro kora *v.t.* বড় করা enlarge
boro kora *n.* গর্জন করা growl
boro korai *n.* বড়ো কড়াই cauldron
boro mog *n.* বড় মগ tankard
boro sohor *n.* বড় শহর city
borodasto kora *v.t.* বরদাস্ত করা tolerate
borof *n.* বরফ ice
borof *n.* বরফ snow
borojor *n.* বড়জোর bareness
borokhasto *n.* বরখাস্ত dismissal
borokhastokora *v.t.* বরখাস্ত করা dismiss
boroncho *adv.* বরঞ্চ rather
borpon *n.* বরপণ dowry
borsha *n.* বর্শা harpoon
borsha *n.* বর্শা javelin
borsha *n.* বর্শা lance
borsha *n.* বর্শা pike
borsha *n.* বর্শা spear
borshabiddho kora *v.t.* বর্শাবিদ্ধ করা impale
borshakal *n.* বর্ষাকাল monsoon
borshobyapi *adj.* বর্ষব্যাপী perennial
borshon *v.t.* বর্ষণ shower
bortomane *adv.* বর্তমানে presently
bortuki *v.t.* ভর্তুকি subsidize
bosa *p.t.* বসা sat

bosa *v.i.* বসা sit
bosa *v.i.* বসা lounge
bosano *v.t.* বসানো inflict
bosar ghor *n.* বসার ঘর drawing room
bosbas kora *v.i.* বসবাসকরা reside
bosbaser shtan *n.* বসবাসের স্হান dwelling
bose bose korte hoy emon *adj.* বসে বসে করতে হয় এমন sedentary
bosobas *v.t.* বসবাস inhabit
bosobas kora *v.t.* বসবাস করা settle
bosonbhoson bilasi baykti *n.* বসনভূষণ বিলাসী ব্যক্তি beau
bosonter rog *n.* বসন্তের দাগ pock
bosontorog *n.* বসন্তরোগ pox
bosot bari *n.* বসতবাড়ি tenement
bosotkar *n.* বসতকার settler
bosta *n.* বস্তা sack
bosti *n.* বস্তি slum
bostorekhabidya *n.* হস্তরেখাবিদ্যা palmistry
bostro *n.* বস্ত্র fabric
bostro ityadi rong korar bidya *adj.* বস্ত্র ইত্যাদি রং করার বিদ্যা dying
bostu *n.* বস্তু material
bostubad *n.* বাস্তবাদ materialism
bosturbohirbhag *n.* বস্তুর বহির্ভাগ surface
bostuto *adj.* বস্তুত indeed
bostuto *adv.* বস্তুত verily
botam *n.* বোতাম button
botam *n.* সুইচ switch
botam *n.* বোতাম trigger
botgach *n.* বটগাছ banyan
botol *n.* বোতল bottle
botoler chipi *n.* বোতলের ছিপি cork
boudho mondir *n.* বৌদ্ধ মন্দির pagoda
bowa *v.i.* বওয়া flow
boye asa *v.t.* বয়ে আসা emanate
boyokonishtho *adj.* বয়ঃকনিষ্ঠ junior
boyon sogkranto *adj.* বয়ন সংক্রান্ত textile
boyoojestho *adj.* বয়োজ্যেষ্ঠ elderly
boyos somporkito *adj.* বয়স সম্পর্কিত old
boyosondhi *n.* বয়ঃসন্ধি puberty
boyous, choritro ityadi karne shodha *adj.* বয়স, চরিত্র ইত্যাদি কারনে শ্রদ্ধেয় venerable
boysondhi *n.* বয়ঃসন্ধি adolescence
briddha mohila *n.* বৃদ্ধা মহিলা beldam
bridhi *adj.* বৃদ্ধ aged
brihito bimanpot *n.* বৃহত বিমানপোত airship
brihito krane *n.* বৃহৎ ক্রেন derrick
brihito kumbhir bishesh *n.* বৃহত কুম্ভীর বিশেষ alligator
brihodakritir horin bises *n.* বৃহদাকৃতির হরিণবিশেষ elk
brihodayoton *adj.* বৃহদায়তন bulky
brihospoti bar *n.* বৃহস্পতিবার thursday
brihospoti groho *n.* বৃহস্পতি গ্রহ jupitor
brihot *adj.* বৃহত big
brihot banijyo pot *n.* বৃহতবাণিজ্যপোত argosy
brihot pan patro bises *n.* বৃহত পান পাত্র বিশেষ beaker
brikher kando *n.* বৃক্ষের কান্ড stem
brikhyo sakha *n.* বৃক্ষ শাখা bough
brikhyo somporke gobeshona *n.* বৃক্ষসম্বন্ধে গবেষণা arboriculture
brikhyo songkranto *adj.* বৃক্ষসংক্রান্ত arboreal
brikkhohin prantor *n.* বৃক্ষহীন প্রান্তর steppe
brikkhoropon *n.* বৃক্ষরোপতি plantation
brikkoghotito *adj.* বৃক্কঘটিত renal
brishchik *n.* বৃশ্চিক scorpion
brishti *n.* বৃষ্টি precipitation
brishti *n.* বৃষ্টি rain
brishtipat *n.* বৃষ্টিপাত rainfall
brishtiporimapok jontro *n.* বৃষ্টিপরিমাপক যন্ত্র raingauge
brishtipurno *adj.* বৃষ্টিপুর্ণ rainy
brishtisoho *n.* বৃষ্টিসহ sleet
bristir abohaoa *adj.* বৃষ্টির আবহাওয়া showery

britener mudra *n.* ব্রিটেনের মুদ্রা sterling
britobagish nesta *n.* বত্‌তৃতাবাগীশ নেতা demagogue
brittinirdesok sosok *n.* বৃত্তিনির্দেশক শোষক apron
brittochap *n.* বৃত্তচাপ arc
brittokola *n.* বৃত্তকলা sector
brityangsho *n.* বৃত্তাংশ segment
brono *n.* ব্রন acne
brriddhi *v.t.* বৃদ্ধি increase
brriddhi *n.* বৃদ্ধি increment
brrihot pipa *n.* বৃহত পিপা tun
brrikhyo *n.* বৃক্ষ cedar
brrikshyo *n.* বৃক্ষ tree
brrindo giti bishoyok *adj.* বৃন্দগীতি বিষয়ক choral
brrindogayok *n.* বৃন্দগায়ক chorister
brrishorasi *n.* বৃষরাশি taurus
brrittakar *n.* বৃত্তাকার circular
brrittakare ghora *v.t.* বৃত্তাকারে ঘোরা circulate
brritto *n.* বৃত্ত circle
bsleson *n.* বিশ্লেষন dissection
bsontokalin *adj.* বসন্তকালীন vernal
bsrrinkhola *n.* বিশৃঙ্খলা distrubance
bsubinyosto talika *n.* সুবিন্যাস্ত তালিকা Catalogue
budbud nirgoto *v.i.* বুদবুদ নির্গত করা effervesce
buddhi *n.* বুদ্ধি augmentation
buddhi *n.* বুদ্ধি intelligence
buddhi বুদ্ধি transacend
buddhibritti *n.* বুদ্ধিবৃত্তি intellectual
buddhidipto jobab *n.* বুদ্ধিদীপ্ত জবাব repartee
buddhiman *adj.* বুদ্ধিমান brainy
buddhiman *adj.* বুদ্ধিমান intelligent
buddhu *n.* বুদ্‌ধু tomfool
budhbar *n.* বুধবার wednesday
budhi বুদ্ধি wit
budhi *adj.* বুদ্ধি witty
budhi hin *adj.* বুদ্ধিবিহীন witless
buk dhorphorani *n.* বুক ধড়ফড়ানি palpitation
buke vor diye chola *v.t.* বুকে ভর দিয়ে চলা crawl
buker bormo *n.* বুকের বর্ম breastplate
buker jhalor *n.* বুকের ঝালর jabot
buker kache neuwa *v.t.* বুকের কাছে নেওয়া cuddle
bunon *n.* বুনন texture
bunoshar *n.* বুনোষাঁড় bison
buprishtho *n.* ভুপৃষ্ঠ subsoil
buro angul *n.* বুড়ো আঙুল thumb
burush *n.* বুরুশ brush
buti dwara khochito kora *v.t.* বুটি দ্বারা খচিত করা emboss
butidar reshmi kapor *n.* বুটিদার রেশমি কাপড় brocade
byabched kora *n.* ব্যবচ্ছেদ করা amplitude
byabhichari *n.* ব্যভিচারী adulterer
byabhichari *n.* ব্যভিচার adultery
byaboched kora *v.t.* ব্যবচ্ছেদ করা dissect
byabohar *n.* ব্যাবহার demeanour
byaboharbadi *adj.* ব্যবহারবাদী pragmatic
byaboharik *adj.* ব্যবহারিক practical
byaboharik jyotiish sastro *n.* ব্যবহারিক জ্যোতিষ শাস্ত্র astrology
byaboharikbhabe *adv.* ব্যবহারিকভাবে practically
byaboharjibi *n.* ব্যবহারজীবি attorney
byaboharjibi bises *n.* ব্যবহারজীবি বিশেষ barrister
byabortonboloy *n.* ব্যবর্তনবলয় swivel
byabosa *n.* ব্যবসা trade
byabosa sompadoon *n.* ব্যবসা সম্পাদন transaction
byabosadar *n.* ব্যবসাদার tradesman
byabosayi *n.* ব্যবসায়ী trader
byabosthapona *n.* ব্যাবস্থাপনা management
byabosthapotro *n.* ব্যবস্থাপত্র prescription
byabsa *n.* ব্যবসা racketeering
byabsasongkranto monda *n.* ব্যবসাসংক্রান্ত মন্দা slump

byabsayi nirdishto chinho *n.* ব্যবসায়ী নির্দ্দিষ্ট চিহ্ন brand
byadhi *n.* ব্যাধি disease
byadminton khela *n.* ব্যাডমিন্টন খেলা badminton
byadmintoner kork *n.* ব্যাডমিন্টের কর্ক shuttlecock
byag bises *n.* ব্যাগ বিশেষ portmanteau
byaghat *n.* ব্যাঘাত interruption
byagrota *n.* ব্যগ্রতা craving
byah porishodh *v.t.* ব্যয় পরিশোধ reimburse
byahniyontrok *adj.* ব্যায়নিয়ন্ত্রক sumptuary
byahoto *v.t.* ব্যাহত hinder
byahoto *v.t.* ব্যাহত interrupt
byahoto houwa *v.t.* ব্যাহত করা disrupt
byahoto kora *adj.* ব্যাহত করা thwart
byahoto kora *n.* ব্যাহত করা trammel
byahoto koron *n.* ব্যাহতকরণ disruption
byakha kora ব্যাখ্যা করা represent
byakhakoron *n.* ব্যাখ্যাকরণ annotation
byakhya *n.* ব্যাখ্যা clarification
byakhya kora *v.t.* ব্যাক্ষা করা elucidate
byakhya kora *v.t.* ব্যাখ্যা করা explain
byakhya kora *n.* ব্যাখ্যা explanation
byakhya kora *n.* ব্যাখ্যা exposition
byakhya kora *v.t.* ব্যাখ্যা করা expound
byakkha *v.t.* ব্যাখ্যা illustrate
byakkha *v.t.* ব্যাখ্যা interpret
byakkhan ব্যাখ্যান interpretation
byakoron *n.* ব্যাকরণ grammar
byakoron goto *adj.* ব্যাকরণগত grammatical
byakshya *n.* ব্যাক্ষ্যা elucidation
byakteriya ghitito rog bises *n.* ব্যাক্টেরিয়া ঘটিত রোগ বিশেষ typhoid
byakti *n.* ব্যক্তি person
byaktiborgo *n.* ব্যক্তিবর্গ people
byaktigoto *adj.* ব্যক্তিগত personal
byaktigoto *n.* ব্যক্তিগত private
byaktigotobhabe *adj.* ব্যক্তিগতভাবে personally
byaktikalikatin chikitsayoton *n.* ব্যাক্তিকালিকাতীন চিকিৎসায়তন nursinghome
byaktiprokriti *n.* ব্যক্তিপ্রকৃতি self
byaktir binyas *n.* ব্যক্তির বিন্যাস rank
byaktirupe prokash *n.* ব্যক্তিরুপে প্রকাশ personification
byaktitwo *n.* ব্যক্তিত্য individuality
byaktitwo *n.* ব্যক্তিত্ব personality
byakul basona *n.* ব্যাকুল বাসনা aspiration
byakul eichha *v.t.* ব্যাকুল ইচ্ছা crave
byandejer kapor *n.* ব্যান্ডেজের কাপড় lint
byang er dak *v.t.* ব্যাঙ এর ডাক croak
byangachi *n.* ব্যাঙাচি tadpole
byangatwok *adj.* ব্যঙ্গাত্মক satrical
byang-er chhata *n.* ব্যাঙের ছাতা mushroom
byangonobis *n.* ব্যঙ্গনবিশ satirist
byangorochona *n.* ব্যঙ্গরচনা satire
byapari *n.* ব্যাপারি dealer
byapok khoy khoti *n.* ব্যাপক ক্ষয়ক্ষি havoc
byapokvhabe *adv.* ব্যাপকভাবে abroad
byapon *n.* ব্যাপন diffusion
byapti *prep.* ব্যাপ্তি trans
byaristar *n.* ব্যারিস্টর counsel
byartho ব্যর্থ miscarry
byartho kora *v.t.* ব্যর্থ করা counteract
byas mapar jontro *n.* ব্যাস মাপার যন্ত্র calix
byasto *adj.* রগরগে hectic
byasto goti *adj.* ব্যাস্তগতি hasty
byatha *n.* ব্যাথা crick
byatikrom *n.* ব্যাতিক্রম exception
byatiti *prep.* ব্যাতীত except
byay *n.* ব্যয় outlay
byay kora *v.t.* ব্যায় করা expend
byay kora ব্যায় expenditure
byay kora *v.t.* ব্যায় করা spend
byay sadhyo *adj.* ব্যায়সাধ্য expensive
byay sonkoch kora *v.t.* ব্যায় সঙ্কোচ করা economize

byaybhar bohon *n.* ব্যায়ভার বহন করা sponsor
byayoner jomidari *n.* ব্যায়নের জমিদারী barony
byaysonkoch *n.* ব্যায়সঙ্কোচ retrenchment
bybosa *n.* ব্যবসা business
bybostha kora *v.t.* ব্যবস্থা করা arrange
byopok hotya *n.* ব্যাপক হত্যা carnage
bysto *n.* ব্যস্ত busy
bystota *v.t.* ব্যস্ততা hurry

C

cakhor *n.* চাকর drudge
calaki kre gochiye dewa *v.t.* চালকি করে গছিয়ে দেওয়া foist
calchaln *n.* চালচলন deportment
camra *n.* চামড়া film
caprashi *n.* চাপরাশি flunkey
ceharar poriborton *v.t.* চেহারার পরিবর্তন transfigure
celleuloid *n.* সেলিউলয়েড xylonite
cha *n.* চা tea
chabi *n.* চাবি key
chabkani *n.* চাবকানি flogging
chabkano *v.t.* চাবকানো flog
chabkano *v.t.* চাবকানো thrash
chabuk *n.* চাবুক lash
chabuk *n.* চাবুক thong
chabuk diye mara *v.t.* চাবুক দিয়ে মারা whip
chada *n.* চাঁদা protractor
chada চাঁদা sub
chador *n.* চাদর coverlet
chador *n.* চাদর sheet
chadoya *n.* চাঁদোয়া awning
chagol *n.* ছাগল goat
chagolchhana *n.* ছাগলছানা kid
chaka *n.* চাকা wheel
chakor *n.* চাকর retainer
chakor *n.* চাকর servant
chakorbakorer upojogi *adj.* চাকরবাকরের উপযোগী menial
chal *n.* চাল rice
chal chorano *v.t.* ছাল ছাড়ানো flay
chala *n.* চালা hovel
chalak *adj.* চালাক clever
chalaki *n.* চালাকি cleverness
chalaki *n.* চালাকি trickery
chalakite porasto *v.t.* চালাকিতে পরাস্ত outwit
chalan *n.* চালান invoice
chalano *v.t.* চালানো operate
chalni diye chhaka *v.t.* চালনি দিয়ে ছাঁকা sift
chalu চালু initiate
chaluni *n.* চালুনি colander
chamati *n.* চামাটি strop
chamoch *n.* চামচ spoon
chamra *n.* চামড়া leather
chamrai kunchit rekha *n.* চামড়ায় কুঞ্চিত রেখা wrinkle
chamrar bairer stor *n.* চামড়ার বাইরের স্তর cuticle
chamrar fiter badhon *adj.* চামড়ার ফিতের বাঁধন strapping
chamrar foska *n.* চামড়ার ফোস্কা blain
chand *n.* চাঁদ moon
chandrahato *adj.* চন্দ্রাহত moonstruck
chap *v.t.* চাপ press
chap *n.* চাপ stress
chap dewa *v.t.* চাপ দেওয়া depress
chap diye vaj *v.t.* চাপ দিয়ে ভাঁজ crumple
chap neowa *n.* ছাপ নেওয়া tracing
chapa *v.t.* চাপা convert
chapa *n.* চাপা covert
chapa hasi *n.* চাপা হাসি chuckle
chapa krodhjukto *adj.* চাপা ক্রোধযুক্ত sullen
chapa swobhaber *adj.* চাপা স্বভাবের reserved
chapar vul *n.* ছাপার ভুল erratum

chapiye deoa *v.t.* চাপিয়ে দেওয়া obtrude
chapiye dewa *v.t.* চাপিয়ে দেওয়া entail
char *n.* চার four
char pa tule e dhabon *v.i.* চার পা তুলে ধাবন gallop
chara *n.* চারা sapling
chara *n.* চারা seedling
chara . *v.t.* ছাড়া doff
charagach *n.* চারাগাছ plant
chariye jauwa *v.t.* ছাড়িয়ে যাওয়া exceed
chariye jauwa *v.t.* ছাড়িয়ে যাওয়া excel
charlainer podyo *n.* চার লাইনের পদ্য quatrain
charon kobi *n.* চারণ কবি bard
charpoka *n.* ছারপোকা bug
charu kola *n.* চারুকলা art
charukola *adj.* চারুকলা aesthetic
charusilpi *n.* চারুশিল্পী artist
chash *n.* চাষ cultivation
chash *n.* চাষ tillage
chash kora *v.t.* চাষ করা cultivate
chash kora *v.t.* চাষ করা till
chasha *n.* চাষা boor
chashare *adj.* চাষাড়ে boorish
chashi *n.* চাষি cultivator
chashi *n.* চাষি peasant
chata *v.t.* চাটা lick
chata *n.* ছাতা umbrella
chatro *n.* ছাত্র student
chatu *n.* চাটু flattery
chatu *n.* চাটু pan
chatukti kora *v.* চাটুক্তি করা flatter
chaturi *n.* চাতুরি ruse
chaya murti *n.* ছায়ামুর্তি phantasm
chayachhonno *adj.* ছায়াচ্ছন্ন shadowy
chayapoth *n.* ছায়াপথ galaxy
chehara *n.* চেহারা aspect
chehara *n.* চেহারা mien
chehara *n.* চেহারা sloven
chek *n.* চেক cheque
chele manushi *n.* ছেলেমানুষি tomfoolery
chen *v.t.* চেন tow
chenchano *v.t.* চেঁচানো vociferate
chepe dhora *v.t.* চেপে ধরা clench
chepe dhora *v.t.* চেপে ধরা squeeze
chera *v.i.* চেরা cleave
chera nyakra *n.* ছেঁড়া ন্যাকড়া tatter
chere deuwa *v.t.* ছেড়ে দেওয়া cede
chere dewa ছেড়ে দেওয়া forswear
chesta *n.* চেষ্টা attempt
chesta kora *v.t.* চেষ্টা করা essay
chesta kora *v.t.* চেষ্টা try
chesta kora *adj.* চেষ্টা করা trying
cheye fela *v.t.* ছেয়ে ফেলা belay
chhad *n.* ছাদ ceilling
chhad *n.* ছাত roof
chhad *n.* ছাদ truss
chhai *n.* ছাই ash
chhap *n.* ছাপ impression
chhap deoa ছাপ দেওয়া impress
chhapa *n.* ছাপা pint
chhapa *v.t.* ছাপা print
chhapanor poddhoti *n.* ছাপনোর পদ্ধতি lithograph
chhar *v.t.* ছাড় rebate
chhariye jaoa *v.t.* ছাড়িয়ে যাওয়া surpass
chhatrabas *n.* ছাত্রাবাস hostel
chhatro *n.* ছাত্র pupil
chhauni *n.* ছাউনি shed
chhaya *n.* ছায়া shade
chhaya *n.* ছায়া shadow
chhaya murti *n.* ছায়ামুর্তি phantom
chhayamoy *adj.* ছায়াময় shady
chhayapoth *n.* ছায়াপথ milky way
chhedon *n.* ছেদন incision
chhele *n.* ছেলে son
chhere jaoa *v.t.* ছেড়ে যাওয়া quit
chhidra kora *v.t.* ছিদ্র করা perforate
chhidro *n.* ছিদ্র hole
chhidro ছিদ্র interstice
chhidro kora *v.t.* ছিদ্র করা pierce
chhidromoy pata *n.* ছিদ্রময় পাতা stencil
chhipi *n.* ছিপি plug
chhipi *n.* ছিপি stopper
chhitano *v.t.* ছিটানো splash
chhitgrosto *n.* ছিটগ্রস্ত madcap

chhitiye deoa *v.t.* ছিটিয়ে দেওয়া spatter
chhnach *v.t.* ছাঁচ mould
chhnomara *v.t.* ছোঁ মারা swoop
chhnucho baji *n.* চুঁচোবাজি squib
chhodmonam *n.* ছদ্মনাম pseudonym
chholke pora *v.i.* ছলকে পড়া spill
chholona ছলনা prank
chhondo *n.* ছন্দ prosody
chhondo *n.* ছন্দ rhythm
chhondojukto ছন্দযুক্ত rhythmic
chhora *n.* ছোরা kukri
chhorano *v.t.* ছড়ানো strew
chhoriye pora *v.t.* ছড়িয়ে পড়া scatter
chhoto *adj.* ছোট petty
chhoto boithokkhana *n.* ছোট বৈঠকখানা lobby
chhoto galicha *n.* ছোট গালিচা rug
chhoto ghora *n.* টাটু pony
chhoto nodi *n.* ছোট নদি rivulet
chhoto pipa *n.* ছোট পিপা keg
chhoto poshak *n.* ছোট পোষাক smallness
chhotrbhongo *v.i.* ছত্রভঙ্গ stampede
chhure akromon *n.* ছুড়ে আক্রমন pelt
chhuri *n.* ছুরি lancet
chi chi ছিঃ ছিঃ fie
chibano *v.t.* চিবানো chew
chibano *v.t.* চিবানো munch
chidro *n.* ছিদ্র vent
chikitsa *adj.* চিকিৎসা medical
chikitsa *n.* চিকিৎসা therapy
chikitsa kroa *v.t.* চিকিৎসা করা medicate
chikitsok *n.* চিকিৎসক doctor
chikitsok *n.* চিকিৎসক physician
chiktsa kendro *n.* চিকিৎসাকেন্দ্র clinic
chil *p.p.* ছিল was
chile kotha *n.* চিলেকোঠা garret
chilekotha *n.* চিলেকোঠা attic
chimacham *adj.* ছিমছাম tidy
chimni *n.* চিমনি chimney
chimot *v.t.* চমিট pinch
chimta *n.* চমিটা tonguester
chimte *n.pl.* চিমটে tongs
chimti kata *n.* চিমটি কাটা nip
chinamati *n.* চীনামাটি china
chinamati *n.* চীনামাটি porcelain
chinhito *v.t.* চিহ্নিত identify
chinho *n.* চিহ্ন token
chinho *n.* চিহ্ন trace
chini *n.* চিনি sugar
chinito kora *v.t.* চিহ্নিত করা designate
chinno kora *n.* ছিন্ন করা abruptness
chinnovinno obostha *v.t.* ছিন্নভিন্ন অবস্থা dismember
chinra bid *n.* চিন্তাবিদ thinker
chinta *v.t.* চিন্তা think
chinta *n.* চিন্তা thought
chinta kora *n.* চিন্তা করা thinking
chintamogno *adj.* চিন্তামগ্ন pensive
chintito kora *v.t.* চিন্তিত করা disquiet
chip diye mach dhora *n.* ছিপ দিয়ে মাছ ধরে angler
chipi khola *v.t.* ছিপি খোলা uncork
chir *n.* চিড় fissure
chire fela *n.* চিরে ফেলা slitcut
chiro kal *adv.* চিরকাল evermore
chiro santir desh *n.* চিরশান্তির দেশ elysium
chirokal চিরকাল aye
chironton *adj.* চিরন্তন eternal
chirosthayi *adj.* চিরস্থায়ী everlasting
chirosthayi *adv.* চিরস্থায়ী perpetually
chirosthayi kora চিরস্থায়ী করা perpetuate
chirsthayitwo *n.* চিরস্থায়িত্ব perpetuity
chiruni *v.t.* চিরুনি comb
chiruni bises *n.* চিরুনি বিশেষ card
chit mohool *n.* ছিটমহল enclave
chita *n.* চিতা pyre
chita bagh *n.* চিতা বাঘ leopard
chithi *n.* চিঠি letter
chithiporto *n.* চিঠিপত্র correspondence
chithiporto prapok *n.* চিঠিপত্র প্রাপক correspondent
chitkar *v.i.* চিৎকার shout

chitkar kore bola *v.t.* চীতকার করে বলা bawl
chitkini *n.* ছিটকিনি bolt
chitre prokashito *adj.* চিত্রে প্রকাশিত pictorial
chitro *n.* চিত্র picture
chitrobot *adj.* চিত্রবৎ picuresque
chitrobrosto kora *v.t.* চরিত্রভ্রষ্ট করা debauch
chitrokor *n.* চিত্রকার painter
chitropolshilpo *n.* চিত্রোপলশিল্প mosaic
chittobikhep *n.* চিত্তবিক্ষেপ distraction
chittonishtho kora *v.t.* চিত্তনিষ্ঠ করা inculcate
chnach *n.* ছাঁচ matrix
chnacha *v.t.* চাঁছা scrape
chnache dhala *v.t.* ছাঁচে ঢালা recast
chnete fela *v.t.* ছেঁটে ফেলা lop
chnirejaoa *v.t.* ছিঁড়ে যাওয়া lacerate
chnoyano *v.i.* চোঁয়ানো percolate
cho mara *v.t.* ছোঁ মারা pounce
chobi *n.* প্রতিমা image
chobi tolar jontro *n.* ছবি তোলার যন্ত্র camera
choddo *n.* চোদ্দ fourteen
chodmobesh *v.t.* ছদ্মবেশ ধারণ করা disguise
chodmobesh haron kora *v.* ছদ্মবেশ ধারণ করা dissemble
chodmonam *adv.* ছদ্মনাম alias
chodmonam jukto *n.* ছদ্মনাম যুক্ত anonymity
chodmorupi *n.* ছদ্মরুপী incognito
choitnobad *n.* চৈতন্যবাদ animism
chokchoke *adj.* চকচক shiny
chokh *n.* চোখ eye
chokh badha obostha jukkto *adj.* চোখ বাঁধা অবস্থা যুক্ত blindfold
chokh buje thaka *v.t.* চোখ বুজে থাকা connive
chokh pakano *v.t.* চোখ পাকানো goggle
chokh pit pit kore takano *v.t.* চোখপিট পিট করে তাকানো blink
chokhe dhulo debar *n.* চোখে ধুলো দেয়া camouflage
chokher chani *n.* চোখের ছানি cataract
chokher chikitsok *n.* চোখের চিকৎসক optician
chokher moni *n.* চোখের মনি eyeball
chokher nimeshe চোখের নিমেষে twinkling
chokher pata *n.* চোখের পাতা eyelid
chokher rog *n.* চোখের রোগ glaucoma
chokhyu sul *n.* চক্ষুশুল eyesore
chokkhubishoyk *adj.* চক্ষুবিষয়ক ocular
chokkrakare *adj.* চক্রাকারে rotary
chokkrakare abortito *v.i.* চক্রাকারে আবর্তিত rotate
chokmoki *n.* চকমকি flint
chokmukh bose geche emon *adj.* চোখমুখ বসে গেছে এমন haggard
chokolet *n.* চকলেট chocolate
chokrakare ghora *v.i.* চক্রাকারে ঘোরা gyrate
chokrakare ghorano *v.t.* চক্রাকারে ঘোরানো revolve
chokranto *n.* চক্রান্ত intrigue
chokro *n.* চক্র cycle
chokronabhi *n.* চক্রনাভি nave
chokronemi *n.* চক্রনেমী axle
chol *n.* ছল trick
cholachol *v.i.* চলাচল নেই stir
cholacholjogyo *adj.* চলাচলযোগ্য passable
cholai kari *n.* চোলাইকারী distiller
cholar dik *n.* চলরা দিক direction
chole jauwa *v.i.* চলে যাওয়া go
chollish *adj.* চল্লিশ forty
cholochitro *n.* চলচিত্র cinema
cholochitro *n.* চলচিত্র movie
cholona *n.* ছলনা betrayal
cholona *n.* ছলনা eye-wash
cholona korar dokkhota *n.* চলনা করার দক্ষতা steerage
cholone sabolilota *n.* চলনে সাবলীলতা grace
cholte thaka *v.t.* চলতে থাকা continue

chomok *v.t.* চমক stunt
chomok *n.* চমক surprise
chomokprod *adj.* চমকপ্রদ exotic
chomokprodo *adj.* চমকপ্রদ magnificent
chomotkar *adj.* চমৎকার excellent
chomotkar *adj.* চমৎকার glorious
chomotkar *adj.* চমৎকার lofty
chomotkar *adj.* চমৎকার resplendent
chomotkar *adj.* চমৎকার splendid
chomotkar *adj.* চমৎকার superb
chomri gai *n.* চমরি গাই yak
chondonkath *n.* চন্দনকাঠ sandal-wood
chondro sonkranto *adj.* চন্দ্র সংক্রান্ত lunar
chongakrrito চোঙাকৃত conical
chongakrrito gachh *adj.* চোঙাকৃত গাছ coniferous
choppol *n.* চপ্পল slipper
chor *n.* চড় slap
chor *n.* চোর thief
chor kuthuri *n.* চোর কুঠুরি alcove
chora *v.t.* ছোঁড়া threw
chora sudh চড়া সুদ usury
chorachalan kora *v.t.* চোরাচালান করা smuggle
chorachalan kora *n.* চোরাচালান smuggling
chorai mal *n.* চোরই মাল swag
chorai pakhi *n.* চড়াই পাখি sparrow
chorbijukto *adj.* চর্বিযুক্ত fat
chorbijukto *adj.* চর্বিযুক্ত fatty
chorbitochorbon *n.* চর্বিতচর্বণ rumination
chorbon kora চর্বণ করা masticate
chorita vineta *n.* চরিত্রাভিনেতা comedian
choritro *n.* চরিত্র character
choriye *adj.* ছড়িয়ে ultra
choriye deoa *v.t.* ছড়িয়ে দেওয়া sprinkle
choriye pora *v.i.* ছড়িয়ে পড়া sprawl
chormara *n.* চড়মারা smack
chormo songskar *n.* চর্ম সংস্কার tan
chormojato samogrir prostutkarok *n.* চর্মজাত সামগ্রীর প্রস্তুতকারক saddler
chorom *n.* চরম climax
chorom *adj.* চরম extreme
chorom bindu চরম বিন্দু extremity
chorom durdosapurno *adj.* চরম দূর্দশাপূর্ণ calamitous
chorom duroboistha *n.* চরম দুরবস্থা tribulation
chorom matra *adv.* চরমাত্রা extremely
chorurota *n.* চতুরতা acuteness
chosha *n.* চোষা suck
choshma *n.* চশমা lens
choshma *n.* চশমা looking-glass
choshma *n.pl.* চশমা specs
chosma *n.* চশমা eye-glasses
chot *n.* চট hessian
chot *n.* চট sackcloth
chot chot fonta ba dag *n.* ছোট ছোট ফোঁটা বা দাগ fleck
chot chot halka patla tukro *n.* ছোট ছোট হালকা পাতলা টুকরা flake
chot pata *n.* চোট পাতা leaflet
chot sarashi *n.* ছোট সাঁড়াশি forceps
chotak *n.* ছত্রাক fungus
choti *n.* চটি sandal
choto *adj.* ছোট small
choto angti *n.* ছোট আঁটি wisp
choto choto gacher jhor *n.* ছোট ছোট গাছের ঝড় coppice
choto dorja *n.* ছোট দরজা wicket
choto ghor *n.* ছোট ঘর cell
choto gombuj *n.* ছোট গম্বুজ cupola
choto gram *n.* ছোট গ্রাম hamlet
choto has *n.* ছোটো হাঁস teal
choto jhop *n.* ছোট ঝোপ brushwood
choto khato upodrob *n.* ছোট খাট উপদ্রব gnat
choto koksher somosti *pl.* ছোটকক্ষের সমষ্টি apartments
choto kokshyo *n.* ছোটকক্ষ apartment
choto koksyo *n.* ছোট কক্ষ closet
choto kora ছোট করা condescend
choto mota lathi *n.* ছোট মোটা লাঠি baton

choto pal tola jahaj *n.* ছোট পাল তোলা জাহাজ sloop
choto patla tukro *n.* ছোত পাতলা টুকরো chip
choto poti *n.* ছোটো পটি tab
choto prani *n.* ছোটো প্রাণী yearling
chotokdar nirman poddhoti *n.* চটকদার নির্মান পদ্ধতি barque
chotosokto lom *n.* ছোটশক্ত লোম bristle
chotpte *adj.* চটপটে agile
chotrak songkromon *n.* ছত্রাক সংক্রমন thrush
chotro vongo houwa *v.t.* ছত্রভঙ্গ হওয়া disperse
chotto *adj.* ছোট্ট tiny
chotuborshiyo *adj.* চতবর্ষীয় quadrennial
chotul khoborer kagoj *n.* চটুল খবরের কাগজ tabloid
chotur *dj.* চতুর acute
chotur *adj.* চতুর deft
chotur *n.* চতুর quip
choturbhuja khetro *adj.* চতুর্ভুজা ক্ষেত্র quadrilateral
choturbhujakriti *n.* চতুর্জুজাকৃতি square
choturbujhakar *n.* চতুর্ভুজাকার quadrangle
choturdik ghire fela *v.t.* চতুর্দিক ঘিরে ফেলে encompass
choturmukhi *n.* চতুর্মুখী quadruple
choturtho *adj.* চতুর্থ fourth
chotusima *n.* চতুঃসীমা boundary
chotuspod *n.* চতুষ্পদ tetrad
chotuspod prani *n.* চতুপদ প্রাণী quadruped
chotustolok *n.* চতুস্তলক tetrahedron
choudyo lainer kobita *n.* চৌদ্দ লাইনের কবিতা sonnet
choura prososto *v.t.* চওড়া প্রশস্ত broaden
choushima *n.* চতুঃসীমা ambit
chouwra *adj.* চওড়া broad
chowra *adj.* চওড়া wide
choy *adj.* ছয় six
choyal *n.* চোয়াল jaw
choyal *n.* চোয়াল mandible
choygun *adj.* ছয় গুন sixfold
choyonkora *v.t.* চয়ন করা cull
choytomo *adj.* ছয়তম sixth
chuchuk *n.* চুচুক nipple
chuiye pora *v.i.* চুইয়ে পড়া ooze
chukti *n.* চুক্তি clause
chukti *n.* চুক্তি compact
chukti *n.* চুক্তি contract
chukti *n.* চুক্তি treaty
chuktipotro *n.* চুক্তিপত্র bond
chuktipotro *n.* চুক্তিপত্র signatory
chul *n.* চুল hair
chul kokrano *v.t.* চুল কোঁকড়ানো crimp
chuler chhoto chhoto kunchon *n.* চুলের ছোট ছোট কুঞ্চন ringlet
chulkani *n.* চুলকানি itch
chulli *n.* চুল্লি stove
chumbok *n.* চুম্বক magnet
chumboker gunsomponno *adj.* চুম্বকের গুণসম্পন্ন magnetic
chumbokotwo *n.* চুম্বকত্ব magnetism
chumbon *n.* চুম্বন kiss
chumki *n.* চুমকি spangle
chumuk *v.t.* চুমুক sip
chumuk diye khaoa *v.t.* চুমুক দিয়ে খাওয়া sup
chun *n.* চুন quicklime
chuna pathor *n.* চুনা পাথর chalk
chuni *n.* চুনি ruby
chunkam kra *v.t.* চুনকাম করা white-wash
chuno punti *n.* চুনেপুঁটি underling
chup chap চুপ চাপ composedly
chup kora *v.t.* চুপ করা hush
chupi chupi *adj.* চুপি চুপি surreptitious
chura *n.* চুড়া peak
churanto *adj.* চুড়ান্ত decisive
churanto *adj.* চুড়ান্ত final
churanto *adj.* চুড়ান্ত last
churanto *adj.* চুড়ান্ত ultimate
churanto bibriti *n.* চুড়ান্ত বিবৃতি ultimatum

churanto obostha *n.* চূড়ান্ত অবস্থা finality
chure fela *n.* ছুঁড়ে ফেলা chuck
chure mara *v.t.* ছুড়ে মারা fling
churi *n.* ছুরি cutler
churi *v.t.* চুরি filch
churi *n.* ছুরি knife
churi *n.* চুরি larceny
churi *v.t.* চুরি pilfer
churi *n.* চুরি pilferage
churi *n.* ছুরি poniard
churi *n.* চুরি theft
churi kora *v.t.* চুরি করা rip
churi kora *n.* চুরি করা snaffle
churi kora *v.t.* চুরিকরা steal
churikaghat *v.t.* ছুরিকাঘাত stab
churikora *v.i.* চুরি করা thieve
churikorar probonota *n.* চুরি করার প্রবনতা kleptomania
churir fola *n.* ছুঁড়ির ফলা blade
churut *n.* চুরুট cheroot
churut *n.* চুরুট cigar
chuti *n.* ছুটি furlough
chuti *n.* ছুটি holiday
chutor *v.i.* মদ্য পানোতসব carouse
chutor giri *n.* ছুতোর carpenter
chutor giri *n.* ছুতোর গিরি carpentry
chutti *n.* ছুটি vacation
ciriyakhana *n.* চিড়িয়াখানা zoo
cllishtom *adj.* চল্লিসতম fortieth
cokh dhandano *v.t.* চোখ ধাঁধানো dazzle
coromsima *n.* চরমসীমা acme
cosoma *n.pl.* চশমা glasses
cricket bol chorar ek bises dhoron *n.* ক্রিকেট বল ছোড়ার এক বিশেষ ধরন googly
cricket bol nikshepok *n.* ক্রিকেট বল নিক্ষেপক bowler
cricket khelay bol kora *n.* ক্রিকেট খেলায় বল করা bowling
culli *n.* চুল্লি furnace
cunapathor *n.* চুনাপাথর lime
cyecle *n.* সাইকেল bicycle

D

daba khela *n.* দাবাখেলা chess
dabar bore দাবার বোড়ে pawn
dabi *v.t.* দাবি demand
dabi kora *v.t.* দাবি করা claim
dad *n.* দাদ ringworm
dadu *n.* দাদু gran·father
daffodil *n.* ড্যাফোডিল daffodil
dag *n.* দাগ mark
dag *n.* দাগ scar
dag *n.* দাগ spot
dag deoa *n.* দাগ দেওয়া marking
dagmukto *adj.* দাগমুক্ত stainless
dahok *adj.* দাহক caustic
dahokormo *n.* দাহকর্ম cremation
dahyo *adj.* দাহ্য inflammable
dai *n.* দাই midwife
dai graho *n.* দায় গ্রহক underwriter
daini *n.* ডাইনি elf
daini *n.* ডাইনি witch
daini sulov *adj.* ডাইনিসুলভ elfin
dainibidya ডাকিনীবিদ্যা witchcraft
dainibidya *n.* ডাকিনীবিদ্যা witchery
daitwo orpon *n.* দায়িত্ব অর্পণ relegation
daitwobihin pod *n.* দায়িত্ব বিহীন পদ sinecure
dak *n.* ডাক mail
dak *n.* ডাক post
dak pion *n.* ডাকপিওন postman
dak songkranto *n.* ডাকখরচা postage
dak songkranto *adj.* ডাক postal
daka *v.t.* ডাকা call
dakat *n.* ডাকাত dacoit
dakati *n.* ডাকাতি dacoity
dakati *n.* অতিরিক্ত দাম দাবি করা robbery
dakati kora *v.t.* ডাকাতি করা rob
dakati kora *n.* ডাকাত robber

daknam *n.* ডাকনাম by-name
daknam *n.* ডাকনাম nickname
dalaer prapyo komison *n.* দালালের প্রাপ্য কমিশন brokerage
dalal *n.* দালাল broker
dalal *n.* দালাল middleman
dale vasoman boya *v.t.* ডালে ভাসমান বয়া buoy
dalim *n.* ডালিম pomegranate
dalkutta *n.* ডালকুত্তা bloodhound
dalpala diye toiri jharu *n.* ডালপালা দিয়ে তৈরী ঝাড়ু besom
dam *n.* দাম cost
damberl *adj.* ডাম্বেল dumb-bells
dambhik *adj.* দাম্ভিক overweening
dami *adj.* দামী costly
damptyo *adj.* দাম্পত্য conjugal
dan *n.* দান bounty
dan kora *v.t.* দান করা donate
dan kormo *n.* দান কর্ম donation
dan pite *n.* ডানপিটে tomboy
dana *n.* ডানা wing
danbeer *adj.* দানবীর munificent
danga *n.* দাঁঙ্গা affray
danga *n.* দাঙ্গা riot
dangaprobon *adj.* দাঙ্গা প্রবণ riotous
dani *adj.* দানি philanthropic
danidar *n.* দাবিদার claimant
danob *n.* দানব demon
danri *n.* দাড়ি beard
danri palla *n.* দাঁড়িপাল্লা balance
daridre দারিদ্রে straiten
daridre *n.* দারিদ্রে straitened
daridro *n.* দারিদ্র্য poverty
darshonik *n.* দার্শনিক philosopher
darshonik motobad *n.* দার্শনিক মতবাদ theosophy
daruchini *n.* দারুচিনি cinnamon
dasbyabsai *n.* দাসব্যবসায়ী slaver
daser moto *n.* দসের মতো servility
dasotwo *n.* দাসত্ব bondage
dasotwo *n.* দাসত্ব servitude
dasotwo *n.* দাসত্ব slavery
dasotwo *n.* দাসত্ব thraidom
dasyo *adj.* দাস্য servile
dat *n.pl.* দাঁত teeth
dat *n.* দাঁত tooth
dat bar kore hasa *v.t.* দাঁত বার করে হাসা grin
dat koromor kora *v.t.* দাঁত কড়মড় করা gnash
dat ottha *v.t.* দাঁত ওঠা teethe
data *n.* দাতা donor
dater mari *n.* দাঁতের মাড়ি gum
dawito palon kora *v.i.* দ্যায়িত্ব পালন করা function
dayi *adj.* দায়ী accountable
dayi *adj.* দায়ী liable
dayi *adj.* দায়ী responsible
dayitto grohon korano *v.t.* দায়িত্ব গ্রহণ করানো betake
dayitwo *n.* দায়িত্ব liability
dayitwo *n.* দায়িত্ব responsibility
dayitwobhar *n.* দায়িত্বভার onus
dayitwohin *adj.* দায়িত্বহীন irresponsible
debdarujatiyou brikho *n.* দেবদারুজাতীয় বৃক্ষ fir
debdut *n.* দেবদূত angel
debduttullo *n.* দেবদুততুল্য seraph
debi *n.* দেবী goddess
debota *n.* দেবতা deity
debota *n.* দেবতা god
deboto dan kora *v.t.* দেবত্ব দান করা deify
debotwo দেবত্ব divinity
december *n.* ডিসেম্বার december
deher ongo *n.* দেহের অঙ্গ limb
deher opor chitiye dewa *v.t.* দেহের ওপর ছিটিয়ে দেওয়া besprinkle
deho *n.* দেহ body
deho ongo *n.* দেহ অঙ্গ organ
deho rokhmi *n.* দেহ রক্ষী body-guard
deho. *n.* দেহ corpus
dehogoto *adj.* দেহগত bodily
dehojontro sonkranto *adj.* দেহযন্ত্র সংক্রান্ত organic

dehokando *n.* দেহকান্ড torso
dehoposarini বেশ্যা prostitute
dehorekha *n.* দেহরেখা contour
deke pathano *n.* ডেকে পাঠানো recall
deke pathano *v.t.* ডেকে পাঠানো summon
dekha *v.t.* দেখা look
dekha দেখা see
dekhite pauwa *v.t.* দেখিতে পাওয়া behold
dena *v.t.* দেনা debit
dena *n.* দেনা debt
deoa *v.t.* দেওয়া pay
deraj *n.* দেরাজ drawer
deraj jukto asbabbeishes *n.* দেরাজযুক্ত আসবাববিশেষ desk
deri kora *v.i.* দেরি করা dawdle
des *n.* দেশ country
desantor *n.* দেশান্তর emigration
desh *n.* দেশ mation
deshi bhasa *n.* দেশী ভাষা vernacular
deshiwo shulko theke muktho, obadh banijo *n.* দেশিয় শুল্ক থেকে মুক্ত, অবাধ বানিজ্য free trade
deshiyo *adj.* দেশীয় indigenuous
deshopremik *n.* দেশপ্রেমিক patriot
deshopremiker onubhuti *n.* দেশপ্রেমিকের অনুভুতি patriotism
deshopremmulok *adj.* দেশপ্রেমমুলক patriotic
desotyag kora *v.t.* দেশত্যাগ করা emigrate
deujuliway bliye ghosona kra *n.* দেউলিয়া বলিয়া ঘোষণা করা adjudication
deulia *n.* দেউলিয়া liquidation
deuliya *n.* দেউলিয়া forefeiture
deuliya *adj.* দেউলিয়া insolvent
deuliya byakti *n.* দেউলিয়া ব্যক্তি bankrupt
deuliya obosta *n.* দেউলিয়া অবস্থা bankruptcy
deuliyatwo *n.* দেউলিয়াত্ব insolvency
deye *adv.* দেয় duly
dhabit kora *v.t.* ধাবিত করা drove
dhabok *n.* ধাবক runner
dhabon *adj.* ধাবন running
dhadha *v.t.* দুর্বোধ্য প্রশ্ন puzzle
dhak *n.* ঢাক drum
dhaka mara *v.t.* ধাক্কা মারা thrust
dhaki *n.* ঢাকী drummer
dhakka *v.t.* ধাক্কা push
dhakka dhakki *n.* ধাক্কা ধাক্কি thrustings
dhakka khauwa *v.t.* ধাক্কা খাওয়া collide
dhakka laga *n.* ধাক্কা লাগা bump
dhakna *n.* ঢাকনা lid
dhakna ঢাকনা uncover
dhakna somet brihot sokot *n.* ঢাকনা সমেত বৃহত শকট caravan
dhal ঢাল shield
dhal *n.* ঢাল slope
dhala *v.* ঢালা pour
dhalai khana *n.* ঢালাইখানা foundry
dhalai kora *v.t.* ঢালাই করা weld
dhalu ba khara poth *adj.* ঢালু বা খাড়া পথ steep
dhalu chade bosano janala *n.* ঢালু ছাদে বসানো জানালা skylight
dhalu hoye nama *adj.* ঢালু হয়ে নামা slant
dhalu jaiya *n.* ঢালু জায়গা dell
dhalu poth *v.i.* ঢালু পথ ramp
dhamadhora lok *n.* ধামাধরা লোক toady
dhan *n.* ধান paddy
dhan vaba *n.* ধান ভানা thresh
dhappa dewa *v.t.* ধাপ্পা দেওয়া bluff
dhar deoa *v.t.* ধার দেওয়া lend
dhar kora *v.t.* ধার করা borrow
dharabahik *adj.* ধরাবাহিক consecutive
dharalo *adj.* ধারালো keen
dharalo kora *v.t.* ধারালো করা sharpen
dharalo kora *n.* ধার sharpness
dhare *prep.* ধারে beyond
dharjokoron *n.* ধার্যকরণ assignment
dharmikota *n.* ধার্মিকতা piety
dharokjontro *n.* ধারকযন্ত্র recorder
dharon *n.* ধারণ retention

dharon khomota *n.* ধারন ক্ষমতা capacity
dharon kora *v.t.* ধারণ করা contain
dharona *n.* ধারনা concept
dharona *v.t.* ধারণা disseminate
dharona *n.* ধারনা idea
dharona *n.* ধরাণা notion
dharonkhom *adj.* ধারণক্ষম retentive
dharu poriksha kora *v.t.* ধাতু পরীক্ষা করা assay
dhat *n.* ধাত teperament
dhatab *adj.* ধাতুব metallic
dhatob samogrir byabsa *n.* ধাতব সামগ্রীর ব্যবসা hardware
dhatribidya *n.* ধাত্রীবিদ্যা midwifery
dhatu *adj.* ধাতু mental
dhatu *n.* ধাতু metal
dhatu *n.* ধাতু mica
dhatu *n.* ধাতু nickel
dhatu bishesh *n.* ধাতুবিশেশ platinum
dhatu nurmito chakti akarer ghonta *n.* ধাতুনির্মিত চাকতি আকারের ঘন্টা gong
dhatunirmito *n.* ধাতুনির্মিত salver
dhaturup kora *v.t.* ধাতুরুপ করা conjugate
dheka *n.* ঢেকা cover
dheke fela *v.t.* ঢেকে ফেলা envelop
dheki *n.* ঢেঁকি seesaw
dhekur tola *v.t.* ঢেকুর তোলা belch
dhhal *n.* ঢাল inclination
dhiki dhiki jwola *v.i.* ধিকিধিকি জ্বলা smoulder
dhila *v.t.* ঢিলা loosen
dhile kora *v.t.* ঢিলে করা unbuckle
dhire dhire *adv.* ধীরে ধীরে slowly
dhire dhire chhorano ধীরে ধীরে ছড়ানো suffuse
dhire dhire kshoy kora *v.t.* ধীরে ধীরে ক্ষয় করা erode
dhire susthe hata *v.i.* ধীরে সুস্থে হাঁটা toddle
dhirogoti *adj.* ধীরগতি tardy
dhirsthir *adj.* ধীরস্থির calm
dhnadha *n.* ধাঁধা riddle
dhnokabaji *n.* ধোঁকাবাজি humbug
dhnoya tyag *n.* ধোঁয়া ত্যাগ puff
dhobol rog grosto ধবল্ রোগ গ্রস্ত albino
dhoirjo ধৈর্য forbearance
dhoirjo *n.* ধৈর্য patience
dhoirjoshil *adj.* ধৈর্যশীল patient
dhoirjosohokare *adv.* ধৈর্যসহকারে patiently
dhok dhok kore gela *v.t.* ঢকঢক করে গেলা guzzle
dhok dhok kore jola *v.t.* ধক ধক করে জ্বলা flare
dhokano *v.t.* ঢোকানো insert
dhokano *v.t.* ঢোকানো penetrate
dhokdhok kore gela *v.t.* ঢকঢক করে গেলা gulp
dhokkhina *n.* দক্ষিনা honorarium
dhol *n.* ঢোল tomtom
dholdhol *adj.* ঢলঢল plump
dholok jatiyo badyo jontro *n.* ঢোলকজাতীয় বাদ্যযন্ত্র tabor
dhomkano *v.* ধমকানো browbeat
dhomni *n.* ধমনী artery
dhomoni *n.* ধমনী pulse
dhomopran *adj.* ধর্মপ্রাণ devout
dhong dhong *v.t.* ঢংঢং clang
dhoni *adj.* ধনী moneyed
dhoni *n.* ধনী rich
dhoni kora *v.t.* ধনী করা enrich
dhonigoshthi *n.* ধনিকগোষ্ঠী plutocracy
dhonobad dewa ধন্যবাদ দেওয়া thank
dhonosompod *n.* ধনসম্পদ pelf
dhonpod bridhi kora *v.* ধনপদ বৃদ্ধি করা aggrandize
dhonsho ba binash *n.* ধ্বংস বা বিনাশ wreck
dhonshoprapto bishoi ashoi *n.* ধ্বংসপ্রাপ্ত বিষয় আশায় wreckage
dhonshosabesh *n.* ধ্বংসাবশেষ debris
dhonsompod *n.* ধনসম্পদ mammon
dhonurbidya *n.* ধনুর্বিদ্যা archery

dhonushtonkar rog *n.* ধনুষ্টঙ্কার রোগ tetanus
dhopa *n.* ধোপা washerman
dhora *v.t.* ধরা catch
dhora *v.* ধরা hold
dhora *v.t.* ধরা suppose
dhore newa *v.t.* ধরে নেওয়া assume
dhore rakha *v.t.* ধরে রাখা restrain
dhore rakha *v.t.* ধরে রাখা sustain
dhormiyo *adj.* ধর্মীয় religious
dhormiyo achar *adj.* ধর্মীয় আচার rituals
dhormiyo mat *n.* ধর্মীয় মাত creed
dhormiyo onusthan *n.* ধর্মীয় অনুষ্ঠান ceremony
dhormiyo protha *n.* ধর্মীয় প্রথা cult
dhormo porayon *adj.* ধর্মপরায়ণ chaste
dhormo somproday theke bohuskrito kora *v.t.* ধর্মসম্প্রদায় থেকে বহিষ্কৃত করা excommunicate
dhormobichchhed *n.* ধর্মবিচ্ছেদ schism
dhormobiswas *n.* ধর্মবিশ্বাস religion
dhormodrouhik *n.* ধর্মদ্রৌহিক sacrilegious
dhormoghot *v.t.* ধর্মঘট strike
dhormogrontho *n.* ধর্মগ্রন্থ koran
dhormojajok *n.* ধর্মযাজক chaplain
dhormomot *n.* ধর্মমত dogma
dhormopalone poschadpor howa *v.i.* ধর্মপালনে পশ্চাদপর হওয়া backslide
dhormosongeet *n.* ধর্মসঙ্গীত anthem
dhormosonghbishesher sodoswo *n.* ধর্মসঙঘবিশেরষের সদস্য friar
dhormotwtwo bid *n.* ধর্মতত্ত্ববিদ theologian
dhormoyototwo *n.* ধর্মতত্ত্ব theology
dhormozajoker britti *n.* ধর্মযাজকের বৃত্তি benefice
dhoron *n.* ধরন mode
dhorshon *n.* ধর্ষণ rape
dhowa *v.t.* ধোয়া wash
dhoyamoy *adj.* ধোঁয়াময় smoky
dhrishto *adj.* ধৃষ্ট pert
dhrubotara *n.* ধ্রুবতারা pole-star
dhrutogami rokhi jahaj *n.* দ্রতগামী রক্ষী জাহাজ frigate
dhu sobdo *n.* ধুপ শব্দ thud
dhua *n.* ধুঁয়া smoke
dhulisat kora *v.t.* ধুলিসাৎ করা rase
dhulisat kora *v.t.* ধুলিসাৎ করা raze
dhulite achadito *adj.* ধুলিতে আচ্ছাদিত dusty
dhulo *n.* ধুলা dust
dhumdham *n.* ধুমধাম pomp
dhumketu *n.* ধুমকেতু comet
dhumoki *n.* ধুমকি threat
dhumon *n.* ধুমন fumigation
dhumpayee *n.* ধুমপায়ী smoker
dhup *n.* ধুপ incense
dhurto *adj.* ধুর্ত cunning
dhurto ধুর্ত minx
dhurto *adj.* ধুর্ত wily
dhusor *adj.* ধুসর gray
dhusor *adj.* ধুসর grey
dhwanshathmok *adj.* ধ্বংসাত্মক destructive
dhwansho *v.t.* ধ্বংস destroy
dhwansho *n.* ধ্বংস destruction
dhwanshoniyo *adj.* ধ্বংসনীয় destructible
dhwni othoba okshor lop kora *v.t.* ধ্বনি অথবা অক্ষর লোপ করা elide
dhwongsatwok prani ধ্ধংসাত্মক প্রাণী pest
dhwongso *v.t.* ধবংস perish
dhwongso *n.* ধ্বংশ ruin
dhwongso *n.* ধ্বংশ ruins
dhwongso ধ্বংস subversion
dhwongso kora *v.t.* ধ্বংস করা pulldown
dhwoni *n.* ধ্বনি tone
dhwoni lop *n.* ধ্বনিলোপ elision
dhwonimoy *adj.* ধ্বনিময় sonorous
dhwonito *v.i.* ধ্বনিত resound
dhyan kora *v.t.* ধ্যান করা cogitate
dhyan kora *v.t.* ধ্যান করা contemplate
dhyan. *n.* ধ্যান cogitation
dhyanostho *adj.* ধ্যানস্থ thoughtful
dibyo *adj.* দিব্য supernal

digont *n.* দিগন্ত horizon
dik priborton kor *v.i.* দিক পরিবর্তন করা veer
dim *n.* ডিম egg
dimbakar *adj.* ডিম্বাকার oval
dimbakor attalika bishes *n.* ডিম্বাকার অট্টালিকা বিশেষ amphibian
dimbanu *n.* ডিম্বাণু ovum
dimbashoy *n.* ডিম্বাশয় ovary
dimber swetanshon *n.* ডিম্বের শ্বেতাংশ albumen
dime ta deoa *v.t.* ডিমে তা দেওয়া hatch
dimer kusum *n.* ডিমের কুসুম yolk
din *n.* দিন day
dindoridro *adj.* দীনদরিদ্র needy
dingi nouka *n.* ডিঙ্গি নৌকা cockle
dingiye jauwa *v.t.* ডিঙ্গাইয়া যাওয়া bestried
dinilipi *n.* দিনলিপি diary
dipti *n.* দীপ্তি radiance
diptiman *adj.* দীপ্তিমান radiant
dirghaiyto kora *v.t.* দীর্ঘায়িত করা lengthen
dirghayito *v.t.* দীর্ঘায়িত prolong
dirghayito *v.t.* দীর্ঘায়িত protract
dirghayu *n.* দীর্ঘায়ু longevity
dirghikoron *n.* দীর্ঘীকরণ protraction
dirgho *adj.* দীর্ঘ lank
dirgho bhromon *n.* দীর্ঘ ভ্রমন wandering
dirghosutri *adj.* দীর্ঘসুত্রী dilatory
dirghoswash fela *v.i.* দীর্ঘশ্বাস ফেলা sigh
dirghyo *n.* দীর্ঘ trough
dirghyo kora *v.t.* দীর্ঘ করা elongate
dirghyo nibondho *n.* দীর্ঘ নিবন্ধ dissertation
disha hara *adj.* দিশাহারা crazy
dista *n.* দিস্তা quire
distha *n.* দিস্তা ream
diuk *n.* ডিউক nobleman
diuk khetab *n.* ডিউক খেতাব marquis
diyasholai *n.* দিয়াশলাই match
dk debar jogyo *adj.* ডাক দেবার যোগ্য biddable
dkho *adj.* দক্ষ adroit
dnar *n.* দাঁড় oar
dnar kak *n.* দাঁড় কাক raven
dnarkak *n.* দাঁড়কাক jackdaw
dnater rog *n.* দাঁতের রোগ pyorrhoea
do anashla *adj.* দো-আঁশলা hybrid
dob dob kora *v.i.* দবদব করা throb
doba *p.p.* ডোবা sunk
doba *adj.* ডোবা sunken
dobano *v.t.* ডোবানো immerse
dobano *v.t.* ডোবানো submerge
dobhashi *n.* দোভাষী interpreter
dodoloman howa *v.i.* দোদুল্যমান হওয়া waver
doftor *n.* দফতর office
doga *n.* ডগা tip
dohon *n.* দহন combustion
doibat *adv.* দৈব্যৎ perchance
doibobani *n.* দৈবরাণী oracle
doihik gothon *n.* দৈহিক গঠণ physique
doinondin *adj.* দৈনন্দিন quotidian
doirgho *n.* দৈর্ঘ্য length
dok *n.* ডক dock
dokan *n.* দোকান shop
dokan *n.* দোকান stall
dokhinaborti *adj.* দক্ষিণাবর্তী clockwise
dokhinmeru *adj.* দক্ষিণমেরু antarctic
dokho *adj.* দক্ষ dexterous
dokho *adj.* দক্ষ versed
dokhol *n.* দখল occupancy
dokhol *n.* দখল possession
dokhol kora *v.t.* দখল করা seize
dokhota *n.* দক্ষতা dexterity
dokkhin *n.* দক্ষিন south
dokkhin afrikar mudra *n.* দক্ষিন আফ্রিকার মুদ্রা rand
dokkhin dike দক্ষিন দিকে southward
dokkhin poschim *n.* দক্ষিন পশ্চিম soutÅwest
dokkhini *adj.* দক্ষিণী southern
dokkhinpurbo *adj.* দক্ষিনপুর্ব soutÅeast
dokkho *adj.* দক্ষ proficient
dokkho *adj.* দক্ষ skilful

dokkho *adj.* দক্ষ skilled
dokkhota *n.* দক্ষতা knack
dokkhota *n.* দক্ষতা proficiency
dokkhota *n.* দক্ষতা skill
dokshota *n.* দক্ষতা talent
dol *n.* দল band
dol *n.* দল batch
dol *n.* দল gang
dol *n.* দল herd
dol *n.* দল team
dol *n.* দল troup
dola *v.t.* দোলা sway
dolai molai *v.t.* দলাইমলাই knead
dole dole jog dewa *v.* দলে যোগ দেওয়া accede
doler abhyantore khubdho *n.* দলের অভ্যন্তরে ক্ষুব্ধ faction
dolil *n.* দলিল document
dolil songkranto *aj.* দলিল সংক্রান্ত documentary
dolna *n.* দোলনা cradle
dolna chear *n.* দোলনা চেয়ার rocking-chair
dolobhroshto hoya *n.* দলভ্রষ্ট হওয়া straggler
doloboddhovabe bas kora emon *adj.* দলবদ্ধভাবে বাস করা এমন gregarious
dolok *n.* দোলক pendulum
dolon kashtho *n.* দোলন-কাষ্ঠ trapeze
dom fela *n.* দম ফেলা breathing
dombho *n.* দম্ভ vaunt
domiye deoa *v.t.* দমিয়ে দেওয়া repress
domiye deuwa *v.t.* দমিয়ে দেওয়া discourage
domiye deuwa *adj.* দমিয়ে দেওয়া discouraging
domiye rakha *v.t.* দমিয়ে রাখা oppress
domkol bahini *n.* দমকল বাহিনী fire-brigade
domoka batas *n.* দমকা বাতাস gust
domon *v.t.* দমন coerce
domon *n.* দমন coercion
domon *n.* দমন subjection
domon kora *v.t.* দমন করা overcome
domon kora *v.t.* দমন করা quell
domon kora দমন করা suppress
domon kora *n.* দমন suppression
domonmulok *adj.* দমনমুলক coercive
domonniti *n.* দমননীতি repression
domvopurno byakti *n.* দম্ভপূর্ণ ব্যক্তি boast
dondadesh *n.* দন্ডাদেশ sentence
dondadesh sthogito *n.* দন্ডাদেশ স্থগিত reprieve
dondo *adj.* দন্ড penal
dondomuktota *n.* দন্ডমুক্ততা impunity
dondoniyo *adj.* দন্ডনীয় culpable
donga *n.* ডোঙ্গা canoe
dongso kora *v.t.* দংশন করা bite
dongso mokshika *n.* দংশ মক্ষিকা gadfly
donto *adj.* দন্ত্য dental
dontochiktsok *n.* দন্তচিকিৎসক dentist
doptor *n.* দপ্তর bureau
dor দর rate
dor kosha koshi kora *v.i.* দর কষাকষি করা haggle
dor koshakoshi *v.i.* দর কষাকষি higgle
dora *n.* ডোরা stripe
dora bajikar *n.* দড়া বাজিকর acrobat
doram kore bondho kora *v.t.* দড়াম করে বন্ধ করা slam
dorbesh *n.* দরবেশ dervish
dori *n.* দরী ravine
dori *n.* দড়ি rope
dori *v.t.* দড়ি tie
doridro *adj.* দরিদ্র beggarly
doridro *v.t.* দরিদ্র impoverish
doridro *adj.* দরিদ্র indigent
doridro *adj.* দরিদ্র necessitous
doridro *adj.* দরিদ্র penurious
doridro *adj.* গরিব poor
doridro *n.* দরিদ্র urchin
dorir moto *adj.* দড়ির মত ropish
dorir moto *adj.* দড়ির মত stringy
dorir toiri dolona bichana *n.* দড়ির তৈরি দোলনা-বিছানা hammock
dorja *n.* দরজা door

dorja bishesh *n.* দরজা বিশেষ shutter
dorjar baju *n.* দরজার বাজু stile
dorji *n.* দর্জি tailor
dorshok *n.* দর্শক on-looker
dorshok *n.* দশক spectator
dorshokam *n.* ধর্ষকাম sadism
dorshon *n.* দর্শণ philosophy
dorshon *n.* দর্শন visibility
dorshon sastrer sakha bises *n.* দর্শনশাস্ত্রের শাখাবিশেষ ethics
dorshon songkranto *adj.* দর্শণ সংক্রান্ত philosophic
dorshoniyo দর্শনীয় conspicuous
dorshonsombondhi *adj.* দর্শনসম্বন্ধী visual
dorshonsombondhi *v.t.* দর্শনসম্বন্ধী visualize
dos *adj.* দশ ten
dosh *n.* দোষ guilt
dosh dewa *v.t.* দোষ দেওয়া blame
dosh dewa *v.t.* দোষ দেওয়া condemn
dosh goon *adj.* দশগুন tenfold
dosh hajar koti koti *n.* দশ হাজার কোটি কোটি trillion
dosh lokkher choturghat *n.* দশ লক্ষের চতুর্ঘাত quadrillion
dosharop দোষারোপ allegation
doshi *n.* দোষী culprit
doshi *adj.* দোষী guilty
doshi sabyostokoron *n.* দোষী সাব্যস্তকরণ conviction
doshlokkho *n.* দশ লক্ষ million
doshok *n.* দশক decade
dosom *adj.* দশম tenth
dosom vag *n.* দশম ভাগ tithe
dostnana *n.* দস্তানা glove
dosyu *n.* দস্যু bandit
dosyu *n.* দস্যু brigand
dour *n.* দৌড় race
dour *v.t.* দৌড় run
doya *n.* দয়া kindness
doyalu *adj.* দয়ালু beneficent
doyalu *adj.* দয়ালু benevolent
drabok *adj.* দ্রাবক solvent
draghima rekha *n.* দ্রাঘিমারেখা longitude
drakholtar jono kanchnirmito ghor *n.* দ্রাক্ষালতার জন্য কাচনির্মিত ঘর vinery
dridho *adj.* দৃঢ় fast
dridho *adj.* দৃঢ় firm
dridhosonkolpo *n.* দৃঢ়সংকল্প determination
dridhosonkolpo kora *v.t.* দৃঢ়সংকল্প করা determine
dridhota *n.* দৃঢ়তা firmness
drirh vabe *v.t.* দৃঢ়ভাবে embed
drirhosonkolpo *adj.* দৃঢ়সঙ্কল্প resolute
drirhota *n.* দৃঢ়তা rigidity
dririkora দৃঢ়ীকরা reinforced
dririkoron *n.* দৃঢ়ীকরণ reinforcement
drirobhabe sthapito *v.* দৃঢ়ভাবে স্থাপিত steady
driroprotigo *adj.* দৃঢ়প্রতিজ্ঞ unbending
drirota *n.* দৃঢ়তা resolution
drirota *n.* দৃঢ়তা steadiness
drisho *adv.* দৃশ্য visibly
drishti bhongi *n.* দৃষ্টিভঙ্গি outlook
drishti jhapsa kora *adj.* দৃষ্টি ঝাপসা করা blear
drishti sonkranto *adj.* দৃষ্টিসংক্রান্ত optical
drishtihinder porar jnz chapar poddhoti *v.t.* দৃষ্টহীনদের পড়বার জন্য ছাপার পদ্ধতি braille
drishtishokti *n.* দৃষ্টিশক্তি sight
drishyo *n.* দৃশ্য scene
dristigraho *adj.* দৃষ্টিগ্রাহ্য visible
drisyoto *adv.* দৃশ্যত quasi
dritarsonge bola *v.* দৃঢ়তারসঙ্গে বলা affirm
dro *v.i.* দ্র is
droboniyo *adj.* দ্রবণীয় soluble
droboniyota *n.* দ্রবণীয়তা solubility
drobyo *n.* দ্রব্য article
drobyo *n.* দ্রব্য stuff
drobyo binimoy kora *v.t.* দ্রব্য বিনিময় করা barter
droshta *n.* দ্রষ্টা seer

drrishti *n.* দৃষ্টি eyesight
drrishti vrom *n.* দৃষ্টিভ্রম hallucination
drrishtibhongi *n.* দৃষ্টিভঙ্গি standpoint
drutata *n.* দ্রুততা haste
druto *n.* দ্রুত gambol
druto *adj.* দ্রুত quick
druto *n.* দ্রুত rap
druto *adj.* দ্রুত rapid
druto *adj.* দ্রুত swift
druto briddhi *adj.* দ্রুত বৃদ্ধি resourceful
druto dhabon *v.t.* দ্রুত ধবন scamper
druto poribortonshil *adj.* দ্রুত পরিবর্তনশীল kaleidoscopic
druto preron *n.* দ্রুত প্রেরণ dispatch
drutogami oswo bises *n.* দ্রুতগামী অশ্ববিশেষ barb
drutogoti *n.* দ্রুতগতি career
drutogotisomponno *n.* দ্রুতগতিসম্পন্ন quickness
drutogotite chola দ্রুতগতিতে চলা spank
drutogotite chola *adj.* দ্রুত speedy
drutota *n.* দ্রুততা celerity
drutota *n.* দ্রুততো rapidity
drutota *n.* দ্রততা swiftness
dshomik *adj.* দশমিক decimal
du chakar gari *n.* দু চাকার গাড়ী cart
dubar *adv.* দুবার twice
dube jaoa *v.i.* ডুবে যাওয়া sink
dube mora *v.t.* ডুবে মরা drown
dubethaka *v.t.* ডুবেথাকা submerse
dubiye deoa *v.i.* ডুবিয়ে দেওয়া plunge
dubjahaj *adj.* ডুবজাহাজ submarine
dudher moto *adj.* দুধের মত milky
dudhwala *adj.* দুধওয়ালা milkman
dudhwala *n.* দুধ milk
duh sahos *n.* দুঃসাহস audacity
duh sahosi *adj.* দুঃসাহসী audacious
duhschinta *n.* দুশ্চিন্তা anxiety
dui *n.* দুই twain
dui *adj.* দুই two
dui kokhoyo jukto *adj.* দুই কক্ষ যুক্ত bicameral
dui mastulwala paltola nouka *n.* দুই মাস্তুলওয়ালা পালতোলা নৌকা yawl
dui mastulwala pot bises *n.* দুই মাস্তুল ওয়ালা পোত বিশেষ brig
dui pa dui pase *adv.* দুই পা দুই পাশে astride
duker upadhi ba podobi *n.* ডিউকের উপাধি বা পদবি dukedom
dukho *n.* দুঃখ woe
dukhojonokbabe *adv.* দুঃখজনকভাবে unfortunately
dukhyo ba kosto dayok *adj.* দুঃখ বা কষ্টদায়ক grievous
dukhyo dewa *v.t.* দুঃখ দেওয়া grieve
dukhyo durdosar karon *n.* দুঃখ দুর্দশার কারণ grievance
dukhyo jonok *adj.* দুঃখজনক tragic
dukhyo kosto vog kora *v.t.* দুঃখ কষ্ট ভোগ করা endure
dukkhito *adj.* দুঃখিত sorry
dukkho *n.* দুঃখ pathos
dukkho *n.* দুঃখ sorrow
dukkhobedona *n.* দুঃখবেদনা suffering
dukkhopurno দুঃখপুর্ণ sorrowful
dulki cale dhabito houwa *v.t.* দুলকি চালে ধাবিত হউয়া trot
dumre muchre *v.* দুমড়ে মুচড়ে crush
dumur gach *n.* ডুমুর গাছ fig
dur *prep.* দূর tele
dur hou *int.* দূর হও begone
dur kora *v.t.* দুর করা dispel
dur kora *v.* দুর করা dissipate
dur theke dekha *v.t.* দুর থেকে দেখা espy
durbakyo দুর্বাক্য invective
durbhabonagrosto *v.t.* দর্ভাবনাগ্রস্ত misgive
durbhago *n.* দুর্ভাগ্য fatality
durbhagojonok *adj.* দুর্ভাগ্যজনক unfortunate
durbhagomulok *adj.* দুর্ভাগ্যমুলক disastrous
durbhagyo *n.* দুর্ভাগ্য misadventure
durbhagyo *n.* দুর্ভাগ্য mischance

durbhagyo *n.* দুর্ভাগ্য misfortune
durbhash *n.* টেলিফোন phone
durbhedyo দুর্ভেদ্য impenetrable
durbhedyo sthan *v.t.* দুর্ভেদ্য স্থান redoubt
durbhedyo sthan *n.* দুর্ভেদ্য স্থান redoubt
durbhik *n.* দুর্ভিক্ষ famine
durbin *n.* দূরবীন telescope
durbin *n.* দূরবীন binocular
durbodh *adj.* দুর্বোধ্য abstruse
durbodhyo *adj.* দুর্বোধ্য esoteric
durbodhyo *adj.* দুর্বোধ্য inscrutable
durbodhyo *adj.* দুর্বোধ্য recondite
durbol *adj.* দুর্বল frail
durbol *adj.* দর্বল meagre
durbol *adj.* দুর্বল rickety
durbol *adj.* দুর্বল unmanly
durbol *adv.* দুর্বল weak
durbol howa *v.t.* দুর্বল হওয়া weaken
durbol kora *v.t.* দুর্বল করা debilitate
durbol kora' *v.t.* দুর্বল করা enfeeble
durbol manus *n.* দুর্বল মানুষ weakling
durbolbhabe *adj.* দুর্বলভাবে weakly
durbolota দুর্বলতা infirmity
durbolota *n.* দুর্বলতা weakness
durborti *adj.* দুরবর্তী far
durborti sthan *adj.* দূরবর্তী স্থান afar
durbritto *n.* দুর্বৃত্ত miscreant
durbritto *n.* দুর্বত্ত rogue
durbritto dhom *adj.* দুর্বৃত্তোধম iniquitous
durbrittodoler sordar *n.* দর্বৃত্তদলের সর্দার ringleader
durbyabohar *v.t.* দুর্ব্যবহার maltreat
durbyaboharer jobab *v.t.* দুর্ব্যবহারের জবাব retaliate
durdanto *adj.* দুর্দান্ত redoubtable
durdanto *adj.* দুর্দান্ত terrific
durdom *adj.* দুর্দম intractable
durdorshita *n.* দুরদর্শিতা foresight
durdorshita *n.* দুরদর্শিতা prudence
durdosha *n.* দুর্দশা predicament
durdoshagrosto *adj.* দুর্দশাগ্রস্ত afflictive
durdristi *adj.* দুরদৃষ্টি vision
dure *adv.* দূরে away
durghodho chhorano *n.* দুর্গন্ধ ছড়ানো stink
durghothna *n.* দুর্ঘটনা accident
durghotnamulok *adj.* দুর্ঘটনামূলক accidental
durghotona *n.* দুর্ঘটনা casualty
durgo *n.* দুর্গ castle
durgo *n.* দুর্গ fort
durgo *n.* দুর্গ fortress
durgo prachirer bohirangso দূর্গ প্রাচীরের বহিরাংশ bastion
durgo roksharthe kella *n.* দূর্গ রক্ষার্থে কেল্লা bastille
durgokoron *n.* দর্গকরণ fortification
durgom *adj.* দুর্গম inaccessible
durgondho *n.* দুর্গন্ধ stench
durgoti *n.* দুর্গতি misery
durjon, bodmash *n.* দুর্জন, বদমাশ villain
durjoy *adj.* দুর্জয় impregnable
durjoy *adj.* দুর্জয় insurmountable
durlobh দুর্লভ rare
durniti *n.* দুর্নীতি corruption
durnitigrosto *adj.* দুর্নীতিগ্রস্ত corrupt
durobikshon *adj.* দূরবীক্ষণিক telescopic
duroborti *adj.* দুরবর্তী distant
duroborti *adj.* দুরবর্তী remote
duroborti *adj.* দুরবর্তী ulterior
durodorshi *adj.* দুরদর্শী provident
duromudron jontro *n.* দূরমুদ্রণ যন্ত্র teleprintery
durotwo *n.* দুরত্ব distance
durovas *n.* দূরভাষ telephone
dusahos *adj.* দুঃসাহস daring
duschina howa *v.t.* দুশ্চিন্তা হওয়া worry
duschinta prito *n.* দুশ্চিন্তা পীড়িত careworn
duschoritro *n.* দুশ্চরিত্র rakish
dushito kora *v.t.* দুষিত করা contaminate
dushito kora *v.t.* দুষিত করা infect
dushito kora *v.t.* দুষিত করা pollute
dushito kora *v.t.* দুষিত করা vitiate

dushon *n.* দুষণ pollution
dushpathyo *adj.* দুষ্পাঠ্য illegible
dushpathyo *adj.* দুষ্পাঠ্য illiberal
dushprapyo *adj.* দুষ্প্রাপ্য scarce
dushto *adj.* দুষ্ট naughty
dushtota *n.* দুষ্টতা turpitude
dushtu bron *n.* দুষ্টব্রণ carbuncle
dusit *v.t.* দুষিত defile
dusit, klusito *adj.* দুষিত, কলুষিত vicious
duskormo shjogi *n.* দুষ্কর্মে সহযোগী accomplice
dusprapyota *n.* দুষ্প্রাপ্যতা scarcity
dusswopno *n.* দুঃস্বপ্ন nightmare
dustho *adj.* দঃস্থ miserable
dusthota *n.* দুঃস্থতা destitution
dustor byabodhan *n.* দুস্তর ব্যবধান chasm
dustu *adj.* দুষ্ট evil
dustumi vora manush *n.* দুষ্টুমিভরা মানুষ gipsy
duta bas *n.* দুতাবাস embassy
duta bas *n.* দুত emissary
duti sakhay bivokto kora *v.t.* দুটি শাখায় বিভক্ত করা bifurcate
duyer je kono ekoti *adj.* দুয়ের যে কোনো একটি either
duyer modhye *prep.* দুয়ের মধ্যে between
dwadosh *n.* দ্বাদশ twelfth
dwaitwo grohon kora *n.* দায়িত্ব গ্রহণ করা undertake
dwaitwo hostantorito howa *v.t.* দায়িত্ব হস্তান্তরিত হওয়া devolve
dwandikta *n.* দ্বান্দ্বিকতা dialectic
dwandojudho *n.* দ্বন্দ্বযুদ্ধ duel
dwani sompsarok *n.* ধ্বনি সম্পসারক amplification
dwansho *n.* ধ্বংস dereliction
dwansho *n.* ধ্বংস devastation
dwansho kora *v.* ধ্বংস করা devastate
dwar pranto *n.* দ্বারপ্রান্ত threshold
dwara *adv.* দ্বারা by
dwara *n.* দ্বারা dint
dwarik *n.* দ্বারিক usher
dwarjukto probes *n.* দ্বারযুক্ত প্রবেশ gateway
dwarmondop *n.* দ্বারমন্ডপ portico
dwarrokhok *n.* দ্বাররক্ষক doo¤keeper
dwarrokkhok *n.* দ্বাররক্ষক janitor
dwartho bodhok *adj.* দ্ব্যর্থবোধক equivocal
dwi barshik *adj.* দ্বি-বার্ষিক biennial
dwi khondito kora *v.t.* দ্বিখন্ডিত করা bisect
dwi khondito rekha *n.* দ্বিখন্ডিত রেখা bisector
dwi vasi *adj.* দ্বি-ভাষী bilingual
dwibarshik দ্বিবার্ষিক bi-annual
dwidha *v.i.* দ্বিধা hesitate
dwidha *n.* দ্বিধা hesitation
dwidha *n.* দ্বিধা quandary
dwidha kra *v.t.* দ্বিধা করা vacillate
dwidhapurno vhabe *v.i.* দ্বিধাপুর্ণভাবে চলা falter
dwidhar songe *adj.* দ্বিধার সঙ্গে hesitating
dwidhater sohosomikoron *adj.* দ্বিধাতের সহসমীকরণ quadratic
dwigun *n.* দ্বিগুন double
dwigun *adj.* দ্বিগুন dual
dwigun *adj.* দ্বিগুন duplex
dwigun kora *v.t.* দ্বিগুণ করা reduplicate
dwimasik দ্বিমাসিক bimonthly
dwimukhi achoron *v.t.* দ্বিমুখী আচরণ palter
dwip *jn.* দ্বীপ isle
dwip *n.* দ্বীপ island
dwipadi slok *n.* দ্বিপাদী শ্লোক couplet
dwipakhshik *adj.* দ্বি-পাক্ষিক bilateral
dwipod prani *n.* দ্বিপদ প্রানী biped
dwi-putok bij *adj.* দ্বি-পুটক বীজ bivalve
dwirasik *adj.* দ্বিরাশিক binomial
dwirukti *n.* দ্বিরুক্তি tautology
dwisib *adj.* দ্বিশিব bicephalous
dwitiyo *adj.* দ্বিতীয় second
dwnde ahban *n.* দ্বন্দে আহ্বান cartel

dwndwo *v.t.* দ্বন্দ্ব conflict
dwoitosongit *n.* দ্বৈতসঙ্গিত duet
dwojjal, ronchondi mohila *n.* দজ্জাল, রণচন্ডী মহিলা virago
dwondwojuddho *n.* দ্বন্দ্বযুদ্ধ rapier

dyutimoy *adj.* দ্যুতিময় lustrous

E

e guli *n.* এগুলি these
e, o *pro* এ, ও it
ebhabe sonjukto kora *v.t.* এভাবে সংযুক্ত করা dovetail
edik odik ghora *n.* এদিক ওদিক ঘোরা meander
egaro *adj.* এগারো eleven
egiye jaoa *v.t.* এগিয়ে যাওয়া sail
egoler thoter moto banka *adj.* ঈগলের ঠোঁটের মত বাঁকা aquiline
ei *pro.* এই this
ei je hyalo এই যে,হ্যালো hallo
ei muhurte *adv.* এই মুহূর্তে forthwith
ei shorte *conj.* এই শর্তে provided
ei vabe *adv.* এইভাবে thus
ek *adj.* এক one
ek chetiya *adj.* একচেটিয়া exclusive
ek choturthangso *n.* এক চতুর্থাংশ quarter
ek dhoroner batali *n.* এক ধরনের বাটালি gouge
ek dhoroner bishodhor saap এক ধরনের বিষধর সাপ viper
ek guye *adj.* একগুঁয়ে dogged
ek jahaj theke onyo jahaje sthanontoron এক জাহাজ থেকে অন্য জাহাজে স্থানান্তরণ trans-ship
ek jatiyo pakhi *n.* এক জাতিয় পাখি woodpecker
ek kendrik *adj.* এককেন্দ্রিক concentric
ek kosi chotrak bishes *n.* এককোষী ছত্রাকবিশেষ yeast
ek ordhangso *n.* এক অর্ধাংশ moiety
ek prokar dhatu *n.* এক প্রকার ধাতু antimony
ek prokar gach *n.* এক প্রকার গাছ willow
ek siling *n.* এক শিলিং bob
eka *adj.* একা lone
ekadosh *adj.* একাদশ eleventh
ekagro *adj.* একাগ্র intent
ekaki *adj.* একাকী unaccompanied
ekakitwo *adj.* একাকিত্ব lonesome
ekakitwo *n.* একাকিত্ব solitariness
ekakitwo *n.* একাকিত্ব solitude
ekangikoron *n.* একাঙ্গীভবন integration
ekanko *n.* একাঙ্ক unit
ekante *adv.* একান্তে privately
ekanto bhabe niyojito *adj.* একন্তভাবে নিয়োজিত devoted
ekanto sikhok *n.* একান্ত শিক্ষক tutor
ekantota *n.* একান্ততা privacy
ekbar *adv.* একবার once
ekbar ekti bharar jotota lom chanta hoi *n.* একবারে একটি ভেড়ার যতটা লোম ছাঁটা হয় fleece
ekbhut kora *v.t.* একীভুত করা unify
ekbigomon *n.* একবিবাহ monogamy
ekchchhotro *v.t.* একচ্ছত্র monopolize
ekchetiya *n.* একচেটিয়া monopoly
ekdhoroner kukur *n.* একধরনের কুকুর bull-dog
ekdhoroner mod *n.* একধরনের মদ brandy
ekdom chup একদম চুপ mum
eke eke একে একে respetively
ekebare ntun *adj.* একেবারে নতুন brand-new
ekesworbad *n.* একেশ্বর বাদ monotheism
ekgheye *adj.* একঘেষে monotonous
ekgheyemi *n.* একঘেয়েমি monotony
ekgheyemi *n.* একঘেয়েমি sameness
ekgheyemi *n.* একঘেয়েমি tedium

ekgheyemi jonito birokti *n.* একঘেয়েমি জনিত বিরক্তি boredom
ekghore kora *v.t.* একঘরে করা boycott
ekgnue *adj.* এ্কগুঁয়ে obdurate
ekgnuye *adj.* একগুঁয়ে headstrong
ekgnuye *adj.* একগুঁয়ে pigheaded
ekgnuye *adj.* একগুঁয়ে refractory
ekgram khadyo *n.* একগ্রাম খাদ্য bit
ekguye *adj.* একগুঁয়ে stubborn
ekguyemi *n.* একগুঁয়েমি stubbornness
ekhane *adv.* এখানে here
ekhane *adv.* এখানে hither
ekhon *adv.* এখন now
ekhon porjonto *adv.* এখন পর্যন্ত hitherto
ekhon porjonto *adv.* এখন পর্যন্ত yet
ekhon theke *adv.* এখন থেকে hence
ekhono bidyoman *adj.* এখনও বিদ্যমান extant
eki *adj.* একই same
eki somoye ja ghotechhe *adj.* একই সময়ে যা ঘটছে simultaneous
ekikoron *n.* একীকরণ union
ekiprokar *n.* একই প্রকার sort
ekkolborti kora *v.t.* এককলবর্তী করা synchronize
eklokhyo koti *n.* একলক্ষ কোটি billion
ekmoth howa *v.* একমত হওয়া agree
ekmukhi probah niyontroner jonno jantrik koushalbishisto *n.* একমুখী প্রবাহ নিয়ন্ত্রণের জন্য যান্ত্রিক কৌশলবিশেষ valve
ekmutho *n.* হাত কড়া handcuffs
eknama *n.* একনামা namesake
eknayok *n.* একনায়ক dictator
eko kore *adv.* এক করে singly
ekoirupe *adv.* একইরুপে likewise
ekojima *n.* একজিমা eczema
ekojoge *adv.* একযোগে enblo
ekok *adj.* একক single
ekok *n.* একক solo
ekok bhabe *adv.* এককভাবে solely
ekokbhabe *adj.* এককভাবে alone
ekoki *adj.* এককী solitary
ekomot houwa *v.i.* একমত হওয়া concur
ekosonge *adv.* একসঙ্গে together
ekotan giti *n.* একতান গীতি singsong
ekotola *n.* একতলা ground floor
ekotorofa *adj.* একতরফা exparte
ekotre badha *v.t.* একত্রে বাঁধা attach
ekotre bas *v.t.* একত্রে বাস cohabit
ekotre ete thaka *adj.* একত্র এঁটে থাকা cohesive
ekotre nokhtropunjo *n.* একত্রে নক্ষত্রপুঞ্জ constellation
ekotre sthapon kora *v.t.* একত্রে স্থাপন করা collocate
ekotri *n.* একত্রী congiomeration
ekotrikoron *n.* একত্রীকরণ merger
ekotro *v.t.* একত্র merge
ekotro kora *v.t.* একত্র করা amalgamate
ekotro kora *v.t.* একত্র করা assemble
ekotro kora *v.t.* একত্র করা mobilize
ekotro pakano *v.t.* একত্র পাকানো intertwine
ekpase *adv.* একপাশে aside
ekpashe goriye pora *n.* একপাশে গড়িয়ে পড়া lurch
ekpeshe *adj.* একপেশে one-sided
ekprokar chora *n.* একপ্রকার ছোরা dirk
ekprokar jhar *adj.* এক প্রকার ঝড়-গাছ hazel
ekrup *adj.* একরূপ uniform
eksathe *adj.* একসাথে synchronous
eksho koti *n.* একশ কোটি milliard
eksonge bedhe rakha *v.t.* একসঙ্গে বেঁধে রাখা stow
ekti vhasar mot sobdosonkhya *n.* একটি ভাষার মোট শব্দসংখ্যা vocabulary
ektri kron *n.* একত্রী করণ amalgamation
ektro bondhon kora *v.t.* একত্র বন্ধন করা bind
elach *n.* এলাচ cardamom
elaka *n.* এলাকা region
elaka vukto jomi *n.* এলাকা ভুক্ত জমি campus
eliye deoa *v.t.* এলিয়ে দেওয়া recline

em pakhi *n.* এক পাখি nightingale
emarot *n.* ইমারত building
emeritas *adj.* ইমেরিটাস emeritus
emonki *adv.* এমনকি even
enamel *n.* এনামেল enamel
enrajee bornomalar prothom akhor ইংরেজী বর্ণমালার প্রথম অক্ষর a
er age *pre.* এর আগে onto
er agei *adv.* এর আগেই already
er, or *pro.* এর, ওর its
erano jaina *adj.* এড়ানো যায়না unavoidable
eriye chola *v.t.* এড়িয়ে চলা avoid
eriye chola *v.t.* এড়িয়ে চলা elude
eriye chola *v.t.* এড়িয়ে চলা eschew
eriye jete socesto *adj.* এড়িয়ে যেতে সচেষ্ট evasive
eso *adv.* এসো on
etao na *adv.* এটাও না neither
ete dhora *v.t.* এঁটে ধরা clutch
ete thaka *v.t.* এঁটে থাকা cling
etotsoh *adv.* এতৎসহ herewith

F

fad *n.* ফাঁদ trap
fajil *adj.* ফাজিল saucy
fak *n.* ফাঁক breach
fala fala kore kata *n.* ফালা ফালা করে কাটা slash
fali *n.* ফালি slice
fandefela *v.t.* ফাঁদে ফেলা entrap
fansi katha *n.* ফাঁসিকাঠ gibbet
fantol *n.* ফাটল aperture
farngach *n.* ফার্নগাছ fern
fasibad *n.* ফ্যাসিবাদ fascism
fasikath *n.* ফাসিকাঠ gallows
fatal *v.t.* ফাটাল crack
fatkabaj *n.* ফটকাবাজ speculator
fatol *n.* ফাটল cleft
fatol *n.* ফাটল crevice
fatol *n.* ফাটল rift
fatol *v.t.* ফাটল slit
fel kora *n.* ফেল করা flunk
fena *n.* ফেনা foam
fena *n.* ফেনা froth
fena *n.* ফেনা scum
fena *n.* ফেনা spume
fena *n.* ফেনা surf
feri kora *v.t.* ফেরি করা peddle
feriowala *n.* ফেরিওয়ালা hawker
feriwala *n.* ফেরিওয়ালা pedlar
ferot deoa *v.t.* ফেরত দেওয়া refund
ferot deoa *v.t.* ফেরত দেওয়া repay
festun *n.* ফেসটুন festoon
fete pora *n.* ফেটে পড়া outburst
fhichel *adj.* ফিচেল flippant
fhonta *n.* ফোঁটা dot
fhonta *v.t.* ফোঁটা drop
fhuler chas *n.* ফুলের চাষী florist
fik fik kore hasa *v.i.* ফিক ফিক করে হাসা giggle
filter *v.t.* ফিল্টার filter
fire paoa *v.t.* ফিরে পাওয়া regain
fire paoya *v.t.* ফিরে পাওয়া recover
firiye ana *v.t.* ফিরিয়ে আনা restore
fis fis kore bola *v.i.* ফিস ফিস করে বলা whisper
fita *n.* ফিতা lace
fita *n.* ফিতা riband
fita *n.* ফিতা tape
flafol *n.* ফলাফল upshot
flannel *n.* ফ্ল্যানেল flannel
fnad *n.* ফাঁদ snare
fnakibaji *n.* ফাঁকিবাজি slackness
fnapa *n.* ফাঁপা hollow
fnari *n.* ফাঁড়ি outpost
fnas *n.* ফাঁস noose
fnas kora *v.t.* ফাঁস করা reveal
fnos *v.t.* ফোঁস hiss
fnos fnos kora *v.t.* ফোঁস ফোঁস করা snort

fol *n.* ফল fruit
fol bikreta *n.* ফল বিক্রেতা fruiterer
fola *v.i.* ফোলা swell
fola *adj.* ফোলা tumid
fola *adj.* ফোলা turgid
folafol *n.* ফলাফল consequence
folafol foloprosu *adj.* ফলপ্রসু effective
folafola *n.* ফলাফল effect
folano *v.t.* ফোলানো distend
folano *n.* ফোলানো inflation
folano jay emon tholi *n.* ফোলানো যায় এমন থলি bladder
folbagan *n.* ফলবাগান orchard
folbishesh *n.* ফল বিশেষ strawberry
foloban *adj.* ফলবান luxuriant
folon *n.* ফোলন swelling
foloprosuta *n.* ফলপ্রসুতা efficacy
foloto *adv.* ফলত thereupon
folprosuta *n.* ফলপ্রসুতা fruition
fonta fonta pora *v.i.* ফোঁটা ফোঁটা পড়া drip
forman *n.* ফরমান charter
formash potro *v.t.* ফরমাশ পত্র indent
foron deoa *v.t.* ফোড়ন দেওয়া interject
foska *n.* ফোস্কা blister
fosol *n.* ফসল crop
fosol kata o ghore tolar kaj *n.* ফসল কাটা ও ঘরে তোলার কাজ harvest
fosol kurano *v.t.* ফসল কুড়ানো glean
fostinosti ফষ্টিনষ্টি dalliance
fostinosti *v.t.* ফষ্টিনষ্টি flirt
fostinosti kora *v.t.* ফষ্টিনষ্টি করা dally
fot fot sobdo *v.i.* ফট শব্দ pop
fota fota dagjukto *adj.* ফোটা ফোটা দাগযুক্ত spotted
fota fota kore jhore pora *v.t.* ফোঁটা ফোঁটা করে ঝরে পড়া trickle
fotano *v.t.* ফোটানো simmer
fotkiri *n.* ফটকিরি alum
fotok *n.* ফটক gate
fowara *n.* ফোয়ারা fountain
frock *n.* ফ্রক frock
fso *n.* ফেঁসো thrum
fu dewa *v.t.* ফুঁ দেওয়া blow
ful *n.* ফুল flower
ful fhotar obostha *n.* ফুল ফোটার অবস্থা florescence
fulbababu *n.* ফুলবাবু dandy
fulbabu *n.* ফুলবাবু popinjay
fuldar *adj.* ফুলদার floral
fuler mala *n.* ফুলের মালা coronet
fuler tob *n.* ফুলতের টব flowe¤pot
fuler tora *n.* ফুলের তোড়া bouquet
fuler tora *n.* ফুলের তোড়া nosegay
fulkopi *n.* ফুলকপি cauliflower
fulkuri *adj.* ফুলকুড়ি rash
funshe otha *v.i.* ফুঁসে ওঠা fulminate
furfure kora *v.t.* ফুরফুর করা flit
furiye dewea *v.t.* ফুরিয়ে দেওয়া deplete
fusfus *n.* ফুসফুস lung
fusfuser rog *n.* ফুসফুসের রোগ pneumonia
fusfusghotito *adj.* ফুসফুসঘটিত pulmonary
fuskuri *n.* ফুস্কুড়ি pimple
futki *n.* ফুটকি ¶ittle
futo ফুটো punctur
futo korar jontro *n.* ফোট করার যন্ত্র punch
futpath *n.* ফুটপাথ pavement
fyakase *adj.* ফ্যাকাশে pallid
fyakase *adj.* ফ্যাকাশে sallow

G

gach *n.* গাছ cinchona
gach *n.* গাছ osier
gache dhaka *n.* গাছে ঢাকা woody
gacher kolom *n.* গাছের কলম graft
gacher kolom *v.t.* গাছের কলম ingraft
gacher kolom lagano *v.t.* গাছের কলম লাগানো engraft
gacher sakha *n.* গাছের শাখা branch

gachher chhoto dal *n.* গাছের ছোট ডাল sprig
gad *n.* গাদ dross
gadagadi kore *v.t.* গাদাগাদি করে huddle
gadagadi obosta *v.t.* গাদাগাদি অবস্থা congest
gadha *n.* গাধা donkey
gadha *n.* গাদ dregs
gadha *n.* গাধা mule
gadhar dak *v.t.* গাধার ডাক bray
gait গাঁইট bale
gajano mod *n.* গাঁজানো মদ tartar
gajor *n.* গাজর carrot
gal *n.* গাল cheek
galer tol *n.* গালের টোল dimple
gali *n.* গলি alley
gali deowa *v.* গালি দেওয়া abuse
galiborshon, proshnobristi *n.* গালিবর্ষন, প্রশ্নবৃষ্টি volley
galicha *n.* গালিচা carpet
gambhirjyo *n.* গাম্ভীর্য seriousness
gambhirjyo *n.* গাম্ভীর্য solemnity
gamocha *n.* গামছা towel
gan *n.* গান song
gan kora *v.i.* গান করা sing
ganer pakhi *n.* গানের পাখি lark
garh *v.t.* গাঢ় thicken
garhota *adv.* গাঢ়তা thinly
gari ghor *n.* গাড়ি ঘর garage
garol *n.* গাড়ল mutt
garoywan *n.* গাড়োয়ান driver
gas *n.* গ্যাস gas
gasiyou jougik *n.* গ্যাসীয় যৌগিক ammonia
gatroborno *n.* গাত্রবর্ণ complexion
gayika *n.* গায়িকা songatress
gayok *n.* গায়ক singer
gayok *n.* গায়ক songster
gayok pakhi *n.* গায়ক পাখি warbler
gbhir *adj.* গভীর deep
gbhirota *n.* গভীরতা depth
gchito kora *v.t.* গচ্ছিত রাখা deposit
gete bat grosto *n.* গেঁটেবাতগ্রস্ত gout
geyon *adj.* গেঁয়ো agrestic
ghagra *n.* ঘাগরা skirt
gham *n.* ঘাম perspiration
gham *n.* ঘাম sweat
ghamachi *heat* ঘমাচি prickly
ghar *n.* ঘাড় nape
ghas *n.* ঘাস grass
ghas *n.* ঘাস pasture
ghas *n.* ঘাস sod
ghas *n.* ঘাস swath
ghas khauwa *v.t.* ঘাস খাওয়া graze
ghati *n.* ঘাঁটি stronghold
ghatti *n.* ঘাটতি deficit
ghatti *n.* ঘাটতি shortage
ghol *n.* ঘোল buttermilk
ghol *n.* ঘোল whey
ghomo fol *n.* ঘনফল cube
ghon *adj.* ঘন dense
ghonivuto *v.i.* ঘনীভুত coagulate
ghono *adj.* ঘন turbid
ghono kora *v.t.* ঘন করা condense
ghono lal *n.* ঘন লাল heath
ghonochok *n.* ঘনছক stereoscope
ghonota *n.* ঘনতা density
ghonta *n.* ঘন্টা bell
ghonta *n.* ঘন্টা hour
ghontadwoni *n.* ঘন্টাধ্বনি knell
ghora *n.* ঘোড়া horse
ghora *n.* ঘোড়া mare
ghora *n.* ঘোড়া nag
ghora *v.t.* ঘোড়া draught
ghorachhonnyo *adj.* ঘোরাচ্ছন্ন dizzy
ghorano *adj.* ঘোরানো devious
ghorar bachha *n.* ঘোড়া বাচ্চা foal
ghorar chokhr thuli *v.t.* ঘোড়ার চোখের ঠুলি blinker
ghorar golar dori *n.* ঘোড়ার গলার দড়ি halter
ghorar jin *n.* ঘোড়ার জিন saddle
ghorar lagam *n.* ঘোড়ার লাগাম bridle
ghoray chora *v.t.* ঘোড়ায় চড়া ride
ghordourer math *n.* ঘোড়াদৌড়ের মাঠ race-course

ghorer bhitor *adv.* ঘরের ভিতর indoors
ghorer poket *n.* ঘড়ির পকেট fob
ghori *n.* ঘড়ি clock
ghori *n.* ঘড়ি dial
ghori *n.* ঘড়ি timepiece
ghori bises *n.* ঘড়িবিশেষ chronometer
ghormakto *adj.* ঘর্মাক্ত sweaty
ghormakto hoya *v.i.* ঘর্মাক্ত হওয়া perspire
ghorowa *adj.* ঘরোয়া domestic
ghoroya *adj.* ঘরোয়া informal
ghorson *n.* ঘর্ষণ friction
ghorsoyar *n.* ঘোড়সওয়ার jockey
ghose churno ba gura kora *v.t.* ঘষে চুর্ণ বা গুঁড়া করা grind
ghose gorom kora *v.t.* ঘযে গরম করা chafe
ghosha *v.t.* ঘযা rub
ghoshamaja *adj.* ঘষামাজা polished
ghoshamaja kora *v.t.* ঘষামাজা করা polish
ghoshona *v.t.* ঘোষণা proclaim
ghoshona *n.* ঘোষণা proclamation
ghoshona kora *v.t.* ঘোষণা করা profess
ghosna kora *v.t.* ঘোষনা করা announce
ghosok *n.* ঘোষক announcer
ghosona *n.* ঘোষনা announcement
ghosona *n.* ঘোষনা declaration
ghota *v.i.* ঘটা become
ghota *v.t.* ঘটা befall
ghota *v.i.* ঘটা happen
ghota *v.i.* ঘটা occur
ghotona *n.* ঘটনা fact
ghotona *n.* ঘটনা incident
ghotona *n.* ঘটনা occurrence
ghotonaponji *n.* ঘটনাপঞ্জি chronicle
ghotonar biborni lekhok *n.* ঘটনার বিবরনী লেখক annalist
ghranshokti *n.* ঘ্রাণশক্তি smell
ghransonkranto *adj.* ঘ্রাণসংক্রান্ত olfactory
ghreena kora *v.* ঘৃণা করা hate
ghrina *adj.* ঘৃন্য damnable
ghrina *n.* ঘৃণ্য despicable
ghrina *v.t.* ঘৃণা despise
ghrina *n.* ঘৃণা rancour
ghrina kora *v.t.* ঘৃনা করা execrate
ghrinai prinot kora *adj.* ঘৃণায় পরিনতকরা abominable
ghrinya *adj.* ঘৃন্য heinous
ghrinyo *adj.* ঘৃণ্য odious
ghritokumari udhbhit *n.* ঘৃতকুমারী উদ্ভিত aloe
ghritokumari udhbhit *n.* ঘৃতকুমারী উদ্ভিত aloes
ghroake korar soronjam *n.* ঘোড়াকে নিয়ন্ত্রন করার সরজ্ঞাম harness
ghrrina *n.* ঘৃণা contempt
ghrrina kora *v.t.* ঘৃনা করা disdain
ghrrinya *adj.* ঘৃণা contemptuous
ghrrinyo *adj.* ঘৃণ্য contemptible
ghughu *n.* ঘুঘু dove
ghughur dak *n.* ঘুঘুর ডাক coo
ghum *n.* ঘুম sleep
ghum bhangano *v.t.* ঘুম ভাঙ্গানো wake
ghum parano *v.t.* ঘুম পাড়ানো lull
ghum paranor gan *n.* ঘুম পাড়ানোর গান lullaby
ghume dhulu dhulu kora *v.t.* ঘুমে ঢুলু ঢুলু করা doze
ghunpoka *n.* ঘুণপোকা termite
ghunti *n.* ঘুঁটি dice
ghure berano *v.i.* ঘুরে বেড়ানো roam
ghuri *n.* ঘুড়ি kite
ghuriye kotha bola *n.* ঘুরিয়ে কথাবলা circumlocution
ghurni *n.* ঘুর্ণী vortex
ghurni bayu *n.* ঘুর্ণিবায়ু whirlwind
ghurni tola *v.i.* ঘুর্ণি তোলা swirl
ghurnijhor *n.* ঘুর্ণিঝড় cyclone
ghurnishrot *n.* ঘুর্ণিস্রোত whirlpool
ghurnon *v.t.* ঘুর্নন turn
ghurpak khawa *v.t.* ঘুরপাক খাওয়া whirl
ghurpoth *n.* ঘুরপথ by-path
ghush dewa *v.t.* ঘুষ দেওয়া bribe

ghush prodan *n.* ঘুষ প্রদান bribery
ghusi ba kil mara *v.t.* ঘুষি বা কিল মারা thump
giccho *n.* গুচ্ছ tufa
gijgijkora *n.* গিজগিজ করা seethe
giri *n.* গিরি hillock
giri sonkot *n.* গিরিসঙ্কট gorge
girja *n.* গির্জা cathedral
girja *n.* গির্জা chapel
girja *n.* গির্জা church
girja podostho kormochari *n.* গির্জা পদস্থ কর্মচারী beadle
girja ba jajok somporrkiyo *adj.* গির্জা বা যাজক সম্পর্কীয় ecciesiastical
girja chara onyo dhormo sthan *n.* গির্জা ছাড়া অন্য ধর্মস্থান tabernacle
girjar ghontaghor *n.* গির্জার ঘন্টাঘর belfry
girjar onusason *n.* গীর্জার অনুশাসন cannon
girjar sthombho pribesti ghorano sthan ba gli *n.* গির্জার স্তম্ভ পরিবেষ্টিত ঘোরান স্থান বা গলি aisle
girjasonglogno somdhi khetro *n.* গির্জাসংলগ্ন সমাধিক্ষেত্র church-yard
gitikar *n.* গীতিকার minstrel
gitikobita *n.* গীতিকবিতা lyric
gitinatok *n.* গীতিনাটক opera
giyar *n.* গিয়ার gear
gligalaj purno *adj.* গালিগালাজ পূর্ণ abusive
glisarin *n.* গ্লিসারিন glycerine
gnada ful *n.* ফুল marigold
gnathar jontrobishesh *n.* গাঁথার যন্ত্রবিশেষ staple
gneo bhut *n.* গেঁয়ো ভুত oaf
gnit *n.* গিট knot
gnitjukto *adj.* গিটযুক্ত knotty
gnof *n.* গোঁফ moustache
gnoj *n.* গোঁজ picket
gnora *adj.* গোঁড়া orthodox
gnora skul sikkhok *n.* গোঁড়া স্কুলশিক্ষক pedant
gnura kora *v.t.* গুঁড়া করা pulverize
gnuro *n.* গুঁড়া powder
gnuti *n.* গুঁটি pod
gobadi poshur shukno khadya *n.* গবাদি পশুর শুকন্য খাদ্য fodder
gobadi posu *n.* গবাদি পশু cattle
gobadi posur nyay *adj.* গবাদি পশুর ন্যায় bovine
gobeshona *v.* গবেষনা experiment
gobeshona *n.* গবেষনা research
gobeshonagar *n.* গবেষণাগার laboratory
gobeshonar uddeshye vromon *v.t.* গবেষমার উদ্দেশ্য ভ্রমন explore
gobhir bhabe shrodha *v.t.* গভীরভাবে শ্রদ্ধা venerate
gobhir bideweshi *n.* গভীর বিদ্বেষী malignity
gobhir shrodha *n.* গভীর শ্রদ্ধা veneration
gobhirbhabe *adv.* গভীরভাবে soundly
gobhopatit *adj.* গর্ভপাতিত abortive
gobor *n.* গোবর muck
goboshala *n.* গব্যশলা dairy
goda *n.* গদা bludgeon
goda *n.* গদা club
goda *n.* গদা mace
godhuli *n.* গোধূলি twilight
godi *n.* গদি cushion
godi *v.t.* গদি upholster
godi ata ason *n.* গদি আঁটা আসন couch
godichuto kora *v.t.* গদিচ্যুত করা unseat
godyomoy *adj.* গদ্যময় prosaic
godyomoy *n.* গদ্য prose
gogonchumbi imarot *n.* গগনচুম্বী ইমারত sky-scraper
gograse gela *v.t.* গোগ্রাসে গেলা devour
gograse gela *v.t.* গোগ্রাসে গেলা gobble
gohona rakhar bakso *n.* গহনা রাখার বাক্স casket
goj *v.i.* গোঁজ strut
goj *n.* গোঁজ tack
gol *adj.* গোল round
gola *v.t.* গলা melt
gola *n.* গলা neck

gola *v.t.* গলা thaw
gola *n.* গলা throat
gola ba golano *v.t.* গলা বা গলানো fuse
gola tipe dhora *v.t.* গলা টিপে ধরা strangle
golabari *n.* গোলাবাড়ী barn
golakar bostu *n.* গোলাকার বস্তু globe
golakar hatol *n.* গোলকার হাতল knob
golakar patro *n.* গোলাকার পাত্র tub
golakar smotor thalar mot bostu *n.* গোলকার সমতল থালার মত বস্তু disc
golakar unmukto jolopatro *n.* গোলাকার উন্মুক্ত জলপাত্র basin
golano *v.t.* গলানো dissolve
golano *v.t.* গলানো smelt
golap *n.* গোলাপ rose
golapbag *n.* গোলাপবাগ rosary
golapi *n.* গোলাপি pink
golapi *adj.* গোলাপি rosy
golapi palok *n.* গোলাপি পালক flamingo
golapi ronger *adj.* গোলাপি রঙের roseate
golapkriti badge *n.* গোলাপকৃতি ব্যাজ rosette
golar sobdo kora *v.t.* গলায় শব্দ করা burr
golar prodaho *n.* গলার প্রদাহ quinsy
golda *n.* গলদা lobster
golgal *adj.* গোলগাল chubby
golgal *adj.* গোলগাল portly
goli *n.* গলি lane
golito *adj.* গলিত molten
golmorich *n.* গোলমরিচ pepper
golobostro *n.* গলবস্ত্র scarf
golof khela *n.* গলফ খেলা golf
golojog *n.* গোলযোগ turmoil
golojogpurno *adj.* গোলযোগপুর্ণ roaring
golok *n.* গোলক orb
golok *n.* গোলক sphere
golokakar *adj.* গোলকাকার spherical
golokdhnadha *n.* গোলকধাঁধা maze
golondaj soinik *n.* গোলন্দাজ সৈনিক gunner
golondajbahini *n.* গোলন্দাজবাহিনী ordnance
golpo *adj.* গল্প narrative
golpo *n.* গল্প story
golui *n.* গলুই prow
gom *n.* গম wheat
go-mangso *n.* গো-মাংস beef
gomardho *n.* গোমার্ধ hemisphere
gombhir *adj.* গম্ভীর demure
gombhir *adj.* গম্ভীর serious
gombuj *n.* গম্বুজ dome
gomon *n.* গমন passage
gomon *n.* গমন transit
gomonodyit *adj.* গমনোদ্যত agog
gomosta *n.* গোমস্তা bailiff
gomramukho *adj.* গোমড়া মুখো stuffy
gomramukho *adj.* গোমড়া মুখো sulky
gona *v.t.* গোনা count
gondar *n.* গন্ডার rhinoceros
gondho *n.* গন্ধ odour
gondho *n.* গন্ধ scent
gondhok *n.* গন্ধক brimstone
gondhokamlaghotito je kon lobon *n.* গন্ধকাম্লঘটিত যে কোন লবন vitriol
gondhokjato lobon *n.* গন্ধকজাত লবন sulphate
gondhokjato lobon *n.* গন্ধক sulphur
gondhorosh *n.* গন্ধরস myrrh
gongano *v.i.* গোঙ্গানো groan
gongone *adj.* গনগনে lurid
gonikaloy *n.* গণিকালয় brothel
gonit *n.* গণিত mathematics
gonobhot *n.* গনভোট plebiscite
gonona *v.t.* গণনা করা enumerate
gonona kora *v.* গণনা করা compute
gonona kora *n.* গণনা computation
gonra vokto *n.* গোঁড়া ভক্ত bigot
gontantrik *n.* গনতান্ত্রিক democrat
gontobosthal *n.* গন্তব্যস্থল destination
gontontro *n.* গনতন্ত্র democracy
gontrantrik *adj.* গনতান্ত্রিক demoratic
gopon *adj.* গোপন furtive
gopon *adj.* গোপন privy

gopon *n.* গোপন secret
gopon chukti *n.* গোপন চুক্তি collusion
gopon kora *v.t.* গোপন করা conceal
gopon kotha *v.t.* গোপন কথা ফাঁস divulge
gopon rakhar obhyosto *adj.* গোপন রাখার অভ্যাস্ত secretive
gopone *adj.* গোপনে stealthy
goponiyo bhabe *n.* গোপনীয়ভাবে stealth
goponiyota *n.* গোপনীয়তা secrecy
goponvabe *adj.* গোপনভাবে confidential
gor *n.* গড় average
gora *v.t.* গড়া forge
gora *adj.* গোঁড়া stanch
gora *adj.* গোঁড়া staunch
gora motbad prokash *adj.* গোঁড়া মতবাদ প্রকাশ dogmatic
gorali *n.* গোড়ালি heel
goralir ganth *n.* গোঁড়ালির গাঁট ankle
gorano *v.t.* গড়ানো roll
gorano *adj.* গড়ানো rolling
gorbhabostha *n.* গর্ভাবস্থা pregnancy
gorbhashoy oposoron *v.t.* গভর্ভাশয় অপসরণ spay
gorbhoboti *v.t.* গর্ভবতী করা impregnate
gorbhoboti *adj.* গর্ভবতী pregnant
gorbhopat *n.* গর্ভপাত abortion
gorbhopat *n.* গর্ভপাত miscarriage
gorbhopat kora *v.* গর্ভপাত হওয়া abort
gorbito *adj.* গর্বিত proud
gorbo *n.* গর্ব pride
gordobh *n.* গর্দভ jackass
gordov *n.* গর্দভ ass
gorer math *n.* গড়ের মাঠ esplanade
gorimosi *n.* গড়িমসি tardiness
gorimosi kora *v.t.* গড়িমসি করা procrastinate
gorishtosobha *n.* গরিষ্ঠসভা senate
gorishtosobhar sodosyo *n.* গরিষ্টসভার সদস্য senator
goriye jawa *v.i.* গড়িয়ে যাওয়া welter
goriye neuwa *v.t.* গড়িয়ে নেওয়া trundle
gorjon *n.* গর্জন roar
gorjon kora গর্জন করা blare
gorjon kora *n.* বিকাস growth
gorjon kore bola *v.t.* গর্জন করে বলা bellow
gorom *adj.* গরম fervent
gorom *adj.* গরম hot
gorom ba thanda rakhar botol *n.* গরম বা ঠান্ডা রাখার বোতল flask
gorto *n.* গর্ত cavity
gorto *n.* গর্ত pit
gorto *n.* গর্ত puddle
goru *n.* গরু cow
goru badhar dori *n.* গরু বাঁধার দড়ি tether
gorur gari *n.* গরুর গাড়ী bullock
gorur ston *n.* গরুর স্তন udder
gorvodharon *v.t.* গর্ভধারণ conceive
gorvodharon *n.* গর্ভধারন gestation
gorvonirodhok *adj* গর্ভনিরোধক contraceptive
gosthi *n.* গোষ্ঠী community
gosthi *n.* তরুদল grove
gotanugotik *adj.* গতানুগতিক banal
gotanugotik *n.* গতানুগতিক routine
gothito houwa *v.t.* গঠিত হওয়া consist
gothon *n.* গঠন formation
gothon *n.* গঠন mechanism
gothon kora *v.t.* গঠন করা compose
gothonmulok *adj.* গঠনমুলক constructive
goti *n.* গতি course
goti *n.* গতি movement
goti *n.* গতি speed
goti *n.* গতি velocity
gotihin *adj.* গতিহীন motionless
gotimoi *adj.* গতিময় dynamic
gotimoy *adv.* গতিময় spedily
gotirodh *n.* গতিরোধ stoppage
gotirodhok *n.* গতিরোধক যন্ত্র brake
gotishil *n.* গতিশীল momentum
gotishil *n.* গতি motion
gotishokti *n.* গতিশক্তি impetus

gotitwotto byakhar jontro bises *n.* গতিতত্ত্ব ব্যাখ্যার যন্ত্রবিশেষ gyroscope
gotkal *n.* গতকাল yesterday
gotro *n.* গোত্র clan
gouno *adj.* গৌণ secondary
govirvabe chinta kora *v.t* গভীরভাবে চিন্তা করা brood
goyalini *n.* গোয়ালিনী milkmaid
goyenta *n.* গোয়েন্দা detective
graf *n.* গ্রাফ graph
grahok *n.* গ্রাহক consumer
gram *n.* গ্রাম gramme
gram *n.* গ্রাম village
gramaphone *n.* গ্রামোফোন phonograph
grambasi *n.* গ্রামবাসী villager
gramin *adj.* গ্রামীন rural
gramyo chasha *n.* গ্রাম্য চাষা bumpkin
granait sila *n.* গ্রানিট শিলা granite
gras kora *v.t.* গ্রাস করা engulf
greftar houwa *v.t.* গ্রেফতার হওয়া arrest
greftar kora *v.t.* গ্রেফতার করা apprehend
grek bonrnomalay aadyakhor *n.* গ্রীক বর্ণমালার আদ্যাক্ষর alpha
greptar kora *v.t.* গ্রেপ্তার করা capture
greptar. *n.* গ্রেপ্তার caption
gret britener nou soinik *n.* গ্রেট বৃটেনের নৌ-সৈনিক blue-jacket
gretbritener odhibasi *adj.* গ্রেটবৃটেনের অধিবাসী british
gridhoshi *n.* গৃধ্রশি sciatica
griha *n.* গৃহ home
grihito obosthan *v.i.* গৃহীত অবস্থান stand
grihodahok *adj.* গৃহদাহক incendiary
grihohin bektider jonno srkari protisthan *n.* গৃহহীন ব্যক্তিদের জন্য সরকারি প্রতিষ্ঠান workhouse
grihojon *n.* গৃহজন household
grihokortri *n.* গৃহকর্ত্রী housewife
grihokortri *n.* গৃহকর্ত্রী mistress
grihopalit sand *n.* গৃহপালিত ষাঁড় zebu

grihoporicharika *n.* গৃহপরিচারিকা housemaid
grij *v.t.* গ্রিজ grease
grismokal *n.* গীষ্মকাল summer
grohanu *n.* গ্রহাণু asteroid
grohita *n.* গ্রহীতা receiver
groho *n.* গ্রহ planet
groho bigyan *n.* গ্রহ বিগ্যান astronomy
groho bigyani *n.* গ্রহ বিগ্যানী astronomer
grohon *n.* গ্রহন eclipse
grohon *v.t.* গ্রহন receive
grohon joggo noi *adj.* গ্রহনযোগ্য নয় unacceptable
grohon jogyo *adj.* গ্রহণ যোগ্য acceptable
grohon jogyo *adj.* গ্রহণ যোগ্য admissible
grohon kora *v.* গ্রহণ করা accept
grohon kora *v.t.* গ্রহণ করা adopt
grohon kora *v.t.* গ্রহণ করা take
grohonjogyo *adj.* গ্রহনযোগ্য advisable
grohononmukh *adj.* গ্রহণোমুখ receptive
gronthagar *n.* গ্রন্থাগার library
gronthokar *n.* গ্রন্থকার author
gronthokit *n.* গ্রন্থকীট bookworm
grothito koron *n.* গ্রথিতকরণ concatenation
grriho sikhok *n.* গৃহশিক্ষক coach
guarantee *n.* গ্যারান্টি warranty
gubore poka *n.* গুবরে পোকা beetle
guchcho *n.* গুচ্ছ tuft
gudaam *n.* গুদাম depot
gudam *n.* গুদাম godown
gudam *n.* গুদাম repository
gudam *n.* গুদাম warehouse
guha *n.* গুহা cave
guha *n.* গুহা cavern
guha *n.* গুহা den
guha *n.* গুহা grotto
guha *n.* গুহা lair
guje dewa গুঁজে দেওয়া tuck
gujob *n.* গুজব rumour
gujob *n.* গুজব bruit
gul *n.* গুল fib

guli *n.* গুলি shot
guli rakhar khop *n.* গুলি রাখার খোঁপ bandolier
gumsa *adj.* গুমসা sultry
gun *n.* গুণ quality
gun *n.* গুন virtue
gun kora *v.t.* গুণ করা multiply
gunaboli suchok bornona *n.* গুণাবলীসুচক বর্ণনা epithet
gunapkorshon *n.* গুনাপকর্ষণ depreciation
gunda *n.* গুন্ডা hooligan
guner jothichito bichar *n.* গুণের যথোচিত বিচার appreciation
gungoto *adj.* গুণগত qualitative
gunjon *v.i.* গুঞ্জন hum
gunjon *n.* গুঞ্জন murmur
gunjon kora *v.t.* গুঞ্জন করা buzz
gunmugdho byekti *n.* গুণমুগ্ধ ব্যক্তি admirer
gunochot *n.* গুনচট gunny
gunon *n.* গুণন multiplication
gunosomponno *adj.* গুনসম্পন্ন gifted
gupto *adj.* গুপ্ত cryptic
gupto *adj.* গুপ্ত occult
gupto chokranto *n.* গুপ্ত চক্রান্ত cabal
gupto chor britti *n.* গুপ্তচরবৃত্তি espionage
gupto ghatok *n.* গুপ্তঘাতক assassin
gupto hotya *n.* গুপ্ত হত্যা assassination
guptochor *n.* গুপ্তচর spy
guptodut *n.* গুপ্তদুত scout
guptokoron *n.* গুপ্তকরণ concealment
gur gur kora *v.t.* গুড় গুড় করা rumble
gurbhar *adj.* গুরভার onerous
guri *n.* গুঁড়ি block
guri guri bristi *v.i.* গুড়ি গুড়ি বৃষ্টি drizzel
gurugombhir *adj.* গুরুগম্ভীর reticent
gurugomvir gorjon kora *v.t.* গুরুগম্ভীর গর্জন করা boom
gurutor *adj.* গুরুতর momentous
gurutor oporadh *n.* গুরুতর অপরাধ felony
gurutor oporadher doshi byakti *n.* গুরুতর অপরাধে দোষী ব্যক্তি felon
gurutoro aghat kora *v.t.* গুরুতর আঘাত করা bang
gurutoro vul kora *v.t.* গুরুতর ভুল করা blunder
gurutt purno ghotona *n.* গুরত্বপুর্ণ ঘটনা event
gurutto prodan *n.* গুরুত্ব প্রদান emphasis
guruttwo hras kora *v.t.* গুরুত্ব হ্রাস করা extenuate
gurutwo *n.* গুরুত্ব importance
gurutwo *n.* গুরুত্ব significance
gurutwoheen *adj.* গুরুত্বহীন immaterial
gurutwohin byakti *n.* গুরুত্হীন ব্যক্তি cipher
gurutwohin byakti *n.* গুরুত্বহীন ব্যাক্তি cypher
gurutwopurno *adj.* গুরুত্বপুর্ণ considerable
gurutwopurno *adj.* গুরুত্বপুর্ণ crucial
gurutwopurno *n.* গুরুত্বপুর্ণ important
gurutwopurno *adj.* গুরুতুবপুর্ণ significant
gurutwopurno *adj.* গুরুতুবপুর্ণ significantly
guruvar *adj.* গুরুভার ponderous
gutano *v.t.* গুটানো furl
gutisuti mara *v.t.* গুটিসুটি মারা crouch
gutiye fela *v.t.* গুটিয়ে ফেলা wrap
gyan *n.* জ্ঞান knowledge
gyan *n.* জ্ঞান learning
gyan bishes *adj.* জ্ঞান বিশেষ wisely
gyan dan kora *v.t.* জ্ঞান দান করা enlighten
gyani *adj.* জ্ঞানী sapient
gyani *adj.* জ্ঞানী wise
gyankrito *adj.* জ্ঞানকৃত studied
gyansomponnota *n.* জ্ঞানসম্পন্নতা wisdom
gyapon *n.* জ্ঞাপন information
gyapon *n.* জ্ঞাপন intimation
gyapon kora *v.t.* জ্ঞাপন করা notify

gyas bhora *v.* গ্যাস ভরা aerate

gyas niskashon *v.t.* গ্যাস নিষ্কাশন deflate

H

ha kore takiye thaka হাঁ করে তাকিয়ে থাকা gape
habagoba lok *n.* হাবাগোবা লোক booby
hada *adj.* হাঁদা crass
hafpyant *n.* হাফপ্যান্ট shorts
haidrojen gyas *n.* হাইড্রোজেন গ্যাস hydrogen
hajir kora *v.t.* হাজির করা produce
hajot *n.* হাজত lock-up
hal *n.* হাল rudder
halfashion *n.* হাল ফ্যাশন vogue
halka *adj.* হালকা flimsy
halka *n.* হালকা hatchet
halka alap *n.* হালকা আলাপ chi¶chat
halka gorom *adj.* হালকা গরম warm
halka jinispotro *n.* হালকা জিনিসপত্র satchel
halka khabar *n.* হালকা খাবার refreshment
halka nouka *n.* হালকা নৌকা skiff
halka nouka *n.* হালকা নৌকা yacht
halka patla *adj.* হালকা পাতলা slight
halka patla o durbol kora *v.t.* হালকা পাতলা ও দুর্বল করা emaciate
halka paye chola *n.* হালকা পায়ে চলা trip
halka ronger prolep dewa *v.t.* হালকা রঙের প্রলেপ দেওয়া tinge
halkami *n.* হালকামি frivolity
hamaguri *v.i.* হামাগুড়ি creep
hambora *adj.* হামবড়া uppish
hamla *n.* হামলা foray
hamla *n.* হামলা invasion
han *adv.* হ্যাঁ yea
han *adv.* হ্যাঁ yes
han suchok bako *n.* হ্যাঁ-সূচক বাক্য affirmation
han suchok bako হ্যাঁ-সূচক affirmative
hana *v.t.* হানা dart
hangor *n.* হাঙ্গর shark
hani *v.t.* হানি impair
hanikor *adj.* হানিকর derogatory
hanser baccha *n.* হাঁসের বাচ্চা duckling
haoda *n.* হাওদা howdah
hapa *v.t.* চাপা compress
hapani rog *n.* হাঁপানী রোগ asthma
hapano *v.t.* হাঁপানো gasp
har *n.* হাড় bone
har *n.* হার necklace
har diye sokto kore dhora *n.* হাত দিয়ে শক্ত করে ধরা grasp
harano *adj.* হারানো lost
harano *adj.* হারানো missing
haras propto *adj.* হ্রাসপ্রাপ্ত diminutive
hare gonto *n.* হাড়ের গর্ত sinus
hariken *n.* হারিকেন hurricane
hariye fela *v.t.* হারিয়ে ফেলা mislay
has murgi *n.* হাঁসমুরগি poultry
hasi *n.* হাসি laughter
hasi khusi *adj.* হাসি খুশী blithe
hasi khusi *adj.* হাসিখুশি gay
hasikhushi *adj.* হাসিখুশি jocund
hasikhushi *adj.* হাসিখুশি jolly
hasikhushi *adj.* হাসিখুশি jovial
hasikhushi *adj.* হাসিখুশি lively
hasikhushi *adj.* হাসিখুশি sportive
hasokor *adj* হাস্যকর ridiculous
hasoykor *n.* হাস্যকর absurdity
haspatal *n.* হাসপাতাল hospital
hasyo *v.t.* হাস্য laugh
hasyokor *adj.* হাস্যকর ludicrous
hasyokoutukabhineta *n.* হাস্যকৌতুকাভিনেতা stooge
hasyorosatmyok *n.* হাস্যরাসাত্মক comic
hasyorosatmyok natok *v.* হাস্যরসাত্মক নাটক comedy
hasyorosh *n.* হাস্যরস humour

hasyoroshik হাস্যরসিক humorist
hasyosongkranto *adj.* হাস্যসংক্রান্ত risible
hat kora *n.* হাতবই handbook
hata *n.* হাতা ladle
hatahati *n.* হাতাহাতি scuffle
hatahin kot bises *n.* হাতাহীন কোট বিশেষ cape
hatar ek sapot *n.* হাতার এক সাপট scoop
hatar vongi *n.* হাঁটার ভঙ্গি gait
hate gorom *adj.* হাতে গরম re·hot
hate nate *adj.* হাতে নাতে re·handed
hatenate dhora *v.t.* হাতেনাতে ধরা nab
hater angul *n.* হাতের অঙ্গুলি finger
hater kaje potu *adj.* হাতের কাজে পটু handy
hater talu *n.* হাতের তালু palm
hati *n.* হাতি elephant
hati *n.* হাতি tusk
hatir dnat *n.* হাতির দাঁত ivory
hatiyar bises *n.* হাতিয়ার বিশেষ trowel
hatkora *v.t.* হাতকড়া shackle
hatol *n.* রুমাল handkerchief
hatolbihin jontro *n.* হাতলবিহীন tumbler
hatolchara pan patro bises *n.* হাতলছাড়া পান পাত্রবিশেষ goblet
hatrano *v.i.* হাতড়ানো fumble
hatsafai *v.t.* হাতসাফাই conjure
hatugere bosa *v.i.* হাঁটুগেড়ে বসা kneel
hature chikiktsok *n.* হাতুড়ে চিকিতসক bone-setter
hature daktar *v.i.* হাতুড়ে ডাক্তার quack
hature daktar *n.* হাতুড়ে ডাক্তার quackery
haturi *n.* হাতুড়ি hammer
haturi *n.* হাত hand
hawa pamp *n.* হাওয়া পাম্প air-pump
hay হায় alas
hayna *n.* নেকড়ে hyena
hele jaoa *v.t.* হেলে যাওয়া lean
hele jauwa *n.* হেলে যাওয়া tilt
heledule chola *v.i.* হেলেদুলে চলা waddle
helikopter *n.* হেলিকপ্টার helicopter
hete berano *n.* হেঁটে বেড়ানো somnambulism
hete poth pari dewa *n.* হেঁটে পথ পাড়ি দেওয়া trek
hijibiji lekha *v.t.* হিজিবিজি লেখা scribble
hiliam *n.* হিলিয়াম helium
him *n.* হিম frost
himel *adj.* হিমেল chilly
himel *adj.* হিমেল icy
himobaho *n.* হিমবাহ avalanche
himobaho *n.* হিমবাহ glacier
himshoilo *n.* হিমশৈল iceberg
hin *adj.* হীন deficient
hin *v.t.* হীন mean
hin kora *n.* হীন করা underrate
hingsuk *adj.* হিংসুক envious
hinmonya byakti *n.* হীনমনা ব্যক্তি meanness
hinogshro *adj.* হিংস্র fierce
hinomonyo *adj.* হীনমন্য slavish
hinoshro *adj.* হিংস্র ferocious
hinoshrota হিংস্রতা ferocity
hinota *n.* হীনতা inferiority
hinsa *n.* হিংসা violence
hira *n.* হীরা diamond
hire thaka *v.* ঘিরে থাকা girdle
his his kora *n.* হিসহিস করা fizz
his his shobdo *v.i.* হিসহিস শব্দ sizzle
hisab kora *v.t.* হিসাব করা account
hisab kora *v.* হিসাব করা calculate
hisab kora *v.t.* হিসাব করা reckon
hisab rakhar bidhya *n.* হিসাব রাখার বিদ্যা accountancy
hisab rokokhok *n.* হিসাব রক্ষক accountant
hisabi *adj.* হিসাবি sparing
hisabrokhok *n.* হিসাবরক্ষক book-keeper
hisebi *adj.* হিসেবী economical
hissadar *n.* হিস্যাদার shareholder
hitosadhon *n.* হিতসাধন benefaction
hlud *adj.* হলুদ yellow

hnachi *v.i.* হাঁচি sneeze
hnapano *v.t.* হাঁপানো pant
hnatu *n.* হাঁটু knee
hnechka tan *n.* হেঁচকা টান hitch
hnechki *n.* হেঁচকি hiccup
hochot *v.i.* হোঁচট stumble
hogla *n.* হোগলা sedge
hoi *v.t.* হই am
hoi choi kora হৈচৈ করা romp
hoi chopi *n.* হৈচৈ commotion
hoichoi *n.* হৈচৈ fracas
hoichoi purno *adj.* হইচই পুর্ণ boisterous
hoichoi purno *adj.* হৈচৈ পুর্ণ noisy
hojom *v.t.* হজম করা imbibe
hojom kor *v.t.* হজম করা digest
hoki *n.* হকি hockey
holander adhibasi *n.* হল্যান্ডের অধিবাসী dutch
holbahok *n.* হলবাহক ploughman
holrekha *n.* হলরেখা furrow
holud *n.* হলুদ turmeric
horin *n.* হরিণ buck
horin *n.* হরিন deer
horinbishesh *n.* হরিণবিশেষ reindeer
horiner sakha jukto sing *n.pl.* হরিণের শাখা যুক্ত শিং antlers
horinsisshu *n.* হরিণশিশু fawn
horo ponthi *n.* চরমপন্থী extremist
horom uttejit *adj.* চরম উত্তেজিত frantic
horsho *int.* হর্ষ hurrah
hosiary *n.* হোসিয়ারি hosiery
hostantor jogyo *adj.* হস্তান্তরযোগ্য transferable
hostantor kora *v.t.* হস্তান্তর করা transmit
hosti sodriso *adj.* হস্তিসদৃশ elephantine
hostntor *n.* হস্তান্তর consignment
hosto lekha *n.* হস্তলেখা handwriting
hosto silpo *n.* প্রতিবন্ধী handicap
hostochalito *adj.* হস্তচালিত manual
hostokkhep মাঝখানে ঘটা intervene
hostokkhep *n.* হস্তক্ষেপ intervention
hostokkhep kora *v.i.* হস্তক্ষেপ করা meddle
hostokkhepkr *adj.* হস্তক্ষেপকর meddlesome
hostoler prorokhok *adj.* হোস্টেলের প্ররক্ষক warden
hostolipi *n.* হস্তলিপি script
hostorekhabid *n.* হস্তরেখাবিদ palmist
hotasa *adj.* হতাশা disgruntled
hotash *adj.* হতাশ cres¶fallen
hotash *n.* হতাশ despondent
hotash kora *v.t.* হতাশ করা dishearten
hotasha *v.t.* হতাশা despair
hotashprobon byakti *n.* হতাশপ্রবণ ব্যক্তি pessimist
hotat adrishwo howa *v.* হঠাৎ অদৃশ্য হওয়া vanish
hotbudhi *v.t.* হতবুদ্ধি daze
hothat *adv.* হঠাৎ suddenly
hothat ghota *v.t.* হঠাত ঘটা bechance
hothat goti poriborton *v.i.* হতাৎ গতি পরিবর্তন swerve
hothokarita *n.* হঠকারিতা temerity
hoto buddhhi kora *v.t.* হতবুদ্ধি করা baffle
hoto buddhi kora *v.t.* হতবুদ্ধি করা bemuse
hotobhombo kora *v.t.* হতভম্ভ করা stupefy
hotobuddhi *n.* হতবুদ্ধি হওয়া awkwardness
hotobuddhi *v.t.* হতবুদ্ধি mystify
hotobuddhi *n.* হতবুদ্ধি bewilderment
hotobuddhi *v.t.* হতবুদ্ধি perplex
hotobuddhi howa *n.* জটিল সামঞ্জস্যপূর্ণ awkwardly
hotobuddhi kora *v.t.* হতবুদ্ধি করা bewilder
hotobuddhi kora *adj.* হতবুদ্ধি হওয়া perplexing
hotochchara *n.* হতচ্ছাড়া scapegrace
hotokaritapurno *adj.* হঠকারিতাপুর্ণ foolhardy
hottogol *n.* হট্টগোল din
hottogol *n.* হট্টগোল pother

hottogolkari *adj.* হট্টগোলকারী vociferous
hotya kora *v.t.* হত্যা করা kill
houwa *v.i.* হওয়া be
houwa *adj.* হওয়া becoming
hoya *v.t.* হওয়া have
hoyran *n.* হয়রান harass
hoyto *adv.* হয়তো perhaps
hras *n.* হ্রাস reduction
hras *n.* হ্রাস decrease
hras howa *v.i.* হ্রাস হওয়া depreciate
hras kora *v.t.* হ্রাস করা diminish
hras kora *n.* হ্রাস diminution
hras kora *v.t.* হ্রাস করা reduce
hras paoa *v.i.* হ্রাস পওয়া subside
hras pawa *v.i.* হ্রাস পাওয়া decline
hras pawa *v.i.* হ্রাস পাওয়া dwindle
hresha *v.t.* হ্রেষা neigh
hridbikkhon jontro *n.* হৃদবীক্ষণ যন্ত্র stethoscope
hridoyanubhuti *n.* হৃদয়ানুভুতি sentiment
hridoygrahi *adj.* হৃদয়গ্রাহী impressive
hridoyhin *adj.* হৃদয়হীন callous
hritpindher হৃৎপিন্ডের systole
hritpindo *n.* হৃৎপিন্ড heart
hritpindo sombondhiyo *adj.* হৃতপিন্ড সম্বন্ধীয় cardiac
hrod *n.* হ্রদ lake
hrrin ঋন credit
hrrindata *n.* ঋনদাতা creditor
hstanhtor kora *n.* হস্তান্তর করা alienation
htash *n.* হতাশা disappointment
hubohu nokol *n.* হুবহূ নকল replica
hubohu nokol *n.* হুবহূ নকল replication
hujug *v.t.* হুজুগ craze
hul *n.* হুল sting
hul *p.t.* হুল stung
hulbihin *n.* হুল বিহীন stingless
hulfotano *adj.* হুল ফোটানো stinging
hullor *adj.* হুল্লোড়ে randy
hulo beral *n.* হুলো বেড়াল tom-cat
hurko *n.* হুড়কো latch
hurohuri *v.t.* হুড়োহুড়ি scramble
hya *adv.* হ্যাঁ ay

I

icchakrito ইচ্ছাকৃত intentional
ichchapotro na reke mora *adj.* ইচ্ছাপত্র না রেখে মরা intestate
ichha *v.t.* ইচ্ছা wish
ichhasokti *n.* ইচ্ছাশক্তি will
ichhuk *adj.* ইচ্ছুক willing
ichhuk *n.* ইচ্ছুক willingness
id utsob *n.* ইদ উৎসব eid
igol pakhi *n.* ঈগল পাখি eagle
igol pakhir basa *n.* ঈগল পাখির বাসা eyrie
igol sabok *n.* *ঈগল শাবক* eaglet
igoler nokhor *n.* ঈগলের নখর talon
ihudi *n.* ইহুদি jew
iirsha *n.* ঈর্ষা jealousy
iirshakator *adj.* ঈর্ষাকাতর jealous
ijar *n.* ইজার knickers
ilektron *n.* ইলেকট্রন electron
imarot *n.* ইমারত tower
impish *adj.* খুদে শয়তান impish
inchi *n.* ইঞ্চি inch
indhon *n.* ইন্ধন fuel
indriyo *n.* ইন্দ্রিয় sense
indriyo bilasi *n.* ইন্দ্রিয়বিলাসী epicurean
indriyo goto *adj.* ইন্দ্রিয় গত carnal
indriyogomyo *adj.* ইন্দ্রিয়াগম্য imperceptible
indriyoporitripti *n.* ইন্দ্রিয়পরিতৃপ্তি sensualism
indriyoporitripti *n.* ইন্দ্রিয়পরিতৃপ্তি sensuality
indriyosukh *n.* ইন্দ্রিয়সুখ sensual
indriyottor vab songjog *n.* ইন্দ্রিয়োত্তর ভাব–সংযোগ telepathy

indur *n.pl.* ইন্দুর mice
indur *n.* ইন্দুর mouse
indur *n.* ইঁদুর rat
indur *adj.* ইঁদুর rodent
indur ba kathberalir moto ek prokare chot prani *n.* ইঁদুর বা কাঠবেড়ালির মতো এক প্রকারের ছোট প্রাণী dormouse
indur gonf *n.* ইঁদুর গোঁফ whisker
influyenja *n.* ইনফ্লুয়েনজা influenza
ingit *n.* ইঙ্গিত hint
ingit deoa *v.t.* ঈঙ্গিত দেওয়া manifest
ingit deoa *adj.* ঈঙ্গিত দেওয়া marked
ingit kora *adj.* ইঙ্গিত করা implied
ingit kora *v.t.* ইঙ্গিত করা imply
ining *n.* ইনিং innings
injin *n.* ইনজিন engine
injiniyar *n.* ইনজিনিয়ার engineer
inraji borse dwitio mas *n.* ইংরেজি বর্ষের দ্বিতীয় মাস february
inraji rup dewa *v.* ইংরাজীরূপ দেওয়া anglicize
inrej *n.* ইংরেজ anglo
inreji vasa *adj.* ইংরেজি ভাষা english
inyontraner osadho *adj.* নিয়ন্ত্রনের অসাধ্য unmanageable
irshoniyo *adj.* ঈষর্নীয় enviable
isara *n.* ইশারা beck
isara kora *v.t.* ইশারা করা beckon
isara kore daka *n.* ইশারা করে ডাকা becket
ishot lona *adj.* ঈষত লোনা brackish
ishot swornavo kesh *adj.* ঈষত স্বর্নাভ কেশযুক্ত blond,blonde
ishworbihito *adj.* ঈশ্বরবিহিত providential
ishworbondona *n.* ঈশ্বরবন্দনা hymn
isot kal *adj.* ঈষত কাল blackish
ispat *n.* ইস্পাত steel
ispater toiri kathamo *n.* ইস্পাতের তৈরি কাঠামো girder
istehar *n.* ইশতেহার communique
istehar *n.* ইশতেহার handbill
istri kora *v.t.* ইস্ত্রী করা mangle
iswar *n.* ঈষর্ envy
iswar ninda kora *v.t.* ঈশ্বর নিন্দা করা blaspheme
iswar premi *adj.* ঈশ্বরপ্রেমী godly
iswor *pref.* ঈশ্বর theo
it *n.* ইঁট brick
iter astoron *v.t.* ইটের আস্তারণ pave
iter ongso *n.* ইটের অংশ coping
iter tukro *n.* ইটের টুকরো brick-bat
iter vati *n.* ইটেরভাটি brick-kiln
itihas *n.* ইতিহাস history
itor lok *n.* ইতর লোক blackleg
itostoto *adv.* ইতস্ততঃ about
itostoto kora *v.i.* ইতস্তত করা halt
iuropbasi *n.* ইউরোপবাসী european
iyarkipurno *adj.* ইয়ারকিপুর্ণ facetious

J

ja kich onoitik *n.* যা কিছু অনৈতিক wrong
ja kora smbhobpor *adj.* যা করা সম্ভবপর workable
jabar jayga *n.* খাবার জায়গা canteen
jabor *n.* জাবর cud
jabor kata *v.t.* জাবর কাটা ruminate
jabot *prep.* যাবৎ during
jadu *n.* জাদু magic
jadudondo *n.* জাদুদন্ড wand
jadughor *n.* জাদুঘর museum
jadukar *n.* জাদুকার enchanter
jadukar *n.* জাদুকার magician
jadukor *n.* জাদুকর conjurer
jadukor *n.* জাদুকর sorcerer
jadukor *n.* জাদুকর wizard
jadukori *n.* জাদুকরী sorceress
jadumontro *v.i.* জাদুমন্ত্র spell
jafran *n.* জাফরান saffron

jafri *n.* জাফরি lattice
jagano *v.t.* জাগান arouse
jagano *v.t.* জাগানো rouse
jagiye tola *v.t.* জাগিয়ে তোলা evoke
jagiye tola *v.t.* জাগিয়ে তোলা pique
jagorito kora *v.t.* জাগরিত করা awake
jagotik *adj.* জাগতিক mundane
jagroto houwa *v.i.* জাগ্রত হওয়া arise
jaha kichu *pron.* যাহা কিছু anything
jahaj *n.* জাহাজ liner
jahaj *n.* জাহাজ ship
jahaj nirman karkhana *n.* জাহাজ নির্মান কারখানা dockyard
jahaj nongar korar sthan *n.* জাহাজ নোঙর করার স্থান harbour
jahaj poribahit mal *n.* জাহাজ পরিবাহিত মাল cargo
jahaj sordar majhi *n.* জাহাজ সর্দার-মাঝি boatswain
jahaj theke namano *v.i.* জাহাজ থেকে নামানো disembark
jahajdubi *n.* জাহাজডুবি shipwreck
jahaje atra *v.t.* জাহাজে যাত্রা embark
jahaje bojhaikrito mal *n.* জাহাজে বোঝাইকৃত মাল lading
jahaje koyla rakhar jayga *n.* জাহাজে কয়লা রাখার জায়গা bunker
jahaje mal bojhaikoron *n.* জাহাজে মাল বোঝাইকরণ shipment
jahaje sajsoronjam bikreta *n.* জাহাজে সাজসরঞ্জাম বিক্রেতা ship-chandlier
jahaje thakbar kuthuri *n.* জাহাজে থাকবার কুঠুরি cabin
jahajer mastul *n.* জাহাজের মাস্তুল spar
jahajer ogrovage *n.* জাহাজের অগ্রভাগে bow
jahajer toli *n.* জাহাজের তলি keel
jahajghat *n.* জাহাজঘাট jetty
jahajghat *n.* জাহাজঘাট wharf
jahir kora *v.t.* জাহির করা display
jahir kora *v.i.* জাহির করা flaunt
jai hok na keno *adj.* যাই হোক না কেন whatever
jajabor *n.* যাযাবর nomad
jajabor *adj.* যাযাবর nomadic
jajabor *n.* যাযাবর vagrant
jajabor upojati *n.* যাযাবর উপজাতি horde
jajok *n.* যাজক tonsure
jajokmondoli *n.* যাজকমন্ডলী clergy
jajokmondoli *n.* যাজক clergyman
jak jomok *n.* জাঁকজমক eclat
jakalo *adj.* জাঁকালো sumptuous
jake prodan kora hoy *n.* যাকে প্রদান করা হয় payee
jal *v.t.* জাল mesh
jal *n.* জাল net
jal *n.* জাল web
jal *v.t.* জাল counterfeit
jal kora *v.t.* জাল করা falsify
jalanir kath *n.* জ্বালানির কাঠ firewood
jalim/swoirosasok *n.* জালিম/স্বৈরশাসক tyrant
jaliyati *n.* জালিয়াতি forgery
jam *n.* জাম cherry
jama *n.* জামা shirt
jamai *n.* জামাই son-in-law
jamakapor rakhar almari *n.* জামাকাপড় রাখার আলমারি wardrobe
jamanot *n.* জামানত pledge
jamin *n.* জামিন bail
jana *v.t.* জানা ken
jana *v.t.* জানা know
janala *n.* জানালা window
janala provritir garod *n.* জানালা প্রভাতির গারদ grating
janalar frem *n.* জানালার ফ্রেম casement
janano *v.t.* জানানো apprise
janano *v.t.* জানানো inform
janano *v.t.* জানানো signify
janbahon *n.* যানবাহন vehicle
janbahon cholachol *v.i.* যানবাহন চলাচল traffic
janbahoner chalok *n.* যানবাহনের চালক steersman

jankalo poshak *n.* জাঁকালো পোশাক finery
janlar knach *n.* জানলার কাঁচ pane
jantrik daripalla যান্ত্রিক দাঁড়িপাল্লা steelyard
jantrik golojog *n.* যান্ত্রিক গোলযোগ break-down
japner mudar ekok *n.* জাপানের মুদ্রার একক yen
jar bhotadhikar thake *n.* যার ভোটরাধিকার থাকে voter
jaroj sontan *n.* জারজ সন্তান bastard
jat *n.* জাত caste
jati *n.* জ্ঞাতি clansman
jatichyuto *n.* জাতিচ্যুত outcaste
jatiyo *adj.* জাতীয় national
jatiyota *n.* জাতীয়তা nationality
jatiyotabad *n.* জাতীয়তাবাদ nationalism
jatok *n.* জাতক native
jatra suru kora *n.* যাত্রা শুরু করা se¶off
jatrapoth nirnoy *v.t.* যাত্রাপথ নির্ণয় navigate
jatri *n.* যাত্রী passenger
jatribahi biman *n.* যাত্রীবাহী বিমান ai¤liner
je *pro.* যে that
je bekti kahik pishorom kore *n.* যে ব্যাক্তি কায়িক পরিশ্রম করে workman
je beyekti ghorar khure nal porai *n.* যে ব্যাক্তি ঘোড়ার খুরে নাল পরায় farrier
je bindute bharsonku *n.* যে বিন্দুতে ভারশঙ্কু fulcrum
je biswas korena *n.* যে বিশ্বাস করেনা unbeliever
je bondi kore *n.* যে বন্দী করে captor
je bostre rong kore *n.* যে বস্ত্রে রং করে dyer
je byakti *n.* যে ব্যক্তি স্বদল ত্যাগ করিয়াছে apostasy
je byakti ruti senke *n.* যে ব্যক্তি রুটি সেঁকে baker
je byakti taip kore *n.* যে ব্যক্তি টাইপ করে typist
je chatukti kore *n.* যে চাটুক্তি করে flatterer
je choturvujer kebol duti bahu somantoral *n.* যে চতুর্ভুজের কেবল দুটি বাহু সমান্তরাল trapezium
je dik theke bayu probahit hoi *adv.* যে দিক থেকে বায়ু প্রবাহিত হয় windward
je kaj kore *n.* যে কাজকরে doer
je keho *pron.* যে কেহ anybody
je keu hok *pro.* যে কেউ হোক whoever
je kon smoi hok *adj.* যে কোন সময়ই হোক whenever
je kono *adj.* যে-কোন any
je kono ekjon *pron.* যে কোন একজন anyone
je kono kichu tangiye rakha hoy *n.* যে বস্তুতে কোনো কিছু টাঙ্গিয়ে রাখা হয় hanger
je kono ostrer dharalo pranto *n.* যে কোন অস্ত্রের ধারালো প্রান্ত edge
je kono pakhi *n.* যে কোনো পাখি fowl
je kono pothe *adv.* যে কোন পথে anyway
je kono sthane *adv.* যে কোন স্থানে anywhere
je kono upaye *adv.* যে কোন উপায়ে anyhow
je kotrito proshonshar joggo *adj.* যে কৃতিত্ব প্রশংসার যোগ্য worthy
je krishok nijer nijer jomir malik *n.* যে কৃষক নিজেই নিজের জমির মালিক yeoman
je moder ghore achchhonno thake *n.* যে মদের ঘোরে আচ্ছন্ন থাকে sot
je mulyo nirdharon kore *n.* যে মুল্য নির্ধারন করে appraiser
je nirbachon kore *n.* যে নির্বাচন করে selector
je nogore pourosova ache *v.t.* যে নগরে পৌরসভা আছে borough
je okaloti kore *n.* যে ওকালতি করে pleader
je porikshya dey *n.* যে পরীক্ষা দেয় examinee

je porikshya ney *n.* যে পরীক্ষা নেয় examiner
je shbwan kore *n.* যে আহবান করে convener
je sthan theke kichu ghose tule fela hoyeche *n.* যে স্থান থেকে কিছু ঘষে তুলে ফেলা হয়েছে erasure
jebra prani *n.* জেব্রা প্রাণী zebra
jed *n.* জেদ obstinacy
jedi *adj.* জেদি obstinate
jekhanei je kono jaigai *adv.* যেখানেই যে কোনো জায়গায় wherever
jela *n.* জেলা district
jeli *n.* জেলি jelly
jella *v.t.* জেল্লা tarnish
jemon *n.* যেমন offal
jene *adv.* জেনে knowingly
jera kora *v.t.* জেরা করা interrogate
jethi/kaki *n.* জ্যেঠী/কাকি aunty
jeti *n.* জেটি quay
jhajhri *n.* ঝাঁঝরি sieve
jhak *n.* ঝাঁক cluster
jhakano *v.t.* ঝাঁকানো shake
jhalai *v.t.* ঝালাই solder
jhamela erano ঝামেলা এড়ানো subterfuge
jhamela purno *adj.* ঝামেলাপুর্ণ cumbersome
jhamela purno *n.* ঝামেলাপুর্ণ cumbrous
jhank *n.* ঝাঁক flock
jhapta *n.* ঝাপটা flutter
jhapta ba jhaptar shobdo *v.t.* ঝাপটা বা ঝাপটার শব্দ flap
jhar *n.* ঝাড় thicket
jharon *n.* ঝাড়ন duster
jharu *n.* ঝাড়ু broom
jharudar *n.* ঝাড়ুদার sweeper
jhi jhi poka *n.* ঝিঁঝিঁ পোকা cricket
jhikmik kora *n.* ঝিকমিক করা shimmer
jhilli *n.* ঝিল্লি membrane
jhinuk *n.* ঝিনুক oyster
jhnak *n.* ঝাঁক swarm
jhnakano *v.t.* ঝাঁকানো jog
jhnaki deoa *v.t.* ঝাঁকি দেওয়া jolt
jhnakuni *n.* ঝাঁকুনি jerk
jhnat *v.i.* ঝাঁট sweep
jhnok *n.* ঝোঁক leaning
jhnuki *n.* ঝুঁকি hazard
jhogora *n.* ঝগড়া bickering
jhogra *n.* ঝগড়া discord
jhogra *n.* ঝগড়া dissension
jhogra *v.i.* ঝগড়া quarrel
jhogrute *adj.* ঝগরুটে quarrelsome
jhola *v.i.* ঝোলা dangle
jhola *v.t.* ঝোলা hang
jhola *n.* ঝোলা kit
jhola *n.* ঝোলা sling
jhola *v.t.* ঝোলা swing
jholagur *n.* ঝোলাগুড় molasses
jholagur *n.* ঝোলাগুড় treacle
jholmol kora *v.* ঝলমল করা glitter
jholomole othocho ontoswar sunyo *adj.* ঝলমলে অথচ অন্তঃসারশূন্য tawdry
jholsano *v.t.* ঝলসানো scorch
jhomjhom kora *v.i.* ঝমঝম করা rattle
jhonk *n.* ঝোঁক aptitude
jhop *n.* মাঠ hedge
jhop *n.* ঝোপ shrub
jhopjhar *n.* ঝোপঝাড় bush
jhopjhar *v.t.* ঝোপঝাড় scrub
jhor *n.* ঝড় storm
jhorano *v.t.* ঝরানো exude
jhorjhore *v.t.* ঝরঝরে refresh
jhorna *n.* ঝর্না fount
jhorna *n.* ঝর্না spring
jhoro batas *n.* ঝোড়ো বাতাস squall
jhoro batas *adj.* ঝোড়া বাতাস stormy
jhorojol *n.* ঝড়জল tempest
jhothartho *n.* যথার্থ্য precision
jhotika ovijan *n.* ঝটিকা অভিযান blitzkrieg
jhuke pora *v.t.* ঝুঁকে পড়া stoop
jhuki *n.* ঝুঁকি risk
jhukipurno *adj.* ঝুঁকিপুর্ণ risky
jhulbaranda *n.* ঝুলবারান্দা balcony
jhule pora *v.* ঝুলে পড়া sag

jhuli *n.* ঝুলি pouch
jhulkali *n.* ঝুলকালি smut
jhulkali *n.* ঝুল soot
jhunjhun shobdo *n.* ঝুনঝুন শব্দ jingle
jhuri *n.* ঝুড়ি basket
jhuri *n.* ঝুড়ি crate
jibanu *n.* জীবাণূ bacillus
jibanu *n.* জীবাণু germ
jibanu *n.* জীবাণু microbe
jibanumukto *adj.* জীবাণুমুক্ত sanitary
jibanumukto kora জীবানুমুক্ত করা sterilize
jibanunasok *n.* জীবাণুনাশক germicide
jibashmo *n.* জীবাশ্ম fossil
jibika *n.* জীবিকা livelihood
jibika *n.* জীবিকা profession
jibito *n.* জীবিত living
jibjontur acharon *n.* জীবজন্তুর আচরণ fable
jibo bigyani জীববিগ্যানী biologist
jibobidya *n.* জীববিদ্যা biology
jibojontu dhorar fand ba jwal *v.t.* জীব-জন্তু ধরার ফাঁদ বা জাল gin
jibon *n.* জীবন life
jibondayok *n.* জীবনদায়ক animation
jiboni জীবনী biography
jibonikar *n.* জীবনীকার biographer
jibonmukto kora *v.t.* জীবনমুক্ত করা pasteurize
jibonshokti *n.* জীবনশক্তি vitality
jibonsodriso *adj.* জীবনসদৃশ lifelike
jibonsombondhi *adj.* জীবনসম্বন্ধী vital
jibonto *adj.* জীবন্ত alive
jibonto *adj.* জীবন্ত live
jiggasa *v.i.* জিজ্ঞাসা inquire
jiggasa জিজ্ঞাসা inquiry
jiggasa *n.* জিজ্ঞাসা interrogation
jiggasa *n.* জিজ্ঞাসা query
jigyasa kora *v.t.* জিজ্ঞাসা করা enquire
jihwa *n.* জিহ্বা tongue
jillidar porda *n.* ঝিল্লির পর্দা diaphragm
jinisptor sajiye rakhar koushol *n.* সাজিয়ে রাকার কৌশল window-dressing
jira *n.* জিরা cumin
jiraf *n.* জিরাফ camelopard
jiraf prani *n.* জিরাফ প্রাণী giraffe
jirno *v.t.* জীর্ণ dilapidate
jirno *n.* জীর্ণ dowdy
jirno *adj.* জীর্ণ shabby
jirno dosha *n.* জীর্ণ দশা dilapidation
jirnosongskarok *n.* জীর্ণসংস্কারক renovator
jishu biddho *n.* যিশুবিদ্ধ crucification
jishubiddho kore mara *v.t.* যিশুবিদ্ধ করে মারা crucify
jisu *n.* জিশু christ
jisur jonmotsob *n.* যিশুর জন্মোৎসব christmas
jlchor pranir dana *n.* জলচর প্রাণীর ডানা fin
jmi bhog krar chalu chilo *adj.* জমি ভোগ করার পদ্ধতি feudal
jnak jomokpurno *n.* জাঁককমকপুর্ণ mausoleum
jnak kora *n.* জাঁক করা swank
jnakalo *adj.* জাঁকালো ostentatious
jnok *n.* জোঁক leech
job *n.* যব barely
jobab *v.t.* জবাব rejoin
jobab deoa *v.t.* জবাব দেওয়া retort
jobba *n.* ঢিলে জামা robe
jobordokhol *n.* জবরদখল usurpation
jobordokhol kora *v.i.* জবরদখল করা usurp
jobordokholkari *n.* জবরদখলকারি usurper
jobordostimulok *adj.* জবরদস্তিমুলক forcible
joddha *n.* যোদ্ধা combatant
joddha *n.* যোদ্ধা warrior
jodi *conj.* যদি if
jodi na *conj.* যদি না unless
jodiyo *conj.* যদিও although
jog *n.* যোগ accession

jog *n.* জগ jug
jog *n.* যোগ plus
jogajog *n.* যোগাযোগ communication
jogfol *n.* যোগফল sum
joghonno *adj.* জঘন্য foul
joghonno nich beykti *n.* জঘন্য নীচ ব্যক্তি wretch
joghonyo জঘন্য outrageous
jogyo *adj.* যোগ্য qualified
jogyo kore tola *v.t.* যোগ্য করে তোলা qualify
jogyota যোগ্যতা calibe¤bre
jogyota *n.* যোগ্যতা competence
jogyota *n.* যোগ্যতা qualification
joi *n.* জই oat
joi *v.t.* জয় win
joistho *adj.* জ্যৈষ্ঠ elder
joisthotomo *adj.* জ্যৈষ্ঠতম eldest
jojok *n.* যোজক isthmus
jojokchinho *n.* যোযকচিহ্ন hyphen
jokkha rog *n.* যক্ষ্মারোগ physic
jokrit theke nihsrito pachok ros *n.* যকৃত থেকে নিঃসৃত পাচক রস bile
jokrito *n.* যকৃত liver
joksha rog *n.* যক্ষারোগ tuberculosis
jol *n.* জল water
jol ba teler kol *v.t.* জল বা তেলের কল tap
jol chetano *v.t.* জল ছেটানো dabble
jol jome borof howar moto thanda pora *v.i.* জল জমে বরফ হওয়ার মতো ঠান্ডা পড়া freeze
jol jome borof howar moto thanda pora *adj.* জল জমে বরজ হওয়ার মতো ঠান্ডা পড়া freezing
jol sonkranot ba joler moton *adj.* জল সংক্রান্ত বা জলের মতন watery
jola *n.* জলা swamp
jola *adj.* জলা swampy
jolabhumi *n.* জলাভুমি marsh
jolabhumi *n.* জলাভুমি slough
joladhar *n.* জলাধার cistern
joladhar *n.* জলাধার font
jolap *adj.* জোলাপ laxative
jolatonko *n.* জলাতঙ্ক hydrophobia
jolatonko *n.* জলাতঙ্ক rabies
jolavumi *n.* জলাভূমি bog
jolbhora khanakhondo *n.* জলভরা খানাখন্দ quagmire
jolbosonto *n.* জলবসন্ত chicken-pox
jole dobano *v.t.* জলে ডোবানো souse
joler gobhirotar primapok *n.* জলের গভীরতার পরিমাপক fathom
joler kol *n.* জলের কল hydrant
joler mistri *n.* জলের মিস্ত্রি plumber
joliyo podartho *n.* জলীয় পদার্থ leak
jolkhabar *n.* জলখাবার snack
jolkopat *n.* জলকপাট sluice
jollad *n.* জল্লাদ executioner
jolobayu *n.* জলবায়ু climate
jolobayu songkranto *adj.* জলবায়ু সংক্রান্ত climatic
jolochor *adj.* জলচর aquatic
jolodhara *n.* জলধারা brook
jolodosyu *n.* জলদস্যু pirate
jolohosti *n.* জলহস্তী hippopotamus
jolojog *n.* জলযোগ tiffin
joloprobaho *n.* জলপ্রবাহ stream
joloprobaho *n.* জলপ্রবাহ turbine
jolopropat *n.* জলপ্রপাত cascade
jolosech *n.* জলসেচ irrigation
jolosecher byabostha *v.t.* জলসেচের ব্যবস্থা irrigate
jolpai *n.* জলপাই olive
jolpropat *n.* জলপ্রপাত waterfall
joludari *n.* জলউদারী dropsy
joma dewa *v.t.* জমা হওয়া accrue
jomat badha *v.t.* জমাট বাঁধা congeal
jomat bandsa rokto *n.* জমাট বাঁধা রক্ত gore
jomi *v.t.* জমি land
jomi *n.* জমি plot
jomir primap *n.* জমির পরিমাপ acre
jomite debar moi *v.t.* জমিতে দেবার মই harrow
jomkalo *adj.* জমকালো gorgeous

jomkalo *adj.* জমকালো imposing
jomkalo sojja *n.* জমকালো সজ্জা panoply
jomoj *n.* যমজ twin
jomokalo *adj.* জমকালো gaudy
jonaki *n.* জোনাকি glow-worm
jongdhora *adj.* জংধরা rusty
jonghadi *n.* জঙঘাস্থি tibia
jonghar sommukh bhag *n.* জঙঘার সম্মুখ ভাগ shin
jongi *adj.* জঙ্গি militant
jongoler nyay *adj.* জঙ্গলের ন্যায় bushy
jongshon *n.* জংশন্ junction
jonmadhikar *n.* জন্মাধিকার birth-right
jonmer puborokalin *adj.* জন্মের পুর্বকালীন antenatal
jonmo *n.* জন্ম birth
jonmo newa *p.p.* জন্ম নেওয়া born
jonmodan *n.* জন্মদান breeding
jonmodan kora *v.t.* জন্মদান করা beget
jonmodin *n.* জন্মদিন birthday
jonmogoto *adj.* জম্মগত congenital
jonmogroho *n.* জন্মগ্রহ nativity
jonmosonkranto *adj.* জন্মসংক্রান্ত natal
jonmosthan *n.* জন্মস্থান birth-place
jono bohul *n.* জনবহূল populous
jono somkhoye prodorshon *v.t.* জনসমক্ষে প্রদর্শন blazon
jonobosotipurno *n.* জনবসতিপুর্ণ এলাকার শেষসীমা frontier
jonomanobshunno *v.t.* জনমানবশুন্য desolate
jonomanobshunnota *n.* জনমানবশুন্যতা desolation
jonopoth *n.* জনপথ highway
jonoppurno জনপুর্ণ করা populate
jonopriyo *n.* জনপ্রিয় popular
jonopriyo *v.* জনপ্রিয় popularize
jonopriyota *n.* জনপ্রিয়তা popularity
jonoproti *adv.* জনপ্রতি apiece
jonosadharon *adj.* জনসাধারণ public
jonosomabesh *n.* জনসমাবেশ gathering
jonosongkhya *n.* জনসংখ্যা population
jonosruti *n.* জনশ্রুতি hearsay
jonsmkhe abhijukto kora *v.t.* জনসমক্ষে অভিযুক্ত করা denounce
jontrer hatol *n.* যন্ত্রের হাতল butt
jontro *n.* যন্ত্র appliance
jontro *n.* যন্ত্র crow-bar
jontro pati *n.* যন্ত্রপাতি apparatus
jontro pati *n.* যন্ত্রপাতি tool
jontrobishesh *n.* যন্ত্রবিশেষ quadrant
jontrochalok *n.* যন্ত্রচালক operator
jontromanob *n.* রোবোট robot
jontrona *n.* যন্ত্রণা distress
jontrona *n.* যন্ত্রণা soreness
jontrona dewa *v.* যন্ত্রণা দেওয়া ail
jontronabhog *n.* যন্ত্রণাভোগ persecution
jontronapuron *n.* যন্ত্রণাপুর্ণ sore
jontropati *n.* যন্ত্রপাতি instrument
jontropati *n.* যন্ত্রপাতি machinery
jontropati niyontrok aansho *v.t.* যন্ত্রপাতির নিয়ন্ত্রক অংশ adjustment
jontrosonkranto *adj.* যন্ত্রসংক্রান্ত mechanical
jontu matir niche basosthan *n.* জন্তুর মাটির নীচে বাসস্থান burrow
jontur lom *n.* জন্তুর লোম fur
jontur lom *n.* জন্তুর লোম fur
jooloj prani rakhibar patro *n.* জলজপ্রানী রাখিবার জলপাত্র aquarium
jopomala *n.* জপমালা chaplet
jor dewa *v.t.* জোর দেওয়া emphasize
jora *n.* জোড়া pair
jora dewa *v.* জোড়া দেওয়া agglutinate
joragrostota *n.* জরাগ্রস্ততা senility
jorajirno *adj.* জরাজীর্ন decrepit
joralo *adj.* জোরালো cogent
joralo *adj.* জোরালো emphatic
jorano *n.* জড়ানো implication
jorathrasto *adj.* জরাগ্রস্ট zoroastrian
jorayu *n.* জরায়ু uterus
jorbudhi *adj.* জড়বুদ্ধি daft
jorbudhisomponno lok *n.* জড়বুদ্ধিসম্পন্ন লোক dotard
jordar kora *v.t.* জোরদার করা reinforce

jorer songe *v.i.* জোরের সঙ্গে insist
jorimana *n.* জরিমানা penalty
jorito kora *v.t.* জড়িত করা implicate
jorito kora *v.t.* জড়িত involve
joriye dhora *v.t.* জড়িয়ে ধরা clasp
joriye dhora *v.t.* জড়িয়ে ধরা hug
joriye pora জড়িবে পড়া entangle
jormukh *n.* জোড়মুখ seam
joro houwa *v.t.* জড়ো হওয়া gather
joro howa *v.* জড়ো হওয়া accumulate
jorobuddhi *adj.* জড়বুদ্ধি imbecile
jorobuddhi byakti *n.* জড়বুদ্ধি ব্যক্তি blockhead
jorokora *v.t.* জড়ো করা muster
jorota *n.* জড়তা inertia
jorpurbok niye jawa *v.t.* জোরপুর্বক নিয়ে যাওয়া wrest
joruri *adj.* জরুরি imperative
joruri *n.* জরুরি necessity
joruri obosta *n.* জরুরি অবস্থা emergency
joruri obosta *n.* জরুরি অবস্থা exigency
joruri sahajyer abedon *n.* জরুরি সাহায্যের আবেদন sos
josh . *n.* যশ glory
josh gourob dan kora *v.t.* যশ গৌরব দানকরা glorify
joswod *n.* জয়শ্বদ plaudit
jot paka *v.t.* জট পাকা tangle
jotbodho kora *v.t.* জোটবদ্ধ করা federate
jotha *adv.* যথা viz
jotha jotho *adj.* যথাযথ exact
jotha jotho vabe *adv.* যথাযথভাবে exactly
jotha poriman *n.* যথাপরিমাণ commensurate
jotha somoye *adv.* যথাসময়ে betimes
jothachoto bhabe *adv.* যথাচিতভাবে deservedly
jothajotho *n.* যথাযথ precise
jothajotho *adj.* যথাযথ punctilious
jotharrtho *adj.* যথার্থ bonafide
jothartho *adj.* যথার্থ veracious
jothartho *adj.* যথার্থ veritable
jotharthota *n.* যথার্থতা veracity
jotharthota *n.* যথার্থতা verity
jotharthota jachai *v.* যথার্থতা যাচাই verify
jothashtane nibodho smogri bishes *n.* যথাস্থানে নিবদ্ধ সামগ্রী বিশেষ fixture
jothasomoye *n.* যথাসময়ে punctual
jothasomoyer purbe *adj.* যথাসময়ের পুর্বে early
jothasthane rakha *v.t.* যথাস্থানে রাখা replace
jothasthane rakha *v.t.* যথাস্থানে রাখা retain
jothesto *adj.* যথেষ্ট enogh
jothochito *adj.* যথোচিত appropriate
jothochito bhabe *adv.* যথোচিতভাবে properly
jothochito bhabe *adv.* যথাচিতভাবে suitably
jotichinho *n.* যতিচিহ্নবিশেষ comma
jotikapurno *adj.* ঝটিকাপুর্ণ windy
jotil *adj.* জটিল complex
jotil *adj.* জটিল intricate
jotil kora *v.t.* জটিল করা complicate
jotil milonsthol *n.* জটিল মিলনস্থল labyrinth
jotil obostha *n.* জটিল অবস্থা perplexity
jotilota *n.* জটিলতা complexity
jotilota *n.* জটিলতা intricacy
jotishi *n.* জোতিষী fortune-teller
jotkinchit *n.* যৎকিঞ্চিত crumb
jotno *v.t.* যত্ন care
jotno neoa *v.t.* যত্ন নেওয়া look after
jotnohin *adj.* যত্নহীন negligent
jotodur *adv.* যতদুর as
jotoi *adv.* যতোই however
jotpadyoman *adj.* জৎপাদ্যমান nascent
jotsamanyo diye sohayota *v.t.* যৎসামান্য দিয়ে সহায়তা eke
jougik *adj.* যৌগিক composite
jougik podartho *n.* যৌগিক পদার্থ sodium
jouktik *adj.* যৌক্তিক rational

jouktik bhitti যৌক্তিক ভিত্তি rationale
joun kamra udrek kari *adj.* যৌন কামরা উদ্রেককারী erotic
joun milon *n.* যৌনমিলন coitus
jouno *adj.* যৌন sexual
jouno byadhi bises *n.* যৌনব্যাধিবিশেষ gonorrhoea
jouno kamona *n.* যৌন কামনা lust
jouno rog *n.* যৌনরোগ syphillis
jounobadhi *adj.* যৌনব্যাধি venereal
joutho *adj.* যৌথ collective
joutho dayitwo *adj.* যৌথ দায়িত্ব corporate
joy kora *v.t.* জয় করা conquer
joyal *n.* জোয়াল yoke
joyar vata songranto *adj.* জোয়ার-ভাঁটা সংক্রান্ত tidal
joyar vata songranto *v.t.* জোয়ার-ভাঁটা tide
joyolloyas *n.* জয়োল্লাস exultation
joyonti *n.* জয়ন্তী jubilee
jrayu *n.* জরায়ু womb
jthashokti *adv.* যথাশক্তি amain
juboti *n.* যুবতী damsel
juddheprosikhon prapto kritodas' *n.* যুদ্ধে প্রশিক্ষণপ্রাপ্ত ক্রীতদাস gladiator
juddho *n.* যুদ্ধ battle
juddho *n.* যুদ্ধ combat
juddho *v.t.* যুদ্ধ fight
juddho *n.* যুদ্ধ war
juddho biroti *n.* যুদ্ধবিরতি armistice
juddho jahaj *n.* যুদ্ধজাহাজ cruiser
juddho kuthar যুদ্ধ কুঠার battle-axe
juddho priyo *adj.* যুদ্ধ প্রিয় bellicose
juddhopokoron *n.* যুদ্ধোপকরন armament
juddhoroto *adj.* যুদ্ধরত belligerent
judho lipto howa *n.* যুদ্ধ লিপ্ত হওয়া warfare
judkhopkron *n.* যুদ্ধোপকরন ammunition
jug *n.* যুগ era
jugmo *adj.* যুগ্ম binary
jugol *n.* যুগল couple
jukthokora *v.t.* যুক্তকরা add
juktibadi *n.* জুক্তিবাদি rationalist
juktibidya *n.* যুক্তিবিদ্যা logic
juktibinyas *n.* যুক্তিবিন্যাস reasoning
juktihin *adj.* যুক্তিহীন unreasonable
juktihinbhabe osthori যুক্তিহীনভাবে অস্থরি petulance
juktihinbhabe osthori *adj.* যুক্তিহীনভাবে অস্থরি petulant
juktiporayon *adj.* যুক্তিপরায়ণ reasonable
jukto kora *v.* যুক্ত করা annex
jukto kore *prep.* যুক্ত করে in
juktovabe *v.t.* যুক্তভাবে conjoin
julumbaji chalano *v.t.* জুলুমবাজি চালানো tyrannize
julumbaji chalano *n.* জুলুম. tyranny
junkhipurno udoyog *v.t.* ঝুঁকিপুর্ন উদ্যোগ venture
jupitarer *n.* জুপিটারের মন্দির capitol
jurir somboye anusthito bichar *n.* জুরির সমবয়ে অনুষ্ঠিত বিচার assize
jus patro *n.* জুসপাত্র porringer
juto *n.* জুতো footwear
juto *n.* জুতো shoe
juto palishoyala *n.* জুতো পালিশওয়ালা shoe-black
jutoselai er sunch *n.* জুতোসেলাই এর সুঁচ awl
juya khelar sthan *n.* জুয়া খেলার স্থান casino
juyachor *n.* জুয়াচোর rook
jwalan *n.* জ্বালান ignition
jwalani toilo *n.* জ্বালানি তৈল diesel
jwalmukh *n.* জ্বালমুখ crater
jwalonto obostha *adv.* জ্বলন্তবস্থায় afire
jwola *v.t.* জ্বলা ignite
jwoljwol *n.* জ্বলজ্বল sparkish
jwoljwol kora *v.i.* জ্বলজ্বল করা sparkle
jwolonto *adv.* জ্বলন্ত ablaze
jwolonto koyla *n.* জ্বলন্ত কয়লা ember
jwor *n.* জ্বর fever
jwor lokhonjukto *adj.* জ্বরের লক্ষণযুক্ত feverish

jyaket *n.* জ্যাকেট jacket
jyamiti *n.* জ্যামিতি geometry
jyaniuari *n.* জ্যানিউয়ারি january
jyesthota *n.* জ্যেষ্ঠতা seniority
jyotik *n.* জ্যোতিক luminary
jyotishi *n.* জ্যোতিষী astrologer

K

kabyik *adj.* কাব্যিক poetic
kabyo *n.* কাব্য poesy
kachari *n.* কাছারি manor
kacher ba kachsodrisho *adj.* কাচের বা কাচসদৃশ vitreous
kacher ghore roudro snan *n.* কাচের ঘরে রৌদ্রস্নান solarium
kachhakachhi *adj.* কাছাকাছি nigh
kachi diye kata *v.t.* কাঁচি দিয়ে কাটা snip
kachuli *n.* কাঁচুলি brassier
kada *n.* কাদা mud
kada bhora *adj.* কাদা ভরা muddy
kadamati *n.* কাদামাটি clay
kadh *n.* কাঁধ colla¤bone
kadh jhakano *v.t.* কাঁধ ঝাঁকানো shrug
kadhyadi jnit protikriya *n.* খাদ্যাদি জনিত প্রতিক্রিয়া allergy
kafon *n.* কাফন shroud
kagjer mapbishes *n.* কাগজের মাপবিশেষ demy
kagoj *n.* কাগজ paper
kagoj tara *n.* কাগজ তাড়া wad
kagojer dola *n.* কাগজের দলা pellet
kagojpotro ityadi *n.* কাজগপত্র ইত্যাদি stationery
kaharo osakhyate ninda *v.t.* কাহারও অসাক্ষাতে নিন্দা backbite
kaharo vagye kichu ghota *v.i.* কাহারওভাগ্যে কিছু ঘটা betide
kahinir upakhyan *n.* অন্তর্গত উপাখ্যান episode
kaida *n.* কায়দা fashion
kaj *n.* কাজ associate
kaj *n.* কাজ job
kaj *n.* কাজ work
kaj age prathomik jorip কাজের আগ প্রাথমিক জরিপ reconnaissance
kaj kora *n.* কাজ করা action
kaj kora *v.t.* কাজ করা serve
kaj kora *n.* কাজ service
kaj theke biroto kora *v.t.* কাজ থেকে বিরতকরা dissuade
kaje dhile *v.t.* কাজে ঢিলে slacken
kaje lagano *v.i.* কাজে লাগানো avail
kaje lagano *v.* কাজে লাগানো exploit
kaje nijukto kora *v.t.* কাজে নিযুক্ত করা appoint
kak *n.* কাক crow
kaka, mama *n.* কাকা, মামা uncle
kakatuya *n.* কাকাতুয়া cockatoo
kaker dak *n.* কাকের ডাক caw
kakor *n.* কাঁকর gravel
kakra *n.* কাঁকড়া crab
kaktarua *n.* কাকাতুয়া scarecrow
kakuti minoti *v.t.* কাকুতি মিনতি implore
kal *adj.* কাল tense
kala *adj.* কালা deaf
kalanukromik *adj.* কালানুক্রমিক chronological
kali *n.* কালি ink
kali dag *n.* কালির দাগ blur
kalir dag sushiya louwa *v.t.* কালির দাগ শুষিয়া লওয়া blot
kalir doyat *n.* কালির দোয়াত ink-pot
kalkkhepon *n.* কালক্ষেপণ procrastination
kalnirupon bigyan *n.* কালনিরুপণবিজ্ঞান chronology
kalo chita *n.* কালো চিতা panther
kalokrome কালক্রমে by and by
kalosima *n.* কালসীমা term
kalponik *n.* কাল্পনিক imaginary
kalponik *n.* কাল্পনিক utopia

kalvarrt *n.* কালভার্ট culvert
kaman *n.* কামান aritillery
kaman *n.* কামান canon
kaman dwara dwngso kora *v.t.* কামান দ্বারা ধ্বংস করা cannonade
kamano *v.t.* কামানো shave
kamar *n.* কামার blacksmith
kamarshala *n.* কামারশালা forge
kamarshala *n.* কামারশালা smithy
kammo *adj.* কাম্য desirable
kamora *n.* কামরা compartment
kamore dhora *adj.* কামড়ে ধরা biting
kan *n.* কান ear
kan vo vo kora *v.t.* কান ভোঁ ভোঁ করা tingle
kanch *n.* কাঁচ glass
kanch diye *v.t.* কাচ দিয়ে glaze
kanchsodrisho podarthe rupantarito howa *v.t.* কাচসদৃশ পদার্থে রুপান্তরিত হওয়া vitrify
kandhe kandhe *adv.* কাঁধে কাঁধে abreast
kando *n.* কান্ড trunk
kane dul *n.* কানের দুল ea¤ring
kane tala lagano *v.t.* কানে তালা লাগানো deafen
kaner loti *n.* কানের লতি lobe
kankpakhi *n.* কাঁকপাখি heron
kanna *n.* কান্না wailing
kanta *n.* কাঁটা fork
kap *n.* কাপ cup
kapa ba kapano *v.t.* কাঁপা বা কাঁপানো twitch
kapor *n.* কাপড় cloth
kapor khola *v.t.* কাপড় খোলা undress
kapor muche poriskar kora *v.t.* কপড় মুছে পরিস্কার করা wipe
kapurush *adj.* কাপুরুষ recreant
kapurushochit *n.* কাপুরুষোচিত dastard
kar, kader *pro.* কার, কদের whose
karagar *n.* কারাগার gaol
karagar *n.* কারগার jail
karagar *n.* কারাগার prison
kararokhi *n.* কারারক্ষী warder
kararokshok *n.* কারারক্ষক gaoler
kararuddho *v.t.* কারারুদ্ধ imprison
kararuddho kora *v.t.* কারারুদ্ধ করা incarcerate
karigor *n.* কারিগর artisan
karigor *n.* কারিগর craftsman
karjo *n.* কার্য deed
karjo *v.t.* কার্য impute
karjo sompadon *v.t.* কার্য সম্পাদন achieve
karjoklap *n.* কার্যকলাপ doings
karjokor *n.* কার্ষকর practicable
karjopronali *n.* কার্যপ্রণালী procedure
karjoto *adj.* কার্যতঃ actually
karkhana *n.* কারখানা factory
karkhana *n.* কারখানা mill
karon *conj.* কারন because
karon *v.t.* কারণ cause
karon *n.* কারণ reason
karon sworup houya *v.t.* কারণ স্বরুপ হওয়া engender
karor pokhe bla *v.* কারো পক্ষে বলা advocate
karunyo *n.* কারুণ্য sympathy
kasai khana *n.* কশাইখানা abattoir
kashtho folok dwar dhaka *n.* কাষ্ঠ ফলক দ্বারা ঢাকা boarding
kasi *n.* কাসি cough
kaste *n.* কাস্তে scythe
kaste *n.* কাস্তে sickle
kat houwa obosthay *n.* কাত হওয়া অবস্থায় cant
kata *v.t.* কাটা cut
kata *v.t.* কাটা intersect
kata *v.t.* কাটা mow
kata *v.i.* কাটা reap
kata *v.t.* কাটা sever
kata dag *n.* কাটাদাগ score
kata pathor *n.* কাটা পাথর facet
katar jontro *n.* কর্তন যন্ত্র clipper
katchhat kora *v.t.* কাটছাঁট করা curtail
katchhat kormo *n.* কাট ছাঁট কর্ম curtailment

kath *n.* কাঠ pier
kath *n.* কাঠ pile
kath *n.* কাঠ timber
kath *n.* কাঠ wood
kath koyla *n.* কাঠ কয়লা charcoal
kathamo *n.* কাঠামো frame
kathamo *n.* কাঠামো rim
kathamo *n.* কাঠামো skeleton
kathamo *n.* কাঠ slat
kathamo *n.* কাঠামো structure
kathbiral *n.* কাঠবিড়াল squirrel
kathe khodai krar bidhya *n.* কাঠে খোদাই করার বিদ্যা xylography
kather ba dhatur gonj *n.* কাঠের বা ধাতুর গোঁজ wedge
kather chhipi *n.* কাঠের ছিপি spigot
kather gamola *n.* কাঠের গামলা crib
kather guri *n.* কাঠের গুড়ি log
kather haturi *n.* কাঠের হাতুড়ি mallet
kather pranto vag atkano *v.t.* কাঠের প্রান্তভাগ আটকানো tenon
kather toiri *adj.* কাঠের তৈরি wooden
kather toiri jinish *n.* কাঠের তৈরি জিনিষ woodwork
kather tokta *n.* কাঠের তক্তা lumber
kathure *n.* কাঠুরে woo·cutter
katim *n.* কাটিম distaff
katiye otha কাটিয়ে ওঠা surmount
kator shore kanda *v.i.* কাতর স্বরে কাঁদা whimper
kauke apobad dewa *v.t.* কাউকে অপবাদ দেওয়া vilify
kauke diknirdeshona dewa *v.t.* কাউকে দিকনির্দেশনা দেওয়া direct
kauke dosharop kora কাউকে দোষারোপ করা reprove
kauke kon aobhyas theke mukto kora *v.t.* কাউকে কোন অভ্যাস থেকে মুক্ত করা wean
kauke kono kichu prokashye badhyo kora *v.t.* কাউকে কোনো কিছু প্রকাশে বাধ্য করা elicit
kauke kshomota orpon kora *v.t.* কাউকে ক্ষমতা অর্পণ করা empower
kaunter *n.* কাউন্টার counter
kaunti কাউন্টি county
kaunti *n.* কাউন্টি shire
kayda *n.* কায়দা tractable
kayed *n.* কয়েদ durance
kbita songroha *n.* কবিতা সংগ্রহ anthology
kdarjo *n.* কদর্য ugliness
ke *pro.* কে who
ke *pro.* কে whom
kebol *adj.* কেবল only
kedara *n.* কেদারা chair
kedravimukh *adj.* কেন্দ্রাভিমুখ centripetal
keet *n.* কীট worm
kek *n.* কেক confection
kena *v.t.* কেনা buy
kenakata *n.* কেনাকাটা shopping
kendaritig *adj.* কেন্দ্রাতিগ centrifugal
kendrivuto kora *v.t.* কেন্দ্রীভুত করা centralize
kendriyo *v.t.* কেন্দ্রীয় central
kendriyo *adj.* কেন্দ্রীয় federal
kendro *adj.* কেন্দ্র middle
kendrobindu *n.* কেন্দ্রবিন্দু centre
kendrobindu *n.* কেন্দ্রবিন্দু pivot
kendrosombondhi *adj.* কেন্দ্রসম্বন্ধী nuclear
kerani songkranto *adj.* কেরানিসংক্রান্ত clerical
kerani songkranto *n* কেরানি clerk
kere neoa *n.* কেড়ে নেওয়া snatch
keroshin *n.* কেরোসিন kerosene
keser bondhoni *n.* কেসের বন্ধনী belt
keshoguccho *n.* কেশগুচ্ছ tress
keshor *n.* কেশর mane
kesorag *n.* কেশরাগ brilliantine
ketadurosto *adj.* কেতদুরস্ত modish
ketadurosto *adj.* কেতাদুরস্ত spruce
ketadurosto *adj.* কেতাদুরস্ত stylish
kete neuwa kichhu *n.* কেটি নেওয়া কিছু clipping

kete tukro *v.t.* কেটে টুকরো hew
ketli *n.* কেটলি kettle
keu *n.* কেউ somebody
keu *n.* কেউ someone
keu na *n.* কেউ না nobody
khabol diye dhora *n.* খাবল দিয়ে ধরা snap
khacha *n.* খাঁচা cage
khacha *n.* খাঁচা coop
khachay aboddho kora খাঁচায় আবদ্ধ করা encase
khader sur (songit) *n.* খাদের সুর (সঙ্গীত) bass
khadok *n.* খাদক feeder
khadwasorbahkor *adj.* খাদ্যসরবরাহকার alimentary
khadwo *adj.* খাদ্য destitute
khadwo drobo *n.* খাদ্য দ্রব্য aliment
khadyabhabjonito koshto *n.* খাদ্যাভাবজনিত কষ্ট starvation
khadyer talika *n.* খাদ্যের তালিকা menu
khadyo *n.* খাদ্য food
khadyo bises *n.* খাদ্য বিশেষ porridge
khadyo drobyo *adj.* খাদ্যদ্রব্য eatable
khadyo sorboraho kari byakti *n.* খাদ্য সরবরাহনকারি ব্যক্তি steward
khadyo sorboraho kari mohila *n.* উক্ত মহীলা stewardess
khadyo soshyo *n.* খাদ্যশস্য cereal
khadyo soshyo *n.* খাদ্যশস্য grain
khal *n.* খাল canal
khal *n.* খাল dike
khal. *n.* খাল channel
khalas kora *v.t.* খালাস করা discharge
khali kora *v.* খালি করা vacate
khali ongso *n.* খালি অংশ gap
kham *n.* খাম envelope
khamar *n.* খামার farm
khamir *n.* খামির leaven
khamkheyali *adj.* খামখেয়ালি quixotic
khamti *n.* খামতি shortcoming
khanj *v.t.* খাঁজ cog
khansama *n.* খানসামা butler
khansama *n.* খানসামা footman
khanti *n.* ক্ষান্তি cessation
khanti *adj.* খাঁটি weighty
khap *n.* খাপ scabbard
khap khawano *v.* খাপ খাওয়ানো acclimatize
khap khawano *v.t.* খাপ খাওয়ানো adapt
khara *adj.* খাড়া vertical
khara dhal *n.* খাড়া ঢাল scarp
khari *n.* খাঁড়ি cove
khari *n.* খাঁড়ি creek
kharij kora *v.t.* খারিজ করা overrule
khasi kora morog *n.* খাসি করা মোরগ capon
khasi kora posu *n.* খাসি করা পশু geld
khasikora *n.* খাসি করা hog
khat *n.* খাট bedstead
khat *n.* খাত drill
khata *v.i.* খাটা toil
khati *adj.* খাঁটি genuine
khatire *n.* খাতিরে sake
khato *n.* খাটো short
khato drishti *n.* খাটো দৃষ্টি myopia
khato kaman খাটো কামান howitzer
khato kora *v.* খাটো করা cheapen
khawano *v.t.* খাওয়ানো feed
khekshiyal *n.* খেঁকশিয়াল fox
khela *n.* খেলা play
khela *v.t.* খোলা unpack
khela kora *v.t.* খেলা করা disport
kheladhula *n.* খেলাধুলা sport
khelaghor *n.* খেলাঘর playhouse
khelar math *n.* খেলার মাঠ playground
khelibar bol *n.* খেলিবার বল ball
kheloayarochito *n.* খেলোয়াড়োচিত sportsmanship
khelona *n.* খেলনা toy
kheloyar *n.* খেলোয়াড় cricketer
kheloyar *n.* খেলোয়াড় player
kheloyar *n.* খালোয়ার sportsman
khep *n.* খেপ bout
khepano *v.t.* খেপানো provoke
khepano *v.t.* খেপানো twit

khepar moto *v.i.* খেপার মতো rave
kheponi *n.* ক্ষেপণী scull
khetab *n.* খেতাব appellation
khetab *v.t.* খেতাব confer
khetab dhari bykti *n.* খেতাব ধারী ব্যক্তি baron
kheya poth *n.* খেয়া পথ ferry
kheyal *n.* খেয়াল whim
kheyali *n.* খেয়াল caprice
kheyali *adj.* খেয়ালি capricious
kheyali *adj.* খেয়ালি quaint
kheyali খেয়ালি whimsical
khil খিল bar
khilan *n.* খিলান vault
khilan sreni *n.* খিলান শ্রেণী arcade
khin *adj.* ক্ষীণ feeble
khipto *adj.* ক্ষিপ্ত furious
khipto *adj.* ক্ষিপ্ত furious
khipto kora ক্ষিপ্ত করা infuriate
khiptogami *adj.* ক্ষিপ্তগামী nimble
khirstan *n.* খ্রিষ্টান christianity
khit khite খিটখিটে captious
khit khite *adj.* খিটখিটে morose
khitkhite *adj.* খিটখিটে choleric
khitkhite *adj.* খিটখিটে irascible
khitkhite *adj.* খিটখিটে waspish
khnaj *n.* খাঁজ notch
khnari *n.* খাঁড়ি inlet
khnichuni *n.* খিঁচুনি spasm
khnocha *v.t.* খোঁচা মারা jab
khnocha deoa *v.t.* খোঁচা দেওয়া prick
khnocha laga *n.* খোঁচা লাগা prickle
khnochano *n.* খোঁচানো poke
khnochano *v.t.* খোঁচানো prod
khnoja *v.t.* খোঁজা seek
khnorano *v.i.* খোঁড়ানো limp
khnute khaoa *v.t.* খুঁটে খাওয়া nibble
khoborer kagoj *n.* খবরের কাগজ newspaper
khobr *n.* খবর news
khochito *v.t.* খচিত inlay
khodai *v.t.* খোদাই inscribe
khodai kora *v.t.* খোদাই করা carve
khodai kora *v.t.* খোদাই করা engrave
khodai kormo *n.* খোদাই কর্ম engraving
khodito shobdaboli *n.* খোদিত শব্দাবলী inscription
khoilo *n.* খইল oil-cake
khoini *n.* খৈনি quid
khoiprapti ক্ষয়প্রাপ্ত worn
khoj kora *v.t.* খোঁজ করা ask
khoja *n.* খোজা eunuch
khoja kora hoy ni emon ghora *n.* খোজা করা হয়নি এমন ঘোড়া stallion
khola *v.t.* খোলা unfuri
khola jayga *n.* খোলা জায়গা opening
khola mone *adv.* খোলা মনে candidly
khola moner *adj.* খোলা মনের open-hearted
kholakhuli *adv.* খোলাখুলি outright
kholakhulivabe *adv.* খোলাখুলিভাবে baldly
khoma *n.* ক্ষমা forgiveness
khoma kora *v.t.* ক্ষমা করা condone
khoma kora *v.t.* ক্ষমা করা remit
khomashil *adj.* ক্ষমাশীল forgiving
khomota *n.* ক্ষমতা faculty
khomota *n.* ক্ষমতা comprehension
khomota prapto byakti *n.* ক্ষমতাপ্রাপ্ত ব্যাক্তি commissioner
khomotasin amola *n.* ক্ষমতাসীন আমলা bureaucrat
khondo *n.* খন্ড lump
khondon *v.t.* খন্ডন rebut
khondon *n.* খন্ডন refutation
khondon *v.t.* খন্ডন refute
khondon kora *v.t.* খন্ডন করা confute
khoni podartho *n.* খনিজ পদার্থ bitumen
khoni shromik *n.* খনি শ্রমিক miner
khonij *n.* খনিজ mineral
khonij lobon *n.* খনিজ লবন rock-salt
khonijbiggan *n.* খনিজবিজ্ঞান mineralogy
khonijo drobyo *n.* খনিজ দ্রব্য quartz
khonja *v.t.* খোজা castrate

khonjoni jatiyo badyo jontro *n.* খঞ্জনি-জাতীয় বাদ্যযন্ত্র tambourine
khonjor *n.* খঞ্জর dagger
khonon kora *v.t.* খনন করা dig
khonon kora খনন করা excavate
khonra *n.* খোঁড়া dug
khor *v.t.* খড় thatch
khora *v.* খোঁড়া delve
khorbo howa *v.t.* খর্ব করা derogate
khorbo kora *v.t.* খর্ব করা belittle
khorer gada *n.* খড়ের গাদা stack
khorghosh bonshobistar kore *n.* খরগোশ বংশবিস্তার করে warren
khorgosh *n.* খরগোশ hare
khorgosh *n.* খড় hay
khorgosh *n.* খরগোশ rabbit
khoriddar *n.* খরিদ্দার client
khoriddarbrrindo *n.* করিদ্দারবৃন্দ clientele
khorkuto *n.* খড়কুটো straw
khoroch komano *v.t.* খরচ কমানো retrench
khorom *n.* খড়ম clog
khoron ক্ষরণ secrete
khoron *n.* ক্ষরণ secretion
khorosrot *n.* খরস্রোত torrent
khos khos kore *v.t.* খসখস করে scrawl
khosa *n.* খোসা hull
khosa *n.* খোসা husk
khosa *n.* খোসা rind
khosa *n.* খোসা shell
khosa chharano *v.t.* খোসা ছাড়ানো peel
khosgolpo *v.i.* খোশগল্প chat
khoskhos *v.i.* খসখস rustle
khoskhose houya *n.* খসখসে হওয়া chap
khosto sristikora *v.i.* ক্ষত সৃষ্টি করা ulcerate
khot khot sobdo *v.t.* খটখট শব্দ clack
khoti *n.* ক্ষতি damage
khoti kora *n.* ক্ষতি করে detriment
khotigrosto *v.t.* ক্ষতিগ্রস্ত mutilate
khotigrosto hote pare *adj.* ক্ষতিগ্রস্ত হতে পারে vulnerable
khotikor *adj.* ক্ষতিকর detrimental
khotikor *adj.* ক্ষতিকর malignant
khotipuron *n.* ক্ষতিপুরণ reparation
khotiyan *v.t.* খতিয়ান tally
khotiyan boi *n.* খতিয়ান বই ledger
khoto *n.* ক্ষত wound
khotosthanadi bondhoner potti *n.* ক্ষতস্থানাদি বন্ধনের পট্টি bandage
khoy *v.i.* ক্ষয় decay
khoya *v.t.* খোয়া cobble
khoyar *n.* খোঁয়াড় sty
khoyishnu *n.* ক্ষয়িষ্ণু carious
khriddar *n.* খরিদ্দার customer
khriishtodhorme dikkha *n.* খৃষ্টধর্মে দীক্ষা baptism
khrishto dhormoguru *n.* পোপ pope
khristabder dhormogrontho *n.* খৃষ্টাব্দের ধর্মগ্রন্থ bible
khristan *n.* খ্রিষ্টান christian
khub choto sishu *n.* খুব ছোট শিশু baby
khub prohar kora *v.t.* খুব প্রহার করা belabour
khub sombhob *adj.* খুব সম্ভব probably
khub sori sutor nai jinis *n.* খুব সরু সুতার ন্যায় জিনিষ filament
khuchro bikreta *n.* খুচরো বিক্রিতা retailer
khuchro bikri *v.i.* খুচরো বিক্রি retail
khuchuni *n.* খিঁচুনি tic
khudarto *adj.* ক্ষুদার্থ starving
khude shoytan *n.* খুদে শয়তান imp
khudha *n.* ক্ষুধা appetite
khudha *n.* ক্ষুধা savoury
khudhajonito *v.i.* ক্ষুধাজনিত starve
khudharto ক্ষুধার্ত ravenous
khudor dhudro chidro *n.* ক্ষুদ্র ক্ষুদ্র ছিদ্র alveolary
khudradopikhudro *adj.* ক্ষুদ্রাদপিক্ষুদ্র infinitesimal
khudro banshibishes *n.* খদ্র বাঁশিবিশেষ fife
khudro byangorochona *n.* ক্ষুদ্র ব্যঙ্গরচনা skit

khudro chita *n.* ক্ষুদ্র চিটা billet
khudro kokhyo *n.* ক্ষুদ্র কক্ষ cabinet
khudro mtos bishes *n.* ক্ষুদ্র মতস বিশেষ anchovy
khudro pakhibishesh *n.* ক্ষুদ্র পাখিবিশেষ swallow
khudro prani *n.* খুদ্র প্রাণী centipede
khudro pustika *n.* ক্ষুদ্র পুস্তিকা brochure
khudro rajyo *n.* ক্ষুদ্র রাজ্য principality
khudro srot *n.* ক্ষুদ্র শ্রোত streamlet
khudro tukro *n.* ক্ষুদ্র টুকরা morsel
khudrotokahini *n.* ক্ষুদ্রসত্যকাহিনী anecdote
khudrotomo *adj.* ক্ষুদ্রতম least
khukhutani *n.* খুঁতখুঁতানি carping
khun *n.* খুন murder
khun kora *v.t.* খুন করা slay
khune *adj.* খুনে bloody
khuni *n.* খুনি slayer
khunsuchok *adj.* খুনসুচক murderous
khunt khunte *adj.* খুঁতখুঁতে fastidious
khur খুর hoof
khur *n.* খুর razor
khurpi *n.* খুরপি dibble
khusi kora ba sontosh bidhan খুশি করা বা সন্তোষবিধান gratify
khuski *n.* খুশকি scurf
khutinati niye jhogora kora *v.i.* খুঁটিনাটি লইয়া ঝগড়া করা bicker
khyader dokan *n.* খ্যাদের দোকান kosher
khyati খ্যাতি eminence
khyati *n.* খ্যাতি fame
khyati *n.* খ্যাতি lime-light
khyati *n.* খ্যাতি reputation
khyatinash *n.* খ্যাতিনাশ disgrace
ki *pro.* কী what
ki bhabe *adv.* কিভাবে how
ki karne *adv.* কী কারণে why
kichhu na *n.* কিছু না naught
kichhu na *n.* কিছু না nothing
kichhu na *n.* কিছু না nought
kichir michir kora *v.i.* কিচির মিচির করা twitter
kichirmichir sobdo *v.t.* কিচিরমিচির শব্দ chirp
kichu *n.* কিছু something
kichu somporke vhal gyan ache emon *adj.* কিছু সম্পর্কে ভাল জ্ঞান আছে এমন familiar
kichu songkhok *adj.* কিছু সংখক some
kichukaler jonyo *adv.* কিছুকালের জন্য awhile
kichukaler jonyo thaka *n.* কিছুকালের জন্য থাকা sojourn
kichukaler jonyo thaka *n.* কিছুকালের জন্য থাকা sojourner
kichukkhon *adj.* কিছুখন sometime
kichur orjon korar upay *n.* কিছু অর্জন করার উপায় stepping-stone
kidni *n.* কিডনি kidney
kima kora *v.t.* কিমা করা mince
kinara *n.* কিনারা brink
kingba *v.t.* কিংবা heave
kingba *conj.* কিংবা or
kingkortyobyobumurh *n.* কিংকর্তব্যবিমুঢ় bashfulness
kintu *adj.* কিন্তু but
kirtiman *adj.* কীর্তিমান illustrious
kisholoy *n.* কিশলয় shoot
kismis *n.* কিশমিশ raisin
kisti *n.* কিস্তি instalment
kisti mat *v.t.* কিশতিমাত checkmate
kiu *n.* কিউ cue
kkheponastro *n.* ক্ষেপণাস্ত্র missile
kkheponastro *n.* ক্ষেপণাস্ত্র projectile
kkhoma ক্ষমা mercy
kkhoma *n.* ক্ষমা remission
kkhomahin *adj.* ক্ষমাহীন merciless
kkhomapuron *adj.* ক্ষমাপুর্ণ merciful
kkhonosthayi *adj.* ক্ষণস্থায়ী momentary
kkhoron *n.* ক্ষরণ seepage
kkhoti *n.* ক্ষতি loss
kkhoti *n.* ক্ষতি mischief
kkhoti kora *v.t.* ক্ষতি করা spare

kkhoti sadhon *v.t.* ক্ষতিসাধন করা mar
kkhotigrosto kora *n.* ক্ষতিগ্রস্ত করা spoil
kkhotikor *adj.* ক্ষতিকর noxious
kkhotikor *adj.* ক্ষতিকর pernicious
kkhotisadhon *n.* ক্ষতিসাধন sacrilege
kkhoy kora *v.i.* ক্ষয় করা rot
kkhudro *n.* ক্ষুদ্র speck
klanti *n.* ক্লান্তি fatique
klanti *adj.* ক্লান্তি tired
klanti *n.* ক্লান্তি weariness
klanti kor *adj.* ক্লান্তিকর tiring
klantikor *adj.* ক্লান্তিকর wearisome
klantikor jatra *v.i.* ক্লান্তিকর যাত্রা trudge
klantikor kaj *v.t.* ক্লান্তিকর কাজ fag
klantikor panditipona *n.*علم ক্লান্তিকর পান্ডিতিপনা pedantry
klanto *v.t.* ক্লান্ত tire
klanto, biborno *adj.* ক্লান্ত, বিবর্ণ wan
klanto, biborno *adj.* ক্লান্ত weary
klesh *n.* ক্লেশ torment
klibling *adj.* ক্লীবলিঙ্গ neuter
klik *v.t.* ক্লিক click
klip *v.i.* ক্লিপ clip
knacha *adj.* কাঁচা raw
knachi *n.* কাঁচি scissors
knada *v.i.* কাঁদা sob
knadh *n.* কান্ধ shoulder
knapa *n.* কাঁপা quaver
knuj *n.* কুঁজ hump
knure ghor *n.* কুঁড়ে ঘর hut
ko sure gan gawa *v.t.* সুরে গান গাওয়া warble
kobita *n.* কবিতা poem
kobita *n.* কবি poet
kobita *n.* কবিতা poetry
kobita songkranto *adj.* কবিসংক্রান্ত poetical
kobitabishesh *n.* কবিতাবিশেষ ode
kobitar porbo *n.* কবিতার পর্ব canto
kobitar stobok *n.* কবিতার স্তবক stave
kobja *n.* কব্জা hinge
kobja *v.t.* কব্জা unhinge
kobja smbndhiyo *adj.* কবজা সম্বন্ধীয় cardinal
kobji *n.* কব্জি wrist
kobor *n.* কবর sepulchre
kobor theke tola *v.t.* কবর থেকে তোলা disinter
kobor theke tule ana *v.t.* কবর থেকে তুলে আনা exhume
kobul kora *v.t.* কবুল করা confess
kocchop *n.* কচ্ছপ tortoise
kodachit *adj.* কদাচিৎ seldom
kodachito *adv.* কদাচিৎ rarely
kodakar *adj.* কদাকার hideous
kodakar *n.* কদাকার clumsy
kodal *n.* কোদাল spade
kodolbishesh *n.* কোদলবিশেষ mattock
kodoli *n.* কদলী plantain
kodorjo hasi *n.* কদর্য হাসি leer
kofi *n.* কফি coffee
kofikhana *n.* কফিখানা cafe
kofin *n.* কফিন coffin
koifiyot *n.* কৈফিয়ত excuse
koifiyot mulok *adj.* কৈফিয়ত মূলক apologetic
koifiyotdabi kora *v.t.* কৈফিয়তদাবী করা arraign
koishor *n.* কৈশোর juvenility
koishor prapto *adj.* কৈশোর প্রাপ্ত adolescent
koisikota *n.* কৈশিকতা capillary
kok koyla *n.* কোক কয়লা coke
koka *n.* কোকা cocoa
kokhono na *adv.* কখনো না never
kokhyo *n.* কক্ষ chamber
kokil *n.* কোকিল cuckoo
kokkho *n.* কক্ষ room
kokkhopoth *n.* কক্ষপথ orbit
kokraghatmulok বক্রাঘাতমুলক ironic
kol *n.* কোল lap
kola *n.* কলা banana
kola *n.* কলা tissue
kolabyang *n.* কোলাব্যাঙ toad

kolahol *n.* কোলাহল hubbub
kolahol *n.* কোলাহল racket
kolahomoi bibad *n.* কোলাহলময় বিবাদ wrangle
kolakusoli *n.* কলাকুশলী technician
kolar *n.* কলার collar
kolbalish *n.* কোলবালিশ bolster
kole dolano *v.t.* কোলে দোলানো dandle
kolej songkranto *n.* কলেজ সংক্রান্ত collegiate
koler gan *n.* কলের গান gramophone
kolera *n.* কলেরা cholera
koloho *n.* কলহ broil
koloho *n.* কলহ feud
kolohokari *n.* কলহকারী wrangler
kolohongso কলহংস gander
kolohopriyo *adj.* কলহপ্রিয় pugnacious
kolohporayon *adj.* কলহপরায়ণ aggressive
kolom *n.* কলম pen
koloni *n.* কলোনি colony
kolonker chinho *n.* কলঙ্কের চিহ্ন stigma
kolonkito *v.t.* কলঙ্কিত sully
kolonkito kora *v.t.* কলঙ্কিত করা besmirch
kolonko *n.* কলঙ্ক calumny
kolonko *v.t.* কলঙ্ক traduce
kolonko chinhito kora *v.t.* কলঙ্ক চিহ্নিত করা stigmatize
kolonko rotona kora *v.t.* কলঙ্ক রটনা করা calumniate
kolonkodayi *adj.* কলঙ্কদায়ী discreditable
kolos *n.* কলস pitcher
kolpit srisrip *n.* কল্পিত সরীসৃপ dragon
kolpito *n.* কল্পিত fiction
kolpito *n.* কল্পিত figment
kolpona *adj.* কল্পনীয় imaginable
kolpona *n.* কল্পনা imagination
kolpona *n.* কল্পনা phantasy
kolpona kora *v.t.* কল্পনা করা devise
kolpona kora *v.t.* কল্পনা imagine
kolpona probon *adj.* কল্পনাপ্রবণ imaginative
kolpona sadhyo *adj.* কল্পনাসাধ্য conceivable
kolpona sadhyo *n.* কল্পনা conception
kolushito kora *v.t.* কলুষিত করা befoul
kolusit kra *v.t.* কলুষিত করা deprave
kolwala *n.* কলওয়ালা miller
kolyan *n.* কল্যান welfare
kolyan, subho *n.* কল্যান, শুভ weal
kolyankor *adj.* কল্যাণকর salutary
kom dame bikri kora *v.t.* কম দামে বিক্রি করা undersell
kom dor hanka *v.t.* কম দর হাঁকা underbid
kom howa *v.t.* কম হওয়া abate
komabar upojogi *adj.* কমাবার উপযোগী reducible
komano *v.t.* কমানো bate
komboyeshi *adj.* কমবয়সী young
komniyo *adj.* কমনীয় delicate
komol *adj.* কোমল downy
komol *adj.* কোমল flabby
komol *v.i.* কোমল soften
komol hridoy *adj.* কোমল হৃদয়ের weak-hearted
komol/ norom *n.* কোমল/নরম down
komola *n.* কমলা orange
komolasthi *n.* কোমলাস্থি cartilage
komolbhabe *adj.* কোমলভাবে softly
komolotwo *n.* কোমলত্ব mildness
komor, koti *n.* কোমর, কটি waist
kompas *v.t.* কম্পাস compass
kompito *v.i.* কম্পিত tremble
kompito howa *v.t.* কম্পিত হওয়া vibrate
kompito/ghrnito houwa *n.* কম্পিত/ঘূর্ণিত হওয়া trill
kompojwar *n.* কম্পজ্বর ague
kompoman *adj.* কম্পমান flickering
kompoman *n.* কম্পমান tremulous
kompon *n.* কম্পন jar
kompon *n.* কম্পন vibration
komponsil poplar brikhyo *n.* কম্পনশীল পপলার বৃক্ষ aspen
kon *n.* কোণ angle

kon *n.* কোন cone
kon *n.* কোণ corner
kon *n.* কোণ nook
kon bhobner lobe ba probeshok kokho *n.* কোন ভবনের লবে বা প্রবেশক কক্ষ vestibule
kon jiniser thoka *n.* কোন জিনিষের থোকা bunch
konakuni vabe sthito *adj.* কোনাকুনিভাবে স্থিত transverse
kondo *n.* কন্দ tuber
kondora *n.* কন্ডরা tendon
koner saj *n.* কনের সাজ পোশাক trousseau
konho theke utponno *n.* কন্ঠ থেকে উৎপন্ন guttural
konika *n.* কণিকা mote
koninika *n.* কনীনিকা iris
konishtho *adj.* কনিষ্ঠ minor
konjukto *adj.* কোনযুক্ত angular
konkhane *n.* কোনখানে whereabouts
konkone thanda *adj.* কনকনে ঠান্দা chill
kono abiskare anondo chitkar *n.* কোন আবিষ্কারে আনন্দ চিৎকার eureka
kono bekti ke bishes khomota *n.* কোনো ব্যাক্তির বিশেষ ক্ষমতা forte
kono bishes dhoroner kajer jonno onubhuti *n.* বিশেষ ধরনের কাজের অনুভুতি vocation
kono bishoye *n.* কোন বিষয়ে যোগসুত্র clue
kono ek lekhoker grntho talika *n.* কোন এক লেখকের গ্রন্থ তালিকা bibliography
kono kichu tene *n.* কোনো কিছুকে টেনা traction
kono kichu dheke fela *v.t.* কোনো কিছু ঢেকে ফেলা enwrap
kono kichu giye niye asha *v.t.* কোনো কিছু গিয়ে নিয়ে আসা fetch
kono kichu korar anondo *n.* কোনো কিছু করার আনন্দ gusto
kono kichu korte para *v.* কোন কিছু করতে পারা can
kono kotrikorme dristo dokhotar man *n.* কোনো কৃতকর্মে দৃষ্ট দক্ষতার মান workmanship
kono sarbovhoumo sashoker pronidhi hisabe jini rajyosahon koren *n.* কোনো সার্বভৌম শাসকের প্রতিনিধি হিসাবে যিনি রাজ্যশাসন করেন viceroy
kono udyoger chorom barthota *n.* কোনো উদ্যোগে চরম ব্যর্থতা fiasco
konoprokar *adv.* কোনপ্রকার somehow
konota na *adj.* কোনোটা না none
konthonalir sonkranot rog *n.* কনঠনালীর সংক্রোমক রোগ diphtheria
konthorodh kora *v.t.* কন্ঠরোধ করা throttle
konthoswor *n.* কণ্ঠস্বর voice
konti *pro.* কোনটি which
kontok *n.* কন্টক thorn
kontokgulmofol *n.* কন্টকগুল্মফল raspberry
kontoki *adj.* কন্টকী prickly
kontokito *adj.* কন্টকিত thorny
konui *n.* কুনুই elbow
konyarashi *n.* কন্যারাশি virgo
kopal *n.* কপাল chance
kopal *n.* কপাল forehead
kopano *v.t.* কোপানো hack
kopati *adj.* কপটী deceitful
kopikol *n.* কপিকল pulley
kopikol *n.* কপিকল tackle
kopilborno *adj.* কপিলবর্ণ russet
kopordokshunyo *n.* কপর্দকশুন্য pauper
kopordokshunyo *adj.* কপর্দকশুন্য penniless
kopordoshunyo obostha *n.* কপর্দকশুন্য অবস্থা pauperism
koptota *n.* কপটতা duplicity
kor nirdharon *v.t.* কর নির্ধারন assess
kora *v.t.* করা do
kora *n.* করা done
korai *n.* কড়াই caldron
korai *n.* কড়াই frying-pan

korarop *n.* করারোপ taxation
koraropojogyo *adj.* করারোপযোগ্য ratable
korat *n.* করাত saw
korat *n.* করাত shaw
korater gnura *n.* করাতের গুঁড়া sawdust
korati *n.* করাতি sawyer
korbo *adv.* কোরবো shall
kordomakto *adj.* কর্দমাক্ত sloppy
korikath *n.* কড়িকাঠ beam
korjogyo *adj.* করযোগ্য taxable
korkosh *adj.* কর্কশ harsh
korkosh *adj.* কর্কশ hoarse
korkosh swabhab *adj.* কর্কশস্বভাব surly
korkot rog *n.* কর্কট রোগ cancer
korme probrito kora *n.* কর্মে প্রবৃত্ত করা actuate
kormi *n.* কর্মী worker
kormo totpor kora *adv.* কর্ম ততপর করা actively
kormo totporota *n.* কর্ম ততপরতা activity
kormobharprapto bekti *n.* কর্মভারপ্রাপ্ত ব্যাক্তি functionary
kormobyastota *n.* কর্মব্যস্ততা ado
kormochari *n.* কর্মচারী employee
kormochari *n.* কর্মচারী peon
kormochari *n.* কর্মচারী personnel
kormocharibrindo *n.* কর্মচারীবৃন্দ legation
kormocharibrindo *n.* কর্মচারীবৃন্দ staff
kormokar *n.* কর্মকার smith
kormopontha *n.* কর্মপন্থা proceeding
kormosho khinkai howa *v.i.* ক্রমশ ক্ষীণকায় হওয়া wane
kormosongsthan *n.* কর্মসংস্থান employment
kormototpor howa *v.t.* কর্মততপর করা bestir
kornirdharok *n.* কর নির্ধারক assessment
kornopat *v.i.* কর্ণপাত hearken
korodankari *adj.* করদানকারী tributary
korotali dewa *v,t,* করতালি দেওয়া clap
korpur *n.* কর্পূর camphor
kortobo *n.* কর্তব্য duty
kortobobimukh *adj.* কর্তব্যবিমুখ undutiful
kortobonishtho *adj.* কর্তব্যনিষ্ঠ dutiful
kortrikarok *n.* কর্তৃকারক nominative
kortyobyo *n.* কর্তব্য task
kortyobyo *n.* কর tax
korun *adj.* করুণ pathetic
koruna *n.* করুণা compassion
koruna *n.* করুণা pity
korunamoy *n.* করুণাময় compassionate
korunamoy *adj.* করুণাময় pitiful
kosai *n.* কষাই butcher
kosh *n.* কোষ section
kosh *n.* কোষ sheath
kosh bisistyo *adj.* কোষবিশিষ্ট cellular
kosh grontho *n.* কোষগ্রন্থ thesaurus
kosha dhokhyo *n.* কোষাধক্ষ্য cashier
kosha dhokhyo *n.* কোষাধ্যক্ষ treasurer
koshaikhana *n.* কসাইখানা slaughter-house
koshboddho kora *v.t.* কোষবদ্ধ করা sheathe
koshthokathinyo *v.t.* কোষ্ঠকাঠিন্য constipate
koshthokathinyo *n.* কোষ্ঠকাঠিন্য constipation
koshto *n.* কষ্ট plight
koshto deoa *v.t.* কষ্ট দেওয়া persecute
koshtokor poristhiti কষ্টকর পরিস্থিতি hardship
kosto bhog *n.* কষ্ট ভোগ sufferance
kostokor prochesta *v.i.* কষ্টকর প্রচেষ্টা travail
kosturi *n.* কস্তুরি musk
kot *n.* কোট coat
kot *n.* কোট waistcoat
kotakkhopurno *adj.* কটাক্ষপুর্ণ snide
kotha barta *n.* কথাবার্তা negotiation
kotha bola *v.i.* কথা বলা speak
kotha bola *n.* কথা বলা spoke
kotha bola *v.i.* কথা বলা talk
kotha dewa *n.* কথা দেওয়া troth

kotha theke, ki karne *adv.* কোথা থেকে, কি কারনে whence
kothai *adv.* কোথায় where
kothao *adv.* কোথাউ somewhere
kothao na *adv.* কোথাও না nowhere
kothik uporivag *n.* কঠিন উ্পরিভাগ crust
kothin *adj.* কঠিন difficult
kothin *n.* কঠিন difficulty
kothin *n.* কঠিন jade
kothin *adj.* কঠিন solid
kothin *n.* কঠিন solidity
kothin *adj.* কঠিন stiff
kothin *v.t.* কঠিন stiffen
kothin *n.* কঠিন stiffness
kothin *adj.* কঠিন stony
kothin *adj.* কঠিন tough
kothin hoya *v.t.* কঠিন হওয়া solidify
kothin porikkha *n.* কঠিন পরীক্ষা ordeal
kothon *n.* কথন wording
kothon krito kalo rabar bises *n.* কঠিনকৃত কালো রাবারবিশেষ ebonite
kothopkothon *n.* কথোপকথন conversation
kothor *adj.* কঠোর austere
kothor *adj.* কঠোর condign
kothor *n.* কঠোর শাসক disciplinarian
kothor *adj.* কঠোর rigorous
kothor *adj.* কঠোর severe
kothor *n.* কঠোর stern
kothor *adj.* কঠোর stringent
kothor atmo songjomi *adv.* কঠোর আত্ম সংযমী austerely
kothor songjomi *n.* কঠোর সংযমী ascetic
kothorota *adj.* কঠোরতা austerity
kothorota *n.* কঠোরতা rigour
kothorota *n.* কঠোরতা severity
kothorvabe sasti কঠোরভাবে শাস্তি chastise
koti *n.* কোটি crore
koti *n.* কটি hip
kotibat *n.* কটিবাত lumbago
kotibondho *n.* কটিবন্ধ wais¶band
kotipoti *n.* কোটিপতি millionaire
kotor *n.* কোটর socket
kotrito *n.* কর্তৃত্ব dominion
kotrito kora *v.t.* কর্তৃত্ব করা dominate
kotubhashi *adj.* কটুভাষী shrewish
kotugondhojukto *adj.* কটুগন্ধযুক্ত smelly
kotukti *n.* কটূক্তি tornado
koumarjyo *n.* কৌমার্য celibacy
koushol *n.* কৌশল device
koushol *n.* কৌশল manoeuvre
kousholer sukhmota *n.* কৌশলের সুক্ষমতা finesse
kousholgoto *adj.* কৌশলগত strategical
kousol erano *v.t.* কৌশলে এড়ানো evade
kousole porihar *n.* কৌশলে পরিহার evasion
koutuholi *adj.* কৌতুহলী inquisitive
koutukpriyo *adj.* কৌতুকপ্রিয় wanton
koyek *adj.* কয়েক several
koyla *n.* কয়লা coal
koyla khoni *n.* কয়লা খনি coal-mine
koyla khoni *n.* কয়লাখনি colliery
kpat *n.* কপট deceit
krach *n.* ক্রাচ crutch
kranti rekha *n.* ক্রান্তি রেখা tropic
kreta *n.* ক্রেতা buyer
kripon *n.* কৃপণ miser
kripon hoya কৃপণ হওয়া purse-strings
kriponswobhab *adj.* কৃপণস্বভাব stingy
krira *n.* ক্রীড়া game
kriraporayon *adj.* ক্রীড়াপরায়ন playful
krishi *n.* কৃষি agriculture
krishi *n.* কৃষি husbandry
krishi kormer jogyo *adj.* কৃষি কার্যের যোগ্য arable
krishikaj *n.* কৃষিকাজ farming
krishno borne ronjito kora *v.t.* কৃষ্ণবর্ণে রঞ্জিত করা blacken
krishno borne ronjon *n.* কৃষ্ণবর্ণে রঞ্জন blacking
krishnoborno *adj.* কৃষ্ণবর্ণ black

krishnosar horin *n.* কৃষ্ণসার হরিণ chamois
krishok *n.* কৃষক farmer
krishok sonkranto karjo কৃষি সংক্রান্ত কার্য agricultural
krishon sar mrigo *n.* কৃষন সার মৃগ antelope
krismas *n.* ক্রিসমাস xmas
kritabodhan *adj.* কৃতাবদান heedful
krititwo *n.* কৃতিত্ব performance
krito dase porinoto kora *v.t.* ক্রীতদাসে পরিণত করা enslave
krito oporadh *n.* কৃত অপরাধ penitence
kritodas *n.* ক্রীতদাস slave
kritogno *adj.* কৃতঘ্ন unthankful
kritrim *adj.* কৃত্রিম artificial
kritrim *n.* কৃত্রিম pseudo
kritrim danter ponkti *n.* কৃত্রিম দাঁতের পংক্তি denture
kritrim pukur *n.* ডোবা pool
kriya *n.* ক্রিয়া verb
kriya besheson *n.* ক্রিয়া বিশেষণ adverb
kriyapoddhoti *n.* ক্রিয়াপদ্ধতি operation
kriyarup *n.* ক্রিয়ারুপ copula
krodh *n.* ক্রোধ ire
krodh *n.* ক্রোধ wrath
krodh *adj.* ক্রোধ wrathful
krodh *v.t.* ক্রোধ wreak
krodh probhuti aontorbhabsuchok *v.t.* ক্রোধ প্রভুতি অন্তর্ভাবসুচক darn
krok *n.* ক্রোক distraint
krok *n.* ক্রোক sequestration
krom *n.* ক্রম order
kromadhikartontro *n.* ক্রমাধিকারতন্ত্র hierarchy
kromagoto *adj.* ক্রমাগত successive
kromagoto sobdo kora *v.i.* ক্রমাগত শব্দ করা tinkle
kromik ক্রমিক gradual
kromik *adj.* ক্রমিক serial
kromobinyas *v.t.* ক্রমবিন্যাস range
kromobordhoman *adj.* ক্রমবর্ধমান cumulative
kromobordhomanbhabe *adv.* ক্রমবর্ধমানভাবে increasingly
kromopotro *n.* ক্রমপত্র programme
krondon *adj..* ক্রনন্দন cry
krondon *v.i.* ক্রন্দন weep
kroschinho *n.* ক্রশচিহ্ন cross
krotogyota *n.* কৃতজ্ঞতা gratitude
kroy *v.t.* ক্রয় purchase
krrisho *adj.* কৃশ tenuous
krritogyo *adj.* কৃতজ্ঞ grateful
krritogyo *adj.* কৃতজ্ঞ thankful
kru *n.* ক্রু crew
kruddho brukuti *v.t.* ক্রদ্ধ ভ্রুকুটি scowl
kruddho gorjon *v.i.* ক্রদ্ধ গর্জন snarl
kruser model *n.* ক্রশের মডেল crucifix
kshin alo *v.i* ক্ষীন আলো দেওয়া glimmer
kshiprovabe *adv.* ক্ষিপ্র গতিতে apace
kshomota orpon *n.* ক্ষমতা অর্পণ commission
kshomotaban byakti *n.* ক্ষমতাবান ব্যাক্তি potentate
kshonik *adj.* ক্ষণিক transient
kshonik drristi *n.* ক্ষণিক দৃষ্টি glimpse
kshonosthayi *n.* ক্ষণস্থায়ী transitory
kshoti *n.* ক্ষতি harm
kshoti puron kora *v.t.* ক্ষতিপুরণ করা compensate
kshotipuron *n.* ক্ষতিপুরণ compensation
kshotokarok *adj.* ক্ষতিকারক baneful
kshoy *v.t.* ক্ষয় corrode
kshoy *n.* ক্ষয় erosion
kshoy rogakranto brikhyo *v.t.* ক্ষয় রোগাক্রান্ত বৃক্ষ blight
kshoyoshnuta *n.* ক্ষয়িষনুতা atrophy
kshuda *n.* ক্ষুদা hunger
kshudarto *adj.* ক্ষুদার্ত hungry
kshudro *n.* ক্ষুদ্র clique
kshudro ক্ষুদ্র trifling
ktukatabo kora *v.t.* কটুকাটব্য করা vituperate
kuasha *adj.* কুয়াশা misty
kuchkaoaj *n.* কুচকাওয়াজ parade

kuchkaoaj kora *v.t.* কুচকাওয়াজ করা march
kudrisho *adj.* কুদৃশ্য unsightly
kujo houya *v.i.* কুঁজো হওয়া crook
kukhyati *n.* কুখ্যাতি disrepute
kukhyato *adj.* কুখ্যাত egregious
kukhyato *adj.* কুখ্যাত infamous
kukhyato *adj.* কুখ্যাত notorious
kukirti *n.* কুকীর্তি infamy
kukormosadhone probrita kora *v.t.* কুকর্মসাধনে প্রবৃত্ত করা suborn
kukur *n.* কুকুর dog
kukur bishesh *n.* কুকুর বিশেষ spaniel
kukur, bhaluker baccha *n.* কুকুর, ভালুকে বাচ্চা whelp
kukurer ghor *n.* কুকুরের ঘর kennel
kukurer nyay *adj.* কুকুরের ন্যায় canine
kul kul dhwoni *v.i.* কুলকুল ধ্বনি purl
kuli *n.* কুলি coolie
kuli *n.* কুলি porter
kuljatiyo fol *n.* কুলজাতীয় ফল apricot
kumar *adj.* কুমার celibate
kumari *n.* কুমারী virgin
kumaritwo *n.* কুমারীত্ব virginity
kumbhilota *n.* কুম্ভিলতা plagiarism
kumbhilota *v.t.* কুম্ভিলতা plagiarize
kumir *n.* কুমির crocodile
kumor *n.* কুমোর potter
kumro *n.* কুমড়া pumpkin
kundokar *n.* কুন্দকার turner
kundoli *v.* কুন্ডলী coil
kunjo *n.* কুঞ্জ bower
kunjoboon *n.* কুঞ্জবন arbour
kupi *n.* কুপি funnel
kupon *n.* কুপন coupon
kural *n.* কুড়াল axe
kural *n.* কুড়াল pickaxe
kureghor *n.* কুঁড়েঘর shanty
kuri *n.* কুঁড়ি bloom
kuri *n.* কুঁড়ি bud
kuri *n.* কুড়ি twenty
kuriyar *n.* কুরিয়ার courier
kurmo *n.* কুর্ম turtle
kuruchipurno *adj.* কুরুচিপুর্ণ vulgar
kuruchipurnota *n.* কুরুচিপুর্ণতা vulgarity
kushtharog *n.* কুষ্ঠরোগ leprosy
kushtharogi *n.* কুষ্ঠরোগী leper
kusongskar *n.* কুসংস্কার superstition
kusongskarachchhonno *adj.* কুসংস্কারাচ্ছন্ন superstitious
kustigir *n.* কুস্তিগির wrestler
kustilorai *v.i.* কুস্তিলড়াই wrestle
kusum gorom *adj.* কুসুম গরম lukewarm
kut tarkik *n.* কুটতার্কিক sophist
kut torko *n.* কুটতর্ক sophistry
kutil *adj.* কুটিল disingenuous
kutilvabe *adj.* কুটিলভাবে awry
kutir *n.* কুটির cottage
kutkoushol *n.* কুটকৌশল wile
kutniti *n.* কুটনীতি diplomacy
kutnitiggo byakti *n.* কুটনীতিজ্ঞ ব্যক্তি statesman
kutnitik *n.* কুটনীতিক diplmat
kutnitik *adj.* কুটনৈতিক diplmatic
kutorko *n.* কুতর্ক sophism
kutsa kora *v.t.* কুতসা করা asperse
kutsah rotano *v.t.* কুৎসা রটানো defame
kutsit *adj.* কুৎসিত ugly
kuwasha *n.* কুয়াশা fog
kuwashachonno *n.* কুয়াশাচ্ছন্ন fogy
kuyan *n.* কুঁয়া well
kuyasa *n.* কুয়াশা mist
kuyasachonno *adj.* কুয়াশাচ্ছন্ন brumous
kwrno bishoyok *adj.* কর্ণবিষয়ক aural
kyach drrirhvabe na dhore rakha *adj.* ক্যাচ দৃঢ়ভাবে না ধরে রাখা butte¤fingered
kyach kore otha *n.* ক্যাঁচ করে ওঠা screech
kyach kyach sobdo *v.i.* ক্যাঁচক্যাঁচ শব্দ creak
kyalaidoskop ক্যালাইদাসকৌপ kaleidoscope
kyanestara *n.* ক্যানেস্তারা canister
kyangaru *n.* ক্যাঙ্গারু kangaroo
kyapten *n.* ক্যাপ্টেন skipper

kyathitar *n.* ক্যাথিটার catheter

L

l ek dhoroner gach *n.* এক ধরনের গাছ yew
labhjonok *adj.* লাভজনক advantageous
labhjonok *adj.* লাভজনক lucrative
labhjonok *adj.* লাভজনক remunerative
laf *v.t.* লাফ jump
laf *n.* লাফ leap
lafalafi kora *n.* লাফালাফি করা skipping
lafano *v.i.* লাফানো skip
lafiye othe লাফিয়ে ওঠে bumper
lagam *n.* লাগাম rein
lagam *n.* লাগাম reins
lagam *n.pl.* লাগাম trappings
lagamchara *adj.* লাগামছাড়া unbridled
lagano *v.t.* লাগানো paste
laghob *n.* লাঘব alleviation
laghob kora *v.* লাঘব করা alleviate
lain *n.* লাইন line
lain *n.* লাইন queue
lainchuto *v.t.* লাইনচ্যুত derail
lajuk *adj.* লাজুক bashful
lajuk *adj.* লাজুক coy
lajuk *v.i* লাজুক shy
lal *adj.* লাল red
lal hoya *v.t.* লাল হওয়া redden
lala jhorano *n.* লালা ঝরানো drivel
lalagronthi *n.* পলকে দেখে নেওয়া glance
lalagronthi *n.* লালাগ্রন্থি gland
lalaposh *v.t.* লালাপোষ bib
lalche *adj.* লালচে reddish
lalche *n.* লালচে redness
lalon palon *v.t.* লালনপালন coddle
langol *v.i.* লাঙল plough
langoler fola *n.* লাঙলের ফলা ploughshare
lata jatiwo udbhit *n.* লতাজাতীয় উদ্ভিদ vine
latai *n.* লাটাই spool
lathi *v.i.* লাথি kick
lathi *n.* লাঠি stick
lauyer khosa *n.* লাউয়ের খোসা calabash
lav *v.t.* লাভ profit
lava *n.* লাভা lava
lava nirgoto houwa *v.t.* লাভা নির্গত হওয়া erupt
laver asay jhuki newa *v.i.* লাভের আশায় ঝুঁকি নেওয়া gamble
lavjonok *adj.* লাভজনক profitable
lavohin *anj.* লাভহীন bootless
lebijatiyo fol *n.* লেবুজাতীয় ফল citron
lebu *n.* লেবু lemon
lebu *n.* লেবু pip
lebur paniyo *n.* লেবুর পানীয় lemonade
ledmeshin *n.* লেদমেশিন lathe
lege thaka *v.t.* লেগে থাকা adhere
lej *n.* লেজ tail
lejobihin banor *n.* লেজবিহীন বানর ape
lekahr byakti *n.* লেখার ব্যক্তি penmanship
lekha *v.t.* লেখা write
lekha swtyo *n.* লেখাস্বত্ব copyright
lekha, mudran, chobi probhutir abikol protirup *n.* লেখা, মুদ্রণ, ছবি প্রভৃতির অবিকল প্রতিরুপ facsimile
lekhapora *n.* লিখাপড়া schooling
lekhar jontro *n.* লেখার যন্ত্র type-writer
lekhok *n.* লেখক writer
lekhonobish *n.* লেখনবিশ scorer
lekhyopot *n.* লেখ্যপট scroll
lenden kora *v.t.* লেনদেন করা reciprocate
lep *n.* লেপ quilt
libhar *n.* লিভার lever
lift *n.* লিফ্ট elevator
lij *n.* লিজ lease
lik kora *n.* লিক করা leakage
likhito chahida *n.* লিখিত চাইদা requisition

likhito ghoshona *n.* লিখিত ঘোষণা manifesto
likhon *n.* লিখন writing
liliful *n.* লিলিফুল lily
lingo *n.* লিংগ gender
lingo *n.* লিঙ্গ sex
lipikushalata *n.* লিপিকুশলতা pennant
lipot *n.* লিপ্ত adherent
livar *adj.* লিভার pedal
lobhi *adj.* লোভী rapacious
lobon *n.* লবণ salt
lobone jarito sukorer mangso *n.* লবণে জারিত শূকরের মাংশ bacon
loboner drobone chubiye camra paka kora *v.t.* লবনের দ্রবনে চুবিয়েচামরা পাকা করা taw
lobongo *n.* লবঙ্গ clove
lobonjol *adj.* লবণজল saline
lobons *n.* লবনস cruet
lofan লোফান caper
loghu porihasmulok *adj.* লঘু পরিহাসমুলক quizzical
loghuta *n.* লঘুতা levity
lohar dostana *n.* লোহার দস্তানা gauntlet
lohyo *n.* লোহ্য iron
loj *n.* লজ lodge
lojja *v.t.* লজ্জা mortify
lojja *n.* লজ্জা shame
lojjakor *adj.* লজ্জাকর shameful
lojjay lal howa *v.t.* লজ্জায় লাল হওয়া blush
lojjito *adj.* লজ্জিত ashamed
lojjyary fela *v.t.* লজ্জায় ফেলা embarrass
lok *n.* লোক fellow
lok *n.* লোক folk
lokayot *adj.* লোকায়ত secular
lokbidya *n.* লোক বিদ্যা lore
lokbyaboharcaturjyo *adj.* লোকব্যবহারচাতুর্য tact
lokdekhano *adj.* লোকদেখানো ostensible
loket *n.* লকেট locket
lokgeeti *n.* লোগগীতি folksong
lokheye pouchono *adj.* লক্ষ্যে পৌঁছোনো attainable
lokhohinvabe opochoi kora *v.t.* লক্ষ্যহীনভাবে অপচয় করা fritter
lokhon dekhe rognirnoy *v.t.* লক্ষণ দেখে রোগনির্ণয় diagnose
lokhya *n.* লক্ষ্য aim
lokkho kora *v.t.* লক্ষ করা observe
lokkho kora *adj.* লক্ষ করা obverse
lokkhon *n.* লক্ষণ symptom
lokkhonoiyo *adj.* লক্ষণীয় salient
lokogonona *n.* লোকগণনা census
lokshon *n.* লক্ষণ trait
lokshyo *n.* লক্ষ্য goal
loksmagunsunno লোকসমাগমশুন্য unfrequented
lolup *adj.* লোলুপ covetous
lom chnata *v.t.* লোম ছাঁটা shear
lom chnata *n.pl.* লোম ছাঁটা shears
lomba *adj.* লম্বা long
lomba *adj.* লম্বা tall
lomba fonre selai kora *v.* লম্বা ফোঁড়ে সেলাই করা baste
lomba lomba pa fela *v.t.* লম্বা লম্বা পা ফেলা stride
lomba tikhno danth *n.* লম্বা তীক্ষ্ণ দাঁত fang
lomba-chaora *n.* লম্বা-চওড়া harangue
lomokup *n.* লোমকুপ pore
lompot *adj.* লম্পট libidinous
lompot *adj.* লম্পট licentious
lona *adj.* লোনা briny
lonajol *n.* লোনাজল brine
londo vondo *adj.* লন্ডভন্ড topsyturvy
londobhondo লন্ডভন্ড ransack
londri *n.* লন্ড্রি laundry
longhon *n.* লন্ঠন lantern
longhon kora *v.t.* লঙঘন করা violate
longhon, bhongo *n.* লঙঘন, ভঙ্গ violation
lonhghon *n.* লঙঘন contravention
lonka *adj.* লঙ্কা chilli
lop kora *n.* লোপ করা abolition

lord *n.* লর্ড lord
lori *n.* লরি truck
lotapata *n.* লতাপাতা creeper
lotari *n.* লটারি lottery
lotion *n.* লোশন্ lotion
loukik *v.t.* লৌকিক profane
lov *v.t.* লোভ covet
lov *n.* লোভ greed
lovi *n.* লোভী greediness
lovi *adj.* লোভী greedy
lovyo *adj.* লভ্য available
loy *n.* লয় tempo
lukano *p.p.* লুকানো hidden
lukano *v.t.* লুকানো hide
lukano ostrere sondhane karo gaye hath bulano *v.i.* লুকানো অস্ত্রের সন্ধানে কারো গায়ে হাত বুলানো frisk
lunthon *n.* লুন্ঠন depredation
lunthonporyaon *n.* লুন্ঠনপরায়ন predatory
lup *n.* লুপ loop
luth *v.t.* লুঠ plunder
luther mal *n.* লুঠের মাল booty
lutpat *n.* লুটপাট rapine
lyaso *n.* ল্যাসো lasso

M

ma *n.* মা ma
ma *n.* মা mother
maail *n.* মাইল mile
maailfolok *n.* মাইলফলক milestone
mach *n.* মাছ fish
machbishesh *n.* মাছবিশেষ perch
macher dimer dola *n.* মাছের ডিমের দলা roe
macher jhnak *n.* মাছের ঝাঁক shoal
macher swasjontro *n.* মাছের শ্বাসযন্ত্র gill
machh dhorar boro tana jal *n.* মাছ ধরার বড় টানা জাল trawl
machi *n.* মাছি fly
madhurjyo moy *adj.* মাধুর্যময় graceful
madhya korsho sokti *n.* মাধ্যাকর্ষন শক্তি gravitation
madhya korsho sokti *n.* মাধ্যাকর্ষন শক্তি gravity
madhyom *n.* মাধ্যম medium
madok drobyo *n.* মাদক দ্রব্য cocaine
madok drobyo *n.* মাদক দ্রব্য heroin
madokdrobyo *adj.* মাদকদ্রব্য narcotic
madur *n.* মাদুর mat
mahadurjog *n.* মহাদুর্যোগ debacle
mahakash *n.* মহাকাশ firmament
maik houwa *n.* মালিক হওয়া possessor
maikrophone *n.* মাইক্রোফোন microphone
maikrophone *n.* মাইক্রোফোন mike
maina *n.* মাইনা salary
maja *n.* মাজা scour
majhari maner *adj.* মাঝারি মানের mediocre
majhari maner *n.* মাঝারি moderate
majhi *n.* মাঝি ferryman
majhi *n.* মাঝি fisherman
majhi *n.* মাঝি oarsman
majhi *n.* মাঝি wain
makhano *v.t.* মাখানো bedaub
makhika *n.* মক্ষিকা flea
makhon *n.* মাখন butter
makhon *n.* মাখন cream
makhon tolar patro *v.t.* মাখন তোলার পত্র churn
makorsar jal *n.* মাকড়সার জাল cobweb
makorsar jal *n.* মাকড়সার জাল gossamer
mal krok kora *v.t.* মাল ক্রোক করা distrain
malai borof *n.* মলাই বরফ ice-cream
malbhumi *n.* মালভুমি plateau
malgari *n.* মালগাড়ি waggon
mali *n.* মালী gardener
malik *n.* মালিক owner

malik *n.* মালিক proprietor
malik houa *n.* মালিক হওয়া possess
maliler kachhe ferot *n.* মালিকের কাছে ফেরত restitution
malish *n.* মালিশ liniment
malish *n.* মালিশ massage
malishkarok *n.* মালিশকারক messieurs
malobahi thela gari *n.* মালবাহী ঠেলা গাড়ি barrow
malobikri *n.* মাল বিক্রি tout
malpotro *n.* মালপত্র baggage
malpotro *n.* মাল পত্র luggage
malyo *n.* মাল্য garland
mamato *n.* মামাতো cousin
mamla *n.* মামলা litigation
mamla *n.* মামলা prosecution
mamla dayerkari *n.* মামলা দায়েরকারী suitor
mamla kora *v.t.* মামলা করা litigate
mamla kora *v.t.* মামলা করা sue
mamuli *v.t.* মামুলি ruck
mamuli kotha *n.* মামুলি কথা platitude
manansoi *v.t.* মানানসই befit
manansoi howa মানানসই হওয়া beseem
manchitraboli *n.* মানচিত্রাবলী atlas
manchitro *n.* মানচিত্র map
mandondo *n.* মানদন্ড criterion
mandondo *n.* মানদন্ড standard
mangso *n.* মাংশ meat
mangso *n.* মাংস mutton
mangsopeshi *n.* মাংসপেশি sinew
manhani kora *v.t.* মানহানি করা detract
manhanikorbibriti *n.* মানহানিকর বিবৃতি libel
manibyag *n.* মানিব্যাগ purse
manibyag *adj.* মানিব্যাগ purse-proud
manmondir *n.* মানমন্দির observatory
manob jati *n.* মানব জাতি mankind
manobik ainer dorshon *n.* মানবিক আইনের দর্শন jurisprudence
manobjati *n.* মানবজাতি humanity
manon somprodaygoto *adj.* মানবসম্প্রদায়গত civil
manonnyon *n.* মানোন্নয়ন elevation
manoshik gun *n.* মানসিক গুণ stature
manosik *n.* মানসিক mentality
manosik *adj.* মানসিক psychic
manosik *adj.* মানসিক psychological
manosik bhabe sustho *adj.* মানসিকভাবে সুস্থ sane
manosik swastho *n.* মানসিক স্বাস্থ্য sanity
manosikvabe durbol kora *v.t.* মানসিকভাবে দুর্বল করা enervate
manshalo *adj.* মাংসল fleshy
mansho *n.* মাংস flesh
mansik jontrona vhog *v.* মানসিক যন্ত্রণা agonize
manush *adj.* মানুষ human
manush *n.* মানুষ microcosm
mapar jontro *n.* মাপার যন্ত্র theodolite
mar *n.* মাড় starch
mara *v.t.* মারা hit
mara jaoa মারা যাওয়া succumb
mara jawa *v.t.* মারা যাওয়া die
marano *v.t.* মাড়ানো trample
maratmok *adj.* মারাত্মক deadly
maratmok *adj.* মারাত্মক lethal
maratmok *adj.* মারাত্মক malign
marbel *n.* মার্বেল marble
marjin *n.* মার্জিন margin
marjito *v.t.* মার্যিত sophisticate
marjito *adj.* মার্জিত terse
marjona *v.t.* মার্জনা forgive
marjoniya *adj.* মার্জনীয় venial
marrjito ruchi *v.t.* মার্জিত রুচি civilize
mas *n.* মাস month
masik *adj.* মাসিক monthly
mastul *n.* মাস্তুল mast
masul *n.* মাশুল tariff
matal *n.* মাতাল bibber
matal *adj.* মাতাল drunken
matal *n.* মাতাল drunkard
matal kora *v.t.* মাতাল করা intoxicate
matal obostha *n.* মাতাল অবস্থা drunkenness

matbirodh *n.* মতবিরোধ variance
math *n.* মাঠ field
matha byatha *n.* মাথা ব্যাথা headache
matha byatha *n.* মাথা hood
matha ghora *n.* মাথাঘোরা vertigo
matha jhim jhim kora *adj.* মাথা ঝিমঝিম করা giddy
matha narano *v.t.* মাথা নাড়ানো nod
matha narano *n.* মাথা noddle
mathapichu kor *n.* মাথাপিছু কর poll-tax
mathar khuli *n.* মাথার খুলি cranium
mathar khuli *n.* মাথার খুলি skull
mathar twok *n.* মাথার ত্বক scalp
mathay chura kore chul badha *adj.* মাথায় চূড়া করে চুল বাধা topknot
mati *n.* মাটি soil
matir niche *adj.* মাটির নীচে underground
matir samogri prostut kora *n.* মৃৎশিল্প pottery
matir toiri *adj.* মাটির তৈরি earthen
matra *n.* মাত্রা dose
matra *n.* মাত্রা par
matra ba riman *n.* মাত্রা বা পরিমাণ dram
matra binyas *n.* মাত্রাবিন্যাস gradation
matratirikto *adv.* মাত্রাতিরিক্ত too
matrihotya *n.* মাতৃহত্যা matricide
matrika *n.* মাতৃকা matron
matritulyo *adj.* মাতৃতুল্য maternal
matritwo *n.* মাতৃত্ব maternity
maya *n.* মায়া illusion
mayabi মায়াবী tempter
mayabidya *n.* মায়াবিদ্যা sorcery
mayabini toruni *n.* মায়াবিনী তরুণী charmer
mayik *adj.* মায়িক illusive
mdhey *adv.* মধ্যে within
medha *n.* মেধা brilliance
medha *n.* মেধা intellect
megafon *n.* মেগাফোন megaphone
megh *n.* মেঘ cloud
meghachchhonno *v.t.* মেঘাচ্ছন্ন overcast
meghla *adj.* মেঘলা cloudy
mejaj *n.* মেজাজ mood
meje *n.* মেজে floor
mela *n.* মেলা bazaar
melano *v.t.* মেলানো unite
mele dhora *v.t.* মেলে ধরা spread
mene chola *v.t.* মেনে চলা obey
mene neuwa *n.* মেনে নেওয়া commonplace
mene neuwa *v.t.* মেনে নেওয়া comply
mene neuwa *v.t.* মেনে নেওয়া concede
menthol *n.* মেনথল্ menthol
meramot *v.t.* মেরামত repair
meramot jogyo *adj.* মেরামত যোগ্য repairable
meramot kora *v.t.* মেরামত করা mend
meramoti *n.* মেরামতি tinker
meramotjogyo *adj.* মেরামতযোগ্য serviceable
meru *n.* মেরু polar
meru *n.* মেরু pole
merudonder je kono khondo *n.* মেরুদন্ডের যে কোনো খন্ড vertebra
merudondo *n.* মেরুদন্ড spine
merudondo songkranto *adj.* মেরুদন্ড সংক্রান্ত spinal
merudondohin *adj.* মরুদন্ডহীন spineless
mesh sabok *n.* মেষশাবক yeanling
meshano *v.t.* মেশানো intermingle
meshin *n.* মেশিন machine
meshpalok *n.* মেষপালক shepherd
meshshabok *n.* মেষশাবক lamb
mesiha *n.* মেসিহা messiah
metrik poddhoti te ojoner map bisses *n.* মেট্রিক পদ্ধতির ওজনের মাপবিশেষ gram
meye *n.* মেয়ে daughter
meyeli *adj.* মেয়েলি effeminate
meyor *n.* মেয়র mayor
mhaplabon *n.* মহাপ্লাবন deluge
michil *n.* মিছিল procession
michrano *adj.* মিচড়ানো wry
michri *n.* মিছরি candy
miha oporadh *n.* মহা অপরাধ enormity

mihi *n.* মিহি muslin
mihisada bostro *n.* মিহিসাদা বস্ত্র cambric
mikhokhot *n.* মুখক্ষত canker
mil *n.* মিল congruence
mile jauwa *v.i.* মিলে যাওয়া coincide
mili *n.* মিলি concord
milit *v.t.* মিলিত join
milito *v.i.* মিলিত হওয়া coalesce
milito hoya *v.t.* মিলিত হওয়া meet
milito probaho *n.* মিলিত প্রবাহ confluence
milon *n.* মিলন coalition
milonsthon *n.* মিলনস্থল rendezvous
mimangsoniyo *adj.* মিমাংসনীয় negotiable
minar *n.* মিনার minaret
minit *n.* মিনিট minute
minoti kora *n.* মিনতি করা begging
mishodhare *adj.* মুষলধারে torrential
mishon *n.* মিশন mission
mishonari *n.* মিশনারি missionary
mishoron *v.t.* মিশ্রন admixiture
mishrikoron *v.t.* মিশ্রণ mix
mishrito *v.t.* মিশ্রিত mingle
mishrobornobishishto *n.* মিশ্রবর্ণবিশিষ্ট roan
mishron *n.* মিশ্রণ medley
mishron *n.* মিশ্রীকরণ mixture
mishti *adj.* মিষ্টি sweet
mishti khabar *n.* মিষ্টি খাবার junket
mishtidrobyo *n.* মিষ্টিদ্রব্য pudding
misrito *v.t.* মিশ্রিত compound
misro dhatu dwara *v.t.* মিশ্র ধাতু দ্বারা braze
misron *n.* মিশ্রণ combination
misron kora *v.t.* মিশ্রণ করা blend
mistanno *n.* মিষ্টান্ন sweets
misthanno *n.* মিষ্টান্ন sweetmeat
misthota *n.* মিষ্টতা sweetness
misti ityadi *n.* মিষ্টি ইত্যাদি dessert
misti kora *v.t.* মিষ্টি করা sweeten
misti kothai vuliye মিষ্টি কথায় ভুলিয়ে wheedle
misti kothay volano *v.t.* মিষ্টি কথায় ভোলান blandish
misti pauruti *n.* মিষ্টি পাউরুটি bun
misto kathay volano মিষ্ট কথায় ভোলানো cajole
mistri *n.* মিস্ত্রি mechanic
mit mit kora *v.t.* মিট মিট করা flicker
mit mit kora *v.i.* মিট মিট করা twinkle
mitacari *n.* মিতাচারী abstemiousness
mitar *n.* মিটার metre
mithay jukti *n.* মিথ্যা যুক্তি fallacy
mithya *adj.* মিথ্যা bogus
mithya *adj.* মিথ্যা FALSE
mithya *n.* মিথ্যা falsity
mithya *adj.* মিথ্যা mendacious
mithya borai kora *n.* মিথ্যা বড়াই করা braggart
mithya gujob *n.* মিথ্যা গুজব canard
mithya kotha *n.* মিথ্যা কথা lie
mithya proman kora *v.* মিথ্যা প্রমান করা disprove
mithyabadi *n.* মিথ্যাবাদী liar
mithyabhidhan *n.* মিথ্যাভিধান misnomer
mithyadhar na jonmano *v.t.* মিথ্যাধার না জন্মান belie
mitiye fela *v.t.* মিটিয়ে ফেলে reconcile
mitmat *n.* মিটমাট reconciliation
mitobak *adj.* মিতবাক taciturn
mitobayi *adj.* মিতব্যায়ী frugal
mitobyay *n.* মিতব্যায় providence
mitobyayita *n.* মিতব্যয়িতা thrift
mitobyayita *adj.* মিতব্যয়ী thrifty
mitrosongho মিত্রসঙঘ confederation
mitrota *n.* মিত্রতা alliance
miu miu dhwoni kora *v.i.* মিউ মিউ ধ্বনি করা mew
mnobol horon *n.* মনোবল হরন demoralization
mochakar chura *n.* মোচাকার চুড়া spire
mochar rabar *n.* মুছার রবার eraser
mochkano *n.* মচকানো sprain
mochmoche *adj.* মচমচে crisp
mochrano *v.t.* মোচড়নো twist

mochrano *v.t.* মোচড়ানো wring
mod *n.* মদ liquor
mod *n.* মদ whisky
mod cholai kora *v.t.* মদ চোলাই করা brew
mod poribeshon kari *n.* মদ পরিবেশনকারী tapster
mode chur *adj.* মদে চুর sottish
model *n.* মডেল model
moder fena *n.* মদের ফেনা barm
modhey *prep.* মধ্যে amid
modhoyom *adj.* মধ্যাম intermediate
modhuchondrima *n.* মধুচন্দ্রিমা honeymoon
modhukosh *n.* মধুকোষ hive
modhukosh *n.* মধু honey
modhumeho *n.* মধুমেহ diabetes
modhurbhabe *adv.* মধুরভাবে amiably
modhyabhag *n.* মধ্যভাগ midst
modhyanho *n.* মধ্যাহ্ন midday
modhyanyo *n.* মধ্যাহ্ন noon
modhyanyo bhoj *n.* মুধ্যাহ্নভোজ lunch
modhyaratri *n.* মধ্যারাত্রী midnight
modhyo korno *n.* মধ্যকর্ণ tympanum
modhyobityo somproday *n.* মধ্যবিত্ত সম্প্রদায় bourgeoisie
modhyoborti *adj.* মধ্যবর্তী medial
modhyoborti *n.* মধ্যবর্তী median
modhyokal *adv.* মধ্যকাল meantime
modhyorekha *n.* মধ্যরেখা meridian
modhyosthito *adj.* মধ্যস্থিত mid
modhyostho *n.* মধ্যস্থ referee
modhyostho. *n.* মধ্যস্থ arbiter
modhyosthota kari *n.* মধ্যস্থতাকারী arbitrator
modhyosthota kora *v.i.* মধ্যস্থতা করা mediate
modhyosthota kora *v.t.* মধ্যস্থতা করা meditate
modoyo *n.* মদ্য alcohol
modyapo *n.* মদ্যপ alcoholic
modyo bises *n.* মদ্য বিশেষ champagne
modyo vandar *n.* মদ্য ভান্ডার cellar
modyobisheh *n.* মদ্যবিশেষ ale
mofossol *adj.* মফোসলি mofussil
mog *n.* মগ mug
mogno *adj.* মগ্ন rapt
mognota *n.* মগ্নতা rapture
moha kabyo *n.* মহাকাব্য epic
mohabiswo *n.* মহাবিশ্ব macrocosm
mohajagotik *adj.* মহাজাগতিক cosmic
mohajogot *n.* মহাজগৎ cosmos
mohajon *n.* মহাজন banker
mohamari *n.* মহামারী epidemic
mohamari byadhi *n.* মহামারী ব্যাধি pestilence
mohan *adj.* মহান august
mohanidyaloy *n.* মহাবিদ্যালয় college
mohanogori *n.* মহানগরী metropolis
mohanota *n.* মহানতা greatness
mohanubhob *adj.* মহানুভব magnanimous
mohashunyo *n.* মহাশুন্য space
mohasomudra *n.* মহাসমুদ্র ocean
mohasova মহাসভা congress
mohe pora *v.t.* মোহে পড়া infatuate
mohila *n.* মহিলা lady
mohila mohol *n.* মহিলা মহল bevy
mohila nirbahok *n.* মহিলা নির্বাহক executrix
mohilader mostokaboron *n.* মহিলাদের মস্তকাবরন bonnet
mohilader posak bises *n.* মহিলাদের পোষাক বিশেষ gown
mohimanwito kora *n.* মহিমান্বিত করা apotheosis
mohimmoyota *n.* মহিমময়তা sublimity
mohini sokti *n.* মোহিনীশক্তি enchantment
mohini sokti ba maya *n.* মোহিনী শক্তি বা মায়া glamour
mohis *n.* মহিষ buffalo
mohiser chamra *n.* মহিষের চামড়া buff
mohito *v.t.* মোহিত bewitch
mohito kora *v.* মোহিত করা captivate
mohito kora *v.t.* মোহিত করা enchant
mohodoy *n.* মহোদয় sirrah

mohomukto kora *v.t.* মোহমুক্ত করা disillusion
mohor *n.* মোহর seal
mohora *n.* মহড়া rehearsal
mohot *adj.* মহৎ noble
mohot rochona *n.* মহৎ রচনা masterpiece
mohotto *n.* মহত্ত্ব nobility
mohoydoy *n.* মহোদয় sir
moi *n.* মই ladder
moida *n.* ময়দা flour
moidar tal *n.* ময়দার তাল dough
moidar taler moto norom *adj.* ময়দার তালের মতো নরম doughty
moier dhap *n.* মইয়ের ধাপ rung
moila *n.* ময়লা filth
moila drobo *n.* ময়লা দ্রব্য dirt
moitri bondhone abodho howa *v.* মৈত্রী বন্ধনে আবদ্ধ হওয়া ally
moitrichukti boddho *adj.* মৈত্রীচুক্তিবদ্ধ confederate
moja *n.* মজা fun
moja *n.* মোজা sock
moja *n.* মোজা stocking
mojadar *v.* মজাদার amuse
mojar *adj.* মজার funny
mojbut *v.i.* মজবুত harden
mojbut *adj.* মজবুত stout
mojja *n.* মজ্জা marrow
mojut samogri *n.* মজুত সামগ্রী inventory
mokhmol *n.* মখমল velvet
mokkddomar nothi *adj.* মোকদ্দমার নথি brief
mokor rasi *n.* মকর রাশি capricorn
mol niskashoner byabostha *n.* মলনিষ্কাশনের ব্যবস্থা sanitation
molasoy *n.* মলাশয় colon
molin *adj.* মলিন pale
mollo. *n.* মল্ল athlete
mollokrita songkranto *adj.* মল্লক্রীড়া সংক্রান্ত athletic
molodwarer vetor torol podarrtho dhokano *n.* মলদ্বারের ভেতর তরল পদার্থ ঢোকানো enema
molom *n.* মলম ointment
molom *n.* মলম salve
moltyag kora *v.t.* মলত্যাগ করা defecate
mom *n.* মোম bees-wax
mom *n.* মোম wax
mom diye toiri *adj.* মোম দিয়ে তৈরি waxen
mom mejja jer prosanti *n.* মন মেজাজের প্রশান্তি equanimity
mombati *n.* মোমবাতি candle
momi *n.* মমি mummy
mon *n.* মন mind
mon joy *v.t.* মন জয় prepossess
mon kosha koshi *n.* মন কষাকষি tiff
moncho *n.* মঞ্চ dais
moncho *n.* মঞ্চ stage
moncho uposthapona/tyablo মঞ্চ উপস্থাপনা/ট্যাবলো tableau
monchostho kora *v.t.* মঞ্চস্থ করা enact
mondir *n.* মন্দির temple
mondira *n.* মন্দিরা cymbal
mondo *v.t.* মন্দো mash
mondop *n.* মন্ডপ terrace
mone kora *v.t.* মনে করা becall
mone kora *v.t.* মনে করা deem
mone mone chabi aka *v.t.* মনে মনে ছবি আঁকা envisage
mone mone chola *v.t.* মনে মনে চলা retrace
monermto *n.* মনোরমতা amenity
mongol groho *n.* মঙ্গলগ্রহ mars
mongolbar *n.* মঙ্গলবার tuesday
mongolsadhon *n.* মঙ্গলসাধন beneficence
monib *n.* মনিব boss
monirotner map bises *n.* মণিরত্নের মাপ বিশেষ carat
monjuri *n.* মঞ্জুরি sanction
monobidya *adj.* মনোবিদ্যা psychology
monobol *n.* মনোবল morale
monohor *adj.* মনোহর attractive

monojog akorshoner chesta *adj.* মনোযোগ আকর্ষনের চেষ্টা approachable
monojog dewa *v.* মনোযোগ দেওয়া advert
monojog dewa *v.t.* মনোযোগ দেওয়া attend
monojog dewa *v.* মনোযোগ দেওয়া concentrate
monojog sohokare path *v.t.* মনোযোগসহকার পাঠ peruse
monojogi *adj.* মনযোগী careful
monojogi *adj.* মনোযোগী mindful
monojoogi *adj.* মনোযোগী attentive
mononito byakti *n.* মনোনীত ব্যক্তি nominee
monorom *n.* মনোরম amiability
monorom *adj.* মনোরম cheerful
monorom *adj.* মনোরম pleasant
monoronjon kora *n.* মনোরঞ্জন করা amulet
monosa jatiyo gach *n.* মনসা জাতীয় গাছ cactus
monovab *n.* মনোভাব attitude
monthor *adj.* মন্থর slow
monthor goti *n.* মন্থর গতি saunter
monthorgotir prani *n.* মন্থরগতির প্রাণী slug
montri *n.* মন্ত্রী minister
montro মন্ত্র incantation
montrok *n.* মন্ত্রক ministry
montromugdho মন্ত্রমুগদ্ধ enrapt
montroput koboch *adv.* মন্ত্রপুত কবচ amuck
montyobyo *n.* মন্তব্য comment
montyobyo kora *v.t.* মন্তব্য করা remark
moonojog noshto kora *v.t.* মনোযোগ নষ্ট করা disturb
mora badha মোড়া বাঁধা swathe
morfin *n.* মর্ফিন morphia
moricha *n.* মরিচা rust
morichika *n.* মরীচিকা mirage
morichika *n.* মরিচিকা oasis
morjada dan kora *v.t.* মর্যাদা দান করা dignify
morjada laghob kora *v.t.* মর্যদা লাঘব করা demean
morjada somponno *n.* মর্যাদাসম্পন্ন classic
morjadaban *adj.* মর্যাদাবান dignified
morjadagyapok *adj.* মর্যাদাজ্ঞাপক stately
morjadahani *n.* মর্যদাহানি degradation
morjodahin *adj.* মর্যাদাহীন undignified
morjodapurno abostha *n.* মর্যাদাপুর্ণ অবস্থা dignity
morjyada *n.* মর্যাদা prestige
mormo bostu *n.* মর্মবস্তু core
mormoghati *adj.* মর্মঘাতী shocking
mormojatona *n.* মর্মযাতনা dolour
morog *n.* মোরগ cock
morog chura *n.* মোরগচুড়া cockscomb
moroger junthi *n.* মরোগের ঝুঁটি wattle
morok *n.* মোড়ক label
morok *n.* মোড়ক package
morok *n.* মরক plague
morok *n.* মোড়ক wrapper
moronshilota *n.* মরণশীলতা mortality
moru *adj.* মরু desert
mosahebs *n.* মোসাহেব sycophant
mosahebsulobh *n.* মোসাহেবসুলভ sycophancy
mosal *n.* মশাল torch
mosha *n.* মশা mosquito
moshal *n.* মশাল flambeau
mosina bij *n.* মসিনা বীজ linseed
mosjid *n.* মসজিদ mosque
mosla *n.* মশলা spice
moslagola *n.* মশলা গোলা mortar
mosola *n.* মশলা condiment
mosolajukto *adj.* মশলাযুক্ত spicy
mosrin *adj.* মসৃন bland
mosrin krar jonno babhrito jontro *n.* মসৃণ করার জন্য ব্যবহৃত যন্ত্র file
mosrrin gotite vese chola *v.i.* মসৃন গতিতে ভেসে চলা glide

mosrrin ijjowol twok *n.* মসৃন উজ্জ্বল তল gloss
mostisko *n.* মস্তিস্ক brain
mostok *n.* মস্তক head
mostok *n.* কর্ণ helm
mosuri dal *n.* মসুরি ডাল lentil
mot poshon kora *v.t.* মত পোষন করা opine
mot poshon kora *n.* মত পোষন করা opinion
mot priman *v.* মোট পরিমান aggregate
mota *n.* মোটা coarse
mota *v.t.* মোটা coarsen
mota kapor *n.* মোটা কাপড় buckram
mota boi *n.* মোটা বই tome
mota kapor *n.* মোটা কাপড় canvas
mota kora *v.t.* মোটা করা fatten
mota lathi *n.* মোটা লাঠি pestle
mota mugur *n.* মোটা মুগুর truncheon
mota o khato *adj.* মোটা ও খাটো stubby
mota posom kapor bises *n.* মোটা পশমই কাপড় বিশেষ baize
motamoter mil *n.* মতামতের মিল harmony
motasota *adj.* মোটাসোটা robust
motato *n.* মোটাত্ব fatness
moth *n.* মঠ monastery
mothsochas *n.* মৎস্যচাষ fishery
motikyo *n.* মতৈক্য consonance
moto bad somorthon *n.* মতবাদ সমর্থন espousal
moto noi *adj.* মতো নয় unlike
motobad *n.* মতবাদ doctrine
motodyam *adj.* হতোদ্যাম listless
motoiko howa *v.t.* মতৈক্য হওয়া accord
moton *n.* মটর pea
motor *n.* মোটর motor
motor gari *n.* মোটর গাড়ী automobile
motor gari *n.* মোটর গাড়ি car
motor garir chalok *n.* মোটরগাড়ির চালক chauffeur
motor garir dashboard *n.* মোটরগাড়ির ড্যাশবোর্ড facia
motor garir kathamo *n.* মোটরগাড়ির কাঠামো chassis
motor garite bhormon *n.* মোটর গাড়িতে ভ্রমন drive
motor upor *adv.* মোটের উপর after all
motorsuti *n.* মটরশুটি bean
motsyobishesh *n.* মৎস্যবিশেষ salmon
motsyonari *n.* মৎস্যনারী mermaid
mottota *adj.* মত্ততা intoxicant
mouchak *n.* মৌচাক bee-hive
mouchak *n.* মৌউচাক honeycomb
moukhik *adj.* মৌখিক verbal
moukkhik *adj.* মৌক্ষিক oral
moulik *adj.* মৌলিক basic
moulik *adj.* মৌলিক fundamental
moulik *adj.* মৌলিক radical
moulik upadan bises *n.* মৌলিক উপাদান বিশেষ barium
moumachi *n.* মৌমাছি bee
moumachir abas *n.* মৌমাছির আবাস aplary
mouno sommoti মৌন সম্মতি acquiescence
moyda, dim dudhmisrito mondo *n.* ময়দা, ডিম, দুধমিশ্রিত মন্ড batter
moyna todonto *n.* ময়নাতদন্ত autopsy
moyna todonto *adv.* ময়না তদন্ত postmortem
moyur *n.* ময়ুর peacock
moyur *n.* ময়ুর peahen
mridu batas *n.* মৃদু বাতাস breeze
mridu dipti *n.* মৃদু দীপ্তি gleam
mridu hillol *n.* মৃদু হিল্লোল ripple
mridu onujog kora *v.i.* মৃদু অনুযোগ করা expostulate
mridu vhortsna purno *n.* মৃদু ভর্তসনা পূর্ণ admonition
mriduhasi *v.i.* মৃদুহাসি smile
mrigi rog *n.* মৃগী রোগ epilepsy
mrigi rogi *adj.* মৃগীরোগী epileptic
mrigmansho *n.* মৃগমাংস venison
mriter jonnoy shokgit *n.* মৃতের জন্য শোকগীতি dirge

mrito *n.* মৃত dead
mrito *adj.* মৃত deceased
mrito swamir sompotti praptonari *n.* মৃত স্বামীর সম্পত্তি প্রাপ্তানারী dowager
mritu *n.* মৃত্যু death
mritu *n.* মৃত্যু decease
mritu *n.* মৃত্যু demise
mrridu uddipona jagano মৃদু উদ্দীপনা জাগানো titillate
mrrittika *n.* মৃত্তিকা তল turf
mrujatrider jonyo panthosala *n.* মরুযাত্রীদের জন্য পান্থশালা caravansera¢ry
muche fela *v.t.* মুছে ফেলা efface
muche fela *v.t.* মুছে ফেলা erase
muche fela *v.t.* মুছে ফেলা expunge
muchi *n.* মুচি cobbler
muchke hasa *v.i.* মুচকে হাসা titter
muchleka *v.t.* মুচলেকা recognizance
muchleka boddho kora *adj.* মুচলেকা বদ্ধ করা bounden
mudi *n.* মুদি grocer
mudra *n.* মুদ্রা cent
mudra *n.* মুদ্রা coin
mudra *n.* মুদ্রা specie
mudradosh *n.* মুদ্রাদোষ quirk
mudrakor *n.* মুদ্রাকর printer
mudrito boiyer pristhosonkha *n.* মুদ্রিত বইয়ের পৃষ্ঠসংখ্যা folio
mudrok *n.* মুদ্রক compositor
mudron *n.* মুদ্রণ printing
mudron *v.t.* মুদ্রণ publish
mudron jontro *n.* মুদ্রণ যন্ত্র printing press
mudron soili *n.* মুদ্রনশৈলী typography
mugdho kora *v.t.* মুগ্ধ করা fascinate
mugdhota *n.* মুগ্ধতা fascination
mugur *n.* মুগুর cudgel
muhurmuhu korotali *n.* মুহুর্মুহু করাতালি salvo
muhurto *n.* মুহূর্ত moment
mukdho vhabe proshansha kora *n.* মুগ্ধভাবে প্রশংসা করা admiration
mukh *n.* মুখ mouth
mukh dekhe choritro nirdesh poddhoti *n.* মুখ দেখে চরিত্র নির্দেশপদ্ধতি physiognomy
mukh diye lala ber kora *n.* মুখ দিয়ে লালা বের করা slobber
mukh somporkito *adj.* মুখ সম্পর্কিত facial
mukhbhorti *n.* মুখভর্তি mouthful
mukhe goj vora *v.t.* মুখে গোঁজ ভরা gag
mukhe torol podarrtho diye gorgora *v.t.* মুখে তরল পদার্থ দিয়ে গড়গড়া করা gargle
mukhgomra *v.i.* মুখ গোমড়া sulk
mukhmondal *n.* মুখমন্ডল face
mukho *adj.* মুক্ত free
mukhobikriti *n.* মুখবিকৃতি grimace
mukhobondho *n.* মুখবন্ধ foreword
mukhoboron *n.* মুখাবরন veil
mukhochitro মুখচিত্র frontispiece
mukholala *n.* মুখলালা saliva
mukhomondol *n.* মুখমন্ডল visage
mukhomukhi houwa মুখোমুখি হওয়া confront
mukhomukhi howa *n.* মুখোমুখি হওয়া affront
mukhopatro *n.* মুখপাত্র mouthpiece
mukhopotro *n.* মুখপত্র spokesman
mukhora romoni *n.* মুখরা রমণী xanthippe
mukhosh *n.* মুখোশ mask/masque
mukhosh khola *v.t.* মুখোশ খোলা unmask
mukhostho kora *v.t.* মুখস্থ করা memorize
mukhosto *n.* মুখস্ত rote
mukhstho bidyar skul *n.* মুখস্থ বিদ্যার স্কুল crammer
mukhyaloy মুখ্যালয় headquarters
mukhyo *adj.* মুখ্য main
mukhyo choritro *n.* মখ্যচরিত্র protagonist
mukti *v.t.* মুক্তি release

mukti dewa *v.t.* মুক্তি দেওয়া emancipate
mukti dewa *n.* মুক্তি emancipation
muktiponer taka *n.* মুক্তিপণের টাকা ransom
mukto মুক্ত immune
mukto *adj.* মুক্ত loose
mukto *v.t.* মুক্ত loose
mukto *n.* মুক্ত pearl
mukto kora *v.t.* মুক্ত করা disencumber
mukto kora *v.t.* মুক্ত করা extricate
mukto kora *v.t.* মক্ত করা liberate
mukto kora *v.t.* মুক্ত করা manumit
mukto kora *v.t.* মুক্ত করা rid
mukut *n.* মুকুট crown
mukut *n.* মুকুট diadem
mul bhukhondo *n.* মুল ভুখন্ড mainland
mul kotha *n.* মুলকথা gist
mul pathyangso *n.* মূল পাঠ্যাংশ text
mul pathyangso *adj.* মূল পাঠ্যাংশ textual
mullo *v.* মুল্য value
mulloban *adj.* মুল্যবান valuable
mullonirnoy মুল্যনির্ণয় valuation
mulloy *v.t.* মুল্য debase
mulmontro *n.* মুলমন্ত্র motto
mulo *n.* মুলা radish
muloban monirashi *n.* মুল্যবান মনিরাশি agate
mulogoto *adj.* মূলগত basal
mulsutro *n.* মুলসুত্র principle
multobi *v.t.* মুলতবি defer
multobi *n.* মুলতবি prorogation
multobi kora *v.t.* মুলতবি করা prorogue
multubi *n.* মুলতুবি abeyance
multubi *v.t.* মুলতুবি postpone
multubi rakha *v.t.* মুলতুবি রাখা adjourn
mulyayon *n.* মুল্যায়ন estimation
mulyayon *v.t.* মুল্যায়ন করা gauge
mulyayon kora *v.t.* মুল্যায়ন করা evaluate
mulyo *n.* মুল্য price
mulyo bichar kora *v.t.* মুল্য বিচার করা estimate
mulyo nirdharon *n.* মূল্য নির্ধারন appraisal
mulyo nirdharon *n.* মূল্যনির্ধারন করা assertiveness
mulyo nirdharon kora *v.i.* মূল্য নির্ধারন করা appraise
mulyoban *adj.* মুল্যবান precious
mulyoban dhatu *n.* মূল্যবান ধাতু treasure
mulyoban posu *n.* মুল্যবান রত্ন gem
mura *n.* মুড়া stub
mura *n.* মুড়া stubble
mura *n.* মুড়া stump
murchharog *n.* মুর্ছারোগ hysteria
murchharog songkranto *adj.* মুর্ছারোগ সংক্রান্ত hysteric
murgi *n.* মুরগি hen
murgir basa *n.* মুরগির বাসা roost
murgir chhana *n.* মুরগির ছানা chicken
murkho *adj.* মূর্খ brainless
murtiman *v.t.* মুর্তিমান incarnate
murto prokas *n.* মুর্ত প্রকাশ embodiment
mushti *n.* মুষ্টি hilt
mushtijoddha *n.* মুষ্টিযোদ্ধা pugilist
musthi *n.* মুষ্টি fist
musti juddho *n.* মুষ্টি যুদ্ধ boxing
muthi *n.* মুঠি sheaf
mutro *n.* মুত্র urine
mutro kora *n.* মুত্র করা piss
mutrodhar *n.* মুত্রাধার urinal
mutroghotito *adj.* মুত্রঘাটিত urinary
myadam *n.* ম্যাডাম ma'am
myadam *n.* ম্যাডাম madam
myajistret *n.* ম্যাজিস্ট্রেট magistrate
myakaroni *n.* ম্যাকারনি macaroni
myaleria *n.* ম্যালেরিয়া malaria
myat *adj.* ম্যাট matted
myatini show *n.* ম্যাটিনি শো matinee

N

na *adj.* না nay
na *adj.* না no
na *adv.* না not
nabhi *n.* নাভি navel
nabik *n.* নাবিক crier
nabik *n.* নাবিক mariner
nabik *n.* নাবিক sailor
nabyo *adj.* নাব্য navigable
nachombor *n.* নাচম্বর ballroom
nadgun *n.* নাদগুন timbrel
nadusnudus *adj.* নাদুসনুদুস rotund
nagorik bishoyok *adj.* নাগরিক বিষয়ক civic
nagorikottowo *n.* নাগরিকত্ব citizenship
nak *n.* নাক conk
nak *n.* নাক nose
nak *n.* নাক snout
nak daka *v.i.* নাক ডাকা snore
nak diye kotha bola *v.i.* নাক দিয়ে কথা বলা snuffle
nak sitkano *v.i.* নাক সিটকানো sniff
nakikanna *n.* নাকিকান্না snob
nakikanna kora *n.* নাকিকান্না করা snivel
nakkhotrik *adj.* নাক্ষত্রিক stellar
nali *n.* নালী chord
nali *n.* নালী gutter
nalish *n.* নালিশ complaint
nalish *adj.* নালিশ complaint
nalish *n.* নালিশ plaint
nam *n.* নাম jack
nam নাম name
nam ba akho dewa *v.t.* নাম বা আখ্যা দেওয়া denominate
nam matra *adv.* নামেমাত্র hardly
namano *v.t.* নামানো lower
namhin *adj.* নামহীন nameless
namkoronpoddhoti *n.* নামকরণপদ্ধতি nomenclature
nammatro *adj.* নামমাত্র nominal
namokoron *v.t.* নামকরণ christen
nanabidho *adj.* নানাবিধ multifarious
nanabostu *n.* নানাবস্তু sundries
napit *n.* নাপিত barber
nara *v.t.* নাড়া wag
nari *n.* নারী woman
nari moth *n.* নারী মঠ nunnery
nari vara *n.* নাড়িভাড়া cartage
naribhuri *n.* নাড়িভুড়ি viscera
narokel *n.* নারকেল coconut
narokeler chobra *n.* নারকালের ছোবরা coir
narokiyo *adj.* নারকীয় infernal
nars *n.* নার্স nurse
nasarondhro *n.* নাসারন্ধ্র nostril
nashokotamulok *adj.* নাশকতামুলক subversive
nasikyo *adj.* নাসিক্য nasal
nastik *n.* নাস্তিক atheist
nastik *n.* নাস্তিক infidel
nastikota *n.* নাস্তিকতা atheism
nati *n.* নাতি gran·child
nato rup *v.t.* নাট্যরুপ dramatize
nato shilip *n.* নাট্য শিল্পী dramatis personae
natok sombondhiyo *adj.* নাটক সম্বন্ধীয় dramatic
natokar *n.* নাট্যকার dramatist
natoy sahito *n.* নাট্য সাহিত্য drama
natyosala *n.* নাট্যশালা theatre
navi *n.* নাভি umbilicus
nayjota ba kotirto *v.t.* ন্যায্যতা বা কর্তৃত্ব warrant
nayok *n.* নায়ক leader
neech *adj.* নীচ ignoble
nehai *n.* নেহাই stithy
nekra *n.* নেকড়া mop
nekre *n.* নেকড়ে wolf
nengti *n.* নেংটি loin
nesh birodhi *n.* নেশা বিরোধী teetotaller

nesha kora *v.t.* নেশা করা tipple
neta *adj.* নেতা chief
netibachok *adj.* নেতিবাচক negative
netritodankari kormokorta *n.* নেতৃত্বদানকারী কর্মকর্তা dean
netritto *n.* নেতৃত্ব guidance
nib *n.* নিব nib
nibarit kora *v.t.* নিবারিত করা debar
nibarito *n.* নিবারিত preclude
nibasi *n.* নিবাসী inmate
nibeshyo *n.* নিবেশ্য suppository
nibondhikoron *n.* নিবন্ধীকরণ registration
nibondhogrontho rakhar sthan *n.* নিবন্ধগ্রন্থ রাখার স্থান registry
nibrito howa *v.i.* নিবৃত্ত হওয়া desist
nibritti *n.* নিবৃত্তি respite
nic joghonyo lok *n.* নীচ জঘন্য লোক caitiff
nic tolai *adv.* নীচ তলায় downstairs
nice *adv.* নীচে underneath
nich *adj.* নীচ abject
niche *prep.* নীচে under
niche swakhor kora *v.t.* নীচে স্বাক্ষর করা undersign
nichhok *adj.* নিছক mere
nichota *n.* নীচতা pettiness
nichu *n.* নিচু fen
nichu *n.* নিচু galley
nichu *adj.* নিচু low
nichu *n.* নিচু morass
nichu gari *n.* নিচু গাড়ি chaise
nichu joi *n.* নিচু জমি lowland
nidarun mansik jontorna *n.* নিদারুন মানসিক যন্ত্রণা anguish
nidra *n.* নিদ্রা nap
nidrabhongo kora *v.t.* নিদ্রাভঙ্গ করা waken
nidrahin *adj.* নিদ্রাহীন sleepless
nidralu *adj.* নিদ্রালু sleepy
nidralu *adj.* নিদ্রালু somnolent
nidritabosthay *adj.* নিদ্রিতাবস্থায় asleep
nigordurgo *n.* নগরদুর্গ citadel
nigrihito kora *v.t.* নিগৃহীত করা molest
nigro *n.* নিগ্রো negro
nigro *n.* নিগ্রো nigger
niharika *n.* নীহারিকা nebula
nihsesito obostha *n.* নিৎশেষিত অবস্থা exhaustion
nihsorto *n.* নিঃশর্ত beggary
nij ichashokti *n.* নিজ ইচ্ছাশক্তি volition
nije *pro.* নিজে oneself
nijeke priyo kora *v.t.* নিজেকে প্রিয় করা endear
nijer *pro.* নিজের yourself
nijer *adj.* নিজের own
nijer bole oswikar kora *v.t.* নিজের বলে অস্বীকার করা repudiate
nijer dhormiyo *n.* নিজের ধর্মীয় proselyte
nijo nijo *adj.* নিজ নিজ respective
nijoswo obhimote otol byakti *n.* নিজস্ব অভিমতে অটল ব্যক্তি stickler
nijswo boisisto *n.* নিজস্ব বৈশিষ্ট্য tang
nijswo jinish potro *n.pl.* নিজস্ব জিনিষ পত্র belonging
nijukto নিযুক্ত nominate
nikhnut *adj.* নিখুঁত perfect
nikhut *adj.* নিখুঁত faultless
niki *n.* নিকি nit
nikisto bostur mishorn *n.* নিকৃষ্ট বস্তুর মিশ্রণ alloy
nikkhep kora *v.t.* নিক্ষেপ করা cast
nikot *adj.* নিকট immediate
nikot *adv.* নিকট near
nikotborti *adv.* নিকটবর্তী alongside
nikotborti *v.t.* নিকটবর্তী close
nikotborti নিকটবর্তী neighbourhood
nikotborti *adj.* নিকটবর্তী neighbouring
nikote jauwa *v.i.* নিকটে যাওয়া
nikotin *n.* নিকোটিন nicotine
nikototomo *adj.* নিকটতম proximate
nikrishto *adj.* নিকৃষ্ট inferior
nikrito kora *v.t.* বিকৃত করা deform
niksha *v.t.* নকশা deign
nikshep kora *v.t.* নিক্ষেপ করা hurl

nikshep kora *v.t.* নিক্ষেপ করা throw
nikshipto *n.* নিক্ষিপ্ত trajectory
nil *n.* নীল indigo
nila *n.* নীলা sapphire
nilam daka *v.t.* নিলাম ডাকা bid
nilam. *n.* নিলাম auction
nilamdar *n.* নিলামদার auctioneer
nilamer dak *n.* নিলামের ডাক bidder
nilborno *n.* নীলবর্ণ blue
nilkantomoni *adj.* নীলকান্তমণি amethystic
nilkontho *n.* নীলকন্ঠ jay
nimeshe *n.* নিমেষে trice
nimito ponnosamogri *n.* নির্মিত পণ্যসামগ্রী ware
nimittaorthok *adj.* নিমিত্তার্থক causal
nimne *prep.* নিম্নে beneath
nimno pod *v.t.* নিম্ন পদ relegate
nimno srenir byarol *n.* নিম্নশ্রেনীর ব্যারল baronet
nimnogami *adj.* নিম্নগামী downward
nimnorekhankoto kora *v.t.* নিম্নরেখাঙ্কিত করা underline
nimnostho *n.* নিম্নস্থ below
nimnostho *adj.* নিম্নস্থ nether
nimnostho stor *n.* নিম্নস্থ স্তর substratum
nimnotomo *n.* নিম্নতম nadir
nimojjito kora *v.t.* নিমজ্জিত করা overwhelm
ninadmoy *adj.* নিনাদময় stentorian
ninda *n.* নিন্দা stricture
ninda kora *v.t.* নিন্দা করা deplore
ninda kora *n.* নিন্দা করা detraction
ninda kora *n.* নিন্দা করা reproach
ninda kora *n.* নিন্দা reproof
nindavas *n.* নিন্দাভাষ tirade
nindniy bole ghosona *v.t.* নিন্দনীয় বলে ঘোষনা ban
nindoniyo *adj.* নিন্দনীয় reproachful
ninduk *n.* নিন্দুক critic
ninisht নিবিষ্ট absorbed
nirabeg *adj.* নিরাবেগ frigid
nirabolmbo *adj.* নিরাবলম্ব unaided
niramisashi *n.* নিরমিষাশী vegetarian
niramoy kora *v.t.* নিরাময় করা heal
niramoy podhoti *n.* নিরাময় পদ্ধতি allopathy
niranondo *adj.* নিরানন্দ dreary
niranondo *adv.* নিরানন্দে unhappily
niranondo *adj.* নিরানন্দ woebegone
nirapod *adj.* নিরাপদ safe
nirapotta *n.* নিরাপত্তা immunity
nirapotta *n.* নিরাপত্তা indemnity
nirapotta *n.* নিরাপত্তা safety
nirapotta *n.* নিরাপত্তা security
nirapottabidhaner porikroma *adj.* নিরাপত্তাবিধানের পরিক্রমা patrol
nirapottamulok *n.* নিরাপত্তামুলক protective
nirastro *n.* নিরস্ত্র unarmed
nirbachito *v.t.* নির্বাচিত elect
nirbachok *n.* নির্বাচক elector
nirbachok mondoli *n.* নির্বাচকমন্ডলী electorate
nirbachokmondoli *n.* নির্বাচকমন্ডলী constituency
nirbachokmondoli sodosyo *adj.* নির্বাচকমন্ডলীর সদস্য constituent
nirbachon *n.* নির্বাচন elction
nirbachon *v.t.* নির্বাচন pick
nirbachon *n.* নির্বাচন poll
nirbachon *n.* নির্বাচন selection
nirbachon *n.* নির্বাচন suffrage
nirbachoner kshomota somponno *n.* নির্বাচনের ক্ষমতাসম্পন্ন elective
nirbachoni *adj.* নির্বাচনী selective
nirbahok *n.* নির্বাহক executor
nirbak *adj.* নির্বাক speechless
nirbapito *adj.* নির্বাপিত extinct
nirbapito kora *v.t.* নির্বাপিত করা quench
nirbapon *n.* নির্বাপন extinction
nirbashito kora *v.t.* নির্বাসিত করা proscribe
nirbasit *v.t.* নির্বাসিত deport
nirbason *n.* নির্বাসন banishment
nirbason' *v.t.* নির্বাসন exile
nirbhor *v.i.* নির্ভর rely

nirbhor kora *v.* নির্ভর করা depend
nirbhorjogyo *adj.* নির্ভরযোগ্য reliable
nirbhorjogyota *n.* নির্ভরযোগ্যতা reliability
nirbibad *adj.* নির্বিবাদ undisputed
nirbikar *adj.* নির্বিকার impassive
nirbirjyo *adj.* নির্বীর্য impotent
nirbishanko *adj.* নির্বিশঙ্ক undaunted
nirbodh *n.* নির্বোধ nonsense
nirbodh *n.* নির্বোধ smirk
nirbodh sisu. *n.* নির্বোধ শিশু changeling
nirbondho *n.* নির্বন্ধ importunity
nirboy *adj.* নিরবয়ব shapeless
nirdesh kora *v.t.* নির্দেশ করা indicate
nirdeshika *n.* নির্দেশিকা directory
nirdharon kora *v.t.* নির্ধারন করা avert
nirdishto kriya *n.* নিদিষ্ট ক্রিয়া role
nirdishto somoysima *n.* নির্দিষ্ট সময়সীমা period
nirdisto *adj.* নির্দিষ্ট definite
nirdisto akar sunno *adj.* নির্দিষ্ট আকার শূন্য amorphous
nirdisto kore dewa *v.t.* নির্দিষ্ট করে দেওয়া assign
nirdisto muller sman *n.* নির্দিষ্ট মুল্যের সমান worth
nirdisto sthan *n.* নির্দিষ্ট স্থান venue
nirdoi *adj.* নির্দয় unfeeling
nirdoi *adj.* নির্দয় unkind
nirdosh *adj.* নির্দোষ innocent
nirdosh *adj.* নির্দোষ taintless
nirdosh ghosona *v.t.* নির্দোষ ঘোষণা acquit
nirdushto karzokrom *n.* নির্দ্দিষ্ট কার্যক্রম campaign
nirgomon *adv.* নির্গমন off
nirgomon *n.* নির্গমন outlet
nirgoto *n.* নির্গত issue
nirgoto hobar mukh *n.* নির্গত হবার মুখ nozzle
nirgoto houwa *v.t.* নির্গত হওয়া eject
nirgoto hoya *v.i.* নির্গত হওয়া spurt
nirgoto kora *v.t.* নির্গত করা emit
nirgoto koron *n.* নির্গতকরণ emission
nirikhok *n.* নিরীক্ষক auditor
nirikhya *n.* নিরীক্ষা aud'it
nirikkha *n.* নিরীক্ষা scruitny
nirikkhon kora *v.t.* নিরীক্ষন করা regard
niritsaho kora *v.t.* নিরুৎসাহিত করা dispirit
nirjas *n.* নির্যাস extract
nirjhonjat *n.* নির্ঝঞ্ঝাট smoothness
nirjhonjhate *adv.* নির্ঝঞ্ঝাটে smoothly
nirjib *adj.* নির্জীব slack
nirjon *adj.* নির্জন lorn
nirjonota *n.* নির্জনতা seclusion
nirkhiy shanto boloi *n.* নিরক্ষীয় শান্ত বলয় doldrums
nirlojjo *adj.* নির্লজ্জ impudent
nirlojjo *adj.* নির্লজ্জ shameless
nirlojjo *adj.* নির্লজ্জ unblushing
nirlojjyo *n.* নির্লজ্জ barefaced
nirman *v.t.* নির্মাণ construct
nirman *n.* নির্মাণ construction
nirman kora *v.t.* নির্মান করা build
nirman kora *v.t.* নির্মাণ করা erect
nirman kora *n.* নির্মাণ erection
nirman kora নির্মাণ করা fabircate
nirmankoran *n.* নির্মাণকরণ fabrication
nirmol *adj.* নির্মল pellucid
nirmom *adj.* নির্মম grim
nirmom *adj.* নির্মম pitiless
nirmom *n.* নির্মম relentless
nirmom *n.* নির্মম ruthless
nirmom *adj.* নির্মম tyrannical
nirmomvabe piron kora *v.t.* নির্মমভাবে পীড়ন করা bully
nirnason deowa *v.t.* নির্বাসন দেওয়া banish
nirnayborgo *n.* নির্ণায়বর্গ jury
nirob *adj.* নীরব mute
nirob *adj.* নীরব silent
nirob *n.* নীরব stillness
nirobe mene newa *v.i.* নীরবে মেনে নেওয়া acquiesce
nirobota *n.* নীরবতা silence

nirokkhor *adj.* নিরক্ষর illiterate
nirokkhorota *n.* নিরক্ষরতা illiteracy
nironkush malikana *n.* নিরঙ্কুশ মালিকানা freehold
nirontor নিরন্তর flux
nirontor *adj.* নিরন্তর inexorable
niropekhyo নিরপেক্ষ disinterested
niropekkho *adj.* নিরপেক্ষ impartial
niropekkho *adj.* নিরপেক্ষ neutral
niros *adj.* নীরস dismal
niros *n.* নীরস drab
niros নিরস uninteresting
niros, nistaj *adj.* নীরস, নিস্তেজ vapid
nirosh *n.* নীরস humdrum
nirstro kora *v.t.* নিরস্ত্র করা disarm
nirvhik *adj.* নির্ভীক fearless
nirvhikta নির্ভীকতা fearlessness
nirvor jogyo gonona *n.* নির্ভর যোগ্য গণনা calculation
nisan *n.* নিশান banner
nischit *adj.* নিশ্চিত assured
nischit *v.* নিশ্চিত must
nischito *adj.* নিশ্চিত certain
nischito kora *v.t.* নিশ্চিত করা ensure
nischito proman *n.* নিশ্চিত প্রমাণ confirmation
nischitvhabe *adj.* নিশ্চিতভাবে assuredly
nischoita dewa *v.t.* নিশ্চয়তা দেওয়া assure
nischol *adj.* নিশ্চল stagnant
nischoy kor *adj.* নিশ্চয়কর assertive
nischoy kora *v.t.* নিশ্চয় করা ascertain
nischoy kore bola *v.t.* নিশ্চয় করে বলা assert
nischoyatmkok *n.* নিশ্চয়াত্মক assertion
nisfol *adj.* নিষ্ফল unproductive
nishachor নিশাচর nocturnal
nishana *n.* নিশানা target
nishchit *adj.* নিশ্চিত secure
nishchit *adj.* নিশ্চিত sure
nishchit *adv.* নিশ্চিত surely
nishchol *adj.* নিশ্চল immobile
nishedh *n.* নিষেধ prohibition

nishedh kora নিষেধ করা prohibit
nishfol *adj.* নিষ্ফল ineffective
nishfola kore tola *n.* নিষফলা করে তোলা sterility
nishiddho *v.t.* নিষিদ্ধ interdict
nishiddho kotha ba bostu *n.* নিষিদ্ধ কথা বা বস্তু taboo
nishidho kora *v.t.* নিষিদ্ধ করা forbid
nishkrio *adj.* নিষ্ক্রিয় sluggish
nishobdo *adj.* নিঃশব্দ unsound
nishondehe *adv.* নিঃসন্দেহে forsooth
nishpap *adj.* নিষ্পাপ sinless
nishpholota *n.* নিষ্ফলতা futility
nishthur *adj.* নিষ্ঠুর barbarous
nishthur *adj.* নিষ্ঠুর coldblooded
nishthur *adj.* নিষ্ঠুর cruel
nishthur নিষ্ঠুর monstrous
nishthur *n.* নিষ্ঠুর ruffian
nishthurota *n.* নিষ্ঠুরতা cruelty
nishturata *v.t.* নিষ্ঠুরতা outrage
nisiddho *adj.* নিষিদ্ধ contraband
niskam prem *adj.* নিষ্কাম প্রেম platonic
niskashon *v.t.* নিষ্কাশন drain
niskashon prokriya *n.* নিষ্কাশনপ্রক্রিয়া drainage
niskason *n.* নিষ্কাশন elimination
niskolonko *adj.* নিষ্কলঙ্ক spotless
niskolonko *adj.* নিষ্কলঙ্ক unblemished
niskopot *adj.* নিষ্কপট ingenuous
niskrio *adj.* নিষ্ক্রিয় inert
niskrio *adj.* নিষ্ক্রিয় slothful
niskriti *n.* নিষ্কৃতি riddance
niskriyo kora *v.* নিষ্ক্রিয় করা neutralize
nisobdo নিশব্দ silently
nisondeho *adv.* নিঃসন্দেহ certainly
nispeshon kora *v.t.* নিষ্পেষণ করা squash
nispotti *n.* নিষ্পত্তি settlement
nispran *adv.* নিষ্প্রাণ coldly
nissar *adj.* নিঃসার inane
nissas neoa *v.t.* নিঃশ্বাস নেওয়া inhale
nissobde asa jaoa *v.i.* নিঃশব্দে আসা যাওয়া sneak

nissobdo *adj.* নিঃশব্দ noiseless
nissongo *adj.* নিঃসঙ্গ lonely
nistar *n.* নিস্তার deliverance
nistej hoya *v.i.* নিস্তেজ হওয়া languish
nisthur *adj.* নিষ্ঠুর uncharitable
nisthur *adj.* নিষ্ঠুর ungenerous
niswas proswas *n.* নিঃশ্বাস প্রশ্বাস breath
niswas proswas neowa *v.t.* নিঃশ্বাস প্রশ্বাস নেওয়া breathe
niswaser songe batar ber kora *n.* নিস্বাসের সঙ্গে বাতাস ত্যাগ exhalation
niswaser songe ber kora *v.t.* নিঃস্বাসের সঙ্গে বের করা exhale
niti *n.* নীতি policy
niti *n.* নীতি politic
niti *n.* নীতি synod
niti *n.* নীতি tenet
nitibagish *n.* নীতিবাগীশ puritan
nitibakyo নীতিবাক্য precept
nitibid *n.* নীতিবিদ moralist
nitibigorhito *adj.* নীতিবিগর্হিত immoral
nitigorbho *n.* নীতিগর্ভ parable
nitikotha *v.i.* নীতিকথা moralize
nitiniomer shuddhota *n.* নীতিনিয়মের শুদ্ধতা propriety
nitohin hin *n.* নিতান্ত হীন abjectness
nitombo *n.* নিতম্ব buttock
nitto নিত্য unending
nivano *v.t.* নিভানো extinguish
niyog *n.* নিয়োগ appointment
niyog *v.t.* নিয়োগ recruit
niyog kora *v.t.* নিয়োগ করা employ
niyog kora *v.t.* নিয়োগ করা engage
niyog korta *n.* নিয়োগকর্তা employer
niyojito kora *v.t.* নিয়োজিত করা devote
niyojito kore *n.* নিয়োজিত করা devotee
niyojon *n.* নিয়োজন deputation
niyojon *n.* নিয়োজন nomination
niyom *n.* নিয়ম method
niyom *n.* নিয়ম norm
niyom *v.t.* নিয়ম rule
niyom bohirbhuto *adj.* নিয়ম বহির্ভূত anomalous
niyomito *adj.* নিয়মিত frequent
niyomito *adj.* নিয়মিত habitual
niyomito *n.* নিয়মিত regular
niyomito kora *v.t.* নিয়মিত করা regulate
niyomnishtha *n.* নিয়মনিষ্ঠা regularity
niyomon *n.* নিয়মন regulation
niyontonsadhyo *adj.* নিয়ন্ত্রণসাধ্য manageable
niyontrito *v.t.* নিয়ন্ত্রিত modulate
niyontrok *n.* নিয়ন্ত্রক comptroller
niyontrok নিয়ন্ত্রক controller
niyontrok *n.* নিয়ন্ত্রক controller
niyontrok *n.* নিয়ন্ত্রক regulator
niyontron *n.* নিয়ন্ত্রন control
niyontron *v.t.* নিয়ন্ত্রণ করা manage
niyontron *n.* নিয়ন্ত্রণ restraint
niyontrone নিয়ন্ত্রনে subdue
niyoti *n.* নিয়তি destiny
niyoti *n.* নিয়তি fate
nkol murti ba kathamo *n.* নকল মুর্তি বা কাঠামো dummy
nobayon *n.* নবায়ন renewal
nobayonjogyo *adj.* নবায়নযোগ্য renewable
nobboi *n.* নব্বই ninety
nobodugdho *n.* নবদুগ্ধ beestings
nobojibon lav kora *v.t.* নবজীবন লাভ করা regenerate
nobojoubon dan *v.i.* নবযৌবন দান rejuvenate
nobom *adj.* নবম ninth
nobotitomo *adj.* নবতিতম ninetieth
node *n.* নোড node
nodi *n.* নদি river
nodir mohna *n.* নদীর মোহনা firth
nodir nam *n.* নদীর নাম amazon
nodite dewa bandh *n.* দীতে দেওয়া বাঁধ weir
noditir *n.* নদীতীর riverside
nognikorn *n.* নগ্নীকরন denudation
nogno *adj.* নগ্ন naked
nogno *adj.* নগ্ন nude
nogno houwa *v.t.* নগ্ন হওয়া disrobe

nogod taka *n.* নগদ টাকা cash
nogonyo *adj.* নগন্য petite
nogorbasi *n.* নগরবাসী burgher
nogorbasi *n.* নগরবাসী citizen
nogorshulko *n.* নগরশুল্ক octroi
noibbyaktik *adj.* নের্ব্যক্তিক impersonal
noibedyo *n.* নৈবেদ্য oblation
noikoto *n.* নৈকট্য vicinity
noirajoyo *adj.* নৈরাজ্য analystical
noirajyik *adj.* নৈরাজ্যিক chaotic
noirajyo *n.* নৈরাজ্য chaos
noirasho *n.* নৈরাশ্য despondency
noirashyobyanjok *n.* নৈরাশ্যব্যঞ্জক pessimism
noirasyobadi *n.* নৈরাশ্যবাদী cynical
noishobhoj *n.* নৈশভোজ supper
noishoprohori *n.* নৈশপ্রহরী watchman
noishyo *adj.* নৈশ্য nightly
noitik *n.* নৈতিক moral
noitik unnoti *v.t.* নৈতিক উন্নতি edify
noitik niti malar poddhoti *adj.* নৈতক নীতিমালার পদ্ধতি ethic
noitikota *n.* নৈতিকতা morality
noitol *n.* নৌতল deck
nokh *n.* নখ nail
nokhorjukto pa *n.* নখরযুক্ত পা claw
nokhtromoy *adj.* নক্ষত্রময় astral
nokkarjonokvabe *adj.* ন্যক্কারজনকভাবে fulsome
nokkhotro punjo *n.* নক্ষত্রপুঞ্জ orion
nokol *n.* নকল mimic
nokol kora *v.t.* নকল করা transcribe
nokosa *n.* নকশা cartoon
nokosa *n.* নকশা trimming
noksadar silker kapor *n.* নক্সাদার সিল্কের কাপড় tabby
noksha *v.t.* নকশা design
noksha *n.* নকশা pattern
noksha *n.* নকশা plan
noksha *n.* নকশা sketch
noksha *n.* নকশা woodcut
noksha khochito dhakna *n.* নকশা খচিত ঢাকনা tapestry
nokshabidya *adj.* নকশাবিদ্যা designing
nokshar kaj *n.* নকশার কাজ fretwork
nol *n.* নল condult
nol *n.* নল duct
nol *n.* নল pipe
nol *n.* নল reed
nol *n.* নল spout
nol *n.* নল tube
nommota *n.* নম্যতা flexibility
nomniyo *adj.* নমনীয় ductile
nomoniyo *adj.* নমনীয় elastic
nomoniyo *adj.* নমনীয় malleable
nomoniyo *adj.* নমনীয় plastic
nomoniyo *adj.* নমনীয় supple
nomoniyo howa *n.* নমনীয় হওয়া unbend
nomoniyo nol *n.* নমনিয় নল hose
nomoniyota *n.* নমনীয়তা elasicity
nomro *adj.* নম্র meek
nomro achoron *n.* নম্র আচরণ etiquette
nomrota *n.* নম্রতা clemency
nomuna *n.* নমুনা sample
nomuna নমুনা specimen
nomuna *n.* নমুনা type
nondon kakon *n.* নন্দন কানন eden
nongor *n.* নোঙ্গর anchor
nongor badhar dori *n.* নোঙ্গর বাঁধার দড়ি cabie
nongor sthan *n.* নোঙ্গর স্থান berth
nongra *adj.* নোংরা nasty
nongra *adj.* নোংরা obnoxious
nongra *adj.* নোংরা squalid
nongra dag *n.* নোংরা দাগ smudge
nongra sthan *n.* নোংরা স্থান cesspool
nongra strilok *n.* নোংরা স্ত্রীলোক slattern
nongra strilok *n.* নোংরা স্ত্রীলোক slut
nonra *adj.* নোংরা dingy
nonta sada guro *n.* নোনতা সাদা গুঁড়ো saltpetre
norano *v.t.* নড়ানো budge
norbodh byakti *n.* নির্বোধ ব্যক্তি buffer
nordoma *n.* নর্দমা sewage
norm *adj.* নরম soft
norodweshi *n.* নরদ্বেষী misanthrope

norohotya *n.* নরহত্যা homicide
norok *n.* নরক hell
norom *adj.* নরম clement
norom *adj.* নরম mellow
norom *adj.* নরম mild
norom *n.* নরম slime
norom moshrin *adj.* নরম মসৃন sleek
norom o moshrin *n.* নরম ও মসৃণ silken
norom snas *n.* নরম শাঁস pulp
nosto kora *v.t.* নষ্ট করা deflower
noswor *adj.* নশ্বর mortal
nosyi *n.* নস্যি snuff
not *n.* নোট note
notari *n.* নোটারি notary
notojanu houa *v.i.* নতজানু হওয়া truckle
notun *adj.* নতুন new
notun bhabe byabohar *v.t.* নতুনভাবে ব্যবহার resurrect
notunbhabe *n.* নতুনভাবে restoration
notunotwo *n.* নতুনত্ব novelty
notunvhabe *adv.* নূতনভাবে afresh
noubahini *n.* নৌবাহিনী navy
noubahinisongkranto *adj.* নৌবাহিনীসংক্রান্ত naval
noubhor *v.i.* নৌবহর fleet
nouchalanbidya *n.* নৌচালানবিদ্যা navigation
nouka *n.* নৌকা boat
nouka *n.* নৌকা raft
nouka chalanor noipunno *n.* নৌকা চালানর নৈপুন্য yachting
noukar hatol *n.* নৌকোর হাতল tiller
noukormi *n.* নৌকর্মী seaman
nouporibhasha *adj.* নৌপরিভাষা nautical
noy *adj.* নয় nine
noygun *adj.* নয়গুন ninefold
nrishongso hotyakando *n.* নৃশংস হত্যাকান্ড massacre
nrisongsota *n.* নৃশংসতা barbarity
nritoyo *v.t.* নৃত্য dance
nritoyoshilpi *n.* নৃত্যশিল্পী dancer
nrityo *n.* নর্তকীর নৃত্য nautch
nrokdondo *n.* নরকদন্ড damnation
nrokdondo dewa *v.t.* নরকদন্ড দেওয়া damn
nrostrokoron নিরস্ত্রীকরণ disarmament
nrrisongso. *adj.* নৃশংস atrocious
nrrisongsota *n.* নৃশংসতা atrocity
nuri *n.* নুড়ি pebble
nuye pora *v.i.* নুইয়ে পড়া cringe
nyapkin *n.* ন্যাপকিন napkin
nyas rokshok *n.* ন্যাসরক্ষক trustee
nyasto kora *v.t.* ন্যাস্ত করা confide
nyay *n.* ন্যায় syllogism
nyay porayonota *n.* ন্যায়পরায়ণতা equity
nyay songto *adj.* ন্যায়সঙ্গত equitable
nyayanug *n.* ন্যায়ানুগ justice
nyayer songram ন্যায়ের সংগ্রাম crusade
nyaynishtho *adj.* ন্যায়নিষ্ঠ righteous
nyunotomo *v.t.* ন্যুনতম minimize
nyunotomo *n.* ন্যুনতম minimum

O

oagola garod *n.* পাগলা গারদ bedlam
oak brikher fl *n.* ওক বৃক্ষের ফল acorn
obadh অবাধ rampant
obadh bayu colacholer poth *n.* অবাধ বায়ু চলাচলের পথ ventilator
obadhyo *adj.* অবাধ্য disobedient
obadhyo *adj.* অবাধ্য insubordinate
obadhyo *adj.* অবাধ্য recalcitrant
obadhyota *n.* অবাধ্যতা disobedience
obadhyyo *adj.* অবাধ্য disloyal
obahit deowa *v.t.* অব্যাহতি দেওয়া absolve
obanchito *n.* অবাঞ্চিত interference
obantor *adj.* অবান্তর inapt
obastob *adj.* অবাস্তব abstract
obekkha *n.* অবেক্ষা probation

obekkhon kora *v.t.* অবেক্ষণ করা scrutinize
obekkhon kora অবেক্ষণ করা superintend
obhab *n.* অভাব lack
obhab *n.* অভাব paucity
obhab *n.* অভাব privation
obhab onubhuto hoi emon bostu *n.* অভাব অনুভুত হয় এমন বস্তু desideratum
obhaboniyo *adj.* অভাবনীয় inconceivable
obhagoban *adj.* অভাগ্যবান unlucky
obhanjon *n.* অভ্যঞ্জন unction
obhedyo *adj.* অভেদ্য impervious
obhibadon অভিবাদন obeisance
obhibadon *v.t.* অভিবাদন salute
obhibasoner jonyo asa *v.t.* অভিবাসনের জন্যা আসা immigrate
obhibhashon *n.* অভিভাষণ sermon
obhibikkhon kora *v.t.* অভিবীক্ষন করা scan
obhiggan *n.* অভিজ্ঞান memento
obhigrohon kora *v.t.* অভিগ্রহন করা intercept
obhijan *v.* অভিযান adventure
obhijatomondolir sodosyo *n.* অভিজাতমন্ডলীর সদস্য peerage
obhijojon *n.* অভিযোজন adaptation
obhijokta *n.* অভিযোক্তা prosecutor
obhijukto kora *v.t.* অভিযুক্ত করা incriminate
obhijukto kora *v.t.* অভিযুক্ত করা indict
obhilashi *adj.* অভিলাষী desirous
obhineta *n.* অভিনেতা actor
obhiniskromon *n.* অভিনিষ্ক্রমণ sally
obhinno *adj.* অভিন্ন identical
obhinondit kora *v.t.* অভিনন্দিত করা felicitate
obhinonidikoron *n.pl.* অভিনন্দিতকরণ felicitations
obhinoy *adj.* অভিনয় acting
obhinoy kora *v.t.* অভিনয় করা impersonate
obhiruchi *n.* অভিরুচি preference
obhishap *n.* অভিশাপ malediction
obhishek *n.* অভিষেক induction
obhishek *n.* অভিষেক installation
obhisondhi *n.* অভিসন্ধি intention
obhisondhi *n.* অভিসন্ধি motive
obhodhro *adj.* অভদ্র uncivil
obhodro *v.t.* অভদ্র misbehave
obhodro *adj.* অভদ্র rude
obhodro *adj.* অভদ্র unmannerly
obhodrolok *n.* অভদ্রলোক lout
obhodrota *n.* অভদ্রতা rudeness
obhojyo *adj.* অভোজ্য inedible
obhosto *v.t.* অভ্যস্ত used
obhoysthol *n.* অভয়স্থল sanctuary
obhyarthona *n.* অভ্যার্থনা homage
obhyas *v.t.* অভ্যাস practise
obhyasgotobhabe kothao *v.t.* অভ্যাসগতভাবে কোথাও যাতায়াত করা haunt
obhyontor *n.* অভ্যন্তর inside
obhyontorin অভ্যন্তরীণ internal
obhyonujog *n.* অভ্যনুযোগ interpellation
obhyorthona *n.* অভ্যর্থনা reception
obhyosto kora *v.t.* অভ্যস্ত করা inure
obhyosto kora *adj.* অভ্যস্ত করা seasoned
obhyutpat *n.* অভ্যুৎপাত irruption
obhyutthan *n.* অভ্যুত্থান putsch
obibahito purush *n.* অবিবাহিত পুরুষ bachelor
obibechok *adj.* অবিবেচক impolite
obibechok অবিবেচক imprudent
obibechok *n.* অবিবেচক inconsiderate
obicchedyo *adj.* অবিচ্ছেদ্য inegral
obichar *n.* অবিচার indignation
obichokkhon *adj.* অবিচক্ষণ indiscreet
obicholito *adj.* অবিচলিত stolid
obikarjyo অবিকার্য invariable
obikarmo *adj.* অবিকার্ম immutable
obilombe *adv.* অবিলম্বে soon
obinashyo *n.* অবিনাশ্য indestructible
obinirman *n.* অভিনির্মাণ incursion
obinoy *adj.* অবিনয় ill-bred

obinoyi *adj.* অবিনয়ী impertinent
obiram *adj.* অবিরাম chronic
obiram *n.* অবিরাম incessant
obishram *adj.* অবিশ্রাম unceasing
obishwas *n.* অবিশ্বাস unbelief
obiswas *v.t.* অবিশ্বাস distrust
obiswas *n.* অবিশ্বাস mistrust
obiswashi *adj.* অবিশ্বাসী unreliable
oboddho অবদ্ধ unfasten
obodhan *v.t.* অবধান heed
obodhgomyo *adj.* অবোধগম্য incomprehensible
obogga *int.* অবজ্ঞা pshaw
oboggapurno upekkha *n.* অবজ্ঞাপুর্ণ উপেক্ষা rebuff
obogoto *adj.* অবগত cognizant
obogoto *adj.* অবগত conversant
obogyapurno *adj.* অবজ্ঞাপুর্ণ sardonic
obohela *v.t.* অবহেলা neglect
obohito hoya অবহিত হওয়া perceive
oboidho *adj.* অবৈধ misbegotten
oboidhobhabe atmosat *n.* অবৈধভাবে আত্মসাৎ peculation
oboitonik *adj.* অবৈতনিক honorary
obokash *n.* অবকাশ leisure
obokash *n.* অবকাশ recess
obokshoy *n.* অবক্ষয় corrosion
obolokon kora *v.t.* অবলোকন করা survey
obolombon *n.* অবলম্বন brace
obolombon kora *v.i.* অবলম্বন করা resort
obomanito *v.* অবমানিত humiliate
obomanona *n.* অবমাননা indignity
obomulyayon kora *v.t.* অবুমুল্যায়ন করা disparage
obonoti ghota ba ghatano *v.i.* অবনতি ঘটা বা ঘটানো deteriorate
obonotimulok *v.t.* অবনতিমুলক retrograde
oborenno *adj.* অবরেন্য unwelcome
obornoniyo *adj.* অবর্ণনীয় untold
oborodh *n.* অবরোধ blockade
oborodh *n.* অবরোধ hurdle
oborodh *n.* অবরোধ siege
oborodh kora *v.t.* অবরোধ করা beleaguer
oborodh kora *v..t* অবরোধ করা besiege
oborodh kora *n.* অবরোধ confinement
oborodh. *n.* অবরোধ confinent
obos *adj.* অবস supercillious
obosadjonok *adj.* অবসাদজনক tiresome
obosan *n.* অবসান expiry
obosan houwa *v.t.* অবসান হওয়া expire
oboshesh *n.* অবশেষ remnant
oboshesh *adj.* অবশেষ residual
oboshishtangsho *n.* অবশিষ্টাংশ remainder
oboshishtangsho *n.* অবশিষ্টাংশ remains
oboshishtangsho *n.* অবশিষ্টাংশ residue
oboshishto *v.t.* অবশিষ্ট remain
oboskarok *n.* অবস্কারক scavenger
obosonnota *n.* অবসন্নতা lassitude
obosor *n.* অবসর retirement
obosor binodon *n.* অবসর বিনোদন pastime
obosor grohon kari prodotto vata *n.* অবসরগ্রহনকারী প্রদত্ত ভাতা gratuity
obosorbhata *n.* অবসরভাতা pension
obosorbhata grohonkari *n.* অবসরভাতা গ্রহনকারী pensioner
obosorprapto *adj.* অবসরপ্রাপ্ত retired
obostha *n.* অবস্থা condition
obostha *n.* অবস্থা situation
obostha *n.* অবস্থা state
obosthan *n.* অবস্থান locality
obosthan *adj.* অবস্থান perspective
obosthan *n.* অবস্থান position
obosthan অবস্থান situate
obosthan *n.* অবস্থান status
obosthan *n.* অবস্থান transition
obosthan grohon *v.t.* অবস্থান গ্রহন pose
obosthanontore jauwa *v.t.* অবস্হান্তরে যাওয়া get
obosthito *adj.* অবস্থিত situated
obotol *adj.* অবতল concave

obotoron *v.i.* অবতরণ descend
obotoron *n.* অবতরণ descent
obotoron kora *v.t.* অবতরণ করা dismount
oboyosko *n.* অবয়সক underage
obrisanto *adj.* অবিশ্রান্ত unrelenting
obyabostha *n.* অব্যবস্থা misrule
obyahoti dewa *v.t.* অব্যাহতি দেওয়া exempt
obyahoti dewa *n.* অব্যাহতি exemption
obyahoto rakha *v.t.* অব্যাহত রাখা prosecute
obyakhyeo *adj.* অব্যাখ্যেয় inexplicable
obyakto *adj.* অব্যক্ত torpid
obyontoroshtho অভ্যন্তরস্থ inward
ochoitonyo অচৈতন্য insensible
ochoitonyo *adj.* অচৈতন্য sub-conscious
ochoitonyo kora *v.t.* অচৈতন্য করা stun
ochol *adj.* অচল unserviceable
ochol *adj.* অচল unwavering
ocholabostha *n.* অচলাবস্থা impasse
ocholabostha *n.* অচলাবস্থা standstill
ochut *adj.* অছুত untouchable
odbhut অদ্ভুত outlandish
odbhut *adj.* অদ্ভুত queer
odbhut *adj.* অদভুত splendour
odbhutbhab *n.* অদ্ভুত ভাব singularity
odharmik *adj.* অধার্মিক ungodly
odharmiker nyay kotha barta *n.* অধার্মিকের ন্যায় কথা বার্তা blasphemy
odhi bish *n.* অধিবিষ toxin
odhibas *v.t.* ওধবিাস migrate
odhibasi *n.* অধিবাসী inhabitant
odhibason *n.* ওধিবসন migration
odhibasonkari *n.* ওধিবাসনকারী migrant
odhibeshon *n.* অধিবেশন session
odhik boroniyo *adj.* অধিক বরণীয় preferable
odhikar chyto *v.t.* অধিকারচ্যুত dispossess
odhikar dewa *v.t.* অধিকার দেওয়া atuhorize
odhikar suchok *adj.* অধিকারসুচক possessive
odhikari *n.* অধিকারী appropriateness
odhikari howa *v.t.* অধিকারী হওয়া wield
odhikarvukto houwa *v.t.* অধিকারভুক্ত হওয়া belong
odhikormik *n.* অধিকর্মিক superintendent
odhikorta *n.* অধিকরত major
odhikotor dure *adv.* অধিকতর দুরে further
odhikotor procholito *prep.* অধিকতর প্রচলিত upon
odhikrom *v.t.* অধিক্রম invade
odhiktoro druto chola *v.* অধিকতর দ্রুত চলা accelerate
odhin *adj.* অধীন subject
odhin *n.* অধীন subordinate
odhinyas *n.* অধিন্যাস montage
odhiraj *n.* অধিরাজ suzerain
odhirajotwo *n.* অধিরাজত্ব suzerainty
odhishulko *v.t.* অধিশুল্ক surcharge
odhoirjyo *n.* অধ্যর্য impatience
odhoirjyo *adj.* অধৈর্য impatient
odhokhyo *n.* অধ্যক্ষ captain
odhologno *adj.* অধোলগ্ন subjacent
odhomukhe *adv.* অধোমুখে headlong
odhuna *adv.* অধুনা recently
odhunaton *adj.* অধুনাতন recent
odhya des *n.* অধ্যাদেশ edict
odhyabosayi *adj.* অধ্যাবসায়ী sedulous
odhyaonshil *adj.* অধ্যয়নশীল studious
odhyaropon *n.* অধ্যারোপণ imputation
odhyay *n.* অধ্যায় chapter
odhyokkhota অধ্যক্ষতা superintendence
odikpane *adv.* ওদিকপানে thither
odkhitor *adj.* অধিকতর more
odolbodol kora *n.* অদলবদল করা swap
odolbodol kora *n.* অদলবদল করা swop
odomyo *adj.* অদম্য indomitable
odomyo *adj.* অদম্য pertinacious
odrabyo *adj.* অদ্রাব্য insoluble
odrishyo *adj.* অদৃশ্য invisible
odristo *adj.* অদৃষ্ট unseen
odurdorshi *adj.* অদূরদর্শী thoughtless
odusto *adj.* অদুষ্ট undefiled

odvut *adj.* অদ্‌ভুত bizarre
odvut *adj.* অদ্‌ভুত grotesque
oei *adj.* ওই yon
oei khane *adv.* ওই খানে yonder
ofisar *n.* অফিসার marshal
ofisar *n.* অফিসার officer
ofisar *adj.* অফিসার subaltern
ofuronto অফুরন্ত inexhaustible
ofuronto *adj.* অফুরন্ত endless
oggo *adj.* অজ্ঞ ignorant
oggota *n.* অজ্ঞতা ignorance
oghotoniyo *adj.* অঘটনীয় improbable
oghyato *adj.* অজ্ঞাত unknown
ognimoi *adj.* অগ্নিময় fiery
ognutpat *n.* অগ্নুযৎপাত eruption
ogobhir *asj.* অগভীর shallow
ogochhalo *adj.* অগোছালো slovenly
ogradhikar অগ্রাধিকার precedence
ogro gotite sohayota kora *v.t.* অগ্রগতিতে সহায়তা করা expedite
ogrodut *n.* অগ্রদুত precursor
ogrogomon *n.* অগ্রগমন progression
ogrogoti *n.* অগ্রগতি progress
ogrogotishil *adj.* অগ্রগতিশীল progressive
ogrosor hoya *v.i.* অগ্রসর হওয়া proceed
ogrota *n.* অগ্রতা priority
ogyan *n.* অজ্ঞান senseless
ogyeo *adj.* অজ্ঞেয় unintelligible
oh *int.* ওহ oh
ohito sadhon *n.* অহিতসাধন disservice
ohongbad *n.* অহংবাদ egoism
ohongbodh *n.* অহংবোধ ego
ohonkari *adj.* অহঙ্কারী haughty
ohonkrito *adj.* অহঙ্‌কৃত presumptuous
oichchik *adj.* ঐচ্ছিক optional
oikmotyo *n.* ঐকমত্য concurrence
oiko *n.* ঐক্য unison
oiko *n.* ঐক্য unity
oikomoth *n.* ঐক্যমত unanimity
oikotan badon *n.* ঐকতানবাদন concert
oikotanboddho gan *n.* ঐকতানবদ্ধ গান choir
oikotansongit *n.* ঐকতানসঙ্গীত symphony
oikyomoto *n.* ঐক্যমত concensus
oindrojal *n.* ঐন্দ্রজাল thaumaturgy
oindrojalik *n.* ঐন্দ্রজালিক thaumaturge
oisik adesh *n.* ঐশিক আদেশ commandment
oisworik *adj.* ঐশ্বরিক divine
oitihasik *adj.* ঐতিহাসিক historic
oitihasik dolil *n.* ঐতিহাসিক দলিল archives
oitijhyobahi *adj.* ঐতিহ্যবাহী traditional
oiudok *adj.* ঔদক hydraulic
ojachito *adj.* অযাচিত uncalled
ojachito *adj.* অযাচতি unsolicited
ojanito *adv.* অজানিত unawares
ojanito *adv.* অজানিত unwittingly
ojante *adj.* অজানতে unknowingly
ojato sotru *adj.* অজাতশত্রু callow
ojirno *n.* অজীর্ণ indigestion
ojirno *adj.* অজীর্ণ undigested
ojoggo *adj.* অযোগ্য unfit
ojogor jatiyo sap *n.* অজগর জাতীয় সাপ boa
ojogor sap *n.* অজগর সাপ python
ojogyo *adj.* অযোগ্য ineligible
ojogyo *adj.* অযোগ্য inept
ojoi *adj.* অজেয় unconquerable
ojon *n.* ওজোন ozone
ojon *n.* ওজন weight
ojon kora *v.t.* ওজন করা weigh
ojon korar batkhara *n.* ওজন করার বাটখারা weft
ojone *v.t.* ওজনে outweigh
ojoner ekok *n.* ওজনের একক ounce
ojoswi *adj.* ওজস্বী trenchant
ojotha snaibik osthirota *n.* অযথা স্নায়বিক অস্থিরতা fuss
ojouktik *adj.* অযৌক্তিক illogical
ojouktik *adj.* অযৌক্তিক preposterous
ojuhat *n.* অজুহাত pretext
ok gach *n.* ওক গাছ oak
okajer *adj.* অকাজের useless

okal *adv.* অকাল untimely
okaloti kora *n.* ওকালতি করা advocacy
okaloti kora *v.i.* ওকালতি করা plead
okarjo *n.* অকার্য boundless
okarjokor kora *v.t.* অকার্যকর করা invalidate
okejo *adj.* অকেজো invalid
okhom kora অক্ষম করা disqualify
okhondo *adj.* অখন্ড undivided
okhoniyo *adj.* অকথনীয় unspeakable
okhoto *adj.* অক্ষত unhurt
okhoto *n.* অক্ষত unimpaired
okhushol *adj.* অকুশল unaccomplished
okhyati *n.* অখ্যাতি obsecurity
okkhipot *n.* অক্ষিপট retina
okkhom *adj.* অক্ষম incapable
okkhom *v.t.* অক্ষম incapacitate
okkhom *adj.* অক্ষম unable
okkhomota অক্ষমতা inability
okkhor *n.* অক্ষর syllable
okkhore okkhore *adv.* অক্ষরে অক্ষরে literally
okkhoto *adj.* অক্ষত intact
okkhotoshorire *adj.* অক্ষতশরীরে scotfree
okkhoy অক্ষয় imperishable
oklanto *adj.* অক্লান্ত indefatigable
oklanto *adj.* অক্লান্ত untiring
oklanto *adj.* অক্লান্ত unwearied
okolonko *adj.* অকলঙ্ক immaculate
okolpito *adj.* অকল্পিত unthought
okopot *adj.* অকপট rustic
okorma *adj.* অকর্মা supine
okormok *adj.* অকর্মক intransitive
okosmat ukti kore otha *v.i.* অকস্মাৎ উক্তি করে ওঠা exclaim
okothito *adj.* অকথিত tacit
okriponota *n.* অকৃপণতা prodigality
okritgyo *adj.* অকৃতজ্ঞ thankless
okritoggo *adj.* অকৃতজ্ঞ ungrateful
okritoggota *n.* অকৃতজ্ঞতা ingratitude
okshorntok ghotano *v.t.* অক্ষরান্তরণ ঘটানো transliterate
okshyorekha *n.* অক্ষরেখা axis
oksijen *n.* অক্সিজেন oxygen
oksijener jougo *n.* অক্সিজেনের যৌগ oxide
okul *v.t.* অকুল whelm
olik *adj.* অলীক unreal
olik kolponasomponno অলীক কল্পনাসম্পন্ন fanciful
olikhito *adj.* অলিখিত blank
olimpic krira *adj.* অলিম্পিক ক্রিড়া olympic
olon *n.* ওলণ plummet
olondori *n.* ওলনদাড়ি plumb
olonghonio অলঙ্ঘনীয় inviolable
olonkar *n.* অলঙ্কার jewellery
olonkar *v.t.* অলঙ্কার ornament
olonkar bikreta *n.* অলঙ্কার বিক্রেতা jeweller
olonkar bishesh *adj.* অলঙ্কার বিশেষ pendant
olonkar bohul *adj.* অলঙ্কারবহুল rhetorical
olonkarbohul bhasha *n.* অলঙ্কারবহুল ভাষা rhetoric
olonkarsomriddho *adj.* অলঙ্কারসমৃদ্ধ ornate
olonkoron *n.* অলঙ্করণ embellishment
olos *adj.* অলস indolent
olos *adj.* অলস lazy
olos *n.* অলস sluggard
olosh *adj.* অলস idle
oloukik *n.* অলৌকিক miracle
oloukik *adv.* অলৌকিক miraculous
oloukik *adj.* অলৌকিক supernatural
oloukik bishiy *n.* অলৌকিক বিষয় theurgy
olpe bicholito hoy *adj.* অল্পে বিচলিত হয় maudlin
olper jonyo *adv.* অল্পের জন্য narrowly
olpo *adj.* অল্প little
olpo *n.* অল্প modicum
olpo nesha grosto *adj.* অল্প নেশাগ্রস্ত tipsy
olpotoro *adj.* অল্পতর less

omanushik *n.* অমানুষিক inhuman
omanyo *v.i.* অমান্য করা disobey
omanyo kora *v.t.* অমান্য করা disregard
omardito *adj.* অমর্দিত untrodden
omarjito *adj.* অমার্জিত unpolite
omarjoniyo *adj.* অমার্জনীয় inexcusable
omayik *adj.* অমায়িক gentle
omboler rog *n.* অম্বলের রোগ acidity
omimangshito *adj.* অমীমাংসিত pending
omimansito *n.* অমীমাংসিত undecided
omisrito *adj.* অমিশ্রিত unmixed
omlo *adj.* অম্ল acid
ommarjito *adj.* অমার্জিত uncouth
omochoniyo অমোচনীয় indelible
omongol kamona kora *v.t.* অমঙ্গল কামনা করা beshrew
omongolpurno *adj.* অমঙ্গলপূর্ণ baleful
omongolsuchok *n.* অমঙ্গলসুচক sinister
omonojog *adj.* অমনোযোগ inattentive
omonojogi *adj.* অমনোযোগী careless
omonojogi *adj.* অমনোযোগী remiss
omor *adj.* অমর immortal
omosrin *n.* অমসৃণ rough
omosrin *adj.* অমসৃণ rugged
omosrin *adj.* অমসৃন unpolished
omrit *n.* অমৃত nectar
omulyo *adj.* অমুল্য invaluable
omulyo *adj.* অমুল্য priceless
onabohito *adj.* অনবহিত unwary
onaboshyok অনাবশ্যাক redundant
onabrito kora *v.t.* অনাবৃত করা expose
onabrito koron *n.* অনাবৃতকরণ exposure
onabrrito kora *v.t.* অনাবৃত করা disclose
onadeo *adj.* অনাদেয় inadmissible
onadhikarik *adj.* অনাধিকারিক unofficial
onadhikarik *adj.* অনাধিকার unwarranted
onador *adj.* অনাদর unworthy
onahuto *adj.* অনাহুত unbidden
onahuto probesh *v.t.* অনাহুত প্রবেশ intrude
onai *adj.* অন্যায় unjust
onalokiti *adj.* অনালোকিত gloomy
onarogyo *adj.* অনারোগ্য incurable
onath *n.* অনাথ orphan
onath ashrom *n.* আনাথ অশ্রম orphanage
onayoto *n.* অনায়ত unbroken
onchol *n.* অঞ্চল area
ondher moton hatre fera *v.i.* অন্ধের মতন হাতরে ফেরা grope
ondho *adj.* অন্ধ blind
ondhokarmoy *adj.* অন্ধকারময় obsecure
ondholar kora *v.* অন্ধকার করা bedim
ondhotto *n.* অন্ধত্ব blindness
ondokosh *n.* অন্ডকোষ testicle
ondokosher thole *n.* অন্ডকোষের থলে scrotum
onek *adj.* অনেক much
onek *adj.* অনেক many
ongar *n.* অঙ্গার carbon
onge lepon kora *v.t.* অঙ্গে লেপন করা basmear
ongikar *n.* অঙ্গীকার commitment
ongikar *n.* অঙ্গীকার promise
ongo vongi *v.t.* অঙ্গভঙ্গি gesticulate
ongocched *n.* অঙ্গচ্ছেদ mutilation
ongosthiti *n.* অঙ্গস্থিতি posture
ongsho *n.* অংশ share
ongshobishesh chhnata *v.t.* অংশবিশেষ ছাঁটা prune
ongso *n.* অংশ portion
ongso bicchinno *v.t.* অংশ বিচ্ছিন্ন dismantle
ongso grohon *n.* অংশগ্রহন communion
ongso grohon *n.* অংশ component
ongso hisabe jukto *v.i.* অংশ হিসাবে যুক্ত pertain
ongspo bises *n.* অংশবিশেষ excerpt
onguli tran *n.* অঙ্গুলিত্রাণ thimble
onibadok *n.* অনুবাদক translator
onibarjo *adj.* অনিবার্য inevitable
oniccha *n.* অনিচ্ছা disinclination
onichakrito *adj.* অনিচ্ছাকৃত unwilling
onichchhuk *n.* অনিচ্ছুক reluctance
onichchhuk *adj.* অনিচ্ছুক reluctant

onidra *n.* অনিদ্রা insomnia
onigami *adj.* অনুগামী consequent
oniha *n.* অনীহা apathy
onikoyo *n.* অনৈক্য discrepancy
onimanmulo *n.* অনুমানমুল postulate
onindyosundar sisu *n.* অনিন্দ্যসুন্দর শিশু cherub
onirapod *adj.* অনিরাপদ unsafe
onirbhoniyo *adj.* অনির্বভনীয় ineffable
onirdishto *adj.* অনির্দিষ্ট indefinite
onirdisto *adj.* অনির্দিষ্ট undefined
onischayok *adj.* অনিশ্চায়ক inconclusive
onishchayok *adj.* অনিশ্চায়ক indecisive
onishchit *adj.* অনিশ্চিত insecure
onishchit অনিশ্চিত uncertain
onishchoyta অনিশ্চিয়তা uncertainty
onishtokor *adj.* অনিষ্টকর mischievous
onishtokor *adj.* অনিষ্টকর nefarious
onisidhnato *n.* অনুসিদ্ধান্ত corollary
oniyomito *adv.* অনিয়মিত casually
oniyomito *adj.* অনিয়মিত irregular
oniyomito *n.* অনিয়ম irregularity
oniyomito *v.i.* অনিয়মিত straggle
oniyomito *adj.* নিয়মিত নয় occasional
onjugoto daas *n.* অনুগত দাস vassal
onkiti borgwo jali *n.* অঙ্কিত বর্গজালি grid
onkosastro *n.* অঙ্কশাস্ত্র arithmetic
onkurito houwa *v.i.* অঙ্কুরিত হওয়া germinate
onkush *n.* অঙ্কুশ goad
onnioto *adj.* অনন্বিত coherent
onnoti kora *v.t.* উন্নীত করা uplift
onnunokul *adj.* অননুকুল unfavourable
onnunoto *adj.* অনুন্নত unimproved
onobohit *adj.* অনবহিত unacqainted
onobohit *adj.* অনবহিত unaware
onobohito *adj.* অনবহিত inadvertent
onobosthito *adj.* অনবস্থিত unsettled
onochcha *adj.* অনচ্ছ opaque
onochchhota *n.* অনচ্ছতা opacity
onodhikar probesh kora *v.i.* অনধিকার প্রবেশ করা trespass
onodhikar probesh kora byakti *n.* অনধিকার প্রবেশ করা ব্যক্তি trespasser
onodhikarchorcha *v.i.* অনধিকারচর্চা interfere
onogrosor *adj.* অনগ্রসর backward
onomoniyo *adj.* অনমনীয় inflexible
onomoniyo *adj.* অনমনীয় rigid
onono *adj.* অনন্য unique
ononto kal *n.* অনন্তকাল eternity
onopkari *adj.* অনপকারী innocuous
onor *v.t.* অনড় static
onor obostan *adj.* অনড় অবস্থান persistent
onorthok *adj.* অনর্থক superfluous
onotikrom অনতিক্রম unsurpassed
onotikromyo *adj.* অনতিক্রম্য insuperable
onotipurbe *adv.* অনতিপুর্বে while
onouchityo *n.* অনৌচিত্য impropriety
onpekhito *adj.* অনপেক্ষিত unexpected
ontestikriya *n.* অন্ত্যেষ্টিক্রিয়া funeral
ontestikriya *n.* অন্তোষ্টিক্রিয়া obsequies
onto sulko *n.* অন্তঃশুল্ক excise
ontobas *n.* অর্ন্তবাস vest
ontoborti *adj.* অন্তবর্তী interior
ontohin *adj.* অন্তহীন ceaseless
ontohin *n.* অন্তহীন perpetual
ontomil *n.* অন্তোমিল rhyme
ontomil *n.* অন্তমিল rime
ontopurbasini naribrinda *n.* অন্তঃপুরবাসিনী নারীবৃন্দ harem
ontor *adj.* অন্তর inner
ontoratma *n.* অন্তরাত্মা psyche
ontorbhabmulok shobdo *n.* অন্তর্ভাবমুলক শব্দ interjection
ontorbhukti *n.* অন্তর্ভুক্তি inclusion
ontorbhukto *v.t.* অন্তর্ভুক্ত include
ontorbikkhon *n.* অন্তর্বীক্ষণ introspection
ontorbortikalin *n.* অন্তবর্তীকালীন interim
ontorbostro *n.* অনর্তবস্ত্র underwear
ontorghat *n.* অন্তর্ঘাত sabotage
ontorgyan *n.* অন্তর্জ্ঞান insight
ontorito kora *v.t.* অন্তরিত করা insulate
ontorjato *adj.* অন্তর্জাত innate

ontornihit *adj.* অন্তর্নিহিত immanent
ontornihito *adj.* অন্তর্নিহিত intrinsic
ontorongo *v.t.* অন্তরঙ্গ intimate
ontorongo bondhu *n.* অন্তরঙ্গ বন্ধু chum
ontorongo bondhu *n.* সঙি crony
ontorongota *n.* অন্তরঙ্গতা intimacy
ontorvukto kora *v.t.* অন্তর্ভুক্ত করা comprise
ontorvukto thaka *v.* অন্তর্ভুক্ত থাকা appertain
ontro *n.pl.* অন্ত্র bowels
ontro *n.pl.* অন্ত্র entrails
ontro *n.pl.* অন্ত্র intestines
ontrobriddhi *n.* অন্ত্রবৃদ্ধি hernia
onubad *n.* অনুবাদ translation
onubad kora *v.t.* অনুবাদ করা translate
onubhob *n.* অনুভব sensation
onubhob kora *v.t.* অনুভব করা feel
onubhob kora jay অনুভব করা যায় palpable
onubhosto *adj.* অনুভ্যস্ত unwonted
onubhuti *n.* অনুভুতি feeling
onubhutir dwara *adj.* অনুভুতির দ্বারা susceptible
onubhutir uttap *n.* অনুভুতির উত্তাপ fervour
onubikkhon *n.* অণুবীক্ষন microscop
onuborton *n.* অনুবর্তন continuation
onuchchhuk *adj.* অনিচ্ছুক loath
onuchito *adj.* অনুচিত inopportune
onuchitro *n.* অনুচিত্র miniature
onuchorborgo *n.* অনুচরবর্গ suite
onudito *v.t.* অনুদিত unman
onugoto *adj.* অনুগত loyal
onugoto *n.* অনুগত submissive
onugoto kora *v.t.* অনুগত করা enforce
onugroho *n.* অনুগ্রহ favour
onugroho kore *v.t.* অনুগ্রহ করে please
onugrohobhajon *n.* অনুগ্রহভাজন protege
onukoron *v.* অনুকরণ copy
onukoron *n.* অনুকরণ copyist
onukoron *v.t.* অনুকরণ imitate
onukoron *n.* অনুকরণ imitation
onukoron *adj.* অনুকরন simulation
onukrom *n.* অনুক্রম succession
onukul *adj.* অনুকূল benign
onukul *adj.* অনুকুল favourable
onukul *adj.* অনুকুল propitious
onulekhok *n.* অনুলেখক scribe
onullekhjoggo *adj.* অনুল্লেখযোগ্য unsubstantial
onuman *n.* অনুমান conjecture
onuman *n.* অনুমান speculation
onuman kora *v.t.* অনুমান করা guess
onuman kora *v.t.* অনুমান করা infer
onuman kora *v.t.* অনুমান করা presume
onuman kora অনুমান করা speculate
onumanmulok *adj.* অনুমানমুলক speculative
onumiti *n.* অনুমিতি presumption
onumodito *adv.* অনুমোদিত approvingly
onumodon *n.* অনুমোদন approbation
onumodon *n.* অনুমোদন approval
onumodon *v.t.* অনুমোদন uphold
onumodon kora *v.t.* অনুমোদন করা approve
onumodon kora *v.t.* অনুমোদন করা indorse
onumodon kora *v.t.* অনুমোদন করা ratify
onumoti *n.* অনুমতি permission
onumoti deoa *v.t.* অনুমতি দেওয়া let
onumoti prodan *v.t.* অনুমতি প্রদান permit
onumotijogyo *adj.* অনুমতিযোগ্য permissible
onumotipotro *n.* অনুমতিপত্র licence
onunad *n.* অনুনাদ resonance
onundok *adj.* অনুনাদক resonant
onunkoroniyo *adj.* অনুনকরণীয় inimitable
onunogyato *adj.* অননুজ্ঞাত unauthorized
onunoshalito *adj.* অনুনশীলিত uncultivated
onunoy binoy kora *v.t.* অনুনয়বিনয় করা entreat

onunoybinoy *v.t.* অনুনয়বিনয় supplicate
onunoyon *n.* অনুনয়ন suasion
onupat *n.* অনুপাত ratio
onupjogi *adj.* অনুপযোগী inexpedient
onupjogi *adj.* অনুপযোগী uncongenial
onupjogi অনুপযোগী unsuitable
onupodisto *adj.* অনুপদিষ্ট untaught
onupojukto *adj.* অনুপুযুক্ত improper
onupojukto *adj.* অনুপযুক্ত inapplicable
onupojukto *adj.* অনুপযুক্ত incompetent
onupranito houwa *v.t.* অনুপ্রাণিত হওয়া elate
onupranon *n.* অনুপ্রাণন impulsion
onupranona *n.* অনুপ্রাণনা inspiration
onuprerona *n.* অনুপ্রেরণা elation
onupurok *adj.* অনুপুরক supplementary
onurbor *adj.* অনুর্বর barren
onurodh *n.* অনুরোধ plea
onurodh *v.t.* অনুরোধ request
onurodh *n.* অনুরোধ solicitation
onurodh kora *v.t.* অনুরোধ করা beseech
onurodh kora *v.t.* অনুরোধ করা solicit
onurup *n.* অনুরপ prototype
onurup *adj.* অনুরুপ reciprocal
onurup *adj.* অনুরুপ similar
onurup *v.t.* অনুরুপ like
onurup howa *v.t.* অনুরুপ হওয়া conform
onurupbhabe *adv.* অনুরুপভাবে similarly
onusare *n.* অনুসারে pursuance
onushilon *v.t.* অনুশীলন rehearse
onushochona *v.t.* অনুশোচনা repent
onushondhan *n.* অনুসন্ধান inspection
onushthan *n.* অনুষ্ঠান rite
onusilon *n.* অনুশীলন exercise
onusilon *v.t.* অনুশীলন exorcize
onusomothofon *n.* অনুসমথফন ratification
onusondhan *n.* অনুসন্ধান inquest
onusondhan kora *v.t.* অনুষন্ধান করা rummage
onusoron *n.* অনুসরণ pursuit
onusro mod *n.* অনুশ্র মদ beer
onusthanikota *adj.* আনুষ্ঠানিকতহীন unceremonious
onusuchi *n.* অনুসুচি schedule
onutap *v.t.* অনুতাপ regret
onutap *n.* অনুতাপ remorse
onutap *n.* অনুতাপ repentance
onutap kora *v.t.* অনুতাপ করা rue
onutapbiddho *adj.* অনুতাপবিদ্ধ penitent
onutopto *adj.* অনুতপ্ত repentant
onutpadi *adj.* অনুৎপাদী unprofitable
onuvuti *n.* অনুভুতি emotion
onyai *adj.* অন্যায় unfair
onyay *n.* অন্যায় injustice
onyay *adj.* অন্যায় sinful
onyay bhabe grohon *v.t.* অন্যায়ভাবে গ্রহণ misappropriate
onyay kora *v.i.* অন্যায় করা offend
onyay sadhon kora *v.t.* অন্যায় সাধন করা perpetrate
onyay vabe hostokhep *v.i.* অন্যায়ভাবে হস্তক্ষেপ tamper
onyo *adj.* অন্য other
onyobhabe *adv.* অন্যভাবে otherwise
onyothghohon *n.* অন্যথঘ্রহন misapprehension
onyotro *adv.* অন্যত্র elsewhere
onytro somahito byakti *n.* অন্যত্র সমাহিত ব্যক্তি cenotaph
onyyay dokhol *v.t.* অন্যায় দখল encroach
opare jaowa *adv.* ওপারে যাওয়া across
oparup sundar *adj.* অপরুপ সুন্দর exquisite
opchoi *v.t.* অপচয় waste
opekha *v.t.* অপেক্ষা wait
opekhaya kora *v.t.* অপেক্ষা করা await
opeshadar byakti *n.* অপেশদর ব্যক্তি layman
opobad *n.* অপবাদ slander
opobaddankari byakti *n.* অপবাদদানকারী ব্যক্তি slanderer
opobitro *adj.* অপবিত্র unhallowed

opobya porihar *n.* অপব্যায় পরিহার economy
opobyahi lok *n.* আপব্যয়ী লোক spendhrift
opobyay kora অপব্যায় করা squander
opobyayi *adj.* অপব্যায়ী lavish
opochaya *n.* অপচ্ছায়া apparition
opochhondo *n.* অপছন্দ distaste
opochhondo kora *v.t.* অপচ্ছন্দ করা dislike
opochondo kora *v.t.* অপছন্দ করা loathe
opochoyer poriman *n.* অপচয়ের পরিমাণ wastage
opochoyi *adj.* অপচয়ী wasteful
opodartho *n.* অপদর্থ scamp
opodebota *n.* অপদেবতা goblin
opohoron *v.t.* অপহরণ kidnap
opokho *adj.* অপখ্য unwholesome
opokko *adj.* অপক্য unripe
opokormo *n.* অপকর্ম malpactice
opokormo *n.* অপকর্ম misdeed
opoman *v.t.* অপমান dishonour
opoman *n.* অপমান ignominy
opoman *n.* অপমান insult
opoproyog *v.t.* অপপ্রয়োগ misapply
opoproyog *v.t.* অপপ্রয়োগ misuse
oporabortoniyo *adj.* অপরাবর্তনীয় irrevocable
oporadh *n.* অপরাধ offence
oporadh songkranto *adj.* অপরাধ সংক্রান্ত criminal
oporadh swikar kora অপরাধ স্বীকার করা apologize
oporadh swikar kora *n.* অপরাধ স্বীকার করা apology
oporadhi *v.t.* অপরাধী convict
oporadhi *n.* অপরাধ crime
oporadhi *n.* অপরাধী malefactor
oporadhi *n.* অপরাধী outlaw
oporadhmulok *adj.* অপরাধমুলক felonious
oporadhtotwo *n.* অপরাধতত্ব criminology
opore *adv.* উপরে above
opore *adv.* উপরে atop
opore lekha *v.t.* ওপরে লেখা superscribe
oporer kadhe dawityo chapano *v.t.* অপরের কাধে দায়িত্ব চাপানো buck up
oporichito *n.* অপরিচিত stranger
oporichito *adj.* অপরিচিত unfamiliar
oporiharjo *adj.* অপরিহার্য indispensable
oporimeyo *adj.* অপরিমেয় immeasurable
oporimeyo *adj.* অপরিমেয় incalculable
oporimito *adj.* অপরিমিত immoderate
oporimito *adj.* অপরিমিত inordinate
oporinoto *adj.* অপরিণত immature
oporiskar *adj.* অপরিস্কার untidy
oporjapto *adj.* অপর্যাপ্ত scanty
oporjyapto *adj.* অপর্যাপ্ত inadequate
oporjyapto *adj.* অপর্যাপ্ত insufficient
oposarito kora *v.t.* অপসারিত করা shunt
oposarito kora *v.t.* অপসারিত করা supersede
oposor deoa *v.t.* অপসর দেওয়া superannuate
oposoron *n.* অপসরণ secession
opotu *adj.* অপটু artless
opotuvabe kaj kora *v.t.* অপটুভাবে কাজ করা bungle
opoutibirjo *adj.* অপৌতিবীর্য invincible
oprajito অপরাজিত unbeaten
opraptokal *adj.* অপ্রাপ্তকাল premature
oprasongik *adj.* অপ্রাসঙ্গিক irrelevent
opribortoniyo *adj.* অপরিবর্তনীয় unchangeable
opripatito *adj.* অপরিপাটি unkempt
opritikor *adj.* অপ্রতিকর untoward
opriyo অপ্রিয় unpleasant
oprobahito *adj.* অপ্রভাবিত unaffected
oprobonota অপ্রবণতা inaptitude
oprocholito *adj.* অপ্রচলিত antiquated
oprocholito *adj.* অপ্রচলিত obsolete
oprodidwondi *adj.* অপ্রতিদ্বন্দ্বী unmatched
oprokashito *adj.* অপ্রকাশিত unpublished
opromadi *adj.* অপ্রমাদী infallible
oproshikhito *adj.* অপ্রশীক্ষিত untrained

oproshomyo *adj.* অপ্রশম্য implacable
oprotihoto *adj.* অপ্রতিহত unabated
oprotirodhi অপ্রতিরোধী passive
oprotyasito vabe dekha pauwa *v.t.* অপ্রত্যাশিতভাবে দেখা পাওয়া encounter
oprotyokkho *adj.* অপ্রত্যক্ষ indirect
oproyojinio *adj.* অপ্রয়োজিনয় unnecessary
opurniyo *adj.* অপুরনীয় irretrievable
opurnoniyo *adj.* অপুরনীয় irreparable
opushti *n.* অপুষ্টি maturation
orbachin *n.* অর্বাচীন tyro
ordhek *n.* অর্ধেক half
ordho *adj.* অর্ধ semi
ordhoborsho *n.* অর্ধবর্ষ semester
ordhobritto *n.* অর্ধবৃত্ত sem¢circle
ordhochondrakar *n.* অর্ধচন্দ্রাকার crescent
ordhopothe *adv.* অর্ধপথে midway
ordhoswocho *adj.* অর্ধস্বচ্ছ translucent
orgolmokhto kora *v.t.* অর্গলমুক্ত করা unbar
orgolmokhto kora *v.t.* অর্গলমুক্ত করা unbolt
orjon *n.* অর্জন acquisition
orjon kora *v.t.* অর্জন করা gain
orjon kora *v.t.* অর্জন করা procure
orkestra *n.* অর্কেস্ট্রা orchestra
orobochonatmok *adj.* প্রবচনাত্মক aphoristic
orpon kora *v.t.* অপর্ণ করা commit
orpon kora *v.i.* অর্পন করা give
orpotivo kora *v.t.* অপ্রতিভ করা discountenance
orsho *n.* অর্শ piles
ortho *n.* অর্থ meaning
ortho অর্থ signification
ortho bojhano *v.t.* অর্থ বোঝানো connote
ortho preron *n.* অর্থ প্ররণ remittance
ortho sombondhi *adj.* অর্থ সম্বন্ধী monetary
orthodan *n.* অর্থদান subscription
orthohin *v.t.* অর্থহীন blether
orthohin *n.* অর্থহীন bosh
orthohin *adj.* অর্থহীন insignificant
orthohin *adj.* অর্থহীন worthless
orthohin amod promod *adj.* অর্থহীন আমোদপ্রমোদ dissipated
ortholipsu *adj.* অর্থলিপ্সু avaricious
orthoniti *n.* অর্থনীতি economics
orthonitibid *n.* অর্থনীতিবিদ economist
orthopisach *adj.* অর্থপিচাশ venal
oruchi *adj.* অরুচি distasteful
osadharon *adj.* অসাধারন extraordinary
osadharon *adj.* অসাধারণ singular
osadharon *adj.* অসাধরণ uncommon
osadharon kkhomotasomponno *n.* অসাধারণ ক্ষমতাসম্পন্ন prodigy
osadhyo *adj.* অসাধ্য impracticable
osakhate ninda *n.* অসাক্ষাতে নিন্দা backbiter
osamonjosyo *n.* অসামঞ্জস্য disproportion
o-samorik byakti *n.* বেসামরিক ব্যক্তি civilian
osamprodayikota *adv.* অসাম্প্রদায়কি universallity
osamyo *n.* অসাম্য imparity
osanto *n.* অশান্ত turbulence
osanto *adj.* অশান্ত turbulent
osar অসাড় languid
osar *adj.* অসাড় numb
osar jinish *n.* অসার জিনিস trash
osar kora *v.t.* অসাড় করা benumb
osathokor অস্বাস্থ্যকর unhealthy
osfut bola *v.i.* অস্ফুট বলা mumble
oshalin *adj.* অশালীন immodest
oshalin অশালীন unseemly
osharota *n.* অসাড়তা stupefaction
oshasoniyo অশাসনীয় ungovernable
oshikhito *adj.* অশিক্ষিত uneducated
oshlil *adj.* অশ্লীল indecent
oshlil *adj.* অশ্লীল obscene
oshlil kotha *n.* অশ্লীল কথা ribald
oshlil kotha *n.* অশ্লীল কথা ribaldry
oshlilota *n.* অশ্লীলতা indecency
oshlilota *n.* অশ্লীলতা obscenity
oshobhon *adj.* অশোভন lewd

oshobhon *adj.* অশোভন offensive
oshodhonio *adj.* অশোধনীয় incorrigible
oshokto *adj.* অশক্ত infirm
oshroddha *v.t.* অশ্রদ্ধা scorn
oshubh *adj.* অশুভ ominous
oshubho *adj.* অশুভ unholy
oshubho kamona *n.* অশুভ কামনা malice
oshuddho *adj.* অশুদ্ধ impure
oshuddho *adj.* অশুদ্ধ incorrect
oshuddho uchcharon অশুদ্ধ উচ্চারণ mispronounce
oshudh *n.* ওষুধ panacea
oshurut *adj.* অশ্রুত unheard
oshyer chalok *n.* অশ্বের চালক sumpter
osibid *n.* অসিবিদ swordsman
osidho *adj.* অসিদ্ধ untenable
osim *n.* অসীম infinite
osimito *adj.* অসীমিত unlimited
osishto *adj.* অশিষ্ট discourteous
osishtota *n.* অশিষ্টতা incivility
osistho *adj.* অশিষ্ঠ brusque
oslil *n.* অশ্লীল porn
osnhslisto *adj.* অসংশ্লিষ্ট extraneous
osobvyo *n.* অসভ্য barbarian
osodachoron *n.* অসদাচরণ misconduct
osodhito *adj.* অশোধিত crude
osofol *n.* অসফল setback
osohoniyo *adj.* অসহনীয় unbearable
osohoniyo অসহনীয় untolerable
osohoniyo alo *n.* অসহনীয় আলো glare
osohonshu *n.* অসহিষ্ণু testy
osohyo *adj.* অসহ্য intolerable
osohyo *n.* অসহ্য intolerence
osom *adj.* অসম unequal
osombhabe *adv.* অসঙ্গতভাবে unduly
osombhaboniyo *adv.* অসম্ভাবনীয় unlikely
osombhob *adj.* অসম্ভব impossible
osombhob *adj.* অসম্ভব unattainable
osomo *adj.* অসম uneven
osomonjos *adj.* অসমঞ্জস inconsistent
osomosahosik *adj.* অসমসাহসিক intrepid
osomosotwo অসমসত্ব heterogeneous
osompurrno *adj.* অসম্পুর্ন imperfect
osompurrno অসম্পুর্ন incomplete
osongjom অসংযম extravagance
osongjoto *n.* অসংযত extravagant
osongjoto jounokamonabishishto *n.* অসংযত যৌনকামনাবিশিষ্ট satyr
osonglogno *adj.* অসংলগ্ন discursive
osongoto *n.* অসংগত coherence
osongshoy *adj.* অসংশয় implicit
osonjomi *adj.* অসংযমী unchaste
osonjot *adj.* অসঙ্গত undue
osonkhyo *adj.* অসংখ্য countless
osonkhyo *adj.* অসংখ্য innumerable
osonrokhito *adj.* অসংরক্ষিত unreserved
osonthosjonok *adj.* অসন্তোষজনক unsatisfactory
osontosh *n.* অসন্তোষ discontent
osontosh *n.* অসন্তোষ displeasure
osontosh *n.* অসন্তোষ dissatisfaction
osontushto *v.t.* অসন্তুষ্ট করা dissatisfy
osontusti *n.* অসন্তুষ্টি resentment
osontusto *adj.* অসন্তুষ্ট malcontent
osontusto hoya *v.t.* অসন্তুষ্ট হওয়া resent
osophol *adj.* অসাফল unsuccesful
osot *adj.* অসৎ crooked
osot *adj.* অসৎ roguish
osot strilok *n.* অসত স্ত্রীলোক bawd
osoth *adj.* অসৎ wicked
osothbhabe *n.* অসৎভাবে wickedness
osotorko *n.* অসতর্কতা negligence
osotorko *adj.* অসতর্ক unguarded
osotto *adj.* অসত্য untrue
osotto *n.* অসত্য untruth
osotyo biboron *v.t.* অসত্য বিবরণ misrepresent
osotyoukti *v.t.* অসত্য উক্তি prevaricate
osporcho *adj.* অস্পর্শ untouched
osporshoniyo *adj.* অস্পর্শনীয় impalpable
osposto *adj.* অস্পষ্ট indistinct
ospostota *n.* অস্পষ্টতা gloom

ospostovabe kotha bola *n.* অস্পষ্টভাবে কথা বলা gabble
osrodhya *v.t.* অশ্রদ্ধা disrespect
osru *n.* অশ্রু tear
ostadi *n.* ওস্তাদি mastery
osthabor sompotti *n.* অস্থাবর সম্পতি chattel
osthayi অস্থায়ী provisional
osthayi *adj.* অস্থায়ী temporary
osthayi ghor *v.t.* অস্থায়ীঘর booth
osthir *adj.* অস্থির restless
osthir howa *v.t.* অস্থির হওয়া fret
osthir obostha *n.* অস্থির অবস্থা unrest
osthirbhabe cholafera kora *v.i.* অস্থিরভাবে চলাফের করা fidget
osthirbhave cholafere kora *n.* অস্থিরভাবে চলাফের করা flounce
osthirchito *adj.* অস্থিরচিত inconstant
osthirmonosko *adj.* অস্থিরমনস্ক irresolute
osthisar *adj.* অস্থিসার osseous
ostitio *v.i.* অস্তিত্ব exist
ostitto *n.* অস্তিত্ব being
ostitwo *n.* অস্তিত্ব entity
ostitwo *n.* অস্তিত্ব subsistence
ostobhuj *n.* অষ্টভুজ octagon
ostom *adj.* অষ্টম eighth
ostradir karkhana *n.* অস্ত্রাদির কারখানা armoury
ostragar *n.* অস্ত্রাগার arsenal
ostro *n.* অস্ত্র weapon
ostro biroti *n.* অস্ত্রবিরতি truce
ostro ghurano *v.i.* অস্ত্র ঘুরানো brandish
ostro nirmata *n.* অস্ত্রনির্মাতা armourer
ostrochikitsa sombondhi *adj.* অস্ত্রচিকিৎসাসম্বন্ধী surgical
ostrochikitsok *n.* অস্ত্রচিকিৎসক surgeon
osubhekari *adj.* অসুবধিকোরী troublesome
osubidhe *n.* অসুবিধে trouble
osuddho *adj.* অশুদ্ধ inaccurate
osukhi *adj.* অসুখী unhappy
osundor *adj.* অসুন্দর ungainly
osuntusto অসন্তুষ্ট discontented
osuntusto *n.* অসন্তুষ্ট umbrage
osurokhito *adj.* অসুরক্ষীত unprotected
osushtho *n.* অসুস্থ illness
osustho *adj.* অসুস্থ sick
osustho *v.t.* অসুস্থ sicken
osustho *adj.* অসুস্থ unwell
osusthota *n.* অসুস্থতা malady
osusthota *n.* অসুস্থতা regent
osusthota *n.* অসুস্থতা sickness
oswabhabik *n.* অস্বাভাবিক oddity
oswabhabik *adj.* অস্বাভাবিক stilted
oswabhabik *adj.* অস্বাভাবিক unaccustomed
oswabhabik *adj.* অস্বাভাবিক unnatural
oswabhabik *n.* অস্বাভাবিক unusual
oswad *adj.* অস্বাদ unplatable
oswamik *adj.* অস্বামকি unclaimed
oswarohi *n.* অশ্বারোহী cavalier
oswarohi *n.* অশ্বারোহী horseman
oswarohi *n.* অশ্বরোহী rider
oswarohi sena dol *n.* অশ্বরোহী সেনাদল cavalry
oswarohir buter nolbishesh *n.* অশ্বরোহীর বুটের নালবিশেষ spur
oswarohir pa rakhar sthan *n.* অশ্বারোহীর পা রাখার স্থান stirrup
oswarohon bostro *n.* অশ্বারোহন বস্ত্র riding
oswastikor *adj.* অস্বস্তিকর uncomfortable
oswavabik boro akarer *n.* অস্বাভাবিক বড়ো আকার giant
oswikar kora অস্বীকার করা contradict
oswikar kora *n.* অস্বীকার করা discredit
oswikar kora *v.t.* অস্বীকার করা disown
oswikar kora *adj.* অস্বীকার করা undeniable
oswikriti অস্বীকৃতি' renunciation
oswisti srristi kora *v.t.* অস্বস্তি সৃষ্টি করা discompose
oswosabok অশ্বশাবক colt
oswosojja *n.* অশ্বসজ্জা caparison
oswosti *n.* অস্বস্তি uneasiness
oswsti *n.* অস্বস্তি discomfort
oswsti *n.* অস্বস্তি ebmarrassment

otha *v.t.* ওঠা rise
otha *adv.* ওঠো up
othanama *n.* ওঠানামা fluctuation
othanama kora *v.t.* ওঠানামা কর fluctuate
oti agroho *adj.* অতি আগ্রহহীন ardent
oti byapok *n.* অতি ব্যাপক sweeping
oti druto *n.* অতি দ্রুত salts
oti khudrokay *n.* অতি ক্ষুদ্রকায় midget
oti khushi *v.t.* অতি খুশি overjoy
oti lov *n.* অতি লোভ avidity
oti priyo *adj.* অতি প্রিয় beloved
oti ronjito kora *v.t.* অতিরঞ্জিত করা exaggerate
oti ronjon *n.* অতিরঞ্জন exaggeration
oti swochho *adj.* অতি স্বচ্ছ crystalline
oti totpor *adj.* অতি তৎপর glib
otibeguni *n.* অতিবেগনি ultr¡violet
otibistar *n.* অতিবিস্তার prolixity
otiboyoskota *n.* অতিবয়স্কতা superannuation
otibyayi *adj.* অতিব্যয়ী prodigal
otidanhin *adj.* অতিদানহীন bountiful
otidushkar *n.* অতিদুষ্কর herculean
otikay *n.* অতিকায় titan
otikay murti *n.* অতিকায় মুর্তি colossus
otikoste chola *v.t.* অতি কষ্টে চলা wade
otikotha *n.* অতিকথা myth
otikranto *v.t.* অতিক্রাপ্ত হওয়া elapse
otikrom kora *v.t.* অতিক্রম করা infringe
otilov *n.* অতিলোভ avarice
otimanibik jib *v.t.* অতিমানবিক জীব troll
otimanob *n.* অতিমানব superman
otimanobik *adj.* অতিমানবিক superhuman
otimatray atmogorbo *n.* অতিমাত্রায় আত্মগর্ব conceit
otiosy lovi *adj.* অতিশয় লোভী avid
otiprachurjo *n.* অতিপ্রাচুর্য profusion
otipuraton *adj.* অতিপুরাতন antique
otirikto *n.* অতিরিক্ত excess
otirikto *adj.* অতিরিক্ত extra
otirikto ason *n.* অতিরিক্ত আসন pillion
otirikto dam deoa *v.t.* অতিরিক্ত দাম দেওয়া overcharge
otirikto neoa *v.t.* অতিরিক্ত নেওয়া overdraw
otironjito kora *v.t.* অতিরঞ্জিত করা magnify
otischit *adj.* অতিনিশ্চিত cock-sure
otishoy sthulota *n.* অতিশয় স্থুলতা obesity
otishoyokti *n.* অতিশয়োক্তি hyperbole
otisotorko *adj.* অতি সতর্ক meticulous
otisoy anondo kora *v.t.* অতিশয় আনন্দ করা exult
otisoy bilombe agoto *adj.* অতিশয় বিলম্বে আগত belated
otisoy kormobystota *v.t.* অতিশয় কর্মব্যস্ততা bustle
otisukkho *adj.* অতি সুক্ষ্ম superfine
otit *adj.* অতীত by-gone
otithi *n.* অতিথি guest
otithiporayon *adj.* অতিথিপরায়ণ hospitable
otitkalin *adv.* অতীতকালীন past
otivoji prani *n.* অতিভোজী ব্যক্তি glutton
oto pete thaka *v.i.* ওত পেতে থাকা lurk
otol thaka অটল থাকা persist
otoppor *adv.* অতঃপর henceforth
otorkito akromon *n.* অতর্কিত আক্রমণ ambush
otoshikhtita nari *n.* অতিশিক্ষিতা নারী blue-stocking
ottalika *n.* অট্টালিকা mansion
ottuttom *adj.* অত্যুত্তম transcendent
otuloniyo *adj.* অতুলনীয় surpassing
otuloniyo *adj.* অতুলনীয় unparalleled
otuloniyo *adj.* অতুলনীয় unrivalled
otulyo *adj.* অতুল্য incomparable
otulyo *adj.* অতুল্য incredible
otut *n.* অটুট sound
otyaboshok *n.* অত্যাবশ্যক urgency
otyaboshok *adj.* অত্যাবশ্যক urgent
otyachar *n.* অত্যাচার torture
otyadhik অত্যাধিক exorbitant

otyadhik khata *v.t.* অত্যাধিক খাটা overburden
otyadhik khata *n.* অত্যাধিক খাটা overwork
otyadhik koutuhol *v.t.* অত্যাধিক কৌতুহল pry
otyadhik proshryoy *n.* অত্যাধিক প্রশ্রয় pamper
otyanto ghrina kra *v.t.* অত্যন্ত ঘৃণা করা abhor
otynoto srodhya kora *n.* অত্যন্ত শ্রদ্ধা করা esteem
otynto jotil *n.* অত্যন্ত জটিল crux
otyntovito kora *v.t.* অত্যন্তভীত করা appal
otyodhik lala nissaron *v.t.* অত্যধিক লালা নিঃসারন salivate
otyolpo *adj.* অত্যল্প scant
otyolpo poriman *n.* অত্যল্প পরিমান scrap
otyonto *adj.* অত্যন্ত earnest
otyonto *adj.* অত্যন্ত puissant
oudasinyo *n.* ঔদাসীন্য stoicism
oudhottyo ঔদ্ধত্য effrontery
oudhotyo *n.* ঔদ্ধত্য insolence
oudhotyopurno *adj.* ঔদ্ধত্যপুর্ণ insolent
oujjwolyo *n.* ঔজ্জ্বল্য lustre
oujjwolyo *n.* ঔজ্জ্বল্য sheen
ouponibesik *adj.* ঔপনিবেশিক colonial
ouponibesik *n.* ঔপনিবেশিক colonist
ouponyasik *n.* ঔপন্যাসিক novelist
oushodh *n.* ঔষধ medicine
oushodh *n.* ঔষধ quinine
oushodh bori *n.* ঔষধ বড়ি pill
oushodh prostut *n.* ঔষধ প্রস্তুত pharmacy
oushodh prostut songkranto *adj.* ঔষধপ্রস্তুতসংক্রান্ত pharmaceutical
oushodhadi prostut karok *n.* ঔষধাদি প্রস্তুত কারক apothecary
oushodher dokan *n.* ঔষধের দোকান dispensary
oushodher matra *n.* ঔষধের মাত্রা potion
oushtho *adj.* ঔষ্ঠ্য labial
oushudh *n.* ঔষধ drug
oushudh bikreta *n.* ঔষধের বিক্রেতা druggist
overcot *n.* ওভার কোট overcoat
ovidhan *n.* অভিধান cyclopaedia
ovigyota *n.* অভিজ্ঞতা experience
ovijan *n.* অভিযান expedition
ovijato *adj.* অভিজাত aristocratic
ovijato *n.* অভিজাত blueblood
ovijato *n.* অভিজাত elite
ovijato tontro *n.* অভিজাত তন্ত্র aristocracy
ovijog *n.* অভিযোগ charge
ovijogadi theke niskriti dewa *v.t.* অভিযোগাদি ঢেকে নিষ্কৃতি দেওয়া exculpate
ovimukhe *prep* অভিমুখে toward
ovinondon *v.t.* অভিনন্দন congratulate
ovinondon অভিনন্দন congratulation
ovisap *n.* অভিশাপ curse
ovisopto houwa *adj.* অভিশপ্ত হওয়া cursed
ovivabok *n.* অভিভাবক guardian
ovivaboktwo *n.* অভিভাবকত্ব tutelage
ovodrota *n.* অভদ্রতা discourtesy
ovyas *n.* অভ্যাস habit
ovyase porinoto jibonriti *n.* অভ্যাসে পরিণত জীবনরীতি groove
ovyutyhan *n.* অভ্যুত্থান coup
oyelkloth *n.* অয়েল কল্থ oil-cloth

oyon *n.* অয়ন solstice

P

p poribohon kora পরিবহন করা transport
pa *n.* পা leg
pa bheje na emonbhabe *n.* পা ভেজে না এমনভাবে dry-shod

pa fela *v.t.* পা ফেলা tread
pa tene hata *v.t.* পা টেনে হাঁটা shuffle
paap *n.* পাপা sin
pache *conj.* পাছে lest
paduka prostutkarok *n.* পাদুক প্রস্তুতকারক shoe-maker
padukamukh *n.* পাদুকামুখ vamp
paglagarod *n.* পাগলা গারদ madhouse
paglami *n.* পাগলামি lunacy
paglami *n.* পাগলামি madness
paglate *adj.* পাগলাটে lunatic
pagol *adj.* পাগল mad
pagol kora *v.t.* পাগল করা madden
pagori *n.* পাগড়ি turban
pahar *n.* পাহাড় berg
pahar *n.* পাহাড় hill
pahara *n.* পাহারা surveillance
pahara deoa *n.* পাহারা দেওয়া sentinel
pahara dewa jonno ratri jagron *n.* পাহারা দেওয়া জন্য রাত্রি জাগরন vigil
pahare dewa rokha kora *v.t.* পাহারা দেওয়া রক্ষা করা ward
paharer kinar *n.* পাহাড়ের কিনার cliff
pahari hrod *n.* পাহাড়ি হ্রদ tarn
paikiri *adj.* পাইকিরি wholesome
pain gach *n.* পাইন গাছ pine
pajama *n.pl.* পাজামা trousers
pajama bises *n.* পাজামা বিশেষ breeches
pak diye chure mara *v.t.* পাক দিয়ে ছুঁড়ে মারা flip
pak diye chure mara *n.* পা foot
pak khola *v.t.* পাক খোলা ravel
pak taga *n.* পাক-তাগা tourniquet
paka *adj.* পাকা ripe
paka *v.t.* পাকা ripen
pakajolonikashi bybosta *n.* পাকা জলনিকাশী ব্যবস্থা aqueduct
pakano *v.t.* পাকানো entwine
pakano *v.t.* পাকানো twirl
pakano suta *n.* পাকানো সুতা twine
pakasoyer kshoto *adj.* পাকাশয়ের ক্ষত gastric
pakhi *n.* পাখি martin
pakhi *n.* পাখি robin
pakhi bishesh *n.* পাখি বিশেষ skimmer
pakhi shikari *n.* পাখি শিকারি fowler
pakhibishesh *n.* পাখিবিশেষ pelican
pakhibishesh *n.* পাখিবিশেষ quail
pakhir basa *n.* পাখির বাসা cote
pakhir basa *n.* পাখির বাসা nest
pakhir chhana *n.* পাখির ছানা chick
pakhir palok পাখির পালক feather
pakhir thot *n.* পাখীর ঠোঁট beak
pakhirjhuti *n.* পাখির ঝুঁটি crest
pakiye ekotro kora *v.t.* পাকিয়ে একত্র করা splice
pakostholi *n.* পেট stomach
pal khato kora *n.* পাল খাটো করা reef
pala anujayi *adj.* পালা অনুযায়ী alternate
palano *v.i.* পালানো flee
palayi *n.* পলায়ী deserter
palayon *n.* পলায়ন desertion
palish kora *v.t.* পালিশ করা burnish
palkibishesh *n.* পালকিবিশেষ sedan
palla dewa *v.i.* পাল্লা দেওয়া vie
palok *n.* পালক quill
palonko *n.* পালঙ্কো palankeen
palta bitaron পাল্টা বিতাড়ন repercussion
palta durbyabohar *n.* পাল্টা দুর্ব্যবহার retaliation
palta durbyabohar *adj.* পাল্টা দুর্ব্যবহার retaliative
palta durbyabohar *v.t.* পাল rig
pan *n.* পান betel
pan kora *v.t.* পান করা consume
pan kora *v.t.* পান করা drink
pan kora r jogoyo *adj.* পান করার যোগ্য drinkable
pan o vojon rosik *n.* পান ভোজনরসিক epicure
panch *adj.* পাঁচ five
pandityo *n.* পান্ডিত্য scholarship
pandityo purno *adj.* পান্ডিত্যপুর্ণ eruidite
pandityopurno *adj.* পান্ডিত্যপুর্ন scholarly

pandulipi *n.* পান্‌ডুলিপি manuscript
pandurog *n.* পান্‌ডুরোগ jaundice
panio পানীয় potable
panna *n.* পান্না emerald
pannjatiyou monibishesh *n.* পান্নাজাতীয় মণিবিশেষ amethyst
pansi *n.* পানসি bark
panthosala *n.* পান্থশালা tavern
panthoshala *n.* পান্থশালা inn
panthoshalar porichalok *n.* পান্থশালার পরিচালক innkeeper
paoa *v.t.* পাওয়া obtain
paowa *v.t.* পাওয়া derive
pap *n.* পাপ contrition
pap probon *adj.* পাপপ্রবণ peccable
pap, dosh *n.* পাপ, দোষ, vice
papmochon *n.* পাপমোচন salvation
papri *n.* পাপড়ি petal
parapar *n.* পারাপার crossing
parapti *n.* প্রাপ্তি derivation
pardmishro *n.* পারদমিশ্র amalgam
pari *adj.* পারি fiftieth
pari dewa *v.t.* পাড়ি দেওয়া traverse
parod *n.* পারদ mercury
parod *n.* পারদ quicksilver
parod ghotito oushodh *n.* পারদ ঘটিত ঔষধ calomel
paromanobik *adj.* পারমাণবিক atomic
parosporik *adj.* পারস্পরিক mutual
parshik *adj.* পার্শ্বিক lateral
parshoborti *adj.* পার্শ্ববর্তী adjacent
parshodesh *n.* পর্শ্বদেশ side
parshokokho *n.* পার্শ্বকক্ষ antechamber
parshokokho *n.* পার্শ্বকক্ষ anteroom
parsi mritodeho rakhar sthan পার্ষি মৃত দেহো রাখার স্থান synagoguen
parswe *prep.* পার্শ্বে beside
parthib *adj.* পার্থিব sublunary
parthibo *adj.* পার্থিব worldly
parthikyo koron *n.* পার্থক্যকরণ discrimination
parthoko *n.* পার্থক্য difference
parthoko kora *v.t.* পার্থক্য করা differentiate
parwo dwar *n.* পার্শ্বদ্বার gangway
pas katano *v.t.* পাশকাটানো dodge
pasa pasi *adj.* পাশাপাশি collateral
paschatyo *n.* পাশচাত্য occident
paschatyo sombondhiyo *adj.* পাশচাত্য সোমবোন্ধীয় occidental
pase darano dorsok *adj.* পাশে দাঁড়ানো দর্শক bystander
pashchatte procholit ek dhoroner nach *n.* পাশ্চাত্যে প্রচলিত এক ধরনের নাচ waltz
pasobik *adj.* পাশবিক beastly
pasobik *adj.* পাশবিক bestial
pasobik *adj.* পাশবিক brute
pasport *n.* পাসপোর্ট passport
paswoborti *adv.* পাশ্ববর্তি sidewise
pat *n.* পাট jute
pat *n.* পাট linen
pata *n.* পাতা leaf
patal *n.* পাতাল hades
patalpoth *n.* পাতালপথ subway
path *v.i.* পাঠ lesson
path *n.* পাঠ reading
path *n.* পাঠ study
pathano *v.t.* পাঠানো send
pathjogyo *adj.* পাঠযোগ্য readable
patho,r bali *n.* পাথর, বালি grit
pathok *n.* পাঠক reader
pathor *n.* পাথর slab
pathor *n.* পাথর stone
pathor bali *n.* পাথর বালি silica
pathor khodai *n.* পাথর খোদাই lapidary
pathorer katham পাথরের কাঠাম break-water
pathorer shobadhar *n.* পাথরের শবাধার sarcophagus
pathorkuchi *n.* পাথরকুচি rubble
pathyo pustok *n.* পাঠ্য পুস্তক tex¶book
pathyo suchi *n.* পাঠ্যসুচি curriculum
pathyosuchi *n.* পাঠ্যসুচি syllabus
patiganitik পাটীগাণিতিক arithmetical

patiganitogyo *n.* পাটীগাণিতিগ arithmetician
patihansh *n.* পাঁতিহাস duck
patla *adj.* পাতলা thin
patla chepta biskutbishes *n.* পাতলা চেপ্টা বিস্কুটবিশেষ wafer
patla jhol *n.* পাতলা ঝোল broth
patla kora *v.t.* পাতলা করা dilute
patla kora *n.* পাতলা disk
patla kuyasha *n.* পাতলা কুয়াশা haze
patro *n.* পাত্র bridgeroom
patro *n.* পাত্র crucible
patro *n.* পাত্র pot
patro *n.* পাত্র vessel
patro bishes *n.* পাত্রবিশেষ urn
paurutir khondo *n.* পাউরুটির খন্ড loaf
paurutir khondo *v.t.* পাউরুটির খন্ড loaves
pauwar jonyo sonkshipto vromon *n.* পাওয়ার জন্য সংক্ষিপ্ত ভ্রমন errand
pay cholar poth *n.* পায়ে চলার পথ causeway
paychari *v.i.* পায়চারি stroll
payer anguler doga *n.* পায়ের আঙুলের ডগা tiptoe
payer dag *n.* পায়ের দাগ footprint
payer noli *n.* পায়ের নলি shank
paykhana *n.* পায়খানা latrine
paykhana *n.* পায়খানা nigh¶soil
payra *n.* পাখি pigeon
payrar khop *n.* পায়রার খোপ pigeon-hole
pcchondo kora *adj.* পছন্দ করা fond
pcha *v.t.* পচা decompose
pdosthan পদস্থান footing
pdyo, chondo *n.* পদ্য, ছন্দ verse
peke otha *v.i.* পেকে ওঠা suppurate
pellai *adj.* পেল্লায় unwieldy
pelobota *n.* পেলবতা tenderness
penchiye bandha *v.t.* পেঁচিয়ে বাঁধা gird
pensil *n.* পেনসিল pencil
perek *n.* পেরেক peg
perek diye gantha *n.* পেরেক দিয়ে গাঁথা batten
pesa *n.* পেশা avocation
pesha *n.* পেশা calling
pesha *n.* পেশা occupation
peshagoto *adj.* পেশগত professional
peshajibi *n.* পেশাজীবী practitioner
peshajibider kajer ortho *n.* পেশাজীবীদের কাজের অর্থ fee
peshi *n.* পেশি muscle
peshisombondhi *adj.* পেশিসম্বন্ধী muscular
pesi songkochon *n.* পেশি সংকোচন cramp
pestri *n.* পেস্ট্রি pastry
pet *n.* পেট belly
pet mota botol *n.* পেট মোটা বোতল flagon
petano *v.t.* পেটানো swinge
peter byatha *n.* পেটর ব্যাথা colic
peter nairi vuri *n.* পেটের নাড়িভুঁড়ি gut
peti *n.* পেটি coffer
petroga *n.* পেটরোগা squeamish
petrol *n.* পেট্রল gasolene
petrol *n.* পেট্রোল petrol
petroleum jelly beishes *n.* পেট্রোলিয়ম জেলিবিশেষ vaseline
peyara *n.* পেয়ারা guava
phajlami *n.* ফাজলামি flippancy
pholban *v.i.* ফলবান fructify
photo rakhbar khata *n.* ফটো রাখবার খাতা album
phunk *v.i.* ফুঁক whiff
piano badok *n.* পিয়ানোবাদক pianist
pichchhil *adj.* পিচ্ছিল slimy
pichchhil *n.* পিচ্ছিল slippery
pichchhil podartho *n.* পিচ্ছিল পদার্থ mucus
pichhiye asa *v.i.* পিছিয়ে আসা recoil
pichhiye jaoa *v.ti.* পিছিয়ে যাওয়া recede
pichhoner *n.* পেছনের hind
pichhoner dike chola *v.i.* পিছন দিকে চলা retrogress
pichhoner ongsho *n.* পিছনের অংশ rear
pichhu hota *adj.* পিছু হটা restive

pichiye asha *v.t.* পিছে পিছে আসা follow
pichiye jawa *v.i.* পিছিয়ে যাওয়া flinch
pichiye pora *n.* পিছিয়ে পড়া lag
pichlano *v.t.* পিছলানো slide
pichlano *v.t.* পিছলানো slip
pichone fela পিছনে ফেলা overtake
pichone tene rakha *v.t.* পিছনে টেনে রাখা withhold
pichoner dike *prep.* পিছনের দিকে behind
pikdani *n.* পিকদানি spittoon
pilok jagano *v.t.* পুলক জাগানো thrill
pimp *n.* দালাল pimp
pin *n.* পিন pin
pindo *n.* পিন্ড clod
pindo *n.* পিন্ড ingot
pingolborno *adj.* পিঙ্গলবর্ণ sorrel
pinion পিনিয়ন pinion
pinoray poriksha *n.* পুনরায় পরিক্ষা cross-examin
pipa *n.* পিপা barrel
pipa *n.* পিপা cask
pipra *n.* পিপড়া ant
piramid *n.* পিরামিড pyramid
piramid *v.t.* পিরামিড truncate
pirapiri *n.* পীড়াপীড়ি insistence
pirito *adj.* পীড়িত contrite
pirito *adj.* পীড়িত disconsolate
pirito *adj.* পীড়িত ill
pirito *adj.* পীড়িত morbid
pirito kora *v.t.* পীড়িত করা obsess
pirito kora *n.* পীড়িত করা oppression
piritokari *n.* প্রতিতোকারি oppressor
piritokoron *adj.* প্রতিতোকোরণ oppressive
piron *n.* পীড়ন pressure
pisach *n.* পিশাচ niggard
pisi/masi *n.* পিসী/মাসী aunt
pistok *n.* পিষ্টক cake
pistol *n.* পিস্তল pistol
piston *n.* পিস্টন piston
pit pit kora *v.t.* পিটপিট করা wink
pitaboh toilsphotik *n.* পীতাভ তৈলস্ফটিক amber
pith *n.* পিঠ back
pithabishesh *n.* পিঠাবিশেষ pie
pithbhab *adj.* পীতভাব falxen
pitol *n.* পিতল brass
pitrihotya *n.* পিতৃহত্যা patricide
pitrisulobh *adj.* পিতৃসুলভ fatherly
pitritantrik *n.* পত্রিতান্ত্রকি patriarch
pitritwo *n.* পিতৃত্ব paternity
pitto *n.* পিত্ত gall
pitvab *adj.* পীতাভ yellowish
piyaj *n.* পিয়াজ onion
plabito *v.* প্লাবিত inundate
plabito *n.* প্লাবিত overflow
plabon *n.* প্লাবন inundation
plastik podartho *n.* প্লাস্টিক পদার্থ celluloid
platform *n.* প্লাটফর্ম platform
platok *adj.* পলাতক fugitive
pliha *n.* প্লীহা spleen
pllobgrahi *n.* পল্লবগ্রাহী dabbler
pnajor *n.* পাঁজর rib
pnak *n.* পাঁক mire
pnatha *n.* পাঁঠা ram
pnecha *n.* পেঁচা owl
pnecha dak *v.i.* পেঁচার ডাক hoot
pnechalo *n.* পেঁচালো spiral
pnero *adj.* পনের fifteen
pnuchke *adj.* পুঁচকে puny
pnuj *n.* পুঁজ pus
pnuj jukto *adj.* পুঁজযুক্ত purulent
pobitro *adj.* পবিত্র holy
pobitro *adj.* পবিত্র sacred
pobitro kora *v.t.* পবিত্র করা consecrate
pobitro kora *v.t.* পবিত্র করা purify
pobitro kora *v.t.* পবিত্র করা sanctify
pobitro koron *n.* পবিত্রকরণ consecration
pobitro smritichinho *n.* পবিত্র স্মৃতিচিহ্ন relic
pobitro smritichinho *n.* পবিত্র স্মৃতিচিহ্ন shrine
pobitro sthan *n.* পবিত্র স্থান bethel

pobitro sthane rakha *v.t.* পবিত্রস্থানে রাখা enshrine
pobitrota *n.* পবিত্রতা sanctity
pobitrotom ansho *n.* পবিত্রতম অংশ adytum
pocha *adj.* পচা putrid
pocha *adj.* পচা rotten
pocha chorbi *adj.* পচা চর্বি rancid
pochano *v.t.* পচানো putrefy
pochhondo kora *v.t.* পছন্দ করা prefer
pochhondo kora *v.t.* পচ্ছন্দ করা select
pochon nibarok *adj.* পচন নিবারক antiseptic
pochondo *n.* পছন্দ liking
pochonshil পচনশীল perishable
podaghat kora *v.t.* পদাঘাত করা stamp
podanguli *n.* পদাঙ্গুলি toe
podartho *n.* পদার্থ matter
podartho *n.* পদার্থ substance
podarthobigyan *n.* পদার্থবিজ্ঞান physics
podatikabahini পদাতিকাবাহিনী infantry
podbhrosto *v.t.* পদভ্রষ্ট degrade
podbroje gmonshil *adv.* পদব্রজে গমনশীল afoot
podcutto *v.* পদচ্যুত depose
poddhoti *n.* পদ্ধতি manner
poddhoti পদ্ধতি means
poddhotigoto *n.* পদ্ধতিগত methodical
podhadhikari *adj.* পদাধিকারী incumbent
podmo *n.* পদ্ম lotus
podmorjada *n.* পদমর্যাদা designation
podobi *n.* পদবি surname
podok *n.* পদক medal
podokkhep *n.* পদক্ষেপ pace
podokkhep *v.i.* পদক্ষেপ step
podokprapto byakti *n.* পদকপ্রাপ্ত ব্যক্তি medallist
podonnoti *v.t.* পদোন্নতি দেওয়া exalt
podonnoti *v.t.* পদোন্নতি promote
podonnoti *n.* পদোন্নতি promotion
podoprarthi *n.* পদপ্রার্থী candidate
podotyag *n.* পদত্যাগ resignation
podotyag kora *v.t.* পদত্যাগ করা resign
podpmorjada *n.* পদমর্যাদা drade
podshobto *n.* পদশব্দ footstep
podtika *n.* পাদটীকা footnote
poitrik *adj.* পৈতৃক paternal
poitrik *n.* পৈর্তৃক patrimony
poka *n.* পোকা insect
poket *n.* পকেট pocket
poket theke churi *n.* পকেট থেকে চুরি pickpocket
pokhokal *n.* পক্ষকাল fortnight
pokhopathin *adj.* পক্ষপাতহীন fair
pokhopathinbhabe *adv.* পক্ষপাতহীনভাবে fairly
pokhraj *n.* পোখরাজ topaz
pokkhaghat *n.* পক্ষাঘাত palsy
pokkhi *n.* পক্ষী bird
pokkhopat *n.* পক্ষপাত predilection
pokshi shala *n.* পক্ষীশালা aviary
pokshoyo patityo *n.* পক্ষপাতিত্ব bias
polayon *v.t.* পলায়ন escape
polestar *n.* পলেস্তার plaster
poli *n.* পলি silt
polij *adj.* পলিজ alluvial
polij *adj.* পলি alluvium
pollichitro *n.* পল্লীচিত্র idyll
polligiti *n.* পল্লীগীতি ballad
pollobito hoya *n.* পল্লাবিত হওয়া sprout
poloyon kora *v.i.* পলায়ন করা elope
polton *n.* পল্টন platoon
polytechnik *n.* পলিটেকনিক polytechnic
ponchas *adj.* পঞ্চাশ fifty
ponchobhuj *n.* পঞ্চভুজ pentagon
ponchom *adj.* পঞ্চম fifth
pondit bicharok *n.* পন্ডিত বিচারক connoisseur
pondit byakti *n.* পন্ডিত ব্যক্তি savant
ponditprobor *n.* পন্ডিতপ্রবর pedagogue
pongopal *n.* পঙ্গপাল locust
pongu পঙ্গু lame
pongu lok *n.* পঙ্গুলোক cripple
ponir *n.* পনির cheese
ponjika *n.* পঞ্জিকা almanac
ponyodrobyo *n.* পণ্যদ্রব্য commodity

ponyodrobyo *n.* পণ্যদ্রব্য merchandize
pope sombondhiyo *adj.* পোপ সোবন্ধীয় papal
poper protinidhi *n.* পোপের প্রতিনিধি vicar
poplin *n.* পপলিন poplin
pora *v.i.* পড়া fall
pora *v.t.* পড়া read
pora kashtha *v.t.* পরাকাষ্ঠা tiptop
porabhuto kora *v.t.* পরাভুত করা subjugate
porabhuto kora *v.t.* পরাভুত করা overpower
porag *n.* পরাগ pollen
porajito *v.t.* পরাজিত trounce
porakromshali *adj.* পরাক্রমশালী mighty
poramatir bason *n.* পোড়ামাটির বাসন earthenware
poramorshodata *n.* পরামর্শদাতা mentor
poramorso *v.t.* পরামর্শ consult
poramorso *n.* পরামর্শ consultation
poran sukh *n.* পরান সুখ bliss
porano *v.t.* রোস্ট করা roast
porasto kora *v.t.* পরাস্ত করা overthrow
porbo *n.* পর্ব gala
porborti *n.* পরবর্তী following
porbot *v.t.* পর্বত mount
porbot *n.* পর্বত mountain
porbotarohi *n.* পর্বতারোহী mountaineer
porchchhonnota *n.* পরিচ্ছন্নতা neatness
porche *n.* পড়ছে falling
porchoy পরিচয় familliarity
porchula *n.* পরচুলা wig
porda *n.* পর্দা chintz
porda *n.* পর্দা curtain
porda *v.t.* পর্দা monitor
porda *n.* পর্দা screen
porda, kapor *n.* পর্দা, কাপড় draper
pordin *n.* পরদিন morrow
pore otha *v.i.* পরে ওঠা cope
porer omongolkari *n.* পরের অমঙ্গলকামনাকারী malevolent
poreshedh kora *n.* পরিশেধ করা liquidate

pori *n.* পরী fairy
pori *n.* পরী nymph
pori *n.* পরী sprite
pori *n.* পরী sylph
poribes *n.* পরিবেশ environment
poribhashon *n.* পরিভাষন prognosis
poribohon *n.* পরিবহন conveyance
poribohon prokriya *n.* পরিবহন প্রক্রিয়া transportation
poribohon sokot *n.* পরিবহন শকট tanker
poribortito hote pare *adj.* পরিবর্তিত হতে পরে changeful
poriborto *n.* পরিবর্ত modification
poriborton *v.t.* পরিবর্তন change
poriborton *n.* পরিবর্তন conversion
poriborton jogyo *adj.* পরিবর্তনযোগ্য transmutable
poriborton jogyo *n.* পরিবর্তন transmutation
poribortonjogyo *adj.* পরিবোর্তনযোগ্য convertible
poribortonkhom *adj.* পরিবর্তনক্ষম changeable
poribortonshil *adj.* পরিবর্তনশীল mutable
poribrajon *n.* পরিব্রাজন hike
poribyakti *n.* পরিব্যক্তি mutation
poribyapto kora *v.t.* পরিব্যাপ্ত করা pervade
poricchonnota *n.* পরিচ্ছন্নতা cleanliness
porichalon *n.* পরিচলন convection
porichalonar dokkhota *n.* পরিচালনার দক্ষতা strategy
porichchhonnobhabe *adv.* পরিচ্ছন্নভাবে neatly
porichchonno *adj.* পরিচ্ছন্ন neat
porichhonnota *n.* পরিচ্ছন্নতা cleanness
porichonno পরিচ্ছন্ন trim
porichoy *n.* পরিভয় identity
poridhi *n.* পোরধি radius
poridhi somporkito *adj.* ব্যাসার্ধ সম্পর্কিত radial
poridhir map *n.* পরিধির মাপ circumference

poridorshok *n.* পরিদর্শক inspector
poridorshon *v.t.* পরিদর্শন করা inspect
porihar kora *v.t.* পরিহর করা shirk
poriharjyo *adj.* পরিহার্য dispensable
porihor kora *v.t.* পরিহর করা shun
porikha *v.t.* পরিখা trench
porikha kora *v.t.* পরীক্ষা করা check
porikhya *v.t.* পরীক্ষা examine
porikor *jn.* পরিকর sash
poriksha *n.* পরীক্ষা test
poriksha *n.* পরীক্ষা trial
porikshya *n.* পরীক্ষা examination
poriman *n.* পরিমাণ quantum
poriman nirdharon *n.* পরিমাণ নির্ধারণ quantity
porimangoto *n.* পরিমাণগত quantitative
porimap *n.* পরিমাপ measure
porimap *n.* পরিমাপ measurement
porimap kora *v.t.* পরিমাপ করা mete
porimaper ekok *n.* পরিমাপের একক degree
porimapjontro *n.* পরিমাপযন্ত্র meter
porimapon prokriya *n.* পরিমাপন পক্রিয়া mensuration
porimarjona *n.* পরিমার্জনা toilet
porimito *adj.* পরিমিত exiguous
porimito *adj.* পরিমিত sober
porimito *adj.* পরিমিত temperate
porinam *adj.* পরিনাম resultant
porinam *n.* পরিণাম sequel
porinam sworup *adj.* পরিণামস্বরুপ eventual
porinoti *n.* পরিণতি outcome
porinoto *adj.* পরিনত mature
poripak *n.* পরিপাক digestion
poripak sonkranto *adj.* পরিপাকসংক্রান্ত digestive
poripat *adj.* পরিপাট prim
poripati *adj.* পরিপাটি natty
poripokkota অপরিপক্কতা immaturity
poripokkota *n.* পরিপক্কতা maturity
poriprekkhito *n.* পরেপ্রেক্ষিত prospect
poriprikti *n.* পরিপৃক্তি saturation
poriprikto kora পরিপুক্ত করা saturate
poripurito *v.t.* পরিপুরিত imbue
poripurno kora *v.t.* পরিপুর্ণ করা infuse
poripushto kora *v.t.* পরিপুষ্ট করা nourish
porishima *n.* পরিসীমা perimeter
porishisto *n.* পরিশিষ্ট appendix
porishodhon *n.* পরিশোধন purification
porishodhoniyo mulyer hisab *n.* পরিশোধনীয় মুল্যের হিসাব reckoning
porishodmondoli *n.* পরিষদমন্ডলী council
porishrom *n.* পরিশ্রম perseverance
porishromi *adj.* পরিশ্রমী industrious
porishromi *n.* পরিশ্রম industry
poriskar *adj.* পরিস্কার obvious
poriskar *n.* পরিস্কার transparent
poriskar *adj.* পরিস্কার unequivoc
poriskar *adj.* পরিস্কার clear
poriskar kora *v.t.* পরিস্কার করা clarify
poriskar kora *n.* পরিস্কার করা cleaning
poriskar kora *v.t.* পরিস্কার করা cleanse
poriskar korar bostu *n.* পরিস্কার করার বস্তু cleaner
poriskar vabe *adj.* পরিস্কারভাবে explicit
poriskar. *adj.* পরিস্কার clean
poriskoron *n.* পরিষ্করণ clearance
porisongkhyan songkranto *adj.* পরিসংখ্যান সংক্রান্ত statistical
porisor *n.* পরিসর precinct
porisromi *n.* পরিশ্রমী asset
poristhiti *n.* পরিস্থিতি circumstance
poritap kora *v.i.* পরিতাপ করা repine
poritktyo bkti *n.* পরিত্যক্ত ব্যক্তি castaway
poritripto *n.* পরিতৃপ্ত satiety
porityag *n.* পরিত্যাগ avoidance
porityag *n.* পরিত্যাগ renouncement
porityag kora *v.t.* পরিত্যাগ করা disclaim
porityag kora *v.t.* পরিত্যাগ করা dispose
porityag kora *v.t.* পরিত্যাগ করা dispose of
porityag koron *n.* পরিত্যাগকরণ disposal

porityokto hoya *adj.* পরিত্যক্ত হওয়া left
porivasa *n.* পরিভাষা technicality
porivasa bigyan *n.* পরিভাষা-বিজ্ঞান terminology
porivromon *n.* পরিভ্রমন circulation
porjabedkhon, lokho rakha *n.* পর্যবেক্ষন, লক্ষ রাখা watch
porjapto *adj.* পর্যাপ্ত adequate
porjapto *v.t.* পর্যাপ্ত suffice
porjapto *n.* পর্যাপ্ত sufficiency
porjapto *adj.* পর্যাপ্ত sufficient
porjobekkhon *n.* পর্যবেক্ষণ observation
porjonto *prep.* পর্যন্ত until
porjotok *n.* পর্যটক tourist
porjyabritto *adj.* পর্যাবৃত্ত periodic
porjyay *n.* পর্যায় phase
porlubdhokor *adj.* প্রলুব্ধকর seductive
pormanondo *n.* পরমানন্দ ecstasy
pornoirbhorota *n.* পরনির্ভরতা dependence
poroborti *prep.* পরবর্তী next
poroborti *adj.* পরবর্তী subsequent
poroborti ghotona *v.i.* পরবর্তী ঘটনা ensue
porobortikale *adv.* পরবর্তীকালে subsequently
porochorcha *n.* পরচর্চা gossip
porohitokor *n.* পরহিতকর charitable
poroichoygapok chinho *n.* পরিচয়গ্যাপক চিনহ badge
porojibi *n.* পরজীবী sponger
porokhyo somorthon *n.* পরোক্ষ সমর্থন connivance
porokkho *adj.* পরোক্ষ rounabout
porom sukh *n.* পরম সুখ felicity
poromanikendra *n.* পরমাণীকেন্দ্র nucleus
poromanondito kora *v.t.* পরমানন্দিত করা enrapture
poromanu *n.* পরমাণূ atom
porompora *n.* পরম্পরা sequence
poropokari *adj.* পরোপকারী obliging
porosmoni *n.* পরশমণি elixir
porospor *adj.* পরস্পর correlative
porpm sohishnuta পরমতসহিষ্ণুতা toleration
porpm soujonyo *n.* পরম সৌজন্য complaisance
porspor lofalufi kora *v.t.* পরস্পর লোফালুফি করা bandy
porspor somporkito *n.* পরস্পর সম্পর্কিত cognate
porsporchhedi *n.* পরস্পরছেদী secant
portfolio *n.* পোর্টফোলিও portfolio
porto *n.* পত্র epistle
poryabritto *adj.* পর্যাবৃত্ত periodical
pos manano পোষ মানানো domesticate
posak *n.* পোশাক apparel
posak *n.* পোশাক attire
posak *n.* পোশাক costume
posak *n.* পোসাক garb
posak *n.* পোশাক garment
posak porano *v.t.* পোশাক পরানো clothe
posak porichhod *n.* পোশক পরিচ্ছদ clothes
posaker *n.* পোশাকের ধরন guise
poschadbhag *n.* পশ্চাদভাগ rump
poschadgomon kora *v.i.* পশ্চাদগমন করা regress
poschadgoti *n.* পশ্চাদগতি regression
poschadik *adv.* পশ্চাতদিক aback
poschadvumi *n.* পশ্চাদভুমি background
poschim *n.* পশ্চিম west
poschim batas *n.* পশ্চিম বাতাস zephyr
poschim theke *adj.* পশ্চিম থেকে westerly
poschim theke agoto *adj.* পশ্চিম থেকে আগত western
poschimukhi *adv.* পশ্চিমুখী westward
posh manano *adj.* পোষ মানানো tame
poshak *n.* পোষাক outfit
poshak *n.* পোশাক vestment
poshak pridhan kora *v.t.* পোশাক পরিধান করা dress
poshcate *adv.* পশ্চাতে after
poshmer toiri *adj.* পশমের তৈরি woollen

poshmi bostrobishes *n.* পশমি বস্ত্রবিশেষ felt
poshom *n.* পশম wool
poshomi genji *n.* পশমি গেঞ্জি jersey
poshubodh *n.* পশুবধ slaughter
poshukhadyo *n.* পশুখাদ্য provender
poshupakhi *n.* পশুপাখি stuffing
poshur jonok *n.* পশুর জনক sire
poshur khadyo *n.* পশুর খাদ্য forage
poshur mol *n.* পশুর মল dung
poshurogbisheshok *adj.* পশুরোগবিষয়ক veterinary
poshusompod *n.* পশুসম্পদ live-stock
poshya *adj.* পোষ্য pet
posmi kombol *n.* পশমী কম্বল blanket
posu *n.* পশু beast
posu bistha *v.t.* পশুবিষ্ঠা excruciate
posubot kore tola *n.* পশুবত করে তোলা brutality
posuprokritir byakti *n.* পশুপ্রকৃতি ব্যক্তি beastliness
pot nirman sthan *n.* পোত নির্মাণ স্থান ship-yard
pot pot auwaj *v.t.* পটপট আওয়াজ crackle
potaka othoba byanar *n.* পতাকা অথবা ব্যানার ensign
potaka toirir upadan *n.* পতাকা তৈরীর উপাদান bunting
poth *n.* পথ path
poth *n.* পথ route
poth bidhi sonkranto *n.* পথ্যবিধি সংক্রান্ত dietary
pothbhromon *v.i.* পথভ্রমন walk
pothbhrost *adj.* পথভ্রষ্ট amiss
pothbhrosto beykti *n.* পথভ্রষ্ট ব্যক্তি wanderer
pothbhrosto howa *v.t.* পথভ্রষ্ট হওয়া deviate
pothbrittanto *n.* পথবৃত্তান্ত itinerary
potho chinho *v.t.* পথচিহ্ন trail
potho hin *adj.* পথহীন trackless
potho rekha *n.* পথরেখা track
pothobhroshto *v.i.* পথভ্রষ্ট stray
pothochari *n.* পথচারী pedestrian
pothomodhyei ratri hoyeche *adj.* পথমধ্যেই রাত্রি হয়েছে benighted
pothoprodorshok *n.* পথপ্রদর্শক conductor
pothoprodorshok *v.t.* পথপ্রদর্শক guide
pothorodh kora *v.i.* পথরোধ করা encumber
potipotro প্রতিপত্র counterfoil
potirokha *n.* প্রতিরক্ষা defence
potit *n.* পতিত fallow
potita *n.* পতিতা streetwalker
potito jomi *n.* পতিত জমি moor
potityag *n.* পতিত্যাগ cession
potka *n.* পটকা cracker
potni *n.* পত্নী wife
poton *v.i.* পতন fall
poton *adj.* পতন fell
poton probon *adj.* পতনপ্রবণ fallible
potongo *n.* পতঙ্গ moth
potongototyo পতঙ্গতত্ব entomology
potrika *n.* পত্রিকা magazine
potsomuho *n.* পোতসমুহ shipping
pouchhano *v.t.* পৌঁছানো reach
pouranik *adj.* প্রৌরাণিক mythological
pouranik pakhi *n.* পৌরাণিক পাখি phoenix
pourhik sonod *n.* পৌর্বিক সনদ scrip
pouro *adj.* পৌর municipal
pouro bigyan *n.* পৌরবিজ্ঞান civics
pourohityo *adj.* পৌরোহিত priestly
pouroshdipto *adj.* পৌরুষদীপ্ত virile
pourosobha *n.* পৌরসভা municipality
pourosova *n.* পৌরসভা corporation
pourush borjito kora *v.t.* পৌরুষবর্জিত করা emasculate
pouttolik *n.* পৌত্তলিক pagan
pouttolikota *n.* পৌত্তলিকতা paganism
poyopronali *n.* পয়ঃপ্রণালী sewer
poysa *n.* পয়সা pice
prachin *adj.* প্রাচীন archaic
prachin gol *n.* প্রাচীন গল druid

prachin juger tothyadi *n.* প্রাচীন যুগের তথ্যাদি antiquities
prachin kale *n.* প্রাচীনকালে yore
prachin nirdeshadi sombondhe shiksharrthi *adj.* প্রাচীন নির্দেশাদি সম্বন্ধে শিক্ষার্থী antiquarian
prachir *n.* প্রাচীর wall
prachujyo প্রাচুর্য opulence
prachurjo *n.* প্রাচুর্য abundance
prachurjo *n.* প্রাচুর্য multiplicity
prachurjyo *adj.* প্রাচুর্যপুর্ণ copious
prachurjyo *n.* প্রাচুর্য richness
prachyo *adj.* প্রাচ্য orient
prachyo sombondhiyo *adj.* প্রাচ্যসম্বন্ধীয় oriental
pradeshikota *n.* প্রাদেশিকতা provincialism
pradesik *adj.* প্রাদেশিক territorial
pradhikarmulok *adj.* প্রাধিকারমুলক preferential
pradhikarmulok *n.* প্রাধিকার prerogative
pragoitihasik *adj.* প্রাগোতিহাসিক prehistoric
prajoy kora *v.t.* পরাজয় করা defeat
prakal *n.* প্রাক্কাল eve
prakar *n.* প্রাকার bulwark
prakritik *adj.* প্রাকৃতিক natural
prakritik drishyo *n.* প্রাকৃতিক দৃশ্য landscape
prakrom *n.* পরাক্রম valour
prakton chator *n.* প্রাক্তন ছাত্র alumnus
pramorsho *n.* পরামর্শ advice
pramorsho dewa *v.* পরামর্শ দেওয়া advise
pran bigyan *n.* প্রানিবিজ্ঞান zoology
pran bigyani *n.* প্রানিবিজ্ঞানী zoologist
pran sonchar kora *v.* প্রাণ সঞ্চার করা animate
pranbonto *adj.* প্রানবন্ত animated
pranchonchol *adj.* প্রাণচঞ্চল sprightly
prani *n.* প্রানী animal
prani *n.* প্রাণী creature
prani ba udviter gon *n.* প্রাণী বা উদ্‌ভিদের গণ genus
prani babched bidya *n.* প্রানি-ব্যবচ্ছেদ-বিদ্যা zootomy
pranibigyan *n.* প্রাণী বিজ্ঞান physiology
pranibishesh *n.* প্রাণীবিশেষ mungoose
pranijibon sonkranto *adj.* প্রাণিজীবন সংক্রান্ত zoic
pranir golit sob *n.* প্রানীর গলিত শব carrion
pranir khal *n.* প্রাণীর খাল doe
pranir pjonon ongo sombondhiyo *adj.* প্রাণীর প্রজনন-অঙ্গ সম্বন্ধীয় genital
pranisotwa *n.* প্রাণীসত্তা organism
prannashok *adj.* প্রাণনাশক fatal
pranobonto *adj.* প্রাণবন্ত spry
pranobonto *adj.* প্রাণবন্ত cheery
pranobonto kora *v.t.* প্রাণবন্ত করা enliven
pranocchol প্রাণোচ্ছল exuberant
pranshokti purno kora *v.t.* প্রাণশক্তিতে পুর্ণ করা vitalize
prantik *adj.* প্রান্তিক marginal
prantik *adj.* প্রান্তিক terminal
prantik *n.* প্রান্তিক terminal
pranto *n.* প্রান্ত end
pranto *n.* প্রান্ত fringe
pranto *n.* প্রান্ত verge
prantovag *n.* প্রান্তভাগ brim
prapo aortho prodan kora *v.t.* প্রাপ্য অর্থ প্রদান করা disburse
prapok *n.* প্রাপক recipient
prapti *v.t.* প্রাপ্তি find
prapti *n.* প্রাপ্তি receipt
prapti swikar *v.* প্রাপ্তি স্বীকার acknowledge
prapto byesko *n.* প্রাপ্তবয়স্ক adult
prapto sompotti *n.* প্রাপ্ত সম্পত্তি legacy
praptoboyosko *n.* প্রাপ্তবয়স্ক hart
prapyota *n.* প্রাপ্যতা availability
praromvik kaj *n.* গোষ্ঠী group
prarthibo *adj.* পার্থিব earthly
prarthobad *n.* পরার্থবাদ altruism
prarthona *v.i.* প্রার্থনা pray
prarthona *n.* প্রার্থনা prayer

prarthona *n.* প্রার্থনা bead
prarthonaoustok *n.* প্রার্থনাপুস্তক brevery
prasad srringo *n.* প্রাসাদ শৃংগ turret
prasadopom *adj.* প্রাসাদোপম palatial
prasongik *n.* প্রাসঙ্গিক pertinence
prasongik *adj.* প্রাসঙ্গিক pertinent
prasongikota *n.* প্রাসঙ্গিকতা relevance
prasto *v.i.* পরাস্ত vanquish
prathokyo *v.t.* পার্থক্য distinguish
prathomik *adj.* প্রাথমিক elementary
prathomik *n.* প্রাথমিক prelim
prathomik *adj.* প্রাথমিক preliminary
prathomik প্রাথমিক primary
prathomik *adj.* প্রাথমিক rudimentary
prathomik chikitsa *n.* প্রাথমিক চিকিৎসা first aid
pratorash *n.* প্রাতঃরাশ breakfast
pratrthibo *adj.* পার্থিব terresterial
pray *adj.* প্রায় almost
pray *adv.* প্রায় nearly
pray *adv.* প্রায় often
pray thik *adj.* প্রায় ঠিক approximate
pray todrup *adv.* প্রায় তদ্রূপ approximately
prayogik প্রায়োগিক technical
prayoschitto *n.* প্রায়শ্চিত্ত atonement
prayoschitto *n.* প্রায়শ্চিত্ত penance
prechesto *n.* প্রচেষ্ট effort
prem *n.* প্রেম love
prem pranon *adj.* প্রেম পরায়ন amative
prembilas *v.* প্রেমবিলাস flirtation
preme mugdho houwa *v.t.* প্রেম মুগ্ধ হওয়া enamour
premer bhan kora *v.i.* প্রেমের ভান করা philander
premer kahini *n.* প্রেমের কাহিনী romance
premik *n.* প্রেমিক lover
premik প্রেমিক swainn
premik ba premika *n.* প্রমিকা বা প্রেমিক valentine
premika *n.* প্রমিকা sweetheart
preron *v.t.* প্রেরণ consign
preron kora *v.t.* প্রেরণ করা despatch
preron kora *v.t.* প্রেরণ করা launch
prerona *n.* প্রেরণা afflatus
pretosiddhi *n.* প্রেতসিদ্ধি necromancy
prhiyo *adj.* প্রিয় dear
pribar *n.* পরিবার family
pribeskhok *n.* পরিবেশক waiter
pribhrost howa *v.i.* পরিভ্রষ্ট হওয়া degenerate
pribohon mashul *n.* পরিবহন মাশুল freight
priborti kora *v.* পরিবর্তিত করা alter
priborton *n.* পরিবর্তন alternative
priborton *n.* পরিবর্তন vicissitude
priborton sadhok *adj.* পরিবর্তন সাধক alterable
priborton sadhok পরিবর্তন সাধক alteration
pribortonshil *adj.* পরিবর্তনশীল variable
pricarika *n.* পরিচারিকা waitress
prichalok পরিচালক administrator
prichalona *n.* পরিচালনা administration
prichoy *n.* পরিচয় acquaintance
prichoy krano *v.t.* পরিচয় করানো acquaint
priclakok *n.* পরিচালক director
pridhan kora *v.t.* পরিধান করা don
pridhan kora *v.t.* পরিধান করা wear
prihar *n.* পরিহার abstinency
prijom *n.* প্রিজম prism
primus *n.* প্রাইমাস primus
prirodh kora *v.t.* প্রতিরোধ করা withstand
prishorm *n.* পরিশ্রম diligence
prishormi *n.* পরিশ্রমী diligent
prishorom *n.* পরিশ্রম drudgery
prishtho *n.* পৃষ্ঠ page
prishthoposhokota *v.t.* পৃষ্ঠপোষকতা patronize
pritakto sishu *n.* পরিত্যাক্ত শিশু foundling
pritakto strir vhata *n.* পরিতক্ত্যা স্ত্রীর ভাতা alimony

prithibi *n.* পৃথিবী earth
prithibi *n.* পৃথিবী world
prithibi hoite durotom *n.* পৃথিবী হইতে দূরতম apogee
prithok *n.* পৃথক individual
prithok *v.t.* পৃথক isolate
prithok *v.i.* পৃথক secede
prithok *v.t.* পৃথক separate
prithok kora *v.t.* পৃথক করা segregate
prithok prithok bhabe *adj.* পৃথক পৃথকভাবে severally
prithokbhabe *adv.* পৃথকভাবে aloof
prithokbhabe *n.* পৃথকভাবে separately
prithokoron *n.* পৃথককরণ segregation
pritisombhashon *n.* প্রীতিসম্ভাষণ salutation
pritopobitro *adj.* পূতপবিত্র sacrosanct
prityag kora *v.t.* পরিত্যাগ করা waive
priyo byakti *n.* প্রিয় ব্যাক্তি favourite
priyo byaktider proti pokhopatito *n.* প্রিয় ব্যাক্তিদের প্রতি পক্ষপাতিত্ব favouritism
priyotom *n.* প্রিয়তম darling
probad *n.* প্রবাদ adage
probad *n.* প্রবাদ by-word
probad *n.* প্রবাদ saying
probadtulyo *adj.* প্রবাদতুল্য proverbial
probahito kora *v.t.* প্রবাহিত করা permeate
probaho *n.* প্রবাহ emanation
probal *n.* প্রবাল coral
probesadhikar *n.* প্রবেশাধিকার admittance
probesh *n.* প্রবেশ entry
probesh *n.* প্রবেশ penetration
probesh dwar *n.* প্রবেশদ্বার entrance
probesh dwar *n.* প্রবেশদ্বার portal
probesh kora *v.t.* প্রবেশ করা enter
probeshpoth *n.* প্রবেশপথ access
probeshpoth *adj.* প্রবেশপথ accessible
probhab *n.* প্রভাব influence
probhabit kora প্রভাবিত করা affect
probhu *n.* প্রভু master
probochon *n.* প্রবচন maxim
probochon *n.* প্রবচন proverb
probol *adj.* প্রবল dominant
probol *adj.* প্রবল telling
probol *n.* প্রবল tempestuous
probol bayu *n.* প্রবল বায়ু gale
probol him jhonjha *n.* প্রবল হিম ঝঞ্ঝা blizzard
probol oniha *n.* প্রবল অনিহা repugnance
probol onurag *n.* প্রবল অনুরাগ passion
probol songket suchok *adj.* প্রবল সংকেত সূচক blazing
probol utsaho *n.* প্রবল উৎসাহ zest
probol utsaho *n.* প্রবল উৎসাহ enthusiasm
probol uttejona *n.* প্রবল উত্তেজনা frenzy
probol, bolistho *adj.* প্রবল, বলিষ্ঠ vigorous
probol, hinosro *n.* প্রবল, হিংস্র violent
probon *adj.* প্রবন prone
probonchok *n.* প্রবঞ্চক fake
probonchok *n.* প্রবঞ্চক trickster
probonchona *n.* প্রবঞ্চনা fraud
probonota *n.* প্রবণতা bent
probonota *n.* প্রবণতা proclivity
probonota প্রবণতা propensity
probonota *n.* প্রবণতা trend
probonota jukto houa *v.t.* প্রবণতাযুক্ত হওয়া tend
probortok *n.* প্রবর্তক pioneer
probortok *adj.* ধার্মিক pious
proborton kora *v.t.* প্রবর্তন করা innovate
probritti *n.* প্রবৃত্তি tendency
prochalito kora *v.t.* প্রচালিত করা propel
prochar *n.* প্রচার publicity
prochar kora *v.t.* প্রচার করা preach
prochar kora *v.t.* প্রচার করা promulgate
prochar potro *n.* প্রচার পত্র booklet
prochar potro *n.* প্রচারপত্র poster
prochestaa *v.t.* প্রচেষ্টা endeavour
prochestaa *n.* প্রচেষ্টা exertion

prochhaya *n.* প্রচ্ছায়া umbra
procholito *n.* প্রচলিত prevalent
procholito *v.t.* প্রচলিত usure
procholito ritir baire *n.* প্রচলিত রীতির বাইরে strangeness
procholon *n.* প্রচলন prevalence
prochondo *adj.* প্রচন্ড fiercely
prochondo *adj.* প্রচন্ড vehement
prochondo akromon *n.* প্রচন্ড আক্রমণ onslaught
prochondo akromon kora *v.t.* প্রচন্ড আক্রমন করা assault
prochondo bege nikhep kora *v.t.* প্রচন্ড বেগে নিক্ষেপ করা dash
prochondo bhoi প্রচন্ড ভয় funk
prochondo dukhyo *n.* প্রচন্ড দঃখ grief
prochondo ghurijhor bises *n.* প্রচন্ড ঘুর্ণিঝড় বিশেষ typhoon
prochondo mochor *v.t.* প্রচন্ড মোচড় wrench
prochonodd khudhai mrituprai *v.t.* প্রচন্ড ক্ষুধায় মৃতপ্রায় famish
prochur *adj.* প্রচুর abundant
prochur *n.* প্রচুর amphi theatre
prochur *adj.* প্রচুর enormous
prochur *adj.* প্রচুর plentiful
prochur bristipat *n.* প্রচুর বৃষ্টিপাত downpour
prochur porimane *adj.* প্রচুর পরিমাণে prolific
prodaho *n.* প্রদাহ inflammation
prodan *n.* প্রদান bestowal
prodan *n.* প্রদান offering
prodan *n.* প্রদান payment
prodan kora *v.t.* প্রদান করা bestow
prodan korote sommoto houwa *n.* প্রদান করতে সম্মত হওয়া grant
prodanjogyo *adj.* প্রদানযোগ্য payable
prodayok *n.* প্রদায়ক contributor
prodesh *n.* প্রদেশ province
prodeyo *n.* প্রদেয় contribution
prodhan *adj.* প্রধান foremost
prodhan *n.* প্রধান headman
prodhan *adj.* প্রধান prime
prodhan *adj.* প্রধান principal
prodhan nou senapoti *n.* প্রধান নৌ সেনাপতি admiral
prodhan obolombon *n.* প্রধান অবলম্বন mainstay
prodhanoto *v.t.* প্রধানত gainsay
prodhanoto *adv.* প্রধানত mostly
prodhanoto *adv.* প্রধানত primarily
prodhanoto vera bishoye bacha prosob kora *v.t.* (প্রধানত ভেড়া বিষয়ে) বাচ্চা প্রসব করা। yean
prodipon প্রদীপন illumination
prodipto *v.t.* প্রদীপ্ত invigorate
prodokhin *n.* প্রদক্ষিন circuit
prodorshon *v.t.* প্রদর্শন shew
prodorshon *n.* প্রদর্শন show
prodorshon samogri *v.t.* প্রদর্শন সামগ্রী exhibit
prodorshoni *n.* প্রদর্শনী exhibition
prodorshoni *adj.* প্রদর্শনী premier
prodorshoni *n.* প্রদর্শনী spectacle
prodotto ghus *n.* প্রদত্ত ঘুষ blackmail
prodotto kkhomota *n.* প্রদত্ত ক্ষমতা mandate
prodto bostu *adj.* প্রদত্ত বস্তু allowable
profullo *adj.* প্রফুল্ল debonair
profullota *n.* প্রফুল্লতা buoyancy
proggapon *n.* প্রজ্ঞাপন notification
progya *n.* প্রজ্ঞা sapience
prohar kora *v.t.* প্রহার করা beat
prohar kora *v.t.* প্রহার করা castigate
prohora *n.* প্রহরা costody
prohori *n.* প্রহরী sentry
prohoson *n.* প্রহসন burlesque
prohoson *n.* প্রহসন farce
prohrito *p.p.* প্রহৃত beaten
projabriondo *n.* প্রজাবৃন্দ tenantry
projapoti *n.* প্রজাপতি butterfly
projaswotto *n.* প্রজাস্বত্ব tenancy
projati *n.* প্রজাতি species
projatontrer *adj.* প্রজাতন্ত্রের republican
projatontro *n.* প্রজাতন্ত্র republic

projjwolito *v.* প্রজ্জ্বলিত inflame
projjwolito kora *v.t.* প্রজ্বলিত করা enkindle
projojyo *adj.* প্রযোজ্য applicable
projukti *n.* প্রযুক্তি technology
prokando *adj.* প্রকান্ড colossal
prokando *adj.* প্রকান্ড stupendous
prokash প্রকাশ manisfestation
prokash *n.* প্রকাশ outbreak
prokash *n.* প্রকাশ revelation
prokash *n.* প্রকাশ expression
prokash hoye pora *v.t.* প্রকাশ হয়ে পড়া transpire
prokash kora *n.* প্রকাশ করা disclosure
prokash kora *v.t.* প্রকাশ করা evince
prokash kora *v.t.* প্রকাশ করা express
prokashkora *v.i.* প্রকাশ করা unbosom
prokasho birodhita kora *v.i.* প্রকাশ্যে বিরোধিতা করা defy
prokashok *n.* প্রকাশক publisher
prokashona *n.* প্রকাশনা publication
prokashye ghosona kora *v.t.* প্রকাশ্যে ঘোষনা করা avow
prokashye swikrito na holeo karjoto *adj.* প্রকাশ্যে স্বীকৃত না হলেও কার্যত virtual
prokashyo ba likhito ongikar *n.* প্রকাশ্য বা লিখিত অঙ্গীকার engagement
prokasok *n.* প্রকাশক exponent
prokhobhabe ullekhito *adj.* পরোক্ষভাবে উল্লেখ্যিত allusive
prokhobhabe ullekho *n.* পরোক্ষভাবে উল্লেখ্য allusion
prokhor buddhi *n.* প্রখর বুদ্ধি acumen
prokirton *n.* প্রকীর্তন promulgation
prokkhepon *n.* প্রক্ষেপণ projection
prokolp *n.* প্রকল্প project
prokop bridhi *n.* প্রকোপ বৃদ্ধি aggravation
prokoron *n.* প্রকরণ technique
prokoushol *n.* প্রকৌশল technic
prokrit karjoto *adj.* প্রকৃত কার্যত actual
prokrit tarikhe purber tarikh *v.t.* প্রকৃত তারিখের পুর্বের তারিখ antedate
prokriti *n.* প্রকৃতি nature
prokrito *adj.* প্রকৃত authentic
prokrito gyan *v.t.* প্রকৃত জ্ঞান preconceive
prokriya *n.* প্রক্রিয়া polity
prokriya *n.* প্রক্রিয়া process
prolap *n.* প্রলাপ delirium
prolep *v.t.* প্রলেপ overlay
prolep dewa *v.t.* প্রলেপ দেওয়া daub
prolobhito *v.t.* প্রলোভিত seduce
prolobhon *n.* প্রলোভন allurement
prolobhon *v.t.* প্রলোভন lure
prolobhon *n.* প্রলোভন seduction
prolobhondayok *n.* প্রলোভনদায়ক alluring
prolovito *v.t.* প্রলোভিত tempt
prolubdho kora *v.* প্রলুব্ধ করা allure
prolubdho kora *n.* প্রলুব্ধ করা temptation
proman *v.t.* প্রমাণ convince
proman *n.* প্রমাণ proof
proman *v.t.* প্রমাণ prove
proman kora *v.t.* প্রমাণ করা substantiate
proman uposthan na kore nischit mot prokash kora *v.t.* প্রমান উপস্হান না করে নিশ্চিত মত প্রকাশ করা dogmatize
promankora *v.t.* প্রমাণ করা testify
promanpotro *n.pl.* প্রমাণ পত্র credentials
promeyo *adj.* প্রমেয় commensurable
promod tori *n.* প্রমোদ তরী barge
promodbhomon *n.* প্রমোদভ্রমন outing
promodbihar *n.* প্রমোদবিহার jaunt
promodvromon প্রমোদভ্রমণ cruise
pron ghotito *adj.* প্রণয় ঘটিত amatory
pronaliboddho *adj.* প্রণালীবদ্ধ systematic
pronaliboddho *v.t.* প্রণালীবদ্ধ systematize
pronochhol *adj.* প্রাণোচ্ছল vivacious
pronochollo *n.* প্রাণচাঞ্চল্য vivacity
pronoi bhikha kora *v.t.* প্রণয় ভিক্ষা করা woo

pronoto *v.t.* প্রণত prostrate
pronoy somporkiyo *adj.* প্রণয় সম্পর্কীয় amorous
propira *adj.* প্রপীড়া stricken
proricit krano *v.t.* পরিচিত করানো familiarize
prorochito *v.t.* প্ররোচিত instigate
prorochito kora *v.t.* প্ররোচিত করা entice
prorochona *n.* প্ররোচনা instigation
prorokkhok *n.* প্ররক্ষক proctor
prosad *n.* প্রসাদ edifice
prosad sorkor *n.* প্রসাদ সরকার chamberlain
prosadhon *n.* প্রসাধন cosmetic
prosadon *n.* প্রসাদন propitiation
prosanti *n.* প্রশান্তি tranquillity
prosar *n.* প্রসার magnitude
prosarit howa *v.t.* প্রসারিত হওয়া dilate
prosarito kora *v.t.* প্রসারিত করা expand
prosarito kora *v.t.* প্রসারিত করা extend
prosarito kora *v.t.* প্রসারিত করা stretch
prosarito obostha *n.* প্রসারিত অবস্থা span
prosaronsil *adj.* প্রসারণশীল expansive
prosfutito *adv.* প্রস্ফুটিত abloom
proshamit kora *v.t.* প্রশামিত করা assuage
proshanti *n.* প্রশান্তি quietude
proshanti প্রশান্তি serenity
proshanto *adj.* প্রশান্ত roomy
proshanto porikha *n.* প্রশন্ত পরিখা moat
prosharon *v.t.* প্রসারণ strain
proshikhon *n.* প্রশিক্ষণ training
proshikkhoprarthir dol *n.* প্রশিক্ষপার্থীর দল squad
proshno *n.* প্রশ্ন question
proshno tola প্রশ্ন তোলা impeach
proshnosapekkho *adj.* প্রশ্নসাপেক্ষ questionable
proshodh *n.* প্রতিশোধ vengeance
proshomito *v.t.* প্রশামিত mollify
proshomon *n.* প্রশমন palliation
proshomon kora *v.t.* প্রশমন করা palliate
proshomon kora *v.t.* প্রশমন করা slake
proshon sniyo *adj.* প্রশংসনীয় admirable
proshongsa *v.t.* প্রশংসা praise
proshongsa jogyo *adj.* প্রশংসা যোগ্য laudable
proshongsa kora *v.t.* প্রশংসা করা laud
proshongsa suchok *adj.* প্রশংসাসুচক laudatory
proshongsoniyo *adj.* প্রশংসনীয় praiseworthy
proshonno kora *v.t.* প্রসন্ন করা propitiate
proshoshto *adj.* প্রশস্ত spacious
proshroy *n.* প্রশ্রয় indulgence
proshroy deoa *v.t.* প্রশয় দেওয়া indulge
proshroypurno *adj.* প্রশ্রয়পুর্ণ indulgent
proshtan *p.p.* প্রস্থান went
proshtan kora *v.* প্রস্হান করা depart
prosiddho *adj.* প্রসিদ্ধ celebrated
prosiddho byakti *n.* প্রসিদ্ধ ব্যক্তি celebrity
prosikshok *n.* প্রশিক্ষক trainer
prosnatit *adj.* প্রশ্নাতীত unquestionable
prosngsoniyo *adj.* প্রশংসনীয় creditable
prosob kora *v.t.* প্রসব করা procreate
prosongo chuto *v.t.* প্রসঙ্গ চ্যুত digress
prosongo theke bichuti *n.* প্রসঙ্গ থেকে বিচ্যুতি digression
prosongsa kora *v.t.* প্রশংসা করা commend
prosongsa kora *n.* প্রশংসা commendation
prosongsa potro প্রসংশাপত্র testimonialn
prosongsar jogyo *adj.* প্রশংসার যোগ্য meritorious
prosonno mukhovab *n.* প্রসন্ন মুখভাব countenance
prostab *v.t.* প্রস্তাব proffer
prostab deoa *v.t.* প্রস্তাব দেওয়া propose
prostab kora *v.t.* প্রস্তাব করা introduce
prostab kora *v.t.* প্রস্তাব করা offer
prostab kora *v.t.* প্রস্তাব করা suggest
prostabdan *n.* প্রস্তাবদান proposal

prostabika *n.* প্রস্তাবিকা prospectus
prostabona *n.* প্রস্তাবনা introduction
prostabona *n.* প্রস্তাবনা preamble
prostabona *n.* প্রস্তাবনা preface
prostabona *n.* প্রস্তাবনা prelude
prostabona *n.* প্রস্তাবনা prologue
prosthan *n.* প্রস্‌হান departure
prosthan *n.* প্রস্থান egress
prosthan *n.* প্রস্থান exit
prosthan kora *v.i.* প্রস্থান করা decamp
prosthapon kora *v.t.* প্রস্থাপন করা propound
prostho *n.* প্রস্থ breadth
prostho *v.t.* প্রস্থ set
prostho poth *n.* প্রশস্ত পথ avenue
prosthota *n.* প্রশস্ততা width
prostoribhuto hoya *v.t.* প্রস্তরীভুত হওয়া petrify
prostut *v.t.* প্রস্তুত prepare
prostut *n.* প্রস্তুত readiness
prostuti *n.* প্রস্তুতি preparation
prostuti songkranto *adj.* প্রোসতুতি সোনক্রান্তো preparative
prostutkarok *n.* প্রস্তুতকারক wright
prostyobok *n.* প্রস্ত্যবক mover
protarit kora *v.t.* প্রতারিত করা deceive
protarito *v.t.* প্রতারিত করা beguile
protarito kora *v.t.* প্রতারিত করা hoodwink
protarna *n.* প্রতারনা deception
protarna *n.* প্রতারণা delusion
protarok *n.* প্রতারক double-dealer
protarok *n.* প্রতারক swindler
protarona *v.t.* প্রতারণা swindle
protarona kora *v.t.* প্রতারণা করা bamboozle
protarona kora *v.t.* প্রতারণা করা betray
protarona kora *n.* প্রতারণা করা dupe
protaronamulok *adj.* প্রতারনামুলক deceptive
protaronapurno *adj.* প্রতারণাপুর্ণ sly
protha *n.* প্রথা custom
protha *n.* প্রথা observance
prothanug *adj.* প্রথানুগ customary
prothasidhi *adj.* প্রথাসিদ্ধ wonted
prothikha kora *v.* প্রতীক্ষা করা abide
prothom *adj.* প্রথম first
prothom manus *n.* প্রথম মানুষ adam
prothom path *n.* প্রথম পাঠ primer
prothombar *n.* প্রথম বার maiden
prothomoto *adv.* প্রথমত chiefly
proti bochor pata jhora emon *adj.* প্রতি বছর পাতা ঝরে এমন deciduous
proti ghonta *adj.* প্রতি ঘন্টায় hourly
proti rokhya sohochor *v.t.* প্রতিরক্ষা সহচর escort
proti trritiyo dine punorabrritti hoy *adj.* প্রতি তৃতীয় দিনে পুনরাবৃত্ত হয় tertian
protibad *v.t.* প্রতিবাদ protest
protibad প্রতিবাদ remonstrance
protibad kora *v.i.* প্রতিবাদ করা remonstrate
protibadi *n.* প্রতিবাদী defendant
protibadi *n.* প্রতিবাদী respondent
protibedok *n.* রিপোর্টার reporter
protibedon *n.* প্রতিবেদন covering
protibedon *v.t.* রিপোর্ট report
protibesh *n.* প্রতিবেশ surroundings
protibeshi *n.* প্রতিবেশী neighbour
protibeshisulobh প্রতিবেশীসুলভ neighbourly
protibhato hoya *v.i.* প্রতিভাত হওয়া seem
protibondhi *n.* একমুঠো handful
protiborti kriya *n.* প্রতিবর্তী ক্রিয়া reflex
protidan *n.* প্রতিদান premium
protidane deoa *v.t.* প্রতিদানে দেওয়া render
protidhoni *n.* প্রতিধ্বনি echo
protidhwoni *n.* প্রতিধ্বনি reverberation
protidhwonito hoya *v.t.* প্রতিধ্বনিত হওয়া reverberate
protidin *adj.* প্রতিদিন daily
protidwandhi *n.* প্রতিদ্বন্দী antagonist
protidwandita *n.* প্রতিদ্বন্দ্বিতা fray
protidwondi *n.* প্রতিদ্বন্দ্বী rival

protidwondihin *adj.* পতিদ্বন্দ্বীহীন matchless
protidwondita *n.* প্রতিদ্বন্দ্বিতা challenge
protidwondita *v.i.* প্রতিদ্বন্দ্বিতা compete
protidwondita *n.* প্রতিদ্বন্দ্বিতা rivalry
protifolito *v.t.* প্রতিফলিত reflect
protifolok *n.* প্রতিফলন হয় এমন reflecter
protifolon *n.* প্রতিফলন refection
protifolon *adj.* প্রতিফলন reflection
protigga potro *n.* প্রতিজ্ঞাপত্র indenture
protighaboddho kre newa *v.t.* প্রতিগ্যাবদ্ধ করে নেওয়া adjure
protigya *n.* প্রতিজ্ঞা vow
protigyapotro *n.* প্রতিজ্ঞাপত্র debenture
protihingsaporayonata *adj.* প্রতিহিংসাপরায়ণতা revengeful
protihoto kora *v.t.* প্রতিহত করা retard
protijogi *n.* প্রতিযোগী competitor
protijogita *n.* প্রতিযোগিতা competition
protijogita *n.* প্রতিযোগিতা tournament
protijogitapurno *adj.* প্রতিযোগিতাপুর্ণ competitive
protik *n.* প্রতীক emblem
protik *n.* প্রতীক epitome
protik *n.* প্রতীক symbol
protik houwa *v.t.* প্রতীক হওয়া epitomize
protik houwa *v.t.* প্রতীক হওয়া typify
protik protim *adj.* প্রতীক প্রতিম emblematic
protikar kora *v.t.* প্রতিকার করা atone
protikarok *adj.* প্রতিকারক remedial
protikarok *n.* প্রতিকার remedy
protiki *n.* প্রতীকী sign
protiki *adj.* প্রতীকী symbolical
protikkhipto hoya *n.* প্রতিক্ষিপ্ত হওয়া rebound
protikriya *v.t.* প্রতিক্রিয়া respond
protikriya *n.* প্রতিক্রিয়া revulsion
protikriya prokash *v.i.* পৌভাবিত হওয়া react
protikshya *n.* প্রতীক্ষা/আশংকা apprehension
protikul *adj.* প্রতিকূল adverse
protikul *adj.* প্রতিকুল inimical
protilipikoron *n.* প্রতিলিপিকরণ transcription
protima *n.* প্রতিমা icon
protima *n.* প্রতিমা idol
protimurti *n.* প্রতিমুর্তি effigy
protimurti *v.t.* প্রতিমুর্তি portrait
protimurti *n.* প্রতিমুর্তি statuary
protimurti *n.* প্রতিমুর্তি statue
protinidhi *n.* প্রতিনিধি delegate
protinidhi *v.t.* প্রতিনিধি depute
protinidhi *n.* নির্বাচিত representative
protinidhiborgo *n.* প্রতিনিধিবর্গ delegacy
protinidhirupe *n.* প্রতিনিধিরুপে delegation
protinidhitwo *n.* প্রতিনিধিত্ব agency
protinidhitwo *n.* প্রতিনিধিত্ব representation
protipadan *v.t.* প্রতিপাদন demonstrate
protipadan *n.* প্রতিপাদন demonstration
protipadon *adj.* প্রতিপাদন indefensible
protipalon *n.* প্রতিপালন nurture
protipalon kora *v.t.* প্রতিপালন করা foster
protipokkho *n.* প্রতিপক্ষ opponent
protiponno kora প্রতিপন্ন করা confirm
protipotti *adj.* প্রতিপত্তি influential
protipurush *n.* প্রতিপুরুষ deputy
protirodh byobostha *n.* প্রতিরোধ ব্যবস্থা barricade
protirodh kora *v.t.* প্রতিরোধ করা repulse
protirodhok *adj.* প্রতিরোধক preventive
protiropon kora *v.t.* প্রতিরোপন করা transplant
protirpljanojom *adj.* প্রতিরক্ষাবিহীন defenceless
protishedhon *n.* প্রতিষেধন proscription
protishodh *v.t.* প্রতিশোধ revenge
protishruti *n.* প্রতিশ্রুতি undertaking
protishrutiboho *adj.* প্রতিশ্রুতিবহ promissory

protishrutimoy *adj.* প্রতিশ্রুতিময় promising
protishuruti *n.* প্রতিশ্রুতি affiance
protisodh *v.t.* প্রতিশোধ নেওয়া avenge
protisoron *n.* প্রতিসরণ refraction
protisrito kora *v.t.* প্রতিসৃত করা refract
protistha *n.* প্রতিষ্ঠান establishment
protisthan *n.* প্রতিষ্টান foundation
protisthan *n.* প্রতিষ্ঠান institution
protisthito kora *v.t.* প্রতিষ্ঠিত করা locate
protiva *n.* প্রতিভা genius
protjogita kora *v.t.* প্রতিযোগিতা করা contend
protnwototwo. *n.* প্রত্নতত্ত্ব archaeology
protnwototwobid *n.* প্রত্নতত্ত্ববিদ archaeologist
protoplasm *n.* প্রোটোপ্লাজাম protoplasm
protor *n.* প্রতর ford
protoswakhor kora *v.t.* প্রতিস্বাক্ষর করা countersign
protyabasoner byabostha *v.t.* প্রত্যাবাসনের ব্যবস্থা repatriate
protyaborton *v.i.* প্রত্যাবর্তণ return
protyaborton *v.i.* প্রত্যাবর্তন করা revert
protyaghat *n.* প্রত্যাঘাত reprisal
protyahar kora *v.t.* প্রত্যাহার করা retract
protyahar kora *v.i.* প্রত্যাহার করা retreat
protyakhan *n.* প্রত্যাখ্যান reprobation
protyakhan korbar sanbidhanik odhikar *n.* প্রত্যাখান করবার সাংবিধানিক অধিকার veto
protyakhan kora *adj.* প্রত্যাখান করা reprobate
protyakhyan *n.* প্রত্যাখ্যান refusal
protyakkhan kora *v.t.* প্রত্যাখ্যান করা spurn
protyasa *v.t.* প্রত্যাশা expect
protyasa *n.* প্রত্যাশা expectation
protyasi *adj.* প্রত্যাশী expectant
protyayon kora *v.t.* প্রত্যায়ন করা certify
protyek *adj.* প্রত্যেক each
protyokkho *adj.* প্রত্যক্ষ overt
protyokkho প্রত্যক্ষ perceptible
protyokkhokoron *n.* প্রত্যক্ষকরণ perception
protyokshodorshi *n.* প্রত্যক্ষদশীর্ eye-witness
protyon kora *v.t.* প্রত্যায়ন করা attest
protyonto *adj.* প্রত্যন্ত outlying
protyupkrom *n.* প্রত্যুপক্রম initiative
provhabit kora *adj.* প্রভাবিত করা affected
provrit shobder upsorgo hisabe babhrito hoi *adj.* প্রভৃতি শব্দের উপসর্গ হিসাবে ব্যবহৃত হয় yester
provuttyo *n.* প্রভুত্ব ascendancy
provutwo byanjok *n.* প্রভূত্ব ব্যঞ্জক authoritative
proyag *n.* প্রয়োগ usage
proyash *adj.* প্রয়াশ fickle
proyog *n.* প্রয়োগ practice
proyog kora *v.i.* প্রয়োগ করা apply
proyog kora *v.t.* প্রয়োগ করা exert
proyojon *n.* প্রয়োজন need
proyojon *v.t.* প্রয়োজন require
proyojon *n.* প্রয়োজন requirement
proyojon *v.t.* প্রয়োজন want
proyojonboshoto প্রয়োজনবশত perforce
proyojoniyo *adj.* প্রয়োজনীয় essential
proyojoniyo *adj.* প্রয়োজনীয় necessary
proyojoniyo *adj.* প্রয়োজনীয় needful
proyojoniyo *adj.* প্রয়োজনীয় requisite
proyojoniyo *adj.* প্রয়োজনীয় useful
prrishtho *adj.* পৃষ্ঠ tergal
prrithok houwa *v.t.* পৃথক হওয়া disengage
prrithok kora *v.* পৃথক করা disembody
prrithok kora *v.t.* পৃথক করা dissociate
prrithoki koron *n.* পৃথকীকরণ distinction
prrithokvabe *adv.* পৃথকভাবে apart
prtnototwobishoyok *adj.* প্রত্নতত্ত্ববিষয়ক archaeological
prtyag kora পরত্যাগ করা forsake
pryogsadhyo *n.* প্রয়োগসাধ্য applicability
ptaka *n.* পতাকা flag

pthocharir clar poth *n.* পথচারির চলার পথ foo¶path
ptisthata *n.* প্রতিষ্ঠাতা founder
pton পতন downfall
ptradir prapok পত্রাদির প্রাপক addressee
puaj *n.* পুজা worship
puccho *n.* পুচ্ছ plumage
puccho *n.* পুচ্ছ plume
pudina *n.* পুদিনা mint
pujari *n.* পুজারী adorer
pujari *n.* পুজারী votary
pujibadi *n.* পুঁজিবাদ capitalism
pujibadi *n.* পুজিবাঁদী capitalist
pujosrabi khsoto *n.* পুঁজস্রাবী ক্ষত ulcer
pukur *n.* পুকুর pond
pulis *n.* পুলিশ tunic
pulish *n.* পুলিশ police
pulish kormochari *n.* পুলিশকর্মচারী policeman
pulishkormi *n.* পুলিশ কর্মী constable
pump *n.* পাম্প pump
pun moumachi *n.* পুং মৌমাছি drone
pungkeshor *n.* পুংকেশর stamen
punischo *n.* পুনশ্চ postscript
punjpurno korano *v.t.* পুঁজপুর্ণ করানো fester
punkhanu punkho *adj.* পুঙ্খানুপুঙ্খ categorical
punno, pobitro *n.* পুণ্য, পবিত্র virtuous
punnosnnan *n.* পূণ্যস্নান ablution
punonirbachito *v.t.* পুনঃনির্বাচিত re-elect
punoporikkha *v.t.* পুনঃপরীক্ষা re-examine
punopreshon *v.t.* পুনঃপ্রেষন remand
punoprocholon *n.* পুনঃপ্রচলন revival
punorabirbhuto hoya *v.i.* পুনরাবির্ভুত হওয়া reappear
punoraborton *n.* পুনরাবর্তন recurrence
punorabritti পুনরাবৃত্তি reiteration
punorabritti *n.* পুনরাবৃত্তি repetition
punorabritti kora *v.t.* পুনরাবৃত্তি করা recapitulate
punorabritto *n.* পুনরাবর্তিত motif
punorarohon kora *v.t.* পুনরারোহণ করা remount
punorarombho *n.* পুনরারম্ভ resumption
punoray *adv.* পুনরায় anew
punoray bima kora *v.t.* পুনরায় বিমা করা reinsure
punoray bola *v.t.* পুনরায় বলা repeat
punoray chalu *v.t.* পুনরায় চালু reissue
punoray chhapano *v.t.* পুনরায় ছাপানো reprint
punoray dorshon *v.t.* পুনরায় দর্শন reproduce
punoray ghote *v.i.* পুনরায় ঘটে recur
punoray notun kora *v.t.* পুনরায় নতুন করা renew
punoray ostrosojjito *v.t.* পুনরায় অস্ত্রসজ্জিত rearm
punoray path *n.* পুনরায় পাঠ revision
punoray probesh *v.t.* পুনরায় প্রবেশ reinsert
punoray shuru kora *v.i.* পুনরায় শুরু করা resume
punorbashon *n.* পুনর্বাসন rehabilitation
punorbibaho *n.* পুনর্বিবাহ remarriage
punorbibaho *v.i.* আবার বিয়ে করা remarry
punorbibechona kora *n.* পুনর্বিবেচনা করা revise
punorbiniyog *v.t.* পুরায় বিনিয়োগ reinvest
punorbinyas *v.t.* পুনর্বিন্যাস্ত readjust
punorbinyas *v.t.* পুনর্বিন্যাস করা rearrange
punorbohal kora *v.t.* পুনর্বহাল করা reinstate
punorbyakto *v.t.* পুনর্ব্যক্ত reiterate
punorgothito kora *v.t.* পিনর্গঠিত করা reorganize
punorgothon *v.t.* পুনরগঠন reconstitute
punorgothon *v.t.* পুনরগঠন recreate
punorjibon *n.* পুনর্জীবন regeneration
punorjonmo *n.* পুনর্জন্ম rebirth
punorjonmo grohon kora *v.t.* পুনর্জন্ম গ্রহণ করা transmigrate

punorjonon *v.t.* পুনর্জনন reproduction
punorjoubon dan পুনর্যৌবনদান rejuvenationاعاده
punormilito hoya *v.t.* পুনর্মিলিত হওয়া reunite
punormilon *n.* পুনর্মিলন reunion
punormudron *n.* পুনোরমুদ্রন republication
punormudron *v.t.* পুনোরমুদ্রন republish
punornirikkhon kora *n.* পুনর্নিরীক্ষণ করা review
punornirkkhok *n.* পুননিরিক্ষক reviewer
punoruddhar *n.* পুনরুদ্ধার reclamation
punoruddhar jogyo *adj.* পুনরুদ্ধারযোগ্য recoverable
punoruddhar kora *v.t.* পুনরুদ্ধার করা reclaim
punoruddhar kora *v.t.* পুনরুদ্ধার করা redeem
punoruddhar kora *v.t.* পুনরুদ্ধার করা revive
punray *adv.* পুনরায় again
punyota *n.* পুণ্যতা holiness
purantotwo *n.* পুরাণতত্ত্ব mythology
purashkar *n.* পুরস্কার reward
purba vas dewa *v.t.* পূর্বাভাস দেওয়া betoken
purbabhas *v.t.* পুর্বাভাস presage
purbabhas *v.i.* পুর্বাভাস prognosticate
purbabhas dewa *v.t.* পুর্বাভাষ দেওয়া forecast
purbabsyok *n.* পুর্বাবশ্যক pre-requisite
purbavas dewa *v.t.* পূর্বাভাস দেওয়া bode
purbborti ghotona *adj.* পূর্ববর্তী ঘটনা antecedent
purbe *adj.* পূর্বে before
purbo dik *n.* পুর্ব দিক east
purbo dike *adj.* পুর্ব দিকের eastern
purbo dike *adj.* পুর্ব দিকে eastward
purbo dikostho *adj.* পুর্বদিকস্থ easterly
purbo nirdharito *v.t.* পুর্ব নির্ধারিত destine
purbo nirdharito chilo *adj.* পুর্ব নির্ধারিত ছিল destined
purbo prostuti chara *adv.* পুর্বপ্রস্তুতি ছাড়া extempore
purbobodh *n.* পুর্ববোধ premonition
purboborti *adj.* পুর্ববর্তী penultimate
purboborti *adj.* পুর্ববর্তী previous
purboborti *adj.* পুর্ববর্তী prior
purboborti howa *v.t.* পুর্ববর্তী হওয়া forego
purbogyan *n.* পুর্বজ্ঞান precognition
purbokalin *adj.* পুর্বকালীন anterior
purbokolpona পুর্বকল্পনা preconception
purbolokhon *n.* পুর্বলক্ষণ portent
purbonidorshon *n.* পুর্বনিদর্শন precedent
purbonirdharito *v.t.* পুর্বনির্ধারিত predestinate
purbonischoy *v.t.* পুর্বনিশ্চয় predetermine
purbonispotti *v.t.* পুর্বনিষ্পত্তি prejudge
purboporikolpona *n.* পুর্বপরিকল্পনা premeditation
purboporikolpona kora *v.t.* পুর্বপরিকল্পনা করা premeditate
purbopurus *n.* পুর্বপুরুষ forefather
purbopurush *n.* পূর্বপুরুষ ancestor
purbopurush *n.* পুর্বপুরুষ progenitor
purbosonskar *n.* পুর্বসংস্কার prejudice
purbosuchok *adj.* পুর্বসুচক prognostic
purhit *n.* পুরোহিত priest
puriye kalokora *v.t.* পুড়িয়ে কালো করা char
purno *adj.* পুর্ণ full
purno kora *v.t.* পুর্ণ করা fulfil
purno monojog dewa *n.* পুর্ণ মনোযোগ concentration
purnoboyosko sukori *n.* পুর্ণবয়স্ক শূকরী sow
purohit *n.* পুরোহিত ecclesiastic
purohit tontro *n.* পুরোহিততন্ত্র theocracy
purok *n.* পুরক complement
puron kora *adj.* পরন করা complementary
puron kora *v.t.* পুরণ করা fill
puroskrito kora *n.* পুরস্কৃত করা recompense

purota loshon *n.* পুরোটা lot
purpobrinto *n.* পুষ্পবৃন্ত stalk
purskar *n.* পুরস্কার prize
purskar *n.* পুরস্কার remuneration
purskrito kora পুরস্কৃত করা remunerate
purus patihansh *n.* পুরষ পাতিহাঁস drake
puruserh bondhokorener astropochar *n.* পুরুষের বন্ধ্যকরনের অস্ত্রোপচার vasectomy
purush *n.* পুরুষ male
purush *n.* পুরুষ man
purush *n.* পুরষ men
purush chakor *n.* পুরুষ চাকর lackey
purush horin *n.* পুরুষ হরিণ stag
purush kontho *n.* পুরুষ কন্ঠ tenor
purushali *adj.* পুরুষালি manly
purushitto *n.* পুরুষত্ব potency
purushtulyo *adj.* পুরুষতুল্য masculine
pushiye neoa *n.* পুষিয়ে নেওয়া offset
pushiye neoa *v.t.* পুষিয়ে নেওয়া recoup
pushti *n.* পুষ্টি nutrition
puspito *n.* পুষ্পিত flowery
puspo *n.* পুস্প blossom
puspodhara *n.* পুষ্পাধার vase
puspostobok *n.* পুষ্পস্তবক posy
pustikor *adj.* পুষ্টিকর nutritious
pustikor upadan *n.* পুষ্টিকর উপাদান sustenance
pustok bikreta *n.* পুস্তক বিক্রেতা bookseller
pute deowa *v.t.* পুঁতে দেওয়া bury
puthigoto *adj.* পুঁথিগত bookish
putrobodhu *n.* পুত্রবধু daughter-in-law
putul *n.* পুতুল doll
putul *n.* পুতুল puppet
pyach *n.* প্যাঁচ screw
pyad *n.* প্যাড pad
pyadel *v.t.* প্যাডেল paddle
pyaket *n.* প্যাকেট pack
pyaket *n.* প্যাকেট packet
pyamflet *n.* প্যামফলেট pamphlet
pyant *n.* প্যান্ট pants
pyarasut *n.* প্যারশুট parachute

R

radkora *v.t.* রদ করা abolish
rag *n.* রাগ anger
rag *n.* র্যাগ rage
ragano *v.t.* রাগানো enrage
ragaragir pala *n.* রাগারাগির পালা tantrum
rahajani *n.* রাহাজানি brigandage
rai *n.* রায় verdict
raifel *n.* রাইফেল rifle
raifel *n.* রাই rye
raja *n.* রাজা king
raja *n.* রাজা monarch
rajar somorthok *n.* রাজার সমর্থক royalist
rajason *n.* রাজাসন throne
rajavisek *n.* রাজাভিষেক coronation
rajboiri *adj.* রাজবৈরী seditious
rajchinhadi *n.* রাজচিহ্নাদি regalia
rajdhani *n.* রাজধানী capital
rajdondo *n.* রাজদন্ড sceptre
rajhas *n.* রাজহাঁস swan
rajhotya *n.* রাজহত্যা regicide
raji houwa *v.i.* রাজি হওয়া assent
raji houwa *v.i.* রাজি হওয়া consent
raji kora *v.t.* রাজি করা induce
rajkhoma *n.* রাজক্ষমা amnesty
rajkumari *n.* রাজকুমারি princess
rajmistri *n.* রাজমিস্ত্রি bricklayer
rajmistri *n.* রাজমিস্ত্রি mason
rajmistriter vara *n.* রাজমিস্ত্রিদের ভারা scaffold
rajnitik *n.* রাজনীতিক politician
rajnitik *n.* রাজনীতি politics
rajodroho *n.* রাজদ্রোহ treason
rajohongso *n.pl.* রাজ হংস geese
rajohongso bises রাজহংসবিশেষ barnaclen.بار

rajokiyo *adj.* রাজকীয় majestic
rajokiyo *n.* রাজকীয় majesty
rajokiyo *adj.* রাজকীয় regal
rajokiyo *n.* রীজেনসি regency
rajokiyo *adj.* রাজকীয় royal
rajokiyo *n.* রয়্যালটি royalty
rajonyo borger poroborti ovijato somproday *n.* রাজন্যবর্গের পরবর্তী অভিজাত সম্প্রদায় gentry
rajoswo *n.* রাজস্ব exchequer
rajoswo *n.* রাজস্ব revenue
rajotwo *n.* রাজ্বত্ব kingdom
rajotwo *v.t.* রাজত্ব reign
rajoy *n.* রাজ্য domain
rajprasad *n.* রাজপ্রসাদ palace
rajputro *n.* রাজপুত্র prince
rajputrotulyo *adj.* রাজপুত্রতুল্য princely
rajsakhyi *n.* রাজসাক্ষী approver
rajtontro *n.* রাজতন্ত্র monarchy
rajyabhijogi *n.* রাজ্যাভিযোগী pretender
rajyer prodhan *n.* রাজ্যের প্রধান chancellor
rajyo *n.* রাজ্য realm
rajyo shashonrota rani *n.* রাজ্যশাসনরতা রানী regina
rajyopal *n.* রাজ্যপাল governor
rakha *v.* রাখা keep
rakha *n.* রাখা keeping
rakha রাখা put
ramdhonu *n.* রামধনু rainbow
rami *n.* র্যামি rummy
rangta *n.* রাংতা tinsel
rani *n.* রানী queen
ranisulobh *adj.* রানীসুলভ queenly
ranna ghor *n.* রান্না ঘর pantry
ranna somporkito *adj.* রান্না সম্পর্কিত culinary
rannaghor *n.* রান্নাঘর kitchen
rannar patro *n.* রান্নার পাত্র cooker
rasayanik podartho *n.* রাসায়নিক পদার্থ nitrate
rasayanik podartho *n.* রাসায়নিক পদার্থ nitre
rasayonik *adj.* রাসয়নিক chemical
rasayonik *n.* রাসয়নিক chemicals
rasayonik podartho *n.* রাসায়নিক পদার্থ calcium
rashbhari *adj.* রাশভারী staid
rashi *n.* রাশি heap
rashi rashi *n.* রাশি রাশি host
rashichokro *n.* রাশিচক্র horoscope
rashichokro *n.* রাশিচক্র zodiac
rashikrito *v.t.* রাশিকৃত amass
rashtodut *n.* রাষ্ট্রদুত consul
rashtraottwo *v.t.* রাষ্ট্রায়ত্ত nationalize
rashtroduter sohokari *n.* রাষ্ট্রদূতের সহকারী atache
rashtropoti *n.* রাষ্ট্রপতি president
rashtropoti sombondhiyo *adj.* রাষ্ট্রপতি সম্বন্ধী presidential
rasiyar ek rajnoitik dol *n.* রাশিয়ার এক রাজনৈতিকদল bolshevik
rasta *n.* রাস্তা road
rasta *n.* রাস্তা street
rasta *n.* রাস্তা way
rastar mor/sondhisthol *n.* রাস্তার মোড়/সন্ধিস্থল turning
rastar songsthol *n.* রাস্তার সংযোগস্থল cross-road
rastriyo *adj.* রাষ্ট্রীয় political
rastro punjo *n.* রাষ্ট্রপুঞ্জ commonwealth
rastro punjo *n.* রাষ্ট্র confederacy
rastrodut *n.* রাস্ট্রদূত ambassador
rastroduter doptor *n.* রাষ্ট্রদুতের দপ্তর consulate
rastroporichalon byabosthay dokkhota *n.* রাষ্ট্রপরিচালনব্যবস্থায় দক্ষতা statesmanship
rat *n.* রাত night
rater khabar *n.* রাতের খাবার dinner
rathomik *adj.* প্রাথমিক embryonic
ray *adj.* রায় ruling
ray dewa *v.t.* রায় দেওয়া adjudge
rechok drobyo *adj.* রেচক দ্রব্য purgative
red kovar *n.* রেড কভার counterpane
redir tel *n.* রেডির তেল castor oil
referee *n.* রেফারি umpire

rejistrar *n.* রেজিস্ট্রার registrar
rekha chitro *n.* রেখাচিত্র chart
rekhachitor *n.* রেখাচিত্র diagram
rekord *n.* রেকর্ড record
rekton *n.* রেকটর rector
rel *n.* রেল rail
rel *n.* রেল railway
reshom *n.* রেশম silk
reshom utpadon *n.* রেশম উৎপাদন sericulture
reshomguti *n.* রেশমগুটি silkworm
reshon *n.* রেশন ration
resom guti *n.* রেশম গুটি cocoon
resomer toiri kapor bises *n.* রেশমের তৈরি কাপড় বিশেষ gauze
restora *n.* রেস্তোঁরা restaurant
reyon *n.* রেয়ন rayon
ribsuchok oboy *interj.* ঋণসূচক অব্যয় bah
riket *n.* রিকেট rickets
riksha *n.* রিকশা ricksha
rin *v.t.* ঋন loan
rin porishodh *n.* ঋণ পরিশোধ quietus
ring master *n.* রিং মাস্টার ringmaster
ringrostho *v.t.* ঋণগ্রস্ত incur
rini *adj.* ঋণী indebted
rini thaka *v.t.* ঋণী থাকা owe
rinmuktir dolil *n.* ঋণমুক্তির দলিল quittance
rishi *n.* ঋষি saint
ritach deoa *n.* রিটাচ দেওয়া retouch
riti anujayi *adv.* রীতি অনুযায়ী alamode
ritu *n.* ঋতু season
ritu onujayi *adj.* ঋতু অনুযায়ী seasonable
ritushrab *n.* ঋতুস্রাব menstruation
rivit *n.* রিভিট rivet
rivolbhar *n.* রিভলভার revolver
robar *n.* রবার rubber
robibar *n.* রবিবার sunday
robibar bad diye je kon din *n.* বরিবার বাদ দিয়ে যে কোন দিন week-day
rochona *n.* রচনা composition
rod *n.* রোদ sunshine
rod kora *n.* রদ করা annulment
rodalo *adj.* রোদালো sunny
rodrokorojjwol *n.* রৌদ্রকরোজ্জ্বল sunlit
rog chota *adj.* রগচটা touchy
rog jibanu *n.* রোগজীবাণূ bacteriology
rog niramoy *adj.* রোগনিরাময় therapeutic
rog sonchar *n.* রোগসঞ্চার infection
roga *adj.* রোগা gaunt
rogate *n.* রোগাটে thinness
rogbahok *adj.* রোগবারক prophylactic
rogbishesh *n.* রোগবিশেষ mumps
rogchota *adj.* রগচটা shirty
rogir sojjay byabhrito patro *n.* রোগীর শয্যায় ব্যবহৃত পাত্র bed-pan
rogjibanu *n.* রোগজীবাণূ bacterium
rogjibanukhochito *adj.* রোগজীবাণূখচিত bacterial
rogmukti *v.t.* রোগমুক্তি convalesce
rogmukti *n.* রোগমুক্তি convalescence
rognirnoy *n.* রোগনির্ণয় diagnosis
rohosyo *n.* রহস্য mystery
rohosyomoy *adj.* রহস্যময় mysterious
roikhik *adj.* রৈখিক linear
rojon *n.* রজন rosin
rojosrab *n.pl.* রজঃস্রাব menses
roket *n.* রকেট rocket
rokha *v.* রক্ষা defend
rokha bestoni *n.* রক্ষা বেষ্টনী cordon
rokhon sil *n.* রক্ষণশীল tory
rokhonabekhon *n.* রক্ষণাবেক্ষণ upkeep
rokhonsil *adj.* রক্ষণশীল conservative
rokhya kora *v.t.* রক্ষা করা guard
rokkha kora *n.* রক্ষা করা safeguard
rokkhok *n.* রক্ষক protector
rokkhon *n.* রক্ষণ preservation
rokkhon *v.t.* রক্ষণ protect
rokkhonabekkhon *n.*رکی রক্ষণাবেক্ষণ maintenance
rokshok *n.* রক্ষক custodian
roktakto *adj.* রক্তাক্ত gory
roktalpota *n.* রক্তাল্পতা anachronism

roktambu *n.* রক্তাম্বু serum
rokto *n.* রক্ত blood
rokto ghonivuto *v.t.* রক্ত ঘনীভুত clot
roktobahe jomat badha *n.* রক্তবাহে রক্ত জমাট বাঁধা thrombosis
roktochosa *n.* রক্তচোষা vampire
roktokhoron *n.* রক্তক্ষরণ hemorrhage
roktopat *n.* রক্তপাত blood-shed
roktopat houwa *v.i.* রক্তপাত হওয়া bleed
roktoprobaho nali *n.* রক্তবাহ নালী blood-vessel
rolar *n.* রোলার roller
roman kyatholikder *n.* ক্যাথলিকদের পর্ব বিশেষ carnival
rondhon soili *n.* রন্ধনশৈলী cookery
rong *n.* রং colour
rong *n.* রং distemper
rong *v.t.* রং paint
rong bishesh *n.* রং বিশেষ red lead
rong er chorki *n.* রং এর চকড়ি crayon
rong kora *v.t.* রং করা dye
rongaloy *n.* রঙ্গালয় auditorium
ronger tartomyo *n.* রঙের তারতম্য hue
rongovumi *n.* রংগভূমি arena
ronjok podartho *n.* রঞ্জকপদার্থ pigment
ronjok podhartho *n.* রজ্জক পদার্থ fresco
ronjon *n.* রজ্জন resin
ronjon roshmi *n.* রঞ্জনরশ্মি x-ray
ronochondi *adj.* রণচন্ডী termagant
ronokoushol *n.* রণকৌশল tactics
ronokousolbid *n.* রণকৌশলবিদ tactician
ronopa *n.* রণপা stilt
ronsinga *n.* রণশিঙ্গা bugle
roptani *v.t.* রপ্তানি export
ros *n.* রস juice
rosalo *adj.* রসালো juicy
rosalo *adj.* রসালো succulent
rosatmok *n.* রসাত্মক humorous
rosayonbid *n.* রসায়নবিদ chemist
rosayonbidya *n.* রসায়নবিদ্যা chemistry
roshayonik podartho *n.* রসায়নিক পদার্থ magnesium
roshayonik podartho *n.* রসায়নিক পদার্থ manganese
roshi *n.* রশি cord
rosid *n.* রসিদ voucher
rosik *adj.* রসিক jocular
rosikota রসিকতা pleasantry
rosmi *n.* রশ্মি ray
rosun *n.* রসুন garlic
roth *n.* রথ chariot
rotonti *n.* রটন্তী tele-tale
rotti *n.* রত্তি mite
roudrodogdho *adv.* রৌদ্রদগ্ধ torrid
rouponirmito *adj.* রৌপ্যনির্মিত silvern
rsanrochok *adj.* রসনারোচক delicious
ruchisil *adj.* রুচিশীল elegant
ruddho swas *adj.* রুদ্ধশ্বাস breathless
rugno *adj.* রুগ্ন sickly
rumal *n.* রুমাল kerchief
rumal *n.* রুমাল muffler
rup *n.* রুপ form
rupa *n.* রুপা silver
rupa *v.t.* রুপা sliver
rupak *n.* রুপক metaphor
rupali রুপালি silvery
rupali dhatu bisheh *n.* রূপালি ধাতু বিশেষ aluminium
rupantoron *n.* রূপান্তরণ transformation
rupar pat *n.* রুপার পাত silverleaf
rupkar sahajo bornit *adj.* রূপকের সাহায্যে বর্ণিত allegorical
rupoban *adj.* রূপবান beauteous
rupok *n.* রূপক allegory
ruprekha *n.* রুপরেখা draft
ruti *n.* রুটি bread
rutir karkhana *n.* রুটির কারখানা bakery

S

saat *adj.* সাঠ sixty
saban *n.* সাবান soap
saban *n.* সাবান tallow
saban bishyok *n.* সাবান বিষয়ক soapy
sabaner fena *n.* সাবনের ফেনা lather
sabaner fena *n.* সাবানের ফেনা suds
sabash *int.* শাবাশ bravo
sablil *adj.* সাবলীল fluent
sablilta সাবলীলতা fluency
sada *adj.* সাদা white
sada kora *v.t.* সাদা করা blanch
sada kora *v.t.* সাদা করা bleach
sadamata *adj.* সাদামাটা homely
sadamata bhabe *adj.* সাদামাটাভাবে simply
sadh *n.* সাধ hobby
sadha jhuri *adj.* সাধা ঝুড়ি wicker
sadharon *adj.* সাধারন common
sadharon *adj.* সাধারন general
sadharon *adj.* সাধারণ ordinary
sadharon *adj.* সাধারন simple
sadharon gyaner porikkha *n.* সাধারণ জ্ঞানের পরীক্ষা quiz
sadharon khadyo *n.* সাধারন খাদ্য diet
sadharon kotha barta *adj.* সাধারণ কথাবার্তা tritet
sadharon lok *n.* সাধারন লোক commoner
sadharon lok *n.* সাধারণ লোক mediocrity
sadharon manush *n.* সাধারণ মানুষ populace
sadharon tana সাধারন সিদ্ধান্ত টানা generalize
sadharonoto *adv.* সাধারনত generally
sadhusulobh *adj.* সাধুসুলভ saintly
sador oborthana jyapon kora *v.t.* সাদর অভ্যার্থনা জ্ঞাপন করা welcome
sadrisho *n.* সাদৃশ্য accordance
sadrisyo *n.* সাদৃশ্য resemblance
sadrisyo *n.* সাদৃশ্য semblance
safolyo *n.* সাফল্য attainment
safolyo *n.* সাফল্য success
safolyo *n.* সাফল্য triumph
sagu *n.* সাগু sago
sahajo *v.t.* সাহায্য assist
sahajo kra *v.* সাহায্য করা aid
sahajyo chaoya *n.* সাহায্য চাওয়া recourse
sahajyo kora *v.t.* সাহায্য করা contribute
sahityik *adj.* সাহিত্যিক literary
sahityo *n.* সাহিত্যি literature
sahityo somporrkito *adj.* সাহিত্য সম্পর্কিত classical
sahojik *adj.* সাহজিক instinctive
sahos *n.* সাহস courage
sahos *n.* সাহস mettle
sahos dewa *v.t.* সাহস দেওয়া embolden
sahos kora *v.t.* সাহস করা dare
sahoser lorai *n.* সাহসের লড়াই bravado
sahosi *adj.* সাহসী bold
sahosi *adj.* সাহসী brave
sahosi *adj.* সাহসী courageous
sahosi *adj.* সাহসী plucky
sahosi udyog *n.* সাহসী উদ্যোগ enterprise
sahosik *adj.* সাহসিক gallant
sahosikota *n.* সাহসী্কতা boldness
sahyota *n.* সহায়তা assistance
saifon *n.* সাইফন siphon
saikel arohi *n.* সাইকেল আরোহী cyclist
saiklostail *n.* সাইক্লোস্টাইল cyclostyle
sain *n.* সাইন sine
sainbord *n.* সাইনবোর্ড signboard
sainpost *n.* সাইনপোস্ট signpost
saipras *n.* সাইপ্রাস cyp ress
saj *n.* সাজ serge
sakh *n.* শাঁখ conch
sakhi *n.* সাক্ষী witness
sakhyo *n.* সাক্ষ্য testimony
sakhyo proman *n.* সাক্ষ্যপ্রমান evidence
sakisi *n.* সালিসি arbitration
sakisi houwa *v.t.* সালিসি হওয়া arbitrate
sakkhatkar *n.* সাক্ষাৎকার interview
sakkhorota *n.* সাক্ষরতা literacy
salad *n.* সালাদ salad

salgom *n.* শালগম turnip
salisi *n.* সালিশি meditation
samajik *adj.* সামাজিক social
samanyo *adv.* সামান্য barely
samanyo *n.* সামান্য jot
samanyo *n.* সামান্য trifle
samanyo *adj.* সামান্য trivial
samanyo kichu *n.* সামান্য কিছু aught
sami ba stri *n.* স্বামী বা স্ত্রী spouse
samner dike takiye thaka *n.* সামনের দিকে তাকিথে থাকা starboard
samnyo/ tuchco *n.* সামান্য/তুচ্ছ trinket
samofri *n.* সামগ্রী thing
samogri *n.* সামগ্রী object
samonjosyo *n.* সামঞ্জস্য symmetry
samonjosyohin *adj.* সামাঞ্জস্যহীন incompatible
samonjosyopurno *adj.* সামঞ্জস্যপুণফ symmetrical
samonjsosyo *n.* সামঞ্জস্য concordance
samorik *adj.* সামরিক martial
samorik *adj.* সামরিক military
samorik *adj.* সামরিক warlike
samorik rosod *n.* সামরিক রসদ munition
samortho *n.* সামর্থ্য ability
samoyik biroti *v.t.* সাময়িক বিরতি pause
samoyik borkhasto koron *n.* সাময়িক বরখাস্তকরণ suspension
samoyik khamkheyal *n.* সাময়িক খামখেয়াল fad
samoyiki *n.* সাময়িকী journal
sampoorna bayushunno *n.* সম্পুর্ন বায়ুশুন্য vacuum
samprodayik *adj.* সাম্প্রদায়িক racial
samprotik *adj.* সাম্প্রতিক latter
samprotik *adj.* সাম্প্রতিক modern
samprotiktomo *adv.* সামপ্রতিকতম up-to-date
samrajyo *n.* সাম্রাজ্য empire
samrajyo *adj.* সাম্রাজ্য imperial
samrajyobad *n.* সাম্রাজ্যবাদ imperialism
samudrik *adj.* সামুদ্রিক marine
samudrik machh *n.* সামুদ্রিক মাছ cod
samudrik machh *n.* সামুদ্রিক মাছ sole
samudrik pokhi *n.* সামুদ্রিক পক্ষী albatross
samudrik prani *n.* সামুদ্রিক প্রাণী dolphin
samudrik pranibeshesh *n.* সামুদ্রিক প্রাণীবেশেষ seal
samuk *n.* শামুক triton
samyobad *n.* সাম্যবাদ communism
samyobadi *n.* সাম্যবাদী communist
sandhyokalin ganer asor *n.* সান্ধ্যকালীন গানের আসর soiree
sangbadik *n.* সাংবাদিক journalist
sangbadikota *n.* সাংবাদিকতা journalism
sanggothonik komiti *n.* সাংগঠনিক কমিটি caucus
sannidhyo *n.* সান্নিধ্য proximity
santi *n.* শান্তি composure
santo *adj.* শান্ত tranquil
santo houwa *adv.* শান্ত হওয়া calmly
santo kora *v.t.* শান্তকরা becalm
santona *n.* সান্তনা consolation
santona *v.t.* সান্তনা console
santona *n.* সান্ত্বনা solace
santovab *n.* শান্ত ভাব calmness
sap *n.* সাপ cobra
sap *n.* সাপ serpent
sap *n.* সাপ snake
saptahik *adj.* সাপ্তাহিক weekly
sar *n.* সার manure
sar songroho kora *v.t.* সার সংগ্রহ করা summarize
sara *n.* সাড়া response
sara biswa jure *adj.* সারা বিশ্ব জুড়ে worl·wide
sarangso *n.* সারাংশ essence
sarangso *n.* সারাংশ nutshell
sarangso *n.* সারংশ synopsis
sarbobhoumo *n.* সার্বভৌম sovereign
sarbobhoumo khomota *n.* সার্বভৌম ক্ষমতা sovereignty
sarbojonin *adj.* সর্বজনীন universal
sarbostu *n.* সারবস্তু quiddity
sari *n.* সারি row

sari kore sajano *v.t.* সারি করে সাজানো align
saririk durbolota *n.* শারীরিক দুর্বলতা emaciation
sarjent *n.* সার্জেন্ট sergeant
sarkas *n.* সারকাস circus
saroni boddho সারণিবদ্ধ tabular
saros *n.* সারস crane
saros *n.* সারস stork
sarothi *n.* সারথি charioteer
sarsongkhep *n.* সারসংক্ষেপ docket
sarsongkhep *n.* সারসংক্ষেপ summing
sarthok *adj.* সার্থক effectual
sartifiket *n.* সার্টিফিকেট certificate
sason kora *v.i.* শাসন করা govern
sat *adj.* সাত seven
satar *v.i.* সাঁতার swim
satgun *adj.* সাত গুন sevenfold
satlipi *n.* সাটলিপি shorthand
sattomo *adj.* সাট sixtieth
satyota proman kora *v.t.* সত্যতা প্রমান করা vindicate
satyota protipadon *n.* সত্যতা প্রতিপাদন vindication
saya *n.* সায়া petticoat
sbhorupe antorbhukto kora *v.* সভ্যরূপে অন্তর্ভুক্ত করা affilliate
sborda *adv.* সর্বদা always
sdorer bahirbhag *n.* সদরের বাহির্ভাগ facade
sdrisho *adj.* সদৃশ alike
sdrisho *n.* সদৃশ analogy
se সে he
se guli *pro.* সেগুলি those
sebakaje nibedito narisongho *n.* সেবাকাজে নিবেদিত নারীসঙ্ঘ sisterhood
sebder utpotti o itihas songkranto bigyan *n.* শব্দের উপত্তি ও ইতিহাস সংক্রান্ত বিজ্ঞান etymology
segin gacch *n.* সেগুন গাছ teak
seher dike *n.* শেষের দিকে fag-end
sei khane *adv.* সেই খানে therein
sei sthan *n.* সেই স্থান pitch
sei sutre *adv.* সেই সূত্রে thereby
sek *n.* সেক fomentation
sek dewa *v.t.* সেক দেওয়া foment
seka pauruti *n.* সেঁকা পাঁউরুটি toast
sekelvab *n.* সেকেলেভাব archaism
sekhane *adv,* সেখানে there
sekstant *n.* সেক্সটানট sextant
selai *v.t.* সেলাই sew
selai *n.* সেলাই sewing
selai *n.* সেলাই stitch
selai ba bonar jonney suto *n.* সেলাই বা বোনার জন্য সুতা yarn
selai koler padani *n.* সেলাইকলের পাদানি treadle
selai kora *adj.* সেলাই করা sewn
selaiyer dag *n.* সেলাইয়ের দাগ suture
selun *n.* সেলুন saloon
sena bahinir ongso bises *n.* সেনাবাহিনীর অংশ বিশেষ battalion
sena somporkiyo *n.* সেনা সম্পর্কিয় regiment
senabahinir podadhikari *n.* সেনাবাহিনীর অফিসার lieutenant
senapoti *n.* সেনাপতি commander
senaptir shokari bishes *n.* সেনাপতির সহকারী বিশেষ adjutant
senka *v.t.* সেঁকা bake
senthsanthe *adj.* সেঁতসেঁতে dank
septembor *n.* সেপ্টেম্বর september
sesh kora *v.t.* শেষ করা exterminate
sesh kora *v.t.* শেষ করা finish
setu
n. সেতু bridge
setu poth *n.* সেতু পথ viaduct
sfito houwa *v.t.* স্ফীত হওয়া। bloat
sfito ongso *n.v.i.* স্ফীত অংশ bulge
sfotik tukro *n.* স্ফতিক টুকরো crystal
sgotro *adj.* সগোত্র akin
shajyo *n.* সাহায্য help
shakha *n.* শাখা offshoot
shakha *n.* শাখা বিভাগ ramification
shakha bibhokto kora *v.t.* শাখা বিভক্ত করা ramify
shal *n.* শাল shawl

shamuk *n.* শামুক snail
shan deowa *v.t.* শাণ দেওয়া whet
shan showbdo kore *v.i.* শাঁ শব্দ করে whiz
shanit *adj.* শণিত sharp
shanti *n.* শান্তি peace
shantipurno *adj.* শান্তিপুর্ণ peaceful
shanto *adj.* শান্ত pacific
shanto *adj.* শান্ত placid
shanto *n.* শান্ত placidity
shanto *adj.* শান্ত quiescent
shanto *v.t.* শান্ত quiet
shanto *adj.* শান্ত unappeasable
shanto bhabe *adv.* শান্ত ভাবে quietly
shanto kora *v.t.* শান্ত করা soothe
shantokora *v.t.* শান্ত করা pacify
shantokoron *n.* শান্তকরণ pacification
shap deoa *v.t.* শাপ দেওয়া revile
shar *n.* ষাঁড় bull
sharirik *n.* শারীরিক labour
sharirik *adj.* শারীরিক physical
sharter kapor *n.* শার্টের কাপড় shirting
shashon kora *v.t.* শাসন করা administer
shashuri *n.* শাশুরি mother-in-law
shasok *n.* শাসক ruler
shasonbyabostha *n.* শাসনব্যবস্থা regime
shasti *v.t.* শাস্তি punish
shasti *n.* শাস্তি punishment
shastijogyo *adj.* শাস্তিযোগ্য punishable
shastimulok *adj.* শাস্তিমুলক punitive
shayito শায়িত recumbent
shayok *n.* সহায়ক accessary
shayok *adj.* সহায়ক ancilliary
shekha *v.t.* শেখা learn
sheola *n.* শেওলা moss
sheyal *n.* শেয়াল jackal
sheyarer dalal *n.* শেয়ারের দালাল jobber
shighroi *adv.* শ্রীঘ্রই shortly
shikar *v.t.* শিকার hunt
shikar *n.* শিকার prey
shikari *n.* শিকারি hunter
shikari kukur *n.* শিকারি কুকুর hound
shikha *n.* শিখা flame
shikhamulok *adj.* শিক্ষামুলক didactic
shikhor *n.* শিখর summit
shikhyaton *n.* শিক্ষায়তন academy
shikkha *n.* শিক্ষা instruction
shikkha deoa *v.t.* শিক্ষা দেওয়া instruct
shikkhanobish *n.* শিক্ষানবিশ novice
shikkharthi *n.* শিক্ষার্থী scholar
shikkhashrom *n.* শিক্ষাশ্রম seminary
shikkhasongkranto *adj.* শিক্ষাসংক্রান্তো scholastic
shikkhok *n.* শিক্ষক preceptor
shikni *n.* শিকনি snot
shikol *n.* শিকল manacle
shikor *n.* শিকড় root
shiksha *n.* শিক্ষা teaching
shila *n.* শিলা precipice
shilakhondo *n.* শিলাখন্ড rock
shilapurno *adj.* শিলাপুর্ণ rocky
shilopkorm bishes gyan *n.* শিল্পকর্ম বিশেষ জ্ঞান virtuoso
shilpo elaka *adj.* শিল্প এলাকা industrial
shim bik *n.* শিম বীক legume
shing *n.* শিং horn
shira *n.* শিরা vein
shirap *n.* সিরাপ sirup
shirish kagoj *n.* সিরিশ কাগজ san·paper
shironam *n.* শিরোনাম heading
shirosthan *n.* শিরস্থান casque
shirostran *n.* শিরস্ত্র helmet
shirsho bindute *v.t.* শীর্ষবিন্দুতে culminate
shirsobindhu *n.* শীর্ষবিন্দু vertex
shishdhwoni *adj.* শিসধ্বনি sibilant
shishtachari *adj.* শিষ্টাচারী polite
shishtacharmanyota *n.* শিষ্টাচারমান্যতা prudery
shishtota *n.* শিষ্টতা politeness
shishu *n.* শিশু infant
shishugari *n.* শিশুগাড়ি perambulator
shishugondha *n.* শিশুগন্ধা jasmine
shishuhotya *n.* শিশুহত্যা infanticide
shit *adv.* সহিত along
shitihin *adj.* স্থিতিহীন unstable
shitkal *n.* শীতকাল winter

shito *adj.* শিষ্ট urbane
shitol achoron *v.* শীতল আচরণ snub
shitol kora *v.t.* শীতল করা refrigerate
shitol kora jontro *n.* শীতল করা যন্ত্র refrigerator
shitolota *n.* শীতলতা frigidity
shlesh *n.* শ্লেষ sarcasm
shleshpurno *adj.* শ্লেষপুর্ণ sarcastic
shnar *n.* ষাঁড় ox
shnrer dak *n.* ষাঁড়ের ডাক bellowings
shnuya poka *n.* শুঁয়া পোকা larva
shoa *v.i.* শোয়া nestle
shobadharer bhari kapor *n.* শবাধারের ভারী কাপড় pall
shobaloy *n.* শবালয় morgue
shobdo koutuk *n.* শব্দ কৌতুক pun
shobdo kre shwas grohn ba tyag *v.t.* শব্দ করে স্বাস গ্রহন বা ত্যাগ wheeze
shobdokosh *n.* শব্দকোষ lexicon
shobha *n.* শোভা scenery
shobhamoy শোভাময় ornamental
shobhon *adj.* শোভন decent
shobhon *adj.* শোভন decorous
shobhon *adj.* শোভন seemly
shobjan *n.* শবযান hearse
shobkeyan *n.* শবকেয়ান hemlock
shochib *n.* সচিব secretary
shochoniyo *adj.* শোচনীয় pitiable
shochoniyo *adj.* শোচনীয় sordid
shochoniyobhabe *adv.* শোচনীয়ভাবে sorely
shodh kora *v.t.* শোধ করা requite
shodha kora *v.t.* শ্রদ্ধা করা admire
shodhon *n.* শোধন refinement
shodhonagar *n.* শোধানাগার refinery
shohid *n.* শহীদ martyr
shohidotwo *n.* শহীদত্ব martyrdom
shoili *n.* শৈলী style
shoitan *n.* শয়তান deuce
shoitan *n.* শয়তান fiend
shoj *adj.* সহজ downright
shoj kora *v.t.* সহজ করা facilitate
shoje gas prinoto hoi *adj.* সহজে গ্যাস পরিনত হয় volatile
shojsadhya *adj.* সহজসাধ্য facile
shok kora *v.t.* শোক করা lament
shok kora *v.t.* শোক করা mourn
shokari *n.* সহকারী assistant
shokishali bisphorok *n.* শক্তিশালী বিস্ফোরক dynamite
shokpurno *adj.* শোকপুর্ণ plaintive
shoksongbad *adj.* শোকসংবাদ obituary
shokti *v.t.* শক্তি, অনুভুতি deaden
shokti *n.* শক্তি might
shokti *n.* শক্তি power
shokti *n.* শক্তি stamina
shokti *n.* শক্তি strength
shoktidayok *adj.* শক্তিদায়ক refreshing
shoktihin *adj.* শক্তিহীন powerless
shoktiman, maratwok *n.* শক্তিমান, মারাত্মক virulent
shoktisali *adj.* শক্তিশালী potent
shoktishali *adj.* শক্তিশালী powerful
shokto *adj.* শক্ত hard
shokto *adj.* শক্ত strict
shokun *n.* শকুন vulture
sholo *n.* ষোল sixteen
sholotomo *adj.* ষোল তারিখ sixteenth
sholyobidhya *n.* শল্যবিদ্যা surgery
shona *v.i.* শোনা hark
shona *v.t.* শোনা hear
shona *v.i.* শোনা listen
shongach *n.* শণগাছ flax
shonibar *n.* শনিবার saturday
shonibar *n.* শনি saturn
shopoth *on* শপথ oath
shopoth *v.t.* শপথ swear
shopoth potro *n.* শপথপত্র affidavit
shorbot *n.* শরবত sherbet
shorirbondhok *n.* শরীরবন্ধক hostage
shorojontro *n.* ষড়যন্ত্র conspiracy
shorojontro *v.t.* ষড়যন্ত্র conspire
shoronagoto *adj.* শরণাগত suppliant
shoronarthi *n.* শরণার্থী refugee
short *n.* স্রোত afflux

shortadhin *conj.* শর্তাধীন whether
shortadhin bishoy *n.* শর্তাধীন বিষয় stipulation
shorto *adj.* শর্ত subjunctive
shorto uposthapona kora *v.t.* শর্ত উপস্থাপনা করা stipulate
shoshoni *n.* শোষণী swab
shotkora har *n.* শতকরা হার percentage
shoto *n.* শত hundred
shotru *n.* শত্রু foe
showpdochoyon *n.* শব্দচয়ন diction
shoyoun *n.* শয়ন sleeper
shoytan *n.* শয়তান satan
shoytani *adj.* শয়তানি satanic
shreni *n.* শ্রেণী series
shreshthota *n.* শ্রেষ্ঠতা superiority
shri *n.* শ্রী mister
shriman *n.* শ্রীমান seigneur
shrobon *n.* শ্রবন hearing
shrobonatit *adj.* শ্রবণাতীত inaudible
shroddha kora *v.t.* শ্রদ্ধা করা revere
shroddhanwito *adj.* শ্রদ্ধান্বিত reverent
shroddheyo *adj.* শ্রদ্ধেয় reputable
shroddhyay obhibhuto *v.t.* শ্রদ্ধায় অভিভুত overawe
shroddhyeo *adj.* শ্র্দ্ধেয় reverend
shromikder prodhan *n.* শ্রমিকদের প্রধান foreman
shromosadhyo *adj.* শ্রমসাধ্য laborious
shrui bidya *adj.* শ্রুই বিদ্যা acoustic
shrutulipi *n.* শ্রুতলিপি dictation
shthan *n.* স্থান accommodation
shthapon kora *v.t.* স্থাপন করা found
shthayi *prep.* স্থায়ী abiding
shtri bosh *adj.* স্ত্রীবশ hen-packed
shtrubahini *adj.* শত্রুবাহিনী hostile
shtulbudhi somponno log *n.* স্থুলবুদ্ধিসম্পন্ন লোক dunce
shubhankar *n.* সুভঙ্কর mascot
shubho ba oshubo sonket *n.* শুভ বা অশুভ সংকেত omen
shuddhimulok *n.* শুদ্ধিমুলক purgatory
shuddhota *n.* শুদ্ধতা purity
shudhu শুধু merely
shukh dan kora *n.* সুখ দান করা regale
shukhi *adv.* সুখী happily
shukna *adj.* শুকনা sere
shukor *n.* শুকর pig
shukor *n.* শুকর swine
shukrubar *n.* শুক্রুবার friday
shuktara *n.* শুক্তার morning star
shulko dharjer jogyo *adj.* শুল্ক ধার্যের যোগ্য dutiable
shunno *adj.* শুন্য void
shunyo *n.* শুন্য nill
shunyosthan puron *v.t.* শুন্যস্থান পুরণ replenish
shuru *n.* শুরু inception
shuru hoya *v.t.* শুরু হওয়া originate
shuru hoya *n.* শুরু outset
shuru kora *v.t.* শুরু করা start
shwasrodh *n.* শ্বাসরোধ suffocation
shyalika *n.* শ্যালিকা sister-in-law
shyam *adj.* শ্যাম swarthy
shyampu *v.t.* শ্যাম্পু shampoo
siddho houwa *v.* সিদ্ধ হওয়া boil
siddho korar jonyo patro *n.* সিদ্ধ করার জন্য পাত্র boiler
sidhanto newa *v.t.* সিদ্ধান্ত নেওয়া decide
sidhanto newa *n.* সিদ্ধান্ত decision
sigaret *n.* সিগারেট cigarette
sihoron *n.* শিহরণ tremor
sikhagot joger snodptro *n.* শিক্ষাগত যোগ্যার সনদপত্র diploma
sikhanobish *n.* শিক্ষানবিশ apprentice
sikhto kora *v.t.* সিক্ত করা drench
sikhya *n.* শিক্ষা enlightenment
sikhyadan kora *v.t.* শিক্ষাদান করা educate
sikhyamulok *adj.* শিক্ষামুলক educational
sikkhito *adj.* শিক্ষিত literate
sikol *n.* শিকল chain
sikshanobish শিক্ষানবিশ tiro
sikshanobish *n.* শিক্ষানবিশ trainee
sikshito *adj.* শিক্ষিত educated
sikshokota *v.t.* শিক্ষকতা teach

sikshokota *n.* শিক্ষক teacher
sikshon *n.* শিক্ষণ tuition
sikshya *n.* শিক্ষা education
sikshya bid *n.* শিক্ষাবিদ educationist
sikto hoya *v.t.* সিক্ত হওয়া soak
sila khondo *n.* শিলাখন্ড boulder
silindar *n.* সিলিন্ডার cylinder
silindar akritobisisto *adj.* সিলিন্ডার আকৃতবিশিষ্ট cylindrical
silmohor *n.* সীমোহর signet
silpisulov *adj.* শিল্পীসুলভ artistic
silpo kousol *n.* শিল্প কৌশল craft
silpodokhyota *n.* শিল্পদক্ষতা artistry
silpokormo prodorshoner jonyo vobon *n.* শিল্পকর্ম প্রদর্শনের জন্য ভবন gallery
sima *n.* সীমা limit
sima chariye jauwa *v.t.* সীমা ছাড়িয়ে যাওয়া transgress
sima chinhito kora *v.* সীমা চিহ্নিত করা circumscribe
sima otikromkari *n.* সীমা অতিক্রমকারী transgressor
simaboddho *adj.* সীমাবদ্ধ finite
simabodho *n.* সীমাবদ্ধ determinate
simabodhoyota *n.* সীমাবদ্ধতা constraint
simabodhyo kora *v.t.* সীমাবদ্ধ করা constrain
simahin *adj.* সীমাহীন unbounded
simalonghon *n.* সীমালঙ্ঘন transgression
simanirdharon *n.* সীমানির্ধারণ demarcation
simanto *n.* সীমান্ত border
simanto *n.* সীমা bound
siment *n.* সিমেন্ট cement
simito *n.* সীমিত strictness
simito kora *v.t.* সীমিত করা restrict
simitokoron *n.* সীমিতকরণ restriction
simpanji *n.* শিম্পানজি chimpanzee
sindel chor *n.* সিঁদেল চোর burglar
sindoor *n.* সিন্দুর vermilion
sinduk *n.* সিন্দুক ark
sinduk *n.* সিন্দুক chest
singher matha *n.* সিংহের মাথা chimera
singho *n.* সিংহ lion
sinhasoncuto kora *v.t.* সিংহাসনচ্যুত করা dethrone
sinr danra *n.* শিড়দাঁড়া backbone
sinrir hatolwala stomvo sreni *n.* সিঁড়ির হাতলওয়ালা স্তম্ভশ্রেণী banister
sipai *n.* সিপাই sepoy
siri *n.* সিড়ি stair
sirinj *n.* সিরিনজ syringe
sirirsikto *adj.* শিশিরসিক্ত dewy
sirochhed kora *v.t.* শিরচ্ছেদ করা behead
sironam *n.* শিরোনাম title
sironame *v.t.* শিরোনামে entitle
sirosched kora *v.t.* শিরশ্ছেদ করা decapitate
sirsho *n.* শীর্ষ top
sirshosthaniyo *n.* শীর্ষস্থানীয় toper
sis dhowoni *n.* শিস ধ্বনি whistle
sisa diye dhaka *v.t.* সীসা দিয়ে ঢাকা lead
sishtota *n.* শিষ্টতা decorum
sishu *n.* শিশু Babe
sishur nay kotha bola *v.t.* শিশুর ন্যায় কথা বলা babble
sisir *n.* শিশির dew
sisir sikto kora *v.* শিশির সিক্ত করা bedew
sista char *n.* শিষ্টাচার courtesy
sisu *n.* শিশু child
sisu *n.* শিশু children
sisu *n.* শিশু chit
sisuder khelna bises *n.* শিশুদের খেলনা বিশেষ bauble
sisur moto *adj.* শিশুর মতো childlike
sisyo *n.* শিষ্য disciple
sit nibarok ununer jhajhori *n.* শীত নিবারক উনুনের ঝাঁঝরি grate
skarbhi *n.* স্কার্ভি scurvy
sket *n.* স্কেট skate
skotlyandbasi *n.* স্কটল্যান্ডেবাসী scot
skriyo *adj.* সক্রিয় active
slej gari *n.* স্লেজ গাড়ি sledge
slej gari *n.* স্লেজ গাড়ি sleigh
slet *n.* স্লেট slate

slogan *n.* স্লোগান slogan
slojijitobhabe *adv.* সলজ্জিতভাবে ablush
smadhan sadhoyo *adj.* সমাধান সাধ্য answerable
smahit vhab *n.* সমাহিত ভাব absorption
sman obostha *n.* সমান অবস্থা uniformity
smarok *n.* স্মারক memorandum
smarok *n.* স্মারক reminder
smbhob সম্ভব feasible
smbondhiyo *adj.* সন্বিবদ্ধ allied
smoron *n.* স্মরণ rocollection
smoron *v.t.* স্মরণ remember
smoron *n.* স্মরণ remembrance
smoron *v.t.* স্মরণ remind
smoron kora *n.* স্মরন করা bethink
smoron kora *v.t.* স্মরণ করা recapture
smoron kora *v.t.* স্মরণ করা recollect
smoronatig *adj.* স্মরণতিগ immemorial
smoroniyo স্মরণীয় memorable
smortho *adj.* সমর্থ able
smortho howa *v.* সমর্থ হওয়া afford
smorthon *n.* সমর্থন acceptance
smosti *v.* সমষ্টি amount
smosto *adj.* সমস্ত all
smoyer asongiti *adj.* সময়ের অসংগতি amusing
smprodan *n.* সম্প্রদান dative
smridho *n.* সমৃদ্ধি affluence
smridho *adj.* সমৃদ্ধ affluent
smriti *n.* স্মৃতি memory
smritibahi *adj.* স্মৃতিবাহী reminiscent
smriticharon *n.* স্মৃতিচরণ reminiscence
smriticinho *n.* স্মৃতিচিহ্ন souvenir
smritigoto bhranti *n.* স্মৃতিগত ভ্রান্তি lapse
smritikotha *n.* স্মৃতিকথা memoir
smritirokhok *v.t.* স্মৃতিরক্ষণ commemorate
smritirokhon *v.t.* স্মৃতিরক্ষণ commemoration
smritisoudha *v.i.* স্মৃতিসৌধ memorial
smritisoudha *adj.* স্মৃতিসৌধ monument
smritisoudha sombondhi *n.* স্মৃতিসৌধ সম্বন্ধী monumental
smritisurobhito *adj.* স্মৃতিসুরভিত redolent
smudrojat shoibal *n.* সমুদ্রজাত শৈবাল wrack
snan *n.* স্নান bath
snan korano *v.t.* স্নান করানো bathe
snanagar *n.* স্নানাগার lavatory
snarashi *n.* সাঁড়াশি pincers
snash *n.* শাঁস kernel
snash *n.* শাঁস pith
snatok *n.* স্নাতক graduate
snayu *n.* স্নায়ু nerve
snayu sombondhi *adj.* স্নায়ুসম্বন্ধী nervous
snayuboikolyo *n.* স্নায়ুবৈকল্য neurosis
snayushul *n.* স্নায়ুশুল neuralgia
snayusombondhi *adj.* স্নায়ুসম্বন্ধী neural
snayuuttejona proshomito kore emon *adj.* স্নায়ু উত্তেজনা প্রশামিত করে এমন sedative
sneh *n.* স্নেহ affection
snehshil *adj.* স্নেহশীল affectionate
sob *n.* শব carcass
sob *n.* শব corpse
sob somoy kaje lege thaka *v.t.* সব সময় কাজে লেগে থাকা engross
sobak cholochitro *n.* সবাক চলচ্চিত্র talkies
sobcheye sonkotjonok obostha *adj.* সবচেয়ে সঙ্কটজনক অবস্থা worst
sobdarombor purno *n.* শব্দাড়ম্বর পূর্ণ bombast
sobder byakhya somboliti talika *n.* শব্দের ব্যাখ্যা সমলিত তালিকা glossary
sobdo *adj.* শব্দ bad
sobdo borjon *n.* শব্দ বর্জন ellipsis
sobdoramborpurno *adj.* শব্দাড়াম্বরপুর্ন verbose
sobematro *adv.* সবেমাত্র scarcely
sobha *n.* সভা meeting
sobhapotitwo *v.t.* সভাপতিত্ব preside
sobhapotitwo সভাপতিত্ব presidency
sobhite *n.* সোভিয়েট soviet
sobiram *adj.* সবিরাম remittent
sobistare *v.t.* সবিস্তারে detail

sobistare bola সবিস্তারে বলা tell
sobodaho *v.t.* শবদাহ cremate
sobojan *n.* শবযান bier
sobole tana *v.t.* সবলে টানা haul
sobole tana *v.t.* সবলে টানা tug
sobuj *adj.* সবুজ green
socheton gyan *n.* সচেতন জ্ঞান cognizance
sochib *n.* সচিব secretary
sochibaloy *n.* secretariate
sochitrikoron *n.* সচিত্রীকরণ illustration
sochoniyo *n.* শোচনীয় deplorable
sochoniyo , hotbhagyo *adj.* শোচনীয়, হতভাগ্য wretched
sochorachor *adj.* সচরাচর usual
soda *n.* সোডা soda
sodasoy *adj.* সদাশয় benignant
sodhoi howe dewa *v.t.* সদয় হয়ে দেওয়া vouchsafe
sodiyam boret *n.* সোডিয়াম বোরেট tincal
sodor rasta *n.* সদর রাস্তা thoroughfare
sodosyo *n.* সদস্য member
sodoy *adj.* সদয় genial
sodoy *n.* সদয় kind
sodoy hoya *v.t.* সদয় হওয়া relent
sodoyota *n.* সদয়তা charity
sodriso সদৃশ congruent
sodriso hoya *v.t.* সদৃশ হওয়া resemble
sodrriso *adj.* সদৃশ congenial
soduddesyo *n.* সদুদ্দেশ্য bonafides
sodyo bibahito purush *n.* সদ্য বিবাহিত পুরুষ benedick
sofa *n.* সোফা sofa
sofol *v.t.* সফল succeed
sofol *adj.* সফল successful
sofolokay houwa *v.t.* সফলকায় হওয়া attain
sogyan *adj.* সজ্ঞান conscious
sohaga *n.* সোহাগা borax
sohanubhutipurno somporko *n.* সহানুভুতিপুর্ণ সম্পর্ক rapport
sohanubhutishil *adj.* সহানুভুতিশীল sympathetic
sohanubhutishil *v.i.* সহানুভুতিশীল sympathize
sohasye *adj.* সহাস্যে smiling
sohayok *adj.* সহায়ক auxiliary
sohayok *adj.* সহায়ক conducive
sohayok *adj.* সহায়ক subsidiary
sohishnu *adj.* সহিষ্ণু tolerant
sohjyo kshomota *n.* সহ্যক্ষমতা endurance
soho *prep.* সহ with
soho sorik *n.* সহ শরিক copartner
sohocharjyo *n.* সহচার্য companionship
sohochor *n.* সহচর companion
sohodhormi *n.* সহধর্মী brethren
sohodor vai *n.* সহোদর ভাই brother
sohoj bodhyo *adj.* সহজবোধ্য evident
sohoj bodhyo *n.* সহজবোধ্য transparence
sohojato *adj.* সহজাত inborn
sohojato *n.* সহজতা simplicity
sohojbosyota *n.* সহজবশ্যতা tractability
sohoje সহজে easily
sohoje *adj.* সহজ easy
sohoje dahjyo *adj.* সহজে দাহ্য combustible
sohoje drrishto *adj.* সহজে দৃষ্ট distinct
sohojogi rupe kaj *v.i.* সহযোগীরুপে কাজ collaborate
sohojogita *n.* সহযোগিতা co-operation
sohojojon kora *v.t.* সহযোযন করা co-opt
sohojojon kora *v.t.* সহযোযন করা co-ordinate
sohojpacho *adj.* সহজপাচ্য digestible
sohojpathyo boi *n.* সহজপাঠ্য বই pap
sohojprokriti *n.* সহজপ্রকৃতি instinct
sohojsadhyata *n.* সহজসাধ্যতা facility
sohokormi *n.* সহকর্মী colleague
sohokormi nabik *n.* সহকর্মি নাবিক shipmate
sohoniyo *adj.* সহনীয় bearable
sohoniyo *n.* সহনীয় tolerable
sohopathi *n.* সহপাঠী class-mate
sohor *n.* শহর town
sohosa lafiye otha *v.t.* সহসা লফিয়ে ওঠা bounce

sohoshnuta *n.* সহিষ্ণুতা tolerance
sohosrabdo সহস্রাব্দ millennium
sohosro *adj.* সহস্র thousand
sohridoy *n.* সহৃদয় humane
sohure *adj.* শহুরে urban
sohyaok *adj.* সহায়ক helpful
soilimoy *adj.* শৈলীময় chic
soinik *n.* সৌনিক soldier
soinik sibir *n.* সৈনিক শিবির camp
soinikder kit baag *n.* সৈনিকদের কিট ব্যাগ valise
soinyo dol bises *n.* সৈন্য দল বিশেষ brigade
soinyo dole sikhanobish *n.* সৈন্য দলে শিক্ষানবিশ cadet
soinyobahini *n.* সৈন্যবাহিনী army
soinyobahinir vagbises *n.pl.* সৈন্যবাহিনীর ভাগবিশেষ corps
soinyoder chauni *n.* সৈন্যদের ছাউনি canonment
soinyodoler senapoti *n.* সৈন্যদলের সেনাপতি brigadier
soisob *n.* শৈশব babyhood
soisob *n.* শৈশব childhood
soitanchito *adj.* শয়তানোচিত devilish
soja *adj.* সোজা upright
sojag drishti *n.* সজাগ দৃষ্টি oversight
sojaru *n.* শজারু porcupine
sojasuji সোজাসুজি straightway
sojib *adj.* সজীব spirited
sojib *adj.* সজীব spirited
sojjito *p.p.* সজ্জিত clad
sojjito kora *n.* সজ্জিত করা bedeck
sojjito kora *v.t.* সজ্জিত করা equip
sojjito kora *v.t.* সজ্জিত করা garnish
sojjon *n.* সজ্জন gentleman
sojotne lalon *v.t.* সযত্নে লালন cherish
sojyasayi শয্যাশায়ী bed-rid
sokal *n.* সকাল morning
sokal *n.* সকাল morning
sokhom *adj.* সক্ষম capable
sokhom kore bola *v.t.* সক্ষম করে বলা capacitate
sokogatha *n.* শোকগাথা elegy
sokormok *adj.* সকর্মক transitive
sokproksh *n.* শোকপ্রকাশ condolence
sokshom kora *v.t.* সক্ষম করা enable
sokti *n.* শক্তি energy
soktir porimap *n.* শক্তির পরিমাপ calliper
soktishali hoya *v.t.* শক্তিশালী হওয়া strengthen
soktishali hoya *n.* শক্তিশালী strychnine
sokto hate dhora *n.* শক্ত হাতে ধরা grip
sokto kore dhora *v.i.* শক্ত করে ধরা grapple
sokto nilav dhatu *n.* শক্ত নীলাভ ধাতু zinc
solte *n.* সলতে wick
somabesh *v.t.* সমাবেশ congregate
somabesh *n.* সমাবেশ congregation
somadhan *n.* সমাধান solution
somadhan *v.t.* সমাধান solve
somadhi lipi *n.* সমাধিলিপি epitaph
somadhikhetra সমাধিক্ষেত্র necropolis
somadhistho koron *n.* সমাধিস্থ করন burial
somadhisto *n.* সমাধিস্তম্ভ grave
somadhisto kora *v.t.* সমাধিস্থ করা entomb
somadhu ghorwor *n.* সমাধিগহ্বর tomb
somahito *adj.* সমাহিত sedate
somahitokoron *adj.* সমাহিতকরণ sequacious
somaj *n.* সমাজ society
somaj birodhi *adj.* সমাজ বিরোধী anti-social
somaj tarito *adj.* সমাজ তাড়িত outcast
somajbigyan *n.* সমাজবিজ্ঞান sociology
somajik *adj.* অসামাজকি unsociable
somajtontro *n.* সমাজতনত্র socialism
somalochona *v.t.* সমালোচনা করা censure
somalochona *n.* সমালোচনা criticism
somalochona *v.t.* সমালোচনা criticize
somalochonamulok nibondho *n.* সমালোচনামুলক নিবন্ধ critique
soman *adj.* সমান equal

soman boichar kora *v.t.* সমান বিবেচনা করা equate
soman kora *v.t.* সমান করা equalize
soman vabe *n.* সমানভাবে equality
somapoton *n.* সমাপতন concourse
somapti tana *v.t.* সমাপ্তি টানা eradicate
somapto kora *v.t.* সমাপ্ত করা conclude
somapto kora *v.t.* সমাপ্ত করা terminate
somaptokoron *n.* সমাপ্তকরণ closure
somapyo *n.* সমাপ্য terminable
somarthok *n.* সমার্থক signor
somarthok *adj.* সমার্থক synonymous
somarthok shobdo *n.* সমার্থক শব্দ synonym
sombhabbo vobisot ki *adv.* সম্ভাব্য ভবিষ্যৎ কী whither
sombhabona *n.* সম্ভাবনা likelihood
sombhabona *adj.* সম্ভাব্য potential
sombhaboniyo *adj.* সম্ভাবনা potentiality
sombhaboniyo সম্ভাবনীয় probability
sombhabyo *adj.* সম্ভাব্য prbable
sombhabyo *adj.* সম্ভাব্য prospective
sombhason kora *v.* সম্ভাষন করা accost
sombhobta সম্ভবতা feasibility
somboddho kora *v.t.* সীবাবদ্ধ করা confine
sombondho kora *n.* সম্বন্ধ করা affilliation
somdhi khetro *n.* সমাধিক্ষেত্র cemetery
somikoron *n.* সমীকরণ equation
somiti *n.* সমিতি committee
somiti *n.* সমিতি federation
somiti *n.* সমিতি convention
somjhotai asa *n.* সমঝোতায় আসা agreement
somkendri houwa *adj.* সমকেন্দ্রি হওয়া convergent
somman *n.* সম্মান deference
somman *adj.* সম্মান honour
somman *n.* সম্মান respect
sommanito *n.* সম্মানিত receptacle
sommanito *adj.* সম্মানিত respectable
sommaniyo byakti সম্মানীয় ব্যক্তি personage
sommanyo *n.* সম্মান্য honourable
sommelon *n.* সেমিনার seminar
sommilito *adj.* সম্মিলিত confluent
sommilito samorik bahinir prodhan *n.* সম্মিলিত সামরকি বাহিনীর প্রধান generalissimo
sommnanit sdoswa *n.* সম্মানিত সদস্য alderman
sommohok *n.* সম্মোহক bewitchment
sommoukh *v.i.* সম্মুখ front
sommponn kora *v.* সম্পন্ন করা accomplish
sommukh *adv.* সম্মুখ onward
sommukhbhabe *adj.* সম্মুখভাগ fore
somo kokshoyo byakti *n.* সমকক্ষ ব্যক্তি compeer
somobay songhyo *n.* সমবায় সঙঘ guild
somobedona jananno *v.* সমবেদনা জানানো condole
somobeto *v.t.* সমবেত convoke
somobeto songit *n.* সমবেত সঙ্গীত chorus
somodhormita *n.* সমধর্মিতা similarity
somogrobhabe *adv.* সমগ্রভাবে quite
somogrota *n.* সমগ্রতা totality
somokalin *adj.* সমকালীন coincident
somokalin *adj.* সমকালীন contemporary
somokendavimukhi *v.t.* সমকেন্দ্রাভিমুখী converge
somokokshyoo hobar sadhona *n.* সমকক্ষ হবার সাধনা emulation
somokokshyoo hote cesta kora *v.t.* সমকক্ষ চেষ্টা করা emulate
somokon *n.* ৯০ডিগ্রি কোণ right angle
somomatro *adj.* সমমাত্র homogeneous
somomulyer *adj.* সমমুল্যের equivalent
somorhton dn kora *v.t.* সমর্থন দান করা espouse
somorpon kora *v.t.* সমপর্ণ করা surrender
somorthok *n.* সমর্থক supporter
somorthokbrindo *n.* সমর্থকবৃন্দ backing
somorthon jogyo *adj.* সমর্থনযোগ্য tenable

somorthon kora *v.t.* সমর্থন করা corroborate
somorthon kora *n.* সমর্থন করা support
somorthoniyo *adj.* সমর্থনীয় supportable
somorthonkari *n.* সমর্থনকারী patron
somorthonkari *n.* সমর্থন patronage
somosamoyik *adj.* সমসাময়িক coeval
somosya *n.* সমস্যা problem
somosyasonkul *adj.* সমস্যাসঙ্কুল problematic
somot howa *adj.* সম্মত হওয়া agreeable
somoti *n.* সম্মতি compliance
somotol *adj.* সমতল even
somotol *adj.* সমতল flat
somotol *n.* সমতল level
somotol *adj.* সমতল plane
somotol *adj.* সমতল smooth
somotol kora *v.t.* সমতল করা smoothen
somotulyo *adj.* সমতুল্য tantamount
somovuj *adj.* সমভুজ equilateral
somoy *n.* সময় time
somoy saroni *n.* সময়-সারণী time-table
somoy sima *n.* সময় সীমা time-bar
somoyanubortita *n.* সময়ানুবর্তিতা punctuality
somoyer dabi onujayi kaj kora *v.i.* সময়ের দাবী অনুযায়ী কাজ করা temporize
somoyochito *adj.* সময়োচিত timely
sompadit karjo *n.* সম্পাদিত কার্য achievment
sompadok *n.* সম্পাদক editor
sompadokiyo *adj.* সম্পাদকীয় editorial
sompadon kari *n.* সম্পাদনকারী executive
sompadon kora *n.* সম্পাদন করা accomplishment
sompadon kora *v.t.* সম্পাদন করা execute
sompadon kora *n.* সম্পাদন করা execution
sompadon kora *v.t.* সম্পাদন করা solemnize
sompadon kora *v.* সম্পাদন করা transact
sompadona *v.t.* সম্পাদনা করা edit
sompadona *n.* সম্পাদনা redaction
sompod *n.* সম্পদ resource
sompod *n.* সম্পদ wealth
sompodshli *adj.* সম্পদশালী wealthy
somporke *prep.* সম্পর্কে concerning
somporke *prep.* সম্পর্কে regarding
somporkito সম্পর্কিত related
somporkito *prep.* সম্পর্কিত respecting
somporkiyo *adj.* সম্পর্কীয় relevant
somporko *adj.* সম্পর্ক relating
somporko *n.* সম্পর্ক relation
somporko *n.* সম্পর্ক relationship
somporko punosthapon *n.* সম্পর্ক পুনঃস্থাপন rapprochement
sompotti *n.* সম্পত্তি assessor
sompotti *n.* সম্পত্তি property
sompottir lov *n.* সম্পত্তির লোভ cupidity
somprasaron mulok *v.* সম্প্রসারন মূলক amplify
somprkojukto kora *v.t.* সম্পর্কযুক্ত করা concern
somprochar *n.* সম্প্রচার transmission
somprochar kora *adj.* সম্প্রচার করা broadcast
somprosarn kora *adj.* সম্প্রসারন করা ample
somprosaron *n.* সম্প্রসারণ extension
sompurno *v.t.* সম্পুর্ণ complete
sompurno *adj.* সম্পুর্ণ entire
sompurno *adj.* সম্পুর্ণ plenary
sompurno *adj.* সম্পুর্ণ sheer
sompurno *adv.* সম্পুর্ণ stark
sompurno *adj.* সম্পুর্ন whole
sompurno dwansho kora *v.t.* সম্পুর্ণ ধ্বংস করা annihilate
sompurno rupe byay kore fela *v.t.* সম্পুর্ণরুপে ব্যায় করে ফেলা exhaust
sompurno vabe *adv.* সম্পুর্নভাবে wholly
sompurnorupe *adv.* সম্পুর্ণরুপে utterly
sompurnorupe tripto kora *v.t.* সম্পুর্ণরুপে তৃপ্ত করা satiate
sompurnota *n.* সম্পুর্ণতা completion
sompurnota *adv.* সম্পূর্ণত thoroughly

sompurnota *adj.* সম্পূর্ণ total
sompuroni *n.* সম্পুরণী supplement
sompurrno *adj.* সম্পুর্ণ arrant
somrat *n.* সম্রাট emperor
somriddho *adj.* সমৃদ্ধ prosperous
somriddho sali *adj.* সমৃদ্ধশালী হওয়া thriving
somridho houya *v.i.* সমৃদ্ধ হওয়া thrive
somridho kora *v.* সমৃদ্ধ হওয়া abound
somrriddhi *n.* সমৃদ্ধি prosperity
somudrer balumoy tir *n.* সমুদ্রের বালুময় তীর strand
somudrer birat dheu *n.* সমুদ্রের বিরাট ঢেউ billow
somudro *n.* সমুদ্র sea
somudro jatra *n.* সমুদ্রযাত্রা seafaring
somudro kukkut *n.* সমুদ্রকুক্কুট se¡gull
somudro sonkranto *adj.* সমুদ্র সম্পর্কিত maritime
somudrojatra *n.* সমুদ্রযাত্রা voyage
somudrotir *n.* সমুদ্রতীর beach
somuh *n.* সমুহ perdition
somuhibhut *v.t.* সমুহীভুত incorporate
somvashon *n.* সম্ভাষণ greeting
somvason gyapon kora *v.i.* সম্ভাষণ জ্ঞাপন করা greet
somvobpor *adj.* সম্ভবপর possible
somvobpor *adv.* সম্ভবপর possibly
somvranto srenite unnit kora *v.t.* সম্ভ্রান্ত শ্রেণীতে উন্নীত করা ennoble
sonaktho kora *v.t.* সনাক্ত করা detect
sonar /rupor bat *n.* সোনার/রূপোর বাট bullion
sonar moto ujjwol kora *v.i.* সোনার মতো উজ্জ্বল করা gild
sonchalito kora *v.i.* সঞ্চালিত করা transfuse
sonchalon *n.* সঞ্চালন transfusion
soncharito kora *v.* সঞ্চারিত করা communicate
soncharito kora *v.t.* সঞ্চারিত করা inject
soncharito kora *v.t.* সঞ্চারিত করা instil
sonchito bhandar *n.* সঞ্চিত ভান্ডার hoard
sonchito bostu *n.* সঞ্চিত বস্তু store
sonchoy *v.* সঞ্চয় reserve
sonchoy kora *n.* সঞ্চয় করা garner
sondeh *n.* সন্দেহ doubt
sondehjonok *adj.* সন্দেহজনক ambiguous
sondeho jonok *adj.* সন্দেহজনক apocryphal
sondehojonok *adj.* সন্দেহজনক fishy
sondehojonok *n.* সন্দেহজনক suspicious
sondhan *n.* সন্ধান quest
sondhar prakalle *n.* সন্ধ্যার প্রাক্কাল dusk
sondhikkhone *n.* সন্ধিক্ষণে nick
sondhyagom *n.* সন্ধ্যাগম nightfall
sondhyakal *n.* সন্ধ্যাকাল evening
sondigdho *adj.* সন্দিগ্ধ doubtful
sondihan *adj.* সন্দিহান distrustful
sondorjoshastro *n.* সৌন্দর্যশাস্ত্র aesthetics
song ghorse asa *v.t.* সংঘর্ষে আসা clash
songartho *n.* সংজ্ঞার্থ definition
songartho nirnoy *v.t.* সংজ্ঞার্থ নির্নয় define
songbad rotonakari *n.* সংবাদ রটনাকারী newsmonger
songbad somiti *n.* সংবাদ সমিতি syndicate
songbedonshilota *n.* সংবেদনশীলতা sensibility
songbedonshilota *adj.* সংবেদনশীল sensitive
songbendonshilota সংবেদনশীলতা susceptibilityn
songbeshon সংবেশন hypnotism
songbidhan *n.* সংবিধান constitution
songbidhi *n.* সংবিধি statute
songbidhi bondho *adj.* সংবিধিবন্ধ statutory
songe thaka *v.t.* সঙ্গে থাকা accompany
songeet shilpi *n.* সঙ্গীত শিল্পী vocalist
songghorshe *n.* সংঘর্ষে collision
songghotone sahajyo kora *v.t.* সংঘটনে সাহায্য করা conduce
songgothon *n.* সংঘটন coincidence

songgothonsil *adj.* সংঘটনশীল concurrent
songgotipurno *v.i.* সঙ্গতিপুর্ণ correspond
songher sdoshota *n.* সঙেঘর সদস্যাতা fellowship
songhita *n.* সংহিতা code
songhorsho *n.* সংঘর্ষ impact
songhoti *n.* সংহতি solidarity
songhoto kora *v.t.* সংহত করা consolidate
songi *n.* সঙ্গী consort
songit *n.* সঙ্গীত melody
songit *v.i.* সঙ্গীত muse
songit *n.* সঙ্গীত music
songit anuragi *n.* সঙ্গীত অনুরাগী dilettante
songit poribeshona *n.* সঙ্গিত পরিবেশনা recital
songit soho nrityo bises *n.* সঙ্গীত সহ নৃত্য বিশেষ ballet
songitbisharod *n.* সঙ্গীতবিশারদ musician
songjog *n.* সংযোগ juncture
songjog *n.* সংযোগ connection
songjogchhinnota *n.* সংযোগছিন্নতা disunion
songjojok pod *n.* যংযোজক পদ conjuction
songjom *n.* সংযম modesty
songjom' *n.* সংযম temperance
songjoto kora *v.t.* সংযত করা chasten
songjukto *v.t.* সংযুক্ত হওয়া cohere
songjukto kora *n.* সংযুক্ত করা combine
songket suchok *v.t.* সঙ্কেতসুচক portend
songkete kichu lekh *n.* সংকেতে কিছু লেখা cryptogram
songkhep *n.* সংক্ষেপ brevity
songkhipto *adj.* সংক্ষিপ্ত succinct
songkhipto *adj.* সংক্ষিপ্ত summary
songkhipto kora *v.t.* সংক্ষিপ্ত করা shorten
songkhipto poth *n.* সংক্ষিপ্ত পথ short cut
songkhipto sar *n.* সংক্ষিপ্তসার compendium
songkhipto sar *adj.* সংক্ষিপ্ত concise
songkirno atmotrptite takiye thaka *v.i.* সংকীর্ণ আত্মতৃপ্তিতে তাকিয়ে থাকা gloat
songkirno upotyoka *n.* সংকীর্ণ উপত্যকা glen
songkochon *n.* সংকোচন contraction
songkolon *v.t.* সঙ্কলন codify
songkolon kora *v.t.* সংকলন করা compile
songkramok *adj.* সংক্রামক infectious
songkramok byadhi *n.* সংক্রামক ব্যাধি contagion
songkromon mukto kora *v.t.* সংক্রমণ মুক্ত করা disinfect
songkshipto smoroniyo ukti *n.* সংক্ষিপ্ত স্মরনীয় উক্তি aphorism
songlogno kora *v.* সংলগ্ন করা append
songom *n.* সঙ্গম intercourse
songothito kora *v.t.* সংগঠিত করা organize
songothitokoron *n.* সংগঠিতকরণ organization
songothon *n.* সংগঠন institute
songothon *n.* সংগঠম league
songoti purno *adj.* সঙ্গতিপুর্ণ consistent
songoti. *n.* সঙ্গতি consistence
songotipurno *adj.* সঙ্গতিপুর্ণ consonant
songrahok *n.* সংগ্রাহক collector
songram *v.t.* সংগ্রাম strive
songram *v.t.* সংগ্রাম struggle
songramok *adj.* সংক্রামক contagious
songroho *v.t.* সংগ্রহ collect
songroho *n.* সংগ্রহ collection
songrokhon *n.* সংরক্ষণ conservation
songrokhon kora *v.t.* সংরক্ষণ করা conserve
songrokkhito ason *n.* সংরক্ষিত আসন pew
songrokkhon *v.t.* সংরক্ষণ করা preserve
songrokkhon *n.* সংরক্ষণ protection
songrokkhon *n.* সংরক্ষণ reservation
songshoy poshon kore *n.* সংশয় পোষণ করে skeptic
songshoyatma *n.* সংশয়াত্মা sceptic

songskar *v.t.* সংস্কার renovate
songskriti *n.* সংস্কৃতি culture
songslesh *n.* সংশ্লেষ synthesis
songsleshi *adj.* সংশ্লেষী synthetic
songsodhon *n.* সংশোধন correction
songsodhon *n.* সংশোধন emendation
songsodhon *n.* সংশোধন rectification
songsodhon *v.* সংশোধন করা reform
songsodhon kora সংশোধন করা rectify
songsodhon kora *v.t.* সংশোধন করা redress
songsodhoniyo *n.* সংশোধনীয় corrigendum
songsodhonjogyo *adj.* সংশোধনযোগ্য corrigible
songsokti *n.* সংসক্তি tenacity
songsorgwo *n.* সংসর্গ company
songsoybad *n.* সংশয়বাদ scepticism
songsthan *v.t.* সংস্থান provide
songsthan *n.* সংস্থান system
sonhkoloner kaj *n.* সংকলনের কাজ compilation
sonhoto kora *v.t.* সংহত করা integrate
sonjog *n.* সংযোগ association
sonjojit bishoi *n.* সংযোজিত বিষয় annexe
sonjomi *adj* সংযমী abstemious
sonjotachar *n.* সংযতাচার moderation
sonjukto kora *v.t.* সংযুক্ত করা adjoin
sonjukto kora *v.t.* সংযুক্ত করা connect
sonjukto pdartho *n.* সংযুক্ত পদার্থ adjunct
sonket *n.* সংকেত formula
sonket *n.* সঙ্কেত signal
sonket sobdo *n.* সংকেত শব্দ watchword
sonket, lokhon *v.t.* সঙ্কেত, লক্ষণ forebode
sonkhar *n.* সংখ্যা digit
sonkhep *n.* সংক্ষেপ abbreviation
sonkhep kora *v.t.* সংক্ষেপ করা abridge
sonkhipto ghosona *n.* সংক্ষিপ্ত ঘোষনা bulletin
sonkhipto kora সংক্ষিপ্ত করা abbreviate
sonkhya *n.* সংখ্যা figure
sonkhya *n.* সংখ্যা number
sonkhyabhukto *n.* সংখ্যাভুক্ত numeration
sonkhyabishoyok *adj.* সংখ্যাবিষয়ক numerical
sonkhyabriddhi kora *v.t.* সংখ্যাবৃদ্ধি করা propagate
sonkhyagorishtho *n.* সংখ্যাগরিষ্ঠ majority
sonkhyaloghishtho *n.* সংখ্যালঘিষ্ঠ minority
sonkhyatirikto *adj.* সংখ্যাতিরিক্ত super
sonkhyay chhariye সংখ্যায় ছাড়িয়ে outnumber
sonkhyay prodorshito tothyaboli *n.* সংখ্যায় প্রদর্শিত তথ্যাবলী statistics
sonkirno *n.* সংকীর্ণ strait
sonkirno fnak *n.* সংকীর্ণ ফাঁক slot
sonkiron *adj.* সঙ্কীর্ণ narrow
sonkironchitto *adj.* সঙ্কীর্ণচিত্ত narrow-minded
sonkito *adj.* শঙ্কিত apprehensive
sonkkoron *n.* সংস্করণ edition
sonkoch *n.* সঙ্কোচ inhibition
sonkochok *adj.* সঙ্কোচক astringent
sonkolok *n.* সঙ্কলক lexicographer
sonkolpo *v.t.* সঙ্কল্প intend
sonkot kal *n.* সঙ্কটকাল crisis
sonkot purno *n.* সঙ্কটপুর্ণ critical
sonkromon *n.* সংক্রমণ taint
sonkshipto vromon *n.* সংক্ষিপ্ত ভ্রমন excursion
sonkuchito hoya সঙ্কুচিত হওয়া shrink
sonlap byas *n.* সংলাপ dialogue
sonlogno kora *v.t.* সংলগ্ন করা fix
sonmishron *n.* সংমিশ্রণ fusion
sonmodhon *adj.* সম্বোধন vocative
sonmukhe *prep.* সন্‌মুখে afore
sonnihito ' *n.* সন্নিহিত contiguity
sonnyas rog *n.* সন্ন্যাস রোগ apoplexy
sonnyasi *n.* সোনাসি sage
sonshodhon kora *v.* সংশোধন করা amend
sonshodon *n.* সংশোধন amendment
sonshoihin *adv.* সংশয়হীন undoubtedly

sonskar *n.* সংস্কার reformation
sonskarmulok সংস্কারমুলক reformatory
sonskarok *n.* সংস্কারক reformer
sonskor *n.* সংসকর sacrament
sonsokhto *n.* সংসক্ত cohesion
sonsokto *adj.* সংসক্ত tenacious
sonsthapon kora *v.t.* সংস্থাপন করা install
sontan *n.* সন্তান offspring
sontan jonmo dewa *v.t.* সন্তান জন্ম দেওয়া breed
sontan sontoti *n.* সন্তানসন্ততি posterity
sontan sontoti *n.* সন্তান সন্ততি progeny
sontanochito *adj.* সন্তানোচিত filial
sontras *n.* সন্ত্রাস terror
sontrasbad *n.* সন্তাসবাদ terrorism
sontrosto *adj.* সন্ত্রস্ত awestruck
sontrosto kora *v.t.* সন্ত্রস্ত করা daunt
sontushti *n.* সন্তুষ্টি satisfaction
sontushtikor *adj.* সন্তুষ্টিকর satisfactory
sontushto *v.t.* সন্তষ্ট satisfy
sonyasini *n.* সন্ন্যাসিনী nun
sopanshreni *n.* সোপানশ্রেণী staircase
sopoth purbok bola *v.t.* শপথ পূর্বক বলা avouch
sopothpurbok prithyag *v.* শপথপূর্বক পরিত্যাগ abjure
soprochur *adj.* সুপ্রচুর profuse
soptaher ses din *n.* সপ্তহের শেষ দিন week-end
soptaho *n.* সপ্তাহ week
soptodosh *adj.* সপ্তদশ seventeen
soptom *adj.* সপ্তম seventh
soptotitomo *adj.* সপ্ততিতম seventieth
sorano *n.* সরানো removal
sorano *v.t.* সরানো remove
sorano jay emon *adj.* সরানো যায় এমন removable
sorbadhik *adj.* সর্বাধিক utmost
sorbo byapita *n.* সর্বব্যাপিতা ubiquity
sorbo sreshtho *adj.* সর্বশ্রেষ্ঠ best
sorbobirajaman সর্ববিরাজমান omnipresent
sorbobyapi *adj.* সর্বব্যাপী ubiquitous
sorboccho *adj.* সর্বোচ্চ grand
sorbochcho *n.* সর্বোচ্চ maximum
sorbochcho *adj.* সর্বোচ্চ most
sorbochcho seema *n.* সর্বোচ্চ সীমা pinnacle
sorbochyo *adj.* সর্বোচ্চ supreme
sorboda *adv.* সর্বদা forever
sorbodebotar upasona *n.* সর্বদেবতার উপাসনা pantheism
sorbograsi *adj.* সর্বগ্রাসী voracious
sorbonam *n.* সর্বনাম pronoun
sorbonash *n.* সর্বনাশ undoing
sorbonimno *adj.* সর্বনিম্নস্থ undermost
sorborah kora *v.t.* সরবরহ করা supply
sorborahkora *v.t.* সরবরাহ করা deliver
sorboraho *n.* সরবরাহ provision
sorboraho kora *v.t.* সরবরাহ করা purvey
sorborahokoron *n.* সরবরাহকরণ purveyance
sorboshanto *v.t.* সর্বস্বান্ত despoil
sorboshoktiman *adj.* সর্বশক্তিমান almighty
sorboshoktiman *adj.* সর্বশক্তিমান omnipotent
sorbosommoto সর্বসম্মত unanimous
sorboth kristo *adj.* সর্বোত কৃষ্ট a-1
sorbotvhabe *adj.* সর্বোতভাবে altogether
sordi *n.* সর্দি catarrh
sordigormi *n.* সর্দিগর্মি sunstroke
sore dnarano *v.i.* সরে দাঁড়ানো retire
sorir chorchar kendro *n.* শরীরচর্চা কেন্দ্র gymnasium
sorir corcha *n.* শরীরচর্চা gymkhana
sorir songkranto *adj.* শরীর সংক্রান্ত corporeal
soriri *adj.* শরীরী corporal
sorisha *n.* সরিষা mustard
sorisrip *n.* সরীসৃপ reptile
soriye dewa *v.t.* সরিয়ে দেওয়া dislodge
sorkari rajoshwosonkranto *adj.* সরকারি রাজস্বসংক্রান্ত fiscal
sorkari sond *n.* সরকারি সনদ patent

sorob prosongsa *n.* সরব প্রশংসা applause
sorobhuj *n.* ষড়ভুজ hexagon
soroboraho kora *v.t.* সরবরাহ করা cater
sorobosadharoner shasthol *n.* সর্বসাধারণের সভাস্থল forum
sorogol *n.* শোরগোল tumult
sorojontro *n.* ষড়যন্ত্র machination
sorokar *n.* সরকার government
sorokari nishe dhagya *n.* সরকারি নিষেধাজ্ঞা embargo
sorol *adj.* সরল naive
sorol *n.* সরল simpleton
sorol *adj.* সরল straight
sorol kora *v.t.* সরল করা simplify
sorol kora *v.t.* সরল করা straighten
sorolota *n.* সরলতা candour
sorot kal *n.* শরতকাল autumn
sorotkalin *adj.* শরতকালীন autumnal
sorpil *adj.* সর্পিল serpentine
sorpobis *n.* সর্পবিষ venom
sorta dhine atmosomopon *v.i.* শর্তাধীনে আত্মসমর্পন capitulate
sortaboli puroner ongikar *n.* শর্তাবলী পুরনের অঙ্গীকার guarantee
sortadhin *adj.* শর্তাধীন conditional
soru *adj.* সরু slender
soru *adj.* সরু slim
soru mombati *n.* সরু মোমবাতি taper
soru mukh ba tyag *n.* সরু মুখ বা ট্যাগ tag
soru nol *n.* সরু নল pipette
sorukagojer fita *n.* সরু কাগজের ফিতা streamer
sosa *n.* শশা cucumber
soshok kagoj *n.* শোষক কাগজ blotting-paper
soshokhetre *adv.* শস্যক্ষেত্রে afield
soshostro bidroho *n.* সশস্ত্র বিদ্রোহ rising
soshur *n.* শশুর father-in-law
sosij *n.* সসিজ sausage
sosobde fete jauwa *v.t.* সশব্দে ফেটে যাওয়া burst
sosroddhho byabohar kora *v.* সশ্রদ্ধ ব্যবহার করা treat
sosroddho *adj.* সশ্রদ্ধ respectful
sosta *adj.* সস্তা cheap
sosyo aborjona rakhibar patr0 *n.* শস্য আবর্জনা রাখিবার পাত্র bin
sosyo vandar *n.* শস্যভান্ডার granary
sot *adj.* সৎ honest
sotbaba *n.* সতবাবা step-father
sotbhai *n.* সতভাই step-brother
sotchhele *n.* সতছেলে step-son
sotej *v.t.* সতেজ brisk
sotej *adj.* সতেজ racy
soteje bere otha সতেজে বেড়ে ওঠা flourish
sothik *v.t.* সঠিক correct
sothik *adj.* সঠিক just
sothik sthan *n.* সঠিক স্থান locus
sothikvabe nirdharon kora *v.t.* সঠিকভাবে নির্ধারন করা appreciate
sothorko kore dewa *v.t.* সর্তক করে দেওয়া warn
sothota *n.* শঠতা craftiness
sotitwo *n.* সতীত্ব chastity
sotobarshik *adj.* শতবার্ষিক centennial
sotobarshiki *n.* শতবার্ষিকী centenary
sotoborsho *n.* শতবর্ষ century
sotorkikoron *n.* সর্তকীকরন warning
sotorko *adj.* সতর্ক aware
sotorko *adj.* সতর্ক cautious
sotorko *adj.* সতর্ক chary
sotorko *adj.* সতর্ক circumspect
sotorko *adj.* সতর্ক discreet
sotorko *adj.* সতর্ক vigilant
sotorko *n.* সর্তক wariness
sotorko *adj.* সর্তক wary
sotorko houwa *v.i.* সতর্ক হওয়া beware
sotorkota *n.* সতর্কতা caution
sotorkota *n.* সতর্কতা circumspection
sotorkovabe tulona *v.t.* সতর্কভাবে তুলনা collate
sotota *n.* সততা honesty
sotota *n.* সততা integrity

sotota *n.* সততা probity
sotota nirdharon সত্যাসত্য নির্ধারণ verification
sotru *n.* শত্রু enemy
sotruta *n.* শত্রুতা enmity
sotteo *n.* সত্ত্বেও despite
sotto *adv.* সত্য truly
sottor *adv.* সত্তর quickly
sottor *adj.* সত্তর seventy
sottota সত্যতা truism
sotvai *n.* সৎভাই half-brother
sotyo সত্য TRUE
sotyo bole ghosona kora *v.t.* সত্য বলিয়া ঘোষণা করা aver
sotyo kore *n.* সত্য করে truil
sotyo sombolito *adj.* সত্য সম্বলিত truthful
sotyoprotim *adj.* সত্যপ্রতিম plausible
sotyota *n.* সত্যতা truth
sotyota proman *n.* সত্যতা প্রমাণ corroboration
sotyota protipadon সত্যতা প্রতিপাদন justification
sotyota protipadon *v.t.* সত্যতা প্রতিপাদন justify
sotyoto *n.* সততত্য rectitude
soubhagyer sorbochho bindu *n.* সৌভাগ্যের সর্বোচ্চ বিন্দু zenith
soubhagyokrome *adv.* সৌভাগ্যক্রমে luckily
soujonyo prodorshon *n.* সৌজন্য প্রদর্শন curtsey
soujonyomoy *adj.* সৌজন্যময় gracious
soujonyoupurno *adj.* সৌজন্যপূর্ণ amiable
soukhin *n.* শৌখিন trinketry
soukhinbabu *n.* শৌখিনবাবু fop
soundorjo *n.* সৌন্দর্য prettiness
soundorjo *n.* সৌন্দর্য beauty
soundorjo noshto kora *v.t.* সৌন্দর্য নষ্ট করা blemish
soundorjo sadhon kora *v.t.* সৌন্দর্য সাধন করা beautify
sourav. *n.* সৌরভ aroma
souravjukto *adj.* সৌরভযুক্ত aromatic
sova *n.* সভা assembly
sovajatra *n.* শোভাযাত্রা cavalcade
sovakokhyo *n.* সভাকক্ষ hall
sovakokshyo *n.* সভাকক্ষ hall
sovapoti *n.* সভাপতি chairman
sovasod *n.* সভ্যসদ courtier
sovon *v.t.* শোভন হওয়া behove
sovyota *n.* সভ্যতা civilization
sovyota proman kora *v.t.* সভ্যতা প্রমান করা authenticate
sowrsonghat sho uccharon *v.* স্বরসংঘাত সহ উচ্চারন accentuate
soyetar *n.* সোয়েটার sweater
soyon kokher poricharika *n.* শয়নকক্ষের পরিচারিকা chambermaid
soytan *n.* শয়তান belial
sphotik bishes *n.* স্ফটিক বিশেষ alabaster
spmragyi *n.* সম্রাজ্ঞী empress
sponj *n.* স্পন্জ sponge
sporshatito *adj.* স্পর্শাতীত intangible
sporsho *n.* স্পর্শ contact
sporsho kator *adj.* স্পর্শকাতর ticklish
sporsho kator *v.t.* স্পর্শ touch
sporsho kora *adj.* স্পর্শ করা touching
sporshobodh *adj.* স্পর্শবোধ tactile
sporshograjhyo *adj.* স্পর্শগ্রাহ্য tangible
sporshoniyo *n.* স্পর্শনীয় tangibility
sporsok *n.* স্পর্শক tangent
sposhto *adj.* স্পষ্ট legible
sposhto *adj.* স্পষ্ট lucid
sposhto *adj.* স্পষ্ট luminous
sposhto *adj.* স্পষ্ট plain
sposhtobadi *adj.* স্পষ্টবাদী outspoken
sposhtoto *adv.* স্পষ্টত plainly
sposto *adj.* স্পষ্ট blatant
sposto ghosona *n.* স্পষ্ট ঘোষনা avowal
sposto kora *v.t.* স্পষ্ট করা formulate
spostorupe uccaron kora *v.t.* স্পষ্টরুপে উচ্চারন করা articulate
spostovabe protiyoman *adv.* স্পস্টভাবে প্রতীয়মান apparently
spoth *n.* শপথ abjuration

spre *n.* স্প্রে spray
srasoribhabe *adv.* সরাসরিভাবে directly
srborah kora *v.t.* সরবরাহ করা furnish
sreni *n.* শ্রেণী class
srenite binyostokora *v.t.* শ্রেণীতে বিন্যস্ত করা classify
sresthota *n.* শ্রেষ্ঠতা excellence
sresthotoro *adj.* শ্রেষ্ঠতর better
srinkholaboddho kora *v.t.* শৃঙ্খলাবদ্ধ করা enchain
srinkholar sohit sajano *v.t..* শৃঙ্খলার সহিত সাজানো array
srinkholmukhto kora *v.t.* শৃঙ্খলমুক্ত করা unchain
srmosadhyo *adj.* শ্রমসাধ্য arduous
srobon *n.* শ্রবন audition
srobonsadhyo *adj.* শ্রবণসাধ্য audible
sroddhya suchok *n.* প্রদ্ধাসুচক compliment
srodhraghyo *n.* শ্রদ্ধার্ঘ্য tribute
sromik songgothon *n.* শ্রমিক সংগঠন trade union
sromosadhyo *adj.* শ্রমসাধ্য strenuous
sromosadhyo *adj.* শ্রমসাধ্য toilsome
srostha *n.* স্রষ্ঠা maker
srotodhara *adj.* স্রোতোধারা effluent
srotri borgo *n.* শ্রোতৃবর্গ audience
srrijonsil *adj.* সৃজনশীল creative
srringo *n.* শৃংগ apex
srrinkhola *n.* শৃঙ্খলা discipline
srristi *v.t.* সৃষ্টি create
srristi *n.* সৃষ্টি creation
srrosta *n.* স্রষ্টা creator
sshrutacron *n.* শশ্রুতাচরণ animosity
ssomvabona *n.* সম্ভাবনা possibility
stediam *n.* স্টেডিয়াম stadium
steshon *n.* স্টেশন্ station
sthabohul *adj.* স্থানবহুল commodious
sthabor *adj.* স্থাবর immovable
sthan *n.* স্থান joint
sthan *n.* স্থান place
sthan *n.* স্থান site
sthan binimoy korano *v.t.* স্থান বিনিময় করানো transpose
sthan nirdesh kora *v.* স্থান নির্দেশ করা allocate
sthan poriborton *v.t.* স্থান পরিবর্তন move
sthan poriborton *v.i.* স্থান পরিবর্তন shift
sthanantorito jogyo *adj.* স্থান্তরিত যোগ্য movable
sthanantorito kora *v.t.* স্থানান্তরিত করা evacuate
sthanchyato kora *v.t.* স্থানচ্যুত করা dislocate
sthaniyo *adj.* স্থানীয় local
sthanochyti *n.* স্থানচ্যুতি displacement
sthanochyto kora *v.t.* স্থানচ্যুত করা displace
sthapon kora *v.t.* স্থাপন করা constitute
sthapon kora *v.t.* স্থাপন করা establish
sthapotho noksha *n.* স্হাপত্য নকশা draftsman
sthapotyo bidya *n.* স্থাপত্যবিদ্যা architecture
sthayi *n.* স্থায়ী denizen
sthayi *n.* স্হায়িত্ব duration
sthayi *adj.* স্থায়ি lasting
sthayi *n.* স্থায়ী permanent
sthayi bhabe *v.t.* স্থায়ী ভাবে permanently
sthayitwo *n.* স্থায়িত্ব permanence
sthayitwo *n.* স্থায়িত্ব stability
sthik *adj.* সঠিক accurate
sthir স্থির constant
sthir *v.i.* স্থির stagnate
sthir *adj.* স্থির stationary
sthir *adj.* স্থির still
sthir dristite takiye thaka *v.t.* স্হির দৃষ্টিতে তাকিয়ে থাকা gaze
sthir kora *v.t.* স্থির করা resolve
sthirota *n.* স্থিরতা constancy
sthitibidya *n.* স্থিতিবিদ্যা statics
sthitikal *adj.* স্থিতিকাল standing
sthol *adj.* স্থুল erratic
stholi *n.* স্থলী sac
stholovumi *n.* স্থলভুমি terrafirma
sthopoti *n.* স্থপতি architect

sthul *adj.* স্থূল thick
sthulbudhisomponno lok *n.* স্থূলবুদ্ধিসম্পন্ন লোক dullard
sthulkay *adj.* স্থূলকায় burly
sthulo *adj.* ভুঁড়ি pot-belly
sthulota *n.* স্থূলতা thickness
stimar *n.* স্টিমার steamer
stimito kora *v.t.* স্তিমিত করা tranquillize
stir dristite takano *v.i.* স্থির দৃষ্টিতে তাকানো stare
stob *n.* স্তব chant
stobok *n.* স্তবক stanza
stok *n.* স্তোক cajolery
stombher bhitti *n.* স্তম্ভের ভিত্তি pedestal
stombho *n.* স্তম্ভ pillar
stomvadir gora *n.* স্তম্ভাদির গোড়া basis
stomvo *n.* স্তম্ভ column
ston *n.* স্তন্যপ্রায়ী প্রাণী mummery
stondan kora *v.t.* স্তন্যদান করা suckle
stonyopayi o mangsasi *adj.* স্তন্যপায়ি ও মাংশাসী carnivorous
stonyopayi prani *n.* স্তন্যপ্রায়ী প্রাণী mammal
stonyopayi shishu *n.* স্তন্যপায়ী শিশু suckling
stor *n.* স্তর layer
stor *n.* স্তর peer
stor onuzayi binyas *v.t.* স্তর অনুযায়ী বিন্যাস stratify
storko kora *v.t.* সতর্ক করা admonish
storko kora *adj.* সতর্ক alert
storko obostha *n.* সতর্ক অবস্থায় alertness
storkota *n.* সতর্কতা vigilance
strechar *n.* স্ট্রেচার stretcher
stri loker ato jama bises *n.* স্ত্রীলোকের আঁটো জামা বিশেষ bodice
stri loker oporer jama *n.* স্ত্রীলোকের উপরের জামা blouse
stribachok *pro* স্ত্রীবাচক her
strijatiyo *pr.n.* স্ত্রীজাতীয় she
striloksonkranto *adj.* স্ত্রীলোকসংক্রান্ত feminine
stroinosulobh *adj.* স্ত্রৈণসুলভ uxorious
studio *n.* স্টুডিও studio
stup *n.* স্তুপ mound
stup *n.* স্তুপ rick
stutigan *n.* স্তুতিগান psalm
subesh *adj.* সুবেশ smart
subibechito *adj.* সুবিবেচিত considerate
subidha *n.* সুবিধা advantage
subidha *n.* সুবিধা vantage
subidha *n.* সুবিধা convenience
subidhajonok *adj.* সুবিধাজনক convenient
subidhajonok bhabe kaje lagano *v.t.* সুবিধাজনক ভাবে কাজে লাগানো manipulate
subinosto *adj.* সুবিন্যাস্ত orderly
subinosto *adj.* সুবিন্যাস্ত snug
subinyosto *n.* সুবিন্যস্ত tidiness
subohoniyo *adj.* সুবহনীয় portable
subudha *n.* সুবিধা boot
such *n.* সুচ needle
suchit kora *v.t.* সুচিত করা denote
suchok *n.* সুচক index
suchona *n.* সুচনা genesis
sud *v.t.* শুড should
sudokho byekti *n.* সুদক্ষ ব্যক্তি adept
sudoksho *n.* সুদক্ষ efficient
sudorson *adj.* সুদর্শন bonny
sudrisya bhabe sajano *adj.* সুদৃশ্যভাবে সাজানো harmonious
sudrisyo guchhi *n.* সুদৃশ্য গুছি tassel
sughondho *n.* সুগন্ধ fragrance
sughondho *adj.* সুগন্ধ fragrant
sugondhi *n.* সুগন্ধি perfume
sugondhi drobyo toirir karkhana *n.* সুগন্ধি দ্রব্য তৈরির কারখানা perfumery
sugondhi drobyobikreta *n.* সুগন্ধি দ্রব্য বিক্রেতা perfumer
sugondho *adj.* সুগন্ধ balmy
sugondho nirjas *n.* সুগন্ধ নির্যাস benzoin
sugondho podartho *n.* সুগন্ধ পদার্থ balm
sujog *n.* সুযোগ opportunity
sujog *n.* সুজোগ scope

sujoger protikhay thaka *v.* সুযোগের প্রতীক্ষায় থাকা bide
sujogsondhani *n.* সুজোগসন্ধানি opportunist
sukh *n.* সুখ happiness
sukh *n.* সুখ pleasure
sukhado *n.* সুখাদ্য dainty
sukhe dukkhe nirbikar *n.* সুখে দুঃখে নির্বকার stoic
sukhi *n.* সুখী happy
sukhiy jawa *v.t.* শুকিয়ে যাওয়া wither
sukhonidra *n.* সুখনিদ্রা slumber
sukhota *n.* সূক্ষতা acuity
sukhwoporto khudro stomvo bises *n.* সুক্ষ্ণপত্র ক্ষুদ্র স্তম্ভ শ্রেণী balustrade
sukhyati *n.* সুখ্যাতি repute
sukhyato *adj.* সুখ্যাত reputed
sukkho *adj.* সুক্ষ্ম subtle
sukkho prantojukto *n.* সুক্ষ্ম প্রান্তযুক্ত stake
sukkhota *n.* সুক্ষ্মতা nicety
sukkit *n.* শুককীট maggot
sukno *n.* শুকনো tinder
sukomol *v.t.* সুকোমল tender
sukor mangso *n.* শুকরমাংস pork
sukorchorbi *n.* শুকরচর্বি lard
sukrogroho *n.* শুক্রগ্রহ venus
sulko *n.* শুল্ক cess
sulousuli *adj.* সুকৌশলী tactful
sumeru *adj.* সুমেরু arctic
sumishto *adj.* সুমিষ্ট dulcet
sunam *n.* সুনাম renown
sundar kora *v.t.* সুন্দর করা embellish
sundor *adj.* সুন্দর beautiful
sundor *adj.* সুন্দর comely
sundor *adj.* সুন্দর lovely
sundor *adj.* সুন্দর nice
sundor *adj.* সুন্দর pretty
sundor hostakkhor *n.* সুন্দর হস্তাক্ষরে লেখার ব্যাক্তি penman
sundorbhabe *adv.* সুন্দরভাবে nicely
sundori mohila *n.* সুন্দরী মহিলা love-lady
sundori toruni *n.* সুন্দরীতরুনী belle
sunirbachit সুনির্বাচিত felicitous
sunirdishto *n.* সুনির্দিষ্ট positive
sunirdisto *adj.* সুনিদিষ্ট decided
sunirdisto *adj.* সুনির্দিষ্ট specific
sunirdisto koron *n.* সুনির্দিষ্ট করণ specification
sunirdistobhabe ullekh kora *v.t.* সুনির্দিষ্টভাবে উল্লেখ করা specify
sunno *adj.* শুন্য vacant
sunno *n.* শুন্য zero
sunnota *n.* শুন্যতা vacancy
sunnota *n.* শুন্যতা vacuity
sunomyo *adj.* সুনম্য pliable
sunyota শুন্যতা emptiness
sunyota *adj.* শুন্য empty
supari *n.* সুপারী betel-nut
suparish *n.* সুপারিশ recommendation
suparish kora *n.* সুপারিশ করা recommend
suporichito *adj.* সুপরিচিত well-known
suporichito pritik chinho *n.* সুপরিচিত প্রতীকচিহ্ন trade mark
suprachin *adj.* সুপ্রাচীন hoary
supti *n.* সুপ্তি torpidity
suptidayok *n.* সুপ্তিদায়ক torpor
supto *adj.* সুপ্ত dormant
supto *adj.* সুপ্ত latent
supto *adj.* সুপ্তো nescient
sur *n.* সুর tune
sur sonkranto *adj.* সুরসংক্রান্ত melodious
sur suri *v.t.* সুড়সুড়ি tickle
sur suri সুড়সুড়ি titilation
sura *n.* সুরা malt
sura *n.* সুরা wine
sura bisesh *n.* সুরা বিশেষ beverage
surajatiyo panio *n.* সুরাজাতীয় পানীয় rum
surajukto *adj.* সুরাযুক্ত spirituous
surchito hoya *v.i.* মুর্ছিত হওয়া swoon
sure badha *n.* সুরে বাঁধা chime
surer tamil সুরের তামিল dissonance
surjo *n.* সুর্য sun
surjo ghori *n.* সুর্য ঘড়ি sun-dial

surjo songkranto *adj.* সুর্য সংক্রান্ত solar
surjodoy *n.* সুর্যদয় sunrise
surjomukhi ful *n.* সুর্যমুখি ফুল sunflower
surjyer bisub rekha otikromer kal - *n.* সুর্যের বিষুবরেখা অতিক্রমের কাল equinox
surjyosnan *n.* সুর্যস্নান sun-bath
surokhito *n.* সুরক্ষিত fastness
surokhito durbhdeho kora *v.t.* সুরক্ষিত দুর্ভেদ্য করা fortify
surongo *adj.* সুড়ঙ্গ subterranean
sursongkranto *n.* সুর সংক্রান্ত octave
suru houwa *n.* শুরু হওয়া commencement
surua *v.t.* ঢকাযুক্ত পাত্রে রান্না stew
suruchi somponno *adj.* সুরুচিসম্পন্ন tasteful
suruchi somponno *n.* শুঁড় tentacle
surungo *n.* সুড়ংগ tunnel
suryoroshmi *n.* সুর্যরশ্মি sunbeam
sushiye neowa শুষিয়া নেওয়া absorb
sushobhit kora *v.t.* সুশোভিত করা adorn
suskho *adj.* শুষ্ক dry
susko *adj.* শুষ্ক arid
susko bij kosh *n.* শুস্ক বীজ কোষ capsule
susko drobyer maook *n.* শুস্ক দ্রব্যের মাপক bushel
susongboddho nibondho *n.* সুসংবদ্ধ নিবন্ধ treatise
susri *adj.* সুশ্রী handsome
susthito *n.* সুস্থিত stable
sustho hoye otha *v.t.* সুস্থ হয়ে ওঠা recuperate
suswadu *adj.* সুস্বাদু piquant
suta *n.* সুতা reel
suta *n.* সুতা skein
suta *n.* সুতা string
suta ba reshomer toiri soru fita *n.* সুতা বা রেশমের তৈরি সুরু ফিতা ferret
suta joranor jonyo latim *n.* সূতা জড়ানোর জন্য লাটিম bobbin
suta kata *n.* সুতা কাটা spin
sutakatar maku *n.* সুতাকাটার টাকু spindle
sutar feti *n.* সুতার ফেটি hank
sutham *adj.* সুঠাম shapely
sutir kapor *n.* সূতির কাপড় calico
suto *n.* সূতো thread
sutropat *n.* সূত্রপাত beginning
suuccho' *adj.* সুউচ্চ towering
suvasuvo lokshon *n.* শুভাশুভ লক্ষণ auspice
suvechha *v.t.* শুভেচ্ছা conciliate
suya poka *n.* শুঁয়া পোকা caterpillar
swabhabik *adj.* স্বাভাবিক normal
swabhabiker cheye niche *adj.* স্বাভাবিকের চেয়ে নীচে subnormal
swachachari *n.* স্বেচ্ছাচারী wayward
swachadhin *adj.* স্বেচ্ছাধীন discretionary
swachandgotite chola *v.* স্বচ্ছন্দগতিতে চলা amble
swachhacari *adj.* স্বেচ্চাচারী wilful
swacho *adj.* স্বচ্ছ diaphanous
swachondobhasi *adj.* স্বচ্ছন্দভাষী voluble
swad grohon kora *v.t.* স্বাদ গ্রহণ করা taste
swadesh *n.* স্বদেশ fatherland
swadhgondho *n.* স্বাদগন্ধ flavour
swadhin *n.* স্বাধীন substantive
swadhin *adj.* স্বাদহীন tasteless
swadhinchintok *n.* স্বাধীনচিন্তক free-thinker
swadhinota *n.* স্বাধীনতা freedom
swadhinota *n.* স্বাধীনতা independence
swadhinota *adj.* স্বাধীনতা independent
swadhinota *n.* স্বাধীনতা liberty
swadu *adj.* স্বাদু palatable
swaduta *n.* স্বাদুতা delicacy
swakkhor *n.* স্বাক্ষর signature
swami *n.* স্বামী husband
swamike votsorna *n.* স্বামীকে ভর্ৎসনা curtain-lecture
swaopno *n.* স্বপ্ন dream
swarborno *n.* স্বরবর্ণ vowel
swaroghatahin *adj.* স্বরাঘাতহীন unaccented
swarotontro *n.* স্বৈরতন্ত্র despotism
swarthopor *n.* স্বার্থপর selfish

swarthoporota *n.* স্বার্থপরতা selfishness
swashrodh kora *v.t.* শ্বাসরোধ করা suffocate
swashrodh kore hotya শ্বাসরোধ করে হত্যা smother
swaskriya *n.* শ্বাসক্রিয়া respiration
swasrodh kora *v.t.* শ্বাস রোধ করা asphyxlate
swasrodh kora *v.t.* শ্বাসরোধ করা choke
swasthoban *adj.* স্বাস্থবান buxom
swasthoban *adj.* স্বাস্‌হ্যবান hale
swasthobidhan *n.* স্বাস্থ্যবিধান regimen
swasthobidhi *n.* স্বাস্থ্যবিধি hygiene
swasthojjwol *adj.* স্বাস্থ্যোজ্জ্বল ruddy
swasthokor *adj.* স্বাস্থ্যকর salubrious
swasthyo *n.* স্বাস্‌হ্য health
swasthyoban *adj.* স্বাস্থ্যবান healthy
swatontrosuchok *adj.* স্বাতন্ত্র্যসুচক distinctive
swavabik probonota *adv.* স্বাভাবিক প্রবনতা aptly
swavabik vabe স্বাভাবিকভাবে naturally
swavabik vabe bikasito houwa *v.t.* স্বাভাবিকভাবে বিকাশিত হওয়া evolve
swchasebok *n.* স্বেচ্ছাসেবক volunteer
swchondodhabon *n.* স্বচ্ছন্দধাবন canter
swechapranodito *adj.* স্বেচ্ছাপ্রণোদিত voluntary
swechhachari *adj.* স্বেচ্ছাচারী autocratic
swerobritto *n.* স্বৈরবৃত্ত despot
swgotrovoji *n.* স্বগোত্রভোজী cannibal
swikarokti *n.* স্বীকারোক্তি acknowledgement
swikarokti *n.* স্বীকারোক্তি confession
swikriti *n.* স্বীকৃতি recognition
swikrito man *v.t.* স্বীকৃত মান standardize
swlesh somridho kshudro koutuk kobita *n.* শ্লেষসমৃদ্ধ খুদ্র কৌতুক কবিতা epigram
swo sasito *adj.* স্ব-শাসিত autonomous
swo sason *n.* স্ব-শাসন autonomy
swo swakhor *n.* স্ব-স্বাক্ষর autograph
swobdo *n.* শব্দ word
swobhasha *adj.* স্বভাষা idiomatic
swochchho *adj.* স্বচ্ছ serene
swochho khonij podartho *n.* স্বচ্ছ খনিজ পদার্থ talc
swodarth *n.* শ্বদার্থ slang
swodeshbasi *n.* স্বদেশবাসী compatriot
swodhormotyagi *n.* স্বধর্মত্যাগী renegade
swodol tyag *adj.* স্বদল ত্যাগ apoplectic
swogga *n.* স্বজ্ঞা intuition
swogotokti *n.* স্বগতোক্তি soliloquy
swoirachari sasok *n.* স্বৈরাচারী শাসক autocrat
swolpo *adj.* স্বল্প few
swolpo jibi *adj.* স্বল্পজীবী ephemeral
swolpobhashi *adj.* স্বল্পভাষী laconic
swolpoboyosko byakti *adj.* স্বল্পবয়স্ক ব্যক্তি juvenile
swolposthayi ghum স্বল্পস্থায়ী ঘুম snooze
swolpovasi *adj.* স্বল্পভাষী curt
swombondho pod suchok karok bises *n.* সম্বন্ধপদসুচক কারকবিশেষ genitive
swongkriyo *adj.* স্বয়ংক্রিয় automatic
swongkriyo bhabe *adv.* স্বয়ংক্রিয় ভাবে automatically
swongkriyo jontro *n.* স্বয়ংক্রিয় যন্ত্র automation
swonirbondho *v.* সনির্বন্ধ appeal
swonirbondho onurodh *n.* সনির্বন্ধ অনুরোধ entreaty
swopnolok *n.* স্বপ্নলোক reverie
swor probaho *n.* স্বর প্রবাহ cadence
sworbhongi *n.* স্বরভঙ্গি accent
sworgo *n.* স্বর্গ heaven
sworgo *n.* ইডেন উদ্যান paradise
sworgo sukh *adj.* স্বর্গসুখ blissful
sworgo sukh dayok *adj.* স্বর্গসুখ দায়ক beatific
sworgo sukhi kora *v.t.* স্বর্গসুখ সুখী করা beatify
sworgosukh dayok *n.* স্বর্গসুখ দায়ক beatitude
sworno *n.* স্বর্ণ gold
sworno kar *n.* স্বর্ণকার goldsmith
sworno nirmiti *adj.* স্বর্ণনির্মিত golden
sworo kompon *n.* স্বরকম্পন tremolo

swosobde prosongsa kora *v.* সশব্দে প্রশংসা করা applaud
swosti deoa *v.t.* স্বস্তি দেওয়া relieve
swotontro rakha *v.i.* স্বতন্ত্র রাখা sequester
swotosfurto *adj.* স্বতঃস্ফুর্ত spontaneous
swotwadhikari *adj.* স্বত্বাধিকারী proprietary
swotwo bole odhikrrito *adj.* স্বত্ববলে অধিকৃত tituler
swovabpotu *adj.* স্বভাবপটু talented
swovaviru *adj.* স্বভাবভীরু timid
swoyog chalito gari স্বয়ংচালিত গাড়ী auto
swuswdu *adj.* সুস্বাদু tasty
syabol *adj.* স্যাবল sable
syakarin *n.* স্যাকারিন saccharin
syalok *n.* শ্যালক brother-in-law
syamolima *n.* শ্যামলিমা greenery
syatin *n.* স্যাটিন satin
syatsyate *adj.* স্যাঁতসেঁতে clammy
syoner pataton *n.* শয়নের পাটাতন bunk
syup *n.* স্যুপ soup
syut *v.i.* স্যুট suit

T

ta sottweo *adv.* তা সত্ত্বেও nevertheless
tabil tenis khelar byat *n.* টেবিল টেনিস খেলার ব্যাট battledore
tabu *n.* তাঁবু tent
tacer tekka *n.* তাসের টেক্কা ace
tachara *adj.* তাছাড়া else
tachara *adv.* তাছাড়া therewithal
tachchhilyopurno *adj.* তাচ্ছিল্যপুর্ণ scornful
tachhara তাছাড়া moreover
tader তাদের their
tagra *adj.* তাগড়া hefty
tahara *pro.* তাহারা they
tahole *adj.* তাহলে so
taimol *n.* থাইমল thymol
taja *adj.* তাজা fresh
taja o sobuj *n.* তাজা ও সবুজ verdant
tak *n.* তাক rack
tak *n.* তাক shelf
tak pora *adj.* টাক পড়া bald
taka *n.* টাকা money
taka *n.* টাকা rupee
taka rakhar bag *n.* টাকা রাখার ব্যাগ wallet
taka joma dewa *n.* টাকা জমা দেওয়া teller
takar hisab *n.* টাকার হিসাব bill
takila *n.* তালিকা register
takjukto kora তাকযুক্ত করা shelve
tal *n.* তাল nugget
tala *n.* তালা lock
tala *n.* তালা padlock
tala khola *v.t.* তালা খোলা unlock
talgol pakano *v.t.* তালগোল পাকানো jumble
tali *n.* তালি patch
tali *n.* টালি tile
talika *n.* তালিকা enumeration
talika *n.* তালিকা list
talikavukto kora *v.t.* তালিকাভুক্ত করা enlist
talikavukto kore neuwa *v.* তালিকাভুক্ত করে নেওয়া enrol
talu *n.* তালু palate
talu sungkranto *adj.* তালু সংক্রান্ত palatal
tama *n.* তামা copper
tama o tiner misron *n.* তামা ও টিনের মিশ্রন bronze
tamak *n.* তামাক shag
tamak *n.* তামাক tobacco
tamak bikreta *n.* তামাক বিক্রেতা tobacconist
tamasa kora *n.* তামাসা করা mock
tamate *adj.* তামাটে auburn
tamate *adj.* তামাটে bay
tamate *adj.* তামাটে tawny

tan *v.t.* টান pull
tana *v.t.* টানা draw
tana টানা drew
tanga *n.* টাঙ্গা tonga
tantan *adj.* টানটান taut
tanti *n.* তাঁতি weaver
tap *n.* তাপ flue
tap *n.* তাপ heat
tap maper jontro *n.* তাপ মাপের যন্ত্র calorimeter
taper ekok *n.* তাপের একক calorie
tapiyo *adj.* তাপীয় thermal
tapo ekok *n.* তাপ একক therm
tapo songkranto *adj.* তাপ সংক্রান্ত thermic
tapoman jontro *n.* তাপমান যন্ত্র thermometer
tapomatra *n.* তাপমাত্রা temperature
tapomatrar ekok *adj.* তাপমাত্রার একক centigrade
tar *n.* তার wire
tar poriborte *n.* তার পরিবর্তে stead
tar toirir upadan *n.* তার তৈরোর উপাদান catgut
tara *n.* তারা star
tara তারা them
tara kora *v.t.* তাড়া করা chase
tara kora *v.t.* তাড়া করা pursue
tara kora *v.t.* তাড়া করা urge
tara nijera *pro.* তারা নিজেরা themselves
tarahuro *pro.* তার his
taramoy *adj.* তারাময় starry
taratari তাড়াতাড়ি sidelong
tarbarta songkranto *adj.* তারবার্তা সংক্রান্ত telegraphic
tarer badyo jontro bises *n.* তারের বাদ্যযন্ত্র বিশেষ banjo
tari *n.* তাড়ি toddy
tarikh *n.* তারিখ date
tarikh *n.* তারিক্ষ ultimo
tariye deoa *v.t.* তাড়িয়ে দেওয়া repel
tarobarta *n.* তারবার্তা telegram
tarobarta preron *n.* তারবার্তা প্রেরণ telegraph
tarpin *n.* তার্পিন turpentine
tarpor *adv.* তারপর then
tarpor thek *adv.* তার পর থেকে since
tarun boyosko *adj.* তরুণবয়স্ক youthful
tarunno *n.* তারুণ্য youth
tas khelar dak *n.* তাস খেলার ডাক bidding
tatkhonik *adv.* তাৎক্ষণিক off-hand
tatkkhonik *n.* তাৎক্ষণিক instant
tatkkhonikbhabe *adj.* তাৎক্ষণিকভাবে instantaneous
tatkkhonikbhabe byboharopojogi *adj.* তাৎক্ষনিকভাবে ব্যবহারোপযোগী readymade
tatwik *n.* তাত্ত্বিক doctrinaire
tayar *n.* টায়ার tyre
te *prep.* তে at
tebil *n.* টেবিল table
tebs *n.* টেবস tabes
tejoskriyo moulik dhatu *n.* তেজস্ক্রিয় মৌলিক ধাতব radium
teksoi *adj.* টেকসই durable
teksoin howa *n.* টেকসই হওয়া durability
tel deoa *v.t.* তেল দেওয়া lubricate
tel makhanoa *v.t.* তেল মাখান anoint
telebhaja *v.t.* তেলে ভাজা fry
teligraf barta *n.* টেলিগ্রাফ বার্তা telegraphy
telivison *n.* টেলিভিশন television
tene chola *v.i.* টেনে চলা shamble
tenis khela *n.* টেনিস খেলা tennis
tentul *n.* তেঁতুল tamarind
tepaya tul *n.* তেপায়া টুল tripod
thaba *n.* থাবা paw
thairoyed *adj.* থাইরয়েড/ অনাল গ্রন্থি thyroid
thaka *v.t.* থাকা stay
thala *n.* থালা dish
thala *n.* থালা plate
thalu *n.* ঢালু downhill
thama *v.t.* থামা stop
thamiye deoa *v.t.* থামিয়ে দেওয়া stifle
thamiye rakha *v.t.* থামিয়ে রাখা stint
thana *n.* থানা police-station

thanda *adj.* ঠান্ডা cold
thanda *adj.* ঠান্ডা cool
thapi *conj.* তথাপি albeit
tharms flask *n.* থার্মস ফ্লাস্ক thermos
thasa *n.* ঠাসা jam
thatta *n.* ঠাট্টা jest
thatta *n.* ঠাট্টা joke
theke theke *adj.* থেকে থেকে intermittent
theke, hote *prep.* থেকে, হতে from
thekiye newa *v.t.* ঠকিয়ে নেওয়া defraud
thela deoa *v.t.* ঠেলা দেওয়া shove
thela gari bises *n.* ঠেলাগাড়ী বিশেষ bogie
these these *v.t.* ঠেসে ঠেসে cram
thik *adj.* ঠিক right
thik eaitei *adv.* ঠিক এইটিই very
thik thak *adj.* ঠিক ঠাক so-so
thik thaka *adv.* ঠিক থাকা all right
thik vabe *adv.* ঠিকভাবে aright
thikana lekha *v.t.* ঠিকানা লেখা address
thikbhabe chalu kora *v.t.* ঠিকভাবে চালু করা adjust
thikthik *v.t.* থিকথিক teem
thir rakhar khop তীর রাক্ষার খোপ quiver
thnot *n.* ঠোঁট lip
thnot diye aghat kora *v.t.* ঠোঁট দিয়ে আঘাত peck
tho *n.* তথ্য datum
thogi *n.* ঠগী thug
thok thok kora *v.i.* ঠকঠক করা chatter
thokano *v.* ঠাকানো cheat
thokanor koushol *n.* ঠকানোর কৌশল stratagem
thole *n.* থলে bag
tholi *n.* থলি nose-bag
tholir nyay dholdhole *adj.* থলির ন্যায় ঢলঢলে baggy
tholthole *adj.* থলথলে flaccid
thon thon sobdo *n.* ঠনঠন শব্দ clatter
thor thor kapa *v.i.* থরথর কাঁপা shudder
thor thor kora *v.t.* থর থর করা shiver
thun sobdo *v.t.* ঠুন শব্দ clink
thunko *adj.* ঠুনকো fragile
thutni *n.* থুতনি chin
thutu *n.* থুতু sputum
thutu *n.* থুতু spittle
thutu chitanor moto sobdo *v.i.* থুতু ছিটানোর মতো শব্দ sputter
thutu fela *v.t.* থুতু ফেলা spit
tibra birag *n.* তীব্র বিরাগ hatred
tibra lalosa *v.i.* তীব্র লালসা hanker
tibro *adj.* তীব্র pungent
tibro bidruppurno *adj.* তীব্র বিদ্রূপপুর্ণ scurrilous
tibro bnashi *n.* তীব্র বাঁশি siren
tibro chitkar *n.* তীব্র চিৎকার scream
tibro ghrina *n.* তীব্র ঘৃণা detestation
tibro hasithatta *n.* তীব্র হাসিঠাট্টা banter
tibro jontrona *n.* তীব্র যন্ত্রণা throe
tibro osontosh jonit krodher bosborti *n.* তীব্র অসন্তোষ জনিত ক্রোধের বশবর্তী dudgeon
tibro vhasai vortsona *n.* তীব্র ভাষায় ভর্ৎসনা diatribe
tibrobhabe ghrina kora *v.t.* তীব্রভাবে ঘৃণা করা detest
tibrodurgondho *n.* তীব্রদুর্গন্ধ reek
tibrota *n.* তীব্রতা intensity
tibrovhabe valobasha *v.t.* তীব্রভাবে ভালবাসা adore
tik thik sobdo *v.t.* টিক টিক শব্দ tick
tika *n.* টিকা vaccination
tika deoa টিকা দেওয়া inoculate
tika dewa *v.t.* টিকা দেওয়া vaccinate
tika lekha *v.t.* টীকা লেখা annotate
tike thake samotrho *adj.* টিকে থাকতে সমর্থ viable
tikhno *adj.* তীক্ষ্ণ shrill
tikhno *n.* তীক্ষ্ণ spike
tikhno chitkar *v.i.* তীক্ষ্ণ চিৎকার yelp
tikhnyo drrishti somponno *adj.* তীক্ষ্ণ দৃষ্টিসম্পন্ন eagle-eyed
tikit *n.* টিকিট ticket
tikitghor *n.* টিকিটঘর booking-office
tikkhnagro *adj.* তীক্ষ্ণাগ্র pointed
tikkhno *adj.* তীক্ষ্ণ intense

tikkhno তীক্ষ্ণ poignant
tikkhno bedona *n.* তীক্ষ্ণ বেদনা pang
tikkhno rob *n.* তীক্ষ্ণ রব squeak
tikkno *adj.* তীক্ষ্ণ mordant
tiktiki *n.* টিকটিকি lizard
tikto *n.* তিক্ততা acerbity
tikto *adj.* তিক্ত bitter
tikto kora *v.t.* তিক্ত করা embitter
tikto kra *v.* তিক্ত করা acerbate
tiktota *n.* তিক্ততা bitterness
til *n.* তিল mole
til gach *n.* তিল গাছ sesame
timi mach *n.* তিমি মাছ whale
tin *adj.* তিন three
tin *pre.* তিন tri
tin dhatu *n.* টিন ধাতু tin
tin kopo kora *adj.* তিন কপি করা triplicate
tin mastuler choto jahaj *n.* তিন মাস্তুলের ছোট জাহাজ xebec
tin poroter kath *v.t.* তিন পরতের কাঠ ply
tinbar *adv.* তিনবার thrice
tiner mukh futo kora jontro *v.t.* টিনের মুখ ফুটো করা যন্ত্র broach
tiner podartho *n.* টিনের পদার্থ pewter
tingun *adj.* তিনগুন trine
tinkona *adj.* তিনকোনা triagular
tipoy *n.* টিপয় trivet
tir *n.* তীর arrow
tir *n.* তীর shaft
tir *n.* তীর shore
tirer mukh *n.* তীরের মুখ arrow-head
tirjok *adj.* তির্যক diagonal
tirjok hoya *v.i.* তির্যক হওয়া squint
tirjokvabe *adv.* তির্যকভাবে askew
tirondaj *n.* তীরন্দাজ archer
tiroskar *v.t.* তিরস্কার rebuke
tiroskar তিরস্কার reprimand
tiroskar *n.* তিরস্কার slur
tiroskar kora *v.t.* তিরস্কার করা reprehend
tiroskar kora *v.t.* তিরস্কার করা scold
tiroskarjogyo *adj.* তিরস্কারযোগ্য reprehensible
tiroskarpurno *adj.* তিরস্কারপুর্ণ opprobrious
tiroswore chitkar *v.t.* তীব্রস্বরে চিৎকার yell
tirthojatra *n.* তীর্থযাত্রা pilgrimage
tirthojatri *n.* তীর্থযাত্রী pilgrim
tnat *n.* তাঁত loom
tob *n.* টব cooper
tobok *n.* তবক musket
toboki *n.* তবকি musketeer
todonto *n.* তদন্ত investigate
todonto *v.t.* তদন্ত probe
todontokari bicharok *n.* তদন্তকারী বিচারক coroner
todotirikto *adv.* তদতিরিক্ত besides
tofi *n.* টফি toffee
tohtyo ahoronmulok vromon তথ্য আহরণমুলক ভ্রমন exploration
toilakto *adj.* তৈলাক্ত oily
toilakto odartho lagano *v.t.* তৈলাক্ত পদার্থ লাগানো smear
toilo *n.* তৈল oil
toilochitro *n.* তৈলচিত্র oil-painting
toiri *v.t.* তৈরি make
toiri *adj.* তৈরি ready
toiri kora *p.p.* তৈরি করা made
tojjonyo *adv.* তজ্জন্য thence
tok *adj.* টক sour
tok *n.* টক sourness
tok *adj.* টক tart
toka *n.* টোকা fillip
toka *v.t.* টোকা knock
tokhon porjontyo *adv.* তখন পর্যন্ত therefore
tokro kora *v.i.* তর্ক করা argue
tokta *n.* তক্তা board
tokta *n.* তক্তা plank
tola *v.t.* তোলা lift
tola *v.t.* তোলা pluck
tolani *n.* তলানি sediment
tollashi *v.t.* তল্লাশি search

tollashi *adj.* তল্লাশি searching
tollasi *n.* তল্লাশি inquisition
tolmole *adj.* টলমলে unsteady
tolobnama *n.* তলবনামা summons
tolodes *n.* তলদেশ bottom
tolomol kora *v.t.* টলমল করা totter
toloyar *n.* তলোয়ার sword
tomake vhogoban hate somporpon krilam *n.* তোমাকে ভগবানের হাতে সমর্পন করিলাম adieu
tomar, *pro.* তোমার, your
tomar, *pro.* তোমার, yours
tomara *pro.* তোমরা ye
tometo *n.* টমেটো tomato
tomosachchhonno *adj.* তমসাচ্ছন্ন murky
ton *n.* টন ton
tondra *n.* তন্দ্রা drowsiness
tondralu *adj.* তন্দ্রালু drowsy
tonkar *n.* টঙ্কার twang
tonkon *n.* টঙ্কন coinage
tonnishtho *adj.* তন্নিষ্ঠ thorough
tonosil *n.* টনসিল tonsil
top *n.* টোপ bait
top fela *v.t.* টোপ ফেলা decoy
tor *v.i.* তোড় rush
torbuj *n.* তরবুজ wate¤melon
torighorite kora *adj.* তড়িঘড়িতে করা cursory
torjon gorjon kora *v.i.* তর্জন গর্জন করা swagger
torkari *v.t.* তরকারি curry
torkatorki kora *v.t.* তর্কাতর্কি করা altercate
torko *n.* তর্ক argument
torko *n.* তর্ক contention
torko kora *n.* তর্ক করা contest
torkosapekhe *adj.* তর্কসাপেক্ষ debatable
tormuj *n.* তরমুজ melon
torof *n.* তরফ behalf
torol *n.* তরল fluid
torol kora *v.t.* তরল করা liquefy
torol ousodher jonno sishi *n.* তরল ঔষধের জন্য শিশি vial
torol podartho *n.* তরল পদার্থ chloroform
torol podartho *n.* তরল পদার্থ ether
torol podartho *n.* তরল পদার্থ liquid
toroler map bishesh *n.* তরলরে মাপবিশেষ pint
torongi *n.* তরঙ্গি surge
torongi *adj.* তরঙ্গী undulatory
torongito *v.i.* তরঙ্গিত undulate
torongito *adj.* তরঙ্গিত wavy
torongo *n.* তরঙ্গ wave
toru dol *v.t.* বড়ো হওয়া grow
torun kishor *n.* তরুন কিশোর stripling
toshamod kora *v.t.* তোষামোদ করা adulate
toshok *n.* তোশক mattress
toskor sulov *adj.* তস্করসুলভ thievish
tostori *n.* তশতরি saucer
tothabodhankari *n.* তত্ত্বধানকারী supervisor
tothapi *conj.* তথাপি though
tothasotto *n.* তথাস্তু amen
totho *n.* তথ্য data
tothyo *n.* তথ্য propaganda
tothyo ahoroner uddesye vromonkari byakti *n.* তথ্য আহরণের উদ্দেশ্যে ভ্রমনকারী ব্যক্তি explorer
tothyobhandar *n.* তথ্যভান্ডার repertory
tothyoprocharok *n.* তথ্যপ্রচারক propagandist
totkkhonat *adv.* তৎক্ষনাৎ immediately
totkkhonat *adv.* তৎক্ষণাৎ instantly
totlami *n.* তোতলামি impediment
totlano *v.i.* তোতলানো stammer
totlano *v.i.* তোতলানো stutter
totporota ততপরতা aptness
totprat *n.* ততপরতা alacrity
totsodriso *n.* ততসদৃশ asp
tottabodhan kora *v.t.* তত্ত্বাবধান করা oversee
tottabodhayok *n.* তত্ত্বাবধায়ক overseer
totwabodhan *v.t.* তত্ত্বধান supervise
totwabodhan *n.* তত্ত্বধান supervision
totwiyo *adj.* তত্ত্বীয় theoretical

totwo *n.* তত্ত্ব theory
totwo nirman *v.t.* তত্ত্ব নির্মান theorize
totwo songgothon *n.* তত্ত্ব-সংগঠক theorist
trajdir rochoyita *n.* ট্র্যাজেডির রচয়িতা tragedian
trak *n.* ট্রাক lorry
tram gari *n.* ট্রামগাড়ি tram
tran *n.* ত্রাণ redemption
tran *v.t.* ত্রাণ succour
trankorta *n.* ত্রাণকর্তা redeemer
trata *n.* ত্রাতা saviour
trelar *n.* ট্রেলার trailer
tren *v.t.* ট্রেন train
trench khonon kore rokhya kora *v.t.* ট্রেঞ্চ খনন করে রক্ষা করা entrench
triborno *n.* ত্রিবর্ণ tricolour
triborshojibi *adj.* ত্রিবর্ষজীবী triennial
tridha bivokto *adj.* ত্রিধাবিভক্ত tripartite
trifola ontro *n.* ত্রিফলা অস্ত্র trident
trigunit *adj.* ত্রিগুণিত treble
trikon *n.* ত্রিকোন trigo
trikonomiti *n.* ত্রিকোনমিতি trigonometry
trinobhumi *n.* তৃণভুমি lea
trinobhumi *n.* তৃনভুমি meadow
trinobhumi *n.* তৃণভুমি sward
trinogulm *n.* তৃণগুল্ম herbage
trinomoy *n.* তৃণময় savanna
tripol *n.* ত্রিপল tarpaulin
tripotri *adj.* ত্রিপত্রী ternate
tripti *v.i.* তৃপ্তি purr
trish *n.* ত্রিশ thirty
trishna *n.* তৃষ্ণা thirst
trishnarto *adj.* তৃষ্ণার্ত thirsty
trishotom ত্রিশতম thirtieth
trivuj *n.* ত্রিভুজ triangle
troimashik ত্রৈমাসিক quarterly
trol podarthe chobano *v.t.* তরল পদার্থে চোবানো dip
troli *n.* ট্রলি trolley
troyi *adj.* ত্রয়ী tern
troyi *n.* ত্রয়ী triad
troyi *n.* ত্রয়ী trio
troyodhosh tomo *adj.* ত্রয়োদশতম thirteenth
troyodosh *n.* ত্রয়োদশ thirteen
trritiyo *adj.* তৃতীয় third
truti *n.* ত্রুটি fault
truti *n.* ত্রুটি flaw
trutijukto *adj.* ত্রুটিযুক্ত faulty
trutipurno *adj.* ত্রটিপুর্ন defective
tryaktor *n.* ট্র্যাকটর tractor
tuccho amodpromod *n.* তুচ্ছ আমোদপ্রমোদ dissipation
tuchchho *adj.* তুচ্ছ negligible
tuchchho *adj.* তুচ্ছ paltry
tuchho *adj.* তুচ্ছ frivolous
tukro *n.* টুকরো fragment
tukro *n.* টুকরো piece
tukro kora *v.t.* টুকরা করা chop
tukro kora *v.t.* টুকরো করা disjoint
tukro kora *n.* টকরা করা shred
tukro kora *v.t.* টুকরা করা split
tukro ongso *n.* টুকরো অংশ titbit
tukro tukro kora *v.t.* টুকরো টুকরো করা smash
tul *n.* টুল stool
tulanamulokbhabe *n.* তুলামুলকভাবে relatively
tule newa *v.t.* তুলে নেওয়া withdraw
tulo *n.* তুলো cotton
tulona *n.* তুলনা comparison
tulona kora *v.t.* তুলনা করা compare
tulonamulok *n.* তুলানমুলক comparative
tulonay *conj.* তুলনায় than
tulosijatiyo gachh *n.* তুলসীজাতীয় গাছ basil
tumal *n.* হস্তশিল্প handicraft
tumi *pro.* তুমি thyself
tumi, *pro.* তুমি, you
tumul jhogra *n.* তুমুল ঝগড়া করা brawl
tumul jhogra kora *n.* তুমুল ঝগড়া করা squabble
tumul kolahol purno *n.* তুমুল কোলাহলপূর্ণ tumultuous
tun gun *adj.* তিনগুন triple

tuni pakhi *n.* টুনি পাখি tit
tupi *n.* টুপি cap
tupi *n.* টুপি hat
turjyo *n.* তুর্য trump card
turki morog *n.* তুর্কি মোরগ turkey
turpun jatiyo jontro তুরপুন জাতীয় যন্ত্র trepan
tush *n.* তুষ chaff
tusharika *n.* তুষারিকা icicle
tusharmoy *n.* তুষারময় snowy
tuski *n.* টুসকি flick
twok *n.* ত্বক skin
tworantito *v.t.* ত্বরান্বিত করা quicken
tworon *n.* ত্বরণ acceleration
tyag *v.t.* ত্যাগ sacrifice
tyag kora *v.* ত্যাগ করা abandon
tyag kora *v.t.* ত্যাগ করা leave
tyag kora *v.t.* ত্যাগ করা recant
tyag kora ত্যাগ করা relinquish
tyag kora *v.t.* ত্যাগ করা respire
tyak *n.* ট্যাক tach
tyaksi *n.* ট্যাক্সি taxi

U

ubhoi sonkot *n.* উভয় সঙ্কট dilemma
ucchakankha *adj.* উচ্চাকাংখা ambitious
ucchakankhi *n.* উচ্চাকাংখী ambitions
ucchas *adj.* উচ্ছ্বাস ebullient
ucchas *n.* উচ্ছাস exuberance
ucchkontho proshonsha *v.* উচ্চকন্ঠে প্রশংসা acclaim
uccho kolorob *n.* উচ্চ কলরব clamour
uccho prosongsa *n.* উচ্চ প্রশংসা encomium
uccho prosongsa kora *v.t.* উচ্চ প্রশংসা করা। belaud
ucchol *adv.* উচ্ছল gaily
ucchopodostho byeakti *n.* উচ্চপদস্থ ব্যাক্তি dignitary
ucchoporbot *n.* উচ্চপর্বত alp
ucchoswar *adv.* উচ্চঃস্বরে aloud
ucchosware ninda *v.t.* উচ্চস্বরে নিন্দা decry
ucchota *n.* উচ্চতা altitude
ucco prosongsa *n.* উচ্চপ্রশংসা eulogy
ucco prosongsa kora *v.t.* উচ্চাসপ্রশংসা করা extol
uccopodostho kristiyo jajok *n.* উচ্চপদস্থ খৃষ্টীয় যাজক বিশেষ bishop
ucharon kora *v.t.* উচ্চারণ করা enunciate
ucharon. *n.* উচ্চারন enunciation
uchcha *adj.* উচ্চ high
uchchamaner krishnaborno *n.* উচ্চমানের কৃষ্ণবর্ণ pekoe
uchcharon *v.t.* উচ্চারন pronounce
uchcharon *n.* উচ্চারন pronunciation
uchchhashito songbordhona *n.* উচ্ছাসিত সংবর্ধনা ovation
uchchhed kroa *v.t.* উচ্ছেদ করা supplant
uchchhrinkhol jonota *n.* উচ্ছৃঙ্খল জনতা mob
uchchhrinkhon jonota উচ্ছৃঙ্খল জনতা rabble
uchchopodosthokormocharir bhromonsongibrindo *n.* উচ্চপদস্থ কর্মচারীর ভ্রমণসঙ্গীবৃন্দ retinue
uchchoswor *adj.* উচ্চস্বর loud
uchchota *n.* উচ্চতা height
uchchotara *v.* উচ্চতর heighten
uchchotomo *adj.* উচ্চতম superlative
uchchrinkhol *adj.* উচ্ছৃঙ্খল rowdy
uchchrinkholota *n.* উচ্ছৃঙ্খলতা rowdism
uchhotomo *adj.* উচ্চতম uppermost
uchit sasti *n.* উচিত শাস্তি retribution
uchit somoyer purbe *adv.* উচিত সময়ের পূর্বে beforehand
uchoswore bilap kore *v.t.* উচ্চৈঃস্বরে বিলাপ করা bewill
uchu *n.* উঁচু crag
uchu moncho *n.* উঁচু মঞ্চ tribune
ucsobdo moy *adj.* উচ্চশব্দময় bombastic
udahoron *n.* উদাহরণ example

udahoron *n.* উদাহরণ instance
udar *adj.* উদার unsparing
udar. *adj.* উদার generous
udarmoy *n.* উদরাময় diarrhoea
udarota *n.* উদ্যরতা generosity
udasin *adj.* উদাসীন apathetic
udasin *adj.* উদাসীন indifferent
udbhabon karok *n.* উদ্ভাবন কারক inventor
udbhabon kora *v.t.* উদ্ভাবন করা invent
udbhabonpotuta *n.* উদ্ভাবনপটুতা ingenuity
udbhasito kora *v.t.* উদ্ভাসিত করা irradiate
udbhidbishesh *v.i.* উদ্ভিদবিশেষ hop
udbhijo makhon *n.* উদভিজো মাখন margarine
udbhit *n.* উদ্ভিত herb
udbhit sombondhiyo *n.* উদ্ভিদসম্বন্ধী vegetable
udbhiter moton jibondharan kora উদ্ভিদের মতো জীবনধারন করা vegetate
udbigno *adj.* উদ্বিগ্ন worried
udbignwo *adj.* উদ্বিগ্ন anxious
udbodhon *n.* উদ্বোধন inauguration
udbodhon kora *v.t.* উদ্বোধন করা inaugurate
udbodhoni *adj.* উদ্বোধনি inaugural
udbretto *n.* উদ্‌বৃত্ত surplus
uddeshhin *n.* উদ্দেশ্যহীন desultory
uddesho উদ্দেশে for
uddeshohin vhabe ghure berano *v.i.* উদ্দেশ্যহীনভাবে ঘুরেবেড়ানো wander
uddeshyo *n.* উদ্দেশ্য puopose
uddeshyomulokbhabe *adj.* উদ্দেশ্যমুলকভাবে purposely
uddhar *v.t.* উদ্ধার rescue
uddharjogyo *adj.* উদ্ধারযোগ্য redeembale
uddhoto *adj.* উদ্ধত arrogant
uddhotokoron *n.* উদ্ধতকরণ quotation
uddhotyo *n.* উদ্ধত্য arrogance
uddhriti dewa *v.t.* উদ্ধৃতি দেওয়া cite
uddipito kora *v.t.* উদ্দীপিত করা stimulate
uddipito korar dak *n.* উদ্দীপিত করার ডাক clarion
uddipok *adj.* উদ্দীপক incentive
uddipok উদ্দীপক stimulant
uddipok *n.* উদ্দীপক stimulus
uddipol উদ্দীপল stimulation
uddipona *n.* উদ্দীপনা zeal
uddipto kora *v.t.* উদ্দীপ্ত করা inspire
udghaton *v.t.* উদঘাটন unearth
udghaton *v.t.* উদঘাটন unveil
udghoshak *n.* উদঘোষক herald
udhbhit উদ্দীপ্ত fervid
udhbhit jogot. *n.* উদ্ভিদজগৎ vegetation
udhbhot *n.* উদ্ভট antic
udhrito kora *v.* উদ্‌ধৃত করা quote
udipto vhabe kotha bla *v.t.* উদ্দীপ্ত ভাবে কথা বলা declaim
uditosompod *n.* উদ্‌তিদসম্পদ flora
udiyoman *adj.* উদীয়মান ascendant
udjapon *n.* উদযাপন celebration
udjapon kora *v.t.* উদযাপন করা celebrate
udor *n.* উদর abdomen
udvid bigyani *n.* উদ্ভিদ বিগ্যানী botanist
udvid bigyani *n.* উদ্ভিদ বিগ্যান botany
udvob bigyan উদ্ভববিজ্ঞান genealogy
udyan palon *n.* উদ্যানপালন gardening
udyanbidya *n.* উদ্যানবিদ্যা horticulture
udyomi *adj.* উদ্যমী energetic
ugrano *v.t.* উগরানো disgorge
ugro jukthihin utsob *n.* উগ্র যুক্তিহীন উৎসাহ fanaticism
ugrogondho dhowa *n.* উগ্রগন্ধ ধোঁয়া fume
uhoy pokher sahte biswasghatkota kora *n.* উভয় পক্ষের সাথে বিশ্বাসঘাতকতা করা double-cross
uil *n.* উইল testament
uil kari *adj.* উইলকারী testamentary
uil kore dewa *v.t.* উইল করে দেওয়া bequeath

uile prodotto bostu *n.* উইলে প্রদত্ত বস্তু bequest
uiler boidhota *n.* উইলের বৈধতা probate
uilkari *n.* উইলকারী testator
ujjibito kora *v.t.* উজ্জীবিত করা rally
ujjowal *adj.* উজ্জ্বল fulgent
ujjowol *adj.* উজ্জ্বল unclouded
ujjwal *adj.* উজ্জ্বল fine
ujjwal bornoshobhit *n.* উজ্জ্বল বর্ণশোভিত flamboyant
ujjwol *n.* উজ্জ্বল ivy
ujjwol *v.t.* উজ্জ্বল shine
ujjwol *adj.* উজ্জ্বল shinning
ujjwol *adj.* উজজ্বল vivid
ujjwol *adj.* উজ্জ্বল bright
ujjwol kora *v.t.* উজ্জ্বল করা brighten
ujjwol nil *adj.* উজ্জ্বল নীল ultramarine
ujjwolito kora উজ্জ্বলিত করা illumine
ukha *n.* উখা rasp
uktipurno *adj.* উক্তিপূর্ণ tautological
ukun *n.* উকুন louse
uledbud bud *n.* উলেবুদবুদ bubble
ulka *n.* উল্কা meteor
ulki aka *n.* উল্কি আঁকা tattoo
ullas *n.* উল্লাস delight
ullas *n.* উল্লাস glee
ullasito kora *v.t.* উল্লাসিত করা hearten
ullekh *v.t.* উল্লেখ mention
ullekh উল্লেখ reference
ullekh kora *v.t.* উল্লেখ করা refer
ullekhjogyo *adj.* উল্লেখযোগ্য notable
ullekhjogyo *adj.* উল্লেখযোগ্য noteworthy
ullombo *adj.* উল্লম্ব perpendicular
ulloshito *adj.* উল্লসিত merry
ulongo *adj.* উলংগ bare
ulot palot *n.* উলট পালট reversal
ultano *v.t.* উল্টানো upset
ulte deoa *v.t.* উল্টে দেওয়া invert
ulte deowa *v.t.* উলটে দেওয়া capsize
ulte fela *n.* উলটে ফেলা overturn
ulte pora *v.t.* উল্টে পড়া tumble
ulte sukono *v.t.* উল্টে শুকোনো ted
ulto *adj.* উল্টো inverse
ulto kotha *n.* উলটো কথা apostrophe
umad *adj.* উমাদ rabid
umela *n.* উলেমা ulema
unish *n.* উনিশ nineteen
unki *v.i.* উঁকি peep
unmad grosto *n.* উনমাদ গ্রস্ত bedlamite
unmochon kora *v.t.* উন্মোচন করা unfold
unmokter mt *n.* উন্মত্তের মত amputation
unmukto *adj.* উন্‌মুক্ত open
unmukto উন্‌মুক্ত unsheathe
unnoti kora *v.t.* উন্নতি করা prosper
unnoti labh kora *v.t.* উন্নতি লাভ করা ameliorate
unnoti sadhon *n.* উন্নতি সাধন betterment
unnotisadhon *v.* উন্নতিসাধন improve
unnotisadhon *n.* উন্নতিসাধন improvement
unnoto *adj.* উন্নত prominent
unnoyoun *n.* উন্নয়ন development
unnti sadhok *n.* উন্নতি সাধক amelioration
unun *n.* উনুন oven
uorbor *adj.* উর্বর fertile
uorbor ba fholonshil kora *v.t.* উর্বর বা ফলনশীল করা fertilize
upadan *n.* উপাদান element
upadan *n.* উপাদন ingredient
upadhi dan kora *v.t.* উপাধি দান করা dub
upakhyan *n.* উপাখ্যান legend
upango *n.* উপাঙ্গ appendage
uparjon *v.t.* উপার্জন earn
uparrjito dhon *n.* উপার্জিত ধন earnings
upche pora *n.pl.* উপচে পড়া slop
updebta *n.* উপদেবতা demigod
updeshok *adj.* উপদেশক advisory
upekha kari *v.t.* উপেক্ষাকারী balk
upekhito *adj.* উপক্ষিত unheeded
upekkha *v.t.* উপেক্ষা ignore
upekkha kora উপেক্ষা করা overlook
uphas kora *v.t.* উপহাস করা deride
uphas kora *n.* উপহাস derision
upjukto *adj.* উপযুক্ত due

upjukto somoy *n.* উপযুক্ত সময় occasion
upnyas troy *n.* উপন্যাসত্রয় trilogy
upobibhag *n.* উপবিভাগ sub-division
upobidhi *n.* উপবিধি by-law
upochhaya *n.* উপছায়া penumbra
upodesta *n.* উপদেষ্টা counsellor
upodol *n.* উপদল sect
upodoliyo *adj.* উপদলীয় sectarian
upodrob *v.t.* উপদ্রব infest
upodrob *n.* উপদ্রব inroad
upodwip *n.* উপদ্বীপ peninsula
upoere dike *n.* উপরের দিকে upwards
upogolok *n.* উপগোলক spheroid
upogriho *n.* উপগৃহ outhouse
upohar *n.* উহার gift
upohar *n.* উপহার present
upohar hisebe pathano khabar, *n.* উপহার হিসাবে পাঠানো খাবার, পানীয় ইত্যাদি ভরা ঝুড়ি hamper
upohas *v.t.* উপহাস jeer
upohas উপহাস jibe
upohas *n.* উপহাস' mockery
upohas *n.* উপহাস ridicule
upohas kora *v.i.* উপহাস করা gibe
upohrod *n.* উপহ্রদ lagoon
upojati *n.* উপজাতি tribe
upojatiyo sordar *n.* উপজাতীয় সর্দার chieftain
upojogi *adj.* উপযোগী suitable
upojogita *n.* উপযোগিতা fitness
upojogita *n.* উপযোগিতা utility
upojukto *adj.* উপযুক্ত apposite
upojukto *adj.* উপযুক্ত apt
upojukto *adj.* উপযুক্ত compatible
upojukto *adj.* উযুক্ত competent
upojukto *adj.* উপযুক্ত eligible
upojukto *adj.* উপযুক্ত fit
upojukto *adj.* উপযুক্ত fitted
upojukto *n.* উপযুক্ত niche
upojukto *adj.* উপযুক্ত opportune
upojukto *adj.* উপযুক্ত proper
upojukto drrirota *n.* উপযুক্ত দৃঢ়তা temper
upojukto howa *v.* উপযুক্ত হওয়া deserve
upojukto howa *adj.* উপযুক্ত হওয়া deserving
upojuktota *n.* উপযুক্ততা suitability
upokari *n.* উপকার behoof
upokari *n.* উপকারী benefactor
upokari *adj.* উপকারী beneficial
upokari *n.* উপকার benefit
upokolpon *n.* উপকল্পন substitution
upokrom *n.* উপক্রম rudiment
upokul *n.* উপকুল coast
upokule *adv.* উপকুলে ashore
upokuloborti onchol *n.* উপকুলবর্তী অঞ্চল seaboard
upol *n.* উপল opal
upolbdhi kora *v.t.* উপলব্ধি করা understand
upolobdhi *v.t.* উপলব্ধি realize
upolobdhimulok *adj.* উপলব্ধিমূলক appreciative
upolobdhir *adj.* উপলব্ধির perceptive
upoma *n.* উপমা simile
upoma *n.* উপমা similitude
uponibese porinoto kora *v.* উপনিবেশে পরিনত করা colonize
uponogorstho *adj.* উপনগরস্থ suburban
uponyas *n.* উপন্যাস novel
upopotni *n.* উপপত্নী concubine
upopromeyo *n.* উপপ্রমেয় hypothesis
upopromeyomulok *adj.* উপ্রেময়মুলক hypothetical
upore *adv.* উপরে aloft
upore otha *v.i.* উপরে ওঠা soar
uporer *adj.* উপরের upper
uporer kathamo *n.* উপরের কাঠামো superstructure
uporer tolai *adv.* উপরের তলায় upstairs
uporikor *n.* উপরিকর surtax
uporitol *adj.* উপরিতল superficial
uposagor *n.* উপসাগর gulf
uposakha *n.* উপশাখা twig
uposhohor *n.* উপশহর suburb
uposhomit kora *v.t.* উপশমিত করা mitigate

uposom *n.* উপশম relief
uposomiti *n.* উপসমিতি sub-committee
uposonghar *n.* উপসংহার conclusion
uposorgo *n.* উপসর্গ prefix
uposringagro *n.* উপশৃঙ্গাগ্র tine
uposthit *adj.* উপস্থিত present
uposthit howa *v.i.* উপস্থিত হওয়া arrive
uposthiti *n.* উপস্থিতি attendance
uposthiti *n.* উপস্থিতি presence
upotokka *n.* উপত্যকা vale
upotokka *n.* উপত্যকা valley
upovog kora *v.t.* উপভোগ করা enjoy
upppadyo *n.* উপপাদ্য theorem
uprastropoti *n.* উপরাষ্ট্রপতি vice-president
upshom kora *v.* উপশম করা allay
upshom kora *adj.* উপশমকর alleviative
upto উপ্ত implant
uptoka *n.* উপত্যকা dale
uranto obostha *n.* উড়ন্ত অবস্থা flight
uranus *n.* উরেনাস uranus
urbor *adj.* উর্বর productive
urborota *n.* উর্বরতা fertility
urdhomukhi *adj.* উর্ধ্বমুখী upward
urdhopaton *n.* উধর্বপাতন sublimation
urdhopaton kora *v.t.* উধর্বপাতন করা sublimate
urdi *n.* উর্দি livery
uru *n.* ঊরু thigh
usa, bhor *v.i.* ঊষা, ভোর dawn
usahito kora *v.t.* উৎসাহিত করা encourage
ushno *adj.* উষ্ণ cosy
ushno prosrobon *n.* উষ্ণ প্রস্রবণ geyser
uskani *v.t.* উস্কানি incite
uskani *n.* উসকানি provocation
uskanibihin উস্কানিবিহীন unprovoked
uskokhusko *adj.* উস্কখুস্ক shaggy
ut *n.* উট camel
utapdon kora *v.t.* উৎপাদন করা generate
utejit howa *v.* উত্তেজিত হওয়া agitate
utejona o asthirota *n.* উত্তেজনা ও অস্থিরতা fermentation
utfullo *v.t.* উৎফুল্ল exhilarate
uthano উঠানো raise
uthkontha *n.* উৎকন্ঠা suspense
uthrai *n.* উৎরাই declivity
utkhepon kora *v.t.* উৎক্ষেপ করা toss
utkhipto kora *n.* উৎক্ষিপ্ত করা shooting
utkontha *n.* উথকণ্ঠা solicitude
utkonthito *n.* উৎকণ্ঠিত solicitous
utkorsho *n.* উৎকর্ষ merit
utkorsho *n.* উৎকর্ষ perfection
utkot ebong sadha *v.t.* উৎকট এবং সাধা flounder
utkot swdesikota *n.* উৎকট স্বাদেশিকতা chauvinism
utkrishto *adj.* উৎকৃষ্ট superior
utkrishto nidorshon *n.* উৎকৃষ্ট নিদর্শন quintessence
utokto kora *v.* উত্যক্ত করা aggravate
utpadito poriman *n.* উৎপাদিত পরিমাণ output
utpadok *n.* উৎপাদক factor
utpadon *n.* উৎপাদন generation
utpadon *adj.* উৎপাদন production
utpadon kora *v.t.* উৎপাদন করা manufacture
utpakhi *n.* উটপাখি ostrich
utpat *n.* উৎপাত nuisance
utpirito *n.* উতপীড়িত affliction
utpirito *adj.* উৎপীড়িত downtrodden
utpiron *v.* উতপীড়ন afflict
utpogroho *n.* উপগ্রহ satellite
utponno drobyo *n.* উৎপন্নদ্রব্য product
utpothgami *adj.* উৎপথগামী heretic
utsaher hetu *n.* উৎসাহের হেতু inducement
utsahi byakti *adj.* উৎসাহী ব্যক্তি enthusiast
utsahito kora *n.* উৎসাহিত করা cheer
utshob *n.* উৎসব festival
utshob *n.* উৎসব fete
utshob sonkranto *adj.* উৎসব সংক্রান্ত festal
utshob sonkranto *adj.* উৎসব সংক্রান্ত festive

utso *n.* উৎস origin
utso *n.* উৎস source
utsorgo *v.t.* উৎসর্গ dedicate
utsorgopotro *n.* উৎসর্গপত্র dedication
utsoron *adj.* উচ্ছাসপ্রবণ effusive
utsuk *adj.* উৎসুক eager
utswrgo *v.t.* উৎসর্গ endow
utswrgyo *n.* উৎসর্গ endowment
uttap *n.* উত্তাপ caloric
uttaradhikar *n.* উত্তরাধিকার heritage
uttaradhikari hoya *v.t.* উত্তরাধিকারী হওয়া inherit
uttejito kora উত্তেজিত করা exasperate
uttejito kora উত্তেজিত করা perturb
uttejito kora *n.* উত্তেজিত করা perturbation
uttejito obosthay *adv.* উত্তেজিত অবস্থায় astir
uttejona *adj.* উত্তেজনা stirring
uttejona *n.* উত্তেজনা tension
uttejonapurno achoron *n.* উত্তেজণাপুর্ণ আচরণ rampage
utthapon kora *v.t.* উথাপন করা moot
uttol *adj.* উত্তল convex
uttolon *v.t.* উত্তোলন elevate
uttolon *v.t.* উত্তোলন করা hoist
uttom *v.t.* উত্তম whack
uttopto *adj.* উত্তপ্ত heated
uttor *n.* উত্তর answer
uttor *n.* উত্তর north
uttor *n.* উত্তর reply
uttorabhimukhe *adj.* উত্তরভিমুখে northward
uttoradhikar theke bonchito *v.t.* উত্তরাধিকার খেকে বঞ্চিত disinherit
uttoradhikari *n.* উত্তরাধিকারী successor
uttordik sonkranto *adj.* উত্তরদিক সংক্রান্ত northern
uttorjibi *n.* উত্তরজীবী survivor
uttoronmulok *adj.* উত্তরণমূলক transitional
uttpto *adj.* উত্তপ্ত burning
uttradhikari *n.* উত্তরাধিকারী heir
uvhchor prani *n.* উভচর প্রাণী amour
uvoy *prep.* উভয় both

V

vababeg *n.* ভাবাবেগ bathos
vabna *n.* ভাবনা thesis
vabonar bastob rup dan kora *v.t.* ভাবনার বাস্তবরুপ দান করা embody
vag kore newa *v.t.* ভাগ করে নেওয়া apportion
vagyo ভাগ্য division
vaj kora *v.t.* ভাঁজ করা corrugate
vajer dag *n.* ভাঁজের দাগ crease
vajok *n.* ভাজক divisor
valo *adj.* ভালো good
van *n.* ভ্যান van
van kora *v.t.* ভান করা feign
van kora *n.* ভান feint
vandar *n.* ভান্ডার treasury
vanga *v.t.* ভাঙ্গা break
vanga *v.i.* ভাঙা crumble
vangano *n.* ভাঙানো encashment
vangon *n.* ভাঙ্গন breakage
vanti *n.* ভাঁটি vat
var *n.* ভাঁড় buffoon
var *n.* ভাঁড় clown
var *n.* ভাঁড় coxcomb
var bohon kora *v.t.* ভার বহন করা carry
vara *n.* ভাড়া fare
vara *n.* ভারা scaffolding
varamo ভাঁড়ামো buffoonery
varate *n.* ভাড়াটে tenant
varate gari *n.* ভাড়াটে গাড়ি hackney
varate motor gari *n.* ভাড়াটে মোটর গাড়ী cab
vari *adj.* ভারী burdensome
varosamyo *n.* ভারসাম্য equipoise
varsamyo *n.* ভারসাম্য equilibrium
varsamyo sthapon kora *v.t.* ভারসাম্য স্থাপন করা counterpolse

vasa *v.i.* ভাসা float
vasojogyp *n.* বাসযোগ্য habitable
vasyokar *n.* ভাষ্যকার commentator
vat pora *n.* ভাটা পড়া ebb
venge pora *v.t.* ভেঙ্গে পড়া collapse
veri *n.* ভেড়ী ewe
verr dak *v.t.* ভেড়ার ডাক bleat
vesoj arok *n.* ভেষজ আরক tincture
vhan *n.* ভান affectation
vhandar *n.* ভান্ডার fund
vhar *v.t.* ভার unload
vhasar aancholik rup *n.* ভাষার আঞ্চলিক রুপ dialect
vhasman abostha *adv.* ভাসমান অবস্থায় adrift
vhasonto obostha *adv.* ভাসন্ত অবস্থায় afloat
vhata *n.* ভাতা allowance
vhishote *adv.* ভবিষ্যতে afterward
vhit *adj.* ভীত afraid
vhitikor *adj.* ভীতিকর ferful
vhittihin *adj.* ভিত্তিহীন unfounded
vhittisworup howa *v.t.* ভিত্তিস্বরূপ হওয়া underlie
vhogandor *n.* ভগন্দর fistula
vhogbot bakoyo procharer jonno prerit byakti *n.* ভগবত বাক্য প্রচারের জন্য প্রেরিত ব্যক্তি apostle
vhorti *n.* ভর্তি admission
vhorti kora *v.* ভর্তি করা admit
vhortsona rupe babohrito *n.* ভর্ৎসনা রুব ব্যবহৃত scoundral
vhoyanok *adj.* ভয়ানক formidable
vhule *adj.* ভুলো forgetful
vikhaya kora *v.i.* ভিক্ষা করা cadge
vikshuk *n.* ভিক্ষুক beggar
vikshya kora *v.t.* ভিক্ষা করা beg
vinno *adj.* ভিন্ন dissimilar
vinno kendri *adj.* ভিন্নকেন্দ্রী eccentric
vinnomoter prokash *v.t.* ভিন্নমতের প্রকাশ dissent
vinnomukhi kora *v.t.* ভিন্নমুখী করা distract
vinnotar matra *n.* ভিন্নতার মাত্রা variation
vir ভিড় congestion
vir *v.t.* ভিড় throng
viru *n.* ভীরু coward
viru *n.* ভীরু craven
viru swavaber *adj.* ভীরু স্বভাবের cowardly
viru swovab *n.* ভীরু স্বভাব timidity
virus *n.* ভাইরাস virus
viruta *n.* ভীরুতা cowardice
visom krodh *n.* ভীষন ক্রোধ bluster
vitamin *n.* ভিটামিন vitamin
vitt hin *n.* ভিত্তিহীন baseness
vitti *adj.* ভিত্তি base
vitti durbol kora *v.t.* ভিত্তি দুর্বল করা undermine
vobishyo bokta *n.* ভবিষ্য বক্তা auger
vobishyo bokta *n.* ভবিষ্য বক্তা augur
vobishyot kothon *n.* ভবিষৎ কথন divination
voboghure *n.* ভবঘুরে truant
vodor jatiyonishachor prani *n.* ভোদর জাতীয় নিশাচর প্রাণী badger
vodro *n.* ভদ্র courteous
vodro o porisilit *adj.* ভদ্র ও পরিশীলিত genteel
vodrokaj *n.* ভদ্রকাজ civility
vodrota *n.* ভদ্রতা gentility
vog kora *n.* ভোগ করা consumption
vog kora *n.* ভোগ করা undergo
voi *n.* ভয় fear
voj ভোজ় banquet
vojon gan kora *v.t.* ভজন গান করা carol
vojon kokshyo bises *n.* ভোজন কক্ষ বিশেষ buffet
vojonottor *adj.* ভোজনোত্তর postprandial
vojyo *adj.* ভোজ্য edible
vojyo lotano gach *n.* ভোজ্য লতানো গাছ yam
vokshyo soboji bisesh *n.* ভক্ষ্য সবজি বিশেষ asparagus
vokti *n.* ভক্তি awe
volter ekoke *n.* ভোল্টের এককে voltage

vondo *n.* ভন্ড tartuffe
vongur *adj.* ভঙ্গুর brittle
vonita *n.* ভনিতা charade
vot provriti jacona *v.t.* ভোট প্রভৃতি যাচনা canvass
vota *adj.* ভোঁতা blunt
votadhikar horon kora *v.t.* ভোটাধিকার হরণ করা disfranchise
vote *n.* ভোট vote
votpeti *n.* ভোটপেটি ballo¶box
votpotro *n.* ভোটপত্র ballot
voy dekhano *v.t.* ভয় দেখানো threaten
voyanok *adj.* ভয়ানক awesome
voyanok *n.* ভয়ানক terrible
voyanok poton *n.* ভয়ানক পতন crash
voye sore asa *v.t.* ভয়ে সরে আসা blench
voyonkor *adj.* ভয়ঙ্কর ghastly
vranto *adj.* ভ্রান্ত erroneous
vratrisulov *adj.* ভ্রাতৃসুলভ brotherly
vratritto *n.* ভ্রাতৃত্ব brotherhood
vrhom shunnota *n.* ভ্রম শূণ্যতা accuracy
vrityo *n.* ভৃত্য attendant
vromon *n.* ভ্রমণ travel
vromonkari *n.* ভ্রমণকারী traveller
vrun *n.* ভ্রুন embryo
vu khondo *n.* ভূখন্ড tract
vu sompotti *n.* ভু-সম্পত্তি estate
vu songsthan manochitro *n.* ভূ-সংস্থান মানচিত্র topography
vugolbidya *n.* ভুগোলবিদ্যা geography
vugorvostho kokshyo *n.* ভুগর্ভস্থ কক্ষ crypt
vul kora *v.i.* ভুল করা err
vul kora *n.* ভুল error
vul songsodhon kora *v.t.* ভুল সংশোধন করা emend
vumikompo *n.* ভুমিকম্প earthquake
vuru *n.* ভুরু brow
vuru *n.* ভুরু eyebrow
vushi *n.* ভূষি bran
vustor bigyan *n.* ভুস্তর বিজ্ঞান geology
vut *n.* ভুত ghost
vutol *n.* ভুতল ground
vuture *adj.* ভুতুড়ে ghostly
vuvag *n.* ভূভাগ territory

Y

y nirdesh dewa *v.t.* নির্দেশ দেওয়া dictate

Z

za chapa jay *adj.* داب যা চাপা যায় compressible

zajokder alkhilla *n.* যাজকদের আলখিল্লা cassock